사마천 평전

司马迁评传

Written by 张大可(Zhang Dake)

First published in China in 1994 by Nanjing University Press

Korean Translate edition copyright © Yeonamseoga, 2023

All rights reserved.

This Korean edition published by arrangement with Nanjing University Press through Shinwon Agency Co., Seoul.

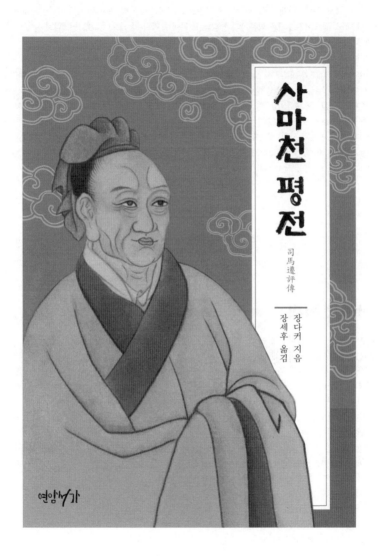

사마천 평전

司馬遷評傳

장다커 지음
장세후 옮김

연암서가

옮긴이 **장세후**(張世厚)

경북 상주에서 태어나 영남대학교 중어중문학과를 졸업하고, 같은 대학 대학원에서 석사학위와 박사학위(『주희 시 연구』)를 취득하였다. 영남대학교 겸임교수와 경북대학교 연구초빙교수를 거쳐 지금은 경북대학교 퇴계연구소의 전임연구원으로 재직하고 있다. 2003년 대구매일신문에서 선정한 대구·경북지역 인문사회분야의 뉴리더 10인에 포함된 바 있으며, 2022년 『퇴계 시 풀이』로 제5회 롯데출판문화대상 번역출판 부문 본상을 수상하였다.

저서로는 『이미지로 읽는 한자 1·2』(연암서가, 2015·2016)가 있고, 주요 역서로는 『한학 연구의 길잡이(古籍導讀)』(이회문화사, 1998), 『초당시(初唐詩, The Poetry of the Early T'ang)』(Stephen Owen, 中文出版社, 2000), 『퇴계 시 풀이·1~9』(이장우 공역, 영남대학교 출판부, 2006~2019), 『고문진보·전집』(황견 편, 공역, 을유문화사, 2001), 『퇴계잡영』(공역, 연암서가, 2009), 『唐宋八大家文抄-蘇洵』(공역, 전통문화연구회, 2012), 『춘추좌전(상·중·하)』(을유문화사, 2012~2013), 『도산잡영』(공역, 연암서가, 2013), 『주자시 100선』(연암서가, 2014), 『사마천과 사기』(연암서가, 2015), 『사기열전·1~3』(연암서가, 2017), 『주희 시 역주·1~5』(영남대학교 출판부, 2018), 『국역 조천기지도·홍만조 연사록』(공역, 세종대왕기념사업회, 2019), 『도잠 평전』(연암서가, 2020), 『공자 평전』(연암서가, 2022) 등이 있다.

사마천 평전

2023년 3월 10일 초판 1쇄 인쇄
2023년 3월 15일 초판 1쇄 발행

지은이 ┃ 장다커
옮긴이 ┃ 장세후
펴낸이 ┃ 권오상
펴낸곳 ┃ 연암서가

등 록 ┃ 2007년 10월 8일(제396-2007-00107호)
주 소 ┃ 경기도 고양시 일산서구 호수로 896, 402-1101
전 화 ┃ 031-907-3010
팩 스 ┃ 031-912-3012
이메일 ┃ yeonamseoga@naver.com
ISBN 979-11-6087-106-7 03990

값 40,000원

역자 서문

사마천은 『사기』를 집필함으로써 중국 역사의 아버지라는 칭호를 얻었고, 그 칭호는 앞으로도 영원히 지속될 것이다. 중국의 역사 서술은 단연 사마천 이전과 이후로 나누어진다. 집필자나 다루고 있는 내용에서도 그렇다. 먼저 사마천 이전에는 역사를 서술하는 일이나 소비층 즉 독자가 모두 통치 계층의 몫이었다. 이는 『맹자』 「등문공 하」에 보이는 기록으로 알 수 있다. 공자는 "나를 알아주는 것도 오직 『춘추』이며 나를 죄주는 것도 오직 『춘추』이다."라고 하였다. 이렇게 말한 이유로 맹자는 "『춘추』는 천자가 하는 일이다."라고 밝혔다. 이렇게 역사의 서술과 소비가 왕실 귀족이었던 상황은 사마천이라는 걸출한 사학자가 등장할 때까지 계속되었다. 사마천은 국록을 받아먹는 사관이었지만 개인적 입장에서 『사기』를 집필했다. 『사기』는 당시만 해도 상상도 하지 못했던 공전의 역사 서술 방식인 기전체를 채택했다. 이는 본기와 세가, 열전, 지, 표라는 다섯 범주로 나누어서 역사를 서술하는 방식이다. 사마천 이전의 상황이었다면 본기와 세가의 서술만 용납이 되었을 것이다. 세가는 『사기』가 통사인 만큼 봉건시대에서 군국시대로 돌아선 『한서』부터는 자취를 감추게 된다.

기전체를 이용한 역사 서술 방식은 후세 역사학자들에게 큰 충격을 주었지만 동시에 빠르게 "정사체"로 자리 잡게 되어 이후 관찬 역사는 모두 『사기』의 기전체를 따르게 된다. 『사기』에 대하여 매우 비판적인 태도를 보였던 반고(班固)마저도 이를 피해갈 수 없었다. 세가를 제외한 나머지 부분은 한 편을 상·하로 나누는 등의 방법까지 써가며 『사기』의 권수에 맞춘 것을 보면 그 영향이 얼마나 절대적인지를 알 수 있다. 이후 『사기』는 역사학에서 공기 같은 존재가 되어 그 안에서 숨을 쉬면서도 존재감을 느낄 수 없는 '당연한' 것이 되었다. 그 결과 사마천과 『사기』에 대해서는 그 존재만 인정하되 구체적인 내용을 파악할 필요성마저도 별로 느끼지 못하게 되었다. 그런 분위기 속에서 사마천과 『사기』가 하나의 학문으로 승격되어 본격적으로 다루어지기 시작한 것은 그리 오래지 않았다.

　현대에 와서 사마천과 『사기』에 대한 단편적인 내용을 체계적으로 정리하여 일반인에게 보여주기 시작한 것은 아마 지전화이(季鎭淮)의 『사마천』(우리나라에서는 『사마천 평전』으로 번역 출간된 적이 있다.)일 것이다. 이 책은 다루고 있는 내용이 비교적 소략하지만 출간 당시에 큰 반향을 일으켰다. 사마천과 『사기』를 총결한 최초의 책이라는 의미를 부여했기 때문일 것이다. 이후 사마천에 대한 평전은 몇 권이 더 나왔다. 그중에서 가장 많이 인정을 받은 것은 장다커의 저작이다. 이는 『장다커문집(張大可文集)』에 수록된 그의 『사마천 평전』에 당대의 저명 학자들이 쓴 서평이 네 편이나 수록된 것만으로도 확인할 수 있다.

　이 책의 저자인 장다커(張大可, 1940~)는 충칭(重慶) 창서우(長壽) 출신으로 베이징대학(北京大學) 중문과를 졸업하였으며, 현재까지도 여전히 활동을 이어나가고 있는 고전문헌학과 역사, 특히 사마천과 『사기』에 대한 권위자이다. 당연히 그의 저작은 문헌학과 『사기』에 대한 연구가 주를 이루고 있다. 이는 그가 중국사기연구회(中國史記硏究會) 회장을 맡은 적이 있고 현재까지도 중국사기연구회에서 고문을 맡고 있는 점 등의 사실로 확인할 수 있다. 이 방면의 학술적인 성과 또한 적지 않다. 2013년에 그간의 연구 성과를 상무인서관에서 열 권에 달하는 『장다커문집』으로 출간하였다. 그 가운데 여섯 권이 사마천과 『사기』에 관한 책이며, 『사마천 평전』은 시리즈 일곱 권째 책이다. 나머지 사마천과 『사기』 관련 책을 소개하면 『사기연구』(제2권), 『사기문헌연구선강』(제3권), 『사기논찬집석』(제4권), 『사기정언묘어』(제5권), 『사기이십강』(제6권)이다. 제1권이 저자의 자서전 격인 『칠십술회』이고 나머지는 그의 원래 전공인 『중국문헌학』(제10권)과 삼국시대에 관한 책이 2권(제8, 9권)인 것을 보면 그가 사마천과 『사기』에 대하여 얼마나 큰 애착을 가졌는지를 알 수 있다. 이 밖에도 『사기』와 관련 있는 다수의 논문을 발표하였고, 별도로 『사기전본신주(史記全本新注)』와 『장량소하한신평전(張良蕭何韓信評傳)』(이 책은 2011년에 『한초삼걸』이란 제목으로 국내에서 번역 출간된 적이 있다.)을 집필하기도 하였다.

장다커의 『사마천 평전』을 간단하게 소개하도록 하겠다. 이 책은 모두 10장으로 구성되어 있다. 난징대학의 『중국사상가평전총서』 시리즈로는 제20권이다. 위에서 언급한 『장다커문집』본과는 기본적으로 내용이 같다. 다른 점은 총서본에는 모든 시리즈에 공통적으로 붙어 있는 「중국사상가평전총서서」와 「저자 후기」가 문집본에는 없다는 것이다. 이상은 같은 책이 총서와 전집으로 들어가는 과정에서 발생한 경우라 할 것이다. 가장 큰 차이는 문집본에는 총서본 10장 6절 이하의 내용이 빠져 있다는 것이다. 해당 부분의 내용은 신중국 성립 이래 40년간의 대만을 포함한 중국 안팎의 『사기』 연구 현황 및 가장 영향력 있는 『사기』의 판본에 대한 간략한 해제 부분이다. 특히 9절 「『사기』의 통행 판본과 독본」 같은 경우 『사기』의 독자와 연구자들에게는 상당히 귀중한 정보라 할 수 있을 것이다. 문집본만의 특징을 보여주는 곳도 있는데, 당대의 저명한 학자 네 사람의 서평을 부록으로 수록하고 있다는 점이다. 이 책에는 이 중 한 편을 선정해서 수록하였다.

이 책은 기본적으로 크게 두 부분으로 나누어 서술하고 있다. 첫 번째는 제5장까지인데 사마천의 일생을 따라가며 그의 행적에 초점을 맞추었다. 이 가운데 제1장의 서두 부분은 사마천의 고리(古里: 고향)를 탐방하여 그가 출생하고 묻힌 곳을 상세히 다루고 있다. 마치 하나의 답사기를 보는 듯한 느낌이 들 정도다. 전반부에서 또 하나 눈여겨봐야 할 곳은 제5장이다. 전적으로 사마천의 부친인 사마담을 위해 할애한 장이다. 사마천에게 직접적이면서도 막대한 영향을 끼친 사람이 바로 사마담임을 고려할 때 이는 매우 적절한 구성인 것 같다. 두 번째는 제6장 이하 끝까지이다. 여기서는 주로 사마천이 집필한 『사기』에 초점을 맞추어 사상과 성취, 평가 등을 다루고 있다.

앞에서 언급한 지전화이의 『사마천』은 큰 틀에만 주안점을 두었다. 반면 이 책은 그간의 연구 성과를 총괄하여 그 큰 틀에 상세한 내용으로 꽉 채워나간 느낌이 든다. 그런 면에서 이 훌륭한 책을 번역 소개하게 된 것이 역자의 입장에서 참 행운이라는 생각이 든다. 사마천과 『사기』에 대해서 지식이 일천한 역자가 이 훌륭한 책을 두고 뭐라고 평가를 내리는 것은 사실상 무리라고 본다. 그래서 이 책의 서평을 쓴 자오지후이(趙吉惠)의 평가를 소개하면서 대신하도록 한다.

요컨대 장다커가 지은 『사마천 평전』은 개척적이고 건설적이며, 독창적 견해를 갖춘 방대한 학술 전문 저작이다. 이미 사상가이자, 사학자, 문학가로서의 역사 평전이자 또한 하나의 "신사기학"의 연구 논저이다. 이 책은 독자들에게 사마천과 관련 있는 개인 경력의 역사 지식을 제공하였다. 학술계에도 어떻게 "신사기학"의 얼마간의 볼 만한 견해와 모종의 기초적인 건축 재료를 건설하였는가 하는 문제를 제기하였다.

이 책이 나오기까지 많은 사람의 도움을 받았다. 무엇보다도 인문학 발전에 이바지하겠다는 일념으로 텍스트를 구해주고 흔쾌히 출판을 결정해준 연암서가 권오상 대표께 먼저 감사를 표한다. 이 책이 권 대표님의 열망에 조금이라도 부응할 수 있기를 바랄 뿐이다. 언제나 거친 초역을 매끄럽게 다듬어주는 일은 동화작가이면서 누나인 장세련 선생의 몫이었다. 책을 낼 때마다 오자를 바로잡아 주고 비문을 다듬어주는 수고를 마다하지 않아 늘 빚을 진 듯한 느낌이다. 황원권 선생은 책이 조판된 후 기꺼이 첫 번째 독자가 되어 주었다. 적지 않은 오류를 바로잡아 주고 어색한 표현도 많이 다듬어 주었다. 보답의 차원에서 완성도 높은 책으로 보답을 해야겠다는 생각이 든다. 이와 동시에 잘못된 곳이 있다면 이는 오로지 역자가 감당해야 할 몫이라고 생각한다. 출판사에서 구해준 『중국사상사상가평전』 총서본 외에 『장다커문집』본도 구해서 함께 보았는데, 영남대학교 중문과 이춘영 교수가 수고를 해주었다. 마지막으로 나의 모든 작업을 지켜보며 등 뒤에서 묵묵히 지원과 격려를 아끼지 않은 식구들에게도 늘 고맙다.

2023년 1월
매호동에서 장세후

차례

일러두기

- 번역문은 한글 전용을 원칙으로 하였다.
- 혼동의 우려가 있거나 이해를 돕는데 도움이 된다고 판단될 경우에 한자를 병기하였다.
- 고유명사는 매 장의 처음 나오는 경우에만 한자를 병기하였다. 다만 특별한 주의를 요구하는 경우에는 처음이 아니더라도 병기하였다.
- 지명의 경우는 청대 이전의 경우는 우리 음으로, 현대 이후는 중국어 음가로 표기하였다.
- 인명의 경우는 민국 이후의 경우 현대 중국어 음가로 표기하였다. 다만 습관적으로 우리 음으로 알려진 경우에는 우리 음을 그대로 썼다.
- 인용문 가운데 『사기』 등 사마천이 지은 것은 원문을 수록하였다.

사마천의 초상(명나라 왕기, 『삼재도회』 중)

사마천의 사당과 무덤(청나라 건륭 연간의 『한성현지』 모사)

사마천묘
전묘
헌전
산문
한혈려궁 유지
석교
지 수
지 수

사마천 고리 및 한성시 고적 분포도

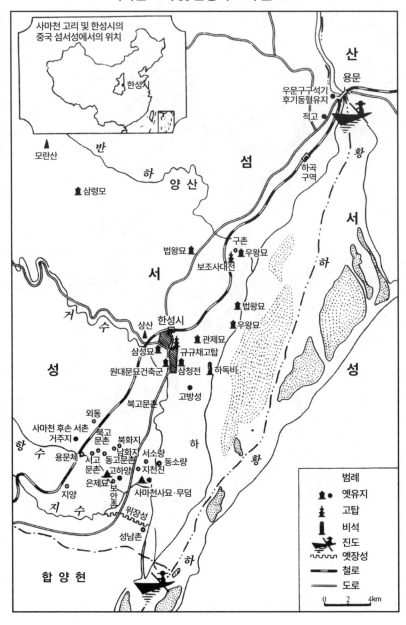

사마천여행노선도

범례

→ 20세 때의 장유.

--→ 사명을 띠고 서정함.

·····→ 무제를 따라 호종함.

150 0   150   300
          km

제1장

고향, 가계 및 소년 시대

1. 사마천의 고향

오래고 오랜 황하는 발원지가 아득히 멀고 역사가 유구하다. 그것은 중화 민족의 요람이며, 5천 년 화하(華夏)의 유구한 역사의 증인이다. 황하의 물은 천상에서 흘러와 관통하는 황토지에서 얼마나 많은 별같이 찬란한 인물들을 탄생시켰는지 모른다. 중국 서한(西漢) 시기의 위대한 역사학자이자 문학가이며 사상가인 사마천(司馬遷)은 바로 황토고원과 황하 유역에서 탄생한 문화계의 큰 별이다.

사마천의 탄생지인 섬서(陝西) 한성(韓城)시는 유구한 문화와 역사를 가진 옛 도시이다. 이곳에는 문화재를 가지고 있지 않은 마을이 없으며, 희루(戲樓)와 패루(牌樓) 등과 같은 원대(元代)의 건축군을 간직하고 있다. 모두 144개 소나 되어 한꺼번에 이루 다 둘러볼 수가 없을 정도이다. 사마천의 고향은 이 고도 서남쪽 18리(1리는 393m) 지점의 고문원(高門原)에 있다. 사마천 사묘(祠墓)는 고문원 동남쪽 8리 지점, 한성에서 20리 떨어진 지천(芝川) 진남(鎭南) 2리 지점의 사마파(司馬坡) 위에 우뚝 서 있다.

1982년 2월 23일 중국 국무원에서는 사마천사를 전국중점문물보호단위[1]로 승인하였다. 사마천은 살아생전에는 비참한 처지였으나 사후에는 호젓한 국면이 이미 역사가 되었다. 지금 사마천 연구는 이미 학술계의 가장 뜨거운 과제의 하나가 되었다. 『사기』는 나날이 더욱 많이 보급되고 있으며 사마천의 고향은 이미 여행의 명승지가 되어 매년 중국 안팎에서 천만 명 이상의 관광객을 끌어들이고 있다. 자, 우리도 사마천의 고향으로 한번 순례 여행을 떠나보도록 하자.

1) 한성의 형승

1958년 봄 중국 당대의 저명한 문학가이자 사학자인 궈모뤄(郭沫若)는 사마천사의 보수가 마무리되어 준공되었다는 말을 듣고 기뻐 가슴 벅차하면서 붓을 휘둘러 오언율시 한 수를 지어 사마천을 찬양하였다.

龍門有靈秀　　용문에서 빼어난 인재 났는데
鍾毓人中龍　　사람 가운데 용 낳아 길렀다네.
學殖空前富　　학식이 전에 없이 풍부하였고
文章曠代雄　　문장이 자웅을 겨룰 자가 없었다네.
憐才膚斧鉞　　재능 있는 몸 형벌 받음 불쌍하였는데
吐氣作霓虹　　숨을 내쉬니 무지개가 되었다네.
功業追尼父　　공업 이보(공자) 쫓으니

---

[1] 전국중점문물보호단위는 우리의 국보급에 해당한다. 이외에도 중국에서는 성급, 현(시)급의 3개 등급으로 문화유산을 관리하고 있다.─옮긴이

千秋太史公   천추의 태사공이라네.

이 오언율시는 사마천의 학식과 문장, 인격, 사업에 대하여 높이 평가
하였다. 궈모뤄의 필적은 소쇄하고 분방하며 시비로 새겨져 태사사(太史
祠)에 세워졌다. 이는 사마천의 고향에 무한한 신운(神韻)을 더하여주었
다. "용문에서 빼어난 인재가 났는데, 사람 가운데 용 낳아 길렀다네.(龍
門有靈秀, 鍾毓人中龍)"라는 구절은 곧 "사람은 걸출하고 땅에는 영기가 서렸
다(人傑地靈)"는 것을 생동적으로 묘사한 것이다. 일세를 풍미한 역사의
위인을 다양한 방면에서 주조하여 빚어내었다. 지리적 환경 또한 그 가
운데 하나의 중요한 요소임을 부인할 수 없다. "인걸지령(人傑地靈)"이 하
나의 종합적인 문화 관념이기 때문이다. 관중(關中)의 중심인 한성의 형
승은 역사가 유구하며 대대로 걸출한 인물을 낳았다. 사마천은 이곳에
서 탄생하여 우리를 인걸의 탄생지로 이끌어 관람하게 하고 유구한 역
사를 거슬러 올라 지난날의 인걸에 대해 회상에 잠기게 한다.

한성시는 "서쪽이 높고 동쪽으로 기울어 그 형세가 대략 장군[缶]을 우
러러보는 듯하다. 산지가 7~8할을 점하고 있으며, 평원은 2~3할에 지
나지 않는다."[2] 유명한 양산(梁山)은 산세가 구불구불 뻗어 한성시의 서
쪽 경계까지 이어져 있다. 양산의 주봉은 한성 서남쪽 40리 지점의 허양
현(合陽縣) 경내에 있다. 위산(巍山)이라고 하며, "화산(華山)이 높지만 위산
의 허리에서 만난다."라는 속담이 있을 정도이다. 이로써 양산이 얼마나
높고 빼어난지 알 수 있다. 한성 동북쪽 60리 지점에는 황하의 양쪽 기
슭이 가로로 걸쳐져 있으며, 산서(山西)와 섬서(陝西)의 두 성(省)에 이어져

---

2 판허우푸(樊厚甫, 1886~1953, 이름은 壓이고 厚甫는 자─옮긴이)의 『한성현 향토교재(韓城縣鄕土
   敎材)』. 이 책은 1960년대에 완성되었으며, 소형 32절 활판 인쇄본으로 수십 쪽에 지나지
   않는다. 작자는 당시 한성현 상산중학교의 교사였는데, 작고하였다.

있는 용문산(龍門山)은 바로 양산의 갈래이다. 용문은 산을 이르기도 하지만 나루터를 이르기도 한다. 나루터 용문은 또한 우문(禹門)이라고도 하는데, 대우(大禹)에 의해 뚫려 물이 트인 곳이라고 한다. 우문의 양쪽 기슭에는 대대로 우왕묘(禹王廟)를 건립해 왔다.

명나라 만력(萬曆) 연간에 건립된 우왕묘는 수백 년에 걸쳐 수많은 풍상을 겪었으며, 1940년대에는 중일전쟁 기간 중에 일본군의 포화로 파괴되었다. 용문의 바위 벼랑에는 "우왕쇄교(禹王鎖蛟)" 그림이 새겨져 있다. 그림에서 대우는 머리에 검은 모자를 쓰고 몸에는 긴 도포를 입고 있다. 커다란 한 손은 힘이 넘치는 모습이다. 그 손으로 쇠사슬에 묶인 교룡을 부리는 신화이다. 강희(康熙) 연간에 간행된 『한성현지』의 기록에 의하면 우문의 수중에 있는 돌에는 말[斗]만한 크기로 "용문(龍門)" 두 글자가 새겨져 있었는데, 가뭄이 들어 수위가 낮아지면 돌이 드러나 비로소 보였다고 한다. 용문의 양안에 있는 산은 깎아지른 듯한 절벽으로 천연적인 조물주의 솜씨인데 실로 마치 사람이 도끼로 자른 듯하다.

고대의 지리지[地志] 곧 『산해경(山海經)』과 『괄지지(括地志)』, 『삼진기(三秦記)』 등에는 신화 전설이 실려 있다. 『산해경』에서는 우문이 뚫려 이루어지자 신룡이 와서 살펴보았기 때문에 문(門) 위에 "용"자를 더하여 "용문(龍門)"이라 불렀다고 하였다. 『삼진기』에서는 매년 3월 얼음과 눈이 녹을 때면 수천 마리나 되는 잉어와 신귀(神龜)가 용문의 아래에 모여들어 다투어 뛰어오르는데, 용문을 오르면 용이 되어 승천하고, 오르지 못하면 이마를 찧고 아가미를 벌름이며 벽에 부딪쳐 돌아간다고 하였다. 이것이 바로 "잉어가 용문을 뛰어오른다(鯉魚跳龍門)"는 신화이다. 이런 전설은 사람들의 상상력에 날개를 달아주었으며 용문을 신성한 곳으로 만들었다. 그 이름은 유구하여 『상서(尙書)』「우공(禹貢)」에 실려 있다. 그래서 사마천은 고향을 중요하게 인용하여 「태사공자서(太史公自序)」에서

"나는 용문에서 났다(遷生龍門)"고 하였다.

하수(河水)는 용문을 거쳐 세차게 흘러나오는데, 북에서 남쪽으로 흐르는 이 구역의 황하는 예로부터 서하(西河)라 일컬어졌다. 예로부터 서하의 동쪽 기슭은 하동(河東)이라 하였고, 서하의 서쪽 기슭은 하서(河西)라 하였다. 하서의 땅은 황하를 따라 한 갈래 좁고 긴 천원(川原) 지대를 이루었다. 이것이 바로 한성시 동쪽 경계의 평천(枰川)이며 옛날에는 한원(韓原)이라고 하였다. 한원의 서쪽은 양산을 베고 있으며 동으로는 황하를 띠고, 남쪽에는 소영도(少榮渡)가 있으며 북쪽에는 우문진(禹門津)이 있다. 이곳은 관중(關中)의 북문(北門)으로 또한 산서와 섬서를 잇는 교통의 요지이다. 그래서 고대의 열국이 분쟁을 일으키고 군웅이 할거할 때 이곳은 병가(兵家)가 반드시 다투는 형승 요지가 되었다.

B.C. 645년 진(秦)나라와 진(晉)나라가 벌인 한원(韓原) 대전에서 진(秦)나라는 진혜공(晉惠公)을 사로잡았다. B.C. 205년에는 한(漢)나라 한신(韓信)이 목장군[木罌]으로 소량(少梁)을 건너 위왕(魏王) 표(豹)를 사로잡았다. 618년에는 당나라 고조(高祖)가 태원(太原)에서 군사를 일으켜 남하하여 용문을 건너 관중을 취하여 당나라 왕실의 기업(基業)을 안정시켰다. 1126년 금나라 장수 누숙(婁宿)은 용문의 빙교(冰橋)를 넘어 섬서를 차지하였다. 1644년 이자성(李自成)은 섬서에서 용문으로 나와 곧장 북경으로 쳐들어가 명나라 왕조를 전복시켰다. 사마천이 탄생하기 전인 춘추전국 시기에 진(晉)나라는 소량(少梁)을 차지하여 흥기하였고, 위(魏)나라는 서하를 바침으로써 쇠퇴하였다. 진(秦)과 진(晉), 진(秦)과 위(魏)는 이곳에서 장기간에 걸친 공방전을 벌였다.

『사기』에 기록된 큰 전역(戰役: 전투)만 여섯 차례이다. 첫 번째는 앞에서 말한 B.C. 645년 진(秦)나라와 진(晉)나라의 한원(韓原) 대전으로, 진(秦)나라는 진혜공을 사로잡았다. 진혜공은 귀국하여 하서의 땅을 진(秦)나라에 바쳤다. 한원의 남단은 곧 사마천의 고향으로, 지금의 고문원(高門原)과 지천진(芝川鎭) 일대이다. 소량원(少梁原)으로도 불리며 임하(臨河)에는 소량진(少梁津)이 있다. 소량원은 옛날 영 씨(嬴氏) 성의 양(梁)나라 땅이다. 양백(梁伯)은 딸을 진혜공에게 시집보내고 진나라의 속국이 되었다. 진혜공은 진(秦)나라에 하서의 땅을 바쳤다. B.C. 641년 진(秦)나라는 마침내 양나라를 멸하고 이름을 소량(少梁)으로 바꾸었다. 소량은 중원의 대량(大梁), 곧 지금의 하남성 개봉(開封) 시와 서로 상응한다. B.C. 620년 진(晉)나라 중군(中軍) 수회(隨會)는 진(秦)나라로 달아났으며 사마천의 조상이 소량에서 거처하였다. 두 번째는 B.C. 617년으로 진(晉)나라는 진나라를 쳐서 소량을 취하였다. (韓·魏·趙의) 세 가문이 진(晉)나라를 분할하였는데, 하서의 땅은 위(魏)나라로 귀속되었으며, 위나라는 장성을 쌓아 진나라를 방어하였다. 위나라의 장성 유지는 지금도 남아 있다. 세 번째는 B.C. 418년으로 진(秦)나라가 위(魏)나라를 쳐서 소량에서 싸워 위나라가 장성을 쌓지 못하게 할 심산이었다. 진나라는 위나라를 무찔러 이겼다. 이에 진나라는 전략적인 포위 형세를 취하여 방(龐)을 보수하고 적고(籍姑)에 성을 쌓아 소량에 대한 대항을 강화하였다. 방을 보수한 것은 곧 방성(龐城)을 더욱 견고하게 한 것이다. 적고에 성을 쌓았다는 것은 적고성을 신축한 것을 말한다. 탄치샹(譚其驤)의 『중국역사지도집(中國歷史地圖集)』에 의하면 방성은 지금의 한성 동쪽에 있으며 그곳의 성고촌(城固村)에는 옛 성의 유지가 있다. 적고는 우문구 부근에 있으며 요충지를 지키는 곳이다. 네 번째는 B.C. 362년으로, 진(秦)나라가 소량을 공격했을 때 조(趙)나라가 위(魏)나라를 구원하자 진나라가 조·위의 연합군을 격파한 것으로 위나라의 태자 및 장수 공손좌(公孫痤)를 사로잡았다. 이 전역은 전국 시기의 큰 전역 가운데 하나이다. 다섯 번째는 B.C. 354년으로 진(秦)나라가 위(魏)나라를 친 원리(元里: 지금의 陝西 城南)의 전투로 소량을 빼앗았다. 그러나 위나라는 하서의 땅을 다 잃지는 않았다. 이 전역 또한 전국시기의 대전역 가운데 하나이다. 여섯 번째는 B.C. 330년 진(秦)나라가 위(魏)나라를 쳐서 초(焦)와 곡옥(曲沃)을 포위한 것으로 주 전장은 이미 하동으로 옮겨졌다. 이 전역으로 위나라는 하서를 초나라에 모두 헌납하였다. B.C. 327년 진혜왕(秦惠王) 11년에는 소량을 하양(夏陽)으로 바꾸었다. B.C. 316년 사마천의 8세조 사마조(司馬錯)가 비로소 진나라에서 권력을 잡아 촉(蜀)을 쳐서 멸하였다. 사마조는 진나라의 명장이다. 사마씨는 진(晉)나라에서 진(秦)나라로 들어가 소량에 거주하였다. 진(秦)과 진(晉), 진(秦)과 위(魏)가 자웅을 겨루는 전장에 임하였고, 전쟁의 폭풍 세례를 겪으면서 사마 씨 가족이 명장을 낳게 하였다. 사마천은 가학을 전승하여 전쟁을 능수능란하게 기술하였는데, 이는 당연히 우연이 아니다.

한원(韓原)이라는 명칭은 한성으로 인하여 얻은 것이다. 한성은 옛 한(韓)나라로, 서주(西周) 무왕(武王)의 아들이 봉해진 나라이다. "한성(韓城)" 두 글자는 『시경』「대아·한혁(大雅·韓奕)」에 처음 보이는데, "큰 저 한나라의 성이여(溥彼韓城)"라고 하였다. 이 시의 첫 구절은 "크고 큰 양산(梁山)을 우(禹)임금이 다스리셨도다(奕奕梁山, 維禹甸之)"이다. 정현(鄭玄)은 주석을 달고 말하였다. "양산(梁山)은 지금의 좌풍익(左馮翊) 하양현(夏陽縣) 서북쪽이다. 한나라는 희성(姬姓)의 나라로 나중에 진(晉)나라에 멸망당하였다. 옛 대부 한 씨(韓氏)가 읍의 이름으로 삼았다." 시서(詩序)에 의하면 이 시는 주선왕(周宣王) 때의 명신 윤길보(尹吉甫)가 지은 것으로, 한후(韓侯)가 후백(侯伯)의 명을 받은 것을 읊은 시라고 하였다. 학계에는 한후는 주초(周初)에 하북(河北)에 봉해졌는데, 연(燕)에 가까우며, 지금의 하북 고안현(固安縣) 동남쪽의 한채영(韓寨營)에 있다고 생각하는 사람도 있다.

주선왕(周宣王)은 주나라 왕실을 중흥하고 주나라 왕실 북문의 장벽을 강화시키기 위하여 한후(韓侯)를 후백(侯伯)으로 삼는다는 명을 받았고 한원(韓原)으로 옮겨 봉하여 한성을 쌓았다. 한성은 주선왕 때 쌓아 지금 이미 3천여 년의 역사를 자랑한다고도 한다. 나중에 주왕실이 동쪽으로 천도하자 한나라는 진(晉)에 멸망당한다. 춘추 때 한원은 진나라 대부 한무자(韓武子)의 채읍이었다. 그러나 한후의 고성과 한무자의 채읍은 지금은 고찰할 수 없다. 한성에 현을 설치한 것은 수문제(隋文帝) 개황(開皇) 18년, 곧 598년에 시작되었다. "현이 있어서 이에 성이 있게" 되었는데, 이어서 설치를 했든 창시를 했든 간에 현재 한성의 규모를 다졌으며, 당·송·원·명·청을 거쳐 지금에 이르기까지 이미 거의 1400여 년의 역사를 가지고 있다.

2) 사마천의 고향 화지(華池) 고문(高門)

중화 민족의 전통적인 풍속 습관에 따르면 잎이 지면 뿌리로 돌아가고 사람이 죽으면 고향으로 돌아가 장사를 지낸다. 사마천의 선영은 한성 서남쪽 18리 지점의 외동향(嵬東鄕) 화지와 고문 두 마을[3]에 있으므로 이곳이 사마천의 고향, 곧 진나라의 소량으로 들어간 사마 씨가 정착한 곳이다. 「태사공자서(太史公自序)」에서는 말하였다. "사마 씨는 주나라를 떠나 진나라로 간 이래 흩어져서 혹자는 위(衛)나라에 있고 혹자는 조(趙)나라에 있었으며 혹자는 진(秦)나라에 있게 되었다. …… 진나라에 있는 일족은 이름이 조(錯)이며 …… 조의 손자는 근(靳)이며 …… 화지(華池)에 장사 지내졌다. 근의 손자는 창(昌)으로 창은 진나라의 철을 주관하는 관리이며 …… 창은 무택(無澤)을 낳았고 무택은 한(漢)의 시장(市長)이 되었다. 무택은 희(喜)를 낳았는데, 희는 오대부(五大夫)가 되었으며 죽어서 모

---

3 화지는 한성에서 17리 떨어져 있고 고문은 한성에서 18리 떨어져 있다. 화지와 고문 두 마을의 거리는 1리이다.

두 고문(高門)에서 장례를 치렀다."

화지와 고문은 이웃 마을로 서로 붙어 있으며 모두 고문원(高門原)에 있다. 지금 화지에는 남과 북 두 마을이 있으며, 고문에는 동과 서, 북의 세 마을이 있다. 사마천 사묘(祠墓)는 한성 남쪽 22리 지점의 사마파(司馬坡)에 있는데, 지금은 지천진(芝川鎭)에 속하며 진(鎭) 남쪽 2리 지점에 있다. 『괄지지』에서는 말하였다. "하양(夏陽)의 옛 성 동남쪽에 사마천의 무덤이 있는데, 고문원에 있다." 이로써 사마파를 고대에도 두루 고문원으로 칭하였음을 알 수 있다. 사마파와 화지, 고문의 거리는 약 8리이며, 옛 하양성은 두 곳 사이에 있다. 이에 대해서는 『수경주(水經注)』의 기록이 매우 상세하다. 도거수(陶渠水: 곧 지금의 芝水)의 주(注)에서는 말하였다. "하천은 서북쪽의 양산(梁山)에서 나와 동남쪽으로 흘러 한양(漢陽) 태수 은제정(殷濟精)의 오두막 남쪽을 지르는데, 속칭 자하묘(子夏廟)라고 한다. 도거수는 또 남쪽으로 고문의 남쪽을 지르고 …… 또 동남쪽으로 화지의 남쪽을 지르는데, 못은 360평방 보(步)로 하양성 서북쪽 4리쯤 되는 곳에 있다. …… 시냇물은 또 동남쪽으로 하양의 옛 성 남쪽을 지르고 또 동남쪽으로 사마자장(司馬子長)의 무덤 북쪽을 지른다." 또한 거곡수(崛谷水: 곧 지금의 澠水)의 주에서는 말하였다. "시냇물은 또 동남쪽으로 하양 구 옛 성 북쪽을 지르는데 소량이다. 진혜왕(秦惠王) 11년 지금의 이름으로 바꾸었다."

이름을 바꾸었다는 것은 사실 새로 쌓았다는 것을 말한다. 소량의 옛 읍은 큰 전투를 겪고 파괴되었는데, 진나라가 위(魏)나라의 손아귀에서 소량을 탈환한 후에 이름을 바꾸고 따로 새 성을 쌓았다. 지금 사마천사(祠) 정북쪽 약 8리 지점에 서소량촌(西少梁村)이 있고 사마천사 동북쪽 6리 지점에는 동소량촌이 있는데, 동서 소량촌은 서로의 거리가 약 4리이다. 서소량촌은 곧 옛 소량읍이며,[4] 하양의 신성(新城)은 서소량 서남쪽 6리 지점에 있는데, 사마천사와 화지, 고문 사이에 위치한다. 하양은 사마천사 서북쪽 약 4리 지점에 있다. 화지와 고문 또한 하양 서북쪽 약 4리 지점에 있어서 서소량과 동서로 마주하고 있다. 한나라는 진나라의 제도를 이어 하양현을 설치하였는데, 유지는 지금의 외동향(嵬東鄕) 보안촌(堡安村)에 있으며, "하양구지(夏陽舊址)"라는 석비가 있다. 보안촌의 옛 성루에는 "한원요충(韓原要衝)"이라는 넉 자가 크게 새겨져 있다.

사마천이 태어난 곳에 관해서는 학술계에 다섯 가지 견해가 있다. 첫째는 지천(芝川)에서 났다는 설이다. 사마천의 사묘(祠廟)가 지천진(鎭)에 있기 때문에 정허성(鄭鶴聲)의 『사마천연보』와 지전화이(季鎭淮), 궈웨이썬(郭維森) 두 사람의 전기 『사마천』 및 많은 논문 작자들은 이 설을 주장하였다. 둘째는 화지에서 났다는 설이다. 사마천의 6대조인 사마근을 이곳에 장사지냈기 때문에 왕궈웨이(王國維)는 「태사공행년고(太史公行年考)」에서 이 설을 주장했다. 셋째는 고문에서 났다는 설이다. 사마천 3대의 가까운 조상의 무덤이 모두 이곳에서 장사 지내어졌으므로 강희(康熙) 연간에 발간된 『한성현지(韓城縣志)』에서 강행한(康行僴)은 이 설을 주장하였다. 넷째는 용문채(龍門寨)에서 났다는 설이다.[5] 하양성 안에서 났다는 설이 다섯째다.[6] 넷째와 다섯째의 두 설은 근년에 새로이 제기된 설로 근

---

4 소량읍은 지금의 서소량촌에 있는데, 이는 『수경주(水經注)』의 기록에 의하여 방위를 추산한 것이고 또한 향읍(鄕邑) 사람들의 습관적인 표현이기도 하다. 현장 고증에 의하면 동소량촌에 옛 성의 유지가 있으니 아마 옛 소량읍일 것이다.

5 용문채(龍門寨)는 지명으로 서고문촌 남쪽 1리쯤에 있으며 고문촌에 속한다. 이 설은 "나는 용문에서 났다(遷生龍門)"는 데 대하여 새로 제기한 해설로, 가오지엔(高健)의 「한성 승적의 으뜸(韓城勝迹之冠)」이란 글에 보이며, 『문물천지(文物天地)』 1982년 제6기에 수록되어 있다. 채(寨), 촌(村), 진(鎭)을 "용문"이라 명명한 것은 각지에 모두 있으므로 "나는 용문(龍門)에서 났다"는 증거로 삼기에는 부족하다.

6 이 설은 후린꿰이(呼林貴)의 「사마천이 나고 장사 지낸 곳의 새로운 탐색(司馬遷生葬地新探)」에 보이며, 『인문잡지(人文雜志)』 1987년 제4기에 보인다.

거가 부족하여 믿을 수 없다. 사마천이 태어난 곳에 대해서는 「태사공자서」에 실려 있는 선영인 화지와 고문에 의거하여 확인할 수 있을 뿐이다. 다만 지금의 화지와 고문에는 이미 사마천 조상의 무덤은 없어졌으며, 다행히 아직도 역사적인 유적과 증거로 삼을 만한 민간의 유풍이 남아 있다. 이 기회에 대략 기술하여 역사의 그림자로 남겨 놓는다.

화지 사마근의 무덤. 지금의 화지 남과 북 두 촌은 서로의 거리는 1리쯤이다. 북화지촌은 마(馬) 씨 성이 주를 이루며, 남화지촌에는 마 씨 성이 없다. 북화지촌에는 옛날에 "사마서원(司馬書院)"이 있었는데, 사마담(司馬談)이 학교를 열고 학생을 가르친 곳이라고 한다. 촌의 동쪽에는 화지의 유지가 있는데, 사마 씨 가문의 화원(花園)이라고 한다. 『수경주』에는 "못은 3백 평방 보(步)"로 기록되어 있으며, 현재의 화지는 다만 작디작은 습지일 뿐 이미 옛날의 모습을 간직하고 있지 않다. 습지 북쪽 약 100미터 지점에는 원래 분묘(墳墓)가 하나 있었는데, 사마근의 무덤이라 전해진다. 1958년 이전까지만 해도 마을의 부로들이 청명절이 되면 여전히 가서 무덤을 청소하였다. 1958년 "대약진운동" 중에 밭을 고르고 정지 작업을 거친 결과 2천여 년의 비바람을 겪어온 사마근의 무덤은 사라져버렸다.

고문의 사마창(司馬昌)과 무택(無澤), 희(喜) 3세의 무덤. 고문원은 서쪽으로 양산을 베고 동쪽으로는 황하를 마주하고 있는데, 지세가 높고 평탄하며 토지가 비옥하다. 원(原)에는 동고문(東高門)과 서고문, 북고문의 세 촌이 우뚝하게 세 솥발처럼 서 있다. 동고문촌 남쪽 어귀의 돌로 된 문루에는 "태사고리(太史故里)"라는 넉 자가 크게 새겨져 있다. 동서 고문의 사이에는 청나라 설정방(薛廷枋) 등이 세운 사마천 선영의 쌍비가 있다. 쌍비는 동고문촌 서남쪽 수십 미터 지점에 서 있으며 서쪽에 자리 잡고 동쪽을 향하여 있다. 나란히 서 있는 쌍비는 서로 간의 거리가 몇 자에 지나지 않는다.

남쪽 비석에는 머리에 가로로 "한태사선영(漢太史先塋)"이라는 작은 글자가 새겨져 있다. 중간에는 세로로 "한태사사마공고문선영(漢太史司馬公高門先塋)"이 크게 새겨져 있고, 왼쪽에는 작은 글자로 "유학증광생원 설정방이 세움(儒學增廣生員薛廷枋立)"이라고 새겨져 있다. 비석의 뒷면은 "한태사사마공고문선영기(漢太史司馬公高門先塋記)"인데 말하기를 "한나라에서 지금까지는 수천여 년인데 그 선영은 여전히 양산의 들판에서 빛을 발하여 모든 사람들이 사마공의 유택(遺澤)이 깊음을 보는데, 자장공(子長公)이 현양한 것이 크다. …… 창(昌) 이하 장사 지낸 것이 세 무덤인데 지금은 높은 것만 가까스로 남아 있을 뿐이다. 이 이후로는 과연 어떻게 될 것인가!"라 하였다.

비석을 세운 때는 "가경(嘉慶) 17년 세차(歲次) 임신년(1812) 10월 곡단(穀旦)"이다. 이 기록에 의하면 당시 이곳에 세 기의 무덤이 있었음을 알 수 있다. 이곳의 부로들이 전하기로는 원래 세 무덤이 완연히 정립하여 대치하고 있었는데, 바로 사마창과 사마무택, 사마희 세 사람의 무덤이었다고 한다. 중일전쟁 시기에 읍의 사람 왕지에싼(王捷三: 당시 陝西省 敎育廳長)이 한성으로 돌아와 어버이를 찾아뵈었는데, 태사공의 선영이 대로에 침식되어 봉분이 평평해진 것을 보고 매몰되지 않게 하기 위하여 사람들에게 흙담을 쌓아서 보호하게 하였다. 사람들은 마침내 세 무덤을 하나의 무덤으로 합쳤다. 1950년대까지만 해도 둘로 나뉜 땅이 있었으나 1958년의 (대약진) 운동 중에 화를 입어 농지가 되고 지금은 다만 쌍비만 들판에 나란히 서 있게 되었다.

사마담의 무덤. 사마천 선영 쌍비의 북쪽 비석에는 "한선태사사마공묘(漢先太史司馬公墓)"라고 쓰여 있다. 비석을 세운 때는 "함풍(咸豐) 세차 임자년 국월(菊月) 곡단", 곧 함풍 2년(1852) 9월 1일이다. 이는 비록 후대의 사람이 세운 비석이긴 하지만 원래 사마담의 무덤으로 전해진다. 비록 「태사공자서」에 사마담의 무덤을 기록하지는 않았지만 사마근을 "화지에 장사지냈고" 사마창과 무택, 희를 "모두 고문에 장사 지냈다"고 한 것과 말의 흐름이 서로 이어져 있으므로 사마담은 죽어서 고향에 장사지냈으리라 미루어 판단하는 것은 말을 하지 않아도 알 것이다. 사마담을 무릉(茂陵) 현무리(顯武里)에 장사 지냈다면 「태사공자서」에 반드시 특별히 기록을 하였을 것이다. 「태사공자서」에서는 사마담의 장지(葬地)를 기록하지 않았고, 사마천은 그와 부자간이니 선인의 유해를 고향으로 모셨으리라는 것은 이치상 당연한 일이다. 고문촌 서쪽 6리 지점에는 서촌(徐村)이 있는데, 대대로 풍(馮) 씨와 동(同) 씨 두 성이 집성촌을 이루어 살고 있다. 대대로 사마천의 후예로 전하여지고 있으며, 매년 청명절만 되면 고문촌으로 가서 사마천의 선영에 있는 쌍비 앞에서 제사를 지내는데, 지금까지도 풍속이 이어지고 있다.

사마천은 고향으로 돌아와 묻혔지만 선영이 있는 고문촌으로는 들어가지 않고 지천(芝川)의 사마파(坡)에 묻혔다. 이는 깊이 연구할 만한 가치가 있는 문제이다. 오늘날 사마천의 사묘(祠墓)가 있는 지원촌(芝原村) 일대는 고고학 연구에 의하면 바로 진한(秦漢) 때 하양현(夏陽縣)의 묘역이었다. 사마천은 궁형을 받아 육체가 온전하지 못하여 스스로 조상을 뵙는 것을 부끄러이 여겼으므로[7] 고향의 선영 곁으로 귀장하면서 스스로 하양성 동남쪽의 사마파로 귀장을 하였다. 서쪽으로는 선영을 바라보고 동쪽으로는 황하를 바라보고 있다. 사마파는 우뚝 솟아 있는 형승 요지

---

7 사마천의 「임안에게 보내는 답장(報任安書)」에서는 말하였다. "행동 중에 조상을 욕되게 하는 것보다 더 추한 것이 없고 수치 가운데 궁형보다 더 큰 것이 없습니다. …… 저는 말을 삼가지 못하여 이러한 화를 입고 마을 사람들의 심한 웃음거리가 되어 조상을 욕되게 하였으니 무슨 면목으로 다시 부모님의 묘를 찾아가겠습니까?(行莫醜於辱先, 詬莫大於宮刑 …… 僕以口語遇遭此禍, 重爲鄉里所戮笑, 以汙辱先人, 亦何面目復上父母丘墓乎?)"

이다. 사마천이 이곳에서 영면한 것은 기이함을 좋아하는 그의 호방한 흉금과 서로 부합한다.

위에서 말한 것을 종합해 보건대 혼백을 고향으로 모시는 중화민족의 전통 습속을 가지고 고찰해 보면 사마천이 난 고향은 선영이 있는 화지와 고문일 것이다. 이 두 곳은 경계가 바로 이어져 있어 한 곳으로 간주할 수 있다. 개괄하여 말하면 한성시는 곧 사마천의 고향이다. 한성 경내에는 사마천이 태어난 곳으로 추정되는 곳이 다섯 군데가 있다. 고문촌을 중심으로 주변이 10리를 넘지 않고 고대에는 모두 하양성의 근교 구역이었다. 대체로 사마천이 난 곳은 화지와 고문, 지천진(芝川鎭) 중 하나일 것인데, 세 군데 모두 나름 근거가 있다. 상대적으로 정확하게 말한다면 사마천이 난 곳은 곧 한성 서남쪽 18리 지점의 고문촌이어야 한다.

3) 지천(芝川)의 사마천 사묘(祠墓)

지천진은 성 남쪽 20리 지점에 있으며 황하에 가깝고 서안에서 한성에 이르는 서한(西韓) 고속도로가 진을 관통하여 지나고 있다. 이곳은 내가 넓고 땅이 비옥하여 식량과 면화가 많이 생산되고 인물이 성대하며 진의 거주민은 천여 호이다. 지수(芝水)는 진 곁을 경유하여 흐르므로 지천(芝川)을 진의 이름으로 삼았다. 지수의 옛 명칭은 도수(陶水)로 전하는 바에 의하면 한무제가 순행하면서 이곳의 물가에서 영지초를 딴 적이 있기 때문에 지수라 하였다 한다. 사마천사 서쪽에 있는 지수 북쪽 기슭의 여장(呂莊)에는 원래 "영지암(靈芝庵)"을 세웠다. 암자 내부에는 석비를 세웠는데, 비석에는 "한무제가 이곳에서 영지초를 땄다(漢武帝采靈芝草于此)"라는 아홉 글자가 크게 새겨져 있었다. 현재는 암자와 석비 모두 이미 남아 있지 않다.

옛 소량읍은 지천진 동쪽에 있으며 지금의 지천향 서소량촌이다. 옛 하양성은 진(鎭)의 서남쪽에 있으며 지금의 외동공사(嵬東公社) 보안촌(堡安村)이다. 사마천의 사묘(祠墓)는 진 남쪽 2리 지점의 지수(芝水) 남쪽 기슭 높은 고개에 있는데, 사람들이 사마파(司馬坡)라고 한다. 강희(康熙) 연간에 출간된『한성현지(韓城縣志)』에는 다음과 같은 기록이 있다. "한나라 태사령(太史令) 사마천의 무덤은 지천진의 남쪽 고개에 있다. 서쪽으로는 양산을 베고 있고 동쪽으로는 대하(大河)를 굽어보고 있어 기세가 웅장하고 광활하다. 오랜 측백나무 수십 수백 그루가 모두 철과 같이 푸르고 늙어 양쪽 벼랑에 걸려 있는데, 이무기의 형상을 하고 있다. 자장(子長)의 무덤은 꼭대기에 우뚝하게 자리 잡고 있으며 사당의 벽에는 석묵(石墨)이 숲처럼 서 있는데, 대대로 명작이 있다. 무덤은 돌을 섬돌처럼 쌓았으며, 무덤 위로는 측백나무 두 그루가 나서 용이 서린 듯 구불구불 기이하게 북쪽 소량을 바라보고 있다. 새벽 운무와 석양은 마치 그림과 같다."

『사기』「회음후열전(淮陰侯列傳)」에는 한신(韓信)이 어머니의 장례를 치를 때 "높고 넓은 땅을 찾아서 그 곁에 만 호를 둘 수 있게 하였다.(行營高敞地, 令其旁可置萬家)"라고 하였다. 『사기』「저리자열전(樗里子列傳)」의 기록에서는 "저리자가 죽어 위수 남쪽 장대의 동쪽에 장사 지냈다. 말하기를 '백 년 뒤에 천자의 궁이 나의 무덤을 끼게 될 것이다.'라고 하였다.(樗里子卒, 葬于渭南章臺之東, 曰, 後百歲, 是當有天子之宮夾我墓)"라고 하였다. 『사기』「여불위열전(呂不韋列傳)」의 기록에서는 진(秦)나라 장양왕(莊襄王)을 지양(芷陽)에 장사지내어 그 어머니 "하태후만 따로 두원(杜原)의 동쪽에 장사 지냈다. 말하기를 '동으로는 내 아들을 바라보고 서로는 내 남편을 바라볼 수 있다. 100년 후에는 곁에 만호의 고을이 있게 될 것이다.'라고 하였다.(夏太后獨別葬杜東, 曰東望吾子, 西望吾夫, 後百年, 旁當有萬家邑)"고 하였다. 이런 기록은 사마천이 기이한 것을 좋아하여 스스로 장지를 사마파로 고른 증거로 삼을 수 있다. 이곳의 지형은 높고 평평하게 우뚝 서 있어 서쪽으로는 선영을 바라보고 동쪽으로는 황하를 내려다보고 있으니 또한 기이하다. 지천진이 일어난 곳은 사마천 사묘의 곁으로 만호의 고을은 없지만 천호의 고을은 된다.

사마천 사묘가 있는 산기슭의 동남쪽 수백 미터 지점에는 황하를 굽어보는 높은 대(臺)가 있는데, 동서와 남북이 각각 약 300미터쯤 된다. 이곳이 바로 한무제가 황하를 굽어보며 가마를 쉬었던 하양 협려궁(挾荔宮) 유지가 있는 곳이다. 하양 협려궁은 한무제가 즉위 3년에 후토(后土)에 제사를 지낸 후에 잠시 거마가 쉬었던 행궁이다. 사마천은 생전에는 어가와 함께 금의환향하였으니 그 영광이 어떠하였겠는가? 사후에는 하양의 협려궁 곁에 영면하게 되었으니 또한 매우 만족하지 않겠는가! 사마파 아래로는 지수가 감돌아 흐르고 있다. 지수는 하구(河口)로 흘러드는데, 곧 옛 소량도(少梁渡)로 나중에는 이름을 하양진(夏陽津)으로 바꾸었다. B.C. 205년 한나라 장수 한신은 목장군을 이용하여 이곳에서 황하를 건너 위왕(魏王) 표(豹)를 사로잡았다. 역사 유적 또한 사마파에 무궁한 풍채를 더하여주었다. 사마천은 웅장하고 호방함으로 사마파를 장지로 정하였으니 감정과 이성이 자연히 귀결되었다 하겠다.

사마천 사묘의 수축(修築)은 역사가 유구하여 310년 서진(西晉) 영가(永嘉) 4년까지 거슬러 올라갈 수 있으니 지금 이미 약 1700년의 역사를 가지고 있다. 『수경주』도거수(陶渠水)의 주에서는 말하였다. "또 동남쪽으로 사마자장의 무덤 북쪽을 지른다. 무덤 앞에는 사당이 있으며 사당 앞에는 비석이 있다. 영가 4년 한양(漢陽) 태수 은제(殷濟)가 유문(遺文)을 우러러보고 공덕을 크게 기려 마침내 석실(石室)을 세웠으며 비석을 세우고 측백나무를 심었다.[8] 「태사공자서」에서는 '나는 용문에서 났다.'고 하였으니, 무덤 터가 있는 곳일 것이다." 『수경주』의 이 기록은 사마천의 사묘에 관한 최초이자 가장 가치 있는 문헌이다.

서진의 은제(殷濟)는 사마천이 남긴 『사기』를 숭배하였다. 사마천의 공업을 표창하기 위하여 '마침내 석실을 세우고' 아울러 사당을 수축하였으며 비를 세우고 측백나무를 심어 사람들에게 우러러보게 하였다. 『수경주』에서는 또한 사마천의 비문을 인용하여 사마천의 고향 위치를 설명하였다. "고문과 화지는 이곳 하양에 있다." 북위(北魏)의 역도원(酈道元)은 그가 본 사마천 비문과 「태사공자서」를 근거로 검증하여 은제가 세운 사묘가 바로 원래부터 있던 사마천의 무덤 터일 것이라고 추정하였다. 당나라 사마정(司馬貞)의 「태사공자서」『색은(索隱)』에서도 사마천의 비문을 인용하여 안어(案語: 작가나 편자의 주해, 설명, 고증 따위의 말)로 삼았는데, 화지는 하양 서북쪽 3리 지점에 있다고 하였다.[9] 이는 사마천비는 남북조를 거쳐 당대까지도 남아 있었다는 것을 설명한다.

은제는 사마천과 동향인이다. 은제의 무덤은 옛 하양성 유지인 보안촌 부근에 있으며, 고문의 동쪽과 사마천의 무덤 서쪽에 위치하고 있다. 청나라 가경(嘉慶) 23년(1818) 향신(鄉紳)이 은제를 위하여 무덤에 비석을 세우고 "진명환한양태수은공지묘(晉名宦漢陽太守殷公之墓)"라고 썼다. 『수경주』 도거수의 주에서는 말하였다. "물은 서북쪽의 양산에서 나와 동남쪽으로 흘러 한양 태수의 정려(精廬) 남쪽을 지르는데, 속칭 자하묘(子夏廟)라고 한다." 이른바 "정려"는 "정사(精舍)"라고도 하며 고대의 강학소이다. 한양군(漢陽郡)은 한나라 때의 옛 이름으로, 위진 때 천수군(天水郡)으로 이름을 바꾸었다. 은제는 천수 군수로 아마 옛 문헌의 관습을 따라

---

8 수백(樹柏)은 무덤 앞에 측백나무를 심는 것인데, 이는 고대의 풍속이다. 수백은 사자(死者)의 간과 뇌를 먹는 요괴를 쫓아내어 사자를 보호한다. 청나라 초기의 교감학자 하작(何焯)은 "백(柏)"은 "환(桓)"자의 오자일 것이라 생각하였다. 수환(樹桓)은 곧 큰 나무의 곁을 표지로 삼는 것으로 또한 하나의 설로 갖추어둘 만하다.

9 사마정(司馬貞)의 원문에는 "생각건대 사마천의 비석은 하양 서북쪽에 있는데, 화지와 3리 떨어져 있다(案, 遷碑, 在夏陽西北, 去華池三里)"고 하였다.

그대로 옛 군명을 지었을 것이다. 은제는 벼슬에서 물러나 향리의 사람들에게 강학을 하였으며 영재를 양성하여 고향에서 덕을 쌓았다. 또한 위진 때는 죽은 사람을 위하여 석실을 짓고 비석을 세우는 것을 엄금하였다. 은제는 금기를 타파하고 사마천을 위하여 석실묘를 짓고 비석을 세워 덕을 칭송하였다. 이는 매우 지혜롭고 용기 있는 행위라고 하겠다. 향리의 사람이 은제를 마음속으로 생각하며 또한 비석을 세우고 찬양하였다. 시에서는 말하였다.

巍巍蒼山	높다랗고 푸른 산
河水決決	하수 콸콸 흐른다네.
殷公沐風	은공의 무젖은 풍도
山高水長	산 높고 물 길게 흐른다네.

은제 이후 역대 사마천 사묘를 유지하고 수리한 상황은 사마천사의 비석과 한성의 지방지에서 그 대략을 고찰할 수 있다. 현존하는 사마천사 최초의 비석은 북송 치평(治平) 원년(1064年) 태상박사(太常博士) 지동주(知同州) 한성현사(韓城縣事) 이규(李奎)가 쓴 시비(詩碑)이다. 시에서는 말하였다. "황폐한 사당 후토 내려다보고, 외로운 무덤 황하 누른다네.(荒祠臨后土, 孤冢壓黃河)" 이 "황폐한 사당"과 "외로운 무덤"의 퇴락한 국면은 북송 말기에 와서야 개선되었다. 송나라 휘종(徽宗) 선화(宣和) 7년(1125) 한성현 지사 동로(東魯)의 윤양(尹陽)이 태사공사를 보았다. "(사당의) 건물이 심하게 기울고 계단이 매우 낮게 허물어졌으며 묘도는 매우 거칠고 황폐해졌으며 사철 지내는 제사는 빠뜨리고 이르지 않았다." 황량하게 허물어진 모습을 차마 볼 수가 없었다. 윤공은 감개하여 탄식하며 말하였다. "사마공의 문장은 백세의 영화로 사는 곳을 풍우에 덮이도록 둘 수 없

다. 학문은 연원을 이었는데, 묻힌 곳은 가시덤불도 제거하지 않았다."
"무덤과 사당이 이렇게 낮게 허물어졌으니 공의 글과 학문에 어울리지 않는다!" 윤양은 이에 지천의 백성을 이끌고 중수하여 "네 칸의 집을 수복하여 높였다." 쓰인 벽돌과 기와, 문, 창은 한결같이 재료에 맞게 하여 모두 백성들 가운데서 취하였다.[10] 고건축 전문가의 감정에 의하면 현존 침궁(寢宮)과 헌전(獻殿) 그리고 산문(山門)에는 여전히 송대의 목조 건축이 남아 있는데, 이미 8백 년의 비바람을 거쳤으니 더욱 진귀하다.

북송의 윤양이 사마천사를 중수하고 50년 남짓 흐른 금(金)나라 대정(大定) 19년(1179)에 또 부분적으로 정비와 보수를 진행하였는데, 태사공의 무덤에 중점을 두었다. 한성현 지사 조진(趙振)이 지은 「대정 기해년 태사공 무덤 수축 소비(大定己亥修太史公墓小碑)」에서는 그 일을 말하였다. "(사마천은) 죽어서 양산의 언덕에 장사 지냈는데, 지금껏 한성 사람들의 제사가 끊이지 않는다. 안타깝게도 시대가 오래되어 옛 무덤이 기울고 허물어졌다. 올 봄에 요정(姚定)이 고을 사람을 거느리고 수복하는 공사를 명하였으니 그 뜻은 빛나는 문사(文史)의 기풍으로 쇠락한 풍속을 격려하고자 하는 것이다."

사마천의 무덤은 원형의 팔괘총(八卦冢)이다. 푸른 벽돌을 쌓은 것으로 높이가 2.5미터이고 직경이 5미터로, 원세조(元世祖) 지원(至元) 12년(1275)에 중수되어 지금과는 이미 7백여 년이라는 시차가 있다. 묘비에는 청나라 건륭(乾隆) 연간의 필원(畢沅)이 쓴 "한태사공지묘(漢太史公之墓)"라는 글자가 있다. 무덤 위에는 측백나무가 나 있는데, 다섯 가지가 하늘까지 뻗었으며 크고 오래 되어 용이 서린 듯한 특이한 형상을 하고 있다. "맑

---

10 윤양(尹陽)의 「수태사공묘비(修大史公廟碑)」. 이 글은 또 명나라 만력(萬曆) 연간의 『한성현 지』 권8에도 실려 있다.

으면 푸른색이 언덕까지 오르고 흐리면 구름같이 푸른빛을 머금고 있다. 바람이 불면 물결이 세차게 일고 비가 오면 구름이 뭉게뭉게 일며 눈이 오면 소박하게 흰 구슬이 쌓인 것 같다."[11], 변화가 신출귀몰하여 완연히 『사기』 문장의 씩씩하고 기이하며 장려함과 같아 오래 머무르며 탄식하지 않는 이가 없었다.

명·청 양대에도 계속 대대적으로 사마천사를 정비하였다. 청나라 강희(康熙) 17년(1678) 한성현 지사 적세기(翟世琪)는 대대적인 정비 공사를 주관하였으며 현존 사묘의 규모를 정하였다. 이번 정비 때 사당 터 정면에 벽돌로 99칸의 계단으로 된 "신도(神道)"를 만들었다. 신도의 기점이 되는 계단 앞길에 있는 벽돌 패방에는 "하산지양(河山之陽)" 넉 자가 쓰여 있다. 바로 적세기가 쓴 것이다. 청나라 가경(嘉慶) 19년(1814) 기란태(冀蘭泰)가 한성을 다스리면서 다시 정비하여 침전(寢殿)과 산문(山門), 장원(墻垣), 재주(齋廚)를 새로이 말끔하게 수리하였다.

신중국 성립 후에 중국 정부는 사마천사묘를 매우 중시하였다. 지금은 이미 전국중점문물보호단위에 들었으며, 이와 동시에 "사마천사묘 문물관리소"가 설치되어 전문 기구가 관리를 하고 있다. 1980년 우물을 파서 펌프로 상류의 물을 끌어다 소나무와 측백나무, 화초에 물을 주어 사마천사묘를 더욱 울울창창하게 가꾸어 온 눈에 푸른빛이 들게 하였다. 현재 사마파 남쪽 기슭에는 원·명대의 건축물 세 기를 더 옮겨 사마천사묘를 꾸며 더욱 두드러진 장관을 보여주고 있다. 이 몇몇 한성 경내에 있는 원·명대 건축은 원래의 자리에서 보호하기가 불편하여 고건축 관리팀에서 이곳으로 옮겨온 것이다.

---

11 향현(鄉賢) 곽종부(郭宗傳)의 「사마공사 중수기(重修司馬公祠記)」, 명나라 만력(萬曆) 연간의 『한성현지(韓城縣志)』 권8에 실려 있음.

2. 근원이 길이 흐르는 세계(世系)

『사기』 130편의 마지막 편은 「태사공자서」다. 사마천이 쓴 자전체 학술 논문으로, 작자의 간략한 전기이자 『사기』 전체의 서문에 해당된다. 『사기』의 원제가 『태사공서(太史公書)』이기 때문에 서문을 「태사공자서」라고 하였다. 사마천이 서술한 사마 씨의 세계는 근원이 길이 흘러 시조가 당우(唐虞) 때의 중려 씨(重黎氏)까지 이른다. 「태사공자서」에서는 말하였다.

> 옛날 전욱 때에 남정 중에게 천문을 관장하게 하고 북정 여에게 지리를 관장하도록 명하였다. 당우 때에는 중과 여의 후손들에게 이어서 다시 그 일을 맡게 하여 하나라와 상나라에 이르렀으므로 중 씨와 여 씨가 대대로 천문과 지리를 맡았다. 주나라에서는 정백 휴보가 그 후손이다. 주나라 선왕 때가 되자 그 지위를 잃어 사마 씨가 되었다. 사마 씨는 대대로 주나라의 역사를 관장하였다. 혜왕과 양왕 사이에 사마 씨는 주나라를 떠나 진나라로 갔다. 진나라 중군장군 수회가 진나라로 달아나자 사마 씨는 소량으로 들어갔다.
>
> 昔在顓頊, 命南正重以司天, 北正黎以司地. 唐虞之際, 紹重黎之後, 使復典之, 至于夏商, 故重黎氏世序天地. 其在周, 程伯休甫其後也. 當周宣王時, 失其守而爲司馬氏, 司馬氏世典周史. 惠襄之閒, 司馬氏去周適晉. 晉中軍隨會奔秦, 而司馬氏入少梁.

사마천은 스스로 원조(遠祖)를 당우 때의 중려 씨라고 하였다. 다시 전욱의 세상까지 거슬러 오르는데, 중(重)과 여(黎)는 두 사람이다. 중은 남정이고, 여는 북정이다. 정(正)은 바로 장관이라는 뜻이다. 남정은 고대의 천관(天官)으로 성상(星象)을 관찰하여 역법을 정한다. 북정은 고대의 지관(地官)으로 농사를 담당한다. 선진(先秦)의 전적인 『상서』 「여형(呂刑)」과 『좌전(左傳)』, 『국어(國語)』 등에 모두 중과 여 두 사람이 전욱 때 하늘과 땅을 나누어 관장한 것에 관한 전설이 기록되어 있다. 당우의 때에 이르러 "중과 여의 후손들에게 이어서 다시 그 일을 맡게 하였는데"라고 하였는데, 이는 중간에 한번 직위를 잃었었다는 것을 설명한다. 이 맡았던 직책을 회복한 "중과 여의 후손(重黎之後)"이라는 넉 자는 의미가 좀 모호한데 중의 후손이란 말인가, 아니면 여의 후손이라는 말인가? 천관을 이은 것인가, 지관을 이은 것인가? 후대의 사람들로 하여금 논쟁을 그치지 않게 하고 있다. 사마천은 『사기』 「초세가」에 모호한 기록을 남겼다. 「초세가(楚世家)」에서는 말하였다.

> 초나라의 선조는 전욱 고양 씨에게서 나왔다. 고양은 황제의 손자이며, 창의의 아들이다. 고양은 칭을 낳았으며, 칭은 권장을 낳았고, 권장은 중려를 낳았다. 중려는 제곡 고신 씨의 화정으로 큰 공을 세웠으며, 천하를 밝게 비출 수 있어서 제곡이 그를 축융이라 명명하였다. 공공 씨가 반란을 일으키자, 제곡은 중려에게 그들을 죽이게 하였는데, 다 소탕하지 못하였다. 제곡은 곧 경인일에 중려를 죽이고, 그의 동생 오회를 중려의 후계자로 삼아, 다시 화정에 앉히고 축융이라고 하였다.
>
> 楚之先祖出自帝顓頊高陽. 高陽者, 黃帝之孫, 昌意之子也. 高陽生稱, 稱生卷章, 卷章生重黎. 重黎爲帝嚳高辛居火正, 甚有功, 能光融天下, 帝嚳命曰祝融. 共工氏作亂, 帝嚳使重黎誅之而不盡. 帝乃以庚寅日誅重黎, 而以其弟吳回爲重黎後, 復居火正, 爲祝融.

이 기록에 의하면 사마 씨는 초나라의 먼 선조와 근원이 같으며 전욱의 후예가 된다. 다시 위로 거슬러 올라가면 함께 황제(黃帝)의 자손이 된다. 여기서 중려 씨는 이미 두 사람을 하나로 합쳤다. 전설에 의하면 세계는 다음과 같다.

황제 —— 창의 —— 전욱 —— 칭 —— 권장 ┬ 중려 ······ 사마 씨
黃帝　　昌意　　顓頊　　稱　　卷章　│ 重黎　　　司馬 氏
　　　　　　　　　　　　　　　　　　└ 오회 ······ 초(屈原)
　　　　　　　　　　　　　　　　　　　吳回　　　楚

굴원(屈原)은 초나라 왕실과 동성(同姓)으로 「이소(離騷)」에서 그 선조에 대하여 자술하여 또한 말하기를 "제 고양의 아득한 후손이여, 나의 황고는 백용이라네.(帝高陽之苗裔兮, 朕皇考曰伯庸)"라고 하였다. 굴원이 「이소」를 쓴 시기는 사마천이 『사기』를 쓴 시기보다 이른데 그들의 뿌리를 거슬러 올라가면 모두 황제의 자손이다. 굴원부터 사마천까지 조상의 근원을 추적하여 거슬러 오르면 두 사람 모두 고대 명현의 후손임을 나타내며, 스스로를 높이고 지기(志氣)를 격발시킨다. 이는 옛사람이 자부심을 세우는 데 필수불가결한 조건이다. 이 의의에서 고대 전설이라는 역사의 그림자는 없다고 부정할 수도, 있다고 완전히 믿을 수도 없다. 사마천이 조상을 추적하여 거슬러 올라가는 것에 대하여 믿을 만한 사료에 근거하였는가 하는 것은 사실 여부를 고찰할 필요도 없고 고찰할 수도 없다. 사마천은 중과 여를 두 사람으로 구별하였을 뿐만 아니라 또한 중려의 후손을 한 사람으로 합쳤으니 모두 전설적인 역사의 그림자가 어려 있어 또한 이해하기가 어렵다.

사마천의 먼 조상에 대한 서술은 더욱 깊은 뜻을 부여하였으니 곧 사마 씨는 대대로 사관의 가문임을 강조한 것이다. 주대(周代)에 이르러 사마 씨의 선조 정백휴보(程伯休甫)는 군공이 혁혁하여 성을 사마(司馬)라고

하였지만 사마 씨는 여전히 대대로 주나라의 역사를 담당하였다. 춘추 전국 시대가 갈릴 무렵의 큰 변동은 주나라 왕실의 사관을 세습한 사마 씨가 거듭 직위를 잃게 하였으며 동시에 큰 분화를 발생시켰다. "혜왕(惠王)과 양왕(襄王) 사이에 사마 씨는 주나라를 떠나 진(晉)나라로 갔다." 혜왕과 양왕은 동주의 다섯째와 여섯째 임금이다. 혜왕 때는 자퇴(子頹)가 난을 일으켰고, 양왕 때는 숙대(叔帶)가 난을 일으켰다.

사관은 기밀을 담당하고 아울러 조정의 중대한 변역에 해석을 제공하기 때문에 필연적으로 왕실 내란의 소용돌이에 휘말리게 된다. 주양왕 16년 곧 B.C. 636년에 양왕의 아우 숙대가 난을 일으켰으며 양왕은 정나라로 달아났다. 이해에 진(晉)나라 공자 중이(重耳)가 귀국하여 왕이 되어 진나라의 혼란을 수습하였는데, 곧 진문공(晉文公)이다. 진문공은 현자와 사(士)를 받아들여 제환공의 뒤를 이어 중원의 패주가 될 뜻이 있었으며 존왕양이를 표방하였다. 사마 씨는 왕자 대가 난을 일으키는 것을 반대하여 이해에 주나라를 떠나 진나라로 갔을 것이다. 이듬해에 주양왕은 진(晉)나라에 위급함을 알렸고 진문공은 숙대를 죽이고 양왕의 지위를 회복시켜 주었다. 양왕은 진문공에게 규(珪)와 창(鬯), 궁시(弓矢)를 내렸으며 백(伯)으로 명하고 하내(河內)의 땅을 진나라에 주었다.

위에서 말한 배경으로부터 사마 씨가 주나라를 떠나 진나라로 간 것이 시대적 조류를 받아들인 행보임을 알 수 있다. 진문공 후에 진나라 공실 또한 일련의 동란을 겪었으며 나중에 삼가(三家)가 진나라를 나누어 가지게 되었다. 주나라를 떠나 진나라로 간 사마 씨 또한 시대의 변동에 따라 이리저리 흩어져 각자도생하게 되어 혹자는 위(衛)나라에 혹자는 조(趙)나라에 혹자는 진(秦)나라에 있게 되었다.

위나라의 사마 씨 일파 중에는 후대에 중산국(中山國)의 재상이 된 사람이 있다. 「태사공자서」의 『집해(集解)』에서는 서광(徐廣)의 말을 인용하여 말하기를 "이름은 희(喜)이다."라고 하였다. 『전국책(戰國策)』「중산책(中山策)」에서는 말하였다. "사마희(司馬喜)는 세 번 중산의 재상이 되었다." 중산국은 고대 백적(白狄)의 별종인 선우인(鮮虞人)이 B.C. 414년에 세웠으며, B.C. 296년 조(趙), 제(齊), 연(燕) 세 나라에 의하여 분할되어 멸망당하였다. 중산의 도성은 영수(零壽)로, 유지는 지금의 하북(河北) 평산현(平山縣)에 있다. 1974년에서 1978년까지 고고학자들은 하북 평산현에서 긴 명문(銘文)이 있는 철제 대정(大鼎)을 발굴해 내었는데, 중산왕이 재상인 사마저(司馬貯)에게 내린 것으로 사마천의 기록을 실증하였다.

조나라의 사마 씨 일파는 이름을 사마개(司馬凱)라고 하였으며 개는 괴외(蒯聵)를 낳았다. 괴외는 바로 『사기』「자객열전(刺客列傳)」에서 형가(荊軻)와 검술을 논한 갑섭(蓋聶)이다. 괴외는 소예(昭豫)를 낳았고, 소예는 헌(憲)을 낳았으며, 헌은 앙(卬)을 낳았다. 앙은 진나라 말기에 항우(項羽)를 도와 진나라를 멸하여 은왕(殷王)에 봉해졌다. 『진서(晉書)』「선제기(宣帝紀)」의 기록에 의하면 사마앙은 바로 진나라 왕조를 연 사마의(司馬懿)의 선조이다.

사마천은 진(秦)나라로 들어간 일파에 속하는 사마 씨이다. B.C. 621년 진양공(晉襄公)이 죽자 진나라 대부 수회(隨會)는 진(秦)나라로 들어가 양공의 아우인 공자 옹(雍)을 맞아들여 옹립하였다. 조돈(趙盾)은 양공의 태자 이고(夷皋)를 세웠는데, 바로 진영공(晉靈公)으로 군사를 일으켜 공자 옹에 맞섰다. 수회는 진(秦)나라로 달아나 난을 피하였으며 나중에 진나라로 돌아와 중군통수(中軍統帥)가 되었다. 수회와 함께 진(秦)나라로 들어간 사마 씨는 소량(少梁)에 자리 잡고 살았다. 3백 년이 지나 사마조가 진나라에서 현달하였는데, 사마천의 조상 중에 확실히 세계를 고찰할 수 있는 시조이다. 『태사공자서』에는 전승 세계를 다음과 같이 기록하였다.

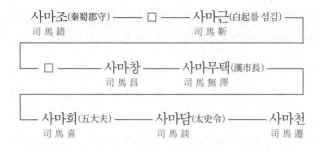

위에서 말한 각 지파의 사마 씨는 모두 사관의 직책과는 관계가 없다. 대대로 주나라의 사관을 맡아온 사마 씨는 춘추 중엽부터 주나라를 떠나 진나라로 간 이래 이미 사관의 가학(家學)이 끊긴 지 4백여 년이 되었다는 말이다. 춘추전국 및 진·한(秦·漢) 때 사마 씨 족속은 시대의 대변혁에 적응하여 정치와 군사, 검객, 경제 활동 등에 종사하여 각 영역에서 모두 사마 씨의 혁혁한 인물을 낳았다. 진(秦)나라의 사마 씨로는 명장 사마조와 경제 관료 사마창, 사마무택이 있다. 이들은 모두 사마천의 가학 연원이다. 사마천의 부친 사마담에 이르러 태사령이 되었다. 그는 옛 가학을 부흥시킬 결심을 하고 발분하여 역사를 수찬하였으므로 먼 조상을 천관을 맡은 중려까지 소급하여 자부심을 나타냈다. 굴원은 멀리 조상을 전욱까지 끌어올렸지만 사마천은 중려 씨까지만 끌어올린 것은 바로 사관의 직책을 강조하기 위함이었다. 당나라 사마정(司馬貞)은 「태사공자서」의 『색은(索隱)』에서 사마표(司馬彪)와 간보(干寶) 두 역사가가 모두 사마 씨는 여의 후손이라고 인용한 뒤에[12] 자기 나름의 해석을 하였다. 사마정은 말하였다.

---

12 「태사공자서」 장수절의 『정의』에서도 「사마표(司馬彪)의 서문」을 인용하여 "남정(南正) 여(黎)는 후세의 사마 씨이다."라고 하였다.

여기서 백휴보(伯休甫)가 중려(重黎)의 후손이라고 총칭한 것은 지리를 두루 말하는 것이 곧 천문을 드는 것이므로 여를 일컫는 것이 곧 중을 겸한다는 것과는 분명히 상대되는 글이며, 사실 두 관직은 통괄된 관직이지만 휴보는 여의 후손이며, 또한 태사공이 역사를 자신의 소임으로 생각하여 선대가 천관이라고 말하였기 때문에 중(重)이라고 겸하여 칭하였을 따름이다.

사마정의 뜻은 사마천의 먼 조상이 여라고 한 후에 무엇 때문에 중려씨로 합하여 불렀는가를 사실로 고증하고자 한 것이다. 그는 지(地)를 말한 것은 천(天)을 겸하여 든 것이라고 생각하였다. 여가 지관이기 때문에 사마천이 강조한 것은 사관의 직책이 천관이라는 것을 강조하였다. 목적은 "역사를 자기의 임무로 생각하는" 직책을 두드러지게 드러낸 것이다. 사마정의 이 해석은 사마천의 원의와 부합된다.

고대에 천자의 시종으로는 복사(卜史)와 무축(巫祝)이 있었다. 허신(許愼)의 『설문(說文)』에서는 "사(史)는 일을 기록하는 사람이다. 우(又)를 따르며 중(中)을 잡은 것이다. 중(中)은 바르다는 뜻이다.", "사(史)"자의 구조는 손으로 중정(中正)의 덕을 잡고 사실을 기록하는 사람을 상징하고 있다. 허신의 사(史)자에 대한 해석은 곧 고대인들의 관념이거나 옛사람들이 인식하고 있는 사덕(史德) 관념이라고 한다. 손으로 잡고 있는 것은 구체적 사물이어야 하는데, 중정의 덕은 추상적인 사물로 마음이 가지고 있는 것이지 손으로 잡는 것이 아니다. 후세 학자들은 허신의 해석에 대하여 의심을 품었다.

강영(江永)이 지은 『주례의의거요(周禮疑義擧要)』에서는 "중(中)"을 관부(官府)의 부서(簿書)라 해석하였으며, "사(史)"자는 손으로 부서를 잡고 있는 것을 상징한다고 하였다. 오대징(吳大澂)의 『설문고주보(說文古籀補)』에서는 고문자의 형체로부터 고증하여 "사(史)는 손으로 죽간[簡]을 잡고 있는 형상이다."라고 하였다. 장태염(章太炎)의 『장씨총서(章氏叢書)』「문시(文始)」에서는 형(形,字形), 음(音,字音), 의(義,字意)의 세 방면에서 "중(中)"은 사실을 기록하는 간책(簡冊)이라고 상세히 증명하였다. 왕궈웨이(王國維)의 『관당집림(觀堂集林)』「석사(釋史)」에서는 "중(中)"은 간책(簡策)을 담은 그릇으로 길은 달라도 함께 귀의하는 것이라고 생각했으며 결론은 또한 "사(史)"는 서책(書策)을 잡고 있는 사람이라고 하였다. 판원란(范文瀾)은 『정사고략(正史考略)』「서언(緒言)」에서 "중(中)"은 간책(簡策)이라는 설을 거듭 증명하면서 "중(中)"자는 간책이 생략된 형태라 생각하였다. 복사(卜辭)의 ꗤ는 곧 ꗥ의 생략된 형태이다. ꗥ는 차츰 변하고 간략해져서 ꗦ, 곧 중(中)이 되었다. 이에 추단(推斷)하여 말하기를 "사(史)는 다만 하나의 우(又)를 따르며, 간책을 잡고 임금을 모시며 말을 기록하고 행동을 기록한다는 뜻이다. 책(冊)과 중(中) 두 형태의 번거로운 것을 줄여서 뜻을 나타낸 것이며 하나의 물상(物象)에서 가지고 있는 것이 아니다."라고 하였다. 근세의 학자들은 출토된 문물을 보고 거듭 새로이 "중(中)"과 "사(史)"자의 구조와 본의를 고석(考釋)하였는데, 당연히 정확하다. 그러나 새로운 해석은 결코 허신이 기록한 고대의 관념에 이르거나 부정할 수 없다. "중(中)은 바른 것이다"라는 것이 사관에 대한 요구이다. 또한 기사(記事)의 사관은 공평무사해야 하는 것을 말하기도 한다.

사마담은 조상이 대대로 사관이었음에 대해 자긍심을 가졌다. 그는 이 "영광된 가보(家譜)"를 가지고 사마천을 이끌어 그가 선조들의 덕을 발양하여 역사를 수찬하는 장지(壯志)를 확립할 수 있기를 희망하였다. 사마천은 그 일에 대하여 엄숙하게 먼 조상이 대대로 사관이었다는 전언을 기록하였다. 이는 그들 부자가 고금을 관통하는 통사를 수찬하는 것은 도의상 물리칠 수 없는 것을 의미하며, 당연히 어깨에 걸머져야 할 역사적 사명일 터였다.

3. "사마천이 용문에서 나다"

B.C. 145년 서한 경제(景帝) 중원(中元) 5년 병신년에 사마천은 하양현(夏陽縣) 고문리(高門里) 사마담의 집에서 태어났다. 고문리는 지금 섬서성 한성시 외동향(嵬東鄕) 고문촌(高門村)에 속해 있으며, 한성 서남쪽 18리 지점에 있다. 앞의 「사마천의 고향」에서 이미 말했듯이 지금의 고문은 동과 서, 북의 세 촌장(村莊)으로 나누어졌다. 동고문촌 남동(南洞)의 문루에는 '태사고리(太史故里)'라는 네 글자가 돌에 크게 새겨져 있다. 동서 고문 사이에는 청나라 사람이 세운 사마천 선영의 쌍비가 있으며, 이곳에는 원래 사마천의 선영이 있었다.

사마천은 「태사공자서」에서 조적(祖籍, 貫鄕)을 한나라 하양현(夏陽縣) 화지(華池)와 고문(高門)이라 기록하였지만 또 스스로 일컫기를 "나는 용문에서 태어났다(遷生龍門)"라고 하였다. 이는 역사적으로 수수께끼를 남겼을 뿐만 아니라 또한 진(晉: 산서성)과 섭(陝: 섬서성) 사람들의 쟁송을 불러일으켰으므로 이 일은 반드시 더욱 분명하게 밝혀야 한다.

청나라 건륭(乾隆) 연간에 나온 『하진현지(河津縣志)』 황학령(黃鶴齡)의 서문과 가경(嘉慶) 연간에 나온 『하진현지』 심천감(沈千鑒)의 서문에서는 모두 하진은 '옛 용문의 땅'이라고 하였으며 다투어 사마천은 진(晉) 사람이라 하였다.[13] 광서(光緖) 판 『하진현지』에도 그렇게 기록되어 있으며, 원대(元代) 왕사성(王思誠)의 『하진현총도기(河津縣總圖記)』에서는 말하였다. "사마천은 용문에서 태어나 태화방(太和坊)에서 살았으며, 또한 현의 동쪽에 태사향(太史鄕)이 있다." 또 말하였다. "한나라 태사공의 무덤은 현

---

13 『하진현지』는 명나라 융경(隆慶) 4년(1570)에 처음 편찬되었으며, 몇 차례 수정을 거쳤는데 모두 사마천을 하진 사람으로 기록하였다.

서쪽에 있다." 명대에는 또한 하진현 동쪽 태사향에 복자하(卜子夏), 사마천, 왕통(王通)의 삼현사(三賢祠)를 세웠다. 이로 진(晉)[14] 사람들이 사마천을 빼앗으려 한 유래가 이미 오래되었음을 알 수 있다.

진(晉) 사람들이 사마천을 빼앗으려 하는 주요 이유는 하진이 "옛 용문의 땅"이기 때문이다. 현대 지도를 펼치면 용문산의 주봉은 황하의 동쪽 산시성 하진의 경내에 있다. 하진 현성 북쪽 약 30리 지점에 있기 때문에 옛 하진현의 연혁에 "용문현"이라고 칭한 일단의 역사가 있었었다. 사마천이 태어난 곳인 고문촌은 황하 서안 산시성(陝西省) 한성 서남쪽 18리 지점에 있어 용문산의 주봉과는 약 90리 떨어져 있다. 우문구(禹門口) 또한 용문이라 일컬으며 한성 동북쪽 60리 지점 용문산 주봉의 산기슭에 있어서 고문촌과는 80리의 거리이다. 진 사람들이 사마천을 하진 사람이라고 우기는 일은 일단 제쳐두고 논외로 하더라도 이 역사의 수수께끼는 논하지 않을 수 없다.

근대에 고증학의 대가인 왕궈웨이는 「태사공계년고략(太史公繫年考略)」과 「태사공행년고(太史公行年考)」 두 글에서 말하였다.[15] "「자서(自序)」에 의하면 사마천은 용문에서 났으며 용문은 하양(夏陽)의 북쪽에 있다. 『정의(正義)』에서는 『괄지지(括地志)』를 인용하여 '용문산은 동주(同州) 한성현 북쪽 50리 지점에 있다.'고 하였다. 화지는 한성현 서남쪽 17리 지점으로 서로간에 70리 떨어져 있어 사마담 당시에는 공의 집을 이미 옮겨 동북쪽으로 향하였을 것이다. 그러나 공이 스스로 용문에서 났다고 한 것은

---

14 진(晉): 산시성(山西省)을 가리킨다. 산시성이 대부분 옛날 춘추시대 진(晉)나라에 해당하기 때문에 이렇게 부른다. 중국에서는 각 성, 직할시, 자치구를 한 글자로 지칭하는데, 진(晉)은 산시성의 약칭이다. 논쟁이 되는 산시성은 섬(陝)이라 한다. ─옮긴이

15 왕궈웨이의 「태사공계년고략」은 1916년에 발표되어 『광창학군총서(廣倉學窘叢書)』에 수록되었으며, 『태사공행년고』는 1923년에 발표되어 『관당집림(觀堂集林)』 권11에 수록되었다. 사마천의 행년에 대한 논증은 일이 조금 상세하지만 설은 아직 바뀌지 않았다.

용문이라는 이름이 「하서(夏書)」에 보여 소량과 하양에 비하여 오래되었으므로 즐겨 쓴 것이지 반드시 용문산 아래만을 가리키지는 않을 것이다." 여기서 왕 씨는 사마천이 난 곳과 용문산의 주봉이 거리가 요원한 것에 주의를 하였기 때문에 두 가지의 추론을 제기하였다. 하나는 "사마담 당시 공의 집은 이미 옮겨서 동북쪽을 향하였을" 것이라는 것이며, 한 가지는 용문이라는 이름이 오래되어 고향을 끌어다가 이름으로 삼았다는 것이다. 증명을 거치지 않은 추론은 일종의 가설일 뿐이므로 왕 씨는 둘 다 가능성을 열어놓고 고찰을 기다렸다.

사마천은 「태사공자서」에서 스스로 "나(遷)는 용문에서 났다"고 하였는데, 어기(語氣)가 자긍심이 충만하고 고향의 웅장한 산천에 대한 뜨거운 사랑을 표현하였으며, "용문"을 끌어서 고향을 중시한 뜻이 매우 분명히 드러난다. 고대에는 "용문"을 하양의 지망(地望)이라 대신 일컫는 것이 이미 습관이 되었다. 이는 역사적이고 문화적인 연원을 가지고 있으며 문헌에서 사실을 고찰할 수 있다.

어원으로 말하면 용문이라는 명칭을 얻은 것은 고대의 지리지인 『산해경(山海經)』과 『괄지지』, 『삼진기(三秦記)』, 『명산기(名山記)』 등에 기록되어 있다. 이 기록들에서는 모두 용문산이 우(禹)가 용문을 뚫어서 얻은 이름이라고 기록하고 있다. 건륭(乾隆) 연간의 『한성현지』 권1에서는 『명산기』를 인용하여 말하였다. "하수(河水)는 이 산에 이르러 …… 양쪽 기슭이 모두 산을 자른 듯한 절벽으로 문처럼 서로 마주보고 있어 신룡(神龍)만이 넘을 수 있기 때문에 용문이라고 한다." 오래된 『산해경』에서는 더욱 명확하게 우문(禹門)은 뚫어서 이루어졌으며 어떤 신룡이 와서 살펴보았기 때문에 문(門) 위에 용(龍)자를 덧붙여 '용문'이라 하였다고 하였다.

현지(縣志)에서는 또한 『위씨지도기(衛氏地圖記)』를 인용하여 말하였다.

"용문산은 일명 봉산(䕫山)이라고도 하며, 모양이 붓걸이와 같으므로 필가산(筆架山)이라고도 한다. 산 위에 박태기나무[紫荊]가 많기 때문에 자형산(紫荊山)이라고 한다." 이는 용문산이란 명칭은 산의 형태 및 산물에 의거한 것이며, 원래 여러 가지 명칭이 있었음을 설명한다. 산맥의 큰 형세가 뻗어가는 것을 보면 용문산은 곧 섬서성 경내 양산(梁山)의 갈래로 청나라 강행한(康行侃)의 『한성현지』 권1 「산천(山川)」에서는 말하였다. "용문산은 현 동북쪽 60리 지점에 있으며 일명 우문(禹門)이라고도 하는데, 양산의 다른 기슭이다." 명나라 만력(萬曆) 연간 장사패(張士佩)의 『한성현지』 권2 「산천」 "양산(梁山)" 조에서는 더욱 명확하게 지적하였다. "용문 같은 것은 한(韓)의 위망(威望)으로 우(禹)가 양산을 쪼개어 얻어진 것이다."

『사기』 삼가주(三家注) 「하본기(夏本紀)」 "적석산에서 (배에) 띄워 용문과 서하에 이르렀다(浮于積石, 至于龍門西河)"고 한 구절 아래의 주석에는 다음과 같은 말이 보인다. 『집해(集解)』에서는 공안국(孔安國)의 말을 인용하여 "적석산은 금성(金城)의 서남쪽에 있으며 황하가 경유하는 곳이다. 용문산은 하동(河東)의 서쪽 경계에 있다."고 하였다. 이는 곧 국부적으로 보이는 용문산의 주봉이 곧 하진현 북쪽의 용문산이라는 것을 가리킨다. 바로 이어서 『색은(索隱)』의 주에서는 "용문산은 좌풍익(左馮翊) 하양현 서북쪽에 있다."고 하였다. 『색은』은 여기에서 『집해』의 뜻을 해석하였는데, 산맥의 큰 형세에서 독자의 주의를 환기시키며 용문산맥은 하양현 서북쪽에 있을 것이라고 하였다.

『사기』에서 용문을 기록한 곳은 모두 12곳인데 5가지 함의가 있다. 첫째, 대우가 용문을 뚫은 곳, 곧 우문구로 용문진(龍門津)이라고도 한다. 이 뜻으로 쓰인 곳은 다섯 군데가 있다. 「진시황본기(秦始皇本紀)」의 "2세가 말하기를 내가 한자(韓子, 韓非)에게서 듣자니 '다시 용문을 뚫어 대하(大

夏)와 통하게 하였다.'고 하였다." 같은 것이다. 둘째, 우문구의 수비용 건축으로 관문의 입구[關口]라는 뜻을 내포하고 있는데, 곧 용문관(龍門關)이다. 「육국연표(六國年表)」진표(秦表) 진혜왕(秦惠王) 12년의 기록 "섣달의 첫날에 용문에서 모였다." 같은 것이다. 이 뜻으로 쓰인 곳은 두 군데이다. 셋째, 우문구 아래쪽 일단의 황하를 가리킨다. 「하본기」에서는 "적석산에서 (배에) 떠워 용문과 서하에 이르렀다."고 하였는데, 이 뜻으로 쓰인 곳은 세 군데이다. 넷째, 그대로 용문산을 말하며, 한 곳이다. 「화식열전(貨殖列傳)」에서 "용문산과 갈석산(碣石山) 북쪽에는 말과 소, 양, 전구(旃裘), 근각(筋角)이 많다."고 하였다. 다섯째, 용문을 가지고 하양(夏陽)의 지망(地望)을 가리킨 것으로, 한 곳이다. 곧 「태사공자서」에서 사마천이 스스로 "나는 용문에서 났다."고 한 것이다. 『집해』와 『정의』에서는 명확하게 하양을 대신 일컫은 것이라고 지적하였다. 『집해』에서 배인(裴駰)은 서광(徐廣)의 말을 인용하여 말하였다. "풍익(馮翊) 하양현에 있다." 배인은 아울러 안어(按語)에서 말하였다. "소림(蘇林)은 '우가 뚫은 용문이다.'" 『정의』에서는 『괄지지』를 인용하여 말하였다. "용문은 동주(同州) 한성현(韓城縣) 북쪽 50리 지점에 있다. 그 산은 황하(의 줄기)를 바꾸며 하나라 우임금이 뚫은 것이다. 용문산은 하양현에 있는데, 사마천은 곧 한나라 하양현 사람이다." 『정의』의 해석은 더욱 분명하게 용문산은 황하의 양쪽 기슭을 타고 넘어가며 우가 용문산을 뚫어서 얻은 명칭이라고 지적하였다. 그래서 사마천은 용문 대신 하양이라 하여 하양 사람이라고 한 것이다.

산서성 하진현(河津縣)은 전국시대와 진한(秦漢)을 거치는 동안 줄곧 피지현(皮氏縣)이었으며,[16] 북위(北魏) 태평진군(太平眞君) 7년(446)에 이르러서

---

16 피지현은 왕망(王莽) 천봉(天鳳) 원년(14) 연평(延平)으로 고쳐 불렀는데, 짧은 시간에 신망(新莽)이 망하여 피지라는 이름을 회복하였다.

야 용문현으로 고쳐 불렀고 고량군(高凉郡)에 예속되었다. 송나라 선화(宣和) 2년(1120)에는 용문을 하진현으로 고쳤다. 하진을 용문이라 한 것은 사마천이 죽은 후 5백여 년이 지나서였다. 이 때문에 사마천이 하진 사람이라는 것을 증명하기에는 부족하다.

용문산이 양산의 지맥이기 때문에 용문의 주봉이 하진에 있다 하더라도 고대에는 또한 하진의 본관을 대신 일컫지는 않았다. 반대로 역대의 사학자들은 용문을 양산의 별명으로 보았으며 용문이 한읍을 대신 일컫는다는 데 일치된 의견을 보인다.『한서』「지리지(地理志)」같은 데서는 "용문산은 풍익 하양현 북쪽에 있다."고 하였다.

『후한서』「군국지(郡國志)」에서는 "하양현 북쪽에 용문산이 있다."고 하였다.『위서(魏書)』「지형지(地形志)」에서는 "하양현에 용문산이 있다."고 하였다. 당나라『원화군현지(元和郡縣志)』에서는 "용문산은 현(韓城縣을 가리킨다.) 북쪽 50리 지점에 있다."고 하였다. 송나라『태평환우기(太平寰宇記)』에서는 "용문산은 현 북쪽 50리 지점에 있다."고 하였다. 이런 역사 지리서에서 용문산은 양산과 동일한 지명이다. 오랜 경서에서도 증거를 찾아낼 수 있다.『춘추』노성공(魯成公) 5년(B.C. 586)의 삼전(三傳)에서는 모두 "양산(梁山)이 무너져" 황하가 막힌 것을 기록하고 있다.『이아(爾雅)』「석산(釋山)」에서는 "양산(梁山)은 진망(晉望)이다."라고 하였다. 진나라에서 제사를 지내는 명산이라는 뜻이다. 진나라 곽박(郭璞)의 주에서는 말하였다. "진나라가 망제(望祭)를 지내는 곳은 지금의 좌풍익 하양현 서북쪽의 황하 가를 굽어보는 곳이다."『공양전』에서는 말하였다. "양산(梁山)이라는 것은 하(河)수 가의 산이다." 한성은 본래 옛 양(梁)나라였는데 양산(梁山) 때문에 그런 이름을 얻었다.『시경』「대아·한혁(大雅·韓奕)」에서도 "양산 혁혁하고(梁山奕奕)"와 "큰 저 한나라의 성이여(溥彼韓城)"를 함께 말하였다.

위에서 말한 것을 종합하면 수많은 문헌 사료로 양산의 지맥인 용문산은, 우가 용문을 뚫어 기험한 명승을 이루어 그런 이름을 얻었음을 증명할 수 있다. '용문'은 산을 가리키기도 하고 진(津)을 가리키기도 한다. 『상서』에 기록되어 신화를 억지로 갖다 붙여 명성이 원근에 알려져 '용문'을 가지고 한읍(韓邑)의 지망을 대신 일컬었다. 이는 옛사람들이 쭉 써오면서 풍속이 된 관념으로 사마천만 그런 것이 아니었다. 수당 시기에 하진이 용문현이 되자 수많은 견강부회를 이끌어내었다. 하진현 경내의 사마천 고향의 전설은 당나라 이후에야 점진적으로 형성되었기 때문에 고대의 문헌으로 증명을 할 수 없음을 인정해야 한다. 그러면 "사마천이 용문에서 났다"는 수수께끼는 얼음 녹듯 풀릴 것이다.

4. 사마천의 생년과 자(字)

사마천의 생몰년과 자는 「태사공자서」에 기록이 되어 있지 않아 하나의 현안(懸案)이 되었다. 더욱이 생몰년은 직접적인 문헌 증거의 부족으로 장기적인 논쟁거리가 되어 지금껏 정론(定論)이 없다. 이 문제를 해결하지 못하면 『사마천 평전』은 이야기를 시작할 도리가 없다. 중론이 분분하기 때문에 여기서는 세세히 인증하는 것을 삼가고 이 책에서 의거한 것을 대략 차례로 들어보겠다. 몰년은 이 책 제9장에서 토론하기로 하고 여기서는 사마천의 생년만 간략히 말해보도록 하겠다.

사마천의 생년에는 모두 여섯 가지 견해가 있다. 가장 영향력이 크고 근거가 있는 것은 왕궈웨이(王國維)와 궈모뤄(郭沫若) 두 사람의 고증이다. 나머지 네 설은 대체로 자의적인 추단에서 나왔으며 모두 토론할 가치가 없어서 일단 제쳐두고 논하지 않는다.

왕궈웨이와 궈모뤄 두 사람은 모두 「태사공자서」의 삼가주에 의거하여 추론해 내었는데, 두 사람의 설에는 공교롭게도 딱 10년의 시차가 있다. 학술계의 사마천 생년에 대한 논박은 모두 이 두 설을 둘러싸고 전개되었다.

사마담은 원봉(元封) 원년에 죽었다. 「태사공자서」에서는 "(부친이) 돌아가신 지 3년 만에 천은 태사령이 되었다."고 하였다. 사마정은 『색은』에서 이 아래에 주석을 달았다.

> 『박물지(博物志)』에서는 말하였다. "태사령 무릉(茂陵) 현무리(顯武里)의 대부 사마천은 나이 28세로 3년 6월 을묘일에 임명되었으며 녹봉은 6백석이다."

원봉 3년은 B.C. 108년으로 사마천이 28세 되던 해이다. 궈모뤄는 이를 근거로 추산하여 사마천은 한무제 건원(建元) 6년 B.C. 135년에 태어났다고 하였다. 학술계에서는 이 설을 사마천 생년 건원 6년설, 혹은 B.C. 135년설이라고 한다.

사마천이 태사령을 맡은 지 5년째 되던 해에 한무제는 태초(太初)로 개원(改元)하고 새로운 역법을 반포하였다. 이는 획기적인 큰 사건이었다. 그리하여 장수절의 『정의』에서는 "5년째 되던 해는 태초 원년(五年而當太初元年)" 아래에 자기의 생각을 첨가하여 말하였다.

> 생각건대 사마천의 나이 42세이다.

태초 원년은 B.C. 104년으로 사마천이 나이 42세 되던 해이다. 왕궈웨이는 이를 근거로 추산하여 사마천은 한경제(漢景帝) 중원(中元) 5년

B.C. 145년에 태어났을 것이라고 하였다. 학술계에서는 이 설을 사마천 생년 경제 중원 5년설, 혹은 B.C. 145년설이라고 한다.

왕귀웨이는 처음으로 사마천의 생년과 몰년을 고증한 사람이다. 그 설은 앞에서 인용한 「태사공계년고략」과 「태사공행년고」 두 글에 보인다. 궈모뤄가 주장한 건원 6년설은 일본 학자 구와바라 지츠조(桑原騭藏)가 처음으로 제창하였다. 구와바라의 「사마천 생년의 새로운 설에 관하여」는 1922년 『동양문명사논총(東洋文明史論叢)』에 게재되었다. 중국학자 가운데에서는 리창즈(李長之)가 건원 6년설을 펼쳤다. 리창즈의 「사마천의 생년이 건원 6년임을 변별함(司馬遷生年爲建元六年辨)」은 작자가 1948년 개명서점(開明書店)에서 출판한 『사마천의 인격과 풍격(司馬遷之人格與風格)』이라는 책에 수록되어 있다. "10 조목의 증거를 들어 그 설을 세웠지만" 그다지 학계의 주목을 받지는 못하였다. 1950년대의 논변에서 리창즈는 "스스로 논거가 공고하지 못하여 앞의 설은 이미 폐기되었다고 하였다."[17] 그러나 이 설은 1955년 궈모뤄가 『역사연구(歷史硏究)』 제6기에서 「'태사공행년고'의 문제(太史公行年考有問題)」를 발표한 이후에 또한 학술계의 주목을 받아 믿고 따르는 사람이 적지 않다.

궈모뤄와 왕귀웨이 두 사람은 『색은』과 『정의』를 근거로 분별하여 고증하였는데, 두 사람의 설은 상호 간에 공교롭게도 딱 10년의 차이가 있다. 한 사람의 생년은 하나밖에 없을 것이므로 두 사람의 설 가운데 하나는 반드시 오류가 있을 것이다. 『색은』의 작자 사마정과 『정의』의 작자 장수절은 모두 당나라 때의 사람으로 동시대인인데 선후의 차이는 있다. 『정의』가 조금 뒤에 나와 많은 곳에서 『색은』의 오류를 해결하였다. 사마정과 장수절의 주에서 사마천의 나이를 말하면서 의거한 자료

---

17 리중쥔(李仲鈞)의 인용은 『문사철(文史哲)』 1957년 8월호에 보인다.

는 동일한 것으로 곧 진(晉)나라 사람 장화(張華)가 지은 『박물지』이다. 귀모뤄와 왕궈웨이 두 사람은 모두 한간(漢簡: 한나라 때의 죽간이나 목간) 자료를 끌어다 『박물지』가 가장 믿을 만한 사료라고 증명하였다. 사마정과 장수절 두 사람이 같은 근원에 의거했다면 사마천의 생년이 "10년" 차이가 나는 것은 의거한 재료에 문제가 있는 것이 아니라 베껴 써서 전해오는 과정에서 숫자의 착오가 발생한 것이다. 이것이 바로 왕 씨가 논거를 세운 초석이다.

한자로 숫자를 표기할 때 "二十八"과 "三十八" 두 숫자에서 "二"와 "三"은 필획이 하나의 차이밖에 나지 않아 쉽게 오류를 불러온다. 한당(漢唐) 시기에는 십(十) 이상의 수를 쓰는 방법은 "이십(二十)"은 "입(廿)"으로, "삼십(三十)"은 "삽(卅)"으로 "사십(四十)은", "십(卌)"으로 썼다. 이 몇 숫자의 세로 필획 또한 한 획 차이여서 쉽게 오류를 불러왔다. 『사기』와 『한서』에서 10년 차의 인물 기록에 모두 예증이 있다. 일본학자 미즈사와 도시타다(水沢利忠)의 『사기회주고증교보(史記會注考證校補)』에서는 일남화본(日南化本) 『사기』 『색은』의 문장을 교감하여 수록하였는데, 바로 "38세(年三十八)"로 되어 있다. 이 증거는 왕궈웨이의 설에 매우 가치 있는 판본적 근거를 제공하였다. 일남화본은 일본 사람이 소장한 중국 『사기』의 선본(善本)으로 남송의 황선부(黃善夫)가 모아서 판각한 삼가주본이며, 매우 높은 학술적 가치를 가지고 있다.

귀모뤄는 왕궈웨이가 제시한 숫자는 이 입론의 기초에 착오를 일으켰다고 하여 이를 부정하였으며, 『색은』과 『정의』의 연령을 나타내는 두 숫자를 함께 배열한 것에 대하여도 각자 관련이 있다고 하였다. 이 또한 건원 6년설 논자의 입론 기초이다. 건원 6년설의 논자들은 『색은』의 "28세"는 사마천이 원봉 3년에 28세임을 가리킨다고 하였고, 『정의』의 "사마천의 나이 42세"는 사마천의 향년이라고 생각하였다. 사마천의 향년이 42세라는 것은 다만 하나의 가설일 뿐으로 이미 알려진 연원이 없으며 입증을 기다리고 있는 결론이다. 건원 6년설 논자들은 가설의 입증을 기다리는 결론을 이미 알려진 연원이 있는 것으로 생각하여 생년을 미루어 판단하였다. 증거를 대는 중에 종종 인과관계가 순환하며 서로 증명하는 상황에 빠지기도 하였으므로 리창즈가 증거로 든 10조목은 모두 추론으로 "스스로 논거가 공고하지 못하여 앞의 설은 이미 방기되었다"고 하였다. 기타 건원 6년설 논자가 든 증거도 추론으로 추론을 입증하여 방법적인 측면에서 대부분 원인과 결과가 서로 증명하는 과정을 빠뜨렸으므로 그 말과 설은 이치상 논거가 부족하다.

궈모뤄와 왕궈웨이 두 사람이 제시한 표준을 검증하면 사마천이 「태사공자서」에서 기록한 경력을 가지고 검증한 것이다. 중원 5년설에 의거하여 사마천의 행년을 도출해 내면 모든 면에서 지장이 없다. 그러나 건원 6년설에 의거하여 사마천의 행년을 도출해 내면 저촉되는 것이 많다. 이를테면 사마천이 "황하의 북쪽과 (용문)산 남쪽에서 농사를 짓고 가축을 쳤다.(耕牧河山之陽)"는 것을 건원 6년설에 의거하면 9세 전이 되지만 중원 5년설에 의거하면 10세에서 19세 사이가 되어 누가 봐도 합리적이고 명백하다.

사마천의 생년 문제는 1916년 왕궈웨이가 제기한 이래 80년대 중반에 이르기까지 거의 1세기 가까운 시간이 지났다. 중국 국내외 학자들의 몇 대에 걸친 사람들의 노력, 특히 50년대 중반과 80년대 초반의 두 차례에 걸친 전국적인 대규모의 학술 토론은 기본적으로 문제들을 일소하여 현재는 정론을 낼 수 있다고 하겠다. 장수절의 "사마천의 나이 42세"라 한 것은 『색은』의 "38세"라는 문장에 의거하여 사마천이 태초 원년 때의 나이가 42세라고 미루어 판단한 것이다. 『색은』과 『정의』는 의거한 자료의 정보처가 같을 뿐만 아니라 관점도 일치한다. 『색은』의

"38세"와 『정의』의 "42세"로 사마천의 생년을 판단하면 한나라 경제(景帝) 중원(中元) 5년, 곧 B.C. 145년이 된다. 이것이 바로 이 책에서 사마천의 연대를 배열하면서 의거한 것이다.

사마천의 자는 자장(子長)이다. 『한서』 「사마천전」에는 기록되어 있지 않다. 서한 양웅(揚雄)의 『법언(法言)』 「과견편(寡見篇)」에 "혹자가 묻기를 사마자장(司馬子長)이 말하기를 『오경』이 『노자』의 간략함만 못하다고 하였다."고 하였다. 또한 「군자편(君子篇)」에는 "사랑이 많은 것을 참지 못한 것은 자장(子長)이며, 중니는 사랑이 많았는데, 의(義)를 많이 사랑하였다. 자장은 사랑이 많았는데, 기이한 것을 사랑하였다."고 하였다. 동한 왕충(王充)의 『논형(論衡)』에서는 「초기(超奇)」와 「변동(變動)」, 「수송(須頌)」, 「안서(案書)」 등 네 편에서 모두 사마자장이라고 일컬었다. 동한 순열(荀悅)의 『한기(漢紀)』에도 "사마자장이 이릉의 화를 당한(司馬子長遭李陵之禍)" 기록이 있다. 최초로 사마천의 자를 일컫은 문헌은 서한 환관(桓寬)의 『염철론(鹽鐵論)』이다. 「훼학편(毁學篇)」의 기록에는 어사대부(御史大夫) 상홍양(桑弘羊)이 『사기』 「화식열전(貨殖列傳)」의 말과 문학을 인용하여 논박하는데, "사마자장이 말하였다"고 하였다. 상홍양은 사마천과 동시대의 인물로 그 말이 더욱 절실하다. 또한 동시대인과 양한(兩漢)의 사람들이 모두 사마천의 자가 "자장"이라고 하였으니 의심의 여지가 없이 확실하다.

5. "10세에 고문을 외다"

"10세에 고문을 외다(年十歲則誦古文)" 7자는 엄숙하고 장중하게 「태사공자서」에 기록되어 있다. 의심의 여지 없이 사마천은 깊고 미묘한 뜻을 기탁하였다. 이 말은 역대 연구자들의 이목을 끌었지만 끝내 말한 것이 상세하지 않고 세세하게 말한 것이 적다. 이는 성실하게 깊이 파고 들어가야 할 과제이다.

『춘추(春秋)』의 말은 간략하여 삼전(三傳)의 소해(疏解)가 있다. 사마천은 먹을 금처럼 아껴 「태사공자서」는 『춘추』와 같이 말은 간략하게 하였지만 뜻이 풍부하다. 그러나 가학이 계승되어 내려와 참고가 될 만한 미언(微言)의 주소(注疏)가 없어 우리 2천여 년 후의 사람이 연구하기에는 매 구절이 모두 중국 고대 사전(史傳)의 골드바흐의 추측(Goldbach's conjecture)[18]이라고 할 수 있겠다. 해제(解題)의 방법은 『공양전(公羊傳)』의 경을 풀이하는 방법을 끌어다 쓸 수 있다. "어찌하여 기록하였는가(曷以書)", "그렇게 기록한 것은 어째서인가(書之者爲曷)" 같은 방식으로 문제를 제기하여 층층이 깊이 들어갈 수 있다. 이 방식으로 우리는 "10세에 고문을 외다"의 문제에 대하여 일련의 사슬처럼 이어진 문제를 제기할 수 있다. 고문은 무엇인가? 사마천은 어떤 고문 서적을 읽었는가? 어디에서 고문 서적을 읽었는가? 얼마나 오래 동안 읽었는가? 고문의 숙련 정도는 어떤 수준까지 도달하였는가? 사마천은 어찌하여 "10세에 고문을 외다"라고 기록하였는가? 이는 역사를 수찬하는 것과 관련이 있는가? 이런 문제들에 대한 대답은 또한 이 말의 깊고 미묘한 대의를 상세히 해석하였다.

사마정의 『색은』은 우리에게 당나라 사람들이 "추측"한 내용을 남겼다. 사마정은 말하였다. "사마천은 복생(伏生)을 사사하면서 『고문상서(古文尙書)』를 외고 배웠다. 유 씨(劉氏)는 『좌전(左傳)』과 『국어(國語)』, 『계본(系

---

18 프로이센의 수학자 크리스티안 골드바흐의 정의로 전자가 참이라면 후자도 참이라고 주장하는 가설.—옮긴이

本)』등의 책이라고 생각하였는데, 또한 이름난 고문이다." 사마정은 "고문"은『고문상서』를 가리킨다고 생각하였다. 유 씨 또한 당나라 사람으로 곧『사기음의(史記音義)』를 지은 유백장(劉伯莊)이다. 유 씨는 "고문"은『좌전』과『국어』,『세본(世本)』[19] 등의 서적을 가리킨다고 생각하였다.

복생(伏生)과 사마천은 연령상 서로 미치지 못하여 "사마천은 복생(伏生)을 사사하였다"라는 말은 믿을 수 없다. 청나라 주수창(周壽昌)은『한서교주보(漢書注校補)』권41에서 논박하여 바로잡아 말하였다. "사공(史公, 사마천)은 경제(景帝) 후원(後元) 원년에 태어나 조조(晁錯)가 죽은 지 이미 11년이 되었다. 조조는 효문제(孝文帝) 때 복생에게서 배웠으며 복생은 이미 90여 세였다. 효문제는 재위 기간이 23년으로 복생을 사마천이 태어났을 때로 계산하면 120여 세가 될 것이다. 사마천은 10세에『고문상서』를 외었는데, 복생을 섬길 수 있었다면 이미 140여 세가 아니겠는가?『색은』에서 고문은 반드시『상서』일 것이라 고집하였기 때문에 이런 오류를 초래하였는데, 유 씨(劉氏)의 설로 바로잡는다."

복생은 곧 진(秦)의 박사(博士) 복승(伏勝)이다. 효문제 때 복생은 이미 90여 세로 두 눈이 침침해져서 글을 읽거나 글자를 쓸 수가 없었다. 효문제는 "상서학(尙書學)"을 응급 구조하기 위하여 조조를 보내어 배우게 하였다. 복생이 구술하면 조조는 한나라 때 통용하던 예서로 기록하고 정리하여 29편을 얻었는데,『금문상서』라고 하였다. 이 때문에 사마천이 복생을 섬기는 것은 불가능하다. 서한에『고문상서』를 전한 사람은 공안국이다. 사마천은 일찍이 공안국에게 옛일을 물어본 적이 있다. 성년 이후 경사(京師)에서 학문을 배울 때의 일이었다. "10세에 고문을 외

---

19 『계본』과『세본』은 같은 책이다. 당태종 이세민(李世民)의 휘를 피하여 발음이 비슷한 같은 뜻의 글자로 대체한 것이다.—옮긴이

었다"라는 것은 사마천이 소년기에 배운 것을 기술한 것이며 『고문상서』와는 전혀 상관이 없다. 이 때문에 유 씨의 해석은 옳다. 『사기』의 여러 곳에서 고문을 배운 것을 제기하였는데, 끌어다 증거로 삼을 만하다.

「오제본기(五帝本紀)」 찬 "결론적으로 고문(古文)에 위배되지 않는 것이 사실에 가깝다. 나는 『춘추』와 『국어(國語)』를 읽어보았는데, 「오제덕(五帝德)」과 「제계성(帝系姓)」을 잘 천명해 놓았다."

「삼대세표(三代世表)」 서 "내가 『첩기(諜記)』를 읽어보니 황제(黃帝) 이래 모두 연수(年數)가 (기록되어) 있었다. 『역보첩(歷譜諜)』과 『종시오덕지전(終始五德之傳)』을 상고해 보니 고문이 같지 않았고 어긋나거나 차이가 있었다."

「12제후연표(十二諸侯年表)」 서 "이에 12제후의 보첩을 편찬하였는데, 공화(共和)에서 공자에 이르기까지 연표는 『춘추』와 『국어』를 연구하는 학자들이 성쇠의 대의를 말한 것이 드러나도록 하여 고문을 배우거나 연구하는 사람들을 위하여 요약하여 정리하였다."

「오태백세가(吳太伯世家)」 찬 "나는 『춘추』 고문을 읽었다."

"고문(古文)" 두 자만 가지고 말하면 두 가지로 해석할 수 있다. 첫째는 선진(先秦)의 고문자(古文字), 곧 주서(籒書)를 가리키며 대전(大篆)이라고도 한다. 「태사공자서」에서는 말하였다. "진나라는 옛 문헌을 없애고 『시』와 『서』를 불살라 없애었다.(秦撥去古文, 焚滅詩書)" 이른바 "옛 문헌을 없앴다"는 것은 고문을 폐기하고 소전(小篆)의 사용을 추진하여 행하는 것을 가리킨다. 한대는 또한 한 걸음 더 나아가 문자개혁을 추진하여 예서를 미루어 넓혔다. 소전과 예서는 모두 금문이라 일컫는다. 두 번째는 고문으로 쓰인 선진의 전적(典籍)을 가리킨다. 왕궈웨이의 「사기가 이른바 고문이라는 데 대하여(史記所謂古文說)」에서는 말하였다. "무릇 선진 육국(六國)이 남긴 책은 당시에 쓴 판본이 아니며 모두 고문이라 이른다." 위에서 인용한 『사기』에 실려 있는 고문 서적이 바로 이런 것으로, 『춘추』, 『국어』, 『오제덕』, 『제계성』 등 유가의 전적도 있고, 『첩기』와 『역보첩』 등 백가의 책도 있다. 이런 것들은 모두 고문으로 쓰인 선진의 전적이다.

사마천은 10세 때 "고문을 왼" 것이지 "고문을 쓴" 것이 아니다. 왼다는 것은 열독하여 새기며 익히는 것이고, 쓴다는 것은 글자를 적고 글자를 익히는 것이다. "고문을 외기" 전에는 반드시 "고문을 써야" 한다. 글자를 알고 글자를 익히는 것을 소학(小學)이라 일컫는다. 진나라 때 소학의 어린이 교본으로는 이사(李斯)가 지은 『창힐편(蒼頡篇)』과 조고(趙高)가 지은 『원력편(爰歷篇)』, 진(秦) 태사령(太史令) 호모경(胡母敬)이 지은 『박학편(博學篇)』이 있었다. 한나라가 흥하자 세 책을 하나로 합본하여 『창힐편』이라 일컬었으며, 모두 55장으로 매 장에 60자씩 모두 3,300자의 상용자를 수록하였다. 『창힐편』은 금문자서(今文字書)이다. 고문자서로는 주(周) 사관이 지은 『사주편(史籀篇)』이 있다.

일반인들은 글을 읽고 글자를 알 때 『창힐편』만 배운다. 출사하여 관직 생활을 하고 싶으면 반드시 『사주편』을 더 배워야 한다. 진나라가 고문을 폐기하기는 하였지만 경전(經典)을 인용하고 의거하여 고문을 떠날 수가 없었다. 당시는 고문을 쓰던 시대와 머지않아 국가의 장서는 대다수가 여전히 고문으로 쓰였기 때문이다. 『사기』「봉선서(封禪書)」에서는 말하였다. "유자들은 봉선의 일을 분명하게 밝히지도 못하였고 『시』와 『서』의 고문에 얽매여 자유로이 뜻을 펼치지도 못하였다." 고문본 『시』와 『서』가 여전히 권위적이었음을 설명하고 있다. 서한 성제(成帝) 때 대규모로 도적(圖籍)을 정리하면서 국가의 장서는 일률적으로 금문으로 정본을 작성하였는데, 이때가 되어서야 금문에 깊고 넓은 물질적 기초를 다져주었다. 사마천의 시대에 동몽(童蒙)은 8세에 취학하였는데, 재능이 뛰어나고 출사를 하고자 하는 사람은 금문뿐만 아니라 고문까지 배워야 하였다. 『한서』 「예문지(藝文志)」에 생동적인 기록이 있다.

> 옛날에는 8세에 소학에 들어갔으므로 『주관(周官: 곧 周禮)』의 보씨(保氏)는 국자(國子)를 양성하는 일을 관장하여 육서(六書)로 가르쳤는데, 상형(象形)과 상사(象事), 상의(象意), 상성(象声), 전주(轉注), 가차(假借)로 조자(造字)의 근본이다. 한나라가 흥하자 소하(蕭何)가 법률을 창제하여 법을 밝혀 말하였다. "태사는 학동들에게 시험을 보여 9천 자 이상을 욀 수 있어야 사관이 된다. 또한 육체(六體)로 시험을 쳐서 고과가 가장 뛰어난 자를 상서어사(尚書御史)와 사서령사(史書令史)로 삼는다. 이민(吏民)이 글을 올릴 때는 글자가 혹 바르지 않으면 즉각 탄핵한다." 육체(六體)는 고문과 기자(奇字), 전서(篆書), 예서(隸書), 무전(繆篆), 충서(蟲書)인데 모두 고금문자를 통하여 알고 인장(印章)을 모각하고 번신(幡信)[20]을 쓰는 것이다.

한나라 때 소학에서는 동몽들에게 육서를 알고 육체를 익히도록 가르쳐 9천 자 이상을 외고 쓸 수 있어야 했다. 매 글자는 모두 고체(古體)와 이체(異體), 소전(小篆), 예서(隸書), 전각인장(篆刻印章, 繆篆), 초서(草書, 蟲書) 등 육체로 쓸 수 있어야 했다. 이는 하루 아침저녁의 학습으로 이룰 수 있는 것이 아니다. 일반적으로 보급되지도 않아 다만 금자(今字)인 『창힐편』만 알 수 있을 뿐이었다. 위에서 말한 요구에 도달할 수 있다는 것은 고급 인재

---

20 번신(幡信): 관직의 명칭을 드러내어 부신(符信)으로 삼은 기치(旗幟)를 말한다.—옮긴이

의 양성을 가리킬 것이다. 이는 가학의 연원과 사승이 있어야 함을 요구하였는데, 일반 농가의 아이가 익힐 수 있는 것이 아니었다. 사마천은 총명하기가 무리에서 빼어나 10세 때 이미 "고문"의 학습을 거쳤다. 그뿐아니라 고문을 외고 익혀 고문으로 된 서적을 열독할 수 있었으므로 스스로 자랑스럽게 말하기를 "10세에는 고문을 외었다.(年十歲則誦古文)"고 하였다. 이곳의 "즉(則)"자는 사마천의 득의한 기색을 내비친 것이다.

사마천이 어디에서 고문을 배웠는지에 대하여 왕궈웨이는 「태사공행년고」에서 사마담은 건원(建元)과 원봉(元封) 연간에 벼슬을 하여 "공은 아마 부친을 따라 경사에 있었을 것이므로 고문에 통달하게 되었을 것이다."라고 생각하였다. 정허성(鄭鶴聲)은 『사마천 연보』에서 건원 3년 사마천을 7세로 표기하고 말하였다. "부친을 따라 경사(장안)에 이르러 무릉(茂陵)에 묵으며 송독(誦讀)하였을 것이다." 사마천이 건원 6년에 났다는 설을 주장하는 학자들은 다만 사마천이 경사로 들어가 고문을 공부하였다고 생각할 수밖에 없었다. 사마천이 원삭(元朔) 2년에 무릉으로 이사하였고 건원 6년에 태어났다면 반드시 9세 때는 경사로 들어가야 했다. 그 설에 맞추기 위해서 이에 어떤 논자는 다음과 같이 추론하기도 했다. "10세에는 고문을 외었다"는 것은 소년 사마천이 이미 생활 무대를 바꾸었다는 것을 표명하며, 구석진 시골에는 장서(藏書)와 사승(師承)은 물론 문교(文敎)까지 모든 면에서 고문을 익힐 조건을 갖추지 못하였으며 장안(長安)의 사마담 신변에 있을 때 비로소 시작할 수 있었다. 표면적으로나 추상적으로 보면 이런 추론은 이치에 맞지만 사마천이라는 특정 인물과 진(秦)에서 한(漢)으로 넘어가는 과도기라는 이 특정 배경에 놓으면 사실과 거리가 너무 멀어지게 된다. 왕궈웨이와 정허성 두 사람은 사마천이 경사에서 고문을 익힌 것으로 생각하였는데, 또한 통속적 의론에서 벗어나지 못하였다.

진시황(秦始皇)의 분서갱유는 "박사관(博士官)의 담당자가 아니면서 천하에 감히 『시』와 『서』, 『백가어(百家語)』를 수장하고 있으면 모두 지방관에 보내어 태우게 하였으며 감히 머리를 맞대고 『시』, 『서』를 이야기하는 자는 기시(棄市)에 처했다."[21] 진나라의 법이 가혹하다고 하지만 진시황이 천하의 책을 완전히 다 불태울 수는 없었다. 분서는 당시 지식분자의 강렬한 저항에 부딪쳤다. 공 씨가 벽에 고문 서적을 숨긴 것이 적절한 예이다. "『시』와 『서』가 다시 보이게 된 것은 인가에 많이 수장되어 있어서이며, 사서[史記]는 다만 주나라 왕실에만 수장되어 있었으므로 없어졌다."[22] 진시황은 (진을 제외한) 제후국들의 국가 장서를 모두 태워버렸지만 민간에서 소장하고 있는 책을 다 태울 방법이 없었다. 사마 씨의 조상은 대대로 주나라의 사관을 맡아 연원이 오래된 학자 가문으로 문관의 직책을 잃기는 하였지만 가학의 여풍은 여전히 남아 있었다. 사마창과 사마무택은 서로 이어가며 진한의 과도기에 경사에서 관직을 지냈으며 이런 소식에 정통하여 미리 조치를 취했다. 사마 씨의 집에서도 고문으로 된 금서를 다량 소유할 수 있었을 것이기 때문에 사마담은 집안에 전해오던 끊긴 학문을 이을 수 있었다.

사마천이 10세에 고문에 통달하게 된 것은 바로 가학 연원과 장서라는 여러 가지 조건의 도움이 맞아떨어져 이루어진 것이다. 사마천의 조부 사마희는 한나라 오대부(五大夫)였다. 오대부는 한나라의 아홉째 관작이다. 7급 이상은 높은 관작으로 식읍이 있는데, 이는 군공(軍功)으로 얻은 관작임을 가리킨다. 사마희는 문제와 경제(文·景)의 태평지세에 공훈과 드러난 업적이 없으므로 높은 관작을 얻게 된 것은 속(粟) 4천 석으로

---

21 『사기』 권6 「진시황본기(秦始皇本紀)」.
22 『사기』 권15 「육국연표(六國年表)」 서.

사서 얻은 것이다. 한문제(漢文帝) 12년(B.C. 168) 문제는 조조의 책문을 받아들여 매작령(賣爵令)을 반포하였다. 부자가 속을 납입하여 (그 비용으로 장정을 사서) 변경을 채우면 최고 오대부의 관작을 사고 한 사람의 부역(賦役)을 면제할 수 있었다. 4천 석의 속은 5인의 노동 인구로 구성된 40호가 1년 간 농사를 지어 얻는 경작의 수입에 해당하는데, 이는 사마 씨 가족이 하양현에서 중등 지주의 가정이었음을 설명한다. 사마희는 한가히 집에 있으면서 부역을 면하여 오대부 관작의 신사 지위를 지녔는데, 사마담과 사마천 부자가 2대에 걸쳐 충심으로 직책을 다할 수 있게 한 계몽적인 스승이라고 할 수 있다.

사마담이 경사로 출사하였을 때 사마천은 고향에 그대로 남겨두는 것이 가학의 계몽적인 교육을 받기에 가장 좋은 조건이었다. 사마천이 경사에 이르러 무릉 같은 곳에 머물면서 송독하는 것은 가장 열악한 조건이었다. 무릉읍은 이제 막 건설되기 시작하였고 경사인 장안과 80리 떨어졌으니 어떻게 독서를 할 조건이었겠는가? 사마천은 고향에서 가학을 이어받아 4~5세 때 글을 읽고 글자를 알 수 있었으며, 10세에는 고문 서적에 통달할 수 있었다. 사마천은 고향에서 마을의 스승이 있었을 뿐만 아니라 가학의 스승과 풍부한 장서가 있었으며 풍광이 수려하여 배경이 사람에 아주 적합하였다. 19세 이전에 사마천은 고향에서 농사 짓고 공부를 하면서 해박한 학식의 기초를 다졌다. 원삭 2년 사마천은 19세였으며, 한무제는 부호의 집을 무릉으로 옮겼다. 이 시점이 되어서야 사마천은 비로소 경사로 가는 길에 오를 수 있었다. 이때 백성을 옮겨 경사인 무릉을 채우는 일이 없었다 하더라도 사마천은 고향을 떠나려 하였다. 사마천이 고문을 익혀 역사를 편수하는 기본적인 공을 다지는 것이 고향에서는 이미 받아들여질 수 없었기 때문이다. 사마천은 경사에 이른 이듬해인 원삭 3년에 행장을 꾸려 여행을 떠나게 된다.

6. "황하의 북쪽 용문산 남쪽에서 농사를 짓고 가축을 치다"

"황하의 북쪽 용문산 남쪽에서 농사를 짓고 가축을 친" 일은 사마천이 직접 술회한 소년 시기 고향에서의 생활이다. 이 짧은 여섯 자(耕牧河山之陽)는 사마천의 일종의 낭만적인 술회에 지나지 않으니 어찌 담담하게 형편이 어려운 유년기를 말한 것이겠는가? 이는 매우 음미할 만한 가치가 있다. 지금의 학식 있는 사람의 논술은 여기에 대해 일반적으로 모두 세세히 평가하지 않고 다만 표면상의 뜻만 말할 뿐이다. 혹자는 말하기를 "사마천은 유년 시절에 집에서 농사를 짓고 소를 방목한 적이 있다."[23]고 하고, 혹자는 말하기를 "아마 사마천이 어렸을 때 집안에서 농사에 힘쓰는 것을 업으로 삼아 그 또한 식구들이 소를 기르고 양을 치는 것을 도와 노동을 도왔을 것이다."[24]라고 한다.

세세히 파고들면 유년기의 사마천이 집에서 "농사를 짓고 소를 방목하거나", "소를 기르고 양을 치는 것을 도와 노동을 도왔다"는 것은 가능할 법한 상황이 아닐 것이다. 사마천은 사마담의 외아들로 조부와 조모의 신변에 남아 손바닥의 밝은 구슬처럼 여겨졌을 것이니 매우 가난한 집이 아니라면 어떻게 10세도 되지 않은 아이에게 소를 기르고 양을 방목하게 할 수 있겠는가? 아니면 밭에서 노동을 하겠는가! 분명한 것은 사마천의 조부 사마희는 지방의 오대부이고, 부친인 사마담은 경사에서 관직을 지냈다는 것이다. 유년 시기의 사마천이 집안에서 노동을 도왔다면 "10세에는 고문에 통달하였다"는 것은 불가능하였을 것이니, 이 두 가지는 시간상 모순적이다. 한마디로 어린 시절의 사마천이 "황하

---

23 궈웨이썬(郭維森), 『사마천(司馬遷)』, 장쑤인민출판사(江蘇人民出版社), 1952년 출판.

24 지전화이(季鎭淮), 『사마천(司馬遷)』, 상하이인민출판사(上海人民出版社), 1955년 출판.

의 북쪽 용문산 남쪽에서 농사를 짓고 가축을 치는" 것은 불가능하였으며, 단지 농사를 돕는 상황마저 불가능하였다.

"천은 용문에서 났으며 황하의 북쪽과 (용문)산 남쪽에서 농사를 짓고 가축을 쳤다. 나이 10세 되던 해에는 고문을 외었다.(遷生龍門, 耕牧河山之陽, 年十歲則誦古文)"는 이 세 구절은 한꺼번에 이어져 모두 「태사공자서」에 수록된 사마담의 「논육가요지(論六家要指)」 뒤에 있으며 아래의 "20세에는 남쪽으로 장강과 회수 유역을 유람하였다(二十而南游江淮)"로 이어진다. 이런 문장의 배열은 사마천의 독창적인 구상이다. 이 세 구절을 부각시킨 것은 사마천 청소년 시기의 생활은 사마담이 사마천을 배양하였다는 점을 반영하여 고심 끝에 배열한 것이다. 이 세 구절의 논조는 격앙되고 자긍심이 넘친다. "천은 용문에서 났다"는 것은 사람은 걸출하고 땅에는 영기가 서리었다는 것이고, "황하의 북쪽과 (용문)산 남쪽에서 농사를 짓고 가축을 쳤다"는 것은 특수한 수양을 받았음을 나타내며, "나이 10세 되던 해에는 고문을 외었다."는 것은 총명함이 무리에서 빼어났다는 것을 나타낸다. 사마천은 또한 자각적으로 부친의 배려를 받아들여 농사를 짓고 가축을 치는 힘든 공부를 매우 잘 견뎌냈기 때문에 아무런 유감없이 「태사공자서」에서 기록하였다. 또한 말하기를 사마천 소년시기의 농사와 목축은 민생고에 쫓겨서 한 것이나 집안에서 농사일을 도운 것도 아니었으며, 일종의 자각적인 연마이자 심신을 수련하는 과제로 성실하게 실행한 것이라고 하였다.

「태사공자서」의 위에서 말한 세 구절 바로 앞에는 또한 이런 말로 이어져 있다. "태사공은 천문만 관장하였고 백성을 다스리지는 않았다. 아들이 있었는데, 천이라고 하였다.(太史公旣掌天官, 不治民. 有子曰遷)" 이 또한 세 구절인데 우리는 가벼이 지나칠 수 없고 꼼꼼히 곱씹어보아야 한다. "천문만 관장하였다"는 것은 태사령이 된 것을 가리키며, 사마 씨가 중단된

지 이미 오래된 "사관 세습 가문"의 학문을 부흥시켰다는 것을 나타내기 때문에 "천관(天官)" 두 자로 "태사령"을 대신 일컬었다. "백성을 다스리지 않았다"는 "태사령"이 하늘을 점치는 것이 업무인 관직이며 정사를 다스리고 백성을 다스리는 관직이 아니어서 세속의 업무에 섞이지 않았음을 강조한 것이다. 이와 동시에 사마담의 출사가 백성을 다스리는 관직을 구하기를 도모하지 않았고 벼슬로 드러나기를 추구하지 않았으며, 천관(天官)을 엄수하고 조상의 덕을 드높인다는 뜻을 기탁하였다.

"아들이 있었는데, 천이라고 하였다"는 것은 사마천이 외아들임을 설명한다. 사마담은 그를 신변에 데리고 있어서 벼슬과 경제를 추구하는 학문에 물들지 않게 하고 미련 없이 고향에 남겨 농사짓고 글을 읽게 하여 유년과 소년 시기의 사마천으로 하여금 독립적인 생활을 통한 단련을 받아들이게 하였다. 이는 심모원려로 식견이 높은 계획이라 말하지 않을 수 없다. 사마천은 엄한 부친의 바람을 저버리지 않고 부지런히 학습하여 10세에는 고문을 욀 수 있었다. 그는 또한 농사와 목축의 일에도 참가하여 체력과 기백을 잘 단련시켰으며 이는 20세에 장유를 하게 되는 견실한 기초를 다지게 하였다.

사마천이 농사짓고 목축을 한 곳 및 그 시기는 심층적으로 탐구해야 할 내용이다. "하산지음(河山之陰)"에 대하여 『정의』에서는 말하였다. "하수의 북쪽 (용문)산의 남쪽이다. 용문산(龍門山)의 남쪽에 있다." 한원(韓原)은 대하(大河)의 서쪽에 있는데, 북쪽을 두루 가리키며 용문산의 남쪽에 처하여 있다. 왕궈웨이는 말하였다. "실로 산 남쪽 하곡(河曲) 수십 리 간을 가리킬 것이다." 정허성은 말하였다. "하산(河山)의 양(陽)은 곧 하곡이다." 모두 한원을 두루 가리킨다. 구체적으로 말해서 사마천 고향인 한원의 고문원을 가리키는데, 사마천이 "하산지양(河山之陽)"이라는 어휘를 쓴 것은 다만 일종의 전아한 표현법에 지나지 않을 따름이다.

고문원은 옛 하양성 서북쪽 4~5리 지점에 있는데, 성의 교외 농경 목축 구역에 가깝다. 이곳의 서쪽은 양산(梁山)을 베고 있으며, 동쪽에는 거하수(混河水)가 있고 남쪽에는 지천수(芝川水)가 있어서 토지가 비옥하고 수원이 풍부하며, 산기슭에서는 방목을 하고 평원에서는 경작을 하는 하양현의 가장 풍요로운 농경 목축 지대이다. 농업을 중시하고 상업을 억압했던 고대에 경작에 참가한 것은 치욕이 아니었다. 제갈량(諸葛亮)과 도연명(陶淵明) 같은 사람의 은거는 모두 거듭 언덕에서 몸소 경작하는 것을 표방하였다. 사마 씨가 대대로 거주한 고원의 형세는 높고 트였으며 풍광이 수려하여 한원의 기이한 경관으로 꼽히고 있다. 사마천은 이곳에서 나고 자랐으며 이곳에서 농사를 짓고 글을 읽어 마음이 트이고 정신이 후련하게 아름다운 유년기와 소년기를 보냈다. 마음속에 아름다운 추억이 남아 있었기 때문에 「태사공자서」에서 격정적이고 격앙되게 "황하의 북쪽과 (용문)산 남쪽에서 농사를 짓고 가축을 쳤다"고 써서 천추의 사람들에게 평론의 여지를 제공하였다. 당연히 고향에서의 생활과 성시(城市)에서의 생활은 현저히 달랐다. 고향에서 사마천은 일반적인 농가의 청빈한 생활을 목도하였고, 경작과 목축이라는 몸에 절실한 체험을 하였다. 이는 사마천에게 국민을 동정하는 사상 감정을 기르는 데 중요한 의의를 갖추게 하였다.

7. 무릉으로 이사하다

무릉은 서한 무제의 능으로 지금의 시안 시(西安市) 서북쪽 80리 지점 산시(陝西) 싱핑현(興平縣) 동북쪽에 있다. 무릉은 서한의 여러 능 가운데 가장 큰 제왕의 능으로 봉분은 대략 방추형(方錐形)이고 꼭대기는 평평하다. 현재 전국중점문물보호단위의 하나이다.

무릉은 한무제 건원(建元) 2년(B.C. 139) 처음 건립되기 시작하였으며 당시 괴리현(槐里縣) 무향(茂鄉)에 속하였으므로 무릉이라 칭하였다. 서한 때 능을 조성하면서 현읍(縣邑)을 설치하였는데 무릉현이라 하였으며, 현성(縣城)은 무릉읍이라 하였다. 서진(西晉) 때 현을 폐지하여 지금은 이미 없어졌다.

한무제의 모친 왕태후(王太后)는 괴리 사람이며 무릉은 괴리현에 조성되어 외가를 빛내는 뜻을 가지고 있다. 건원 3년 한무제는 백성이 무릉으로 이주하는 것을 격려하기 위하여 매 호(户)의 이주민에게 20만 전(錢)의 안정 자금과 농지 2경(頃)을 내렸다. 장안에서 무릉까지는 바로 연결되는 대로를 닦았다. 기점은 장안의 북쪽을 바라보는 서쪽의 첫 번째 문으로 편문(便門)이라 하였고, 평문(平門)이라고도 하였다. 평(平)과 편(便) 두 자는 서로 통용되는 글자이다. 편문은 곧 평평하고 곧고 바르고 편하다는 뜻이다. 대로는 위수(渭水)를 타고 넘는데, 이 위수의 다리 또한 편문교(便門橋)라고 명명하였다. 이 대로 덕분에 무릉과 장안은 교통이 매우 편리해졌다.

원삭 2년(B.C. 127) 4월 한무제는 주보언(主父偃)의 건의를 받아들여 "군국(郡國)의 호걸로 재물이 3백만 이상인 자를 무릉으로 이주시켰다." 주보언은 건의하였다. "무릉을 막 조성했으니 천하의 호걸과 겸병하는 가문, 소요를 일으킬 만한 백성들을 모두 무릉으로 옮길 만하니 경사(京師)로는 내실을 기하고 밖으로는 간교하고 교활함을 없애는 것으로, 이것이 이른바 죽이지 않아도 해가 사라진다는 것입니다."[25] 이 건의는 무릉읍을 충실하게 할 뿐만 아니라 또한 천하의 강한 호족을 억제할 것이었

---

25 『사기』 권12 「평진후주보언열전(平津侯主父偃列傳)」.

기 때문에 서한 왕조는 엄격하고 신속하게 집행하였다.

지현(軹縣: 지금의 河南 濟源縣) 사람 곽해(郭解)는 자산이 이주 가능한 규정에 미달하였다. 그러나 그는 유명한 호협(豪俠)으로 결국 이주 대상으로 선발되었다. 대장군 위청(衛靑)이 곽해의 실상을 까발려 그는 집안이 이주의 조건에 부합되지 않는다고 하였다. 한무제는 반박하여 말하였다. "포의의 평민인데 임의로 장군이 말해주게 할 정도라면 이는 그 집이 가난하지 않은 것이오."[26] 이에 곽해는 무릉으로 옮기게 되었다. 지방의 사대부로 재물을 모아 전송하는 사람이 천을 넘어 만에 모자라지 않았다. 곽해가 관중에 이르자 경사 지구의 사대부들이 앞 다퉈 뒤질세라 곽해와 교유를 맺었다. 이로써 곽해의 명성이 조야를 기울이고 흔들었음을 알 수 있다. 이는 의심의 여지 없이 조정을 떠들썩하게 하였으며 곽해를 엄격한 징벌 대상으로 분류하였다. 이때 곽해의 조카가 지현의 한 아전을 살해하였다. 그는 지방의 신사 양계주(楊季主)의 아들로 곽해를 이주시켜야 한다고 고발한 사람이었다. 뒤이어 양계주 또한 살해되었다. 양계주의 가족들이 조정에 글을 올렸는데, 또 곽해의 추종자에 의하여 궁궐 아래에서 살해되었다. 이는 조정을 진노하게 하여 곽해를 수배하라는 영을 내리게끔 하였다. 곽해는 소식을 듣고 모친과 처자를 하양에 숨긴 다음 자신은 임진(臨晉)의 관문으로 달아나 태원(太原)에 이르렀다.

곽해는 길을 따라 머물러 묵으면서 성명을 바꾸지 않았는데도 사람들이 다투어 서로 접대하였다. 그 결과 체포하는 관리가 자취를 따라 수배하게 되었다. 임진에 적소공(籍少公)이라는 사람이 있었다. 그는 곽해를 보호하고자 자살로 입을 다물어 이에 추적하는 관리는 단서가 끊어

---

26 『사기』 권124 「유협열전(游俠列傳)」.

졌으며 곽해는 유유히 법망을 벗어났다. 원삭 3년 봄에 한무제가 대사면령을 발포함에 곽해는 다시 얼굴을 내밀었으며 그제야 체포되었다. 곽해는 직접 사람을 죽이지도 않았고 또 대사면 전의 일이라 조정에서는 곽해에게 사형을 언도할 길이 없었다. 이때 또 하나의 사건이 터졌다. 곽해의 사건을 맡은 사자가 지현에 이르러 조사를 진행하였다. 지현의 사자를 접대하는 자리에서 어떤 사람이 곽해를 좋은 말로 변호해주었는데, 좌중의 한 유생이 반박하는 상황에 맞닥뜨렸다. 유생은 "곽해는 오로지 간사하게 국법을 어기니 어찌 현명하다 하겠는가!"[27]라고 하였다. 오래지 않아 곽해의 추종자가 이 유생을 죽여서 혀를 잘랐다. 이번에는 조정의 승상 공손홍(公孫弘)에게 빌미를 제공하여 곽해의 추종자들이 무법천지니 적을 잡을 때는 그 우두머리부터 잡아야 한다면서 이에 곽해의 일가를 멸족시켰다. 의심의 여지없이 이를 도화선으로 하여 한무제는 전국적으로 유협을 타도하는 운동을 전개하였다.

원삭 2년 사마천은 19세였다. 그가 곽해의 사건을 직접 목격하였기 때문에 아주 상세하고 생생하게 쓰게 되었다. 곽해의 이야기는 두 가지 방면에서 사료적 가치가 있다. 첫째는, 사마천의 행년(行年)에 유력한 방증을 제공해 준다는 것이다. 둘째는, 사마천이 사회 조사를 진행하는 데 깊은 생각을 제공해 주었는데, 아래에서 나누어 말하겠다.

곽해의 외모에 대하여 사마천은 「유협열전」에서 "사람이 단신에 작았다(爲人短小)"고 하였고, 검소한 생활에 대해서는 "술을 마시지 않았으며 외출할 때 말을 탄 적이 없었다."고 하였다. 곽해의 영향력을 묘사하면서 "관중(關中)의 현사와 호걸들은 알든 모르든 그 명성을 듣고 다투어 곽해와 교유를 맺어 환심을 샀다."고 하였다. 이는 명백히 사마천이 관

---

27 위와 같음.

중의 무릉에서 곽해를 보았다는 것을 말한 것이다. 곽해는 관중에서 짧은 기간 머물렀을 뿐이니 이는 사마천의 가족 또한 바로 이때 무릉으로 이주하였다는 것을 설명한다.

사마천은 「유협열전」 찬(贊)에서 곽해를 논평하였다. "나는 곽해를 본 적이 있는데, 외모는 중인에 미치지 못하였고 언어는 취할 만한 것이 없었지만 천하의 현자와 불초한 자를 막론하고 그를 알건 모르건 간에 모두 그 명성을 흠모하였으며 유협을 말하는 자들은 모두 끌어다 이름으로 삼았다. 속담에서 말하기를 '사람이 영예로운 이름을 용모로 삼는다면 어찌 다함이 있겠는가!'라 하였다. 아아, 안타깝도다!" 청진짜오(程金造)는 이 논평에 대하여 말하였다. "이는 딱 19세에서 성년이 되려는 사람의 심리이다. 사마천이 '건원 6년'에 태어났다면 원삭 2년은 바야흐로 9세일 것이다. 9세의 어린이가 다른 사람을 관찰하였다면 절대 이런 심리 활동은 있을 수 없을 것이다."[28] 청 씨의 이 논평은 정리상 옳다.

「유협열전」은 사마천이 심혈을 기울여 쓴 편장으로 곽해가 주요 인물이며 생생한 생동감이 있어서 감동적이면서도 눈물겹다. 다만 뒤쪽의 논찬에서 나타낸 것을 보면 평담하여 기이하지 않은 것 같아 작자가 당시 직접 곽해를 보았을 당시의 조악한 느낌을 보충하여 서술한 것 같다. 마치 이 평담함 속에서 사마천의 빼어나고 생동적인 필치를 내비치는 것 같다. 사마천은 진실하게 당시의 사상 감정을 추후에 서술하여 찬어(贊語)로 삼았는데, 이는 바로 청년기의 곽해에 대한 동경을 설명하기 위해서였다. 청년의 판단력이 없는 감정으로 곽해의 평범하면서도 남보다 빼어난 생각이 두드러지게 하는 전기 색채를 도출해 냈다. 19세의 아동

---

28 「사마천의 생몰 연월에 관한 네 번째 고찰(關于司馬遷生卒年月四考)」, 『사마천과 사기(司馬遷與史記)』 논집에 수록, 중화서국 1997년판.

은 절대 이런 깊은 인식과 감정이 있을 수 없다. 따라서 곽해의 이야기는 직접적으로 사마천이 원삭 2년에 무릉으로 이주하였고 사마천이 경제(景帝) 중원(中元) 5년에 태어났다는 설에 유력한 방증을 제공하였다.

곽해의 이야기는 이제 막 세상에 발을 들인 청년 사마천에게 정신적인 면에서 매우 큰 충격을 일으켰으며 깊은 인상과 무형의 영향을 끼쳤다. 무엇보다도 사마천은 하양을 빠져나와 무릉에서 사방의 백성들과 교유하였다. 특히 곽해를 알아보고 바야흐로 천하가 크고 기인(奇人)의 특이함을 알게 되었다. 곽해는 "분개하여 뜻대로 되지 않았을 때는 피살된 사람이 매우 많아" 그의 신상에는 큰 악(惡)이 집결되어 있었다. 곽해는 말은 반드시 신의가 있었고 행동에는 반드시 결과가 따랐다. 분쟁을 해결해주고도 남의 보답을 받지 않았으며 조카가 곧은 행동을 하지 않자 원수에게도 죄를 묻지 않았다. 이런 품덕은 또 큰 선(善)이 집결되었다고 할 수 있다. 천하의 대악과 대선이 곽해의 일신에 몰려 있으니 사람들은 그가 반드시 우람한 거한일 것이라 상상하였는데, 직접 보니 애초에 외모가 보잘것없는 난쟁이였다. 실로 기인이고 기행(奇行)이었다. 청년 사마천과 곽해가 짧게 교유를 했건 하지 않았건 간에 사마천은 그에 관해서는 기록을 하지 않았으니 감히 함부로 이야기하지 않는다. 다만 곽해의 형상이 사마천의 마음 깊은 곳에 뿌리를 내렸음은 의심의 여지가 없다. 사마천이 20대에 행한 장유(壯游)는 그 중요한 동기 중의 하나가 유협의 자취를 고찰하는 것이라는 것 또한 의심의 여지가 없다.

유협의 출현은 한대에 이미 유구한 역사가 있다. 춘추전국시대의 사회적 대변동으로 서주의 옛 귀족 가운데 하층을 구성하고 있던 "사(士)"의 계층은 몰락하여 분화되었다. 일부는 "문(文)"을 주로 하여 제자백가와 유생이 되었고, 일부는 "무(武)"를 주로 하여 유협과 자객이 되었다. 소진(蘇秦)과 장의(張儀), 범저(范雎), 채택(蔡澤) 등이 문사 중의 준걸이라면,

섭정(聶政)과 형가(荊軻) 등은 무사 중의 호걸이다. 문무지사(文武之士)는 개인의 재간에 의지하여 열국에서 세파를 헤쳐 나갔으며 권문세가의 문하에서 분주하게 움직였다. 적극적으로 정치활동에 종사하였으며 자기에게 일정한 지위를 쟁취해 주었다.

전국 사공자는 각기 3천 명의 사(士)를 길렀는데, 문사도 있었고 무사도 있었으며 심지어 계명구도(鷄鳴狗盜)의 무리까지 있었다. 민간에 흩어져 살던 유협은 "의(義)"로 파벌과 조직을 결성하여 정치가 요동치는 사회에서 향리를 지키고 빈민들에게 덕을 베풀어 좋은 일들을 할 수 있었다. 그러나 왕왕 싸우고 살해를 저지르며 금령을 범하는 등 사회에 해악을 끼쳤다. 따라서 곽해의 신상에는 대선이 집결해 있었으며 대악도 집결하게 되었다. 한비(韓非)는 「오두(五蠹)」에서 "유자는 문으로 법을 어지럽히고 유협은 무로 금령을 범한다."고 지적하여 이 두 부류가 전정(專政)을 자행한다고 제기하였다. 진한의 통일과 중앙집권제가 성립됨에 따라 백가(百家)의 말을 하는 문사와 칼을 차고 금령을 범하는 유협은 모두 필연적으로 타격과 전정을 당하게 되었다.

곽해가 무릉으로 이주되고 멸족된 것은 바로 한무제가 유협에게 타격을 가한 운동의 반영이었다. 유협에게 타격을 입히는 정치운동이 기세등등하게 전개되었는데, 민간의 사와 서민, 호걸들은 오히려 끝없이 의(義)를 칭송하였다. 이는 사마천이 전국을 대대적으로 여행하는 중에 철저한 고찰을 하도록 재촉하지 않을 수 없었기 때문에 그는 곽해의 지(輊)에서의 생활에 대한 허다한 세목을 매우 명확하게 이해했다.

사마천은 한대의 유협을 춘추전국시대까지 소급하여 당시의 유사(游士)와 검객 및 사공자(四公子)가 사를 기르는 데 대하여 모두 상세한 조사를 가하였다. 나중에 전국(戰國) 사공자와 소진, 장의 및 자객, 유협 등 일련의 굉장한 큰 전기를 써냈다. 사마천이 이릉(李陵)의 화를 당하였을 때 곽해 이야기를 다시 회상하며 예와 지금의 유협과 자객을 떠올렸고 이에 반폭정(反暴政)과 반 전통도덕의 이성적 사유를 승화시켰다. 따라서 「자객열전」과 「유협열전」 같은 우수한 문장을 창작해 냈다. 이 두 편은 모두 반폭력을 찬양하는 사상이다. 같지 않은 점은 「자객열전」은 정치 투쟁을 반영하고 약자를 부지하고 강자를 약하게 하는 정의로운 정신을 선양하는 데 치중한 것이다.

유협은 "그 행위가 정당한 도리의 법도에서 벗어나긴 하지만 그 말은 반드시 신의가 있고 그 행동은 반드시 결과가 있다. 이미 승낙하였으면 반드시 성의를 다하여 그 몸을 아끼지 않고, 선비가 곤경에 처하면 달려가 이미 죽은 자를 살리고 산 자를 죽여서도 그 잘하는 것을 자랑하지 않는다. 그 덕을 과시하는 것을 부끄럽게 여기니 아마 또한 칭찬할 만한 것이 있을 것이다."[29]라고 하였다. 이는 유협이 비록 정통 봉건 도덕에는 부합되지 않지만 하층 국민에 대해서는 매우 "인의(仁義)"를 따지며 매우 도덕적이라는 것을 설명한다. 유협의 출현과 활동은 봉건사회의 법제가 와해되는 과정에서 나타난 일종의 필부(匹夫)가 격분하는 형식이다. 유협은 압박받고 원통한 일을 당하는 하층 국민에게 정의를 신장시켰으며 생명을 희생시키는 것도 아끼지 않았다. 사마천은 그들을 칭송하고 광대한 국민의 반폭력의 바람을 표현하였는데, 이는 당연히 긍정적인 면이다. 청년 사마천은 당시의 대협(大俠) 곽해를 알게 된 것은 우연한 기회였으며, 이 점 때문에 사마천이 무릉으로 이주한 것 또한 가치가 있다.

사마천의 집이 무릉으로 이사하면서 소년 시대의 생활은 끝났다. 그는 광활한 사회를 향하여 달려갔고 새 생활을 향하여 달려갔다.

---

29 『사기』 권124 「유협열전(游俠列傳)」.

제2장

출사와 호종(扈從)

제1장에서는 사마천의 청년 시대에 대하여 썼다.

사마천의 일생은 시종 한무제와 궤를 같이하는데, 둘 다 서한 대일통 시대의 영웅이었다. 한무제는 경천위지(經天緯地)의 인재로 뛰어난 재능과 원대한 책략으로 위용 있고 웅장한 역사적 활극과 생활을 허다하게 창조하였다. 사마천의 가슴속에 충만한 경륜은 서까래 같은 큰 붓으로 용처럼 생생하게 이 큰 시대를 묘사하였다. 한무제는 문학 애호가였다. 시와 부(賦)에 능하였으며 악부(樂府)를 세우고 가요를 채집하였다. 아울러 신변에 동방삭(東方朔)과 매고(枚皐), 엄조(嚴助), 오구수왕(吾丘壽王), 사마상여(司馬相如) 등 대규모의 문학 인사들을 끌어모아 군신이 서로 창화(唱和)하여 낭만주의적인 격정이 충만하였다. 사마천은 이들보다 나중에 태어난 후배로 출사가 비교적 늦었다.

사마천이 낭중(郎中)이 되었을 때 한무제 신변의 문학 시종이었던 매고와 사마상여 등은 대부분 이미 죽었다. 사마천은 두각을 나타내어 한무제의 깊은 신임을 얻었다. 이는 청년 사마천을 비범하게 격동시켜 "온 마음으로 자신의 직무에 힘써 임금의 환심을 살 수 있기를 바랐다.(務一心營職, 以求親媚於主上)"[1] 임금과 신하가 서로를 잘 이해하여 물고기와 물이 서로를 얻은 것 같았다.

『한서』「동방삭전(東方朔傳)」의 기록에서 한무제는 사마천을 칭찬하여 "변론을 잘하고 지식이 풍부하며 문사에 매우 능하다"고 하여, 사마천을 공손홍(公孫弘), 예관(兒寬), 동중서(董仲舒), 하후시창(夏侯始昌), 사마상여, 주매신(朱買臣), 엄조(嚴助), 서락(徐樂) 등 서한의 열다섯 재지(才智) 있는 사(士)와 함께 논하였는데, 매우 존중받았었음을 알 수 있다. 주상의 성명(聖明)은 사방에 덕을 베푼다. 신료와 백관은 성덕(聖德)을 힘껏 왼다. 이는 청년 시대 사마천의 행운과 사상의 경계이다. 이는 『사기』가 한나라 왕조를 찬송하는 사상적 기초이다.

1. 20세에 장유(壯游)에 나서다

사마천의 일생에 걸친 여행은 세 가지 상황이 있다. (1) 20세의 장유(壯游). 대강(大江) 남북과 회·하(淮·河) 양안 및 중원의 산하를 두루 답파하였으며 3년이 소요되었다. (2) 사명(使命)을 받든 파촉(巴蜀) 이남의 유력으로 지금의 서남쪽 대지에 해당하는 사천(四川)과 운남(雲南), 귀주(貴州)까지 발자취가 두루 미쳤으며, 1년 3개월이 소요되었다. (3) 무제를 호종한 유력으로, 낭중(郎中)으로 출사했을 때부터 중서령(中書令)까지 무제의 순행을 호종한 30여 년이다. 이런 성격이 서로 다른 출유는 모두 사

---

1   사마천. 「보임안서」.

마천의 행년을 낭만적인 색채로 충만하게 하였다. 따라서 깊고 넓은 사회생활에 대하여 전방위적 고찰을 할 수 있는 조건이 갖추어졌다.

한무제 원삭 3년, 곧 B.C. 126년 사마천은 20세로 출세를 하려는 장지(壯志)를 품고 인생 여정의 첫 번째 장거리 여행을 진행하였다. 한창때의 나이에 해당하므로 이십장유(二十壯游)라고 한다.

고대의 여행은 교통이 불편하여 어려움이 이만저만이 아니었다. 사마천의 장유는 심사숙고와 장기간의 준비를 거쳤다. 「태사공자서」에서도 그 일을 신중히 다루어 특별히 남의 이목을 끄는 기록이 있다. 사마천은 말하였다.

> 20세에는 남쪽으로 장강과 회수 유역을 유람하였고 회계에 올라 우혈(우를 장사지낸 곳)을 찾았으며 구의산을 엿보고 원수와 상수에 배를 띄웠으며, 북으로는 문수와 사수를 건너 제나라와 노나라의 도읍에서 학업을 강학하였고 공자의 유풍을 살펴보고 추현과 역산에서 향사례에 참여하였으며, 파현과 설현, 팽성에서 곤경에 처하였다가 양나라와 초나라를 거쳐 돌아왔다.
>
> 二十而南游江淮, 上會稽, 探禹穴, 闚九疑, 浮於沅湘, 北涉汶泗, 講業齊魯之都, 觀孔子之遺風, 鄕射鄒嶧, 厄困鄱薛彭城, 過梁楚以歸.

사마천 이십장유의 동기를 매우 명백하게 말하였다. 그것은 바로 그가 "천하의 유문과 고사가 태사공에게 다 모이지 않음이 없었다.(天下遺文古事, 靡不畢集太史公)"고 한 책으로 습득한 지식에 만족하지 못한 것이다. 뚜렷한 목적과 계획을 가지고 광활한 사회로 가서 현지를 답사하고, 위대한 조국이 대일통을 이룬 장려한 산하와 사방 백성의 생활 풍속을 접촉하여 고대와 근대, 현대의 역사·전설·고사 및 각종 사료를 이해하고 수집하였다. 「태사공자서」에서는 "천하의 망실된 옛 전적과 사실을 망라하였다(罔羅天下放失舊聞)"고 하였다. 왕궈웨이는 「태사공행년고(太史公行年考)」에서 "관학지유(官學之游)"라고 하였는데 매우 정확하고 타당한 견해이다.

사마천이 장유에 나선 동기는 옛 역사 문헌에도 기록되어 있다. 『태평어람(太平御覽)』 권225에서는 위굉(衛宏)의 『한구의(漢舊儀)』를 인용하여 말하였다. "사마천의 부친 담이 태사(太史)를 세습하였을 때 천의 나이는 13세였는데, 명을 받들어 천하를 돌아다니며 옛 제후의 역사 기록을 구하게 하였다." 『서경잡기(西京雜記)』 권6의 글도 대략 같다. 이 이야기는 위굉이 전하여 듣고 기록한 유사(遺事)인데, 연령으로 보면 「태사공자서」의 "20세에 남쪽을 유람하였다"는 말과 부합하지 않아 그대로 다 믿을 수는 없다. 다만 이 전문(傳聞)은 「태사공자서」에서 말한 "천하의 산일된 옛 전적과 사실을 망라하였다"라는 목적과는 일치하여 깊은 생각에 빠지게 한다. 거기서는 사마천의 장유는 사마담의 결정과 지도 아래 진행되었을 것이라고 설명하고 있다. 또한 부친이 아들을 한번 시험해본 것이기도 하다. 사마천은 이번 학술 여행을 무난하게 완성하여 문자가 없는 책을 읽고 산천의 호방한 기운을 받았으며, 여태 듣지 못했던 많은 지식을 구하였다. 그래서 『사기』에는 많은 편장의 논찬에서 유람과 그로 인한 수확을 거듭하여 논급하고 있다. 아래에 인용해 보겠다.

「오제본기」 찬 "내 일찍이 서쪽으로는 공동산을 지나고 북쪽으로는 탁록을 지났으며 동쪽으로는 바다에까지 이르고 남쪽으로는 장강과 회수를 건넌 적이 있다. 장로들이 모두 각기 왕왕 황제와 요·순을 칭찬하는 곳에 이르러서는 풍속과 교화가 실로 달랐다.

余嘗西至空桐, 北過涿鹿,² 東漸於海, 南浮江淮矣. 至長老皆各往往稱黃帝·堯·舜之處, 風教固殊焉.

「하거서(河渠書)」 찬 "내 남쪽으로 여산에 올라 우가 틔운 구강을 살펴보았다. 마침내 회계의 태황에 이르러 고소산에 올라 오호를 바라보았다. 동으로 낙수와 대비, 영하를 엿보았고, 또 회수와 사수, 제수, 탑수, 낙수를 순시하였다. 서로는 촉의 민산 및 이대를 보았고, 북쪽으로는 용문에서 삭방까지 이르렀다. 심하구나, 물이 이익과 해가 됨이!"

余南登廬山, 觀禹疏九江. 遂至于會稽太湟, 上姑蘇, 望五湖. 東闚洛汭·大邳, 迎河, 行淮·泗·濟·漯洛渠. 西瞻蜀之岷山及離碓,[3] 北自龍門至于朔方.[4] 曰, 甚哉, 水之爲利害也!

「위세가(魏世家)」 찬 "내 옛 대량성 터에 갔었는데, 그곳의 사람들이 말하였다. '진나라가 대량을 깨뜨릴 때 강물을 끌어다 대량에 대어 석 달 만에 성이 무너지고 왕이 항복을 청하여 마침내 위나라를 멸하였다.'"

吾適故大梁之墟, 墟中人曰, 秦之破梁, 引河溝而灌大梁, 三月城壞, 王請降, 遂滅魏.

「공자세가」 찬 "노나라에 가서 중니 묘당의 수레와 의복, 예기를 참관하였으며, 유생들은 때에 맞춰 집에서 예를 익혔는데, 나는 (경모하는 마음에) 머뭇머뭇 머물며 떠날 수가 없었다.

適魯, 觀仲尼廟堂車服禮器, 諸生以時習禮其家, 余祗迴留之不能去云.

---

2 "서쪽으로는 공동산을 지나고 북쪽으로는 탁록을 지났다"는 것은 곧 호종한 여행을 겸하여 언급하였다.

3 "서쪽으로는 촉의 민산 및 이대를 보았다"는 것은 사명을 받들어 파촉 이남을 유력한 것을 아울러 언급하였다.

4 "북쪽으로는 용문에서 삭방까지 이르렀다" 한 것은 소년 때 고향의 생활 및 호종한 유력을 아울러 언급하였다.

「맹상군열전」 찬 "내 일찍이 설현에 들른 적이 있는데, 그 마을에는 거의가 흉포하고 사나운 자제들로 추나라 노나라와는 달랐다. 그 까닭을 물었더니 말하였다. '맹상군이 천하의 임협들을 초치하니 간사한 사람들이 설현에 들어온 것이 6만여 가구나 되었습니다.' 세상에서 전하기를 맹상군이 객을 좋아하여 정말 기뻐한다 하더니 명성이 헛된 것이 아니다."

吾嘗過薛, 其俗閭里率多暴桀子弟, 與鄒魯殊, 問其故, 曰, 孟嘗君招致天下任俠, 姦人入薛中蓋六萬餘家矣. 世之傳孟嘗君好客自喜, 名不虛矣.

「위공자열전(魏公子列傳)」 찬 "내가 대량의 옛 터를 지나면서 이른바 이문을 찾아서 물었다. 이문은 성의 동쪽 문이다."

吾過大梁之墟, 求問其所謂夷門. 夷門者, 城之東門也.

「춘신군열전」 찬 "내가 초나라에 가서 춘신군의 옛 성을 구경해 보았는데, 궁실이 성대하였다."

吾適楚, 觀春申君故城, 宮室盛矣哉!

「굴원가생열전」 찬 "장사로 가서 굴원이 스스로 가라앉은 못을 보고 일찍이 눈물을 흘리지 않은 적이 없었으며 그 사람됨을 생각해 보았다.

適長沙, 觀屈原所自沈淵, 未嘗不垂涕, 想見其爲人.

「회음후열전」 찬 "내가 회음에 갔을 때 회음 사람들이 내게 말해주기를 그 어미가 죽었을 때 가난하여 장례도 치르지 못하였지만 높고 넓은 땅을 찾아서 그 곁에 만 호를 둘 수 있게 하였다고 하였다. 내 그 어미의 묘를 보니 실로 그러하였다.

吾如淮陰, 淮陰人爲余言, 其母死, 貧無以葬, 然乃行營高敞地, 令其旁可置萬家. 余視其母冢, 良然.

「번역등관열전(樊酈滕灌列傳)」 찬 "내가 풍패에 가서 그곳의 부로들에게 물어보고 옛 소하와 조참, 번쾌, 등공의 집, 그리고 평소의 생활을 살폈더니 들은 것이 기이하였다!"

吾適豐沛, 問其遺老, 觀故蕭曹樊噲滕公之家, 及其素, 異哉所聞.

「귀책열전(龜策列傳)」 "내가 강남에 이르러 그 일을 행하는 것을 살펴보고 장로에게 물어보았더니 거북이 천 년은 되어야 연꽃 위에서 놀고 시초는 백 줄기가 한 뿌리에서 난다고 하였다."

余至江南, 觀其行事, 問其長老, 云龜千歲乃遊蓮葉之上, 蓍百莖共一根.

위에서 인용한 자료로 사마천의 장유 범위가 남방에 집중되어 있음을 알 수 있다. 그래서 스스로 말하기를 "20세에는 남쪽으로 장강과 회수 유역을 유람하였다."고 하였다. 사마천의 장유 노선에 대해서는 왕궈웨이가 「태사공행년고」에서 처음으로 다루었다. 사마천은 경사인 장안에서 출발하여 동남쪽으로 가서 무관(武關)을 나서 완(宛)에 이르렀다. 남쪽 양번(襄樊)으로 내려가 강릉(江陵)에 이르렀다. 장강을 건너 원수(沅水)를 거슬러 올라 상수[湘]의 서쪽에 이른 다음 방향을 동남쪽으로 꺾어 구의산(九疑山)에 이르렀다. 구의산을 엿본 후에 북쪽 장사(長沙)로 올라가서 멱라(汨羅)에 이르러 굴원이 빠져죽은 곳에서 조문했다. 동정호를 건너 장강으로 나서 물결을 따라 동쪽으로 내려갔다. 여산에 올라 우가 구강(九江)을 틔운 곳을 보고 전전하다 전당(錢塘)에 이르렀다. 회계산에 올라 우혈(禹穴)을 찾았다. 오(吳)로 돌아와 춘신군(春申君)의 궁실을 유람하였다. 고소산에 올라서는 오호를 바라보았다. 그 후 북쪽으로 올라가 강을 건너 회음을 지나 임치와 곡부에 이르러 제·노(齊·魯) 지구의 문화를 고찰하고 공자가 남긴 유풍을 살펴보았다. 파(鄒)와 설(薛), 팽성(彭城)에서 곤경을 겪은 후 진·한의 과도기에 풍운을 일으킨 역사적 인물의 고향과 초·한(楚漢)이 서로 다툰 전장(戰場)을 따라 팽성(彭城)을 거쳐 패(沛), 풍(豊), 탕(碭), 수양(睢陽)을 지나 양(梁: 지금의 河南 開封)에 이르렀다가 장안으로 돌아왔다. 지금의 지역으로 말하면 사마천의 장유는 섬서[陝]와 호북[鄂], 호남[湘], 강서[贛], 강소[蘇], 절강[浙], 안휘[皖], 산동[魯], 하남[豫]의 9개 성(省)을 넘나들었으며 여정은 거의 3만 리에 가깝고, 약 2~3년의 시간이 소요되었다.

독서는 이성적인 지식밖에 얻을 수 없다. 산을 넘고 물을 건너 만 리 길을 가서 사회생활의 바다로 가서 드넓은 풍속을 이해하고 문자가 없는 책을 읽으면 진정된 감수성과 실천 지식을 얻게 된다. 대체로 큰일을 하는 사람은 모두 뛰쳐나가 백성 및 대중과 함께 호흡해야 한다. 2천 년 전의 사마천은 문자가 없는 책이 학문을 하는 주지(主旨)임을 알았고 몸소 힘껏 행하여 사회로 달려들었다. 일을 행하는 것을 살펴보았고 장로들에게 물었으며 옛 터의 사람들에게도 물었다. 남은 부로들에게도 물었으며 옛 성철(聖哲)의 유적을 찾아가서 그 사람됨을 생각해 보며 서성이다 고개를 숙이고 그곳을 떠날 수가 없었다. 사마천이 그렇게 감정이 북받쳤으므로 『사기』에서 이를 강렬히 반영할 수 있었다.

『사기』의 첫 권인 「오제본기」는 오제의 순수(巡狩)에 대하여 썼는데, 극히 정묘하고 아름다워 『사기』 마지막 권의 「태사공자서」에서 말한 장유와 함께 앞뒤로 비추어볼 수 있다. 대조해 보는 중에 우리의 깊은 생각과 연상을 일으켰고 따라서 사마천이 장유한 의의를 가서 체험하게 된다.

사마천은 황제(黃帝)에 대하여 썼다. "동쪽으로 바다까지 이르렀고 환산(丸山)에 오르고 대종(岱宗)까지 미쳤으며, 서쪽으로는 공동(空桐)에 이르러 계두산(雞頭山)에 올랐고, 남쪽으로는 장강에 이르러 웅산(熊山)과 상산(湘山)에 올랐다. 북쪽으로는 훈육(葷粥: 옛 중국 종족의 이름)을 쫓아내고 부산(釜山)에서 제후를 소집하였고 탁록(涿鹿)의 언덕에 도읍을 세웠다." 전욱(顓頊)에 대하여 썼다. "북쪽으로는 유릉(幽陵)에 이르렀고 남쪽으로는 교지(交趾)에 이르렀으며, 서쪽으로는 유사(流沙)에 이르렀고 동쪽으로는 반목(蟠木)에 이르렀다." 순(舜)의 섭정에 대하여 썼다. "5년에 한번 순수(巡狩)하였다." 순은 즉위한 후에 다시 부지런히 순유하여 민정을 살피고 정신을 가다듬고 나라를 다스릴 생각을 하였다. "창오(蒼梧)의 들에서 죽었다."고 하였으니 남쪽을 순수하다가 노상에서 순직하였다. 하우(夏禹)에 대하여 썼다. "제우(帝禹)는 동쪽을 순수하다가 회계산에 이르러 붕어하였다." 상고의 제왕이 현성(賢聖)하고 백성을 사랑함이 사마천의 필치 아래 생동적으로 살아났으며, 작자 사마천의 국민에 대한 깊고 두터운 감정을 표현하였다.

「진시황본기」에서는 "지존의 자리에 올라 천지 사방을 제압한" 진시황의 출유를 썼다. 진시황은 호호탕탕하게 천하를 순행하고 돌을 새겨 공을 칭송하였다. 우쭐대며 흡족하게 여겼으며 전제 제왕의 기세와 위엄을 생생하게 그려내었다. 「봉선서(封禪書)」에서는 한무제가 순행하면서 신선이 되기를 추구하는 것을 썼다. 한무제는 어리석으면서도 경건하고 정성스러워 조롱하고 비꼬는 감정을 표현하였다. 호종의 유람에서 온 체험은 자연히 의론이 날카롭다.

사마천의 시야는 제왕이 순수(巡狩)하고 순행하는 족적을 포착하는 데 그치지 않았다. 굴원이 못가를 읊조리며 돌아다니는 것이라든가, 가의가 상수에서 (굴원을) 조문한 것, 공맹(孔孟)의 주유천하, 전국 사공자가 식객을 좋아하고 사(士)를 기른 것, 후영(侯嬴)이 거처한 이문(夷門), 모공(毛公)과 설공(薛公)이 몸을 숨긴 주시(酒市), 진섭의 연작이 홍곡의 뜻을 어찌 알겠는가 한 것, 장량이 진시황을 저격한 것, 한신의 젊었을 때의 실의, 초한(楚漢)의 풍운아들이 때를 만남, 강남의 민간에서 거북을 길러 도인(導引)함, 시골 백성의 속담 풍속 등은 모두 일일이 사마천이 20세 때 장유할 때의 광각 렌즈에 포착되었다.

사마천이 파(鄱)와 설(薛), 팽성(彭城)에서 곤경에 처한 것은 아마 성인 공자가 식량이 바닥나고 병들어 곤궁해진 것, 협박을 받은 것과 같을 것인데, 요컨대 그는 어려움과 위험을 겪기는 하였지만 또한 사회라는 서고(書庫)에서 풍부하고 큰 회답을 얻었다. 사마천은 「주본기」의 찬에서 말하였다. "학자들은 모두 주(周)나라가 주(紂)를 정벌한 후 낙읍에 도읍을 세웠다고 하는데, 실상을 종합해 보면 그렇지 않다. 무왕이 도읍을 건설하고 성왕이 소공에게 살기에 적당한가를 점치게 한 후 구정을 안치하였으나 주는 다시 풍(豐)과 호(鎬)에 도읍을 정했다. 견융(犬戎)이 유왕(幽王)을 물리치자 주는 비로소 동쪽 낙읍으로 천도했다. 이른바 '주공이 필(畢)에서 장사 지냈다'고 한 '필'은 호경 동남쪽의 두중(杜中)에 있다." 금석에 새겨진 것과 간독에 쓰인 고대의 기록은 지식을 누적시키고 전파하는 데 매우 제한적이었다. 이 때문에 서한의 학자들은 은·주 교체기의 역사에 대하여 제대로 이해하지 못하여 무왕이 낙읍에 도읍을 정하였다고 생각하였다. 사마천은 이런 기풍을 일소하고 문헌의 기록과 현지답사를 결합한 고증 방법을 사용하였는데, 이는 중대한 의의를 가지고 있다.

사마천은 "원수와 상수를 건너(浮于沅·湘)" 굴원의 족적을 찾아 예와 지금의 변천된 역사에 대하여 사고하면서 굴원의 사람됨을 생각하였는데, 슬피 눈물이 흐르는 것을 금할 수 없었다. 사마천은 장사에서 또한 가의

(賈誼)의 유적을 찾아 조문하고 그의 처지가 굴원과 비슷하다는 것을 느껴 나중에 「굴원가생열전」을 썼다. 시대가 다른 인물의 전기를 함께 쓰는 형식을 창조하였으며, 이는 역사를 비교하는 방법의 원형이 되었다.

『사기』의 유전(類傳)은 곧 역사를 비교하는 방법으로 집중 표현된다. 이 방법은 『사기』가 새로운 지평을 열게끔 하였으며, 대략 바로 사마천은 장유 과정에서 민간 전설이 계발한 것을 받아들여 내(사마천) 스스로 육성하였다. 가장 칭찬할 만한 가치가 있는 것은 사마천이 회북(淮北)에서 근현대사에 대하여 세밀한 현지답사를 심도 있게 진행한 것이다. 진섭(陳涉)이 젊어서 품팔이를 하면서 홍곡(鴻鵠)의 뜻을 가진 것을 개탄함, 유방(劉邦)의 청년기의 각종 무뢰함, 번쾌(樊噲)가 개를 도축함, 조참(曹參)이 옥리가 된 것, 소하(蕭何)가 주리(主吏)가 된 것, 장량(張良)이 하비(下邳)로 도망친 것, 진평(陳平)이 사재(社宰)가 된 것, 주발(周勃)이 잠박(蠶箔: 누에를 치는 데 쓰는 채반)을 짠 것, 한신(韓信)이 가난하게 살면서 모친을 높고 트인 곳에 장사 지낸 것과 젊었을 때 가랑이 아래로 기어간 치욕 등등의 이야기는 모두가 "들은 것이 기이한(異哉所聞)" 지식을 공문으로 기록한 것이다. 2천 년 전에 사마천은 이런 진실을 추구하는 실천적인 정신을 갖추었는데, 실로 매우 가상한 것이다.

사마천이 두루 여행하면서 한 고찰은 역사학자와 문학가를 아우르는 흥취를 갖게 하였다. 역사 사건에 대해서는 크게는 진시황이 위(魏)나라를 격파한 전쟁에까지 이르렀고, 작게는 전국시대의 성문 이름에까지 이르러, 그는 모두 힘껏 1차 자료를 파악하고자 하였다. 산천 지리에 이르러서는 흉중에서 고금의 전장에 대하여 더욱 명확해졌다. 고염무(顧炎武)는 말했다. "진한의 교체기에 군사가 드나든 길의 곡절과 변화는 태사공만이 손바닥을 보듯 순서를 정했다. 산천과 군국은 밝히기가 쉽지 않으므로 동이니 서, 남, 북이라 하였는데, 일언지하에 형세를 명확하게 하였다. 대체로 옛 사서의 병사(兵事)와 지형의 상세함에서 이를 능가하는 것이 없는 것은 태사공의 흉중에 실로 온 천하의 기개가 있는 것으로 후대의 서생이 평가할 수 있는 것이 아니다."[5] 이는 사마천이 유력을 통하여 얻은 역사 사실 방면에서의 도움이다.

소철(蘇轍)은 말하였다. "태사공은 천하를 다니며 사해의 명산과 대천을 두루 보고 연나라와 조(趙)나라 사이의 호걸들과 교유를 하였으므로 그 문장은 트이고 질탕하여 자못 기특한 기개가 있다. 어찌 일찍이 붓을 잡고 이런 문장 짓기를 배웠겠는가? 그 기운은 그 안에 찼고 그 모습에 넘치며 그 말에서 움직이고 그 문장에서 드러나는데, 스스로 알지 못한다."[6] 이는 사마천에 있어서 문장의 풍채와 풍격 방면에서 유력이 도움이 된 것이다. 요컨대 사마천의 20세 때의 장유는 그로 하여금 드넓은 사회지식을 얻고 유문과 옛일을 찾게 하였을 뿐만 아니라 시야를 넓히고 흥회를 펼치게 하였으며 식견과 재간을 증강시켰다. 이것이 『사기』가 성공한 조건 중의 하나이다.

사마담은 사마천의 20세의 장유를 이끌었는데, 이는 사마천 인생 여정의 이정표로 2대에 걸친 철인이 함께 응집시킨 지혜의 섬광이 빛을 발한 것이다.

2. 낭중(郎中)으로 출사하다

사마천이 출사하여 낭중이 된 것에 대하여 왕궈웨이는 「태사공행년

---

5 『일지록(日知錄)』 권26 「사기통감병사(史記通鑑兵事)」 조.
6 『난성집(欒城集)』 권22 「추밀 한태위께 올리는 글(上樞密韓太尉書)」.

고」에서 "그 연도는 고찰할 수 없다."고 하면서 "대체로 원수(元狩)와 원정(元鼎) 연간일 것이다. 어째서 스스로 낭이 되었는지도 고찰할 수 없다."고 추론하였다. 사마천은 「오제본기」 찬에서 스스로 "나는 일찍이 서쪽으로 공동에 이른 적이 있다."고 하였다. 왕궈웨이는 『한서』「무제기(武帝紀)」의 "원정 5년 겨울 10월에 옹(雍)에 행차하여 공동에 올랐으며 서쪽으로 조려하(祖厲河)까지 다다랐다가 돌아왔다."고 한 기록에 의거하여 추단하기를 "공이 서쪽으로 공동에 이른 것은 이해 10월 호종한 일일 것이다."라고 하였다. 이는 곧 사마천이 원정 5년 전에 이미 낭중으로 출사하였다는 말이다.

정허성(鄭鶴聲)의 『사마천연보』에서는 사마천이 처음 벼슬을 하여 낭중이 된 해를 원삭 5년인 B.C. 124년에 엮었다. 『한서』「무제기」의 기록에 의하면 원삭 5년 6월 승상 공손홍(公孫弘)이 박사(博士)에 제자원(弟子員)을 둘 것을 청하여 태상(大常)에서 18세 이상의 효제(孝悌)를 행하는 자제를 선택하여 박사제자로 삼았다. 이것이 중국 역사상 국립대학의 시초이다. 박사 제자는 1년간 학업을 배우고 시험을 쳐서 1예(藝) 이상에 능통하면 문학장고(文學掌故)의 결원에 보충하고 성적이 우수한 자는 벼슬하여 낭중이 될 수 있었다. 정 씨는 사마천은 태학에 들어가 박사 제자로 성적이 우수하여 낭중이 되었다고 생각하였다. 이 설이 성립된다고 가정하면 사마천이 출사하여 낭중이 된 가장 이른 시기는 다만 원삭 6년일 것으로 원삭 5년은 아닐 것이다.

사마천의 「보임안서」에서는 말하였다. "자라서는 고향 사람들의 훌륭한 평판을 듣지 못하였다.(長無鄕曲之譽)" 박사 제자의 조건은 효제(孝悌)한 자제를 선택하는데, 향곡(鄕曲)의 추천으로 태상(太常)에 이르며, 태상에서는 뽑힐 만한 재능이 있는지 심의하여 합격시킨다. 사마천은 스스로 "자라서는 고향 사람들의 훌륭한 평판을 듣지 못하였다."고 하였으니, 이는 바로 그 스스로 박사 제자가 될 수 없었음을 암시한 것이다. 정허성은 「사마천의 생년 문제 검토(司馬遷生年問題的商榷)」에서 사마천이 원삭 5년에 출사했다는 근거가 부족하다고 생각하여 "그럴 것이라 생각한다(想當然)"는 말로 엮어 이미 이 설을 폐기하였다.

스딩(施丁)의 「사마천생년고(司馬遷生年考)」에서는 사마천이 벼슬하여 낭이 된 것은 대략 원수 5년 B.C. 118년일 것이라고 생각하였다. 그 근거는 두 가지가 있다. 첫째, 「봉선서」에서 "태사공이 말하기를", "나는 수궁(壽宮)에 들어가 사당에서 모시면서 신에게 축문을 올리는 것을 들었다."는 말이 있는 것이다. "수궁"은 『사기』「봉선서」 및 『한서』「교사지(郊祀志)」에 의하여 추정하면 원수 5년에 설치되었다. 『자치통감(資治通鑑)』에서는 바로 이 해에 엮었다. "신군(神君)"은 상군(上郡)의 무당으로 귀신 분장을 하고 한무제를 위하여 병마를 쫓아 병을 치료하였는데, 한무제는 오래지 않아 병이 나아 이에 "수궁신군을 두었다." 그리고 "수궁에 들어가 사당에서 모시면서 신에게 축문을 올리는 것을 들은" 일은 "그 일을 비밀로 하여 세상에서 아무도 몰랐다."고 하였으니 심복이 아니면 참여하지 못하였다. 이 때문에 수궁에 들어갈 수 있었던 "나(余)"는 태사령이 된 사마담이 아니라 무제의 신변에서 시종을 들던 낭중 사마천일 것이다. 둘째, 사마천과 임안(任安), 전인(田仁) 세 사람은 서로 친하였다. 「전숙열전(田叔列傳)」 및 저소손(褚少孫)의 보충에 의하면 임안과 전인은 함께 대장군 위청(衛青)의 사인(舍人)이 되었으며, 조우(趙禹)에 의해 무제의 명을 받고 낭으로 뽑혔다. 또한 「위장군표기열전(衛將軍驃騎列傳)」과 「삼왕세가(三王世家)」에 의거하면 임안은 원수 4년에 여전히 대장군의 사인이었으며, 원수 6년에는 이미 태자소부(太子少傅)가 되었으니 궁으로 들어가 낭이 된 것은 원수 4년과 원수 6년의 사이인 원수 5년일 것이다. 사마천과 임안, 전인 세 사람의 우의(友誼)는 낭이라는 동료관계로 구축된 것일 것이다. 위에서 말한 첫 번째와 두 번째의 두 요소가 교차하는 것에 의하면 원수 5년은 사마천이 최초로 출사한 해라는 것을 고찰하여 정할 수 있다.

한조(漢朝)의 낭관(郎官) 시스템은 의랑(議郎)과 중랑(中郎), 시랑(侍郎), 낭중(郎中)의 4급(級)이 있다. 의랑과 중랑은 녹봉이 비6백석(比六百石)이었고, 시랑은 비4백석, 낭중은 비3백석이었다. 낭관은 정원이 없었으며 많으면 천 명을 웃돌 수 있었다. 직무는 "문호를 지키는 것을 관장하고 나가서는 거기(車騎)를 맡으며"[7] 황제의 시종이 되는데, 거의 이천석의 고관자제와 부호의 자제로 충원하였다. 『한서』「애제기(哀帝紀)」 응소(應劭)의 주에서는 『한의주(漢儀注)』를 인용하였다. 이천석은 고관으로 만3년간 일을 맡으며 "동산(同産)과 약자(若子) 1인을 낭으로 임명할 수 있었다."고 하였다. 동산(同産)은 친형제를 가리키고, 약자(若子)는 아마도 친자(親子)일 것이다. 또『한서』「장석지전(張釋之傳)」 여순(如淳)의 주에서는『한의주』를 인용하였는데, 가산이 오백만이면 상시랑(常侍郎)에 임명되었다.[8] 장석지과 사마상여는 모두 재물로 낭이 되었다. 이 외에 이광(李廣), 조충국(趙充國)은 모두 항오(行伍) 출신으로 말을 잘 타고 오랑캐를 사살하는 공을 세워 낭이 되었다. 또 금성(金城)과 농서(隴西), 천수(天水), 안정(安定), 북지(北地), 상군(上郡) 등 여섯 변경 군의 훌륭한 가문의 아들은 군국(郡國)의 추천으로 낭이 되었다.[9] 사마천은 이런 모든 경로 중 어느 하나도 갖

---

7 『한서』권19상「백관공경표 상(百官公卿表上)」.

8 『한의주(漢儀注)』의 가산이 5백만이면 낭이 된다는 것은 믿을 수 없다. 장석지(張釋之)와 사마상여(司馬相如)는 모두 낭(郎)이어서 집이 가난했다.『한서』「경제기(景帝紀)」에 의하면 경제 후원(後元) 2년 조령으로 가산이 15만이면 낭이 되게 한 것을 가산이 4만이면 낭이 되도록 고쳐 가난한 사(士)에게 유리하게 하였다. "가산으로 낭이 되었다"는 것은 경제의 조칙을 따른 것일 것이다.

9 『한서』권69「조충국신경기전(趙充國辛慶忌傳)」복건(服虔)의 주.

추지 못하였다. 그렇다면 사마천은 무엇으로 낭이 된 걸까? 「보임안서」에 명확한 설명이 있다. 사마천은 말하였다. "저는 선친의 공로에 힘입어 경사에서 태사령이라는 관직을 맡은 지 20년이 넘었습니다.(僕賴先人緒業, 得待罪輦轂下, 二十餘年矣)" 또 말하였다. "임금께서 다행히 저의 선친의 연고로 인하여 미약한 능력이나마 바칠 수 있는 기회를 주시어 궁중을 드나들 수 있게 되었습니다.(主上幸以先人之故, 使得奏薄伎, 出入周衛之中)" 서업(緒業)은 곧 여업(餘業)이다.

『한서』「양운전(楊惲傳)」에는 양운의 「손회종에게 보내는 답장(報孫會宗書)」이 실려 있는데, 자기가 낭이 된 것을 "선인의 여업(餘業)에 힘입어 숙위(宿衛)가 될 수 있었다."고 하였는데, 이를 증거로 삼을 수 있다. 사마천은 부친의 음덕에 의지하여 낭이 될 수 있었다. 사마천의 부친 사마담은 태사령으로 봉록이 비6백석이었으며 2천석의 고관이 아니다. 사마천이 음덕을 입은 것은 파격적인 것이라 하겠으며, 낭중이 비록 하급의 낭관에 지나지 않았지만 이미 매우 영광이었다. 원수 5년 공안국은 간대부(諫大夫)가 되었다. 사마천은 공안국을 사숙한 제자이다. 원수 5년에 낭관으로 진급하였고 사마천은 스승의 추천을 얻었는데, 또한 일리가 있다.

낭관은 황제의 시종으로 자원이 쌓이면 외부로 옮기는데, 왕왕 외조 각 부문의 장리(長吏)가 되고 지방으로 나가 지키며 영(令)과 장(長)이 되어 관직에 오르는 계단으로 평상시 황제 가까이 있기 때문에, 사람들에게 출사의 경로로 여겨졌다. 서한 초년까지도 출사의 가장 중요한 경로였다. 현량의 천거와 효렴, 박사 제자의 천거는 모두 차츰 건립되기 시작하였다. 박사제자로 성적이 좋은 자라야 낭이 될 수 있었다. 사마천은 발군의 빼어난 재간으로 인하여 한무제의 신임을 얻을 수 있었다. 한무제는 원정 4년부터 군현을 순행하고 오제(五帝)의 제사를 지내고 동순(東

巡)하여 봉선(封禪)을 지내기 시작하였는데, 사마천은 늘 시종(侍從)이 되었다.

3. 사명을 받들어 서쪽 파촉 이남으로 가다

사명을 받들어 서쪽 파촉 이남으로 간 것은 사마천이 청년 시기에 낭중으로 출사한 이후 첫 번째 큰일이었다. 이번의 사명을 받든 유력은 20세의 장유와 서로 대조해 볼 수 있기 때문에 사마천은 「태사공자서」에서 20세의 장유 뒤에 바로 이어서 혁혁하게 기록하였다. "이때 천은 벼슬길에 나서 낭중이 되었으며 사명을 받들어 서쪽으로 파와 촉 이남을 정벌하고 남으로는 공과 작, 곤명을 공략하고 돌아와 복명하였다.(於是遷仕爲郎中, 奉使西征巴蜀以南, 南略邛筰昆明, 還報命)" 낭중으로 출사한 것을 기점으로 "이에(於是)" 두 자는 위로는 20세의 장유를 잇고 아래로는 사명을 받들어 서쪽 파촉 이남으로 간 것을 연다. 다만 문법과 관련이 있을 뿐, 장유와 출사, 봉사(奉使) 세 가지는 시간상 결코 이어진 일이 아니며 중간에 각기 수년의 시차가 있다. 문장을 지으면서 이 뜻을 보여주기 위해 "이에 천은 낭중이 되었다"를 독립적 구절로 다루어야 했다. 사마천의 생년이 건원 6년이라는 설의 논자들은 "이에(於是)"를 실제 뜻이 있는 개사 결구(介詞結構)로 보아 "바로 이때에"로 해석하여 연속된 일로 보았는데, 이는 크게 잘못되었다.

"사명을 받들어 서쪽으로 파와 촉 이남을 정벌하였다" 아래에 이어서 말하기를 "남쪽으로는 공과 작, 곤명을 공략하였고 돌아와 복명하였다."고 하였는데, 이 몇 구절은 사마천의 이번 사행의 임무를 설명하고 있으며 모름지기 한번 고증을 거쳐야 바야흐로 그 뜻이 드러난다. 소요 시간 및 노선은 대체로 추측할 수 있다.

사마천의 이번 임무에 대해서는 "정(征)"과 "략(略)" 두 자가 키워드가 된다. 정(征)은 『설문(說文)』과 『이아(爾雅)』에서는 모두 "행(行)"으로 해석하였는데, 이는 정(征)자의 본의이다. 『사기』에서 사마천이 유력을 기록할 때 쓴 용어는 유(游), 상(上), 행(行), 지(至), 과(過), 점(漸), 부(浮), 적(適), 등(登), 반(返), 환(還) 등의 자가 있다. 어디에도 "정(征)"을 "행(行)"으로 쓴 경우는 없다. 이곳의 "정(征)"자는 "략(略)"자와 호응하며 군사 정치 용어이다. 정(征)은 곧 정벌(征伐)로 정벌하여 안정시키는 것이며, 략(略)은 곧 어루만져 안정시키는 것으로 강토를 개척하여 군을 설치하고 관리를 두는 것이다. "당몽(唐蒙)이 야랑을 빼앗고 통하게 하였다(唐蒙使略通夜郎)", "사마장경이 서이를 약정했다(司馬長卿便略定西夷)" 같은 것은 모두 군을 설치하고 관리를 둔 것이다. 사마천은 이번 사행에서 "정벌[征]"하고 또 "공략[略]"하였는데, 이는 대규모의 군사행동 뒤에 군리(郡吏)를 설치한 것을 가리킨다. 이 때문에 『집해』의 주에서는 서광(徐廣)의 말을 인용하여 말하였다. "원정 6년 서남이(西南夷)를 평정하고 다섯 군(郡)으로 삼았다." 또 말하기를 사마천은 이번 사행에 흠차대신(欽差大臣)이 되어 "서남이를 경략하는 임무"를 졌다고 했다.[10] 이는 사마천이 민족사전(民族史傳)을 창립하고 민족 일통사상(一統思想)을 형성하는 데 대해 중요한 의의를 갖추고 있으며, 아래에서 단계별로 나누어 토론하도록 하겠다.

1) 사명을 받든 시간

사마천이 사명을 받든 시간은 학술계에서 설이 갈라져 분분한데 여기

---

10 팡궈위(方國瑜)의 「사기서남이전개설(史記西南夷傳槪說)」, 『중국사연구(中國史硏究)』 1979년 제4기에 수록.

서는 인용하지 않겠다. 실제로 고찰할 수 있는 문헌이 있으며 지극히 명확하다. 원정 5년 가을 9월 한무제는 다섯 갈래의 대군을 조직하여 남월을 원정 토벌하였다. 그 가운데 한 갈래가 치의후(馳義侯) 유(遺)가 파(巴)와 촉(蜀)의 군사를 거느리고 남하하여 "모두 번우(番禺)에서 회합한" 것이다. 유는 야랑의 군사를 차출하였는데, 야랑은 이미 내부적으로 한에 속한데다 남월과도 내통하여 내심 남월이 멸망하는 것을 바라지 않았다. 이에 야랑의 지지하에 차란(且蘭)의 임금이 한나라에 반기를 들어 파와 촉의 군사가 남하할 길이 막혔다. 원정 6년 겨울 10월에 무제는 동쪽을 순행하여 구지(緱氏)로 행차하려 했다. 좌읍(左邑) 동향(桐鄉)에 이르러 남월은 격파되었다. 파·촉의 군사가 막혔다는 소식을 듣고 "봄에 급(汲)의 신중향(新中鄉)에 이르러 임금이 서남이를 정벌하라는 영을 내려 평정하였다. 무도(武都)와 장가(牂柯), 조수(越嶲), 침려(沈黎), 문산군(汶山郡)으로 삼았다."[11]

사마천은 무제의 순행을 호종하였다. 그러던 중에 이번 서남이를 원정하여 공략하라는 사명이 그에게 하달되었다. 사마천에 앞서 사마상여와 공손홍이 서남이의 사명을 받들었는데, 모두 지혜롭고 유능한 사(士)였다. 이번 임무는 막중하여 한무제는 순유하는 도중에 사자를 파견하여 시종 사마천을 선택함으로써 제대로 사람을 얻은 것이었다. "봄"은 곧 원정 6년 정월로 출발지는 급현 신중향이었다. 한무제는 신중향에서 승전보를 전해 받았으며 남월 승상 여가(呂嘉)의 수급을 바치자 이에 신중향을 획가현(獲嘉縣)으로 바꾸었는데, 지금의 하남 신향현(新鄉縣) 서쪽이다. 사마천은 이때 낙양으로 가는 길을 잡아 장안으로 돌아왔다. 한중을 거쳐 파군(巴郡)에 이르렀으며 건위(犍爲)로 남하하여 치의후 유에

---

11 『한서』권6「무제기(武帝記)」.

게 남이를 정벌하라는 명을 전달하였다. 이와 동시에 부사(副使)가 촉군에 이르러 서이를 정벌하라는 명령을 전달하였다. 사마천은 남이를 위무하여 안정시킨 후 서이로 들어갔고, 곤명(昆明)과 공(邛), 착(筰)에서 성도에 이르러 "돌아와 복명하였다."[12] 이미 이듬해(元封 元年) 봄이 끝날 무렵이었다. 「태사공자서」에 명확하게 하락(河洛)에서 부친을 뵌 것을 기록한 것은 원봉 원년이었다.

『한서』「무제기」에 의하면 원봉 원년 정월에 구지로 행차하여 "마침내 동쪽으로 바닷가를 순행하였다." 여름 4월 계묘일(4월 초7일) "임금이 돌아와 태산에 올라 봉선제를 올렸다." 사마담이 무제의 순행을 호종하였으며, 봄 정월에 동쪽으로 경사를 나섰는데, 병으로 주남(周南)에 체류하였다. 사마천이 돌아와 복명하였다. 무제가 동쪽을 순행하였으므로 행재소까지 쫓아가 하락에서 부친을 만나게 되었다, 임금의 명을 띠었기 때문에 사마천은 부친을 뵌 뒤에 동쪽으로 가서 태산의 봉선을 호종하였다.

「봉선서」에서 말하기를 "나는 호종하여 순행하며, 천지의 여러 신과 명산대천에 제사 지내고 봉선을 거행하였다."고 하였다. 이 추산에 의하면 사마천이 "돌아와 복명한" 것은 원봉 원년 2~3월 사이이다. 치칭푸(祁慶富)의 추산에 따르면 서남이로 사명을 받들어 왕복한 시간은 반년은 걸린다.[13] 원정 6년 봄 정월부터 원봉 원년 2~3월까지 모두 15개월인데 노상에서 보낸 6개월을 빼면 사마천이 서남이에서 군대를 따라 원정한 시간은 약 8~9개월이다. 따라서 공(邛), 착(筰), 곤명(昆明)의 광대한 지구

---

12 사마천이 진행한 노선은 뒤의 "사마천이 사명을 받든 직함 및 임무"에 상세히 나와 있다. 곤명(昆明)은 부족국가 이름으로 지금의 운남(雲南) 대리(大理)와 보산(保山) 일대에 있다. 공(邛)은 지금의 사천(四川) 서창시(西昌市)이고, 착(筰)은 지금의 사천 한원현(漢源縣)이다.

13 치칭푸(祁慶富)의 「사마천이 사명을 받고 서남쪽에서 군을 설치한 것을 고찰함(司馬遷奉使西南设郡考)」『중앙민족학원학보(中央民族學院學報)』1987년 제3기.

에 있었음을 충분히 고찰할 수 있다.

2) 사마천이 받든 사명의 직함 및 임무

사마천이 사행을 받든 것은 감군(監軍)의 신분으로 서남이를 원정하는 것이었을 것이다. 그 임무는 군(郡)을 설치하고 관리를 두는 것으로 임무가 막중하였으나 원만하게 해냈다. 그래서 반고는 그에게 높은 평가를 내려 사마천을 승상 공손홍과 나란히 논하여 "영특한 준걸(英俊)"이라 일컬었다. 반고는 말하였다.

> 무제는 영특한 준걸을 불러놓고 그 그릇과 재능을 헤아려 미치지 못할 듯이 썼다. 당시 바야흐로 밖으로는 호(胡, 匈奴)와 월(越)의 일이 있었고, 안으로는 제도를 세우느라 나라에 일이 많았는데, 공손홍 이하 사마천에 이르기까지 모두 사방의 바깥으로 사명을 받들었다.[14]

당몽(唐蒙)과 사마상여는 사명을 받들고 서남이로 갔는데, 모두 낭중장(郎中將)이었다. 사마천이 이번에 사명을 받든 것 또한 낭중장이었을 것이며 감군의 자격을 갖추었고 아울러 군을 설치하고 관리를 두는 권력을 가졌다.

서남이는 서이와 남이에 대한 총칭이다. 그 지역은 한왕조 서부 변경 파·촉을 중심으로 남쪽은 남이, 서쪽과 북쪽은 서이라 한다. 오늘날의 지역으로 말하자면 서남이의 범위는 운남과 귀주 두 성 및 사천성 의빈(宜賓) 이남, 성도(成都) 이서 이북 지구를 포괄한다. 또한 감숙성 동남부와 섬서성 서남쪽 귀퉁이를 포괄한다. 이 지역은 산천이 종횡으로 뻗어 있

---

14 『한서』 권65 「동방삭전(東方朔傳)」.

고 지형이 복잡하고 교통이 불편하여 각 민족이 비교적 막혀 있어 우두 머리가 10단위를 헤아리는 많은 성방(城邦)의 소국을 형성하였다. 각 부족국의 경제와 문화는 균형 있게 발전되지 못하였다. 한무제의 서남이 경영은 단속적으로 이루어져 건원 6년 당몽의 통사(通使)로 시작하여 원봉 2년 왕연우(王然宇)가 전국(滇國)을 위무하여 안정시키는 것으로 끝이 나 전후로 27년을 경영하고 나서야 성공을 알렸다. 당몽과 사마상여, 공손홍, 사마천, 왕연우 등은 모두 위무하여 안정시키는 일에 참여하였다. 사마상여는 원광(元光) 원년(B.C. 134년), 원광 5년(B.C. 130) 두 차례에 걸쳐 서남이로 출사(出使)하여 파·촉의 원로들을 타일렀으며, 공과 착, 염방(冉駹), 사유(斯楡)의 임금을 위무하여 안정시켜 "모두 내신(內臣)이 되기를 청하여" 매우 큰 공을 세웠다. 사마천은 의식적으로 「사마상여열전」을 「서남이열전」 뒤에 이어 두 전이 서로 보완되도록 하였으며, 사마천이 민족의 통일을 칭송하고 기리는 사상적 경향을 표현하였다.

원정 원년 한무제는 대규모로 서남이를 개통시키고 전면적으로 변읍에 군현제도를 추진시켰으며 아울러 이 중대한 사명을 사마천에게 내렸다. 치의후 유는 이미 차란(且蘭)의 경내에서 대군을 거느렸는데, 남이의 동부에 있으며 지금의 구이양 시(貴陽市) 동쪽이다. 중랑장 곽창(郭昌)과 위광(衛廣)은 8교위(校尉)의 군사를 거느리고 치의후 유가 통제한다는 말을 들었다. 곽창과 위광 등은 차란을 공격하여 깨뜨리고 수만을 참수하였으며 마침내 남이를 평정하고 장가군(牂柯郡)으로 삼았다. 야랑은 두려움에 떨면서 스스로 입조하였다. 한조(漢朝)의 서로군(西路軍)이 공(邛)의 임금을 죽이고 착후(筰侯)를 죽이자 염방(冉駹)은 두려워 떨면서 신하가 되기를 청하여 관리를 설치하였다. 이에 "공의 도읍을 월수군(越嶲郡)으로 삼았고, 착의 도읍을 심려군(沈黎郡)으로 삼았다. 염방을 문산군(汶山郡)으로 삼았고 광한군(廣漢郡) 서쪽의 백마(白馬)를 무도군(武都郡)으로 삼았다."[15] 그 형세를 헤아려보면 사마천은 파에서 서남쪽을 향하여 건위군(犍爲郡)에 이르러 착의후에게 남이를 정략하라는 조령을 전달하였을 것이다. 부사로 촉군(蜀郡)에 이르러 서이를 정벌하라는 조령을 전달하였다. 이번 서남이 정벌의 주력은 동로에 있었으며, 서남이 중에서 남이의 야랑과 차란, 전(滇) 등은 대국으로 생각하였다.

사마천은 사명을 받들어 군을 설치하고 관리를 두었는데, 먼저 장가군에 설치하였고 나중에 서이의 경계에 이르러 곤명에서 공으로, 착으로 갔다가 성도를 거쳐 서울로 돌아왔다. 「태사공자서」에서 "奉使西征巴蜀以南, 南略邛笮昆明(사명을 받들어 서쪽으로 파와 촉 이남을 정벌하고 남으로는 공과 작, 곤명을 공략하였다.)"이라 하고, "奉使西征, 略地邛笮昆明(사명을 받들어 서쪽을 정벌하고 공과 작, 곤명을 공략하였다.)"이라 하지 않은 뜻은 "파(巴)·촉(蜀)" 두 자를 두드러지게 하여 이 일이 파와 촉을 기지(基地)로 하여 동서 양로로 동시에 남이와 서이를 한꺼번에 정토하였음을 나타내는 데 있었다. 사마천은 특명흠차로 직접 군을 설치하고 관리를 두었다. 남이와 서이에 새로 설치된 정치 구역을 두루 걸치고자 하였으므로 "사명을 받들어 서쪽으로 파와 촉 이남을 정벌하였다(奉使西征巴蜀以南)"라는 말을 써서 표현하였다. 파(巴)·촉(蜀) 2자는 핵심으로 가벼이 지나칠 수 없다.

원정 6년까지도 전국(滇國)은 항복하지 않았다. 원봉 2년 왕연우가 남월의 군사를 공격하여 깨뜨리고 전국으로 진입하였다. 전국 왕은 관리를 두고 입조할 것을 청하여 한나라에서 익주군(益州郡)을 설치하였다. 서남이를 경영하는 데 있어서 마지막으로 공을 이룬 것이었다. 원봉 원년 한무제가 태산에서 봉선제를 거행하여 천지에 제사를 지내어 공을 이루었음을 알리려 하여 이에 사마천은 전국 왕이 입조하기를 기다리

---

15 『한서』 권95 「서남이양월조선전(西南夷兩粤朝鮮傳)」.

지 않고 돌아와 복명하였다.

　사명을 받들고 서쪽을 정벌한 인생 체험은 의심의 여지없이 사마천이 민족 사전(史傳)의 가장 중요한 원인을 처음으로 세우게끔 격발시켰다. 사마천이 민족 사전 중에 표현한 민족 일통(一統) 사상은 이 책의 제8장에서 평가하여 서술할 것이다.

4. 무제를 호종하다

　웅대한 재능에 책략이 원대한 한무제는 개성이 기이하고 고집이 세었으며 동적인 것을 좋아하고 정적인 것을 싫어하여 평생토록 순행을 일삼았다. 한무제는 71세로 주질(盩厔)의 행궁(長安의 서쪽에 있다.)에서 죽었다. 『한서』 「무제기」의 불완전한 기록에 의하면 무제는 재위 기간이 54년이었으며 순행은 34차례 행하였다. 원정 3년을 분계로 하여 전반 27년은 한무제가 흉노를 치는 데 전력을 집중하여 4차례의 근거리 순행만 행하였다. 서로는 옹(雍)에 이르러 오치(五畤)에서 제사를 지냈고, 북으로는 감천(甘泉)에 이르러 태일신(泰一神)에 교사(郊祠)를 지냈다. 원정 4년 이후의 후반 27년은 순행이 28차례로 평균 매년 한 차례이며, 아울러 대부분이 원거리 순행이었다. 「무제기」의 기록은 완전치 못하며, 이 문제를 토론할 때는 또한 『사기』 「봉선서」를 가지고 보충하여야 한다.

　한무제는 원정 4년부터 시작하여 군현을 순행하였는데, 뜻은 대한(大漢)의 위엄과 덕을 선양하는 데 있었으며, 봉선(封禪)과 신선을 찾는 것을 주요 내용으로 하였다. 무제의 순행은 규모가 매우 컸고 소요 시간도 오래되었다. 반년 이상이 소요된 순행은 6차례이다. 첫째는 원봉 원년으로 태산에 봉선제를 지내고 북쪽을 지나왔는데, 정월에서 6월까지 반년이었다. 둘째는 원봉 3년에 동쪽을 순행하면서 태산에 봉선제를 지내고 자새하(子塞河)까지 다다른 것인데, 겨울 10월에서 여름 6월까지 9개월이 걸렸다. 셋째는 원봉 4년에 후토(后土)에 제사를 지낸 것으로 북쪽 변경을 순행하였으며 겨울 10월에서 봄 2월까지 5개월이 걸렸다. 넷째는 원봉 5년으로 남쪽으로 대강(大江)을 순행하고 북쪽으로 태산에 이른 것으로 겨울 10월에서 여름 4월까지 7개월이 걸렸다. 다섯째는 태초 3년 동쪽 태산에서 봉선제를 행한 것이고, 여섯째는 정화(征和) 4년 동쪽으로 태산에서 봉선제를 행한 것인데, 두 번 다 반년이 걸렸다.

「봉선서」의 기록에 의하면 한무제는 태일(太一)과 후토에 사(祠)를 건립하고 "3년마다 친히 교사(郊祠)를 지냈다." 원정 4년 하동(河東)의 분음(汾陰)에 후토를 세웠고, 3년에 한 번씩 순행할 계획을 세웠으니 후원(後元) 2년 전후에는 여덟 차례가 되었을 것이다. 고찰할 수 있는 곳으로 「무제기」에 다섯 차례 실려 있고, 「봉선서」를 찾아보면 다시 두 차례를 보충할 수 있으니 곧 고찰할 수 있는 것이 일곱 차례로, 제도와 기본적으로 서로 부합한다. 또한 태산에서 봉선제를 올리고 후토에서 교사(郊祠)를 올려, 3년에 한 차례씩 친히 교사를 지냈는데, 한무제는 성실하게 집행하였다고 한다.

대략 통계를 내보면 한무제가 태산에 올라 봉선제를 올린 것은 모두 여덟 차례이다. 매번 또 동쪽으로 바닷가를 순행하면서 신선이 되기를 구하였으며, 천한(天漢) 3년에는 동해로만 순행을 하여 모두 아홉 차례 동해에 이르렀다. 하동(河東)의 후토에게 순행한 것이 7차례이며, 원정 4년 이후 서쪽으로 옹(雍)에 올라 오제(五帝)를 제사 지낸 것이 여섯 차례였다. 한무제의 모든 이런 순행에 사마천은 두 차례만 제외하고 모두 호종에 참여하였다. 『사기』에 생동적으로 기록하였다.

「오제본기」 찬 "내 일찍이 서쪽으로는 공동산을 지나고 북쪽으로는 탁록을 지났으며 동쪽으로는 바다에까지 이르고 남쪽으로는 장강과 회수를 건넌 적이 있다.

余嘗西至空桐, 北過涿鹿,[16] 東漸於海, 南浮江淮.[17]

「봉선서」 찬 "나는 호종하여 순행하며, 천지의 여러 신과 명산대천에 제사 지내고 봉선을 거행하였다. 수궁에 들어가서 제사에 참여하여 신께 올리는 축문도 들었다. 그때 나는 방사와 사관의 의도를 세밀히 관찰하고 이에, 물러나 예로부터 귀신에게 제사 지낸 일을 순서대로 논술하여, 제사에 관한 형식과 내부 정황을 전부 여기에 기록한다. 후세의 군자들은 내 글을 통해서 그러한 정경을 살펴볼 수 있을 것이다."

余從巡祭天地諸神名山川而封禪焉. 入壽宮侍祠神語, 究觀方士祠官之意, 於是退而論次自古以來用事於鬼神者, 具見其表裏. 後有君子, 得以覽焉.

「하거서」 찬 "나는 호종하여 섶을 지고 선방을 막았는데, 「호자시」에 감동하여 「하거서」를 지었다."

余從負薪塞宣房, 悲瓠子之詩而作河渠書.

「제태공세가」 찬 "나는 제나라에 가보았는데, 태산에서 낭야까지 이어지고 북으로 바다에 이르기까지 기름진 땅이 2천 리였다. 그 백성들은 활달하고 감추어 둔 지혜가 많았는데, 그 천성이었다. …… 양양하도다!

---

16 "서쪽으로는 공동산을 지나고 북쪽으로는 탁록을 지났다"는 것은 곧 호종한 유력을 겸하여 언급하였다.
17 "남쪽으로는 장강과 회수를 건넌 적이 있다"는 것은 20세의 장유를 겸하여 언급하였다.

실로 큰 나라의 풍도로다!"

吾適齊, 自泰山屬之琅邪, 北被于海, 膏壤二千里. 其民闊達多匿知, 其天性也. …… 洋洋哉, 固大國之風也!

「몽염열전」 찬 "내가 북쪽의 변새로 갔다가 직도로 돌아오는 길에 가면서 몽염이 진나라를 위하여 쌓은 장성과 보루를 보았는데, 산을 파고 골짜기를 메워 직도를 통하게 하였으니 실로 백성의 힘을 가볍게 하였다."

吾適北邊, 自直道歸, 行觀蒙恬所爲秦築長城亭障, 塹山堙谷, 通直道, 固輕百姓力矣.

원수 5년 사마천이 낭중으로 출사한 것부터 시작하여 정화 4년 한무제의 마지막 태산의 봉선까지라고 하면 전후로 무제를 호종한 기간은 36년으로 때는 B.C. 118년에서 B.C. 89년까지이며 순행을 호종한 것은 스물여섯 차례가 된다. 그 중에서도 원정 4년(B.C. 113)에서 태시 4년(B.C. 93)까지는 전후로 31년이며 순행을 호종한 것이 스물한 차례이다. 원봉 원년 10월 한무제는 18만 기(騎)를 거느리고 북으로 장성을 나서 흉노에 위세를 떨쳤다. 이때 사마천은 사명을 받들어 서쪽의 파촉 이남으로 가느라 순행에 호종할 수 없었다. 천한 3년에 한무제는 동해를 순행하였는데, 이때 사마천은 하옥되어 궁형을 받아 또한 순행에 호종할 수 없었다. 이 두 차례만 빼면 사마천은 모두 무제의 순행에 호종하였다. 사마천은 총애 받는 소신(小臣)이 아니라 재능으로 선발되었는데, 그러면서도 한무제의 신변에서 장기간 은우(恩遇)를 입을 수 있었던 것은 역사상 드문 경우이다.

무제를 호종하며 사마천은 봉건 중앙 왕조의 신경 중추로 발돋움하게 되어 대량의 기밀을 알게 되었다. "수궁에 들어가서 제사에 참여하여 신께 올리는 축문을 들은 것" 같은 것은 한무제의 사생활과 심리를 건드리는 활동으로 "그 일은 비밀이어서 세상에서는 아무도 몰랐는지만" 사마천은 참여할 수 있었다. 이런 생활 경력은 사마천이 「금상본기(今上本紀)」와 「봉선서」 등을 쓰는 기초가 되었다.

사마천은 순행을 호종하는 중에 각지의 민정을 이해하게 되었다. 역사적인 유적을 살펴보고 그것으로 역사 기록을 인증하였다. 한무제는 서쪽으로는 옹(雍)에 올라 오제를 제사 지냈고, 동쪽으로는 하동을 순행하며 후토에 제사를 지냈다. 남쪽으로는 숭고(嵩高)에 올라 태실(太室)을 제사 지냈으며, 북쪽으로는 탁록(涿鹿)을 지나 동쪽에까지 이르러 태산에 봉선제를 지내고 동해를 순행하였다, 관중과 관동을 지나 대하를 오르내리며 산천의 온갖 신에게 제사 지내는 활동을 거행하였는데, 이는 모두 풍부한 역사적 내용을 포함하고 있다. 이런 지역은 바로 중화 민족 전통문화의 중심지이며, 오제와 하·은·주 정치 통치의 중심지로, 사마천이 유문(遺聞)을 수집하고 오제와 하상주의 여러 본기 및 춘추전국시기의 여러 세가를 집필하는 데 의심의 여지 없이 중대한 영향을 끼쳤다. 대강(大江)의 남북은 진한 때는 변방의 먼 지구이긴 하였지만 낭만적 색채가 풍부한 초나라 문화의 중심지였기 때문에 사마천의 20세 때 장유의 중점은 남방에 있다. 포의 때의 남유와 이번의 일처리는 사마담이 가진 먼 곳을 내다보는 탁월한 식견을 체현하였다.

원정 4년 한무제는 처음으로 대규모 순행에 나서 하락(河洛)을 주유하며 백성의 풍속을 살폈는데, 겉치레에 매우 치중했다. 원정 5년에는 서쪽으로 공동에 올랐고 북쪽으로 소관(蕭關)을 나섰으며, 수만의 기병을 거느리고 신진(新秦)에서 사냥을 하였는데, 기세가 자못 웅장하면서도 장관이었다. 무제를 호종한 사마천은 이 광경을 구경한 후에 반드시 끝이 없고 호방한 감정을 격발시키려 하였다. 사마천은 『사기』에서 격렬하고 성대한 장면의 표현에 장기를 발휘하였다. 이는 그가 수십 년 동안 무제를 호종함에 호방한 순유와 불가분의 관계가 있다. 사마천이 무제를 호종한 것은 그로 하여금 대일통시대의 신선한 숨결을 깊이 호흡하게 하였다.

천한 3년 사마천은 불행히 이릉(李陵)의 화를 당하여 부형(腐刑)을 받았다. 한무제는 그 재주를 아껴 사마천을 용서하여 석방하였고 중서령(中書令)으로 삼았다. 일반적 사람에게라면 총애하여 직책을 맡긴 것으로 비쳐졌겠지만 사마천에게는 오히려 가슴이 찢어지는 크나큰 치욕으로 느껴졌다. 사마천과 한무제는 서로 깊이 이해하는 군신에서 서로 원망하는 군신 관계로 향해 갔다. 이때 사마천은 냉정한 사려로 거듭 무제의 순행과 제왕의 겉치레를 관찰하였다. 「봉선서」에서는 말하였다. "지금 천자는 막 즉위하면서부터 더욱 귀신의 제사를 공경하고 있다." 사마천은 공덕을 구가하던 필치를 싸늘한 조소와 신랄한 풍자로 방향을 바꾸었다. 따라서 더욱 심각하게 역사 생활을 펼쳐보였다.

진(秦) 왕조의 웅장한 공정인 만리장성과 치도(馳道), 직도(直道: 굽지 않고 곧게 뻗어나간 길)는 얼마나 많은 백골이 쌓여서 이룩된 것인지 모른다. 사마천은 불만 섞인 탄식을 쏟아내며 진 왕조의 정치는 "실로 백성의 힘을 가볍게 하였을 것이다."라고 비평하였다. 사마천은 무제의 순행을 호종하면서 현지에서의 체험에서 깊이 영향을 받아 필치를 운용함이 천 균(千鈞)의 힘이 있는 듯했으며 사람을 비분강개하고 울적하게 하여 공명을 일으킨다.

5. 섶을 지고 황하를 막다

수리(水利) 공사는 농업 발전의 기초이다. 전설에 의하면 대우는 치수를 통하여 천하를 얻었으며, 이로부터 역대 제왕의 치수는 성명(聖明)의 표현으로 비쳐졌다. 춘추전국 시기에는 생산력이 향상됨에 따라 철제 농기구가 사용되었으며 수리사업이 왕성하게 발전하였다. 춘추시대의 홍구(鴻溝)는 황하와 회수의 양대 수계를 소통시켰다. 전국시대의 각국은 경제가 발전하여 수리의 흥기는 두드러진 표현이었다. 서문표(西門豹)는 장수(漳水)를 끌어다 업(鄴)에 대어 위(魏)의 하내(河內)를 부유하게 하였다. 진(秦)나라 관중(關中)의 정국거(鄭國渠)와 촉(蜀)의 수령 이빙(李冰)이 도강언(都江堰)을 수축한 것이 가장 유명하다. 도강언은 2천여 년이 지난 지금까지 사람들에게 복을 가져다주고 있으며, 세계적으로 유명한 수리공정이 되었다. 아울러 민강(岷江) 이대(離碓)를 현재의 관광 명승지로 만들었다.

황하는 중화 민족의 요람이지만 사람들에게 수재를 가져오기도 하였다. 역사적으로 몇 차례나 둑이 터져 물이 범람하여 재해가 되었다. 황하로 말할 것 같으면 예로부터 중국 사람들에게 두려움 그 자체이다. 역대 통치 왕조에서 황하를 다스리느라 쓴 인력과 물력은 이루 헤아릴 수 없다. 중국 고대 봉건왕조의 대규모 수리사업은 한무제로부터 시작되었다. 위(渭)수를 틔우고 분(汾)수를 끌고 포사도(褒斜道)를 열고 길을 뚫고 황하를 막은 것은 모두 이 시기에 진행된 수리 대공정이다. 황하를 막는 것이 가장 장관이었다. 원봉 2년(B.C. 109) 20여 년이나 해를 끼쳐온 황하의 크게 터진 곳이 마침내 막혔다. 이는 사람이 자연에 맞서 투쟁한 위대한 쾌거였다. 사마천은 직접 이 투쟁을 겪어 대우가 치수한 공업(功業)을 추념하고 삼대 이래 치수의 경험을 회고하였으며, 한대 치수의 위대한 공적을 직시하고 기이함에 감동 분발하여 「하거서(河渠書)」를 지었다.

「하거서」는 대우의 치수로 시작한다. 그는 치수하는 13년간 "집을 지나가면서도 문을 들어가지 않았으며" 지혜와 용기가 있어서 어떠한 곤란과 좌절도 그를 굴복시킬 수 없었다. "육지를 갈 때는 수레를 탔고 물을 갈 때는 배를 탔으며 진흙길을 갈 때는 취(毳)[18]를 타고 다녔고 산길을 갈 때는 교자(轎子라는 가마)를 탔다." 곤란을 당해서도 그는 언제나 극복할 방법을 찾아냈으며 마침내 "구주(九州)를 나누고 산세에 따라 하천을 파서 통하게 하고 토질에 따라 공물을 정하는" 위대한 사업을 완성하였다. 대우의 치수에 대한 전설은 사마천의 묘사를 거쳐 생동적이고 다채로운 역사 이야기가 되었다. 대우의 완강한 투쟁 정신은 사람들이 자신감을 갖도록 격려하는 정신적인 재산이 되었다. 대우의 치수 사업이 성공한 것은 사람의 결정이 하늘을 이긴 관념을 형상화한 것이다. 사마천의 기록은 사람들이 실제로 황하를 치수한 경험을 녹여 넣어 읽으면 매우 절실한 느낌이 전해진다.

한나라가 흥기하고 39년째 되던 해인 한문제(漢文帝) 전원(前元) 12년(B.C. 168) 황하가 산조(酸棗)의 둑을 터뜨리고 금제(金堤)를 허물어뜨렸다. 산조는 한나라의 현 이름으로 지금의 하남성 연진(延津) 서남쪽에 있다. 금제는 또한 천리제(千里堤)라고도 하며 지금의 하남성 활현(滑縣)의 경내에 있다. 한무제는 대규모의 부대와 민공(民工)을 동원하여 수축을 진행했다. 이후 다시 36년이 지나 무제 원광 3년(B.C. 132) 5월 병자일(5월 3일) 황하는 호자(瓠子)를 터뜨렸다. 호자는 옛 물의 이름으로 황하의 물길이 나누어져 형성된 홍수가 넘쳐서 생긴 수로이다. 호자가 나누어진 하수의 어귀를 호자구라 하는데, 지금의 하남 복양(濮陽) 남쪽에 있다. 한무제는 급암(汲黯)과 정당시(鄭當時) 등을 보내어 막게 했다. 그러나 외척인 한무제의 장인 전분(田蚡)의 저지로 터진 둑을 막는 공정은 제지되었다. 전

---

18 취(毳): 취(橇)라고도 한다. 옛날 진흙길을 갈 때 타는 운송 수단. 형태는 배와 같은데 작고 양쪽 끝이 날개 모양으로 솟았다.

분의 식읍인 유현(鄃縣)은 하북에 있었는데, 하남의 둑이 터져 하북은 수해를 입지 않았다. 원광 4년 전분은 죽었지만 호자의 터진 둑은 계속 질질 끌려 20여 년이 되도록 다 막지를 못했다. 전분은 개인적인 사리로 백성의 사활을 돌아보지 않았으며 승상의 몸으로 황하의 터진 곳을 막는 것을 반대하였고 또 망령되이 "천도(天道)"를 일컬으며 한무제가 하수를 다스리려는 결심을 미혹시켰다. 그의 이 추악한 행위는 봉건 대관료 대지주의 탐욕과 부패를 폭로하였다. 사마천은 이를 있는 그대로 써내려가 사정없이 비판하였다.

한무제는 태산에서 봉선제를 올리고 상제에게 성공을 알렸다. 이 때문에 황하를 다스리는 공정의 의사일정이 제기되었다. 무제는 구경(九卿) 급인(汲仁)·광록대부(光禄大夫) 곽창(郭昌)을 보내어 수만의 무리를 거느리고 호자구(瓠子口)를 다스리게 하였다. 황하를 막는 데는 대량의 섶과 말뚝이 필요했다. 말뚝이 부족하자 한무제는 기현(淇縣)의 경내에 있는 죽원(竹苑)의 대나무를 베어내라는 영을 내려 대나무로 나무말뚝을 대신하였다. 섶의 부족은 치수의 공정에 영향을 끼쳤다.

원봉 2년 여름 4월 한무제는 태산에 제사를 지내고 서울로 돌아오면서 친히 백관을 거느리고 호자구의 황하를 막는 공정 현장에 이르러 호종하는 관원들 가운데 장군 이하 사졸과 함께 모든 사람이 한 묶음의 섶을 지고 황하를 막는 공정을 지원하라는 영을 내렸다. 사마천도 한 묶음의 섶을 지고 이 위대한 황하 치수의 행렬에 가담하였다. 한무제는 친히 황하의 기슭에 이르러 황하를 제사 지내는 의식을 거행하고 황하에 백마와 옥벽(玉璧)을 가라앉혔다. 장사(將士)와 노동자들을 격려하기 위하여 한무제는 노래 두 수를 지어 대중들에게 노래하게 하였는데, 역사에서 「호자지가(瓠子之歌)」라고 한다. 가사는 다음과 같다.

瓠子決兮將奈何　호자에서 황하 터짐이여 어이할꼬?

皓皓旴旴兮閭殫爲河　호호탕탕 물바다 됨이여 모두 하수로 변했도다!

殫爲河兮地不得寧　모두 하수로 변했음이여 이 지방 편안치 못하게
　　　　　　　　　　되었다네.

功無已時兮吾山平　공사 끝날 때 없음이여 어산(吾山: 魚山) 평평해졌
　　　　　　　　　　도다.

吾山平兮鉅野溢　어산 평평해짐이여 거야택 범람하는도다.

魚拂鬱兮柏冬日　물고기 불안해함이여 겨울 닥치는도다.

延道弛兮離常流　길 무너짐이여 옛 흐름에서 이탈하였다네.

蛟龍騁兮方遠遊　교룡 내달림이여 멀리 달아났도다.

歸舊川兮神哉沛　옛 내 되돌림이여 수신은 힘을 내소서!

不封禪兮安知外　봉선 행하지 않았더라면 바깥의 일 어찌 알았으
　　　　　　　　리오.

爲我謂河伯兮何不仁　내 대신 하백에게 일러줌이여 어찌 어질지 않겠
　　　　　　　　　　는가.

泛濫不止兮愁吾人　범람하여 그치지 않음이여 우리 사람 시름하게
　　　　　　　　　　하네.

齧桑浮兮淮泗滿　설상정 물에 뜸이여 회수와 사수 넘치는구나.

久不反兮水維緩　오래도록 돌아오지 못함이여 물은 느리게 흐르네.

다른 시에서는 이렇게 읊었다.

河湯湯兮激潏潺　황하 넘실넘실 급하게 흐르네.

北渡逆兮浚流難　북으로 건너는 길 멀어짐이여 준설하여 흐르게
　　　　　　　　함 어렵도다.

搴長葜兮沈美玉　　긴 대밧줄 취하여 흙과 돌 나름이여 아름다운 옥
　　　　　　　　　　가라앉혔다네.

河伯許兮薪不屬　　하백 허락함이여 나무 이어지지 않는구나.

薪不屬兮衛人罪　　나무 이어지지 않음이여 위인들의 죄로다.

燒蕭條兮噫乎何以禦水　태워 쓸쓸해짐이여 아! 무엇으로 물 막을꼬?

頹林竹兮楗石菑　　대나무 숲에서 쓰러뜨림이여 방죽 세우고 돌 채
　　　　　　　　　　우는도다.

宣房塞兮萬福來　　선방 막힘이여 만복 찾아오리라.

노랫소리가 드높고 강개하고 처량함이 황하의 상공에 떠돌아 천인 만
인의 화답 소리가 모여 높은 하늘에서 노하여 울부짖는 외침이 되었다.
하수를 다스리는 현장에는 십여만의 대군이 모였는데, 민의가 앙양하
여 산이 만세를 부르며, 천자가 하수에 다다르자 사람의 마음이 격동하
였다. 뭇사람의 뜻이 성을 이루어 단숨에 호자의 터진 곳을 막았다. 황
하를 막는 공정은 첫째 하남의 터진 곳을 막는 것이고, 둘째는 하북으로
흐르는 두 하천을 이끌어 틔우게 하는 것이었다. 막고 틔워서 공을 이루
자 황하의 둑에 궁을 지어 기념하였는데, 선방궁(宣房宮)이라 하였다. 이
에 양(梁)과 초(楚) 지역, 지금의 하남(河南)과 안휘(安徽) 북부, 강소(江蘇) 북
부 지구에서는 수해가 자취를 감추었으며 다시 안정을 되찾았다.

사마천이 섶을 지고 황하를 막은 것은 37세라는 한창 장년의 나이였
으며 서한 또한 한창 강성했을 때였다. 한창의 나이에 한창 강성한 세상
을 만나 엄청난 공을 세웠으니 그 즐거움이 어떠하였겠는가! 섶을 지고
황하를 막은 것은 사마천의 하늘을 찌르는 웅지(雄志)를 더욱 촉발시켰
다. 이듬해 곧 원봉 3년이 되면 그는 부친의 뜻을 이어서 태사령이 될 것
이다. 선방궁의 큰 비석은 "태사공서(太史公書)"라는 큰 비석의 성공을 환

하게 보여줄 터이다. 사마천은 여기에 대하여 높이 평가하였는데, 선방의 공업을 대우가 물을 다스린 것에 비견하여 함께 논하였다. 「태사공자서」에서는 "우임금이 하천을 치자 구주가 평안해졌다. 선방에 미쳐서는 하천을 틔우고 내를 뚫었다. 「하거서」 제7을 지었다.(維禹浚川, 九州攸寧. 爰及宣防, 決瀆通溝. 作河渠書第七)"고 하였다. 섶을 지고 황하를 막은 것은 천재일우의 기회였다. 사마천은 직접 그 일을 만나 씩씩하고 아름다운 청년 시절에 완전하고 아름다운 마침표를 찍었다.

제3장

가학 연원과 사승

진한(秦漢) 시대에서 가학과 계승은 왕왕 인재를 육성하는 중요한 조건이었다. 이 장에서는 사마천의 가학 연원과 계승의 문화적 도야를 다룬다. 사마천에게 가장 큰 영향을 끼친 사람은 부친인 사마담으로 제4장에서 전문적으로 다루기로 한다. 이 장에서 논평할 가학의 중점은 사마천 조상의 병학(兵學)과 경제학의 연원이다. 사승은 동중서와 공안국이라는 두 금고문(今古文)의 큰 스승이 사마천에게 끼친 영향에 치중하여 토론하겠다. 공자 사상에 이르러서는 사마천이 스스로 사숙하여 수양하였다.

1. 진(秦)나라의 명장 사마조(司馬錯)

사마천의 직계 조상은 진(秦)나라의 사마 씨이다. 사마천의 8대조인 사마조는 전국시대 중기 진나라의 명장으로 백기(白起)와 동시대인으로 나이는 조금 연장이다. 진나라의 발전사에서 사마조와 백기는 혁혁한 두 인물로 앞뒤로 불후의 공을 세웠다. 사마조는 진혜왕(秦惠王)과 무왕(武王), 소왕(昭王) 세 임금을 두루 섬겼는데, 전후로 36년이다. 백기는 진소왕을 37년 간 섬겼다. 진혜왕 후원(後元) 9년(B.C. 316) 사마조는 비로소 진나라에서 명성을 드러냈다. 진소왕 13년(B.C. 294) 백기는 좌서장(左庶將)이 되어 군사를 거느리고 한(韓)나라의 신성(新城)을 공격하여 비로소 재능을 시험해 보였는데, 사마조보다 22년 늦다. 백기가 손아래였는데, 사마조와 두 사람은 나이를 따지지 않고 교유를 맺었다. 사마조의 손자는 곧 사마천의 6대조 사마근(司馬靳)으로 백기의 든든한 조수였으며 장평(長平)의 전투에서 진나라 군사의 부장(副將)이었다.

사마조의 주요 공적은 진나라를 위해 강토를 개척한 것이다. 파촉(巴蜀)을 세 번 정벌하고 초나라 경계로 한 번 들어가 전후로 모두 네 차례 출정하였다. 제1차는 진혜왕(秦惠王) 후원(後元) 9년(B.C. 316)으로 사마조가 촉을 정벌하여 멸한 것이다. 진무왕(秦武王) 원년(B.C. 310) 촉의 승상 진장(陳莊)이 반란을 일으켜 사마조가 촉으로 들어가 반란을 평정한 것이 제2차다. 제3차는 진소왕(秦昭王) 6년(B.C. 301)으로 촉후(蜀侯) 휘(煇)가 반란을 일으켜 사마조가 거듭 촉으로 들어가 반란을 평정하고 아울러 파촉에서 유수(留守)로 있었다. 이때부터 파촉은 진나라의 대후방(大後方) 군현이 되었다. 제4차는 진소왕 27년(B.C. 280) 사마조가 농서(隴西)와 파촉의 군사를 일으킨 것으로 10만의 무리였다. 만 척의 배에 선적하였는데, 쌀 6백 휘[斛]를 싣고 파촉의 부수(涪水)에서 거슬러 올라가 초나라 검중군(黔中郡)을 공격하였다. 아울러 초나라로 하여금 한수(漢水) 북쪽 기슭을 할양하여 진나라에 편입하도록 압박하였다. 진나라는 장강의 상류를 제압하고 초나라의 도읍 영(郢)에 직접 위협을 가하였다. 2년 후

B.C. 278년 백기는 초나라의 도읍 영을 격파하여 초나라 왕에게 도읍을 동쪽 진(陳)으로 옮기게끔 압박했다. 이로부터 남방의 강국 초나라는 고꾸라져서 다시는 위세를 떨치지 못하였다.

진혜왕 후원 9년 파촉을 공격하여 빼앗는 문제를 두고 진나라에서는 한 차례 논쟁이 있었다. 이것이 바로 유명한 사마조가 장의(張儀)가 촉을 치자고 주장한 일을 힐난한 일이다.

춘추전국시대에 파(巴)와 촉(蜀)은 사천(四川) 분지의 두 큰 나라였다. 촉왕은 별도로 아우를 한중(漢中)에 봉하였다. 호가 저후(苴侯)이며, 그 읍을 가맹(葭萌: 지금의 四川 廣元 서남쪽에 있다.)이라 하였다. 저후와 파왕(巴王)은 우호 관계였다. 파와 촉은 원수지간이었으므로 촉왕은 노하여 저후를 정벌하였다. 저후는 파로 달아나 진(秦)나라에 구원을 청하였는데, 진혜왕 후원 9년의 일이었다. 저(苴)는 진나라에서 파와 촉으로 통하는 목구멍에 해당하는 요로이다. 진혜왕은 기회를 엿봐 군사를 내어 파와 촉을 쳐서 멸하여 진나라 강역을 확대시키려 하였다. 그러나 진나라 군사가 서쪽으로 나가자 중간인 진령(秦嶺)에서 막히고 도로가 험난하여 행군이 매우 어려웠다.

당시 진나라 승상 장의는 연횡책을 크게 추진하여 무력을 바탕으로 한(韓)나라를 벌하는 데 주력하여 통제에 따르게끔 압박하였다. 한나라와 촉 중 누구를 먼저 멸하느냐 하는 문제를 두고 진혜왕은 쉽사리 결정을 내리지 못하고 신하들을 소집하여 토론하게 하였다. 장의와 사마조의 입장은 상호 대립적인 양상을 띠었다. 진혜왕은 그들에게 서로 논박하여 각자 주장하는 이유를 충분히 논술하게 하였다. 이 논란은 『전국책』 권3 「진책(秦策) 1」에 보인다. 후대의 사람들이 「사마조와 장의가 진혜왕 앞에서 논쟁을 벌이다(司馬錯與張儀爭論於秦惠王前)」라는 제목을 달았고, 『사기』 「장의열전」에서 전문을 인용하여 실었다. 이는 고대의 유명한 병가의 이론 중 하나이다. 전쟁과 정치의 관계를 천명하면서 전쟁은 정치에 귀속되어야 하며 부국강병을 위해 도움을 주어야 한다는 것이다.

당시 진혜왕은 상앙(商鞅)의 변법(變法)을 따른 후에 국력이 충실해져서 발전을 도모하였다. 사마조와 장의가 벌인 논쟁의 주된 논점은 어느 방향으로 향해 발전해야 하는가를 강조하고, 이를 위해서는 국가의 실력과 국내외의 정치적 형세를 충분히 고려해야 한다는 것이다. 장의는 중원의 심장(인 한나라)을 취함으로써 제후를 위협하여 왕업을 이루어야 한다는 것을 주장하였다. 사마조는 생각이 달랐다. 시기가 아직 무르익지 못하였으며 진나라는 아직도 영토가 적고 백성이 적은 가난한 나라로 촉을 취하여 나라를 넓혀 그 재부를 얻어서 백성을 부유하게 할 수 있다는 입장이었다. 이렇게만 되면 "이로움이 서해까지 다할 것이며" 또한 "폭력을 금하고 어지러움을 그치게 하는" 좋은 명성을 얻을 수가 있을 것이라고 생각하였다. 사마조의 주장은 총체적인 형세를 분석하여 입각하였다. 실제적으로 최소의 대가로 최대의 수확을 얻을 수 있는 군사적 행동을 취하려면 정치가 선도되어야 한다. 군사를 출정시킴에 있어서도 명분이 있고 유리함이 있으며, 적나라하게 다수가 소수를 능욕하여 다수의 노여움을 범해서는 안 된다고 하였다. 진혜왕은 이해를 저울질하여 사마조의 의견을 받아들이고 즉시 행동에 옮겼다. 그해 10월 진나라는 촉나라를 멸하고 파왕(巴王)을 사로잡았다.

사마조는 책사인 장의를 곤란하게 할 정도로 한 차원 높은 식견을 보여주었으며, 지모가 비범하였다. 역사적으로 사마조가 파촉을 경영하고 초나라의 검중을 취하여 진나라가 초나라를 우회적인 전략으로 포위하는 것을 완성하였다. 높은 곳에서 내려다보며 초나라를 공격하여 의의가 매우 중대하였음을 증명하였다. 『사기』「장의열전」에서는 이렇게 말하였다. "촉나라가 진나라에 예속되자 진나라는 이로 더욱 강하고 부유하게 되어 제후들을 깔보게 되었다." 장의는 초나라에 진나라와의 연횡에 참여하도록 유세하고 위협적인 어투로 초왕에게 말하였다. "진나라 서쪽에는 파촉이 있는데, 큰 배에 양식을 싣고 …… 장강에 배를 띄우고 내려가면 …… 소와 말의 힘이 들지 않고 열흘이 안 되어 한관(扞關)에 이르게 됩니다.[1] 한관이 놀라면 국경 동쪽으로 모든 성이 지켜야 할 것입니다." 이로 말미암아 진나라가 파촉을 취한 것이 초나라를 진공하는 데 대하여 얼마나 유리한 전략적 지위에 처하게 하였는가를 알 수 있다.

사마 씨의 병학 연원은 더욱 멀리까지 소급할 수 있다. 「태사공자서」에서는 사마 씨 선조의 먼 조상의 세계를 쫓아가며 서술하였다. 양대에 걸친 영광스러운 조상의 덕이라는 전통이 있는데, 혹자는 문리(文吏)가 되어 대대로 주나라 역사를 맡았고, 혹자는 무장이 되어 공을 세워 이름을 남긴 것이다. 사마 씨의 가보에는 무관 직책의 광휘가 사관 직책에 비하여 더욱 눈부신 섬광을 발한다. 주선왕(周宣王) 때의 정백휴보(程伯休甫)는 아주 유명한 장군으로 여러 전적에 이름을 남겼으며, 『시경』 「대아·상무(大雅·常武)」에서는 그의 사적을 칭송하였다. "왕께서 윤 씨에게 이르시어 정백휴보에 명하였다. 좌우로 열을 벌려 우리 군사들을 경계하여, 저 회포를 따라 이 서주 땅을 살피셨다네.(王謂尹氏, 命程伯休父. 左右陳行, 戒我師旅. 率彼淮浦, 省此徐土)" 『국어』 「초어(楚語) 하」의 관사보(觀射父)가 땅과 하늘이 통하는 것을 끊었다는 데 대하여 논한 조목에도 이 일이 실려 있다. 위소(韋昭)의 주에 의하면 정(程)은 나라 이름이다. 백(伯)은 작위의 등급(爵級)이며, 휴보(休甫)는 사람 이름이다. 그는 백작의 제후로 사마에 임직하였다. 서주에는 대사마(大司馬)가 있는데, 병사(兵事)를 관장하는

---

1 한관(扞關)은 지금의 사천(四川) 본절(本節) 동쪽에 있으며, 초나라 도읍인 영(郢)을 막아서 지키는 상류의 문호(門戶)이다.

최고의 무관 직책이다. 서한 때 사유(史游)는 『급취편(急就篇)』을 지었는데, "사마포(司馬褒)" 아래의 주에서 말하였다. "정백휴보는 주선왕 때 서방(徐方)을 평정한 공을 세워 관족(官族: 선대의 공으로 관직 이름을 가지고 족성을 삼음)을 내려 사마 씨가 되었다." 이때부터 휴보의 후예는 사마(司馬) 씨를 성으로 하여 병법과 검술을 전습(傳習)하였다. 이로 인해 병학(兵學)은 사마 씨의 깊은 가학 연원이 되었다.

사마천의 6대조 사마근은 「태사공자서」의 『집해』에서 서광의 말을 인용하여 "근(靳)은 기(蘄)라고도 한다."고 하였다. 「진본기」와 「백기전(白起傳)」에는 "경(梗)"으로 되어 있다. 근(靳)과 기(蘄), 경(梗) 3자는 하나의 음이 바뀐 것으로 사실은 한 사람이다. 근(靳)과 기(蘄)는 운(韻: 中聲 이하)이 가깝고, 근(靳)과 경(梗)은 성(聲: 초성)이 가깝다. 또한 「진본기」와 「백기전」의 "사마경"은 곧 「태사공자서」의 "사마근"이라고 한다. 장평의 전쟁 후 진나라 군사는 세 갈래로 조나라를 공격하였다. 백기는 스스로 1군(軍)을 거느리고 상당(上黨)을 안정시켰다. 왕흘(王齕)은 1군을 거느리고 피뢰(皮牢)를 취하였다. 사마경은 1군을 거느리고 북으로 태원(太原)을 평정하였다.

B.C. 257년 백기는 진나라를 위하여 조나라의 한단을 공격하지 않으려 하여 진소왕에 의하여 죽음이 내려졌다. 사마근(곧 사마경)은 연좌되어 죽었다. 백기가 장수가 되려하지 않자 사마근은 한단을 포위 공격할 기회를 이미 잃어 승리를 거둘 수가 없다고 생각하여 차라리 죽느니 패군지장은 되지 않으려 하였다. 진나라 군사가 한단을 포위 공격하자 제후들이 조나라를 구원하여 과연 진나라 군사를 대패시켰다. 사마근은 연좌되어 죽었다. 이로 그의 지조와 절개를 알 수 있는데, 패군지장이 되고 싶지 않아 출정을 거절하여 죽음이 내려진 것이다. 이는 또한 그와 백기의 친밀한 관계를 설명하고 있다.

위에서 이미 말했듯이 사마 씨의 조상은 정백휴보(程伯休甫)에서 사마조까지 무공이 혁혁하여 자손들의 장한 뜻을 격발시켰다. 사마조는 진나라의 명장으로 전쟁에서 패한 적이 없었으며 정치지도와 군사(軍事)에서 식견이 한 수 위였다. 사마근은 패군지장이 되지 않았으며 법을 따른 백기(白起)가 죽자 횡포에 맞서는 품덕을 지녔다. 사마천 조상의 드러난 군공과 사상 품덕은 한 대 또 한 대 자자손손 대대로 전하여지고 말과 행동으로 모범을 보여 귀중한 가학의 유산을 형성하였다. 사마담은 임종시에 사마천의 손을 잡아당기고 눈물을 흘리며 가르치기를 효자의 명의(名義)로 주공(周公)을 본받아 조상의 덕을 발양하고 선친을 빛내게끔 맹세하도록 하였다. 사마 씨가 대대로 주사(周史)와 군대를 다스리고 진을 치는 병학(兵學)을 맡은 것은 이렇게 『사기』에서 확대되고 발전되었다.

2. 진나라 철관 사마창과 한나라 시장 사마무택

「태사공자서」에서는 말하였다. "근의 손자는 창이며 창은 진나라의 철을 주관하는 관리였다. 창은 무택을 낳았으며 무택은 한의 시장이 되었다.(靳孫昌, 昌爲秦主鐵官. 昌生無澤, 無澤爲漢市長)" 모두 열아홉 자뿐이지만 반영된 시대적 내용은 더없이 풍부하다.

춘추시대에는 철제 농기구가 이미 널리 사용되었다. 전국시대 중기에 이르자 철제 공구가 대규모로 보급되었다. 농기구에는 보습, 쟁개비, 낫, 호미, 짧은 낫 등이 있고, 목공 공구로는 도끼, 톱, 보습[鈷], 장부 등이 있었고, 여인들의 공구로는 칼, 송곳, 바늘 등이 있었다. 고고학 발굴로 출토된 전국시대의 철기는 북으로 요령(遼寧)에서 남으로 광동(廣東)에 이르기까지, 동으로 산동반도(山東半島)에서 서로 섬서(陝西), 사천(四川)에 이르기까지 전국칠웅을 감싸는 광대한 지구를 포괄한다.

철기가 일반화되어 보편적으로 사용되기 시작하자 농업과 수공업, 상업의 발전을 촉진시켰다. 전국시대의 각국은 농사를 지으면서 부업으로 하는 가정 수공업이 있었고, 독립적으로 경영하는 개체 수공업이 있었으며, 호민(豪民)이 경영하는 큰 수공업 작방(作坊)이 있었고, 정부가 대규모로 경영하는 관영 수공업 공장이 있었다. 소금 제조와 야철, 주전(鑄錢)은 당시 수공업의 3대 근간이었다. 야철과 소금 제조는 깊은 산과 큰 못에서 진행되어 비교적 큰 투자와 일정 수량의 밀집된 노동력을 필요로했다. 정부가 경영하는 것을 제외하면 "호민(豪民)이 아니면 그 이익을 유통할 수 없었다."[2]

전국시대 위(魏)나라의 공 씨(孔氏), 조(趙)나라의 탁 씨(卓氏)와 곽종(郭縱), 한나라의 정정(程鄭) 등은 모두 큰 야철상이었다. 진나라는 육국을 합병하자 공 씨를 남양(南陽)으로 옮겼고, 탁 씨와 정정을 촉(蜀)으로 옮겼다. 서한 초에 그들은 또 동산(東山)에서 재기하여 큰 야철상이 되었다. 한나라 제후왕인 오왕(吳王) 유비(劉濞)는 소금 제조와 야철, 주전의 세 큰 사업을 병행하여 부가 한나라 왕실과 비등하여져 세력이 너무 커져서 중앙정부에서도 어찌할 수 없는 지방의 할거세력이 되었다.

전국시대에는 열국이 어지러이 다투어 전쟁이 빈번했다. 국가와 사회는 수공업 생산품에 대한 수요가 급증하였다. 각국의 통치자들은 국민을 불러들이기 위하여 반드시 너그럽고 느슨한 정책을 실행하여야 하였다. 따라서 경제적으로는 자유로운 경쟁, 사상적으로 백가쟁명의 기풍이 형성되었다. 그 결과 전국시대가 되면서 상인이 매우 활약하여 "천

---

2 『염철론(鹽鐵論)』권1 「금경((禁耕)」.

하가 와자한 것은 모두 이익 때문에 오는 것이었고, 천하가 시끌벅적한 것은 모두 이익 때문에 가는 것이었다.(天下熙熙, 皆爲利來, 天下攘攘, 皆爲利往)"3 작은 상인과 장사치들은 "좌판을 벌여놓고 물건을 팔았으며", 규모가 큰 상인과 큰 장사치는 왕후와 교통하였다. 그들은 기이한 물건을 쌓아 두고 시장을 조종했으며, 장거리 운송 판매로 폭리를 취하였다. 이른바 "만승의 나라에는 반드시 만금의 상인이 있고, 천승의 나라에는 반드시 천금의 상인이 있다."4는 것이다. 범려(范蠡)와 백규(白圭), 여불위(呂不韋) 등 거상과 큰 장사치들은 이런 시대적 요구에 부응하여 태어났다.

성시(城市)는 관리와 지주, 상인, 고리대금업자 및 수공업자가 모여 사는 곳이다. 전국시대 열국의 도성 및 도현(都縣)의 치소(治所: 행정소재지)는 모두 규모가 균등하지 않은 성시로 발전하였다. 제나라 임치(臨淄)는 당시 가장 큰 성시 중의 하나였다. 기록에 의하면 7만 호의 인가가 있었으며 장년의 남자가 21만이었고, 주민들이 모두 음악과 유희를 좋아하여 매우 번화하였다고 한다. 당시 사람은 "수레가 서로 부딪치고 길가는 사람들의 어깨가 닿아 걸을 수 없고, 옷깃이 이어져 휘장을 이루고, 소매를 치켜들면 장막을 이루고 땀방울을 서로 흩뿌리면 금방 비를 이룬다."5고 하였다.

『사기』「화식열전(貨殖列傳)」에는 진한이 통일한 전국 각지의 성시 경제에 대하여 생동적으로 기술하였다. 진나라의 경제는 동방의 6국보다 낙후되었지만 상품 경제는 그래도 매우 큰 발전을 이루었다. 진나라 땅은 밤나무가 천 그루였으며, 위천(渭川)에는 천 무(畝)의 대나무가 있어 연 수입이 20만으로 식읍이 천 호인 봉군(封君)과 대등한 반열이었다. 진

---

3 『사기』 권129 「화식열전(貨殖列傳)」.

4 『관자(管子)』「경중(輕重) 갑」.

5 『전국책』 권8 「제책(齊策) 1」 소진(蘇秦)의 말.

나라의 도읍 함양(咸陽)과 서한의 도읍 장안은 통일 진한 왕조의 정치적 중심이자 경제적 중심지가 되었다. 고고학 발견에 의하면 진도 함양의 궁전 건축물은 지금의 함양 북쪽 언덕 위에 있고, 궁전 남쪽은 수공업 작방(作坊) 및 백성이 거주하는 구역이며, 백성이 거주하는 구역의 동쪽에 시장이 있었다. 성에는 성문이 있고, 시(市)에는 시문이 있다. 몇 갈래성 한가운데를 가로지르는 대도는 함양을 자연스레 몇 구역으로 나누었다. 이 성시의 골격은 진도(秦都)의 옛 건축 규모와 번영한 경상을 반영하고 있다.

철관과 시장은 바로 성시 상품경제의 발전에 상응하여 설치한 정부의 관리 기구였다. 진나라의 도읍 함양(咸陽)과 한나라의 도읍 장안은 모두 관중을 경기(京畿: 왕의 직할지인 도읍과 왕기 지역) 지구로 삼았다. 진나라는 내사(內史)를 설치하여 경사를 다스렸다. 한나라는 삼보(三輔)로 나누었는데, 곧 경조윤(京兆尹)과 좌풍익(左馮翊), 우부풍(右扶風)이다. 삼보의 치소는 모두 경사에 있으며, 장안 시정(市政)의 관리는 삼보에 나누어 귀속시켰다. 경조윤은 속관에는 "장안시와 주(廚)의 두 영승(令丞), 또한 도수(都水)와 철관(鐵官)의 두 장(長)"이 있었다. 좌풍익의 속관에는 "늠희령승위(廩犧令丞尉)와 또한 좌도수(左都水), 철관(鐵官), 운루(雲壘), 장안사시사장승(長安四市四長丞)"이 있었다. 또한 조정의 구경(九卿) 대사농(大司農)의 속관은 "알관(斡官)과 철시(鐵市)의 두 장승(長丞)"이었다. 각 부의 문령(門令)과 장(長)은 정직(正職)이었고, 승(丞)은 부직(副職)이었다. 위에서 말했듯이 경사의 철관에는 3계통이 있는데, 경조윤과 좌풍익에는 모두 철관장과 승이 있고, 대사농에는 철시장과 승이 있었다. 시장에는 2계통이 있는데, 경조윤 장안시령과 승, 좌풍익 장안시장과 승이다. 『한서』「백관공경표(百官公卿表)」의 기록이 간략하여 이런 관속의 직장(職掌) 및 교차관계는 모두 아직 고찰을 더 기다려야 한다.

1) 진(秦)나라의 철관

철기 생산은 고대의 중공업으로 국가 경제 및 민생과 관계되어 매우 중요하였으며, 정부에서 생산과 판매를 매우 엄격하게 관리하였다. 진 혜왕(秦惠王) 때 촉의 수령 장약(張若)은 성도(成都)를 다스리며 염철시관(鹽 鐵市官)을 두었는데, 당시 진나라의 도읍인 "함양과 제도가 같았다."[6] 진 나라는 전국시대에 수도에서 지방의 도읍으로 통하는 큰 읍까지 염철 관을 설치하였음을 알 수 있다. "철시장승(鐵市長丞)"은 "철시(鐵市)" 두 자 가 이어서 쓰였는데, 철관직이 수공업 공장을 관리할 수 있을 뿐만 아니 라 철시의 매매와 징세도 관리하였다는 것을 설명한다.

한무제는 염철의 전매를 실행하여 개인이 경영하는 것을 금지하였으 며, 염철의 관리를 강화하고 염철 기구를 확대시켰다. 『한서』 「지리지」 의 기록에 의하면 서한 중기에 정부에는 수공업생산과 관련 있는 곳이 있었는데, 공관(工官)을 설치한 곳이 8곳, 염관(鹽官)이 있는 곳이 35곳, 철 관이 있는 곳은 48곳이었다. 대사농은 부경(副卿)인 염철승총령(鹽鐵丞總 領)을 설치하였다. 경사의 삼보지구에는 지방의 철관으로 경조윤의 정 현(鄭縣), 좌풍익의 하양(夏陽), 우부풍의 칠(漆), 옹량현(雍兩縣) 모두 4곳이 있었다. 경사의 세 철관 계통은 경조윤과 좌풍익의 철관이 소속지방의 철기 생산 및 매매를 관리했고, 대사농에 소속된 "철시장"은 경사 철기 시장의 철관을 전적으로 관리하였다.

사마창이 "진나라의 주철관(主鐵官)"이 된 것은 경사인 함양의 철관인 동시에 또한 전국 최고의 철관이었으며, 직임은 서한 대사농의 염철승 과 같았다. 진나라가 6국을 병합함에 따라 사마창의 담당 범위는 또한 전국으로 확대되었다.

---

6 『화양국지(華陽國志)』 권3 「촉지(蜀志)」.

2) 한나라의 장안 시장(市長)

경조윤의 속관 "장안시령과 승"(『漢書』「郊祀志」에 보임)은 황제가 경내에 있는 이궁(離宮)의 별관을 순행할 때 응관(應官)의 제공, 곧 전적으로 궁정의 물건을 구매하는 관리를 대는 것을 관장하였다. 좌풍익의 속관 "장안사시장과 승"은 경사의 전체의 성을 범위로 하는 시장의 공급과 판매, 징세를 관리하였다. "장안사시장승"을 학술계에서는 장안에는 "사시"가 있고 매시에 장(長)과 승(丞)을 하나씩 두는 것으로 오인하였다. "장안사시(長安四市)"는 장안 동서남북 전역의 상업 시장을 통틀어 일컫는다. "사장승(四長丞)"은 도수(都水)와 철관, 운루(雲壘), 장안시(長安市)를 합하여 함께 부른 것이며 각기 장(長)과 승(丞)을 하나씩 두었다. 장안의 사시(四市)는 통틀어 장안시라고 한다.

반고(班固)의 「양도부(兩都賦)」와 장형(張衡)의 「서경부(西京賦)」 및 『삼보황도(三輔黃圖)』에서 말한 것에 따르면 장안에는 9개의 시장이 있는데, 6개는 대로의 서쪽에 있으며 통틀어 서시(西市)라 하고, 3개는 대로의 동쪽에 있는데, 통틀어 동시(東市)라고 한다. 동·서시 외에도 태학(太學) 근처에 괴시(槐市)도 있었다. 태학의 학생들은 초하루와 보름에 홰나무[槐] 아래에 모여 각자 가지고 있는 본향의 물산 및 경전과 서적 생경(笙磬) 같은 악기를 교역하였다. 괴시(槐市)는 문화구 근처에 천연적으로 형성된 도서 문물 시장이라고 할 수 있다.

관중 지구는 물산이 풍부하였으며 특산품으로는 대나무와 박달나무, 산뽕나무가 있었는데, 육지의 바다[陸海]라 불렸다. 서한은 장안에 도읍을 세워 황실의 귀족과 관리가 도성에 집중되었다. 부근의 여러 제릉(帝陵)에 거주하는 백성들은 모두 천하의 호부(豪富)를 이주시킨 집단거주지였다. 귀족과 관리, 호부는 생활이 사치하여 대규모 소모품의 수요를 발생시켰다. 또한 파촉 지구와 서북 지구는 모든 물산을 내지와 교류하였고, 관중은 목구멍 같은 요로였으며, 장안은 집산의 중심지였다. 이 때문에 동관(潼關)을 분계로 한다면 서한 때 관서의 국토와 인구는 천하의 3분의 1에 지나지 않았으며, 경사는 관중(關中)에 있었기 때문에 천하에서 3분의 2의 재물이 모여들었다.[7]

사마무택은 장안 시장(市長)이 되어 장안 아홉 시장(市場)의 경제를 관리했다. 전국의 물자를 조달하고 경사의 소비를 보증하였으며, 전국의 시장 소식을 꿰뚫어 보았고 중원 내지와 서북·파촉의 각종 상품을 모으고 흩고 운송하였다. 의심의 여지없이 풍부한 경제학 지식 및 상품의 유통과 가치규율의 실제 경험을 누적시켰을 것이다. 장안 시장이 된 사마무택은 터럭만한 의심의 여지 없이 당시 경제학의 권위자였다. 한무제 때의 이재가(理財家) 상홍양(桑弘羊)은 바로 사마무택류의 인물이었다.

진나라 철관 사마창은 사마천의 고조부이고, 한나라 시장 사마무택은 사마천의 증조부이다. 창과 무택 부자 2대는 진한의 과도기에 각각 신구 왕조 수도의 경제관료가 되었는데, 이것이 바로 사마천의 경제사상이 형성된 가학 연원이다. 사마천이 생계의 방법을 총결하고 처음으로 경제 사전(史傳)을 연 것은 실로 연유가 있었다.

3. 동중서에게서 학문을 배우다

동중서(董仲舒)는 서한 광천현(廣川縣: 지금의 河北 棗强縣 동쪽) 사람이다. 저명한 철학가이며, 금문경학의 창시자로 "춘추공양학(春秋公羊學)"의 1대 큰

---

7 『사기』「화식열전」에서는 "경사는 그 길을 거쳐야 한다. 그러므로 관중(關中)의 땅은 천하의 3분의 1을 차지하며 인구는 3할을 넘지 않지만, 그 부를 따져보면 6할을 차지하고 있다."고 하였다.

스승이다. 동중서는 경제(景帝) 때 이미 박사가 되었다. 무제 건원(建元) 원년 현량(賢良)을 천거하였는데, 동중서의 대책(對策)이 으뜸으로 천거되었으며,[8] 한무제는 다시 3책(策)으로 물었고 이때 동중서가 대답한 것이 저 유명한 「천인삼책(天人三策)」이다. 동중서는 강도상(江都相)으로 나갔으며, 2년 뒤에 소환되어 중대부(中大夫)가 되었다. 원삭 6년에는 승상 공손홍(公孫弘)의 배척을 받아 외직인 교서상(胶西相)으로 나갔다. 원수(元狩) 2년에는 벼슬을 그만두고 집에서 거처하며 학문에 심혈을 기울였는데, 3년 동안 뜰을 내다보지 않았으니 정성이 이와 같았다. 동중서는 대략 원수 6년에 죽었다.[9] 사마천은 원삭 3년에 장유를 떠났다가 돌아와 경사에서 동중서에게 배웠다. 동중서가 무릉에서 집에 거처할 때는 곧 원수 2년에서 원수 6년 사이로 또한 곧 사마천이 25세에서 29세 때까지이다. 사마천은 동시에 부친 사마담의 역사 편수 조수이기도 하였다.

1) 동중서가 『공양춘추(公羊春秋)』를 연구하여 한나라 유종(儒宗)이 되다

한나라 초기인 고후(高后)와 문제, 경제 때에는 황로학(黃老學)을 숭상하였지만 백가가 아울러 존속하였다. 유가는 백가의 하나로 세력이 소리 없이 확대되고 있었다. 문제 때 (유가 경전 중) 『시』학 한 경에만 박사를 세웠는데, 제(齊), 노(魯), 한(韓) 삼가가 있었다. 경제는 이미 유학으로 기울어 『춘추』 공양학(公羊學) 박사를 더 세웠는데, 호무자도(胡毋子都)와 동중

---

8 학술계에서는 일반적으로 동중서가 현량을 천거한 것을 원광(元光) 원년 5월로 보고 있는데, 이는 『한서』 「무제기」의 설을 따른 것이다. 『자치통감』에서는 건원(建元) 원년으로 엮었다. 역사적 사실을 종합해 보면 원광 원년에는 무제가 아직 현량을 천거하지 않았으며 원광 5년에 공손홍을 필두로 현량을 천거하였는데, 이 앞에는 다만 건원 원년에 현량을 천거하였고, 동중서를 처음으로 천거하였다. 졸작 「동중서의 천인삼책은 건원 원년에 지어졌을 것이다(董仲舒天人三策應作于建元元年)」에 상세하며, 『난주대학학보(蘭州大學學報)』 1987년 제4기에 수록되어 있다.

9 스즈미엔(施之勉)의 『동자연표정오(董子年表訂誤)』에 보인다.

서가 선임되었다. 경제는 또한 노시(魯詩)를 연구한 왕장(王臧)을 태자소부(太子少傅)로 임용하였는데, 당시 태자는 곧 나중의 한무제로 그 학문을 따랐다. 이외에도 한시(韓詩)를 연구한 한영(韓嬰)을 상산왕(常山王) 태부(太傅)로, 제시(齊詩)를 연구한 원고생(轅固生)을 청하왕(淸河王) 태부로, 『춘추』에 정통한 문옹(文翁)을 촉군태수(蜀郡太守)로, 전하(田何)에게서 『역』을 배운 정관(丁寬)을 양효왕(梁孝王)의 장군으로 임명하였다. 원고생은 황자(黃子)와 변론에서 탕무(湯武)의 혁명을 힐난하였는데, 경제의 격려를 받았음이 틀림없다.

한무제 즉위 초기에 현량을 대거 등용하였는데, 동중서는 『천인삼책』으로 대답하였으며 유술(儒術)을 단독으로 높일 것으로 맺는다. 그 말은 다음과 같다.

> 어리석은 신이 생각하기에 육예(六藝)의 학과와 공자의 학술에 속하지 않은 것은 모두 그 길을 끊어버림으로써 이들과 어깨를 나란히 하고 세상에 출현하지 못하도록 해야 합니다. 그렇게 하면 사악하고 편벽된 학설이 사라질 것이며 그런 다음에 통치와 기강이 하나가 되고 법도가 밝아져 백성들이 따라야 할 요점을 알게 될 것입니다.

한무제는 그 말을 받아들여 승상 위관(衛綰)이 상주한 것을 비꼬며 백가를 축출하였다. 두(竇)태황 태후의 간섭하에 유가와 도가의 투쟁은 공공연하게 이루어졌으며, 표면상으로는 여전히 유가가 패하여 종언을 고할 것 같았으나 유술을 단독으로 높이게 되는 서막은 이때 이미 열렸다. 동중서가 「천인삼책」에서 제기한 치국 이론이 한무제에 의해 전면적으로 받아들여졌다. 건원 6년 두태황 태후가 죽고 이어서 한무제는 원광(元光)으로 개원하고 과감하게 경화정책(更化政策)을 추진하였다. 아울러 동중서는 군유(群儒)의 우두머리로 높여졌고 매우 높은 위엄과 명망을 누렸다. 원삭 5년(B.C. 124) 박사제자원을 설치하고 태학을 세웠는데, "공양춘추학"에서 동중서의 설을 모범적인 교의(敎義)[10]로 삼았을 뿐만 아니라 기타 경학에서도 금문설을 교학의 모범으로 삼았으며, 따라서 동중서를 금문경학을 창시한 사람의 지위로 확정지었다.

동중서는 일생 강학을 업으로 삼았으며 저작이 매우 많았다. 『한서』「동중서전」에 의하면 모두 123편에 10여만 언(言)이었다. 현존하는 것은 다만 『춘추번로』 및 「천인삼책」뿐이다. 『춘추번로』는 체계적으로 공양학 이론을 천술하였다. 전서는 17권 82장이다. 당나라 가공언(賈公彥)은 『주례의소(周禮義疏)』 권22 「대사악소(大司樂疏)」에서 그 뜻을 해석하여 말하였다. "번(繁)은 많다는 뜻이고, 로(露)는 윤택하다는 뜻이다. 『춘추』를 위하여 뜻을 짓고 윤택하게 더한 곳이 많다." 이 책에는 청나라 능서(凌曙)의 주석이 있다. 능서의 서문에서는 말하였다. "체제가 크고 생각이 정밀하여 숨은 것을 지극히 잘 미루어 보았으니 미언대의를 잘 발하였다 하겠다." 책은 대략 경제 때 완성되었다. 「천인삼책」은 『춘추번로』의 정수만 모아놓은 진액이라 할 수 있으며 동중서 사상의 순일하고 성숙함을 표현하였다.

2) 사마천이 동중서를 사사하다

「태사공자서」에는 사마천과 호수(壺遂)의 문답이 기록되어 있다. 호수가 묻는다. "공자는 무엇 때문에 『춘추』를 지었습니까?" 사마천이 답한다. "내가 동생(董生)에게 듣자니……." 동생은 동중서에 대한 존칭이다.

---

10 승상 공손홍(公孫弘) 또한 『공양춘추(公羊春秋)』를 연구하였는데, 변론을 거쳐 공손홍의 학술은 학관에 설치되지 않았다. 이로써 동중서의 학술적 지위를 알 수 있다. 『사기』 「유림열전(儒林列傳)」에 보인다.

사마천의 긴 답어는 곧 『춘추』의 뜻을 논한 것으로, 바로 『춘추번로』의 논술을 쓴 것이며 또한 사마천이 『춘추』를 논한 것이 동 씨의 금문학에 바탕을 두고 있다는 것이다.

「태사공자서」에서는 말하였다. "공자께서는 말씀하셨다. '내가 빈말을 실으려 하는 것보다는 이미 일어났던 일이 아주 절실하게 드러남을 보여줌만 못하였다.'"(『春秋繁露』「俞序」에 보인다.) 「태사공자서」에서는 말하였다. "대체로 『춘추』는 위로는 삼왕의 도를 밝혔으며 아래로는 사람 사는 일의 기강을 변별하고 의심스러운 것을 구별하였으며, 옳고 그른 것을 밝히고 애매한 것을 확정하였다. 훌륭한 것을 아름답게 여기고 악한 것을 미워하였으며, 어진 이를 공경하고 못난 이를 천하게 여겼다."(『春秋繁露』「盟會要」에 보인다.) 「태사공자서」에서는 말하였다. "『서』를 가지고 일을 말하였다", "『춘추』는 옳고 그름을 변별하였으므로 사람을 다스리는 데 뛰어나다."(『春秋繁露』「玉杯」에 보인다.) "난세를 다스려 정도로 돌아가게 하는 데는 『춘추』보다 가까운 것이 없다."(『春秋繁露』「王道」에 보인다.) "만물의 성패가 모두 『춘추』에 있다."(『春秋繁露』「重政」에 보인다.) "『춘추』에는 임금을 죽인 것이 36회, 나라를 망하게 한 것이 52회이다."(『春秋繁露』「滅國上」에 보인다.) "그러므로 나라를 통치하는 사람은 『춘추』를 알아두지 않을 수 없다. ……"(《春秋繁露》「俞序」에 보인다.) "그러므로 『춘추』는 예의의 큰 근본인 것이다."(『春秋繁露』「楚莊王」에 보인다.)

공자는 『춘추』를 지어 일왕(一王)의 법으로 삼았다. 이는 동중서의 핵심적인 사상이다. 『춘추번로』「옥배(玉杯)」 편에서는 말하였다. "『춘추』는 12세(世)의 일을 논하였는데, 인도(人道)가 두루 미쳤고 왕도가 갖추어졌으며 법도를 242년에 펼쳐 서로 좌우로 삼아 문채를 이루었다." 사마천은 「12제후연표(十二諸侯年表)」의 서에서 말하기를 공자는 『춘추』를 편차하여 "예의와 법도를 제정하여 왕도가 갖추어졌고 인사(人事)가 두루 미쳤다."고 하였다. 이런 것들은 모두 사마천이 이해한『춘추』의 대의 및 공자의 창작 동기가 동중서의 사상에 근본을 둔 것임을 설명할 수 있다.

『사기』「유림열전」에서는 동중서의 공양학에 대하여 매우 높은 평가를 내렸다. 사마천은 말하였다. "그러므로 한나라가 흥하여 5대가 되도록 동중서만이『춘추』에 밝다는 명성을 얻었다. 그가 전한 것은 공양 씨였다.(故漢興至于五世之間, 唯董仲舒名爲明於春秋, 其傳公羊氏也)"시세에 영합하여 일을 한 공손홍에 대해서는 "공손홍은『춘추』를 연구하였지만 동중서만 못하였다."고 비평하였다. 사마천의 사상 경향 및 감정 색채에서 그와 동중서 사이에 사사하여 계승한 관계가 있음을 설명한다.

3) 동중서가 사마천에게 끼친 영향

동중서의 사상 체계는 유명한 천인합일 목적론으로 기본적으로는 하나의 유심주의 철학체계이다. 그러나 그는 결코 신학 목적론자는 아니었다. 사실상 동중서가 말한 천(天)은 인격신을 갖춘 상제(上帝)인 하늘인데다가 또한 자연과 도덕을 말하는 하늘이었다.[11] 동중서가 논증한 천인합일의 목적은 천지만물을 일원적인 통일세계로 돌리는 데 있었으며[12]

---

11 『춘추번로(春秋繁露)』「교의(郊義)」 "하늘은 백신(百神)의 임금이다." 「심찰명호(深察名號)」 "천명을 받은 임금은 천의(天意)가 부여한 것이다." 「인부천수(人副天數)」 "사람만이 천지에 짝할 수 있다." 이곳의 하늘은 인격 상제신(上帝神)이다. 「옥배(玉杯)」 "사람은 하늘에서 명을 받아 선을 훌륭하게 여기고 악을 미워하는 성품이 있다." 이는 도덕(道德)의 하늘이다. 「천지음양(天地陰陽)」 "천(天), 지(地), 음(陰), 양(陽), 목(木), 화(火), 토(土), 금(金), 수(水)의 아홉은 사람과 열이 되어 하늘의 수가 끝이 난다." 이곳에서 말한 하늘은 물질적인 하늘이자 자연의 하늘이다.

12 「천인삼책(天人三策)」 "신이 삼가 생각건대『춘추』는 일원(一元)의 뜻을 이르는데, 일(一)은 만물이 비롯된 곳입니다." 『춘추번로』「중정(重政)」 "그런 까닭에『춘추』가 일(一)을 변화시킨 것을 이르러 원(元)이라고 하는데, 원은 원(原)과 같다. 그러므로 원은 만물의 근본이다." 이곳의 "원(元)", "원(原)", "시(始)", "본(本)", "일(一)"은 모두 우주본원(宇宙本原)의 대용어(代用語)이며, 모든 우주세계를 일통으로 귀속시킨다.

진한의 대일통 정치를 위해 봉사했다. 동중서가 제기한 삼강오륜은 의심할 바 없이 고대의 국민들에게 신권(神權)과 군권(君權), 부권(父權)과 부권(夫權)이라는 4대(大) 굴레를 덮어씌웠다. 계급 관점에서 보면 그것은 봉건정치를 위해 봉사하였으며 한계성이 명확하다. 그러나 역사 발전이라는 관점에서 보면 진한 시기에 의심할 바 없이 또한 현실 정치에서 사람 관계를 조리 있게 하는 과정에서 당시의 중앙집권에 필수적이었고 응집적인 진보적인 영향을 끼쳤다. 객관적으로 말하여 동중서 본인은 진보적인 사상가이자 정치가였다. 그는 천인감응설을 이야기하였는데, 주관적 목적은 하늘의 권위를 빌려서 군권을 제한하고 횡포한 임금이 나라를 어지럽히는 상황을 피하려는 것이다. 따라서 그는 정치적인 면에서 인정을 제창하였고, 새 왕이 제도를 고치고 세금을 경감하며 요역을 줄이고 경작자들이 토지를 소유하도록 할 것을 주장하였다. 또한 학교를 일으키고 효렴(孝廉)을 천거하며 현인이 정치에 종사하도록 보증하여 선정을 행하여 민의를 얻도록 선양하였으며, 덕을 귀하게 여기고 사람을 중시하는 등의 사상을 제기하였다. 이런 것은 모두 당시로서는 선진 사상이었으며 서한의 정치에 매우 큰 영향을 끼쳤다.

사마천은 동중서의 사상을 받아들였으며, "전기 공양학파의 중요 인물"[13]이라고 말할 수 있다. 그러나 사마천은 결코 공양가의 학설을 전적으로 받아들인 것이 아니라 비판적으로 계승하였다. 사마천의 공양학에 대한 비판은 이렇게 표현된다. 첫째, 재이설(災異說)에 회의감을 가지고 풍자하였다. 둘째, 공양가의 꺼리고 꾸미는 태도를 취하지 않았다. 셋째, 허명을 귀하게 여기지 않았다. 사마천은 공양학의 영향을 받아들였다.

---

13 양샹쿠이(楊向奎)의 「사마천의 역사철학(司馬遷的歷史哲學)」, 『중국사연구(中國史硏究)』 1979년 제1기에 실려 있다.

첫째, 공양가는 탕(湯)과 무(武)의 혁명을 송양하여 도가 있는 자가 무도한 자를 칠 것을 주장하여 『사기』의 폭정에 반대하는 사상의 기초가 되었다. 둘째, 공양가의 "존왕양이(尊王攘夷)"는 "대일통" 사상을 주장하여 『사기』를 관통하는 주요 관념이 되었다. 셋째, 공양가의 숭양(崇讓)과 상치(尙恥)의 뜻은 『사기』의 역사 인물을 평가하는 도덕 표준이다.[14]

요컨대 사마천은 동중서를 사사하여 그 영향을 깊이 받았으며 공양가 학설의 정화를 흡수하였다. 그러나 그는 비판적인 정신으로 이를 개선시켰는데, 동중서의 언어를 차용하여 의의가 더욱 정미해지고 진보하여 실질적으로 발전시키고 개선시켰다. 「자서」에서는 동중서의 말을 끌어서 호수의 질문에 대답하였다. 사마천은 말했다. "내가 동생에게 듣자니 '주나라의 도가 쇠미하여 없어지고 공자가 노나라의 사구가 되자 제후들은 그를 꺼려하였고 대부들은 그와 담을 쌓았다. 공자는 말이 소용없고 도가 행하여지지 않을 것을 아셨다. 이에 242년간의 시비를 가려 천하의 의표로 삼으시고, 천자를 폄하하고 제후들을 물리치셨으며 대부들을 성토하여 왕도를 이루려 하셨을 따름이다.'라고 하였다.(余聞董生日, 周道衰廢, 孔子爲魯司寇, 諸侯害之, 大夫壅之. 孔子知言之不用, 道之不行也. 是非二百四十二年之中, 以爲天下儀表, 貶天子, 退諸侯, 討大夫, 以達王事而已矣)" 이 말의 정미로운 뜻은 "천자를 폄하하고 제후들을 물리치셨으며 대부들을 성토하였다"에 있다. 이른바 후세의 왕에게 법도를 세워주었다는 것이다. 『한서』「사마천전」에는 "제후를 폄하하고 대부들을 성토하였다(貶諸侯, 討大夫)"로 되어 있어서, "천자(天子)"와 "퇴(退)" 석 자를 삭제하였다. 곧 "폄천자(貶天子)" 한 구절을 산삭한 것으로 이는 사마천의 사상과 부합하지 않는다.

---

14 우루위(吳汝煜)의 「사기와 공양학(史記與公羊學)」, 『서주사범학원학보(徐州師範學院學報)』 1982년 제2기에 실려 있다.

반고는 천자는 폄하할 수 없다고 생각하였고, 사마천은 천자도 과실이 있으면 폄하할 수 있다고 생각하였다. 여기서는 두 역사학자의 사상적 차이를 반영하였을 뿐만 아니라 사마천의 『춘추』에 대한 주제 및 동중서의 후세의 왕을 위해 법도를 세운다는 데 대한 사상적 발전을 반영하였다. "천자를 폄하하는" 것은 공자의 사상도 아니고 동중서의 사상도 아니다. 공양가의 근본 사상을 소급할 때 반고의 산삭은 의심의 여지없이 정확하다. 그러나 사마천의 사상을 토론할 때 반고의 산삭은 오히려 크게 틀려 전혀 그렇지 않다. 사마천은 바로 공양학을 발전시켰기 때문에 비로소 『춘추』보다 규모가 훨씬 크고 포폄의 척도가 일반적인 경우보다 더욱 풍부하며, 체제가 대일통 시대의 요구에 더욱 부합하는 위대한 작품인 『사기』를 써내었다. 이는 실로 전에 없던 쾌거이다.

4. 공안국에게 옛일을 묻다

공안국은 공자의 12대손으로 노나라 곡부(曲阜) 사람이다. 서한 무제 때의 경학 대가로 고금의 문학에 두루 통하였다. 공안국의 고문학은 가학을 이어받았으며, 문학은 신공(申公)에게서 『시』를 배웠고 예관(兒寬)에게서 『금문상서』를 배웠다. 예관은 복승(伏勝)의 제자의 제자이고 구양생(歐陽生)의 제자이다. 신공과 구양생은 모두 서한의 저명한 금문학 대사이다. 한무제 원삭 2년 공안국은 박사가 되었고 원수(元狩) 5년에는 벼슬이 간대부(諫大夫)에 이르렀으며, 원수 6년에는 임회군태수(臨淮郡太守)로 나갔다가 오래지 않아 임지에서 죽었다. 사마천이 공안국에게 옛일을 물은 것도 20세의 장유에서 경사로 돌아와서의 일이므로 원삭 말년에서 원수 말년에는 이르지 않을 것이며 곧 사마천이 22~3에서 27~8세

사이일 것이다.

1) 사마천이 옛일을 물은 내용

『한서』 「유림전」에서는 말하였다.

> 공 씨는 고문으로 된 『상서』를 가지고 있었는데, 공안국이 금문으로 그
> 것을 읽어 이로써 그 집을 일으켰다. 일실된 『상서』 10여 편을 얻었는데
> 대체로 『상서』는 이 때문에 더 많아지게 되었다. 무고(巫蠱)를 당하여 학
> 관에 설립되지 못하였다. 공안국은 간대부가 되어 도위(都尉) 조(朝)에게
> 전수하였으며 사마천도 공안국을 따라 옛일을 물었다. 사마천의 책에
> 는 「요전(堯典)」과 「우공(禹貢)」, 「홍범(洪範)」, 「미자(微子)」, 「금등(金縢)」 등
> 여러 편이 실려 있는데, 고문설이 많다.

이 기록은 사마천이 공안국을 사사하였다는 것을 설명하는데, 『고문
상서』의 옛일을 물었음이 지극히 명백하다는 것을 설명한다. 『사기』와
결합하여 고찰하면 사마천이 옛일을 물은 것은 『고문상서』에 한하지 않
았으며 『고문상서』에 중점을 두었을 따름이라는 것이다.

서한의 경학에는 금고문(今古文)의 다툼이 있었다. 전국시대의 고문으
로 쓴 경서는 고문경(古文經)이라 하였고, 한대의 간략화한 예서로 쓴 경
서는 금문경이라 하였다. 전사(傳寫) 과정에서 금문경과 고문경은 문자
의 이동이 생기게 되었는데, 이는 정상적인 현상이다. 『금문상서』는 복
승이 구술하고 조조가 기록하여 정리한 것으로 문자의 이동이 더욱 클
것이다. 문자의 이동은 교감상의 문제일 뿐 결코 근본적인 학술의 분기
는 아니다. 공안국은 『고문상서』를 전하여 금문자로 읽고 바로 옮겨 써
서 금문으로 이루었다. 이른바 금고문의 다툼은 두 가지 같지 않은 해설

을 가리킨다. 고문가의 훈고는 간명하였다. 억측설을 따르지 않고 미신을 배척하여 높고 깊은 학술 수양이 있었으며 박학(朴學)이라고 일컬어졌다.

고문경학의 정치 경향은 보수적이고 요순(堯舜)을 본받아 변혁하는 진한의 대일통 정치에 적응하지 못하였다. 동중서는 공양춘추학을 연구한 대유로, 도가와 법가를 융회(融會)하고 맹자와 순자를 절충하여 경학을 음양오행화하였다. 백가의 학문을 유학에 정제시켜 대일통을 선양하여 천인합일 이론으로 음양 재이(災異)도 추진하였다. 더불어 더욱 개혁할 것을 주장하여 이에 따라 금문경학을 창립하였다. 금문경학은 경의 뜻을 해설하는 데 정치 수요에 따라 추진해서 번잡하고 미신적이며 억지로 갖다 붙여 학술적 가치가 매우 적다. 동한에 이르러 금문학은 참위학과 결합하여 막다른 골목으로 걸어 들어갔으며 한 자 한 구절을 해석함에 왕왕 수만 언에 달하였고 심지어 수십만 언에 달하기도 하였다. 동한 말 고문경학이 흥기하면서 한나라 정치가 끝남에 따라 고문경학은 금문경학을 대신하여 정통적 지위를 획득하였다.

금문경학은 대일통의 정치 수요에 적응하였기 때문에 서한 시기의 관방철학이 되었다. 태학의 오경박사 14가(家)는 모두 금문경학을 하였다. 군국에는 문학의 관리가 있었으며 지방의 학교에서는 당연히 금문을 가르쳤다. 사인(士人)은 독서를 하여 벼슬을 하였으며, 박사의 제자가 되어 응시하는 것이 정도였다. 이 때문에 서한에서는 유학이 크게 흥하였고 또한 금문경학이 크게 흥하였다. 사마천의 출사와 입신처세가 금문경학을 준칙으로 삼았다는 것은 의심의 여지가 없다. 바로 이 때문에 사마천은 『고문경학』의 옛일을 물었는데, 고문을 끌어다 역사를 말하였기 때문에 반고는 「유림열전」에서 특별히 기록하였다.

『상서』는 진나라의 분서로 소실되었다. 복승이 구전한 『금문상서』는

29편뿐이었다. 공안국이 전한 『고문상서』는 공 씨가 벽에 숨겼던 고본으로 비교적 온전히 갖추어졌다. 공안국이 금문자(今文字)를 가지고 꼼꼼히 교정하여 16편이 더 나왔다. 공안국 사후에 그 집에서 비로소 조정에 바쳤지만 당시 무고의 사안을 만나 조정이 혼란하여 미처 학관에 설립되지 못하였다. 이는 공안국은 사적으로 『고문상서』를 전하였고 사마천은 공안국의 사숙제자였다는 것을 설명한다. 사마천은 10세에 고문에 통달하여 일찌감치 고문서를 읽어서 알 수 있었다. 사마천이 옛일을 물은 것은 고문가의 대의 곧 "고문설(古文說)"을 물은 것임을 알 수 있다. 설은 곧 해설이다. 『고문상서』에 많이 나오는 편목 또한 다만 공안국이 사적으로 전한 것이다.

공안국은 금고문학에 두루 통하였으며 어떻게 이 두 가지에 두루 잘 통하였든 간에 사마천이 학습한 내용이었다. 이 외에 옛일을 물은 것은 『고문상서』에 한하지 않았을 것이다. 「유림전」에서 이야기한 것은 『고문상서』의 사승으로, 자연히 사마천이 『고문상서』를 배운 것을 기록했을 뿐이다. 실제로 옛일을 물은 범위는 『고문상서』에 내재한 것을 포괄하는 넓은 의미의 고문학이다. 『사기』에서 열거한 고문으로는 『춘추』, 『국어』, 『상서』, 『논어』, 「오제덕(五帝德)」, 「제계성(帝系姓)」, 『첩기(諜記)』 등등이 있다.

사마천은 역사를 서술하면서 "『육경』의 다른 해석을 맞추고 백가의 뒤섞인 말을 가지런히 하였다.(厥協六經異傳, 整齊百家雜語)" 궐협(厥協)은 곧 종합하여 관통하는 것이고, 정제(整齊)는 곧 달리 택하여 통일하는 것이다. 고문 전적은 원시 자료 기록이며 아마 초기의 근거할 만한 문헌일 것이다. 일체의 전설과 백가의 말은 모두 고문으로 논증하여야 했다. "요컨대 고문에서 떠나지 않으면 옳음에 가까웠다."[15] 『첩기』 같은 경우 황제(黃帝) 이래 모두 연수(年數)가 있는데, 사마천은 『상서』를 가지고 대조 확인하여 믿을 수 없다고 생각하였기 때문에 취하지 않았다. 다만 「삼대세표(三代世表)」만 짓고 연표는 짓지 않았다. 그리고 「오제덕」과 「제계성」은 『춘추』, 『국어』로 대조 확인하여 믿을 만하다고 생각하였으므로 이에 황제와 전욱(顓頊), 제곡(帝嚳)의 사적을 쓰는 데 근거 자료로 끌어다 썼다. 그러나 사마천은 그 가운데 이치에 맞지 않는 많은 신화를 배제하였는데, 황제가 "용을 타고 구름에 숨어서 천지의 기강을 따랐다", "용을 타고 사해(四海)에 이르렀다"는 것과 제곡이 "봄과 여름에는 용을 탔고 가을과 겨울에는 말을 탔다"는 등등과 같은 말이다.

『산해경』 또한 고문이지만 사마천은 "『산해경』에서 말한 괴물은 내 감히 말하지 않는다."고 하였다. 『산해경』의 기록에 의하면 황제가 치우(蚩尤)와 싸울 때 "치우가 풍백(風伯)과 우사(雨師)에게 청하여 큰 비바람이 쏟아지게 하자 황제는 발(魃)이라는 천녀(天女)를 내려 보내어 비를 그치게 하고 마침내 치우를 죽였다."고 하였다. 「오제본기」에서는 황제가 치우와 싸운 것을 기록하면서 다만 "황제는 곧 제후들에게 군사를 징집하여 치우와 탁록(涿鹿)의 들에서 싸워 마침내 치우를 사로잡아 죽였다."고 하였다. 이로써 사마천이 역사를 기술할 때 매우 신중하였으며 고문의 자료를 선별하고 취사하는 데 장법(章法)이 뛰어남을 알 수 있는데, 이 또한 고문학의 내용이다. 공안국은 옛 『고문상서』를 가르쳤으니 고문의 취사에 대하여 자연히 매우 정통하였을 것이다.

「오제본기」는 사마천이 고문 자료를 운용하여 창작한 정채(精彩)로운 편장의 하나이다. 그는 『상서』가 "오직 요(堯) 이후의 일만 기록한 것"에 불만을 품었다. 또 "많은 학파[百家]가 황제를 말하였지만 그 문장이 전아하지 않은 것"에도 불만이었다. 이에 그는 광범위한 조사를 거쳐 민간

---

15 『사기』 권1 「오제본기」 찬.

의 전설을 채집하고 널리 "유자(儒者)가 혹 전하지 않은" 문헌을 모아 융회관통하면서 조악한 것은 버리고 정채로운 것만 취하여 「오제본기」를 썼고 황제를 제일 앞에 두었다. 이 편은 3,450자밖에 되지 않는 본기(贊의 字數는 계산하지 않음)인데, 문헌 방면에서는 지금까지도 대조 확인할 수 있는 전적이 10여 종이나 된다. (1) 고금문『상서』, (2)『대대례(大戴禮)』의 「오제덕」과 「제계성」 편, (3)『국어』, (4)『좌전』, (5)『세본(世本)』, (6)『장자』, (7)『맹자』, (8)『한비자』, (9)『전국책』, (10)『여씨춘추』, (11)『예기』, (12)『회남자(淮南子)』이다. 사마천은 많은 문헌을 채집하여 어떻게든 고대의 자료를 감별하고 선별하여 관통하였는데, 이는 고문학의 한 중요한 방면이다.

위에서 말한 것을 종합하면 사마천이 공안국에게 옛일을 물은 것은 고문경학의 옛 가르침을 배운 것이자 고문 자료를 선별하는 고문학이며 객관적인 역사를 파악하는 방법으로, 오늘날의 말로 하면 고전 문헌학 및 고대 역사학을 배우는 것이다.『고문상서』는 모든 고문학의 핵심이며 사마천이 상고(上古)의 삼대사를 쓸 때 대대적으로 인용하였다. 공안국은 사마천에게 가장 유익한 역사 문헌학 지도교사였다.

2) 사마천이『상서』를 인용하면서 금고문과 일편(逸篇)을 함께 취하다

『사기』가 어떻게 금고문『상서』를 인용하였는가 하는 데 대해서는 청나라 사람들의 고증이 걸출한 공헌을 하였다. 청나라 사람의 결론은 편파적으로 형평성을 잃은 면도 있지만 그들의 성실한 작업성과는 칭찬할 만하며 우리의 연구에 큰 길을 열어준 것은 긍정할 만한 가치가 있다.

장림(臧琳)은 「요전」을 예로 들어 조목조목『사기』에서 인용한『상서』는 금문이며 고문이 아님을 증명하였다. 그의 결론은 "『사기』에 실린

『상서』는 금문이 많으며 간혹 고문의 뜻도 있다."[16]는 것이었다. 단옥재(段玉裁)는『상서』금고문에 대해 전면적인 조사 확인을 행하여『고문상서탐이(古文尚書探異)』를 썼다.[17] 단옥재는 서문에서 말하였다. "사마천과 반고의 책은 모두 구양(歐陽)과 하후(夏侯)의 자구를 썼으며, 사마천은 어쩌다 고문설이 있을 따름이다."『사기』에 따다 쓴『상서』의 자료를 금고문과 대조해 본다면 금문에 더욱 많이 의거하였다. 「오제본기」는 「요전(堯典)」을 인용하였다. 「하본기」는 「우공(禹貢)과 「고요모(皐陶謨)」, 「감서(甘誓)」를 인용하였고, 「은본기」는 「탕서(湯誓)」와 「고종동일(高宗肜日)」, 「서백감려(西伯戡黎)」를 인용하였다. 「주본기」는 「목서(牧誓)」와 「여형(呂刑)」을 인용하였으며, 「노주공세가(魯周公世家)」는 「비서(費誓)」를 인용하였다. 「송미자세가(宋微子世家)」는 「미자(微子)」와 「홍범(洪範)」을 인용하였는데, 기본적으로 금문이다. 장림과 단옥재가 고문이 "간혹 있다", "어쩌다 있다"라고 결론을 내린 까닭이다.

장림과 단옥재 두 사람의 고증은 매우 가치가 있어서 우리가『한서』「유림전」을 정확하게 이해하고 사마천이 옛일을 물은 내용을 연구하는 데 문헌 증거를 제공하였다. 그러나 장림과 단옥재 두 사람의 결론은 표면적인 형상만으로 치우쳐 사물을 논하여 형평성을 잃었다. 손성연(孫星衍)은 "사마천이 공안국을 따라 옛일을 물은 것은 고문설이다."[18]라고 지적하였다. 사마천 시대에는『금문상서』가 관학이었으며 정본(定本)이 있었고, 공안국이 전한『고문상서』또한 금문으로 교감하여 읽은 것이기 때문에『사기』에서 인용한『상서』의 문자는 주로『금문상서』를 따라

---

16 『경의잡기(經義雜記)』 "오제본기서설(五帝本紀書說)" 조는『황청경해(皇淸經解)』권202에 실려 있다.
17 단 씨(段氏)의 이 책은『황청경해』권567에 실려 있다.
18 「금고문주소서(今古文注疏序)」는『황청경해』권725에 실려 있다.

야 이해하기가 어렵지 않다. 그러니 해설한 뜻이 고문설을 많이 쓰고 혹 금고문설을 겸하여 채택한 것은 모두 정상적이다. 이는 공안국은 바로 금고문경학에 두루 통달한 대가이기 때문이다.

진수기(陳壽祺)와 진교종(陳喬樅) 부자는 한 걸음 더 나아가 사마천이 끌어다 의거한 『상서』는 구양생이 전한 금문 『상서』이며 그 중에는 또한 고문이 섞여 있다고 고증하였다. 당시의 박사가 전한 『금문상서』는 다만 구양생 일가가 정한 관방 정본뿐이다. 『사기』에서 인용한 문장은 여기에 의거하여 순리대로 문장을 이루었다.

진수기 부자는 금고문설을 변석하는 데 치중하였다. 진수기의 『좌해경변(左海經辨)』에는 "『금문상서』에 고문이 있다(今文尚書中有古文)", "『사기』는 『금문상서』를 썼다(史記用今文尚書)", "『사기』에는 『상서』가 고문을 겸한 것이 없다(史記無尚書兼古文)" 등의 조목이 있다."[19] 진수기는 『사기』가 채택한 『상서』는 금고문을 겸한다고 생각하였다. 말하자면 "「노주공세가」에는 「금등(金縢)」이 수록되어 있는데, 앞의 주공이 초나라로 달아난 일은 곧 고문가의 설이고 뒤쪽의 성왕이 주공을 개장(改葬)한 일은 금문설이니 이것이 분명한 증거이다."라고 한 것과 같은 것이다.

사마천은 금고문설을 아울러 채택하였을 뿐만 아니라 때로는 금고문설을 병존시키기도 하였다. 「은본기」에는 간적(簡狄)이 제비의 알을 삼켜 설(契)을 낳은 것을 수록하였고, 「주본기」에는 강원(姜源)이 거인이 발자국을 밟고 기(棄)를 낳은 것을 수록하고 있는데, 이는 금문설이다. 「삼대세표(三代世表)」에는 오히려 "고신(高辛)이 설을 낳았고 설은 은나라의 시조이다", "고신이 낳은 후직(后稷)은 주나라의 시조이다."라고 기록하였는데, 이는 고문설이다. 또한 『사기』에서 은과 주의 시조를 기

---

19 『좌해경해(左海經解)』는 『황청경해』 권1251에 실려 있다.

록하였다. 한 군데서는 아비가 있다고 하였고 한 군데서는 아비가 없다고 말하여 당시 사람들에게 의혹을 불러일으켰다. 저소손(褚少孫)은 이는 두 가지가 전한 것이 의문을 남겨놓았다는 것을 말한다고 대답하였다. 이 두 가지 견해가 모두 전설과 역사적 그림자를 가지고 있어서 결코 금고문 경학가가 날조한 것이 아니기 때문이다. 아비가 없이 신이 낳았다는 설은 모계 씨족사회의 역사적 영향을 반영하였다. 아비가 낳았다는 설은 모계 씨족사회가 와해되어 부계 문명시대로 진입하였다는 역사적 영향을 반영한다. 여기에서 사마천이 고금문설을 함께 존속시킨 것은 "기이한 것을 낚는" 것이 아니라 가능한 한 역사 본래의 면목을 되돌려 역사 전설의 역사적 영향을 존속시키고자 한 것임을 알 수 있다.

다시 「주본기(周本紀)」를 예로 들면 채택한 『상서』는 문자를 거의 금문 정본(今文定本)을 따랐지만 채용한 의리(義理) 및 훈고는 주로 고문설을 따랐다. 「주본기」에서 인용한 『상서』의 편명은 모두 19편이다. 현재까지 전하는 『상서』와 대조하면 11편으로, 「대고(大誥)」, 「강고(康誥)」, 주고(酒誥)」, 「재재(梓材)」. 「소고(召誥)」, 「낙고(洛誥)」, 「다사(多士)」, 「무일(無逸)」, 「다방(多方)」, 「고명(顧命)」, 「여형(呂刑)」이다. 고문이 4편인데, 「주관(周官)」, 「경명(冏命)」, 「미자지명(微子之命)」, 「무성(武成)」이다. 이 외에 일편(逸篇)이 4편인데, 「귀화(歸禾)」, 「가화(嘉禾)」, 「분은지기(分殷之器)」, 「회식신지명(賄息慎之命)」이다. 이런 일편은 공 씨가 벽에 숨긴 『고문상서』의 편목을 뛰어넘는다. 「주본기」에서는 또한 『일주서(逸周書)』 중의 「극은(克殷)」, 「도읍(度邑)」 등 편이 있다. 『일주서』 또한 고문이며, 응당 또한 사마천이 옛일을 물은 범위 안에 있을 것이다.

5. "지성선사" 공자를 사숙하다

맹자는 말하였다. "나는 공자의 문도가 되지는 못하였으나, 남에게서 사사로이 선하게 하였다.(予未得爲孔子徒也, 予私淑諸人也)"[20] 맹자는 공자의 사숙 제자임을 스스로 인정하여 공자의 학설을 크게 진흥시켰다. 사마천은 말하였다. "나는 공 씨의 책을 읽어보고 그 사람됨을 생각해 보았다." 사마천은 공자의 전기를 지어주고 "지성(至聖)"임을 인정하였다.[21] 이로부터 일대(一代) 철인(哲人)의 빛나는 형상이 중화 민족의 마음속 깊이 뿌리를 내리게 되었다. 사마천은 더욱이 드넓은 기백으로 공자의 학설과 육예 경전의 정화를 흡수하여 공자의 정신을 본받았으며, 『춘추』를 이어 『사기』를 지음으로써 일대의 대전(大典)을 완성시켰다.

사마천은 맹자의 뒤를 이어 또 하나의 중대한 성취를 얻은 공자의 사숙 제자로 공자의 "춘추역사학"을 크게 발양하여 후세의 많은 사상가들이 특히 사학을 세우는 방면에서 도저히 따라잡을 수 없는 위인이 되었다.

1) 높은 산을 우러르다

공자(B.C. 551~B.C. 479)는 이름이 구(丘)이고, 자는 중니(仲尼)이며 춘추시대 노(魯)나라(지금의 山東 曲阜) 사람이다. 공자는 선진 유가학파의 창시자이다. 중국 고대 역사상 위대한 사상가이자 교육가이며 사학자이다. 사마천은 북으로 문수와 사수(汶泗)를 건너 공자의 고향을 방문하였다. 제노(齊魯)의 도읍에서 강학하면서 학술의 원류를 세심히 살폈으며, 공자

---

20 『맹자』 권8 「이루(離婁) 하」.
21 『사기』 권47 「공자세가」 찬.

가 걸었던 발자취를 찾고 공자의 일생 사적을 찾아서 조사하였다. 공자의 학설과 언론을 연구하여 공자의 전기를 지어주고 "공자세가"라고 명명하였다. 제후가 "세가(世家)"를 세우는 것은 "나라를 열어 가문을 잇고 대대로 서로 잇는 것"을 나타낸다.[22]

공자는 평민[布衣]으로 그 학문이 세상 사람들의 종주가 되어 대대로 서로 전해졌으므로 그 전기를 "세가"라고 일컬어 추숭의 뜻을 나타내었다. 「태사공자서」에서는 말하였다. "주나라 왕실이 쇠퇴해지자 제후들이 제멋대로 행동하였다. 중니는 예가 없어지고 음악이 무너진 것을 슬퍼하여 경학을 좇아 닦아 왕도에 이르렀으며 어지러운 세상을 바로잡아 올바름으로 되돌리고 그 문사를 보고 천하에 의법을 제정해 주어 육경의 기강을 후세에 드리웠다. 「공자세가」 제17을 지었다.(周室既衰, 諸侯恣行. 仲尼悼禮廢樂崩, 追脩經術, 以達王道, 匡亂世反之於正, 見其文辭, 爲天下制儀法, 垂六藝之統紀於後世. 作孔子世家第十七)" 공자의 사상학설은 충분히 어지러움을 바로잡아 올바름을 되돌려 후세에 법도를 세워줄 수 있었으니, 이것이 바로 사마천이 그의 세가를 지은 까닭이다.

사마천이 묘사한 공자는 원대한 정치적 이상을 추구하고 이에 집착하는 정신을 갖추고 있었다. 공자의 정치 이상은 "예"로 다스려서 "인(仁)"의 경지에 도달하는 것이었다. "인(仁)은 사람을 사랑하는 것이다.(仁者, 愛人)"[23] 인의 경계는 바로 보편적 인성의 사랑이 충만한 사회로 상하의 질서가 잡힌 하나의 융화이다. 인을 실현하는 수단은 "예"이기 때문에 「공자세가」는 "예"를 단서로 삼아 공자의 일생 행적을 서술하였다. 공자는 유년 시절 "아이로 놀 때 늘 조와 두(같은 제기)를 펼쳐놓고 예를 행하는 모

---

22 『사통(史通)』 권2 「세가(世家)」.
23 『맹자』 권8 「이루(離婁) 하」 제28장.

습을 갖추었다.(爲兒嬉戲, 常陳俎豆, 設禮容)", "나이가 어려서 예를 좋아하여(年少好禮)", "의자는 노나라 사람 남궁경숙과 함께 가서 예를 배웠다.(懿子與魯人南宮敬叔往學禮焉)" 그는 또한 일찍이 남궁경숙과 함께 "주나라에 가서 예를 묻기도 하였다.(適周問禮)" 제경공(齊景公)이 정치에 대하여 묻자 그는 "임금은 임금다워야 하고 신하는 신하다워야 하며 아비는 아비다워야 하며 자식은 자식다워야 합니다.(君君, 臣臣, 父父, 子子)"라고 하여 또 예를 이야기하였다.

협곡(夾谷)의 회맹에서는 노정공(魯定公)을 보좌하여 제경공의 뜻을 좌절시켰는데, 또한 "회견할 때의 예(會遇之禮)"로 하였다. 정공에게는 세 도읍을 허물 것을 권하였는데, 이는 "신하는 무기를 비축해서는 안 되고 대부는 성이 백 치²⁴가 되어서는 안 된다.(臣無藏甲, 大夫毋百雉之城)"는 예에 근거한 것이다. 조(曹)나라에서 송나라로 가면서 "제자들과 큰 나무 아래서 예를 익혔다.(與弟子習禮大樹下)" 위령공(衛靈公)이 군진에 대하여 묻자 그는 "제사에 대한 일은 일찍이 들었습니다만 군대에 관한 일은 배우지 못하였습니다.(俎豆之事則嘗聞之, 軍旅之事未之學也)"라고 하였다. 그는 "삼대의 예를 추적하여(追迹三代之禮)" 그 연혁과 손익을 익히 알았으며 주나라의 예법을 매우 칭찬하였다. 시를 산삭하였는데 "예의에 베풀 만한 것을 취하였다.(取可施於禮義)" 그는 제자들을 "시서예악(詩書禮樂)으로" 가르쳤다.

공자는 예를 말하면서 몸으로 법도를 삼아 조금도 소홀히 하지 않았다. "임금이 명하여 부르시면 수레에 멍에를 지우기를 기다리지 않고 걸어갔다.(君命召, 不俟駕行矣)", "생선이 상하거나 고기가 부패하고 자른 것이 바르지 않으면 먹지 않았으며(魚餒而肉敗, 割不正, 不食)", "자리가 바르지 않

---

24 치(雉): 옛날 면적의 단위로, 성장(城墻)을 계산하는 용도로 쓰였다. 길이가 3장(丈), 높이가 1장(丈)이 되는 것을 1치라고 한다. 백 치면 길이가 3백 장 높이가 1백 장이 된다.

으면 앉지 않았다.(席不正, 不坐)", "상복(喪服) 입은 자와 소경을 보면 동자라고 할지라도 반드시 얼굴 표정을 바꾸었다.(見齊衰者, 雖童子, 必變)" 자공(子貢)은 공자가 일생토록 삼가 지킨 격언을 언급하였는데, "예를 잃으면 혼미해지고 명분을 잃으면 어그러지게 된다.(禮失則昏, 名失則愆)"는 것이었다. 그가 죽은 후 "노나라에서 대대로 전해가며 세시에 맞춰 공자의 무덤에 제사를 지냈다.(魯世世相傳, 以歲時奉祠孔子冢)" 이는 노나라 백성이 공자의 정신적인 감화를 받아 대대로 이어가며 때에 맞추어 예를 행하여 그에 대한 애도와 추념을 나타낸 것이다. 공자가 일생토록 "예"를 몸을 편안히 하고 명을 세우는 근본으로 삼았음을 알 수 있으며, 그 목적은 "예"를 가지고 가까운 사람과 친하게 지내고 높은 이를 높이며 어른을 어른으로 모시며 남녀 사이에는 본분이 있다는 등 사회 윤리 및 등급의 귀천을 구별하는 것으로, 당시 통치자에게 어지러운 사회를 다스리는 처방을 제공해 주었다.[25]

공자의 "예"를 핵심으로 하는 치세 처방은 시의적절하지 않아 그가 열국을 주유할 때 가는 곳마다 장벽에 부딪치게 하였다. 공자가 정치에 종사하면서 일생토록 가장 뜻을 얻은 때는 56세에 노나라 사구(司寇)가 되어 "국정에 참여한(與聞國政)" 3개월간에 지나지 않는다. 이 3개월을 공자의 일생인 73세와 비교하면 얼마나 짧은 기간인가. 결국 그는 제육(祭肉)을 얻을 것으로 기대했지만 수포로 돌아가자 노나라를 떠날 수밖에 없었다. 그가 열국을 주유하는 14년 동안 매우 고생하여 얻은 것이라고는 하나도 없고 실의에 빠져 "상갓집 개처럼 풀이 죽었다.(累累若喪家之狗)" 가장 어려웠던 순간은 진(陳)나라와 채나라 사이에서 곤경에 처한 것이

---

25 녜스쟈오(聶石樵)의 『사마천논고(司馬遷論稿)』를 참고하여 보라. 북경사범대학(北京師范大學) 출판사 1987년판, 제151~152쪽.

었다. 공자 일행은 광야에 격리되어 식량마저 떨어졌고 따르던 사람들은 병까지 들었는데도 공자는 여전히 "강송하며 현악기에 맞추어 노래함이 약해지지 않았다.((講誦弦歌不衰)"[26] 자로는 욱하며 성질을 냈고 자공은 안색이 변하였다. 공자는 굳은 믿음을 가지고 태연자약하게 『시경』의 "외뿔소도 아니고 범도 아닌데 저 광야를 따르게 한단 말인가!(匪兕匪虎, 率彼曠野)"라는 구절을 인용하면서 달랬다. 그는 제자들에게 백이(伯夷)와 숙제(叔齊), 그리고 왕자 비간(比干의 정신)을 따르라고 하였다. 자로와 자공은 말하였다. "선생님의 도는 지극히 커서 천하에서 용납할 수 없습니다. 선생님께서는 표준을 조금 낮추시렵니까?(夫子之道至大也, 故天下莫能容夫子. 夫子蓋少貶焉?)"[27] 안연(顏淵)은 확고하게 대답하였다. "부자의 도는 지극히 크기 때문에 천하에 받아들여지지 않는 것입니다. 그렇지만 부자께서는 미루어 행하고 계십니다! 받아들여지지 않음이 무슨 걱정이겠습니까? 받아들여지지 않은 후에야 군자가 드러나는 것입니다!(故天下莫能容. 雖然, 夫子推而行之, 不容何病, 不容然後見君子!)" 공자는 기쁘게 웃으면서 안연을 매우 칭찬하였다. "그렇던가! 안 씨의 아들이여. 네가 재물이 많아진다면 내 너의 가재가 되겠다.(有是哉, 顏氏之子. 使爾多財, 吾爲爾宰)"

이 이야기는 생동적으로 공자의 지극히 크고 지극히 굳센 개성과 인격을 표현하였으며 또한 공자가 굳게 지킨 이상과 신념이 반영된 것이다. 『논어』에는 "공자는 이에 대해 드물게 말씀하셨다(孔子罕言利)"[28]는 기록이 있는데, 일종의 공리에 반대하는 정신을 표현한 것이다. 그러나 「공자세가」에서 사마천이 빚어낸 공자의 형상은 "그 안 되는 것을 알면서도 하는(知其不可而爲之)" 것으로 결코 공리를 반대하는 정신이 아니라

---

26 이 절의 문장과 인용은 『사기』 권47 「공자세가(孔子世家)」에 의거하였다.
27 『사기』 권47 「공자세가(孔子世家)」.
28 『논어』 제9 「자한(子罕)」 제1장.

일종의 추구에 집착하는 정신으로 목적에 도달하지 않을 경우 절대로 그만두지 않았다. 오늘날의 말로 철두철미하며 나를 잊고 사사로움이 없는 봉헌이다. 이런 봉헌은 "밭 갈고 김매는 것만 묻고 수확은 묻지 않는다"는 것으로 표현된다. 그러나 그것은 눈앞의 성공에만 급급한 것을 반대하는 것일 뿐 수확을 요구하지 않는 것은 아니다.

「공자세가」에서는 공자가 정치에서 실의하여 낙망한 것을 써냈는데, "안 되는 것을 알면서도 하는" 것은 흡사 공자의 정치에서의 비극이 나중의 육경의 정리에 종사하게 되는 복선이 되는 것 같다. 사마천 필치 아래서 공자의 봉헌 정신은 흡사 사회를 다스리는 모종의 목적을 위해 헌신하는 공리정신이라고도 하겠다. 바로 이런 정신은 공자가 정치 이상이 산산조각 난 이후에도 여전히 적막하게 알려지지 않은 것을 달갑게 여기지 않고 분을 발하여 교육문화 사업에 전력하게 하였다. 이런 "안 되는 것을 알면서도 하는" 참된 정신은 사마천과 공자가 인격과 개성에서 일치하는 점일 것이다. 따라서 사마천은 격앙되어 공자는 "벼슬을 하지 않고 물러나 시서예악을 정리하였는데, 제자가 더욱 많아졌다.(不仕, 退而修詩書禮樂, 弟子彌衆)"고 썼다. 공자의 말대로 하면 "군자는 죽어도 이름이 일컬어지지 않는 것을 병폐로 여긴다. 나의 도가 행하여지지 않는다면 내가 어찌 후세에 스스로 드러나겠는가!(君子病沒世而名不稱焉. 吾道不行矣, 吾何以自見於後世哉?)"라고 한 것이다. 공자의 분발과 노력은 성공하여 인류의 만세 사표가 되었으며 사마천이 배우고 추종하는 모범이 되었다. 사마천은 경앙하고 숭배하고 심지어 정을 억제할 수 없는 지경에 이르렀다.

사마천은 과장되게 공자 및 제자들의 현능함을 무한히 우러러 공경하는 감정으로 표현하였다. 사마천은 말하기를 공자가 "석 달 동안 정치에 참여하였는데" 노나라가 크게 다스려졌고 풍속을 바꾸었으며 길에서 떨어진 것을 줍지 않았고 심지어 이웃의 대국인 제나라가 두려워하여 주동적으로 큰 땅을 주어 노나라와 우호조약을 맺었다고 하였다. 사마천은 또한 초나라 영윤 자서(子西)의 말을 빌려 초나라의 현인 가운데는 공자의 수제자들에 미치는 사람이 하나도 없다고 하면서 이로써 공자가 비범하여 성인의 경지로 들어감을 부각시켰다. 마지막으로 사마천은 참지 못하고 직접 말을 하려고 하였다. 사마천은 말하였다.

> 태사공은 말하였다. 『시경』에 "높은 산 우러르고, 큰길 따라간다."라는 말이 있다. 비록 그 경지에 이를 수는 없어도 마음속으로 그를 동경하였다. 나는 공자의 책을 읽어보고, 그 사람됨을 상상할 수 있었다. 노나라에 가서 공자의 묘당, 수레, 의복, 예기를 살펴보았고 여러 유생들이 때때로 그 집에서 예를 익히고 있음을 보았다. 나는 머뭇거리며 그곳을 떠날 수가 없었다.
>
> 太史公曰, 詩有之, 高山仰止, 景行行止. 雖不能至, 然心鄕往之. 余讀孔氏書, 想見其爲人. 適魯, 觀仲尼廟堂車服禮器, 諸生以時習禮其家, 余祗迴留之不能去云.[29]

공자의 도덕 학문은 높은 산처럼 사람들이 경앙하게 만들고 대로처럼 사람들이 따라가게끔 이끈다. 공자의 비극은 사마천을 가슴 아프게 하여 예를 강하는 강당에서 배회하고 오랫동안 깊은 생각에 잠기게 하였다. 공자의 비위를 맞추어 환심을 사지 않는 정신과 공자의 교육에 힘쓰고 『육경』을 전술(傳述)한 공업은 사마천을 더욱 분발시켰다. 사마천으로 하여금 일대 철인의 위대함을 보게 하였으니 공자를 무관(無冠)의 왕으

---

29 『사기』 권47 「공자세가(孔子世家)」 찬.

로 보게 했다. 사마천은 격동하였다. 그의 안전에 한 줄기 찬란한 빛이
비치는 큰 길이 펼쳐지는 것 같았다. 그도 자기의 사업을 추구하고 성공
할 것이라는 것을 본 것 같았고 이에 무한한 심혈을 기울여 공자를 위해
세가를 지어준 이유를 말하려 했다. 사마천은 말하였다.

> 천하에는 군왕에서 현인까지 사람들이 많았지만 생존 당시에는 영화
> 로웠으나 죽고 나면 그것으로 끝장일 따름이었다. 공자는 포의였지만
> 10여 세대가 되도록 학자들이 그를 추앙한다. 천자 왕후로부터 나라 안
> 의 육예를 담론하는 모든 사람들에 이르기까지 부자의 말씀을 판단 기
> 준으로 삼고 있으니 최고의 성인이라고 할 수 있겠다.
> 天下君王至于賢人眾矣, 當時則榮. 沒則已焉. 孔子布衣, 傳十餘世, 學
> 者宗之. 自天子王侯, 中國言六藝者折中於夫子, 可謂至聖矣!

2) 육예에서 사실을 고증하다

사마천의 공자에 대한 추존은 단지 추상적인 것에 그치지 않고 매우
구체적이어서 육예(六藝)를 고증하면서 부자를 판단 기준으로 삼았다.
먼저 육예에서 고증한 것을 말해보자. "육예에서 사실을 상고하였다(考
信於六藝)"는 말은 「백이열전」에 보인다. 사마천은 말하였다. "대체로 학
자들의 (역사를 기록한) 전적은 지극히 넓지만 그래도 사실을 상고할 수 있
는 것은 『육예』에 있다.(夫學者載籍極博, 猶考信於六藝)" 육예는 곧 육경(六經)이
다. 사마천이 역사를 서술하면서 육예에서 사실을 고증한 것은 내용상
두 가지 방면이 있는데, 첫째는 취재(取材)이고 둘째는 검증이다.

취재. 명나라의 왕수인(王守仁)은 말하였다. "일을 가지고 말하는 것을
역사[史]라 하고 도를 가지고 말하는 것을 경(經)이라고 한다. 일이 도이
고 도가 일이다. 『춘추』는 또한 경이고, 오경(五經) 또한 역사이다."[30] 왕

수인의 "오경도 역사라는 논점"은 사람들의 주의를 끌지 못하였다. 뒤를 이어 청나라의 고염무(顧炎武)와 장학성(章學誠)은 "육경은 모두 역사"라는 논단을 제기하였는데, 사상계와 사학계의 높은 평가를 받았다. 사실 일찌감치 서한 때 사마천은 『육경』을 사료로 삼아 『사기』를 편찬하였다. 「은본기(殷本紀)」 찬에서는 말하였다. "태사공은 말한다. 나는 「송」으로 설의 일을 편차하였고, 성탕 이래로는 『시』와 『서』에서 채택하였다.(太史公曰, 余以頌次契之事, 自成湯以來, 采於書詩)" 오제(五帝)와 하·은·주(夏·殷·周)의 여러 본기, 삼대(三代)와 12제후의 두 연표, 제(齊)와 노(魯), 연(燕), 진(晉), 송(宋), 위(衛), 공자의 여러 세가 및 「중니제자열전(仲尼弟子列傳)」 등 편은 주로 육예의 경전(經傳)을 사료로 삼았다. 「태사공자서」에서는 말하였다. "『육경』의 다른 해석을 맞추었다.(厥協六經異傳)" 아주 명확하게 『육경』의 다른 해석을 종합하여 『사기』에 흡수시켰다고 지적하였다.

검증. 「태사공자서」에서는 말하였다. "그 행한 일을 논하고 고찰하였다.(論考之行事)" 행한 일은 서술한 역사를 가리키며 논하고 고찰함이 있었다는 것이다. 「오제본기」 찬에서는 말하였다. "그 말 가운데 더욱 전아한 것을 택하였으며(擇其言尤雅者)", "요컨대 고문에 위배되지 않는 것은 사실에 가깝다.(總之不離古文者近是)" 고문으로 백가의 말을 검증하였는데, 이것이 사마천이 사실을 고증하는 원칙의 하나이다. 고문은 또한 『육경』을 주요 문헌으로 하며, 『사기』에서 반복적으로 제시하고 있다.

「사마상여열전」 찬 "「대아」는 왕공대인을 말하여 덕이 백성들에게 미쳤으며 「소아」는 작은 자기의 득실을 조롱하여 그 흐름이 위에까지 미쳤다. 그러므로 말한 것이 비록 겉은 다르지만 그 덕에 합치하는 것은

---

30 『전습록(傳習錄)』 권1.

마찬가지이다. 상여는 비록 빈말과 지나친 말이 많기는 하지만 그 요점
은 절검으로 이끄는 것에 귀결되니 이것이 『시』의 풍간과 무엇이 다르
겠는가?

大雅言王公大人而德逮黎庶, 小雅譏小己之得失, 其流及上. 所以言雖
外殊, 其合德一也. 相如雖多虛辭濫說, 然其要歸引之節儉, 此與詩之風
諫何異?

「회남형산열전(淮南衡山列傳)」 찬 "『시경』에서 이르기를 '융적을 막고, 형
서를 징계하도다'라고 하였는데, 이 말은 확실히 그렇다. …… 형·초는
사람들이 날래고 용감하며 가볍고 사나워 난을 일으키기를 좋아하였으
니 이에 예로부터 그렇게 기록하여 왔다.

詩之所謂, 戎狄是膺, 荊舒是懲, 信哉是言也……夫荊楚僄勇輕悍, 好作
亂, 乃自古記之矣.

「장석지풍당열전(張釋之馮唐列傳)」 찬 『서』를 인용하여 말하였다. "치우치
지 않고 당파를 이루지 않으면 임금의 길은 넓고 넓으며, 당파를 이루지
않고 치우치지 않으면 임금의 길은 편편하다."고 하였다. 장계와 풍공이
그에 가깝다 하겠다.

不偏不黨, 王道蕩蕩, 不黨不偏, 王道便便. 張季馮公近之矣.

「화식열전」 "대체로 신농씨 이전의 시대는 내 알지 못할 따름이다. 『시』
와 『서』에서 말하는 우·하 이래와 같은 것에 이르러서는 귀와 눈은 음
악과 여색의 좋음을 다하고자 하고 입은 가축의 고기 맛을 다하고자 하
며, 몸은 한적하고 안락함을 편히 여기고 마음은 권세와 권능의 큰 부림
을 자랑한다. 풍속이 백성을 물들인 지가 오래되었다.

夫神農以前, 吾不知已, 至若詩書所述虞夏以來, 耳目欲極聲色之好, 口
欲窮芻豢之味, 身安逸樂, 而心誇矜埶能之榮使. 俗之漸民久矣.

사마천은 "육예에서 사실을 고증하였는데" 『시』와 『서』가 늘 논증의
근거로 인용되었다. 「예서(禮書)」에서는 예의 쓰임을 찬미하면서 "만물
을 통제하고 군중을 부리며(宰制萬物, 役使群衆)", "아름다운 덕이 넘실넘실
한다(洋洋美德)"고 하였다. 「악서」에서는 말하였다. "다스림이 안정되고
공을 이루면 예악이 곧 흥하게 된다.(治定功成, 禮樂乃興)" 또 말하였다. "무
릇 음악을 만든 것은 즐거움을 절제하기 위한 것이다.(凡作樂者, 所以節樂)"
이는 사마천의 음악의 가치에 대한 큰 발견으로 음악으로 즐거움을 절
제하고 욕심을 억제하면 이에 예악이 서로 통한다는 것이다.

『역』에 대하여 사마천은 말하였다. "대체로 공자는 만년에 『역』을 좋
아하였다. 『역』이라는 학술은 깊고 밝고 멀다.(蓋孔子晩而喜易, 易之爲術, 幽明遠
矣)"[31] 또 말하였다. "『춘추』는 드러난 것을 미루어 은미한 데까지 이르
렀다.(春秋推見至隱)"[32] 『역』의 내용은 천도를 이야기하고 성명(性命)을 이야
기하므로 깊고 밝게 변화한다. 『사기』에서 무릇 깊고 밝은 것을 이야기
한 곳은 모두 『역』의 이치를 인용하여 설명하였다. 전완(田完)은 제나라
에서 흥기하였는데, 「관(觀)」이 「비(否)」로 바뀌는 괘(卦)를 얻은 것을 바로
예로 들어 증명할 수 있다. 「외척세가」에서는 종합적으로 『육경』에 의거
하여 인륜의 부부관계를 이야기한다.

사마천은 말하였다. "『역』은 건곤에 기초를 두었고, 『시』는 「관저」로
시작한다. 『서』는 (요가 두 딸을 순에게) 시집보낸 것을 찬미하였고, 『춘추』는

---

31 『사기』 권46 「전경중완세가(田敬仲完世家)」 찬.
32 『사기』 권117 「사마상여열전(司馬相如列傳)」.

친영하지 않은 것을 풍자하였다. 부부의 사이는 인도의 큰 인륜이다. 예의 쓰임은 혼인을 가장 주의해야 한다. 음조가 잘 어울리는 것은 사시가 조화로운 것이고, 음양의 변화는 만물의 근본인데 신중하지 않을 수 있겠는가?(易基乾坤, 詩始關雎, 書美釐降, 春秋譏不親迎. 夫婦之際, 人道之大倫也. 禮之用, 唯婚姻爲兢兢. 夫樂調而四時和, 陰陽之變, 萬物之統也. 可不愼與?)"요컨대 공자가 『시』, 『서』를 산삭하고 『예』, 『악』을 정하였으며 『춘추』를 짓고 『역』의 순서를 잡은 것, 곧 육경을 정리한 것은 공자가 일생 동안 분투하여 성취한 대사업으로 고문헌에서 정화를 응집시킨 것이다. 사마천이 육경을 역사의 가치를 비평하고 취사의 척도로 삼은 것, 곧 육예에서 사실을 고증한 것은 당시의 실제와 부합하며 동시에 작자의 깊은 뜻을 기탁하였다.

3) 부자를 표준으로 삼다

사마천은 공자의 말을 인용하여 역사의 인물을 논평하였으며 『사기』에서 전반적으로 관철시켰다. 「은본기」 찬에서는 말하였다. "공자는 말하기를 '은나라는 노거를 훌륭하게 생각하였으며 색은 흰 것을 숭상하였다.'고 하였다.(孔子曰, 殷路車爲善, 而色尚白)「봉선서(封禪書)」에서는 말하였다. "혹자가 체 제사의 내용을 묻자, 공자께서 '알지 못하겠다. 체 제사의 설을 안다면 천하에 있어 손바닥을 보듯 할 것이다.'(或問禘之說, 孔子曰, 不知, 知禘之說, 其於天下也, 視其掌)「노주공세가(魯周公世家)」 찬에서는 말하였다. "나는 공자가 '심하구나, 노나라의 도가 쇠퇴하였음이! 그러나 수수와 사수 사이에서 은은하구나.'라고 한 것을 들은 적이 있다.(余聞孔子稱曰, 甚矣魯道之衰也, 洙泗之間, 齗齗如也)"공자의 말을 인용하여 평론하고 역사 사실을 인증하였다.

「효문본기(孝文本紀)」 찬에서는 말하였다. "공자가 말씀하시기를 '반드시 한 세대가 지난 다음에야 인(仁)해진다. 선인이 나라를 다스리기를 백

년 동안 하면 잔학한 사람을 교화시키고 사형을 없앨 수 있다.'고 하니, 참으로 옳도다, 이 말이여!(孔子言, 必世然後仁.'善人之治國百年, 亦可以勝殘去殺, 誠哉是言!)" 공자의 말을 끌어와 감동하여 효문제가 인덕이 있는 임금이라고 평론하는 말에 썼다.

「오태백세가(吳太伯世家)」 찬에서는 말하였다. "공자께서 말씀하셨다. '태백은 덕이 지극하다고 이를 만하다. 세 번 천하를 사양하였으나 백성들이 (그 德을) 칭송할 수 없게 하였구나!(孔子言吳太伯可謂至德矣. 三以天下讓, 民無得而稱焉)" 「송미자세가(宋微子世家)」의 찬에서는 말하였다. "공자는 말하였다. '미자는 떠났고 기자는 종이 되었으며 비간은 간하다가 죽었다. 은나라에 세 인자가 있었다.(孔子稱, 微子去之, 箕子爲之奴, 比干諫而死. 殷有三仁焉)" 바로 공자의 말을 끌어와 역사 인물을 평론하였다. 「유후세가(留侯世家)」와 「만석장숙열전」, 「전기열전(田起傳)」은 모두 공자의 말을 권위적인 각주로 삼아 자기의 평론을 인증하는 데 썼다.

「백이열전」에서는 말하였다. "공자께서 말씀하시기를 '도가 다르면 함께 도모하지 않는다'고 하셨는데, 또한 각기 그 뜻을 따른 것이다. 그러므로 말씀하시기를 '부귀를 구할 수만 있다면 비록 채찍을 잡는 사람이라도 내 또한 할 것이다. 구할 수 없다면 내가 좋아하는 것을 따르겠다.'고 하였고, '날씨가 추워진 다음에야 소나무와 측백나무가 나중에 시듦을 안다.'고 하셨다. 온 세상이 흐리고 탁하면 맑은 선비가 드러나게 된다. 어찌 그 중히 여김이 저와 같고 그 가벼이 여김이 이와 같은가?(子曰道不同不相爲謀. 亦各從其志也. 故曰富貴如可求, 雖執鞭之士, 吾亦爲之, 如不可求, 從吾所好. 歲寒, 然後知松柏之後凋. 舉世混濁, 清士乃見. 豈以其重若彼, 其輕若此哉)"

「유림열전」에서는 말하였다. "공자는 왕도가 폐하고 사도가 흥한 것을 걱정하여 이에 『시』와 『서』를 논하여 편차하고 예악을 닦아 일으켰다. 제나라에 가서 「소」의 음악을 듣고 석 달 동안 고기 맛을 알지 못하였다. 위나라에서 노나라로 돌아온 다음에 음악이 바로잡혔고 「아」와 「송」이 각기 제자리를 잡았다. 세상이 혼탁해서 아무도 그를 쓸 수가 없어 이 때문에 중니는 70여 임금에게 뵙기를 청하였으나 알아줌이 없어서 말하기를 '나를 써주는 사람이 있다면 1년만 하더라도 괜찮을 것이다'라고 하였다. 서쪽에서 사냥을 하다가 기린이 잡히자 말하기를 '나의 도는 다하였다'고 하였다. 그러므로 (노나라) 역사에 의거하여 『춘추』를 지어 왕법으로 삼았는데, 그 말은 은미하나 가리키는 뜻은 넓어서 후세의 학자들이 많이 인용하였다.(孔子閔王路廢而邪道興, 於是論次詩書, 修起禮樂. 適齊 聞韶, 三月不知肉味. 自衛返魯, 然後樂正, 雅頌各得其所. 世以混濁莫能用, 是以仲尼干七十餘君無 所遇, 曰苟有用我者. 期月而已矣. 西狩獲麟, 曰吾道窮矣. 故因史記作春秋, 以當王法, 其辭微而指 博, 後世學者多錄焉)" 이는 『논어』의 구절과 공자의 언론을 직접 자기의 문장에 녹여 넣은 것인데 그렇게 자연스럽고 적절할 수가 없다. 가장 정묘한 곳은 사마천이 공자의 말을 문장에 쓴 것으로 완전히 자기의 사상과 용어가 되었다.

공자는 말하였다. "은나라는 하나라의 예를 따랐으니, 덜어내고 더한 것을 알 수 있다. 주나라는 은나라의 예를 따랐으니, 덜어내고 더한 것을 알 수 있다. 혹시라도 주나라를 잇는 자가 있다면 비록 백조대(朝代) 뒤라도 알 수 있을 것이다.(子曰, 殷因於夏禮, 所損益, 可知也, 周因於殷禮, 所損益, 可 知也, 其或繼周者, 雖百世可知也)"33 이는 본래 문화의 연혁과 손익을 말한 것인데 사마천은 「영행열전(佞幸列傳)」 찬에서 영행을 미워하는 말로 바꾸어 "심하도다, 사랑하고 미워하는 때가! 미자하의 행실은 후세인들에게 아첨으로 총애받는 사람을 보여주기에 충분하다. 백세 뒤도 알 수가 있다.(甚哉愛憎之時! 彌子瑕之行, 足以觀後人佞幸矣. 雖百世可知也)"고 하였다. 공자는 말

---

33 『논어』 제2 「위정(爲政)」 제23장.

하였다. "늙은이를 편안하게 해주고, 붕우에게는 미덥게 해주고, 젊은이를 품어주고자 한다.(老者安之, 朋友信之, 少者懷之)"[34] 이는 공자가 자기의 정치적 이상을 편 것으로 일종의 지향을 나타낸 것일 뿐이다.

사마천은 하나의 단어로 응축시켜 문경지세(文景之世)의 태평한 경상을 묘사하고 문제의 덕을 찬송하는 데 썼다. 「효경본기(孝景本紀) 찬에서는 말하였다. "한나라가 흥하자 효문제는 큰 덕을 시행하여 천하를 품고 편안하게 하였다.(漢興, 孝文施大德, 天下懷安)" 이곳의 "회안(懷安)"이란 한 단어는 바로 공자가 뜻을 펴면서 한 말을 응축시킨 것이다. 이런 예는 정말 많다. 「관안열전」의 찬에 사마천은 안자를 위해서 "채찍을 잡겠다"는 말로 내심 지기를 만나기가 매우 어려운 감개에 처했음을 폈다. 「여불위열전」 찬에서는 "문(聞)" 단 한 자를 써서 여불위의 관운(官運)이 형통하고 객을 기르고 선비를 좋아함을 평론하였는데, 『여씨춘추(呂氏春秋)』를 편술한 것은 다만 교묘한 수단으로 사리사욕을 취하여 널리 명성을 취한 것을 "들은(聞)" 것에 지나지 않는다고 하였다. 이곳의 "집편(執鞭)"과 "문(聞)"등의 어휘는 모두 공자의 말을 응축시킨 것이다. 이로써 공자의 사상이 사마천의 사상을 얼마나 심후하게 양육시켰는가 하는 것을 알 수 있다.

공자는 사람을 논함에 지자(智者), 현자(賢者), 인자(仁者), 군자 등의 어휘에 대하여 모두 특정한 함의와 표준이 있었으며, 고도의 이성화한 내용을 갖추고 있었다. "군자"라는 단어는 『논어』에서 107차례 사용되었는데, 기본적인 함의는 두 가지이다. 첫째는 도덕을 가진 사람을 가리키고, 둘째는 상위에 있는 사람이다. 사마천은 이를 능수능란하게 운용하여 특정한 함의에 따라 언어의 표현력을 증감시켰다. 이와 동시에 운용

---

34 『논어』제5 「공야장(公冶長)」 제26장.

하는 중에 또한 그 함의를 더욱 풍부하게 하고 확대하여 역사 인물의 형상을 평론함에 있어 더욱 선명해지도록 하였다. 이를테면 호수(壺遂)는 "가슴속 깊이 도타움을 간직하고(深中隱厚)", "안으로는 청렴하고 행실이 단정하며(內廉行修)", "이에 삼가고 공경하는 군자이다.(斯鞠躬君子也)" 괴성후(蒯成侯) 주설(周緤)은 "조심하고 굳고 곧아(操心堅正)", "독실하고 도타운 군자라 할 만했다.(可謂篤厚君子矣)" 만석(萬石)과 건릉(建陵), 장숙(張叔)은 "말은 어눌하게 하고 행동은 민첩한(訥於言而敏於行)", "군자"이다. 심지어 문제와 경제 때의 노닐고 즐기는 6, 70세 된 늙은이는 "덕을 가진 군자(有德君子)"였다. 사마천은 "군자"의 위에 수식어를 씌워 천차만별의 각종 덕을 가진 군자를 묘사하였는데, 이미 유가에서 묘사한 도덕군자인 양하는 덕을 가진 군자나 정치의 장자(長者)가 아니었으며, 교묘하게 변화되어 가는 인물의 성정이나 품격을 묘사한 문학 어휘가 되었다.

사마천은 단언하였다. "천자 왕후로부터 나라에서 육예(六藝)를 말하는 자는 공자를 판단 기준으로 삼았다." 사마천 이전에는 이 말이 과장임을 면치 못하였다. 그러나 동중서가 앞에서 추존(推尊)하고 사마천이 뒤에서 역행하였으며 더욱이 한무제가 "백가를 축출하고 단독으로 유술을 높인" 정치를 추진하면서부터 공자는 서한에서 날로 더욱 빛을 발하기 시작하여 유일하게 높이는 유교의 교주가 되었다. 그 후 2천 년의 봉건사회에서 천자 왕후로부터 서민 백성에 이르는 만세의 사표가 되었다. 사마천은 공자의 학설 및 그 정신적 공적을 드러내어 매몰되는 것을 용납하지 않았다.

제4장

사마천의 부친 사마담

사마담은 천재적인 역사학자이자 천문학자로 『사기』의 핵심적인 내용을 열었다. 특히 심혈을 기울여 사마천을 길러냄으로써 중국 문화사상사에서 위대한 역사 인물의 지위를 굳건히 했다. 사마천을 연구하면서 사마담을 언급하지 않는 것은 뿌리가 없는 나무이고 원류가 없는 물로 필시 요령을 얻을 수가 없다. 이 때문에 사마담의 성취는 "사마천 평전"의 필수불가결한 구성 부분이 될 것이다.

1. 출사와 사승

「태사공자서」에서는 말하였다. "담은 태사공이 되었다(談爲太史公)", "건원과 원봉 연간에 벼슬을 하였다.(仕於建元元封之間)" 『사기집해(史記集解)』에서는 신찬(臣瓚)의 말을 인용하여 말하였다. "「백관표(百官表)」에는 태사공이 없다. 『무릉중서(茂陵中書)』에서는 사마담은 태사승(太史丞)으로 태사령이 되었다고 하였다." 태사공은 곧 태사령이다.[1] 「태사공자서」에서는 또 사마담은 원봉 원년에 죽었다고 하였다. 그러나 그의 생년과 자, 확실한 출사 연도 및 어떻게 출사하였는지는 「태사공자서」에 모두 기록이 없다. 증빙할 문헌이 없는 까닭에 우리는 다만 합리적인 추론을 할 수 있을 뿐이며 충실한 사마담의 전기로 고찰할 수 있기를 기다린다.

『무릉중서(茂陵中書)』는 간략하게 『무릉서』라고 하며, 한무제 때 설치한 무릉읍(茂陵邑)에서 나온 호구 장부이다. 무릉은 무제의 능(陵)이며, 건원(建元) 2년에 무릉읍을 설치하였다. 사마담의 호적은 무릉에 속하였으며, 태사승(太史丞)의 직분으로 능을 수축하는 공정에 참여하였다. "능의 터를 헤아려 정하고 길흉을 미리 점치는 것"이 바로 태사와 태복(太卜)의 직분 관할 내의 일이었기 때문이다. 그렇다면 사마담은 건원 2년 전에 이미 출사를 하였을 것이지만 또한 건원 원년을 넘길 수는 없다. 사마담이 건원 원년에 출사하였다는 말이다. 한무제가 막 즉위했을 때를 고찰해 보면 건원 원년 10월 현량을 천거하고 신불해(申不害)와 상앙(商鞅), 한비(韓非), 소진(蘇秦), 장의(張儀)의 말을 물리쳤으며 단독으로 유술을 높이는 서막을 열어젖혔다. 그러나 이때 수렴청정을 하던 두태후(竇太后)가 황로(黃老)를 높이 받들었기 때문에 백가를 물리치면서도 도가는 축출하지 않았다. 사마담의 사상은 도가로 기울었으며 학문이 깊고 넓은 사람으로 이해에 현량으로 천거되어 출사하였을 것이다. 처음에는 태사승이었다가 원봉 2년에서 원봉 6년 사이에 태사령으로 승진하여 이에 경사에서 직무를 행하게 되었다.

사마 씨의 먼 조상은 대대로 천관을 지켰으며 주나라 역사를 담당하

---

1 이 책 제10장 제2절에 상세히 보인다.

였다. 그러나 춘추시대에 사마 씨가 주나라를 떠나 진(晉)나라로 가면서 부터 그 지켜오던 관직을 잃고 중도에 쇠퇴해진 지가 4백여 년이 되어 사관 문화의 가학은 실로 이미 전하여지지 않았다. 사마담은 가학을 다시 일으킬 뜻을 세웠으나 모든 것을 원점에서 시작할 수밖에 없었다. 그는 부지런히 분투하여 배워 드러난 업적을 냈기 때문에 그를 천재이면서 박학한 역사학자라고 하는 것이다. 「태사공자서」에서는 "담은 태사공이 되었다(談爲太史公)"고 하고 이어서 "태사공은 당도에게서 천관을 배웠으며 양하에게서 『역』을 전수받았고 황자로부터 도론을 익혔다.(太史公學天官於唐都, 受易於楊何, 習道論於黃子)"고 하였다. 이는 사마담의 광박한 학문이 사승(師承)에서 나왔다는 것을 말한다. 그는 여전히 부지런하게 경사로 출사하기를 구하였는데, 이는 경사로 출사하여야 비로소 이름난 스승에게 배울 수 있는 조건을 갖출 수 있기 때문이었다.

1) 당도에게 천관을 배우다

천관은 곧 천문학이다. 고대인들은 천상의 별자리와 인간 세상의 군신이 서로 대응한다고 생각하였다. 또한 존비의 등급이 있어서 "사람의 관조(官曹) 열위(列位)와 같기 때문에 천관이라고 하였다."[2]

중국 고대 천문학에는 두 개의 분파가 있었다. 하나는 점성가(占星家)로 항성과 유성, 혜성의 숨고 드러남을 관측하여 점을 치는 데 쓰며, 『주례』의 보장씨(保章氏)가 그 학문을 전하였다. 하나는 역가(曆家)로 일월과 오성의 궤적을 추산하여 역법의 제작에 쓰며, 『주례』의 풍상씨(馮相氏)가 그 학문을 전하였다. 고대의 천문학은 미신과 뒤섞여 있었다. 점성가는 천인감응을 이야기하였고, 역가(曆家)는 금기를 이야기하였다. 그러나 천상의

---

2 『사기』권27 「천관서(天官書)」의 『색은(索隱)』.

관측과 역법의 추산은 또한 모두 실학이었다. 『사기』의 「천관서」는 점성학을 총결하였다. 『역서』는 역법의 추산을 총결하여 고대의 천문학 과학지식을 대대적으로 앞을 향하여 추진시켰다. 사마담의 학문은 당도(唐都)보다 넓고 깊었다. 당도는 서한의 저명한 점성가로 점성과 역법 두 방면의 학문에 모두 매우 정통하였다. 「천관서」에서는 말하였다. "한나라의 천문술수를 연구하는 자 가운데 점성술은 당도이고 구름점은 왕삭이며, 한 해의 점은 위선이다.(夫自漢之爲天數者, 星則唐都, 氣則王朔, 占歲則魏鮮)" 여기서는 당도와 위선을 구별하였는데, 당도는 실측을 중시한 천문학자였다.

『역서』의 서문에서는 말하였다. "지금 임금이 즉위하여 방사인 당도를 초치하여 천부를 나누었다.(至今上即位, 招致方士唐都, 分其天部)" 『집해』에서는 『한서음의(漢書音義)』를 인용하여 말하였다. "28수(宿)의 천부를 거리와 각도로 나누었다는 것을 이른다." 곧 28수의 거리와 각도를 측정하였다는 것이다. 지금 임금은 한무제를 가리킨다. "지금 임금이 즉위한" 것은 막 즉위한 건원 원년을 가리킨다. 당도와 사마담은 동시에 출사하였으며 점성은 태복의 속관이다. 태사와 태복은 모두 태상(太常)에 예속되었다. 사마담과 당도는 동료였다. 당도가 태복령이었다면 사마담과 품급이 같지만 단지 태복의 속관이었다면 사마담보다 더 낮았다. 당도는 태초 원년에 사마천과 함께 태초력을 제정하였다. 연배는 많아야 사마담과 같았거나 조금 늦었다. 사마담이 당도에게서 천관을 배운 것은 아랫사람에게 묻는 것을 부끄러이 여기지 않은 것이라 할 수 있으니 이런 정신은 매우 가상하다. 당도는 사마천에게 선배 연장자로 부친의 스승일 뿐 아니라 또한 사마천의 스승이기도 하다. 바로 사마천의 천문학은 부친인 사마담을 계승하였을 뿐만 아니라 천문학의 대가 당도에게서도 배웠다는 것을 말한다. 당도로 말하자면 깊고 넓은 지식을 가지고 사마담과 사마천 두 역사학자의 스승이 되었으니 특별한 영예라 할 것이다.

당도의 학문은 사마 씨의 천문학에 매우 큰 영향을 끼쳤다.

2) 양하에게 『역』을 배우다

양하(楊何)는 자가 숙원(叔元)이며, 치천(淄川: 지금의 山東 昌樂縣 서북쪽) 사람
이다. 한무제 때의 『역』학 대사(大師)로 『한서』 「유림전」의 기록에 의하면
양하는 『역』을 전하여 "원광(元光: B.C. 134) 원년 부름을 받았으며 벼슬은
중대부(中大夫)에 이르렀다." 사마담이 양하에게 『역』을 배운 것은 원광
원년 이후의 일이다. 『사기』와 『한서』 두 책의 「유림전」에서는 『역』학의
사승을 다음과 같이 기록하고 있다.

공자―상구(商瞿)―교비(橋庇)―간비(馯臂)―주추(周醜)―손우(孫虞)―전
하(田何)―왕동(王同)―양하(楊何)

전하는 진나라 말기 한나라 초기 사람으로 전제(田齊: 전 씨의 제나라)의 아
득한 후손이다. 한고조에 의해 산동(山東)의 제나라 땅에서 관중(關中)의
두릉(杜陵)으로 이주되었으며, 두전생(杜田生)이라 불렀다. 전하의 제자는
왕동 외에도 이름이 알려진 자가 낙양(洛陽)의 주왕손(周王孫)과 정관(丁寬),
제나라 사람 복생(服生)이 있다. 왕동의 제자는 양하 외에도 제나라 사람
즉묵성(即墨成)과 광주(廣州)의 맹전(孟佃), 노나라 사람 주패(周霸), 거(莒) 사
람 형호(衡胡), 임치(臨淄) 사람 주보언(主父偃)이 있다. 이런 사람들은 모두
한조에서 고관을 지냈다. 『한서』 「예문지」에는 『역』학의 책이 기록되어
있는데, 주 씨(周氏)와 복 씨(服氏), 정 씨(丁氏), 양 씨(陽氏)의 네 금문학이 있
다. 이로써 한무제의 시대에 『역』은 드러난 학문임을 알 수 있다. 『역』은
변통(變通)에 뛰어나 태사공은 "고금의 변통에 통달하였으니" 『역』학의
도움을 받은 것이 얕지 않다.

3) 황자에게 도론을 배우다

황자(黃子)는 또한 황생(黃生)이라고도 한다. "자(子)"와 "생(生)"은 모두 존칭이며, 사관이 그 이름을 전하지 못하였다. 황자는 경제 때의 박사로 사마담의 선배이다. 사마담이 도론을 배운 것은 건원 연간이다. 이때 황자는 이미 고령자였다.

문제와 경제 때는 황로지학을 숭상하였으며, 황자는 도학에 매우 권위가 있는 높은 지위를 차지하였다. 『시』학박사 원고생(轅固生)은 경제의 면전에서 황자를 향하여 탕·무(湯·武)의 혁명을 힐문하는 변론을 펼쳤다. 원고생은 말하였다. "탕왕과 무왕이 걸(桀)과 주(紂)를 죽이고 천자가 된 것은 민심을 얻은 정의로운 행위이다." 황자는 말하였다. "모자는 해져도 반드시 머리에 쓰고, 신발은 새것이라 해도 반드시 발에 신습니다. 걸과 주가 아무리 도를 잃었다 하지만 그래도 왕이고, 탕임금과 무왕이 아무리 성인이라 해도 여전히 신하입니다. 임금에게 잘못된 행위가 있다면 신하가 바른말로 잘못을 바로잡아 천자를 높일 수 있는데, 대신 즉위하여 남면하였으니 탕·무의 찬탈과 시역(弑逆)의 행위는 대역무도한 것입니다." 원고생은 경제를 도발하는 태도를 취하며 말하였다. "그대의 견해대로라면 한고제가 진나라를 대신한 것이 잘못이란 말입니까?" 한경제는 두 사람의 논쟁을 제지하여 말하였다. "고기를 먹음에 말의 간을 먹지 않아도 맛을 알지 못한다고는 하지 못하며, 학문을 토론하면서 탕과 무를 회피한다고 해서 어리석다고는 하지 못하오." 이 이후로 탕·무의 역성혁명은 금기의 영역이 되어 다시는 감히 담론하는 사람이 없게 되었다.[3]

원고생과 황자의 변론은 경제 때 유가와 도가(儒道)의 투쟁이었다. 경

---

3 원고생(轅固生)과 황자(黃子)의 변론은 『사기』 권121 「유림열전」에 상세히 실려 있다.

제의 모친 두태후는 황로를 숭상하여 구실을 찾아 원고생에게 반격을 가하였다. 두태후는 원고생에게 『노자』는 어떤 책이냐고 물었다. 말을 꺼낸 의도는 유가의 책과 비교하여 어느 것이 더 높은가 하는 것이었다. 원고생은 말하였다. "『노자』는 노복들이나 읽기에 적합합니다." 두태후는 대로하여 말하였다. "유가의 책은 죄수들이나 읽기에 적합하다." 아울러 원고생에게 멧돼지 우리로 들어가 멧돼지와 겨루도록 명을 내렸다. 한경제는 황급히 원고생에게 날카로운 칼을 한 자루 내렸고 원고생이 멧돼지를 찔러 죽이고 나서야 생명을 보존하게 되었지만 결국 면직되고 말았다.

한무제가 즉위하자 현량을 천거하고 백가를 퇴출시켰다. 그는 유생을 중용하여 조관(趙綰)을 어사대부로, 왕장(王藏)을 낭중령(郎中令)으로 기용하였다. 이 두 사람은 모두 노나라 사람으로 『시』학의 대사인 신공(申公)의 학생이었다. 조관과 왕장은 권력을 장악하고 명당(明堂)을 설립하였으며 사자를 보내어 신공을 서울로 불러왔다. 조관과 왕장은 또한 한무제에게 상소하여 두 태황태후(太皇太后)에게 정권을 무제에게 돌려줄 것을 청하게 하였다. 두 태황태후는 조관과 왕장 두 사람이 경제의 장례에 힘을 다하지 않았다는 구실로 두 사람을 하옥시켰다. 조관과 왕장 두 사람은 이에 스스로 목숨을 끊었다. 두 태황태후는 또 유학을 창도한 승상 두영(竇嬰)과 태위 전분(田紛)을 파직시켰다. 두영은 두 태황태후의 조카이며, 전분은 무제의 장인으로 두 사람은 나라의 외척이었지만 요행히 파직을 면할 수 없었다. 유가와 도가의 투쟁이 얼마나 격렬하였는가를 여실히 보여주고 있다.

경제 및 무제 초기에 걸친 이 두 차례 유가와 도가의 투쟁은 모두 유가의 실패로 막을 내렸다. 당시 황제가 유가 편을 들었음에도 무엇 때문에 실패를 당하였을까? 이는 한나라 초기에 황로의 정치가 사회에 번영과 인정을 가져다주었기 때문이다. 한문제는 황로를 독실히 믿었으며 게다가 현군이었다. 두태후는 한문제의 황후이며 문제 노선의 수호자로 조정에 임하였다. 당시 많은 조신이 모두 도학을 지켰으므로 황로지학은 여전히 우세한 처지를 점하고 있었다. 그러나 경제 때부터 이미 유가를 높이기 시작하였고 특히 한무제가 16세로 즉위하자마자 현량을 천거하고 백가를 퇴출시켜 유술을 단독으로 높였다. 아울러 이를 계기로 두태후에게서 권력을 빼앗으려는 투쟁을 발동하였으니 대신들 중에는 반드시 심각한 인상을 남겼을 것이다.

사마담은 무제 초기에 유가와 도가의 투쟁을 직접 겪었으며 유학의 장래를 보았으므로 사마천에게 동중서와 공안국이라는 두 금고문 유학의 대사에게 배우게 하였으며, 자기는 여전히 도론을 배우는 것을 견지하였다. 황자는 도학이 내리막길을 걷고 자신도 늘그막에 처하였을 때 사마담이라는 세상에 드문 재주가 특이한 제자를 얻었으니 두 사람은 물고기가 물을 만난 것과 같았을 것임을 상상해 볼 수 있다. 한 사람은 마음을 다하여 가르쳤고 한 사람은 마음을 다하여 배웠다. 사마담의 도학 수양은 청출어람으로 서한의 첫손꼽는 도학가였다. 「논육가요지(論六家要指)」에서 그는 걸출하고 심오한 사상을 표현하였다.

출사하기 전에 사마담은 고향에서 독학하면서 가학을 사숙할 수밖에 없었는데, 이미 상당히 넓고 깊은 지식을 갖추었으며 현량에 천거되어 벼슬을 얻을 수 있었다. 사마담은 출사 이후 학문에 부지런하여 아랫사람에게 묻는 것을 부끄럽게 여기지 않았으며, 도학이 악화일로에 있다고 하여 영락하도록 내버려두지 않았으며 이와는 반대로 더욱 심혈을 기울여 그 정밀한 뜻을 구하였다. 사마담은 사관의 끊긴 학문을 다시 떨치기 위해 필생의 정력을 바쳤을 뿐만 아니라 초인적인 굳센 의지까지 바쳤다. 사마담의 학문을 하는 정신은 실로 배울 만한 가치가 있다.

2. 다시 천관학을 떨치다

『사기』의 「천관서(天官書)」와 「역서(曆書)」는 사마담과 사마천 부자가 서로 이어받아 총결하고 발전시킨 고대의 천문학이다. 「태사공자서」에는 사마담이 임종할 때의 유언이 기록되어 있다. "우리 선조는 주나라 왕실의 태사였다. 상세로부터 일찍이 우하 때 공명을 드러냈으며 천문을 관장하는 일을 담당하였다.(余先周室之太史也. 自上世嘗顯功名於虞夏, 典天官事)" 사마담은 태사령이 되어 "천관을 관장하였고", "당도(唐都)에게 천관을 배워" 다시 천관학을 떨쳤으니 「천관서」를 지은 성과는 사마담에게 돌아가야 할 것이므로 여기에서 천관학에 대해서만 집중적으로 이야기하겠다. 역법학에 관해서는 이 책 제5장의 사마천이 태초력을 제정한 것에 관한 절에서 다시 토론하겠다.

1) 「천관서」, 천문학을 총결한 걸출한 성취

「천관서」의 천상(天象) 기록은 매우 풍부하여 항성과 행성 및 태양계의 기타 천체 유성과 혜성 등의 기록뿐만 아니라 이러한 천체의 변화인 일식과 월식 및 형태에 대한 묘사까지 망라하고 있다. 천체 이외에 극광(極光), 황도광(黃道光), 바람, 구름, 우레, 번개 등 지구의 물리적인 현상에 대한 관측도 있다. 천문학적인 관점에서 보면 『사기』「천관서」는 "중국 최초의 천문학 백과전서에 걸맞은 세계에서 드문 천문학사 문헌이다."[4] 사마담과 사마천은 의심의 의지 없이 중국 고대의 가장 걸출한 천문학자이다.

---

4 두성원(杜升云)의 「사마천의 천문학 성취 및 사상(史馬遷의天文學成就及思想)」, 『사마천과 사기(司馬遷和史記)』 논문집에 수록되어 있다. 북경출판사 1957년판.

「천관서」는 천문학의 결출한 성취를 총결하였는데, 주로 다음의 여섯 방면에 해당된다.

(1) 대일통 구조의 558개 항성을 기록하였다. 「천관서」는 북반구의 위도에서 볼 수 있는 별자리를 오궁(五宮)으로 나누고, 중국 특유의 별자리를 확정하고 항성과 함께 명명한 완정한 체계를 나누었는데, 오궁 성관(星官) 체계라 할 만하다.

중궁(中宮). 북극성을 중심으로 북두칠성의 극 둘레 영역을 포괄하여 중궁으로 구획하였다. 78개의 별이 있으며 천제가 거주하는 높다란 궁궐을 조성한다. "중궁의 천극성(天極星)에서 밝은 별 하나는 태일(太一)이 상주하는 곳이다." 천극은 바로 지구 자전축의 연장선과 사람들의 시각에서 천구의 표면에 서로 교차하는 두 점이다. 북천구에서는 북대극(北大極)이라 하고, 남반구에서는 남대극(南大極)이라고 한다. 북천극이나 북천극에 바짝 붙어 있는 별은 곧 천극성(天極星)이며 또한 북극성이다. 북천극의 위치는 고정되지 않았으며, 어떤 것의 장주기(長周期)는 15,800년의 진동이 있다. 오늘날의 북극성은 작은곰자리 α인데 「천관서」에서는 정비(正妃)의 별이라고 부른다. 사마천 때는 북극성이 작은곰이었다. 이 두 별은 모두 2등성으로 천극에서 밝은 별이다.

뭇별은 북신을 중심으로 돌아서 별자리 중에서 매우 사람의 눈길을 끌어 지상의 세습 중앙집권제 국가의 형성에 수반하여 사람들은 천상의 북극성을 "태일"이라 하였다. 태일은 "태을(太乙)", "태일(泰一)"이라고도 하며 곧 첫째가는 큰 별로 천제로 높여졌으며 천신 가운데 가장 존귀한 지고의 신이다. 태일제성의 뒤로 정하는 것은 필연적 논리이며, "곁의 세 별은 삼공(三公)인데 혹자는 아들들이라고도 한다. 뒤의 네 별 중 끝의 큰 별은 정비(正妃)이며 나머지 세 별은 후궁의 무리이다. 두르고 호위하는 열두 별은 번신(藩臣)으로 모두 자궁(紫宮)이라 한다." 황제의 복색은 자홍(紫紅)인데, 태일제성과 정비대성(正妃大星)은 모두 대략 홍색으로 빛나 점성가가 견강부회하는 생각과 더욱 부합하였기 때문에 자궁(紫宮)으로 명명하였다. 태일성은 또 자미성(紫微星)이라고도 하였다. 이렇게 중궁 성관은 천제와 후기(后紀), 삼공(三公), 번신(藩臣), 숙위(宿衛)가 있어 지상의 진한 대일통 시기의 관의(官儀) 체제와 매우 흡사하다. 중궁은 곧 천상의 궁정 대내(大內)이다.

동궁(東宮). 동방의 각(角), 항(亢), 저(氐), 방(房), 심(心), 미(尾), 기(箕) 등 7수(宿)로 창룡(蒼龍)을 구성하는 상이 동궁이며 94개의 별이 있다. 동궁은 천제가 정치를 펼치는 곳이다. 심은 명당(明堂)이고, 방은 천구(天驅), 각은 제정(帝廷), 항은 소묘(疏廟), 저는 천근(天根), 미는 구자(九子), 기는 오객(敖客)이다.

남궁(南宮). 남방의 정(井), 귀(鬼), 유(柳), 성(星), 장(張), 익(翼), 진(軫) 등 7수로, 주작(朱雀)을 구성하는 상이 남궁이며 135개의 별이 있다. 남궁은 천제의 별궁이며 후비가 거주하는 곳이다. 인간 세상에서 황후는 봉황(鳳凰)이라 일컫는데, 주작은 홍색의 봉황으로 곧 교묘한 것을 비유한다. 헌원성(軒轅星)은 바로 제후(帝后)이다. 남궁에는 또한 장상(將相)과 번신(藩臣), 제후(諸侯)와 사대부(士大夫)가 있다. 남궁은 황도(黃道)의 좌우에 위치하며 일월(日月)과 오성(五星)이 출몰하는 곳이므로 또한 "삼광지정(三光之廷)"이라고도 한다.

서궁(西宮). 서방의 규(奎), 루(婁), 위(胃), 묘(昴), 필(畢), 자(觜), 삼(參) 등 7수로, 백호(白虎)를 구성하는 상이 서궁이며 117개의 별이 있다. 서궁은 천제의 차고(車庫)와 식량 창고 및 목축장이다.

북궁(北宮). 북방의 두(斗), 우(牛), 여(女), 허(虛), 위(危), 실(室), 벽(壁) 등 7수로, 현무(玄武)를 구성하는 상이 북궁이며 134개의 별이 있다. 북궁은 천제의 손녀인 직녀가 거주하는 곳이다. 북궁 위수(危宿)는 옥상의 형상이고, 영실(營室)은 청묘(淸廟)이고 견우(牽牛)는 희생이다. 왕량(王良)의 다섯 별은 어마성관(御馬星官)이며 곁에 천마(天馬)가 있다. 영실 남쪽의 뭇별은 우림군(羽林軍)이다.

오궁(五宮)의 성관(星官) 체계는 하나의 대일통 세계다. 질서가 정연하고 등급이 삼엄한데 이는 진한 사람들의 일통정치를 우주관에 반영한 것이다. "천인감응"의 학문은 여기에서 말미암아 건립되었다. 과학에서 이 통일된 성관 체계는 전국시기 점성가의 체계를 달리하는 대립을 끝내고 항성의 위치를 확정하고 전인의 항성에 대한 인식의 성과를 보존하였으며, 또한 후대의 천문가들이 관측하는 데 격식과 근거를 제공하였다. 송나라 때 항성의 수는 이미 1,440개까지 늘어났으나 격식의 기록은 여전히 「천관서」를 종주로 삼아 명·청에까지 이어졌다.

(2) 월식 현상의 주기 규율을 인식하였다. 「천관서」에서는 말하였다. "해와 달이 얇게 가리거나 먹히는 것같이 남북으로 운행하는 것에는 때가 있는데, 이는 일반적인 이치이다." 또 말하였다. "월식은 일상적이다.", "무릇 13개월이면 다시 시작된다." 이는 중국 역사에 기록된 첫 번째 월식 주기의 통계 수치이다.

(3) 오대 행성이 운동하는 중의 역행과 머무는 규율을 인식하였다. 하늘의 행성이 서쪽에서 동쪽으로 운행하는 것을 "순행"이라 하고, 반대로 하는 것을 "역행"이라고 한다. 태양계의 모든 행성은 모두 서쪽에서 동쪽으로 해를 돌며 운행하는데, 본래 순행과 역행이 없다. 지구가 태양계의 중심이 아니기 때문에 각 행성이 해를 돌며 운동하는 빠르기는 같지 않다. 이로 인하여 지구에서 행성이 운동하는 것을 보면 순역(順逆)이 있게 된다. 내행성은 버들잎의 형태를 나타내며 외행성은 S자형의 주기 운동을 나타낸다. 사마천 이전의 감공(甘公)과 석신(石申)의 오성점(五星占)은 다만 화성과 금성의 역행만 정상으로 보았다. 「천관서」에 기록된 오

성의 역행은 모두 정상이라고 보았는데, 이는 감공과 석신의 성경(星經)의 관측보다 한 걸음 더 나아갔다는 것을 설명한다.

(4) 항성의 색깔과 밝기, 밝기의 변화를 기록하였다. 「천관서」에서는 말하였다. "태백(太白: 금성)은 희면 천랑성(天狼星)과 비슷하고, 붉으면 심수(心宿의 主星)와 비슷하다. 황색이면 삼수(參宿)의 왼쪽 (네 번째) 별과 비슷하며, 청색이면 삼수의 오른쪽 (다섯째) 별과 비슷하고, 흑색이면 규수(奎宿)의 큰 별과 비슷하다." 이는 천랑성과 심수는 주성이며, 삼수의 넷째 별과 다섯째 별, 규수의 큰 별은 백(白), 홍(紅), 황(黃), 남(藍), 흑(黑)의 다섯가지 색으로 빛나는 별의 표준이 된다는 말이다. 현대의 천문학 관측에 의하면 삼수의 넷째 별을 빼고는 모두 부합한다. 삼수의 넷째 별은 현재는 홍색을 나타내며 황색이 아닌데 이는 항성이 변화하여 조성된 현상이다. 이 별은 1천여 년 전에는 본체에서 대량의 기체 표피층을 발산하여 팽창속도가 매 초당 $11{\sim}17km$로 기체층은 현재 팽창하여 이 별 반경의 6백 배까지 되었다. 별의 대기의 고속 팽창은 거성의 표면 온도가 내려가도록 하고 따라서 항성의 색깔을 붉게 변하게 한다. 이 외에 「천관서」에서는 항성의 밝기에도 주의를 기울여 별을 대성(大星)과 명성(明星), 일반성(一般星), 약견성(若見星), 약불견성(若不見星) 등으로 나누어 원시 형태의 별의 등급 개념을 남겨놓았다.

(5) 재변(災變) 항성에 대하여 기록하였다. 정변항성(定變恒星)은 폭발형 변성(變星)을 가리킨다. 며칠 내에 밝기가 몇천 배에서 몇만 배까지 증가하는 것을 신성(新星)이라고 하며, 며칠 내에 밝기가 갑자기 몇천만 배에서 2억 배까지 증가하는 것을 초신성이라고 한다. 「천관서」에 실린 객성(客星)은 어떤 것은 현대 천문학에서 여전히 탐색하고 있는 미확인비행물체이고, 어떤 것은 바로 신성이거나 초신성이다. 「천관서」에서는 말하였다. "국황황(國皇皇)은 크고 붉으며 모양이 남극(南極)을 닮았다." 곧

국황황성이 돌연 하늘에 출현하였는데, 붉게 빛나는 것이 남극노인성(南極老人星)과 같다는 것이다. 이는 아마 곧 변성이 폭발한 것일 것이다. 「천관서」는 재변 객성의 기록에 대하여 후세 천문학자의 특수한 천상에 대해 주의하도록 이끌었다. 중국 역사상 몇 차례 초신성이 폭발한 기록이 있는데, 전 세계 천체물리학자의 주의를 끌었다.

(6) 이상 천상에 대한 묘사는 고대 천상 연구에 의의가 중대한 참고자료를 제공하였다. 혜성은 변화가 많고 자주 보이며 사람의 눈길을 끈 천상이다. 옛사람들은 혜성의 본질을 이해하지 못하였으며 그 신비하고 형태가 다른 데 대하여 분별하고 명명하여 다른 명칭을 많이 낳았는데, 천부(天棓), 천참(天欃), 천창(天槍) 등과 같은 것이다. 「천관서」에서는 이런 상이한 이름의 다른 천상을 혜성의 단락에 나란히 수록하여 그들이 유사한 혜성임을 지적하였다. 소명성(昭明星)과 치우기(蚩尤旗) 및 장경성(長庚星)에 대한 묘사 또한 혜성과 유사하다. 또한 극광(極光), 황도광(黃道光), 유성(流星), 화류성(火流星), 운성(隕星) 등 지구의 대기층에서 발생한 천상도 「천관서」에서는 모두 구체적으로 묘사하여 이런 천상의 연구에 믿을 만한 자료를 제공하였다. 「천관서」의 격택성(格澤星)에 대한 천상의 묘사는 연구에 의하면 바로 천문학상의 황도광 현상으로 이는 서방 천문학자의 기술에 비하여 10여 세기 이르다.

2) 「천관서」 탄생의 역사적 기초

첫째는 고대 천문학의 발달이다. 프리드리히 엥겔스는 말하였다. "자연과학의 각 부문은 순차적으로 발달하였는데, 첫 번째가 천문학으로, 유목민족과 농경민족이 계절을 정하기 위하여 이미 절대적으로 필요했기 때문이다."[5] 「천관서」에서는 말하였다. "태사공은 말한다. 처음 인류가 탄생한 이래 세상의 임금이 어찌 일찍이 일월성신을 관찰하지 않았겠는가? 우러러 하늘의 현상을 관찰하고 숙여서는 땅의 법칙을 귀납하였다." 「오제본기」에서는 황제와 요, 순 등 원고시대를 기록하였는데, 천상의 관측이 바로 가장 중요한 국가의 대정(大政)이었다. 「천관서」에는 역사상 이름난 천관학자를 쭉 열거하였다.

사마천은 말하였다. "옛날 천수(天數)를 전한 자는 고신(高辛)의 앞으로는 중(重)과 여(黎)이고, 당(唐: 堯)과 우(虞: 舜) 때는 희(羲)와 화(和)이며, 하(夏)나라 때는 곤오(昆吾), 은상(殷商) 때는 무함(巫咸), 주나라 때는 사일(史佚)과 장홍(萇弘), 송(宋)나라에는 자위(子韋), 정(鄭)나라에는 비조(裨竈), 제나라에서는 감공(甘公), 초나라에서는 당매(唐昧), 조(趙)나라에서는 윤고(尹皐), 위(魏)나라에는 석신(石申)이 있었다." 문헌 기록이 『시』와 『서』, 『역』 등의 저작에 남아 있으며, 삼대 시기 사람들이 인식한 항성을 반영하고 있는데, 50여 개가 있다. 춘추전국 시기의 문헌으로는 『춘추』와 『좌전』, 『국어』, 『예기』, 『월령(月令)』, 『이아(爾雅)』, 『주례』. 『초사(楚辭)』, 『하소정(夏小正)』, 『고공기(考工記)』 등에 기록된 항성은 중복된 것을 제외하면 새로 추가된 별의 수는 140여 개이다.[6]

전국시대에서 남긴 천문 저작으로는 감덕(甘德)의 『천문성점(天文星占)』 8권과 석신(石申)의 『천문(天文)』 8권이 있는데, 사마천 당시에는 여전히 완정본을 볼 수 있었다. 당대의 『개원산경(開元山經)』과 『석씨성경(石氏星經)』에는 7백여 개의 항성이 있으며,[7] 그 가운데 121개의 별에는 측량한 정위(定位)가 있다. 고고학 발굴에 의하면 창사(長沙) 마왕퇴(馬王堆)의 출토품 가운데 한대의 천문학인 『오성점(五星占)』이 있다. 이외에도 각종 문서

---

5 엥겔스의 『자연변증법』, 『마르크스 엥겔스 선집』 제3권 제523쪽에서 인용.

6 우치창(吳其昌)의 「한 이전의 항성 발견 차례 고(漢以前恒星发现次第考)」, 『진리잡지(真理杂志)』 제1권 3기, 1944년판에 수록.

7 『석씨성경(石氏星經)』에 항성은 「천관서」보다 많은데 후인의 가감이 있었을 것이다.

에 천상 자료를 수록하고 있다. 구스(顧實)는 말하였다. "「천관서」의 말은 지극히 예스럽고 심오하여 절로 일종의 문자를 이루며, 이는 반드시 감 덕과 석신이 전한 데서 나온 것으로 사마자장이 지어낼 수 있는 것이 아니다."[8] 이 주장은 지극히 옳으며 춘추전국에서 진한 사이의 천문학적 발전이 없었다면 사마담과 사마천 부자가 무의 상태에서 「천관서」를 써낼 수 없었을 것이다.

둘째, 행사를 검증하여 사마 씨 부자가 과학적 정신을 갖추게 하였다. 사실을 존중하고 자연과 사회 활동의 객관적 현상을 인정하는 것은 과학자와 역사학자가 성취를 터득하는 발판이다. 이런 점에서 「천관서」에는 생동적인 기록이 있다. 사마천은 관측의 중요성을 매우 강조하고 아울러 직접 백년 이래의 "일"을 고찰하여 "다섯 별이 떠올라 방향을 바꾸어 서쪽으로 역행하지 않는 별이 없었으며, 방향을 바꿔 역행하면 때로는 크게 빛나다가 색이 변하기도 하였으며, 해와 달이 엷게 가리거나 먹혀 남북으로 운행하는 데 시기가 있었다."는 것을 도출하게 되었다. 이런 자연계의 객관적인 규율을 인정하는 과학 결론은 상당히 진보된 사상이다. 또한 사마천은 천인감응을 기록하여 인사를 중히 할 것을 강조하였는데, "하늘을 두려워함(畏天)"을 표방하는 것이 아니었다. 끝부분의 "해에 이변이 있으면 덕을 닦는(日變修德)" 단락에서 명확히 "임금이 강대하고 덕이 있으면 번성하게 되고, 약소하고 꾸미며 속이면 망한다. 가장 좋은 것은 덕을 닦는 것이고 다음은 정치를 닦는 것, 그다음은 보완하는 것, 마지막은 귀신에게 비는 것이고 가장 나쁜 것은 무시하는 것이다." 라고 하였다. 통치자는 "하늘이 변하기" 전에 덕을 닦고 정치를 닦는 것의 중요한 작용을 강조하였으며 인심의 향배를 중시하였는데, 이는 더

---

8 구스(顧実)의 『다시 고금위서고를 고찰함(重考古今僞書考)』.

욱 대단한 선진적 사상이다.

셋째, 「천관서」는 사마담과 사마천 부자가 심혈을 기울여 탄생한 결정체이다. 「천관서」에는 "태사공은 말한다"라는 1,211자에 달하는 찬이 있는데, 세 단락으로 나눌 수 있다. 첫째 단락은 "태사공왈(太史公曰)"에서 "연후천인지제속비(然後天人之際續備)"까지로, 사마천이 부친인 담이 한 말을 옮겨 쓴 것이다. 이어서 "태사공추고천변(太史公推古天變)" 이하는 사마천이 이어서 논하고 발휘한 것이다. 이 부분은 또 두 단락으로 나눌 수 있는데, 곧 둘째 단락과 셋째 단락이다. "태사공추고천변(太史公推古天變)"에서 "개이위점(皆以爲占)"까지가 둘째 단락인데, 첫째 단락의 의론과 중복되지만 더욱 상세하여 의미심장하게 사마천이 부친이 논한 것에 대하여 상세히 해석하고 보충, 발휘한 것이다. "여관사기(余觀史記)" 이하가 셋째 단락이다. 사마천의 총결로, 직접 자신의 관점을 나타내고 있다. "내가 역사 기록을 읽으며 지난 일을 고찰하였는데, 백년 동안(余觀史記, 考行事, 百年之中)"은 사마천의 전형적인 용어이다. 또한 「천관서」에서는 한나라가 흥한 이래 천인감응의 변화를 서술하였는데, 태초(太初) 연간의 "군사가 대원을 정벌한(兵征大宛)"데 이르러 끝이 나며 공교롭게 백년 내에 있다.

사마담은 원봉(元封) 원년에 죽었는데 한나라가 건립된 때로부터 백년이 되지 않았으니 당연히 태초의 일을 언급하지 않을 수 없다. 확실히 「천관서」는 사마천의 손에서 이루어졌다. 그러나 가학인 천관을 다시 떨친 사람은 사마담이다. 논찬의 구성에 또한 사마담이 역사를 지은 흔적을 남겨놓았기 때문에 「천관서」는 부자 2대에 걸쳐 장기간 누적된 작업이자 공동의 결정체이며 이로 인하여 찬란한 성과를 얻었다.

다시 「천관서」의 찬으로 한 걸음 더 나아가 세심히 살펴보면 사마담과 사마천 부자 2대의 사상적 차이를 발견할 수 있다. 연구 방법 면에서 사마천은 사마담보다 훨씬 현실적이다. "나라를 다스리는 사람은 반드시 3과 5(의 변화)를 귀하게 여긴다(爲國者必貴三五)"는 사마담의 말이다. 3과 5는 긴 주기의 천운의 변화를 이야기한 것으로, 30년은 작은 변화이고 5백년은 큰 변화이다. 이런 천운의 주기는 비교적 까마득하다. "천문역법을 연구하는 사람은 반드시 3과 5에 통달하여야 한다(爲天數者必通三五)"는 것은 사마천의 관점이다. 그는 3광(光)과 5기(氣)의 이 여덟 가지 천상의 변화는 늘 발생하는 것으로 관찰과 연구에 더욱 주의를 기울여야 한다고 생각했다.

사마담은 "하늘과 사람의 관계가 이어서 갖추어진다(天人之際續備)"고 하여 곧 두 사람이 천관을 연구하는 사상 경향의 차이를 표현하였다. 사마담은 하늘과 사람이 서로 참여하는 것을 더욱 중시하였고 사마천은 천문과학 자체의 규율을 탐색하는 것을 더욱 중시하였다. 사마천은 부친인 사마담의 유물주의 사상보다 좀 더 앞섰고, 역사관 또한 좀 더 진일보하였다. 그러나 사마담은 당도에게서 천관을 배워 영원히 끊이지 않는 가학을 부흥시켰고, 핵심을 들어 「천관서」를 지어 천문학을 총결하였다. 이로 인하여 사마 씨의 천관학을 연구하는 데 사마담을 첫손으로 꼽지 않을 수가 없다. 이는 곧 본 절의 내용이 사마담을 다룬 장과 연관된 이유이기도 하다.

3. 육가의 요지를 논하다

「육가의 요지를 논함(論六家要指)」(이하 「논육가요지」)은 걸출한 역사철학 논문으로 한나라 초기 황로의 철학이 통치 지위를 점한 상황을 반영하였다. 사마담은 "도가"의 학설로 사상을 통일하였으며 무위의 정치가 오래도록 안정되게 가르치는 왕도라고 생각하였다.

1) 「논육가요지」가 쓰인 시간과 배경

진한 정치의 대일통은 문화 사상이 그에 적응할 것을 요구하였다. 따라서 백가의 학설을 종합하여 통일된 신사상 체계라는 시대가 제기한 요구를 수립하였다. 진시황의 승상 여불위(呂不韋)가 문객들이 찬술한 것을 모은 『여씨춘추(呂氏春秋)』는 바로 이런 작업의 일환이다. 동중서는 『공양춘추(公羊春秋)』를 연구하여 홀로 유술만 높일 것을 제창하여 한무제의 지지를 얻었는데, 그 원인 또한 여기에 있다.

사마담이 「논육가요지」를 지은 동기 및 시기는 이 배경을 명확히 보여주는데, 그 정미하고 큰 뜻을 이해하는 관건이다. 정허성(鄭鶴聲)의 『사마천연보』에는 원삭 5년에 실려 있다. 이유는 "『한서』 「무제기(武帝紀)」에 의하면 원삭 5년 승상 공손홍이 박사제자원(博士弟子員)을 세울 것을 청하였으므로 이 논을 발한 것 아니겠는가?" 하는 것이다. 사마담이 지은 동기에 대하여 정허성은 "이른바 학자들이 그 뜻에 통달하지 못하고 어긋난 것을 배우는 것을 민망하게 여기고 유가를 좋아하고 도가를 경시한다고 말하므로 분별을 더욱 절실히 하였다."고 하였다. 정 씨는 학술의 지취에서 논점을 세워 사마담의 저작 동기를 드러내 보였다. 「논육가요지」의 정수(精髓)를 깊이 파악하여 원삭 5년에 엮어 공손홍을 지탄하였지만 내세운 이론이 제대로 갖추어지지 않았다. 고대에는 공개적인 논단 지면이라든가 간행물, 학술적 논쟁을 펼칠 수도 없었으며, 유술의 체계만 단독으로 높인 이후에는 결코 백가쟁명을 용납하지 않았다.

춘추전국 시기는 군웅이 할거하고 열국이 어지러이 다투어 각국에서는 인재를 끌어들였으며 이 때문에 백가쟁명의 국면이 발생하였다. 각파의 학설은 절로 문호를 세워 재주를 전하고 문도를 가르쳤다. 진나라가 통일을 이루고부터는 정치는 일체 더 이상 쟁명하는 배경이 없어졌다. 문제와 경제(文·景) 때까지만 해도 박사들이 백가를 아울러 존속시켜 그래도 얼마간 백가쟁명의 유풍(流風)이 남아 있었다. 이때 비교적 큰 사상투쟁이 있었다 하더라도 어디까지나 묘당(廟堂, 朝廷)에서 전개된 것이며 농후한 정치 투쟁의 색채를 띠었다. 경제 때는 원고생과 황자가 탕·무혁명을 변론하였고, 무제 건원(建元) 원년에는 왕장(王臧)과 조관(趙綰)이 노나라의 신공(申公)이 명당을 세우려고 하는 등의 논의를 징계하였다. 이는 표면적으로는 사상 투쟁이었지만 실질적으로는 정치 투쟁이었다. 또한 문제 때 가의(賈誼)는 「과진론(過秦論)」과 「치안책(治安策)」을, 가산(賈山)은 「지언(至言)」을 지었으며, 무제 건원 원년 동중서는 「천인삼책(天人三策)」 등의 책문을 지었다. 이는 모두 조정에 상주한 것으로 현실 정치를 겨냥하여 발표한 강렬한 정론이었다. 사마담의 「논육가요지」가 공손홍이 오경박사의 제자를 세우도록 하는 청을 겨냥하였다면 반드시 조정에 상주하여 정치 투쟁을 형성하였을 것이다. 실로 이러하다면 사마담이 과연 태사령이 될 수 있었겠는가? 결코 불가능하였을 것이다. 또한 「태사공자서」에서도 이렇게 기록하지 않았을 것이다.

　지춘(吉春)의 『사마천연보신편(司馬遷年譜新編)』에는 이 글을 건원 원년에 엮었는데,[9] 사마담이 "두태후가 첫 번째 존유파(尊儒派)와의 전쟁에서 이긴 것을 알고 난 다음에 즉시 「논육가요지」를 썼으며 핵심은 완전히 도가를 긍정하고", "두태후의 사상과 박자를 맞춘 것"이라 하였다. 그렇지 않았다면 사마담은 "건원 때에 입사(入仕)할 수 없었을 것이다." 이 말에 비추어보면 사마담이 「논육가요지」를 쓴 것이 어찌 대세를 따라 출사하여 문을 두드린 것이 아니겠는가? 실로 이와 같다면 그 또한 그 당시에

9　지춘(吉春) 『사마천연보신편(司馬遷年譜新編)』, 삼진출판사(三秦出版社) 1989년판.

만 뜻을 얻을 수 있었을 뿐 두태후 사후 한무제가 어찌 그를 용납하였겠는가? 지춘이 『연보』에서 주장한 견해는 여전히 상고해 볼 만하다.

「태사공자서」에는 사마담이 「논육가요지」를 쓴 동기를 밝혀놓았는데, "학자들이 그 뜻에 이르지 못하고 사도가 미혹된 것을 근심해서(愍學者之不達其意而師悖)"였다. 모두들 유가를 높이는 풍조에서 사마담은 그의 도가를 높이는 입장을 견지한 것이다. 우리는 「논육가요지」가 원수(元狩) 원년(B.C. 122)에 지어졌을 것이라고 생각하며, 실질적인 창작 동기는 역사 편찬을 서술하는 이론적 기초에 있으며 조정에 상주하는 정론이 아니다. 사마담이 핵심적 내용을 든 역사 편술 계획은 위로 도당(陶唐)에서 시작하여 아래로 획린(獲麟)까지 미치는 것이었다. 획린은 곧 원수 원년이다. 이는 사마담이 역사의 서술에 착수한 것이 원수 초년이라는 것을 단적으로 설명하고 있다. 그의 「논육가요지」는 바로 역사 편술의 종지와 선언으로 역사 편술을 시작하였을 때 지었을 것이다. 당시 한무제의 "백가를 축출하고 단독으로 유술을 높이는" 사상 체제는 이미 확립되었다. 유생 공손홍은 포의로 승상이 되어 평진후(平津侯)에 봉해져 사회에서 매우 큰 충격파를 일으켜 마침내 "스르르 바람을 향하게 하였다." 유가를 높이고 유가를 숭상하는 것은 위에서 아래까지 일변도를 형성하였다.

한무제는 밖으로는 사이(四夷)를 정벌하고 안으로는 공을 일으켜 문제와 경제 시대의 무위정치는 한무제의 다욕정치(多慾政治)로 대체되었다. 전국의 평온한 생활은 타개되었으며 강과 바다가 뒤집히듯 끓어올랐다. 사마담은 "사물이 번성하면 시들게 되는 것은 실로 그것이 변하기 때문임"을 예감하고 폐단을 바로잡고 또한 때맞춰 경고하기 위하여 「논육가요지」를 지었다. 그러나 폐단도 그대로였고 경고도 그대로여서 모두 다만 학술상의 자아 연마로 조정에 상주하지도 않았고 정치투쟁은 접어두었다.

이 인식에 비추어 보면 바로 유가를 높이는 분위기가 형성된 것이며, 이것이야말로 도가의 입장을 바탕으로 한 사마담이 「논육가요지」를 쓰도록 촉진했다. 원수(元狩) 원년은 정허성(鄭鶴聲)이 인정한 원삭(元朔) 5년보다 뒤로 2년이 밀리지만 형세는 같지 않다. 원삭 6년에는 공손홍이 승상을 맡아 유가를 높이는 기풍이 양적 변화에서 질적 변화가 발생하여 "스르르 바람을 향하게 되었다." 더욱 중요한 것은 사마담이 역사의 서술에 착수하면서 학술을 총결하고 사상을 깨끗하게 정리한 것인데 이 동기는 「논육가요지」를 결정지었다. 강렬한 현실적 내용이 있기는 하였지만 정론(政論)은 아니었으며 한 편의 사마 씨 "일가의 말"을 천명하고 구축한 역사철학 논문이다.

2) 「논육가요지」의 내용

「논육가요지」는 백가의 학설을 음양(陰陽), 유(儒), 묵(墨), 명(名), 법(法), 도(道)의 6가(家)로 개괄하였다. 사마담의 평론은 전면적으로 도가를 인정하여, 사람의 정신을 전일하게 하고 때와 함께 변천하고 사물에 따라 변화하며 자연을 따르고 시속에 따라 일을 처리하며 마땅하지 않음이 없다고 하였다. 도가는 "무위(無爲)"를 말하면서도 "무불위(無不爲)"를 말하여 각 가의 장점을 흡수하여 "무(無)"를 근본으로 하고 "인순(因循: 순응)"을 쓰임으로 하여 "그 뜻이 간략하고 행하기가 쉬워 일은 적고 공은 많다.(指約而易操, 事少而功多)" 나머지 5가는 각기 장단점이 있다. 음양가는 길흉과 상서로운 조짐을 말하지만 "꼭 그런 것은 아니고", 다만 춘하추동 사철의 큰 순서만 말하여 "잃을 수 없다."

유가는 육예를 교조(敎條)로 삼아 의식과 예절이 번쇄하여 "넓으나 요점이 적고 수고는 많으나 공이 적지만(博而寡要, 勞而少功)" 군신과 부자의 예를 이야기하고 부부와 장유의 구별을 늘어놓아 "백가라 하더라도 그

것을 바꿀 수가 없다." 묵가는 검박함을 말한다. 지나치게 인색하여 존비의 구별이 없고 "검약하여 따르기가 어렵지만(儉而難遵)" 근본을 강조하고 쓰임을 절약하여 사람과 집안을 풍족하게 하는 도이므로 "비록 백가라고 하더라도 그것을 폐할 수가 없다." 법가는 친하고 멀고 귀하고 천하고를 구별하지 않고 한결같이 법으로 처단한다. "엄하고 은혜가 적지만(嚴而少恩)" 임금을 높이고 신하를 낮추며 직책이 분명하여 "비록 백가라도 그것을 고칠 수 없다." 명가는 지나치게 개념에 얽매여 도리어 종종 진리를 잃어버리지만 "명(名)과 실(實)을 바로잡음은 살피지 않을 수 없다." 사마담의 이런 평론은 홀로 높인 "유술"과 축출된 "백가" 등에 대해 장단점을 논하고 또 홀로 도가를 높였다. 정통적인 사상가의 입장에서 보면 도리를 위반한 것이므로 동한의 반표(班彪), 반고 부자의 강렬한 비판을 받았다.

「논육가요지」는 사마 씨 부자 두 사람의 공동 선언이다. 우선 「논육가요지」를 지을 때 사마천은 이미 장유에서 돌아와 사마담이 역사를 저술할 때 든든한 조수가 되어 날로 성숙해져 갔다. 다시 「논육가요지」의 내용을 보면 전문은 전후 두 부분으로 나누어진다. 전반에서는 육가 학설의 요점을 개술하였는데, 사마천이 부친 사마담의 수고(手稿)에 대해 정밀하고 미묘한 말로 요점을 정리한 것일 것이다. 후반은 전체적으로 전반부에서 제기한 논점에 대하여 해설을 가한 것으로 사마천이 발휘하고 천명하여 풀이한 것일 것이다. 이 때문에 반 씨 부자는 대놓고 「논육가요지」를 사마천의 말로 생각하고 평론을 가하였다.

사마담과 사마천 부자는 사상적으로 엄연한 차이가 존재한다. 사마담은 도가를 존숭했고 사마천은 유가를 존숭하였다. 이는 다만 그들 각자의 사상적 경향에 지나지 않을 뿐 결코 두 사람의 사상체계가 대립한다는 것을 의미하지는 않는다. 사마담이 순수한 도학자가 아니고 사마천 또한 순수한 유학자가 아니기 때문에 두 사람의 지향은 자수성가한 것이다. 「논육가요지」에서 논한 "도(道)"는 "그 학술이 음양가의 큰 순리를 따르고 유묵의 선함을 택하고 명가와 법가의 요점을 모은" 것으로 이런 "도"는 현자를 높이고 법을 높이며 형명(刑名)을 높여 예의를 폄훼하지 않은 것이 아니다. 유가의 학문을 배척하지 않았으며, 선진의 노장(老莊)이 아닐 뿐만 아니라 한초의 황로(黃老)도 아니다. 「논육가요지」는 첫머리서 요지를 밝혀 "저 음양가와 유가, 묵가, 명가, 법가, 도덕가는 다스리는 데 힘쓰는 자들이다.(夫陰陽儒墨名法道德, 此務爲治者也)"라 하였다. 사마담이 "도"를 칭찬하는 것을 명분으로 하면서 "치(治)"를 논하는 것을 실질로 삼아 백가학설을 융회관통하여 스스로 "일가의 말"을 이루었음을 알 수 있다.

3) 「논육가요지」의 가치 및 사마천에게 끼친 영향

학술 발전의 각도로 보면 사마담 이전에 『순자』 「비십이자(非十二子)」편과 『장자』 「천하(天下)」편이 있다. 이는 제자(諸子) 가운데서 이미 학술의 분파와 분가를 논하기 시작했다는 예이다. 『순자』에서 논한 무릇 6설(說) 12가(家), 『장자』에서 논한 무릇 5가는 자기를 아우르면 6가가 된다. 사마담 이후로는 유흠(劉歆)의 『칠략(七略)』과 반고의 『한서』 「예문지(藝文志)」가 있는데, 선진의 학술을 9파로 나누었으니 유(儒), 도(道), 음양(陰陽), 법(法), 명(名), 묵(墨), 종횡(縱橫), 잡(雜), 농(農)의 9가를 가리킨다. 이 9가는 사마담이 논한 6가에 종횡과 잡, 농의 3가를 더하였을 뿐이다. 이 3가는 앞의 6가와 맞서기에는 부족하다.

량치차오(梁啓超)는 「중국 학술사상 변천의 대세를 논함(論中國學術思想變遷之大勢)」에서 말하였다. "나는 유흠과 반고가 말한 것은 또한 취하지 않았으며, 『장자』가 논한 것은 유, 묵, 노(老, 道) 3가를 중시하여 자못 당시

학파의 개략을 잘 끌어내었지만 그래도 소략한 면이 있다. 사마담 태사공이 논한 것은 6가가 균형이 잘 맞고 경중이 적당하여 모두 당대의 학계에서 자웅을 겨루었으며 막상막하이다. 분류의 정밀함은 이를 최고로 친다." 확실히 『사기』는 맹순(孟荀)과 노장신한(老莊申韓: 노자, 장자, 신불해, 한비자) 및 공자의 학술 사전(史傳)을 창시했고 학술의 원류를 천술하였는데, 「논육가요지」가 이론적 근거를 제공하였다.

철학 방면에서 「논육가요지」는 사마담의 소박한 유물주의 사상을 집중적으로 반영하였으며 특히 음양가의 평론에서 표현되었다. 음양가의 많고 많은 기휘(忌諱: 꺼려 피함)는 사람들의 사상을 속박하는 찌꺼기에 불과할 뿐이어서 취할 수가 없다. 그러나 음양가가 이야기한 사시의 큰 순서는 곧 자연의 규율이며 신비로운 것이 결코 아니다. 사마담은 또한 정신이 육체와 분리되면 죽는다고 생각하여 그의 무신론 사상을 반영하였다. 그러나 사마담은 결코 유물주의를 끝까지 견지하지는 않았다. 그는 정신과 형체는 두 개의 물건으로 정신이 근본이고 형체는 도구라고 생각하였는데, 이는 이원론적인 관점이다. 사마천은 그 영향을 깊이 받았으므로 그의 역사관은 기본적으로 이원론이다.[10]

방법론에서 「논육가요지」는 5가의 장단점을 모두 일일이 지적하였으며 소박한 변증법 사상을 표현하였다. 사마천이 논술한 역사 인물과 역사 사건은 보통 전반적으로 긍정하거나 전반적으로 부정하지 않으며, 성패(成敗)를 가지고 영웅을 논하지 않는다. 말을 하지 않고 비유를 하며 「논육가요지」의 두 가지 측면의 사상에서 득을 얻는다. 또한 유가와 도가가 서로 부족함을 나타내는 격렬한 투쟁의 시대에서 사마담은 있는 그대로 고스란히 다 받아들여 선진 사상가의 넓고 큰 가슴속 생각을 표

---

10 사마천의 이원론의 역사관은 이 책의 제8장 제4절에 상세하다.

현해냈다. 사마천은 이런 가학전통을 계승하여 "육예는 다스리는 데 있어서 한 가지이다.(六藝於治一也)"라는 논점을 제기하였다. "『육경』의 다른 해석을 맞추고 백가의 뒤섞인 말을 가지런히 하여(厥協六經異傳, 整齊百家雜語)" 백과지식을 포용하는 『사기』를 완성하였는데, 조금도 의심할 여지 없이 사마담이 계획하여 이끈 데서 도움을 받은 것이다. 「논육가요지」에서 유·도 양가를 대비하여 비평하는 데 이르러서는 실질적으로 한초의 정치와 무제시기의 정치를 대비하여 평론하는 것으로 무위정치가 다욕정치보다 좋다고 생각하는 것으로 이는 사마천이 최종적으로 『사기』의 원고를 정하는 데 매우 큰 영향을 끼쳤다.

사마담의 기타 저작에 대하여 『수서(隋書)』 「경적지(經籍志)」 오행가(五行家)에서는 "태사공 『만세력(萬歲曆)』 1권"이라 하였다. 그 책은 이미 없어졌으며 엄가균(嚴可均)이 찬집한 『상고삼대진한육조문(上古三代秦漢六朝文)』에는 사마담의 「후토의(后土議)」, 「입태치단의(立太時壇議)」, 「논육가요지」 세 문장이 있다. 사마담이 역사를 지은 것은 이 장의 제5절에 상세하다.

4. 봉선 의식을 제정하다

『사기』 「봉선서(封禪書)」는 만여 자의 방대한 분량으로 한 편의 웅대한 대론(大論)이다. 상고에서 한무제에 이르는 3천 년에 달하는 제왕이 천지 산천의 온갖 신에 제사한 활동을 기록하였다. 집중적으로 신도관(神道觀)의 각도에서 『사기』의 "하늘의 일과 사람의 일이 서로 부합되는 관계를 탐구하고 옛날과 오늘날의 변화를 살펴 일가의 문장을 이루려 했다.(究天人之際, 通古今之變, 成一家之言)"는 역사관을 반영하였는데, 사마담과 사마천의 사상을 연구하는 데 매우 중요한 문헌이다.

1) 봉선은 나라를 다스리는 대전(大典)

양옥승(梁玉繩)의 『사기지의(史記志疑)』 권16에서는 말하였다. "삼대 이전에는 봉선이 없었으며 연(燕)과 제(齊)의 방사(方士)에 의해 위조되었다. 진시황에게서 비롯되었고 한무제에게서 규모가 커졌다. 이 책은 먼저 귀신의 일을 잡다하게 인용하여 비슷한 무리로 뜻을 보이고 마침내 거기에 따라 억지로 가져다 갖추어 기록하여 그 망령된 것을 드러내었는데, 뜻을 쓰는 것이 은미하다." 양 씨는 또한 「봉선서」를 증거로 들어 개(盖)와 약(若), 운(云), 언(焉) 등 모호한 단어를 많이 써서 말하였다. 「봉선서」의 대지(大旨)가 진시황과 한무제를 풍자하는 데 있을 따름이라고 하였다. 이 설은 대표성을 갖추고 있으며 지금의 현자들 또한 많이 따르고 있다. 그러나 이는 오히려 나무만 보고 숲은 보지 못하는 필요한 부분만 단편적으로 따다 쓴 것으로 시급히 바로잡을 필요성이 있다.

「봉선서」의 서사(敍事)는 제왕이 귀신을 맹목적으로 믿는 것을 드러내었으므로 말이 풍자를 띠고 있지만 대요는 실록이다. 봉선의 역사에서 보면 제사 전례는 상고시대 국가의 큰 정치이며 결코 연(燕)과 제(齊)의 방사가 위조한 데서 나온 것이 아니다. 무릇 천자가 천지산천의 귀신에게 제사 지내는 것은 모두 봉선이라고 할 수 있다. 다만 태산에 올라가 봉선을 지낸 것은 진시황에게서 비롯되었고 한무제에게서 완성되었을 따름이다.

진한의 봉선은 천지에 제사를 지내어 공을 이루었음을 알리는 일종의 성대한 제전으로 진한 대일통의 필연적인 산물이다. 태산의 정상에서 하늘에 제사 지내는 것을 봉(封)이라 하고, 태산 아래의 소양보산(小梁父山)에서 땅에 제사 지내는 것을 선(禪)이라고 한다. 따라서 봉선의 예는 "봉태산(封泰山), 선양보(禪梁父)"라고도 한다. 그런데 진시황과 한무제가 태산에 올라 봉선을 지낸 것은 바로 고대의 천자가 천지의 명산대천이 깃든 온갖 신에게 제사를 지내던 전례에서 발전되어 온 것이다. 우순(虞舜)은 선양을 받은 후에 "마침내 상제에 비겨 육종(六宗)에 제사를 지내고 산천을 바라보며 뭇 신에게 변론하였다."[11] 5년에 한 번씩 순수하였으며 천하는 크게 다스려졌다. 하·상·주 삼대의 개국 군주는 신에게 예를 올리지 않음이 없었고, 나라는 태평하고 백성은 편안해졌다.

진(秦)나라의 선공(先公)인 진문공과 진덕공(秦德公), 진목공, 진영공(秦靈公)은 한 대(代) 한 대 힘을 다하여 나라를 다스리며 상제에게 공경스럽게 예를 갖추었는데, 시황에게까지 전해져 마침내 천하를 통일하게 되었다. 초·한의 쟁패가 한창 무르익었을 때 고조는 흑제(黑帝)에게 공경스럽게 예를 갖추었고 북치(北時)를 세워 4년 뒤에 천하를 통일하였다. 삼대 말의 임금은 음란하여 제사를 폐지하였으며 패가망국의 길로 이끌었다. 따라서 사마천은 「봉선서」의 서(序)에서 요지를 밝혀 말하였다. "전(傳)에서 말하기를 '3년간 예를 행하지 않으면 예는 반드시 폐하여지며, 3년간 음악을 행하지 않으면 음악이 반드시 허물어진다.' 성세를 맞을 때마다 봉선으로 보답하였으며 쇠퇴하면 (봉선이) 사라진다." 또한 「봉선서」에서는 관중(管仲)의 말을 인용하여 말하였다. "모두 천명을 받은 다음에 봉선을 행하게 된다." 이른바 천명을 받은 천자는 인덕(仁德)을 겸비하고 공업(功業)이 세상을 덮은 제왕이다. 그는 천하를 통일할 수 있고 모든 신에게 공경을 다하여 예를 표하며 천상과 지하를 화목하게 할 수 있다. 봉선은 치세와 대일통의 상징이라는 것이다.

사마천이 순수를 호종하면서 봉선제를 올리며 직접 성세를 만난 것은 얼마나 큰 영광인가. 그는 「태사공자서」에서 말하였다. "한나라가 흥한 지 5대에 융성함이 건원 연간이었으니 밖으로는 이적들을 물리치고 안

---

11 『사기』권1 「오제본기(五帝本紀)」.

으로는 법도를 닦아 봉선을 행하고 역법을 개정하였으며 복색을 바꾸었다. 「금상본기」 제12를 지었다.(漢興五世, 隆在建元, 外攘夷狄, 內脩法度, 封禪, 改正朔, 易服色. 作今上本紀第十二)" 본기에서 뜻을 상세히 밝힐 수 없었음을 애석히 여겼다. 이로써 「봉선서」의 대요는 결코 풍자가 아니며 역사의 실록과 대일통에 대한 송가임을 알 수 있다. 그래서 「태사공자서」에서 「봉선서」를 지은 목적을 개괄하여 말하였다. "천명을 받아 왕이 되지만, 봉선의 부응을 드물게 썼는데 썼으면 온갖 신령이 제사를 받지 않음이 없었다. 여러 신들과 명산, 대천의 예에 대한 근본을 쫓아 「봉선서」 제6을 지었다.(受命而王, 封禪之符罕用, 用則萬靈罔不禋祀. 追本諸神名山大川禮, 作封禪書第六)"

유물역사관으로 보면 한 사회의 통치사상은 또한 바로 그 사회 통치계급의 사상이다. 하물며 과학이 발달하지 않은 고대에 사람들이 천인교감을 믿었음이겠는가? 그래서 「역서(曆書)」 서에서는 말하였다. "왕이(나라의) 성을 바꾸고 천명을 받을 때는 반드시 처음을 삼가고 정삭(正朔)을 고치고 복색을 바꾸며 천원(天元)에서 근본을 미루어 그 뜻을 따라 받든다." 「봉선서」의 서에서는 말하였다. "예로부터 천명을 받은 제왕이 어찌 봉선을 지내지 않았겠는가?"

일찍이 한문제(漢文帝) 때의 방사 공손신(公孫臣)뿐만 아니라 저명한 정론가 가의까지 모두 봉선을 지낼 것을 제기하였다. 사마상여는 임종 시에 한무제에게 서찰을 한 통 남겼는데, 말한 내용은 바로 봉선의 일이었다. 천하 일통을 상징하는 봉선이 다만 종교 전례에 지나지 않을 뿐만 아니라 정치적으로 성공을 경하하는 것이기도 하기 때문에 이미 취득한 치적에 하나의 구호를 내걸었으며 아울러 미래의 발전에 창조적인 격정을 주었다. 한무제는 황하의 호자에서 터진 곳을 막았고, 바로 봉선으로 성공을 경하하는 배경 아래서 완성되었다. 따라서 사마담과 사마천 또한 봉선을 극력 주장하였다. 사마담은 직접 봉선의 전례를 제정하는 작업에 참여하였지만 태산에 봉선제를 지내는 순행에 호종하자 못하게 되자 "분을 발하여 곧 죽었다."

사마천은 봉선을 따라 역법의 개정에 참여하였는데, 매우 가슴 벅차했다. 「태사공자서」에서는 말하였다. "5년째 되던 해는 태초 원년(B.C. 104)으로 11월 갑자일 초하루 동지에 역법을 비로소 개정하여 명당에 세우고 여러 신들이 제사를 받게 되었다.(五年而當太初元年, 十一月甲子朔旦冬至, 天曆始改, 建於明堂, 諸神受紀)" 그러므로 『한서』 「교사지(郊祀志)」 찬에서는 말하였다. "효무제의 세상에서는 문장이 성하였고 태초력이 개편되었는데, 예관(兒寬)과 사마천 등은 오히려 공손신(公孫臣)과 가의의 말을 따라 복색을 여러 번 헤아려 마침내 황(黃)의 덕을 따랐다." 곧 한무제의 봉선의 대전(大典)은 사마담에게서 시작되어 사마천 등의 사람들 손에서 완성되었다는 말이다.

2) 사마담의 제의(制儀) 활동

태산에 올라 봉선제를 지내는 것은 세상에 드문 일이며 실로 진한이 창시하였다. 진시황의 봉선은 진나라의 정치가 포학하고 국운이 단명하였기 때문에 유생들이 모두 와전하여 말하기를 "시황이 태산에 올라 폭풍우를 맞아 봉선을 지내지 못했다."고 하였다. 그러니 진시황의 봉선 예의는 인용하지 못하게 되었다. 한무제의 봉선은 앞에서 이어받은 것이 없으며 문제 이래로 유생들을 모아 토론하기 시작하였고 유생들이 우활하고 의견이 분분하여 시종 요령을 파악하지 못하였다. 결국 태사령 사마담은 사관(祠官) 관서(寬舒) 등과 토론하여 먼저 후토사(后土祠)와 태치단(泰畤壇)을 세우고 시범을 보여 한 단계씩 만들었는데, 원정 4년에서 원봉 원년까지 4년이 걸렸다.

원정(元鼎) 4년(B.C. 113) 사마담은 명을 받들어 사관 관서와 함께 후토사의 전례를 제정했다. 후토사는 원정 원년(B.C. 116) 보정(寶鼎)을 얻은 곳에 건립하였다. 이곳은 산서(山西)의 분수(汾水)가 황하로 유입되는 남쪽에 있다. 한나라의 읍(邑)에 분음현(汾陰縣)이 있으며 황하와 떨어져 좌풍익 분음현과 마주하고 있다. 하양현(夏陽縣)은 곧 사마담의 고향이다. 분음 황하를 굽어보는 기슭의 물웅덩이가 있는 곳, 특히 꼬리뼈 형태로 솟아 있는 지형은 길이가 4리, 너비가 2장 남짓, 높이가 1장인데 수구(脽丘)라고 한다. 후토사는 바로 수구에 건립되었다. 다섯 개의 원형 흙 언덕을 쌓아 올렸는데 단(壇)이라 하며, 모든 단은 황우(黃牛)로 제사 지내고 제사의 예가 끝나면 황우를 묻는다. 제사에 친히 임한 사람은 모두 황의(黃衣)를 입는다. 오덕종시설(五德終始說)에 따르면 한나라는 토덕(土德)을 얻었고 토는 황색이어서 이를 취하여 상응시켰다.

후토사 맞은편 황하 서쪽에는 한무제가 행궁을 건립하였다. 곧 하양 협려궁(挾荔宮)이다. 한무제는 후토를 제사 지낸 후 이곳에 와서 머물러 쉬었다. 원정 4년 처음으로 후토사의 제사 전례를 거행하였는데, 매우 엄숙하였다. 사마담과 사마천이 수행하여 금의환향한 것은 매우 흐뭇한 일이었다.

후토에 제사를 지낸 이듬해인 원정 5년 11월 신사년 초하룻날 아침에는 감천궁(甘泉宮)에서 태을신을 제사 지냈다. 태을은 천신 가운데 가장 존귀한 신이다. 태치단(泰畤壇)을 세우는 것 또한 사마담과 사관 관서가 의례를 제정하고 제사를 주재하였다. 이 전례는 상제를 제사 지내는 것으로 후토를 제사 지내는 것보다 훨씬 엄숙했다. 태을단은 3층이며 주위는 오제단인데 각자 방향에 따라 배열되었다. 동방은 청제(靑帝)이고, 남방은 적제(赤帝), 서방은 백제(白帝), 북방은 흑제(黑帝), 중앙의 황제(黃帝)는 서남방에 있다. 태을의 제사는 옹(雍)에 있는 교사의 예의를 모방하여 흰색 소 한 마리를 제물로 삼고 다시 사슴 한 마리를 중간에 놓았으며 또한 돼지 한 마리를 사슴의 중간에 놓았다. 제사가 끝나면 제육(祭肉)은 불살라졌다. 제삿날에는 수소를 썼고 제사를 지내는 달에는 숫양과 수퇘지를 썼다. 태을을 제사 지내는 축관[祝宰]은 꽃을 수놓은 자색(紫色) 옷을 입었고, 오제를 제사 지내는 축관은 각기 그 색을 따랐고 제사를 지내는 날은 적색, 제사를 지내는 달은 백색이었다.

제사는 동짓날에 지냈다. 여명이 밝아올 무렵 황제는 황색 옷을 입고 친히 제사를 지내는 백관을 거느리고 제단에 이른다. 그러면 사의(司儀)가 낭송한다. "하늘이 비로소 보정과 신책(神策)을 황제에게 주었는데, 달이 가고 또 달이 가서 황제가 경배하고 뵙습니다." 제사 의식은 이렇게 시작되었다. 단 위에는 큰불이 이글이글 타올랐고 단의 곁에는 제사에 쓰이는 불을 때는 도구가 놓여 있었다. 사의가 여섯 치짜리 둥근 벽옥을 받드는데, 이를 선옥(琔玉)이라고 하며 신명에게 바친다. 그날 밤 태을신사의 상공에 아름다운 빛 한 줄기가 나타났다. 한낮이 되자 또 한 줄기 누런 기운이 나타나더니 하늘에까지 닿았는데, 이는 상서로운 것으로 여겨졌다. 이에 사마담과 사관 관서 등이 "신령의 아름다움은 신이 보우하는 복록이며 상서로운 조짐이므로 광채가 난 곳에 태치단(泰時壇)을 건립하여 밝음에 보응해야 합니다. 태축에게 가을과 섣달 사이에 제사를 지내게 하고 3년마다 천자께서 직접 교사를 거행하십시오."[12]라고 건의하였다. 태치단은 이렇게 건립되었다.

후토를 제사 지내고 태을을 제사 지낸 것은 정식으로 태산에 봉선제를 올리는 의식의 서막이었다. 2년이 지나 원정 7년[13]에는 모든 일이 갖추어져 한무제가 정식으로 태산에 올라 봉선제를 지낼 영을 내리기만

---

12 이상의 인용문 및 제례 의식은 모두 『사기』 권28 「봉선서」에 실려 있다.
13 원정(元鼎) 7년(B.C. 110년), 여름 4월 봉선 후에 연호를 원봉(元封) 원년으로 고쳤다.

기다렸다. 봉선은 태평을 경하하는 것으로 먼저 병기를 거두고 군사를 해산하여야 했다. 겨울 10월은 원정 7년의 첫 달로 한무제는 친히 18만 기를 거느리고 장성으로 나가 변방을 순행하며 흉노에게 시위하였다. 한무제는 사자를 파견하여 흉노에게 선전포고하였다. "남월왕의 머리 는 이미 한나라 북궐에 걸려 있다. 선우가 싸울 수 있으면 천자가 직접 변방에서 기다릴 것이다. 싸울 수 없다면 빨리 와서 신하로 복종하라. 어찌 다만 사막 북쪽의 춥고 힘든 땅으로 도망쳐 숨기만 하느냐!"[14] 흉 노 선우는 감히 숨조차 크게 쉬지 못할 정도로 두려워하였다. 이에 한무 제는 장안으로 걸음을 돌렸고 돌아오는 길에 교산(橋山)에서 황제(黃帝)의 능에 제사를 지냈다.

한무제는 장안으로 돌아왔으나 잠시도 쉬지 않고 봄이 시작되는 정월 에 동쪽을 순행하고 봉선제를 지냈다. 먼저 숭산(嵩山)에 올라 중악신에 게 제사를 올렸는데, 공중에서 세 번 만세를 외치는 소리가 들렸다. 한 무제는 매우 기뻐하여 숭산에서 나무를 하지 못하게 하였으며 산 아래 3백 호를 태실사봉읍(太室祠奉邑)으로 삼았다. 숭산에서 내려온 후 사마담 은 병들어 낙양에 남고 한무제 일행은 동쪽으로 바닷가를 순행하였다. 여름 4월에는 정식으로 태산에 올라 봉선제를 지냈다.

사마천은 이때 사명을 받들어 파촉 이남에 있다가, 천리 아득한 노정 의 갑절이나 되는 길을 돌아와 봉선을 호종하였다. 그는 낙양에서 부친 을 뵌 후에 서둘러 행재소로 가서 복명하고 서남이를 평정한 공에 대해 천지에 제사 지내며 보고하고자 봉천 전례에 참여하였다.

유자들이 제정한 태산에 봉선을 지내는 예의는 "『시』와『서』의 고문에 구속되어 뜻을 펼 수가 없어" 한무제에 의하여 흩어졌다. 사마담은 순행

---

14 『한서』 권6 「무제기(武帝紀)」.

을 수행하여 태산에 오를 수 없어 분을 발하여 죽었다. 이는 어쩌면 사마천이 태산의 봉선 예의를 기록하지 못한 원인일 것이다! 이는 온 나라의 상하에서 몇 대에 걸쳐 기대하고 있는 큰일이었으니 그 엄숙한 정도를 생각하여 알 수 있다. 사마담은 예의를 제정하는 데 참여하였으나 행사에는 직접 참여할 수는 없었으니 이 얼마나 유감스러운 일인가!

한무제는 태산에 봉선을 지낸 후에 다시 동쪽으로 바다를 순행하였다. 북으로 올라가 갈석산(碣石山)에 이른 다음에야 장성의 서쪽을 따라 오원(五原)을 경유하여 장안으로 돌아오며 거듭 흉노에게 시위하였다. 한무제는 한번 행차하면 위풍당당함이 북중국의 대지에서 큰 원을 그렸으며 노정이 1만 8천 리였다. 행차는 웅장하면서도 어마어마하였다. 10여만 명이나 되는 수행 백관과 군대가 호탕하여 웅장한 장면을 연출하였으며 소모한 비용이 억을 헤아렸다. 사마천은 문제를 찬송하여 "역법과 복색을 고치고 봉선을 행하는 것으로 점점 나아갔으나 (문제가) 겸양하여 지금까지도 이루어지지 않았다. 아아, 어찌 인하지 않겠는가!"[15] 라고 하였다. 둘을 서로 대조해 보면 사마천의 감개를 쉽게 이해할 수 있을 것이다.

「예서(禮書)」의 서에서는 말했다. "태사공은 말한다. 나는 대행(大行)의 예관에 이르러 삼대의 손익을 살펴보고 나서 인간의 성정에 따라서 예의가 제정되고 인간의 습성에 의거하여 예의가 만들어졌다는 것을 알았다. 그 유래가 오래되었을 것이다." 이곳의 "태사공"은 곧 사마담을 가리킨다. 대행(大行)은 진(秦)나라의 관직으로 손님을 담당하며 구경(九卿)의 하나로 경제(景帝)가 이름을 대행령(大行令)으로 고쳤으며, 만이(蠻夷)와 구빈(九賓)을 귀부하여 바르게 하는 의례를 맡았다. 사마담은 태사령

---

15 『사기』 권10 「문제기(文帝紀)」 찬.

이 되어 사관(祠官) 관서와 함께 봉선의 의례를 제정했기 때문에 예의를 겸하여 관장하는 관직으로 하·은·주 삼대 예의의 연혁을 연구하여 최고의 전례를 제정하는 작업에 참여하였다. 이는 굉장히 영예로운 일이었을 뿐만 아니라 「예서」와 「악서(樂書)」, 「봉선서」를 창작하는 데에도 중대한 영향을 끼쳤음에 틀림없다.

3) 사마천의 봉선에 대한 태도

사마천은 한무제를 수행하여 천지의 여러 신명과 산천에 제사를 지냈는데, 이 활동의 모든 내용을 깊이 이해하였다. 「봉선서」에서는 상당한 편폭으로 진시황과 한무제가 미신과 귀신을 믿는 것을 풍자하였다. 지나치게 황당한 행위를 기록하고 들추어낸 것이다. 사마천은 제생(諸生)의 입을 빌려 진시황의 봉선을 "이 어찌 이른바 덕이 없이 다스리는 것이 아니겠는가?"라고 비평하였다. 진시황은 민정을 불쌍히 여기지 않고 오로지 봉선만 일삼아 국가의 멸망만 재촉했을 뿐이다. "지금의 천자는 즉위하자마자 귀신을 더욱 공경하였다." 한무제에 대한 풍자는 더욱 날카롭다. 봉선의 전례가 정치적으로 응집작용을 일으키는 것이 국가의 대사라 한다면 한무제가 무작정 바다를 순행하면서 신선을 구하고 수궁(壽宮)을 세워 신을 청한 것은 완전히 개인의 장생불사를 위하여 일으킨 우매하고 기상천외한 생각이라는 것이다. 사마천은 여기에 대하여 유감없는 풍자를 가하였는데, 이는 그의 진보적 역사관 가운데 하나이다.

철학사의 관점에서 보면 「봉선서」가 표현한 것은 이원론적 역사관이다. 사마천은 하늘과 사람이 교감한다는 것은 믿었지만 무턱대고 귀신을 믿지는 않았다. 나라가 흥하고 망하는 것과 잘 다스려지고 어지러움을 찾는 구체적인 서술에서 하늘의 뜻과 귀신이 사람의 일을 지배할 수 있다는 것을 믿지 않았다. 하나라 공갑(孔甲)은 "도덕이 사악하고 귀신을 좋아하여", "뽕나무와 닥나무가 죽었다." 그 후 은나라 무정(武丁)은 "꿩이 구정의 귀에 날아와 울자" 두려워하여 "덕을 닦아" 부열(傅說)을 기용하여 은나라의 도가 중흥하고 "재위 기간 오래도록 평안하였다."

원래 사마천은 절제된 봉선을, 정신을 가다듬어 나라를 잘 다스릴 방법을 강구하는 표현으로 보았다. 천하가 태평한 바탕은 덕을 닦고 현자를 등용하는 것이다. 그 도를 거꾸로 행하면 "도덕이 사악하고 귀신을 좋아하여" 잔학하기 짝이 없어 천명이 옮겨가게 될 것이다. 사마천이 진시황과 무제에 대해 풍자한 의도는 바로 여기에 있다.

「봉선서」의 서에서는 말하였다. "예로부터 천명을 받아 제왕이 된 자가 어찌 봉선을 행하지 않았겠는가? 대체로 하늘의 감응과 길조가 나타났는데도 태산에 이르지 않은 자는 없었다. 천명을 받고도 공이 이르지 못하였으며, 양보산에 이르고도 덕이 충분치 못한 경우도 있었다. 덕은 무젖었는데도 갈 겨를이 없는 사람도 있었으니 그런 까닭에 (봉선의) 일이 드물게 되었다." 이 단락의 말은 태산에 올라 봉선을 행한 표준을 천명하였다. 진시황은 "하늘의 감응과 길조가 없는" 데 속한 폭군이며, 주문왕은 "천명을 받았지만 공이 이르지 않은" 데 속한 사람이다. 주무왕은 "양보(梁父)에 이르렀으나 덕이 무젖지 않은 데" 속한 사람이다. 한문제는 "(도덕이) 잘 갖추어졌으나 봉선을 행할 겨를이 없는" 사람이었기 때문에 「봉선서」에 기술한 무회씨(無懷氏)와 복희(伏羲), 신농(神農), 염제(炎帝), 황제(黃帝), 전욱(顓頊), 제곡(帝嚳), 요(堯), 순(舜), 우(禹), 탕(湯), 주성왕(周成王) 등 12임금은 모두 천명을 받은 다음에 봉선을 지낸 고대의 성군이다. 사마천은 봉선과 치정의 융성함을 긴밀하게 연계시켰다. 다만 그 정치적 역할만 강조하였을 뿐 천지의 귀신이 정말로 복을 내린다는 미신은 절대 믿지 않았다. 따라서 사마천은 정치를 다스리지 않고 오로지 귀신만 섬기는 행위를 반대하였다. 그는 바로 이 관점에서 진시황과 한무제를 깊이 비판하였다.

「봉선서」의 한무제에 대한 풍자는 통치자에게 권고하는 진시황의 전철이라는 귀감을 가슴에 새기고 고대의 성왕을 본받아 덕을 닦고 현자를 기용하는 것이다. 이 큰 뜻은 당시의 통치자에 대해서나 역사적인 발전이라는 관점에서 보나 모두 적극적이고 진보적인 사상이다. 진한의 대일통을 상징하는 봉선이 바로 당시의 역사 발전에 있어 필연적이었기 때문이다. 「봉선서」에는 이런 적극적인 의의가 있었기 때문에 한무제에 대한 풍자가 있긴 하였지만 끝내 전하여질 수 있었다. 가장 생동적인 예증은 바로 반고가 「교사지」를 지으면서 「봉선서」를 옮겨 기록하지 않았을 뿐만 아니라 논찬에서 곡영(谷永)의 말을 빌려 "또한 바르지 않겠는가! 또한 바르지 않겠는가!"라고 한 것이다. 곡영은 성제(成帝) 때 글을 올려 정당하지 못한 귀신에게 지내는 제사를 반대하였다.

사마천의 봉선 사상은 사마담의 훈도를 받아 양성되었다. 「봉선서」또한 사마담이 예관(禮官)을 위해 정리한 자료의 기초 위에서 완성된 것이다. 이 때문에 「봉선서」또한 우리가 사마담과 사마천 부자의 봉선 사상을 엿보고 탐색하는 근거가 된다.

5. 『태사공서』의 핵심을 말하다

1) 사마담이 『태사공서』를 창작하는 종지를 말하다

『사기』의 원제는 『태사공서』로 태사공이 지은 책임을 나타낸다. 동한 환제(桓帝)와 영제(靈帝) 무렵에야 『사기』라는 이름으로 바뀌었다.[16] 사마

---

16 『사기』 책 이름 및 변화 과정은 이 책 제10장 제2절에 상세히 보인다.

담의 관직은 태사령이며 가장 숭고한 이상은 바로 공자를 잇는 것이었
다. 『춘추』를 흉내 내어 일대의 대전을 완성하여 고금을 관통하는 통사
를 써서 한나라가 통일을 이룬 위엄과 덕망을 찬송하는 것이었다. 사마
담의 창작 종지(宗旨)는 「태사공자서」에서 분명하게 설명하였다. 사마담
은 임종할 무렵에 유언을 남겼다.

> 대체로 천하에서 주공을 칭송한 것은 문왕과 무왕의 덕을 칭송하였고
> 주공과 소공의 풍교를 폈으며 태왕과 왕계의 사상에 통달하였고 이에
> 공류까지 미쳐서 후직을 높일 수 있었음을 말하는 것이다. 유왕과 여왕
> 이후로 왕도는 이지러지고 예악이 쇠퇴해졌으므로 공자가 옛 전적을
> 정리하고 폐했던 것을 일으켜 세워 『시』와 『서』를 논하고 『춘추』를 지으
> 니 학자들이 지금까지도 그것을 법도로 삼는다. 기린이 잡힌 이래 4백
> 여 년이 되도록 제후들은 서로 겸병하기만 하여 역사가 단절되고 말았
> 다. 이제 한나라가 흥하여 해내가 하나로 통일되고 명주와 현군, 충신과
> 의를 지켜 죽는 선비가 있었는데, 내 태사가 되어 그것을 논하여 기록하
> 지 못하여 천하의 역사 기록이 황폐해져 내 이를 매우 두려워하니 너는
> 명심할지어다!
> 夫天下稱誦周公, 言其能論歌文武之德, 宣周邵之風, 達太王王季之思
> 慮, 爰及公劉, 以尊后稷也. 幽厲之後, 王道缺, 禮樂衰, 孔子脩舊起廢,
> 論詩書, 作春秋, 則學者至今則之. 自獲麟以來四百有餘歲, 而諸侯相
> 兼, 史記放絕. 今漢興, 海內一統, 明主賢君忠臣死義之士, 余爲太史而
> 弗論載, 廢天下之史文, 余甚懼焉, 汝其念哉!

위 사마담의 유언에서 핵심을 말한 종지를 3단락으로 열거할 수 있다.
첫째는 주공을 본받아 "문왕과 무왕의 덕을 칭송한 것", 둘째는 공자를

이어 『춘추』를 본받아 "옛 전적을 정리하고 폐했던 것을 일으켜 세워" 후대의 임금에게 법도를 세워주고 인륜에 준칙을 세워주는 것, 셋째는 한나라의 통일을 칭송하여 우리 "명주와 현군, 충신과 의를 지켜 죽는 선비"를 밝히는 것이다. 이 세 단락을 합치면 인물이 중심이 되어 제왕과 장상(將相)을 골간으로 삼아 통일의 위덕(威德)을 칭송하게 된다. 이는 바로 진한 중앙집권 정치가 학술 사상 면에서 반영된 것이다. 「논육가요지」는 사마담이 역사를 짓겠다는 선언이며, 백가의 사상을 일체로 융합하는 것을 이끄는 자수성가한 말이다. 이런 것은 또한 『사기』의 근본적인 주제이다.

사마담은 건원과 원봉 연간에 벼슬하였으며 구상을 숙성시키는 것은 일찍부터 흉중에서 배태되었다. 그는 당도에게서 천관을 배웠고, 양하에게서 『역』을 전수받았다. 황자에게서는 도론을 익혔는데, 곧 모두 역사를 찬술하기 위한 준비 작업의 일환이었다. 원삭 7년 한무제는 흰 기린을 잡아 「백린지가(白麟之歌)」를 짓고 아울러 원수(元狩) 원년(B.C. 122)으로 개원하였다. 당시 사람들은 이것을 대단히 큰일이라고 생각하여 문치(文治)가 기린을 이르게 하였으며 천하의 태평을 상징한다고 하였다. 사마담의 격동은 비범하여 역사 서술의 하한선을 원수 원년으로 결정하여 획린에서 붓을 꺾겠다는 의지를 보여주었다. 따라서 원수 원년은 사마담이 정식으로 역사를 서술한 첫해가 된다.

「태사공자서」의 "이에 마침내 도당 이래의 일을 말하였는데, 기린이 잡힌 데까지 이른다(於是卒述陶唐以來, 至于麟止)"라는 말은, 바로 사마담이 역사를 짓는 계획이다. 상한은 도당에서 시작하니 공자가 『상서』를 요에서 시작한 것을 본받은 것이다. 사마담이 공자의 의식을 좇았다는 것은 매우 선명하게 드러난다. 사마담은 원봉 원년에 죽었으며, 원수 원년에서 원봉 원년까지는 이미 12년이 지났다. 사마담이 역사를 지은 것은 상당한 규모였을 것이며 이미 얼마간의 편장을 완성시켰을 것이다. 앞에서 이미 논급했듯이 「천관서」와 「봉선서」에는 모두 사마담이 역사를 지은 흔적이 남아 있다. 고금 학자들의 논고에 의하면 사마담이 지은 역사는 37편에 달하고 오체가 모두 갖추어졌다고 하였으며, 어떻게 의거하였고 어떤 평가를 내리고 있는지는 아래에서 순차적으로 나누어 토론하겠다.

2) 고금 학자들의 사마담이 역사를 지은 것에 대한 논고

청나라 방포(方苞)의 『망계선생문집(望溪先生文集)』에는 「사기 십표 뒤에 적음(書史記十表後)」과 「또 태사공 자서의 뒤에 적음(又書太史公自序後)」이란 두 글이 있는데, 최초로 사마담이 역사를 지은 것을 고찰하고 논한 문자이다. 근인 왕궈웨이의 『태사공행년고(太史公行年考)』에서도 논급하였다. 전문 논고로는 구지에강(顧頡剛)의 「사마담이 역사를 짓다(司馬談作史)」와 리창즈(李長之)의 「사기에서 사마담의 수필에서 나왔음직한 것(史記中可能出自司馬談手筆者)」 두 글이 있다. 1980년대 초에 두 청년인 라이창양(賴長揚)과 자오성췬(趙生群) 또한 전문 논고를 썼다.[17] 위에서 말한 각 가의 논고를 개괄하면 여섯 가지 감별 표준을 조목별로 열거할 수 있는데, 다음과 같이 분석하여 논하고자 한다.

(1) 교유(交游)에서 입론하다. "태사공은 말한다(太史公曰)"에서 일컬은 교유에서 무릇 나이가 사마천이 미치지 못하는 것은 사마담이 지은 것이다. 구지에강은 이에 의하여 「조세가(趙世家)」와 「자객열전(刺客列傳)」,

---

17 리창즈의 글은 「사마천의 인격과 풍격(司馬遷之人格與風格)」의 제6장 제2절에 보이는데, 삼련서점, 1984년판이다. 라이창양은 「사마담이 역사를 지은 것을 보충하고 증명하다(司馬談作史補證)」를 지었는데 『사학연구(史學研究)』 1981년 제2기에 실려 있다. 자오성췬은 「사마담이 역사를 지은 것을 고찰함(司馬談作史考)」을 지었는데, 『남경사원학보(南京師院學報)』 1982년 제2기에 실려 있다.

「번역등관열전(樊酈滕灌列傳)」, 「역생육가열전(酈生陸賈列傳)」, 「장석지풍당열전(張釋之馮唐列傳)」, 「유협열전(游俠列傳)」 등편은 사마담이 지은 것이라 단정하였다. 왕궈웨이는 「자객열전」, 「번역등관열전」, 「역생육가열전」의 세 전은 사공(史公)이 "아마 부친 담의 말을 쫓아 기록한 것일 것이다."라고 생각하였다.

(2) 시대적인 면에서 입론하다. 서사가 문·경(文·景) 때에서 그치는 것은 사마담이 지은 것이다. 리창즈, 라이창양, 자오성췐 등은 「효문본기(孝文本紀)」와 「율서(律書)」, 「봉선서(封禪書)」, 「노장신한전(老莊申韓傳)」은 사마담이 지은 것으로 단정하였다. 방포 역시 말하기를 "진나라가 멸망하고 한나라가 흥하여 문·경 이전까지 논술한 것은 모두 그 부친이 옛날에 들은 것이다."라고 하였다.

(3) 사상 지취(旨趣)의 면에서 입론하다. 「논육가요지」가 하나의 "시금석"이 되어 모든 도가적인 색채를 갖춘 편장은 사마담이 지은 것이다. 리창즈, 라이창양, 자오성췐 등은 이를 가지고 「효문본기」와 「효경본기(孝景本紀)」, 「율서(律書)」, 「역서(曆書)」, 「천관서(天官書)」, 「노자한비열전」, 「일자열전(日者列傳)」 등편은 사마담이 지은 것이라 단정하였다.

(4) 문자와 용어의 면에서 입론하다. 방포는 "저(著)"로 말한 것은 사마담에게로 돌리고, "작(作)"이라 말한 것은 사마천에게로 돌려 12본기는 사마담이 지은 것으로 단정하였다. 리창즈는 휘(諱)와 불휘(不諱)로 입론하여 피휘를 해야 하는데 피휘를 하지 않은 것, 이를테면 「진세가(晉世家)」와 「이사열전(李斯列傳)」같이 "담(談)"자의 휘를 피하지 않은 것은 사마담이 지은 것으로 보았다. 「조세가(趙世家)」와 「평원군열전(平原君列傳)」같이 "담"자의 휘를 피한 것은 사마천이 지은 것이라고 하였다.

(5) 칭위(稱謂)로 입론하다. 방포는 "태사공독(太史公讀)"은 사마담으로, "여독(余讀)"은 사마천으로 생각하여 「십이제후연표(十二諸侯年表)」와 「육

국연표(六國年表)」, 「진초지제월표(秦楚之際月表)」, 「혜경간후자연표(惠景間侯者年表)」 등 4편의 연표는 사마담이 지은 것으로 단정했다. 자오성천은 "여독(余讀)"을 사마담이 지은 것으로 단정하였는데, 사마천이 이미 "여독(余讀)"이라고 말하였다면 자연히 "사마천이 『사기』를 짓기 이전에 존재하였을 것"이라는 것이다. 은, 주, 진(秦), 시황 등 4편의 본기와 진기(陳杞), 송미자(宋微子), 제태공(齊太公), 노주공(魯周公), 관채(管蔡), 위강숙(衛康叔) 등 6편의 세가는 사마담이 지은 것으로 보았다.

(6) 두 개의 시한에서 입론하다. 구지에강은 「태사공자서」는 원래 사마담이 짓고 사마천이 이은 것이라고 생각하였다.

독자적으로 보면 이런 감별 기준은 모두 일리가 있어 보이지만 종합적으로 연구하면 이런 입론은 상호 간에 모순이 있어 그대로 따르기에 적합지 않다. 이런 기준을 광활한 시대 배경에 놓고 『사기』 전서와 관련 지으면 하나의 입론도 성립할 길이 없다고 할 수 있는데, 다음과 같이 분석한다.

입론이 서로 모순된다. 구지에강은 교유의 연치를 가지고 입론하여 「조세가」는 사마담의 걸작이라고 하였다. 리창즈는 피휘와 피휘하지 않은 것을 가지고 입론하여 「조세가」를 사마천이 지은 것이라고 단정하여 서로 저촉된다. 또한 구지에강이 연치와 교유에 의하여 논한 6편 가운데 「조세가」와 「유협열전」 두 편의 찬어에서 태사공은 스스로를 "오(吾)"라 일컬었다. 「자객열전」과 「번역등관열전」, 「역생육가열전」, 「장석지풍당열전」의 4편의 찬어에서는 모두 "여(余)"를 썼는데 모두 사마담을 가리킨다. 방포와 자오성천은 칭위에서 입론하여 "여독(余讀)"의 "여(余)"는 사마천을 가리킨다 했으니 구 씨가 논한 것과 서로 모순된다.

사실을 가지고 체크해 보면 각종 입론은 모두 단편적이다. 연치를 가지고 논하면 사마천은 공손계공(公孫季功), 동생(董生), 평원군자(平原君子),

풍수(馮遂)와 필시 서로 미치지 못할 것이며 또한 필시 망년지교도 맺을 수 없었을 것이다. 사마천이 경제 중원(中元) 5년 곧 B.C. 145년에 태어난 것으로 추산해 보면 평원군 주건자(朱建子)는 문제 전원(前元) 3년(B.C. 177)에 중대부가 되었으며 당시 나이가 20세였다면 이래로 사마천의 탄생까지는 약 50년이 된다. 사마천이 20세 때 평원군 주건자는 70세 내외로 청년이 70노인에게 옛일을 묻는 것은 서로 미칠 수 있다. 풍수의 경우 건원 원년까지도 여전히 낭(郎)이었다.

서한의 낭관은 "(궁궐의) 문호를 지키는 것을 관장하고 거기(車騎)를 충원하는데" 모두 나이가 어린 낭으로 채웠다. 풍수는 이때 6, 70된 늙은 이까지는 이르지는 않았을 것이라고 해도 40세 내외쯤으로 설정한다면 사마천이 시기적으로 미칠 수 있었을 뿐만 아니라 망년지교도 맺을 수 있었을 것이다. 공손계공과 동생은 형가가 진왕을 저격한 사건을 목격한 시의(侍醫) 하무저(夏無且)와 교유하였다. 형가가 진왕을 저격한 것은 B.C. 227년의 일로 아래로 사마천이 태어난 B.C. 145년과는 82년의 시차가 있어 연치가 서로 미치지 못한다. 공손계공과 동생이 하무저와 망년지교를 맺을 수 있었고 두 사람이 사마천과 또 나이를 따지지 않는 교유를 맺었다고 가정한다면 그래도 나이가 서로 미칠 수 있다.

리창즈는 피휘와 피휘를 하지 않는 것을 가지고 사마담과 사마천의 저술을 구분하였는데, 상당히 일리가 있지만 또한 절대적일 수는 없다. 호적지(胡適之)는 「서한인이 문장에서 피휘하지 않음에 대한 고찰(西漢人臨文不諱考)」을, 천위엔(陳垣)은 「사서의 휘를 예로 듦(史諱舉例)」을 지어 한나라에서 피휘한 경우의 여러 조목을 논하며 한대에 피휘와 피휘를 하지 않은 것은 매우 큰 신축성과 탄력성이 있음을 지적하였는데, 이는 사실에 부합할 것이다. 「태사공자서」에서는 사마담 부친의 이름인 사마희(司馬喜)를 말하였는데, 사마 씨의 조상 가운데 중산(中山)의 상(相)을 지낸 사마희와 같은 이름으로 피휘하지 않은 것이 바로 하나의 예이다.

칭위로 입론한 것의 단편성은 더욱 커서 다소간 믿음직하지 못하다고 말할 수 있다. 방포는 "태사공독(太史公讀)"은 사마담으로, "여독(余讀)"은 사마천이라 생각하였는데 아귀가 맞지 않는다. 「육국연표(六國年表)」의 서에서는 앞에는 "태사공이 「진기(秦紀)」를 읽었다"고 하였다. 뒤에서는 "내가 이에 「진기」를 따라" 운운한 것이 있는데, 한 편에 두 칭위가 있으니 방포의 입설을 확정하는 것을 부정하는 것이라 할 수 있다. "저(著)"와 "작(作)"으로 나눈 것은 더욱 해괴하다. 「태사공자서」에는 "저십이본기(著十二本紀)"라고 하였는데, "금상본기(今上本紀)"는 "저(著)"가 되어야 하는가 아니면 "작(作)"이 되어야 하는가? 『사기』에서 사마담과 사마천의 자칭은 모두 "여(余)", "오(吾)", "여(予)"를 아울러 사용하였다. 사마담 임종 시의 유촉에는 다섯 번 "여(余)"라고 일컬었고 두 번 "오(吾)"라고 일컬었다. 「오제본기」 찬에서 사마천은 "여(余)"와 "여(予)"를 함께 사용하였다. 이 때문에 "여(余)", "오(吾)", "여(予)"의 용어로는 사마담과 사마천을 구별할 수 없다.

사상적 지향에서의 입론은 사마담은 도가를 존숭하고 사마천은 유가를 존숭하여 부자가 도를 달리하여 사상이 대립한다는 것을 전제로 한다. 이 전제는 근본적으로 성립될 수 없는 가짜 명제이다. "『태사공서』는 『춘추』를 본받았는데, 이 종지는 사마담이 정한 것이니 누가 사마담이 유가를 존숭하지 않았다고 하겠는가? 「비사불우부(悲士不遇賦)」에는 도가의 색채가 충만하니 누가 사마천이 도가를 존숭하지 않았다고 하겠는가? 사마담과 사마천 부자의 사상에 차이가 있기는 하지만 기본적으로는 일치하여 유가를 존숭한 것도 아니고 도가를 존숭한 것도 아니다. 유, 묵, 명, 법, 도, 음양의 백가 가운데 뛰어난 것을 채택하였으며 두루 관통하여 스스로 일가를 이루었다. 찬에서 문제(文帝)는 반드시 이러하지 않았다는 것은 사마천이 지은 것이다.

시간적으로 입론한 것은 진한의 역사는 사마천에게 귀속시키고 선진의 역사는 사마담에게로 귀속시켰는데, 사마담이 스스로 말한 사상과 배치되는 것 같다. 사마담은 임종을 앞두고 유언을 남겼다. "기린이 잡힌 이래 4백여 년이 되도록 제후들은 서로 겸병하기만 하여 역사가 단절되고 말았다. 이제 한나라가 흥하여 천하가 하나로 통일되고 명주와 현군, 충신과 의를 지켜 죽는 선비가 있었는데, 내 태사가 되어 그것을 논하여 기록하지 못하여 천하의 역사 기록이 황폐해져 내 이를 매우 두려워하니 너는 명심할지어다!" 이 단락의 말은 사마담의 지금의 일은 상세히 하고 옛날의 일은 간략히 하는 사상을 충분히 표현하였다. 사마천 20세의 장유는 회계산에 올라 우혈(禹穴)을 탐색하였을 뿐만 아니라 다시 양(梁)과 초(楚) 일대에서 진한 사이의 일을 조사하였다. 이는 사마담의 지도를 받은 것이다. 시간적으로 사마담과 사마천 부자가 방향을 달리했다고 판별하는 것은 헛수고일 것이다.

마지막으로 구지에강의 두 개 시한(時限)에서 「태사공자서」가 사마담이 원래 지었다고 하는 것도 성립할 수 없다. 「태사공자서」는 전서 130편의 대지를 개괄하여, 마지막에 이루어졌다. 바로 사마천이 부친 사마담의 계획을 수정하였기 때문에 「태사공자서」에서 한번 표현한 것이다. 이 두 시한의 표현은 사마천이 「태사공자서」를 지었으며 사마담이 아니라는 것을 잘 설명하는 것 같다.

위에서 말한 것을 종합해 보면 고금의 현인들이 사마담이 지은 역사의 편목이 37편이라고 고찰하고 본기 12편, 표 4편, 서 4편, 세가 8편, 열전 9편으로 집계하여 다섯 체가 모두 구비되었다고 하였다. 그러나 입론의 기초가 탄탄하지 못하며 논리적으로도 주밀하지 못하여 기본적으로 성립될 수 없으며, 우리는 그것을 뒤집을 이유를 가지고 있다. 우리가 논의한 고찰에서 37편을 『사기』에서 떼어내고 그 나머지 편장 가운데서 사마천의 체계적인 사상을 탐색해 나간다는 것은 상상도 할 수 없다.

3) 사마담이 역사를 지은 것에 대하여 어떻게 평가하여야 하는가?

사마담이 역사를 지은 것은 당나라 사람들이 이미 명확하게 논술하였다. 사마정(司馬貞)은 말하였다. "『사기』는 한나라 태사 사마천 부자가 말한 것이다."[18] 유지기(劉知幾)의 『사통(史通)』「고금정사(古今正史)」와 『수서(隋書)』「경적지(經籍志)」에서도 명확하게 사마담이 핵심을 들어 말하였으나 이루지 못하고 죽어 사마천이 그 유지를 받들어 역사를 완성하였다고 지적하였다. 당나라 사람들의 이런 논술은 사마담이 역사를 지은 공적을 충분히 긍정적으로 평가하였다. 『사기』가 이루어지는 과정을 연구하고 사마천의 성장을 연구하는 과정에서 사마담을 소홀히 한 것은 보편적이지 않았다. 그러나 당나라 이후로 사마담이 역사를 지은 공적은 묻히고 말았으며 당나라 사람들의 논술도 지나치게 간략하다. 이 때문에 근대인 구지에강 등의 논고는 구체적인 성과(사마담이 역사를 지은 篇目을 가리킨다.)가 번복되었음에도 불구하고 얻은 결론(사마담이 요점을 들어 서술하여 5體가 모두 갖추어진 것을 말한다.)은 오히려 중대한 참고할 만한 가치가 있다.

구지에강이 천명한 두 시한에서 「조세가(趙世家)」를 논술한 풍부한 사료는 사마담이 풍당(馮唐) 부자의 구술을 통하여 채집한 것으로 계발한 의의가 매우 풍부하다. 라이창양은 「문제기」의 찬어 "겸양하여 지금까지도 이루어지지 않았다(謙讓未成於今)"를 해석하여 깊은 간절함과 애석

---

18 사마정(司馬貞)의 『사기색은(史記索隱)』「서(序)」.

함이 말의 표면에 넘쳐서 사마담이 봉선 사상을 흠모하였음이 부절을 짜 맞춘 듯하다고 하였다. 아울러 「논육가요지」와 「문제기」를 대조하면서 사마담이 추숭한 황로 사상과 문제의 정치가 실천한 허실이 서로 대비를 이룬다고 생각하였다. 이런 논술방법은 상당한 식견이 있다. 「문제기」에 남아 있는 사마담이 역사를 지은 흔적은 반박할 수 없다. 리창즈는 피휘와 피휘를 하지 않는 논증 또한 매우 참고할 만한 가치가 있다고 제기했다. 요컨대 구지에강 등의 논고는 사마담이 역사를 지은 흔적의 그림자를 제공하였는데, 당나라 사람들보다 논술보다 구체적이며 이걸로 충분하다. 사마담이 『태사공서』의 요점을 든 것은 그 자체로 하나의 위대한 업적으로 어떤 평가를 막론하고 모두 과분하지 않다.

사마담은 사마 씨의 사관 세가가 끊긴 것을 다시 떨쳤으며, 자각한 역사학자였다. 구지에강이 "『사기』가 지어진 것은 사마천이 그 전적인 아름다움을 독차지할 수 없으며 중국의 대사학자와 대문학가를 언급하는 사람들은 반드시 한 사람을 더 추가해야 하는데 사마담이다."라고 한 것과 꼭 같다. 이 결론은 긍정적으로 봐야 한다.

그러나 『사기』는 최종적으로 사마천의 손에서 완성되었다. 사마담의 저술은 사마천에 대하여 말하자면 바로 함께 『좌전』과 『국어』를 채택하고 『세본』과 『전국책』을 정리한 것과 마찬가지로 자기의 마지막 원고에 잘라서 녹여 넣어 "일가(一家)의 말"이 되었다. 금본 『사기』 130편은 분할을 용납지 않는 하나의 정체(整體)로 모두 사마천 한 사람이 지은 것으로 볼 수 있으며, 바야흐로 완정하게 체계적으로 『사기』 일가지언의 사상을 탐색할 수 있다. 따라서 우리는 앞에서 사마담이 천관학을 다시 떨쳤다고 논술하였으며 봉선 의식을 제정했을 때 또한 사마천이 끼친 영향과 사상도 논술하려 했다. 우리는 사마담에게 완정한 역사 서술이 있다고 인정해야 하며 그 성과는 아마 47편에 그치지 않을 것이다. 문제는 사마담이 초하여 창작한 것이 사마천에 의하여 거듭 편집되어 녹여졌기 때문에 이로 인하여 이『사기』를 저술한 대표자는 한 사람밖에 있을 수 없는데, 곧 사마천이다.

6. 사마천에게 유명을 남기다

원봉 원년(B.C. 110) 늦봄과 초여름인 3월과 4월은 바로 꽃이 흐드러지게 핀 찬란한 시절로 봉선의 대전(大典)이 태산 꼭대기에서 거행될 것이다. 사마담은 의례의 제정에 참여한 주역 중의 한 명이었으니 얼마나 가슴이 벅찼을까. 그러나 안타깝게도 그는 병으로 주남(周南: 곧 지금의 洛陽市)에 머물러 참여할 수 없었다. 이때 사마천은 마침 사명을 받들고 서정한 서남이의 전선에서 돌아와 이 세상에 드문 대전에 참석하려던 참이었는데, 낙양에 이르러 생명이 위독한 사마담을 보게 되었다. 사마담은 임종할 때 이미 재목이 된 아들 사마천이 돌아온 것을 보고 희망을 찾은 것 같아 확고한 신념으로 충만했다. 그는 가슴이 벅차올라 사마천의 손을 끌어당기며 상심하여 눈물을 흘리면서 뒷일을 부탁하였다. 사마담은 말하였다.[19]

> 우리 선조는 주나라 왕실의 태사였다. 상세로부터 일찍이 우하 때 공명을 드러냈으며 천문을 관장하는 일을 담당하였다. 후세에 중간에 쇠퇴하여 내게서 끊어지려는가? 네가 다시 태사가 된다면 우리 조상을 잇게 될 것이다.

---

19 사마담의 유명(遺命)은 『사기』 권130 「대사공자서」에 상세히 실려 있다.

余先周室之太史也? 自上世嘗顯功名於虞夏, 典天官事. 後世中衰, 絶
於予乎? 汝復爲太史, 則續吾祖矣.

증자(曾子)는 말하였다. "새가 죽으려 할 때에는 울음소리가 애처롭고,
사람이 죽으려 할 때에는 그 말이 선하다.(鳥之將死, 其鳴也哀, 人之將死, 其言也
善)"20, "대대로 사관을 전해온 사마 씨의 가업이 나의 손에서 끊어지려
는가?" 사마담은 비통한 탄식을 쏟아냈다. 그는 "사마천의 손을 잡고 울
면서" 희망을 자식에게 기탁하며 간곡하게 사마천에게 조상의 덕을 발
양하고 효도를 다하여 자기가 개창한 사업을 계승하여 역사를 수찬하
는 책임을 지게끔 타일렀다. 사마천은 사명을 받들어 서정하여 한무제
의 은총을 얻었고 게다가 봉선이라는 대전을 만나 중임을 맡게 될 가능
성이 있었다. 이렇다면 대대로 전해 내려온 사관의 가업은 정말로 단절
될 것이다. 따라서 사마담이 임종할 때의 유언은 벼슬길에 대한 생각은
끊어버리고 반드시 태사령을 이을 것을 요구하였다. 사마담은 침통하게
말을 이어나갔다.

지금 천자께서는 천세의 애통을 이어 태산에서 봉선을 거행하는데, 나
는 수행을 하지 못하게 되었으니 이는 운명이로다, 운명이로다! 내가 죽
으면 너는 반드시 태사가 될 것이며, 태사가 되면 내가 하고 싶었던 논
저를 잊지 말거라.
今天子接千歲之統, 封泰山, 而余不得從行, 是命也夫, 命也夫! 余死,
汝必爲太史, 爲太史, 無忘吾所欲論著矣.

---

20 『논어』 제8 「태백(泰伯)」.

일대의 봉선 대전에 천관을 맡게 된 사마담이 정작 봉선에 참여할 수 없었으니 그 심정이 어떻게 평온할 수 있었겠는가! 그는 운명이 사람을 농락한다는 사실에 개탄하였다. 보아하니 이 유감은 구천(九泉, 황천)까지 짊어지고 가야 할 것이었다. 마침 재주가 남달리 넘치는 아들 사마천이 돌아와 죽음을 앞둔 노인에게 더없이 큰 위안을 가져다주었다. 이는 아마 운명의 배려였을 것이다! 아들은 생전의 염원을 계승하겠노라고 답을 할 수밖에 없었으며 모든 것이 사람의 뜻대로 되지 않는 유감을 벌충할 수 있었다. 사마담은 아들의 확고부동한 대답을 필요로 했고 이 때문에 그는 반복하여 지겹도록 되풀이하여 말하였다. 처음에는 "네가 다시 태사가 된다면 우리 조상을 잇게 될 것이다."라고 하였다. 두 번째는 "내가 죽으면 너는 반드시 태사가 될 것이다."라고 하였으며, 세 번째는 "태사가 되면 내가 하고 싶었던 논저를 잊지 말거라."고 하였다. 이어서 사마담은 또 엄숙한 어조로 사마천에게 말하였다.

대체로 효도는 어버이를 섬기는 데서 비롯되고 임금을 섬기는 것이 중간 단계이며 입신양명하는 것으로 마친다. 후세에 이름을 떨쳐 부모를 드러내는 것이야말로 효도 가운데서도 큰 것이다. 대체로 천하에서 주공을 칭송한 것은 문왕과 무왕의 덕을 칭송하였고 주공과 소공의 교화를 폈으며 태왕과 왕계의 사상에 통달하였고 이에 공류까지 미쳐서 후직을 높일 수 있었음을 말하는 것이다.
且夫孝始於事親, 中於事君, 終於立身. 揚名於後世, 以顯父母, 此孝之大者. 夫天下稱誦周公, 言其能論歌文武之德, 宣周邵之風, 達太王王季之思慮, 爰及公劉, 以尊后稷也.

여기서 사마담은 효도의 뜻으로 사마천을 교육시켰다. 사마담은 역사를 수찬하는 의의를 높이 평가하여 태왕(太王: 古公亶父)과 왕계(王季: 季歷), 문왕(文王), 무왕(武王), 주공(周公), 소공(召公) 등 위대한 역사 인물의 창업에 뒤지지 않는다고 생각하였다. 주나라의 8백 년 천하는 바로 이런 역사적 인물에게서 말미암아 한 대 한 대 영예를 이어온 것이다. 사마담의 입장에서 보면 일대의 대전을 완성하여 이름을 만세에 드리우고 조상을 영예롭게 하면 주왕조를 창조한 위대한 인물들에 비하여 더욱 아름다울 것이었다. 사마담의 시야는 이보다 더욱 심원해야 했다.

임금에게 충성한다는 방면으로 말하자면 대일통의 한나라 왕조의 업적을 찬송하는 것을 완성하지 못하면 충신이라고 할 수가 없었다. 입신(立身)의 사업이라는 측면에서 말하면 그는 『태사공서』의 수찬을 공자가 『춘추』를 수찬한 것과 비교하였으며, 효도를 다하고 충성을 다하고 입신하는 이 세 가지의 완미한 통일은 위대한 인물의 품격을 주조하는데 불가결한 것이었다. 사마천은 "고개를 숙이고 눈물을 흘리며" 공경히 부친이 임종할 때의 가르침을 들으며 이미 마음속으로 "반드시 『태사공서』를 완성하리라"고 결심하였다. 두 부자는 손을 더욱 꽉 잡았으며 두 거룩하고 깨끗하며 순일한 마음이 쇳물처럼 녹아 하나가 되었다. 이때 사마담은 재차 역사 수찬의 종지와 책임을 강조하였다.[21] 그는 말하였다.

유왕과 여왕 이후로 왕도는 이지러지고 예악이 쇠퇴했으므로 공자가 옛 전적을 정리하고 폐했던 것을 일으켜 세워 『시』와 『서』를 논하고 『춘추』를 지으니 학자들이 지금까지도 그것을 법도로 삼는다. 기린이 잡힌 이래 4백여 년이 되도록 제후들은 서로 겸병하기만 하여 역사가 단절되

---

21 사마담이 유언에서 천술한 핵심적인 종지는 위 절의 "『태사공서』의 핵심을 말하다"를 참고하여 보기바란다.

고 말았다. 이제 한나라가 흥하여 해내가 하나로 통일되고 명주와 현군, 충신과 의를 지켜 죽는 선비가 있었는데, 내 태사가 되어 그것을 논하여 기록하지 못하여 천하의 역사 기록이 황폐해져 내 이를 매우 두려워하니 너는 명심할지어다!

幽厲之後, 王道缺, 禮樂衰, 孔子脩舊起廢, 論詩書, 作春秋, 則學者至今則之. 自獲麟以來四百有餘歲, 而諸侯相兼, 史記放絶. 今漢興, 海內一統, 明主賢君忠臣死義之士, 余爲太史而弗論載, 廢天下之史文, 余甚懼焉, 汝其念哉!

이는 사마담이 마지막으로 남긴 말이다. 그는 역사의 직무와 역사의 덕으로 사마천에게 공자가 『춘추』를 수찬한 것과 같이 자각적으로 역사를 일으키는 사명을 어깨에 질 것을 요구하였다. "너는 명심할지어다"라며 사마천이 가슴 깊이 또렷이 기억하도록 요구하였고 사마천은 고개를 떨구고 눈물을 흘리며 오열하면서 간절하게 부친에게 서원(誓願)하는 말을 하였다. 사마천은 말하였다.

소자가 불민하오나 선인께서 편차한 옛 전적을 모두 논하여 감히 빠뜨리지 않겠습니다.

小子不敏, 請悉論先人所次舊聞, 弗敢闕.

사마담은 아들이 서원하는 말을 다 듣자 만면에 웃음을 띤 채 영면했다. 사마천은 공무를 수행하는 중이라 충과 효를 모두 온전하게 해낼 수 없었다. 그는 부친의 유해를 매장한 후 태산으로 달려가 한무제에게 사명을 띤 임무를 복명하였다. 사마담이 태산에 수행하지 못한 것이 임종 때의 유감이라고 한다면, 사마천이 부친을 임종한 후에 다시 행재소로 달려가 정무를 복명해야 했던 것은 아들로서 유감이 아닐 수 없다! 사마담이 임종 때 남긴 유명이 이런 특수한 배경을 가졌기 때문에 "태사공은 천의 손을 잡고 울었으며", 사마천은 "머리를 숙이고 눈물을 흘렸다." 이는 운명에 맞서 항쟁하여 슬프게 흘린 눈물이었다. 한창 역사를 집필 중인 역사학자 사마담이 자기의 손으로 역사 수찬의 계획을 이룰 수 없었으니 그 얼마나 초조했을 지를 체감할 수 있다. 그는 운명의 장난에 개탄하였으나 결코 운명에 굴복되지 않았으며, 사마천에게 유명을 남겨 역사를 수찬하는 장대한 뜻이 실현되게 했다. 사마천의 서원은 이 막중한 임무로 이어졌다. 사마담이 죽을 때의 상황이 사마천에게 준 자극이 매우 깊었기 때문에 그의 기술이 그렇게 격정적으로 가슴에 꽉 찼다고 할 수 있다. 사마천 또한 확실히 사마담 임종 때의 위대한 유명(遺命)을 또렷하게 기억하고 늘 준비하고 있었다.

태초 원년 사마천은 호수와 역사를 수찬하는 요지를 토론하면서 거듭 "선친께서 말씀하셔서(先人有言)"라고 하였다. 사마천이 2대에 걸친 유감을 더욱 벌충하여야 한다는 사실을 깊이 인식하였기 때문에 자신의 맹세에 충실하였고 부친이 죽을 때 남긴 중대한 부탁을 완성하였으며 부친이 남긴 소원을 실현하였다. 역사는 이미 회답을 하였으며 사마천은 한 부의 완미한 답안지를 건네었으니 사마담이든 사마천이든 하늘에 있는 그들이 영령은 전혀 유감이 없을 것이다.

제5장

발분저서(發憤著書)

원봉(元封) 3년(B.C. 108) 사마천은 태사령을 이어받아 "역사 기록과 석실 및 금궤의 책을 모아서 엮으며" 부친이 뜻을 둔 위대한 저술을 시작하였다. 태시(太始) 4년(B.C. 93)에는 「보임안서(報任安書)」와 『사기』의 기본적인 원고를 완성하였는데 16년이 소요되었다. 이는 사마천이 심혈을 기울여 『사기』를 찬술한 16년이자 사마천의 일생에서 가장 평범하지 않은 장정이었다. 이 16년 동안 시사에는 중대한 변화가 일어났다. 서한 왕조는 쇠퇴기로 접어들었고 사마천 개인은 태초력 제정에서 이릉(李陵)의 화를 당하기까지 인생의 여정에 중대한 전환이 발생했다. 이 모든 것은 사마천이 분을 발하여 책을 짓도록 방아쇠를 당기게 하였으니……

1. 태사령을 이어받아 잠심하여 역사를 수찬하다

원봉 3년은 사마천 38세로 경력은 말할 것도 없고 수양에 이르기까지 모든 면에서 성숙해져 갔다. 사마천은 부친의 유언을 따라 태사령을 이어받았다. 사마담은 원봉 원년에 죽었으며, 사마천은 무제의 태산 봉선을 호종한 후 상중이라 벼슬에서 물러났다.[1] 호적은 무릉(茂陵) 현무리(顯武里)에 속해 있었고 관작은 대부(大夫)였다. 원봉 3년 상기가 차자 태사령에 복직되었다. 「태사공자서」의 『색은』에서는 『박물지(博物志)』를 인용하여 말하였다. "태사령 무릉(茂陵) 현무리(顯武里)의 대부 사마천은 나이 28세로 3년 6월 을묘일에 임명되었으며 (녹봉은) 6백 석이었다." "28세"는 "38세"의 잘못이다. "3년 6월 을묘일에 임명되었다"는 것은 바로 원봉 3년 6월 초2일 사마천이 태사령이 된 것이다.

원수(元狩) 5년(B.C. 118) 사마천은 28세에 낭중으로 출사하였는데, 녹봉은 3백 석으로 품급이 낮은 시위(侍衛)였다. 원정(元鼎) 6년(B.C. 111) 사마천은 35세로 사명을 받들어 서정(西征)하였는데, 낭중장(郞中將)으로 녹봉이 천석이었다. 낭중과 낭중장은 낭중령(郞中令) 소속으로 한무제와 가까운 내정(內廷) 시종관(侍從官)이었다. 태사령은 녹봉이 6백 석으로 태상(太常)에 예속되었으며 품급이 낭중장보다 낮았는데, 내정에서 외정으로 옮긴 것이었다.

사마천 자신의 말에 의하면 "하대부의 항렬에서 있을 때 외정 말석(末席)에서 모신(廁下大夫之列, 陪外廷末議)" 보통 장리(長吏)이다. 다만 태사령은 천관을 관장하고 지도와 서적의 관리를 맡는 전문 관리이기 때문에 전

---

1 사마천이 비록 상을 지키느라 치사를 하였지만 한무제가 순행을 나가면 여전히 호종을 해야 했으므로 원봉 2년의 호종에서 무제를 따라 섶을 지고 황하를 막는 일이 있었다. 사마천은 친상 중에도 부름을 받은 것으로 이때 군신 간에 서로 알아주었음을 알 수 있다.

문적인 지식을 필요로 했는데, 사마천은 마침 이런 조건을 갖추었다. 태사령은 또한 수시로 부름을 받는 황제의 고문이 되어야 했고, 아울러 한 무제가 산천의 백신(百神)에게 봉선을 올릴 때 수행해야 했으며 전례를 돕고 직무를 받는 등 한무제와 가까운 사이였다 할 수 있다.

사마천은 일대의 대전을 완성하고 부친인 사마담이 임종 때 남긴 소원인 어버이를 섬기고 임금을 섬기며 입신하는 것을 실현시키고자 하였는데, 태사령을 잇는 것이 이상(理想)을 향한 첫걸음이었다. 한무제는 그 청을 따랐으니 또한 군신 간에 서로 알아주었음을 설명한다.

사마천이 막 태사령이 되었을 때는 또한 바로 한무제의 사업이 정점에 달한 시기로 그의 심중에는 생활과 앞길에 아름다운 이상이 충만하였다. 그는 금상인 성명한 군주를 위하여, 대한(大漢) 왕조를 위하여 사업을 하고자 하였다. 그는 스스로 "빈객과의 교류도 정중히 사양하고 집안의 사사로운 일도 잊어버린 채 밤낮으로 미약한 능력을 다하고 일심으로 자신의 직무에 힘써 임금의 환심을 살 수 있기를 바랐다." 그야말로 모든 열정과 모든 정력을 다 쏟아부었다고 할 수 있다. 그는 산에 은거하는 벗인 지백릉(摯伯陵)에게 편지를 써서 출사를 권했다. 지백릉은 이름이 준(峻)이고 자는 백릉(伯陵)으로 경조(京兆) 장안 사람이며 어려서부터 맑은 절개를 닦아 산에 은거하고 있었다.

사마천은 편지를 보내어 말하였다. "제가 듣자 하니 군자가 도(道)를 귀하게 여기는 것이 세 가지인데 가장 좋은 것이 입덕(立德)이고 그 다음이 입언(立言), 그 다음이 입공(立功)이라고 합니다. 삼가 생각건대 백릉의 재능은 남보다 빼어나며 그 뜻을 고상하게 하여 그 몸을 훌륭하게 건사하였고 얼음처럼 맑고 옥처럼 깨끗하여 잔단 행실로 그 명성이 누를 끼치지 않으니 실로 이미 귀하다 하겠습니다. 그러나 가장 좋은 것에서 말미암음을 다하지 않으니 원컨대 선생께서는 조금만 뜻을 받아주십시오." 사마천의 이 유명한 「지백릉에게 보내는 편지(與摯伯陵書)」는 황보밀 (皇甫謐)의 『고사전(高士傳)』에 수록되어 있다. 이 편지에서는 청년 사마천 의 뜻이 입덕(立德)과 입언(立言), 입공(立功)의 진취적인 정신에 있음을 표 명하였다. 넓고 앙양된 시대정신과 군신 간에 서로를 알아주는 감우(感 遇), 사친(事親), 사군(事君), 입신(立身)이라는 부친의 가르침, 공명(功名)을 세우는 남아의 장지(壯志) 등은 모두 사마천의 창작의 원동력이 되었다. 그는 온 심신을 모두 쏟아부어 잠심하여 역사를 수찬하였고 「태사공자 서」에 엄숙하게 기록하였다.

사마천은 말했다. "(부친이) 돌아가신 지 3년 만에 천은 태사령이 되어 역사 기록과 석실 및 금궤의 책을 모아서 엮었다." 또 말하였다. 한나라 가 흥하고 "백년 동안 천하의 유문과 고사가 태사공에게 다 모이지 않 음이 없었다. 태사공은 이에 부자가 서로 이어 그 직책을 계승하였다." 이런 화두는 사마천이 정식으로 태사령이 된 다음에 당당하고 정대(正 大)하게 황실의 도서관에서 석실과 금궤의 책을 뒤적여가며 열람하고 모든 비밀 서적과 역사 자료를 정리하여, 부친이 이미 시작한 사업을 이 어 위대한 찬술 작업에 종사하여 얼마나 가슴이 후련하였을까 하는 것 을 설명해 준다.

2. 태초력을 제정하다

태초(太初) 원년(B.C. 104) 사마천은 42세로 『태초력』을 제정하는 일을 발 의하고 참여하여 완성하고 반포하게 되었다. 이는 국가의 대사일 뿐 아 니라 사마천의 인생 여정 중에서 기념할 만한 가치가 있는 이정표이다. 이해에 사마천은 『사기』의 집필 범위를 수정하고 정식으로 『사기』의 원고를 정하는 일에 착수하였다.

중국의 옛 달력은 농업생산에 수반하여 발전되어 온 음양을 합친 것으로 그 절기와 월령(月令)은 모두 농업생산을 위해 제정되었다. 농업은 중국 고대의 국가 경제와 민생을 떠받치는 경제 명맥이었으며, 농업생산은 계절의 영향이 매우 강하여 역법(曆法)에 매우 크게 의지하였다. 따라서 역법의 제정은 국가의 큰 정치가 되었다. 고대의 제왕은 역법을 제정하는 권한을 장악하였으며 아울러 사회의 모든 실제적인 의의를 통제하는 조치도 장악하였다.

주대(周代)에는 천자부터 제후까지 모두 역서의 표본을 종묘에 모셔놓았으며 매월 첫날 소뢰(少牢)로 곡삭(告朔)의 예를 거행하였다. 서주 때는 천자만이 역법을 제정할 권한을 가졌다. 춘추시대에 이르러 왕의 기강이 많이 실추되기는 하였지만 주나라 천자는 여전히 역법을 제정할 권한을 손아귀에 쥐고 있었으며 제후들은 모두 주력(周曆)을 사용해야 했기 때문에 역의 반포는 주나라 천자의 공주(共主)의 지위를 나타내는 일종의 유대(紐帶)를 나타내었다. 전국시대에는 각국이 왕을 칭하여 스스로 역법을 제정하여 주천자의 공주 지위는 더 이상 존재하지 않았다. 이로써 역법의 정치 생활에서의 중요한 의의를 알 수 있다.

전국시대에는 음양가가 흥기하여 오덕종시(五德終始)의 학설을 창립하였고 역법에 다시 천명이 순환하고 옮겨간다는 색채를 덮어씌워 더욱 신비롭게 되었다. 역법은 길흉과 금기, 신에게 제사를 올리고 제삿날을 기록하여 천인감응의 학설을 소통시키는 하나의 노선을 이루게 되었다. 역법을 고쳐 정삭(正朔)을 정하는 것은 천명의 귀속을 상징하였다. 국가의 대정(大政)일 뿐만 아니라 성군과 현왕의 표지이기도 하며 일반적인 군주가 가벼이 시행할 수 있는 정치가 아니었다.

사마천은 『사기』 「역서(曆書)」 서(序)에서 말하였다. "왕이 성이 바뀌어 천명을 받을 때는 반드시 처음을 신중히 하여 정삭을 고치고 복색을 바꾸며 하늘의 천기 운행을 미루어 그 뜻을 따른다."「오제본기」에서는 황제와 요·순이 모두 역법 작업을 매우 중시하였으며 아울러 그것을 국가 정권의 상징으로 삼았다고 쓰고 있다. 한조(漢朝)가 건립되자 새 역법을 제정해야 할지 말아야 할지를 두고 조정에서 오랜 기간에 걸친 논쟁이 진행되었다. 오덕종시설에 따라 한나라가 무슨 덕에 응하는가 하는 데 있어서 전후로 세 가지 설법이 있었다.

한고조는 스스로 적제(赤帝)의 아들로 생각하여 색은 적색을 숭상하였고, 10월을 새해의 첫 달로 삼았다. 문제 때는 승상 장창(張蒼)이 한나라는 수덕(水德)임을 주장하여 흑색을 숭상하였고 여전히 10월을 새해의 첫 달로 하였다. 문제 전원(前元) 12년(B.C. 168)에 노나라 사람 공손신(公孫臣)이 한나라는 오행 중 토덕(土德)이라고 주장하여 황색을 숭상하고 역법을 고치고 복색을 바꾸어야 한다고 하였다. 그러나 일찍 문제 초년에 정론가 가의(賈誼)가 글을 올려 봉선과 역법의 개정 등 모든 국가의 중대한 정치를 조정하는 문제를 제기하여 사안이 중대하여 줄곧 질질 끌면서 진행되지 않았다. 한무제는 밖으로는 사이를 정벌하고 안으로는 공업을 일으켜 거대한 성공을 얻어 봉선을 거행하고 역법을 개정하여 서한이 지극히 성함을 상징하려고 하였다. 이로 인하여 국가의 대정을 조정하는 것 및 천지 산천의 모든 신에게 제사 지내는 예의를 조정하는 것은 피할 수 없는 추세가 되었다. 사마천이 마침 그때를 만나 봉선의 예의에 참가하였을 뿐만 아니라 직접 역법의 개정을 발기하고 참가하기까지 하였는데, 이는 천재일우의 기회였다. 따라서 이는 그의 인생 여정에서 기념비적인 이정표라고 하는 것이다. 사마천은 매우 감동하여 「태사공자서」에서 특별히 대서특필하였다.

5년째 되던 해는 태초 원년(B.C. 104)으로 11월 갑자일 초하루 동지에 역법을 비로소 개정하여 명당에서 세우고 여러 신들이 제사를 받게 되었다.

五年而當太初元年, 十一月甲子朔旦冬至, 天曆始改, 建於明堂, 諸神 受紀.

『한서』「무제기」의 기록에 의하면 태초력이 반포된 것은 태초 원년 5월 이다.

여름 5월에 역법을 바로잡아 정월을 한 해의 첫 달로 하였으며 황색을 숭상하고 수는 5를 썼으며 관직 이름을 정하고 음률을 조정하였다.

『한서』「율력지(律曆志)」에서는 역법을 제정하게 된 경과를 상세히 기록하였다. 한무제 원봉 7년 태사령 사마천과 태중대부(太中大夫) 공손경(公孫卿) 및 호수(壺遂) 등이 글을 올려 "역법의 기강이 허물어져서 정삭을 고쳐야 한다"고 말하였다. 한무제는 어사대부(御史大夫) 예관(兒寬)과 박사들의 의견을 널리 구한 후에 사마천 등으로 하여금 "한나라의 역법을 만들 것을 논의하게"2 하였다. 한무제는 이번 역법의 제정을 매우 중시했다. 이에 전국의 저명한 천문학자를 불러 참가시켰다. 시랑(侍郎) 존(尊)과 대전성(大典星) 사성(射姓), 치력(治曆) 등평(鄧平), 장락 사마(長樂司馬) 가(可), 주천후(酒泉侯) 의군(宜君), 방사(方士) 당고(唐都), 파군(巴郡)의 낙하굉(落下閎) 등 조정과 민간의 전문가 20여 인이 있었다. 일을 분담하여 협업도 하고

---

2 『사기』「한장유열전(韓長儒列傳)」에서 태사공은 말하기를 "나는 호수와 함께 율력을 정하였다."고 하였다. 이는 사마천의 자술(自述)로 『태초력』이 태사공 사마천이 처음으로 발기하고 아울러 조령을 받아 조직하여 제정된 것임을 설명한다.

각자가 배운 전문 분야를 발휘하기도 하여 함께 10여 부의 역법을 제정하였다. 곧 10여 종의 추산 방안에 대해 엄격한 선별 작업을 거쳐 등평의 역법을 채택하기로 결정하였다. 한무제는 명당에서 성대한 역법 반포 전례를 거행하였으며 아울러 연호를 원봉 7년에서 태초(太初) 원년으로 고쳤기 때문에 새 역법을 『태초력』이라 하였다. 반포한 후에는 정치제도 전장 예의와 관제(官制)도 조정을 진행하였는데, 이것이 바로 한무제의 태초 개제(改制)이다.

『태초력』은 중국 고대의 첫 번째 비교적 완정한 역법이었다. 이번 역법의 제정은 또한 중국 역법사상 중대한 역법 개혁이었다. 한나라 이전의 옛 역법으로는 황제와 전욱, 하, 은, 주, 노(魯) 등 육력(六曆)이 있었다. 이 여섯 옛 역법은 겨울이 모두 4분의 1일이었으므로 사분력(四分曆)이라 한다. 『태초력』은 하루를 81분(分)으로 나누었기 때문에 팔십일분율력(八十一分律曆)이라고도 한다.

한나라 초기만 해도 진(秦)의 제도를 이어받아 옛 역법인 『전욱력』을 사용하였다. 『태초력』과 『전욱력』을 전면적으로 비교해 보면 중대한 진보가 있는데, 네 방면으로 표현된다. 첫째, 『태초력』은 정밀한 측정을 거친 역수(曆數)의 처음을 태초 원년 동지 삭단(朔旦) 갑자일의 야반으로 삼아, 『전욱력』의 누적된 오차를 바로잡았다. 이 때문에 『한서』 「율력지」에서는 『태초력』을 일컬어 "그믐과 초하루가 악기의 현이 바라보듯 가장 정밀하고, 해와 달이 벽옥을 합친 것 같으며 오성(五星)이 구슬을 꿴 듯하다."고 하였다. 둘째, 『태초력』은 정월을 새해의 첫 달로 하여 더욱 과학적으로 농경의 계절을 반영하였는데, 이 때문에 후세에서 역법을 고칠 때 지금까지 줄곧 연용하고 있다. 셋째, 『태초력』은 19년에 7번의 윤달을 두었으며 처음으로 24절기를 역법에 넣어 중기(中氣)의 달이 윤달이 되지 않게 하여 역서가 농사철에 더욱 잘 맞도록 하였다. 넷째, 『태초력』

은 135개월에 23차의 일식과 월식의 발생 주기라는 규율을 추산해냈다.

그러나 『태초력』에도 부족한 면이 있었다. 그 81분율이라는 수가 의거한 것은 황종률(黃鐘律) 관(管)이 9촌이라는 수에 의거한 "9"를 제곱하여 음률을 가지고 역을 일으킨 것으로 이는 과학적 근거가 결핍되어 있다. 『전욱력』의 한 해의 길이는 365와 4분의 1일이며, 한 달의 길이는 29와 940분의 499일이다. 『태초력』의 한 해의 길이는 365와 1,539의 385일이며 한 달의 길이는 29와 81분의 43일이다. 두 가지를 비교해 보면 『태초력』의 추산이 『전욱력』보다 소략하다. 『태초력』은 27년간 쓰인 후 소제(昭帝) 원봉(元鳳) 3년 태사령인 장수왕(張壽王)이 반대 의견을 제기하였지만 동한 장제(章帝) 원화(元和) 2년(85)이 되어서야 누적된 오차가 너무 커서 새 역법으로 교체되었다. 『태초력』은 189년간 쓰였다. 이외에 사마천은 옛 사분력(四分曆)의 "나머지를 끝으로 돌리는" 곧 윤달을 한 해의 끝에 두는 것을 좋아하였다.

사마천은 새 달력의 원년과 역수의 첫날이 모두 갑(甲)자를 띠도록 하고자 하여 태초 원년을 "언봉섭제격(焉逢攝提格)" 곧 갑인년으로 정할 것을 주장하였다. 이는 실제 간지 기년의 순서인 병자년(丙子年)과는 22년의 차이가 난다. "나머지를 끝으로 돌리는 것"과 태초 원년을 "갑인"년으로 정하는 이 두 관점은 오히려 사마천의 역법에서의 보수적인 관점을 표현하였다. 사마천과 등평이 새 역법을 제정할 때 이런 분기(分歧) 특히 『태초력』의 추산이 정밀하지 않았고 새로 고칠 여력도 없었기 때문에 사마천은 「역서」를 쓰면서 "역술(曆術)「갑자편(甲子篇)」"을 기록하였는데, 태초의 새 역법이 아니며 여전히 옛 사분법의 추산이며 윤13월이 있고, 아울러 태초 원년을 "언봉섭제격"으로 정하였다. 주원신(朱文鑫)의 「17사 천문의 여러 지 연구(十七史天文諸志之研究)」에서는 지적하였다. "등평은 사분력 80장(章)의 기법(紀法)을 깨뜨리고 『태초력』 81장의 통법(統

法)을 지었다. 낙하굉과 사공(史公)은 모두 그 소략함을 알았는데, 조령으로 그 술법을 쓰고 사공은 역법에 정밀하지 못하였으므로 평술(平術)을 이길 좋은 법이 없었다. 이에 새 역법의 추산을 쓰지 않았으며 등평을 기록하지 않았으니 이는 옛 역법을 기록하여 포폄을 깃들인 것이다."

위에서 말한 두 방면에서 『태초력』은 수십 명에 달하는 전문가의 공동 연구 제정을 거쳤지만 여전히 미진한 곳이 있다는 것을 알 수 있다. 등평력(鄧平曆)은 각종 의견에서 제기한 것을 조화시킨 절충 방안으로, 사마천은 「역(曆)」에서 새로운 역법으로 추산하는 방법을 싣지 않음으로써 포폄을 기탁하여 자기의 의견을 보류하는 태도를 표명하였다고 생각할 수 있다. 그러나 『태초력』이 주요 방면에서 취득한 성공은 사마천의 중대한 공헌을 포괄하였다. 이 때문에 사마천은 결코 새 역법을 부정하지 않았으며 「태사공자서」에서 비범한 기록을 남기게끔 격동시켰다. 그는 또 말하였다. "나는 호수와 함께 율력을 정하였다."[3] 사마천이 『태초력』을 제정하는 것을 발기하고 참여한 것은 사마 씨의 "상세에서 일찍이 우하 때 공명을 드러냈으며 천문을 관장하는 일을 담당하여" 조상을 빛내고 지하에 있는 사마담을 위로하는 것을 실현하였을 뿐만 아니라 공자의 "하나라의 철[책력]을 행한다(行夏之時)"는 이상도 실현하였다.

『논어』 「위령공(衛靈公)」에는 공자가 "하나라의 철[책력]을 행한다"는 말을 싣고 있다. 사마천은 공자를 추종하여 또한 하나라의 철을 행할 것을 주장하였다. 「하본기」에서 태사공은 말하였다. "공자는 하나라의 철을 바로잡았는데, 학자들이 『하소정(夏小正)』을 많이 전하였다고 한다." 사마천의 하정(夏正)을 시행하는 데 대한 동경을 표현하였다. 『태초력』은 하나라의 철을 관철시킴으로써 정월을 한 해의 첫날로 하여 역법의 구조

---

3 『사기』 권108 「한장유열전(韓長孺列傳)」 찬.

를 조정하였는데, 곧 일종의 과학적 표현으로 후세에 깊은 영향을 끼쳤
으며, 사마천의 공헌은 닳아 없어지지 않을 것이다.

3. 『사기』의 집필 범위를 수정하다

『사기』의 집필 범위는 「태사공자서」에서 명확하게 기록하였다. 첫째,
"이에 마침내 도당 이래의 일을 말하였는데, 기린이 잡힌 데까지 이르며
황제로부터 시작하였다.(於是卒述陶唐以來, 至于麟止, 自黃帝始)"고 하였다. 다시
"나의 서술은 황제를 거쳐 태초에 이르러 끝이 나며 130편이다.(余述歷黃
帝以來至太初而訖, 百三十篇)"라고 하였다. 이 두 단락의 말은 서로 모순되어
상한과 하한에 모두 두 가지 집필 범위가 있다. 이에 후세 학자들의 논
쟁을 일으켰으며 특히 하한에 대한 논쟁은 더욱 분분한 논란을 낳아 많
은 『사기』 내용의 진위를 언급하였다.

『사기』가 이루어진 과정을 고찰하기만 하면 「태사공자서」에서 말한
모순은 파죽지세로 풀릴 것이다. 원래 「태사공자서」에 실린 것은 두 개
의 계획이었다. 도당에서 시작하여 기린이 잡혔을 때까지는 사마담의
계획이었다. 황제에서 시작하여 태초 연간까지 역사의 대세를 반영하여
대일통을 지향한 것은 사마천이 『사기』의 집필 범위를 수정하여 확대한
계획이다. 이 두 계획은 『사기』에 직접적인 증명이 있다. 상한선에 관해
서는 「오제본기」 찬에서 명확히 설명하였다. 사마담이 도당(陶唐)에서 시
작한 것은 공자가 『상서』를 수찬하면서 요(堯)에서 시작한 것을 본받았
다. 사마천은 현지를 조사 방문하고 사적(史籍)을 참고하여 황제에게서
시작하는 것으로 수정하였는데, 황제의 세상에서 통일을 열고 국가를
처음으로 창조했다는 것을 반영한 것이다.

사마천이 써 내려간 「오제본기」를 보면 황제 전에는 사분오열된 부락이 혼전을 벌이던 세상이었다. 황제가 염제(炎帝)와 치우(蚩尤)를 멸하고 나서야 사회가 통일되었다. 『사기』에 실려 있는 삼대의 천자와 열국의 세가는 조상의 연원을 거슬러 올라가면 모두 황제에게로 근원이 귀납되는데, 이 점은 주목할 만한 가치가 있다. 중화 민족은 모두 황제의 자손인데 이 민족 관념은 『사기』에 기초하고 있다. 사마천은 상한선을 늘여서 『상서』에 실린 요 이래의 한계를 깨뜨렸으며 또한 "덕을 닦고 군세를 떨쳐" 천하를 통일한 황제라는 극한(極限)을 돌파하지는 않았는데, 그 마음 씀이 대일통을 선전하는 뜻을 기탁함이 깊다.

당나라 사마정과 송나라 구양수 두 사학자는 사마천의 역사 인식을 궁구하지 않고 『사기』의 상한선을 황제에게서 시작한 것에 대하여 보충과 비평을 제기하였다. 사마정은 주제넘게 나서서 『사기』에 「삼황본기(三皇本紀)」를 보충하였는데, 사족이라고 할 수 있다. 구양수는 사마천이 공자가 『상서』에서 당우(唐虞: 堯舜)까지로 한정한 것을 뛰어넘어 위로 황제 이래로 이야기한 것은 역량을 헤아리지 않고 자기가 뛰어나다는 것에만 힘을 쓴 것으로 잃은 것이 많을 것이다."[4]라고 비평하였다.

사마천은 「오제본기」 찬에서 말하였다. "배우기를 좋아하고 생각을 깊이 해서 마음속으로 그 일을 알고 있는 사람이 아니라면 견문이 좁은 사람에게 이런 이야기를 한다는 것은 실로 어려운 일이다." 사마정과 구양수 두 사람이 긍정하고 부정한 과실은 사마천의 "배우기를 좋아하고 깊이 생각하지 않는" 감탄이라 설명할 수 있으니 깊은 뜻을 기탁하였다.

사마천이 하한선을 태초 연간까지 늘인 것은 정황이 복잡하다. 태초는 B.C. 104년에서 101년까지 4년간 쓰인 연호로, 사마천은 태초 원년

---

4 구양수(歐陽脩) 『거사집(居士集)』 권41 「제왕세차도서(帝王世次圖序)」.

에 『사기』의 하한선을 수정하였는데, 다만 태초 원년까지만 늘일 수 있었다. 현재의 『사기』는 실제 하한선이 큰일은 태초 4년까지 이르고 부기(附記)는 무제 말까지 이르기[5] 때문에 학술계에서는 의견이 분분하여 반드시 한번 말끔하게 정리를 하고 넘어가야 한다.

『사기』의 하한선에는 모두 네 가지 설이 있다.

(1) 기린이 잡힌 데서 그쳤다는 설. 서한의 양웅(揚雄)과 동한의 반표(班彪), 삼국(三國)의 장안(張晏) 등이 이 설을 주장하였다. 「태사공자서」의 결구에 의하면 "이에 마침내 도당 이래의 일을 말하였는데, 기린이 잡힌 데까지 이른다(於是卒述陶唐以來, 至于麟止)"고 하였다. 근인 량치차오(梁啓初)와 최적(崔適) 등은 반드시 이에 의해 『사기』를 끊어야 하며 원수 이후의 기사는 모두 사마천의 손에서 나온 것이 아니라고 하였다. 최적은 이 경천동지할 의논을 일으켜 『사기』의 29편은 후대의 사람들에 의해 보충된 것이라고 단언하였다.

(2) 태초에서 그쳤다는 설. 동한의 반고와 순열(荀悅), 당나라 유지기(劉知幾), 청나라 양옥승(梁玉繩) 및 일본 학자 다키가와 모토히코(瀧川資言) 등이 그 설을 주장하였는데, 「태사공자서」의 "나의 서술은 황제를 거쳐 태초에 이르러 끝이 나며 130편이다.(余述歷黃帝以來至太初而訖, 百三十篇)"라고 한 구절에 의거하였다. 근대인 주동윤(朱東潤)은 『사기고색(史記考索)』에서 처음으로 구체적으로 "태초 전 1년, 곧 원봉 6년에서 끝난다"고 하였다. 왕궈웨이는 "태초 4년에서 끝난다"고 하였는데, 마지막 기사는 정화(征和) 3년까지 이른다.

(3) 천한(天漢)에서 그쳤다는 설. 이 설을 가장 먼저 주장한 사람은 동

---

5 사마천이 태초 이후의 역사적 사실을 부기한 내용은 이 책 제9장의 사마천의 『사기』에 대한 수정에 상세히 보인다.

한의 반고로 『한서』 「사마천전」에 보인다. 『사기』 삼가주(三家注)의 작자
는 모두 이 설을 지지하였다. 배인의 설은 『사기』 「장상표집해(將相表集
解)」에 보이고, 사마정의 설은 『사기색은』 「후서(後序)」에 보이며, 장수절
의 설은 『사기정의』의 「서(序)」에 보인다.

(4) 무제 말년에서 그쳤다는 설. 저소손(褚少孫)은 말하였다. "태사공의
기사는 효무의 일에서 다한다." 「건원이래후자연표」의 저소손이 보충한
부분에 보인다. 판원란은 『정사고략(正史考略)』 「사기조(史記條)」에서 말하
였다. "태초 이후는 『좌씨(左氏:左傳)』에 이어붙인 전이 있는 것과 같다."

네 가지 하한설의 진위를 고증하는 일은 마땅히 『사기』를 근거로 증명
하여야 한다. 주로 네 가지가 있다. 첫째 「태사공자서」의 결구는 전편의
찬(贊)이 된다. 특히 시대 범위를 밝혀 사마천이 이에 대해 얼마나 중시
했는지 알 수 있다. 「태사공자서」는 무엇 때문에 두 시대 범위라는 모순
된 기록을 실었을까? 구지에강은 부자 두 사람의 같지 않은 계획을 발견
하여,[6] 사람을 갑자기 깨닫게 하여 미혹됨을 풀었다. 둘째, 사마천은 스
스로 『사기』의 글자 수를 52만 6천 5백 자라 하였는데, 하나의 표준 척도
가 된다. 『사기』가 태초에서 그치는 것이 이에 부합하며, 기린이 잡힌 데
서 그치는 것은 크게 부합하지 않는다. 셋째, 사마천의 역사관에 의하면
한무제 시대의 사세 변화를 미루어 사마천은 문장에서 왕왕 드러내 보
였다. 예를 들어 「한흥이래제후왕연표」의 서에서 말하기를 "신 사마천
은 삼가 고조 이래 태초까지의 제후의 흥망성쇠를 기록하여 제후들에게
보여주려고 한다."고 하여 분명히 "태초에 이르러"라고 말하였다. 또한

---

6 구지에강은 말하였다. "획린(獲麟)은 『춘추』의 끝이고, 제요(帝堯)는 『상서』의 시작이다. 사
마담은 공자의 뒤를 이어 서술하고자 하였으므로 '마침내 도당 이래의 일을 말하였는데, 기
린이 잡힌 데까지 이른다'고 하였다. 「사마담이 역사를 짓다(司馬談作)」에 보이며, 『사림
잡지초편(史林雜識初編)』에 수록되어 있다.

"형세가 비록 강하지만 요컨대 인의를 근본으로 한다."고 하여 사세의 변화를 가리켰다. 또한 「고조공신후자연표」 서에서 말한 것과 같다. "태초 백 년 사이까지 후의 작위를 유지한 것을 본 것이 다섯 번이다."

「천관서」에서는 말하였다. "내가 역사 기록을 보고 일을 행하는 것을 살펴보니 100년 중에 ……" 이런 말은 모두 『사기』의 하한선이 태초임을 지적한다. 넷째, 『사기』의 실제 기한의 단정을 가지고 검증한다. 「역서(曆書)」 서의 일은 원봉 7년 곧 태초 원년까지 이른다. 『역술갑자편(曆術甲子篇)』은 태초 원년에서 연명(年名)을 배열하였다. 「천관서」의 서술은 한나라가 흥한 이래 천인감응의 변화인 "백년 가운데"는 태초의 "군사가 대원을 정벌한 것"에서 끝난다. 「봉선서」 서의 일은 태초 3년까지이다. 「하거서(河渠書)」 서의 일은 원봉 2년 무제가 친히 황하에 이른 데서 그친다. 「평준서(平準書)」 서의 일은 원봉 원년까지 이른다. 연표 서의 일은 「한흥이래제후왕연표(漢興以來諸侯王年表)」와 「고조공신후자연표(高祖功臣侯者年表)」, 「혜경간후자연표(惠景間侯者年表)」, 「건원이래후자연표(建元以來侯者年表)」, 「건원이래왕자후자연표(建元以來王子侯者年表)」는 모두 태초 4년에서 끝난다.

위의 고증을 종합하면 사마천은 하한에 대하여 두 차례 수정하였다. "태초에 이르러 그쳤다"는 것은 곧 하나의 시대적 시한을 정한 것으로 결코 절대적인 연대가 아니다. 태초 원년으로 수정한 것은 하한선을 태초 원년으로 늘인 것으로 사세의 발전에 따라 나중에 태초 4년까지 늘였다. 절대 연대를 취한다면 연표를 따라 태초 4년으로 바로잡아야 한다.

사마천은 어째서 『사기』의 하한선을 태초까지 늘였을까? 간단하게 말하여 태초 연간에 역법을 개정한 것은 서한이 극도로 번성하였음을 상징한다. 한무제가 즉위하여 원수 원년까지는 19년이 지났고, 문치와 무공이 바야흐로 한창이었다. 원수 원년에서 태초 원년까지가 또 19년이며, 태초 4년까지는 22년이 지났다. 이 시기에 한무제는 밖으로는 사방의 오랑캐를 정벌하고 안으로는 공업(功業)을 일으켜 거대한 성공을 얻었다. 그래서 봉선을 행하고 역법을 개정하여 서한이 극도의 번성에 달한 것을 상징하였다. 『사기』 10표는 역사의 기간을 나누었으며 10표의 서문에서는 분명하게 역사의 시기를 정하는 이론을 천명하여 반복하여 거듭 "한나라가 안정되고 100년간", "태초의 100년에 이르는 사이", "이에 그 처음과 끝을 삼가 그 문장을 표현하였다"고 하여 이로써 하한선을 태초까지 늘렸는데, 역사 발전에 따른 자연적인 한계의 단정이다. 서한은 B.C. 206년에 건립되었으며 태초 원년인 B.C. 104년까지는 98년이다. 태초 4년까지인 B.C. 101년까지는 102년이 되는데, "100년 사이"라 한 것은 정수를 든 것이다.

태초 4년 이사장군(貳師將軍) 이광리(李廣利)는 대원(大宛)을 정벌하고 돌아와 서역이 귀부하여 한무제의 사업은 광휘의 정점에 도달했으며 이후에 정점에서 내려왔다. 사마천은 거듭 『사기』의 하한선을 태초 4년까지로 수정하였다. "시작을 밝히고 끝을 살피고 성쇠를 관찰하였기" 때문에 이는 사마천이 「태사공자서」에서 명확하게 밝힌 역사 방법론이다. 사마천은 또한 「십이제후연표」 서에서 "유자(儒者)는 그 뜻을 취하였는데, 유세가는 그 말을 응용하기는 하였지만 그 시말을 종합하는 데 힘쓰지 않았다."는 비(非) 역사관점과 방법론을 비판하였다. 사마천은 "치(治)"와 "란(亂)" 두 자를 둘러싸고 역사를 썼는데, 역사 사변의 시말에 매우 치중하였다. 사마천이 보기에 "그 시말을 종합하는" 방법으로 "그 행한 일을 고찰하여 흥망성쇠의 이치를 헤아려야" "고금의 변화에 능통하여" "일가의 말을 이룰 수 있다." 사마천은 『사기』의 하한선을 수정하여 "기린이 잡힌 때까지"에서 "태초에 이르기까지 논하였다"까지 늘렸는데, 또한 "일가의 말을 이룬" 필연적인 발전이다.

위에서 말한 것을 총괄하면 태초의 역법 개정은 사마천이 전성기를 맞이하였을 때이다. 그는 격동이 그치지 않았으며, 한나라 왕조의 성대한 기상에 경도되어 부친이 핵심적인 내용을 들어 설명한 『사기』의 집필 범위를 수정하기로 결정하였다. 사마천은 상한선을 확장시켜 황제로 시작하여 대일통 역사관을 두드러지게 드러내었다. 하한선은 태초 원년까지 늘여 현대사의 내용을 증강하여 대한의 위엄 있는 덕을 기리고 찬양하였다. 황제에서 한무제까지는 바로 역사가 통일되고 발전하는 것에서 대일통을 향하여 달려감을 상징하는데, 이는 깊은 역사 인식을 갖추고 있다.

사세의 발전에 따라 사마천은 이릉(李陵)의 화를 당하게 되며 두 번째로 『사기』의 집필 범위를 수정하여 태초 원년까지 미쳤던 하한선을 태초 4년까지로 늘여서 "성함을 보고 쇠함을 살피었다." 이와 동시에 울분을 기록하고 공평치 못한 처지를 토로하여 『사기』에 백성을 옹호하는 요소를 녹여 넣게 하였다. 사마천은 『사기』의 집필 범위를 두 번 수정하고, 두 차례 『사기』의 주제를 승화시켰는데, 그의 사상 또한 당초 온화한 풍자에서 격렬한 항쟁을 하는 쪽으로 방향을 바꾸었다. 아울러 "시비가 성인에게서 자못 그릇된" 이단사상을 형성하여 스케일이 크고 생각이 정밀한 저작에 그대로 녹여 넣었다. 태초의 역법 개정과 이릉의 화를 당한 것은 공교롭게도 바로 사마천이 역사를 서술하는 여정에서의 두 전환점이 되었다.

4. 호수의 물음에 답하여 역사를 짓는 의례(義例)를 말하다

사학(史學)이란 무엇인가? 사마천의 시대에만 해도 전 사상계에서는 여전히 사학에 대한 인식이 흐릿하였다. 사마천 본인 또한 직접 "사학"의 개념을 제기하지 않았다. 그러나 사마담과 사마천의 뇌리에는 일찍 감치 완비된 계통적 사학 사상 체계가 배태되어 성숙했으며 아울러 부자가 이미 2대에 걸쳐 이를 몸소 힘껏 실천하는 중이었다. 사마담은 이미 이 때문에 일생을 소진하였다. 『태초력』을 반포하였을 때 한나라는 건국한 지가 이미 백 년이 되어 봉건국가에서 전에 없던 통일이 출현하였고, 봉선제와 역법의 개정으로 온 나라가 기쁘게 경하하였다. 이해에 사마천은 42세였다. 그는 격동의 소용돌이에서 역사를 수찬하는 책임의 중대함을 깊이 깨달았고 허송세월을 하던 중 일종의 긴박감 또한 스스로 분발하여 글을 쓰도록 재촉했다. 이때 그는 부친의 유언을 떠올렸다.

> 선친께서 말씀하시기를 "주공이 죽고 난 뒤 5백 년 만에 공자가 있었다. 공자가 죽은 후 지금까지가 5백 년이니, 능히 밝은 세상을 이어 『역전』을 바르게 하고 『춘추』를 이으며 『시경』 및 『서경』, 『의례』, 『악경』에 근거하여야 할 때가 아니겠느냐?"고 하셨다. 여기에 뜻이 있지 않겠는가? 여기에 뜻이 있지 않겠는가? 소자가 어찌 감히 그것을 사양하겠습니까?
> 先人有言, 自周公卒五百歲而有孔子. 孔子卒後至於今五百歲, 有能紹明世, 正易傳, 繼春秋, 本詩書禮樂之際?, 意在斯乎? 意在斯乎? 小子何敢讓焉?[7]

선인(先人)은 곧 사마담이다. 사마담은 주공이 죽은 후 5백 년 만에 공자가 나왔고, 공자가 죽은 후 지금에 이르러 공자를 계승할 사람이 나와 청명(淸明)한 성세의 교화를 선양하여 『역경』에서 말한 유명(幽明)이 변화

---

7 『사기』 권130 「태사공자서」.

하는 이치를 검증 확인하고, 『춘추』가 역사를 서술한 것을 본받아야 하며, 『시』, 『서』, 『예』, 『악』으로 모든 것을 저울질하여야 한다고 생각하였다. 사마담은 핵심을 들어 설명한 공업이 채 이루어지기도 전에 세상과 영원히 결별하였다. 지금 이 짐은 자신의 어깨에 떨어졌으며 반드시 부친이 남긴 바람을 실현하고자 하여 감히 사양하지 않았다. 사마천은 함께 역법을 만든 친한 친구인 호수(壺遂)에게 자기의 생각을 알렸다. 이에 호수는 사마천에게 심도 있는 문제를 제기하였다. "옛날에 공자는 무엇 때문에 『춘추』를 지었습니까?"[8] 호수의 질문은 실질적으로 사마천에게 왜 역사를 지으려고 하느냐는 완곡한 물음이었다. 또한 사학(史學)이라는 이 문제를 뚜렷하게 제기한 것이라 할 수 있다.

사마천은 호수의 질문에 답하면서 장편의 큰 논의를 전개하였다. 그는 사학은 "풍자"와 "송양(頌揚)"이라는 두 방면의 역할을 갖추어야 한다고 생각했다. "풍자"의 역할은 후인들에게 법도를 세워주는 것이며 또한 현실에 관여하는 것이다. "송양"의 역할은 사상을 묘사하여 개명한 정치에 대한 향방을 펼쳐 보여주는 것이다. 사마천이 대답한 내용에서 보건대 동중서의 말을 인용하는 데 치중하여 청년 시기의 사마천은 공양학의 영향을 깊이 받았다는 것을 설명한다.

호수의 두 차례에 걸친 질문에 사마천은 대답을 하였는데, 모두 웅대한 의론을 펼쳤으며 「태사공자서」에 상세히 수록되어 있다. 두 차례의 문답에는 각기 다른 주안점이 있다. 모두 사학이 무엇인가 하는 이 기본 문제를 둘러싸고 전개 토론되고 있는데, 아래에 단계별로 나누어서 논술하고자 한다.

---

8 사마천과 호수의 문답 내용은 『사기』 권130 「태사공자서」에 실려 있다. 이하 더 이상 주를 달지 않는다.

1) 『사기』는 『춘추』를 본받아 후대의 왕에게 법도를 세워주고 인륜에 준칙을 세워주다

호수가 공자는 무엇 때문에 『춘추』를 지었는가 묻자 사마천은 세 단계로 나누어 대답하였다. 먼저 그는 『춘추』는 세교(世敎)를 밝혀 한 왕의 법도로 삼는 것이라 생각하였다. 사마천은 동중서의 말을 빌려서 이론을 내세웠다. "내가 동생(董生)에게 듣자니"로 의론을 시작하여, 자기의 겸손을 표현하고 다시 자기가 편 의론이 근거가 있는 말임을 표명하였다. 동중서는 공자 때는 주나라의 도가 쇠미해졌고 천하는 혼란에 빠져 공자는 사방에서 장벽에 부딪쳤다고 하였다. 자기의 주장이 통용되지 않을 것이라는 것을 알고 이에 물러나 『춘추』를 지어 242년간 일어난 일을 통하여 포폄하여 견해를 밝혔는데, 천하 후세의 시비의 표준이 되었다.

사마천은 동중서의 말을 인용한 곳에서 다시 공자의 말을 인용하였다. "공자께서 말씀하셨다. '내가 빈말을 실으려하는 것보다는 이미 일어났던 일이 아주 절실하게 드러남을 보여줌만 못하였다.'" 의미는 공자가 스스로 말했듯이 공리공론을 하느니 차라리 일에 따라 뜻을 보이는 것이 더 명확하다. 따라서 공자는 역사적 사실을 빌려서 나라를 다스리는 도를 논하여 주왕의 일에 통달하였다는 것이다. 이어서 사마천은 자기의 견해를 직접 토로하였다.

대체로 『춘추』는 위로는 삼왕의 도를 밝혔으며 아래로는 사람 사는 일의 기강을 변별하고 의심스러운 것을 구별하였으며, 옳고 그른 것을 밝히고 애매한 것을 확정하였습니다. 훌륭한 것을 아름답게 여기고 악한 것을 미워하였으며, 어진 이를 공경하고 못난 이를 천하게 여겼습니다. 망한 나라를 보존하고 끊긴 세대를 이었으며 해진 것을 보충하고 폐한 것을 일으켰으니 왕도 가운데 큰 것입니다.

夫春秋, 上明三王之道, 下辨人事之紀, 別嫌疑, 明是非, 定猶豫. 善善惡惡, 賢賢賤不肖. 存亡國, 繼絕世, 補敝起廢, 王道之大者也.

이 단락의 말 가운데 "위로는 삼왕의 도를 밝혔으며 아래로는 사람 사는 일의 기강을 변별하였다"는 두 구절이 관건이다. 상(上)은 국가의 집정자를 가리키며, 『춘추』는 하, 상, 주 삼왕의 도를 천명하여 거울로 삼았다. 하(下)는 광대한 신민(臣民)을 가리키며, 『춘추』는 사람들이 일을 행하는 윤리기강을 분변하여 따를 것을 제공한다. 좀 솔직하게 말하여 이두 구절은 바로 『춘추』가 후대의 왕에게 법도를 세워주었고 인류에 준칙을 세워주었다는 것을 말한다.[9] 구체적인 내용으로 사마천은 세 가지방면을 열거하였다. 첫째, "의심스러운 것을 구별하였으며, 옳고 그른것을 밝히고 애매한 것을 확정하였다."는 것은 바로 사학이 역사적 범례를 제공할 것을 요구한 것이다. 의심스러운 것을 판별하고 시비를 변별하여 밝히며 의혹을 결단하여, 그것으로 사람들이 시비를 분명히 변별할 능력을 강화하였다. 따라서 앞으로 나가는 방향을 명확히 하였다. 둘째, "훌륭한 것을 아름답게 여기고 악한 것을 미워하였다. 어진 이를 공경하고 못난 이를 천하게 여겼다."는 것은 바로 사학이 선명하게 선량한것을 찬미하고 추악한 것을 억누르고 현인을 송양하며 악인을 견책하

---

9 사마천은 「십이제후연표」 서에서 말하기를 공자는 『춘추』를 수찬하여 "의리와 법도를 제정하여 왕도가 구비되었고 사람의 일이 두루 미치게 되었다."고 하였다. 「유림열전」에서는 말하기를 공자는 경술(經術)을 쫓아 닦아서 "천하에 의법을 제정해주어 『육경』의 기강을 후세에 드리웠다."(이 부분의 말은 실제로는 「태사공자서」에 보인다.—옮긴이)고 하였다. 또 말하였다. "그러므로 (노나라) 역사에 의거하여 『춘추』를 지어 왕법으로 삼았다." 이런 논설은 명확하게 공자가 도의와 윤리강상 방면에서 후세의 왕과 후세를 위하여 교의의 대법을 세워주어 사람들에게 따르게 하였다는 것을 지적하였다.

여 사람들에게 권선징악을 교육시켜 암흑에 맞서 싸우고 광명을 쟁취하는 데 과감해질 것을 요구하였다. 셋째, "망한 나라를 보존하고 끊긴 세대를 이었으며 해진 것을 보충하고 폐한 것을 일으킨 것"은 바로 사학은 역사적 문화 전통을 보존하여 이미 멸망한 나라와 이미 세계(世系)가 끊긴 역사적 사실임을 기록할 것을 요구하였으며 그 가운데서 흥망의 이치를 총결하였다. 이상의 일체를 사마천은 모두 나라를 다스리는 큰 도리라고 생각하였다. 이는 첫째 단계이다.

그 다음에 사마천은 『육경』은 모두 나라를 다스리는 책이라고 생각하였다. 그는 말하였다.

『주역』은 천지와 음양·사시·오행을 드러내었으므로 변화에 뛰어납니다. 『예경』은 인륜의 기강을 바로잡았으니 행실에 뛰어납니다. 『서경』은 선왕의 일을 기록하였으므로 정치에 뛰어납니다. 『시경』은 산천과 계곡·금수·초목·동물의 암컷과 수컷·날짐승의 암컷과 수컷을 기록하였으니 풍속을 살피는 데 뛰어납니다. 『악경』은 즐거움을 세우는 것이니 조화에 뛰어납니다. 『춘추』는 옳고 그름을 변별하였으므로 사람을 다스리는 데 뛰어납니다.

易著天地陰陽四時五行, 故長於變. 禮經紀人倫, 故長於行. 書記先王之事, 故長於政. 詩記山川谿谷禽獸草木牝牡雌雄, 故長於風. 樂樂所以立, 故長於和. 春秋辯是非, 故長於治人.

이 단락의 말은 해설이 필요 없으며 지금의 말로 바꾸어 말하면 의미가 매우 분명하다. 사마천은 말하였다. 『역』은 전문적으로 천지와 사시, 음양오행을 말하였으며 그 작용은 자연 물리의 변화를 천명하였다. 『예』는 사람들의 강상(綱常)을 다스리며 그 작용은 인욕을 절제하여 사람들의 행동을 이끌어준다. 『서』는 선왕의 사업을 기록하였으며 그 작용은 정사를 이끈다. 『시』는 산천과 계곡, 금수와 초목, 금수의 암컷과 수컷을 기록하였으며 작용은 풍속과 인정을 표현하였다. 『악』은 성음(聲音)의 조화를 연구하고 즐거움을 어떻게 흥기시키는가를 연구하였으며 그 작용은 부드러운 기운을 발양하는 것이다. 『춘추』는 시비를 변별하며 그 작용은 사람들이 도의를 준수하도록 인도한다. 『육경』은 다른 관점에서 국민을 교화시키고 성정을 도야하여 나라를 다스리는 목적에 도달하게 한다. 이에 사마천은 다음과 같은 결론을 내렸다.

> 그런 까닭으로 『예경』을 가지고 사람을 절도 있게 하며, 『악경』을 가지고 조화를 펴고, 『서경』을 가지고 일을 말하며, 『시경』을 가지고 뜻을 이르게 하고, 『역경』을 가지고 변화를 말하며, 『춘추』를 가지고 의를 말합니다.
> 是故禮以節人, 樂以發和, 書以道事, 詩以達意, 易以道化, 春秋以道義.

이 단락의 말은 사마천이 「골계열전」에서 공자의 입을 빌려 더욱 선명하게 표현해 내었다. "공자는 말하였다. '『육예』는 다스리는 데 있어서 한 가지이다. 『예』로써 사람을 절도 있게 하고 『악』으로 조화롭게 하며 『서』로 사실을 말해주고 『시』로 뜻을 이르게 하며 『역』으로 변화를 신비롭게 하고 『춘추』로 올바른 뜻을 알려준다.'(孔子曰, 六藝於治一也, 禮以節人, 樂以發和, 書以道事, 詩以達意, 易以神化, 春秋以義)" 『육예』는 곧 『육경』이다. 무릇 『육경』의 학문은 모두 사람들을 교화하고, 모두가 나라를 다스리고 세상을 다스리기 위해 봉사하는 것이다. 사마천의 이 말은 "『역전(易傳)』을 바르게 하고, 『춘추』를 잇고, 『시』, 『서』, 『예』, 『악』의 사이에 근본하는" 것을 표명하는 『사기』, 곧 『태사공서』는 역사를 위하여 역사를 쓰는 것이 아니라 『육경』의 사상에 비견되는 저작이며 천인 관계를 통괄하는 문화의 총체이며, 더욱이 『춘추』의 도의를 선양함을 본받아 사람들이 잘잘못을 밝게 변별하도록 해준다. 이는 둘째 단계이다.

다음 『춘추』가 어지러운 세상을 바로잡은 것은 예의의 대종(大宗)이다. 이 단계는 사마천이 호수의 질문에 답한 중점 사항으로, 『춘추』의 정치를 다스리는 역할을 고도로 평가한 것이며, 문장이 길어 다 인용을 하지 않고 그 대요만 뒤에 요약해서 말하겠다.

사마천은 난세를 다스려 사회가 정상적인 궤도를 달리게 하는 『춘추』보다 더 수요에 딱 들어맞게 하는 것이 없다고 하였다. 그는 『춘추』는 비록 몇만 자 밖에 되지 않지만 사례는 오히려 몇천이나 되어 만사 만물을 나누어 거두거나 취합한 도리가 모두 『춘추』의 이면에 포괄되어 있다고 하였다.

『춘추』에는 임금을 살해한 사건이 36차례, 나라가 망한 사례가 52차례 기록되어 있다. 제후가 도망가거나 나라를 지키지 못한 것은 통계를 낼 길조차 없을 정도이다. 그 원인을 고찰해 보면 모두 예의라는 근본을 잃어버려 임금이 임금답지 못하고 신하가 신하답지 못하며, 아비가 아비답지 못하고 자식이 자식답지 못한 곳에 이른 데서 기인한다. 그는 임금이 되고, 신하, 아비, 자식 된 사람이 『춘추』를 숙독하여 임금과 신하, 아비와 자식의 네 가지 도덕을 이해하기만 한다면 환난을 미연에 방지하여 사회가 모두 조화롭게 될 수 있을 것이며, 그렇지 않다면 각종 정도가 다른 화해(禍害)를 당하게 될 것이라고 생각하였다. 이에 사마천은 "『춘추』는 예의의 대종(大宗)이다"라는 결론을 내리게 되었다. 분명히 사마천은 사학의 교육 선전과 사람을 개조하는 역할을 치국평천하의 높은 경지까지 끌어올렸다. 『춘추』는 간단하게 역사 사건을 기록한 일기장이 아니라 전 사회에서 각양각색의 사람들이 모두 떠날 수 없는 도덕

교과서이자 인류의 기강을 잡는 철학서이다. 모든 사람에게 옥백(玉帛)과 오곡이 필요한 것과 마찬가지로 그것이 필요하며 잠시도 떨어질 수가 없다. 이것이 세 번째 단계이다.

이상의 세 단계는 층층이 나아가 충분히 『춘추』는 공자가 수찬하여 이룬 역사철학 저작이며 그의 정치 이상을 기탁한 것이고 치세의 정신이 집중적으로 체현된 것이라 설명하였다. 이런 견해는 동중서의 "춘추공양학"에서 온 것이다.[10] 서한에서 "춘추공양학"은 관방의 최고 철학 저작이 되어 통치를 지도하는 이론적 기초가 되었으며 자연히 사마천의 주의를 매우 끌었다. 사마천은 「공자세가」에서 공자가 『춘추』를 수찬한 것을 평가하여 말하였다. "기록할 것은 기록하고 삭제할 것은 삭제하였으니 자하 같은 무리도 한 마디도 보탤 수가 없었다. 제자가 『춘추』를 배운 뒤 공자는 말하였다. '후세에 나를 알아주는 자가 있다면 『춘추』 때문일 것이며, 나를 비난하는 사람이 있다면 또한 『춘추』 때문일 것이다.'"

공자의 일생의 공과가 『춘추』에 달렸다는 것 또한 공양가의 관점이며 사마천은 유감없이 발휘하였지만, 공자가 『춘추』를 수찬한 것을 빌려 자기가 역사를 서술한 뜻을 밝힌데 지나지 않는다. 또한 바로 사마천 일생의 공과 또한 여기에 달려 있는 데 지나지 않는다는 말이다. 분명히 사마천은 어떤 일을 빌려서 『사기』의 대지(大旨)를 천명하였다. 『춘추』는 송나라 사람들에 의해 "아무런 가치도 없는 역사 기록"으로 이렇게 가치가 그다지 높지 않다는 악평을 받았으며, 『사기』는 예와 지금의 인물의 역사적 사실의 전면적인 포폄을 통하여 권선징악을 하였는데, 꼭 이러하여야 한다고 했다.

---

10 이 책 제3장 제3절 「동중서에게서 학문을 배우다」의 유관 내용을 참고하여 보라.

2) 『사기』는 인물을 중심으로 역사를 서술하여 대한(大漢)의 성한 덕을 송양하였다

호수는 서한의 저명한 천문학자다. 관직은 첨사(詹事)에까지 이르렀으며, 궁내의 황후와 태자 관련 사무를 맡았고 녹봉은 이천석이었다. 한무제는 호수를 승상으로 삼으려 했는데, 마침 병으로 죽어 사마천은 깊이 애석해하며 "속이 깊고 온후하며", "안으로 청렴하고 수련을 행하는" 군자라고 칭찬하였다. 태초 원년 호수는 여전히 중대부로 황제를 곁에서 시종하는 간관이었으며 녹봉은 천석이어서 옛날의 상대부에 상당하였기 때문에 사마천은 기술하면서 상대부로 높였다. 호수는 사마천의 사학의 "풍자" 역할에 관하여 들은 후에 가장 친한 선배로서의 배려를 나타내며 의미심장한 의문을 제기하였다. 호수는 말하였다.

> 공자 때는 위로는 현명한 임금이 없었고 아래로는 임용될 수가 없어서 『춘추』를 지어 문장을 드리워 예의를 단정 짓고 (후세에서는 이를) 천자의 법도로 삼게 되었습니다. 이제 선생께서는 위로 현명한 천자를 만났고 아래로는 직책을 지킬 수 있어 만사가 이미 갖추어졌으니 모두들 각자 그 타당함을 펴고 있습니다. 선생께서 논한 것은 무엇을 밝히려는 것입니까?
>
> 孔子之時, 上無明君, 下不得任用, 故作春秋, 垂空文以斷禮義, 當一王之法. 今夫子上遇明天子, 下得守職, 萬事既具, 咸各序其宜. 夫子所論, 欲以何明?

호수의 생각은 공자 때는 위로는 밝은 임금이 없었고 아래로는 많은 현인들이 등용되지 못하였기 때문에 공자가 비로소 『춘추』를 지어 어지러움을 바로잡고 의론을 남겨 예의를 재단하여 통일의 왕법으로 삼았다는 말이다. 지금 선생은 위로는 성명(聖明)한 천자를 만나고 아래로는 직임을 다할 수 있어 만사가 구비되어 제각기 있을 곳을 얻었는데, 선생이 논하고 지으려 하는 것은 무엇을 천명하려는 것입니까? 실제적으로 호수는 완곡하게 경고를 제기하여 『춘추』를 본받아 책을 지으려는 것이 어찌 지금의 태평성세를 난세로 여기는 것이 아닌가 하는 것이다. 명백하게 역사를 지어 풍자하면 현재 꺼려 피하는 것을 범하지 않을 수 없다는 것을 설명한다.

사마천은 호수의 경고가 매우 일리 있다고 느꼈으며, 부친 사마담이 임종할 때의 유언 중 "명주와 현군, 충신과 의를 지켜 죽는 선비"를 논하여 기록하는 것에 관한 내용을 떠올려 사학은 다만 풍자만하는 것이 아니라 예의를 일으키는 법제 작용임을 인식하였다. 또한 사학은 "송양"의 뜻도 가지고 있어서 모종의 이상적인 경계를 선양하고 사람들의 사상을 정화하기도 한다는 것을 깨달았다. 『춘추』가 선한 것을 택하고 악한 것을 폄훼하며 삼대를 높이고 주나라 왕실을 모범으로 삼는 것은 바로 일종의 이상적 경계를 수립하는 것이 아닌가! 이에 사마천은 대답하였다.

예예, 아니 아니 그렇지 않습니다. 저는 선친께서 '복희씨는 지극히 순수하고 도타워 『주역』의 8괘를 지었으며, 요임금과 순임금의 성세는 『상서』에 기록되어 있으며 예악도 이때 지어졌다. 탕임금과 무왕의 융성한 때는 『시경』의 작자들이 노래했다. 『춘추』는 선한 것은 채택하고 악한 것은 폄하하였으며 삼대의 덕을 미루어 주왕실을 기렸는데, 이는 다만 풍자일 따름만은 아니었다.'고 말씀하시는 것을 들었습니다.

唯唯, 否否, 不然. 余聞之先人曰, 伏羲至純厚, 作易八卦, 堯舜之盛, 尚書載之, 禮樂作焉. 湯武之隆, 詩人歌之. 春秋采善貶惡, 推三代之德, 襃周室, 非獨刺譏而已也.

이곳의 "예예, 아니 아니 그렇지 않습니다"라는 대답은 사마천의 당시의 요동치는 가슴속 생각에 대한 묘사와 여운이다. "예예, 아니 아니 그렇지 않습니다"가 표현한 의미는 "아아, 그대의 말이 매우 옳습니다. 사학은 결코 완전한 풍자가 아닙니다."라는 것이다. 사마천의 목이 메고 말을 더듬는 기색이 지면에서 뛰는 듯한데, 이런 격정적인 감회는 호수의 배려와 경고에 대한 감사의 표시이다. 이는 이런 토론은 매우 의미가 있음을 설명하며 사마천은 사학의 "송양"하는 의의에 대한 인식을 심화시켰다. 그는 부친의 말을 인용한 후에 더욱 구체적으로 발휘하였다. 사마천은 말하였다.

한나라가 흥한 이래 현명한 천자에 이르기까지 상서로운 것이 잡히고 봉선을 세웠으며, 역법을 고치고 복색을 바꾸었으며 부드럽고 맑은 데서 천명을 받았고 임금의 은택이 끝이 없으며, 해외의 풍속이 다른 민족들도 말을 거듭 통역하고 관문을 두드려 와서 바치고 뵙기를 청하는 자들을 이루 다 말할 수가 없습니다. 신하와 백관이 있는 힘을 다하여 거룩한 덕을 칭송한다 해도 그 뜻을 다 펴낼 수는 없을 것입니다. 또한 선비로서 현명하고 능력이 있는데도 등용되지 않는 것은 나라를 통치하는 자의 수치입니다. 임금님께서 밝고 거룩하신데도 덕이 널리 들리지 않는다는 것은 유사의 잘못입니다. 또한 내가 일찍이 그 관직을 맡았는데도 밝고 거룩한 융성한 덕을 버리고 기록하지 않았으며 공신과 세가, 현명한 대부들의 공업을 말하지 않았으니 이는 선친께서 남기신 말씀을 저버린 것으로 이보다 더 큰 죄는 없습니다! 내가 이른바 옛일을 전술하고 세세에 전하여 온 것을 정돈한 것은 이른바 창작이 아니니 그대가 그것을 『춘추』에 비기는 것은 잘못일 것입니다.

漢興以來, 至明天子, 獲符瑞, 封禪, 改正朔, 易服色, 受命於穆清, 澤流

罔極, 海外殊俗, 重譯款塞, 請來獻見者, 不可勝道. 臣下百官力誦聖德,
猶不能宣盡其意. 且士賢能而不用, 有國者之恥. 主上明聖而德不布聞,
有司之過也. 且余嘗掌其官, 廢明聖盛德不載, 滅功臣世家賢大夫之業
不述, 墮先人所言, 罪莫大焉. 余所謂述故事, 整齊其世傳, 非所謂作也,
而君比之於春秋, 謬矣.

사마천은 여기서 한나라 왕조의 위엄 있는 덕의 주제를 송양(頌揚)하
여 지극히 명백하고 정확하게 말하였다. 객관적으로 한나라가 흥한 이
래 현명한 천자에 이르기까지 내정과 외교는 찬란한 성취를 얻었다. 주
관적으로는 선친이 유언으로 남긴 무거운 짐을 어깨에 지고 또 사관이
되어 당대(當代)의 성명한 덕을 기술하지 않을 수 없었다. "내가 일찍이
그 관직을 맡았다(余嘗掌其官)"의 상(嘗)은 통상(通常)이라는 뜻으로, 현재도
맡아 아마 임직한 지가 이미 오래되었다는 뜻일 것이다. "내가 이른바
옛일을 전술하고" 운운한 것은 사마천이 삼가고 겸허한 것을 나타내며
자기의 창작은 다만 옛일을 엮어서 말하고 관련 있는 인물의 가계와 전
기를 정리한 것일 뿐 감히 『춘추』의 창작에 비견되어 한 왕의 법도가 되
는 것을 감당하지 못한다는 것을 설명한다. 실제로는 말의 의미가 쌍관
(雙關: 이중적 의미)적이어서 자기가 공자의 "전술하되 창작하지 않는(述而不
作)" 태도를 본받아 역사적 사실의 기록에 조금도 소홀하지 않았다는 것
을 표명한 것이다. 글자의 표면적인 뜻인 "그대가 그것을 『춘추』에 비기
는 것은 잘못일 것입니다."는 내적으로 공자를 따르고 『춘추』를 본뜬 감
정이 더욱 강렬하게 표현되었다.

위에서 말한 것을 종합하면 사마천이 호수의 물음에 답한 것은 태초
원년에 새로 『사기』의 집필 범위를 확정할 때 진행한 1차 이론 탐구·토
론이었다. 실질은 구체적으로 사마담이 『사기』의 핵심을 들어 정한 근

본적인 주제를 천명한 것으로 곧 『춘추』를 본받아 역사를 서술하여 선을 채택하고 악을 폄훼하여 후대의 왕에게 법도를 세워주고 인륜을 위하여 준칙을 세우는 원칙이다. 아울러 사람을 중심으로 표현하였으며 동시에 대한(大漢)의 위엄 있는 덕을 송양하였다. 여기서 사마천은 아직 그의 이단 사상을 표현하지 않았다. 이는 사마천의 이단 사상은 화를 당한 이후의 일이기 때문이다.

사마천이 호수의 질문에 답하여 천술한 것은 『춘추』를 대표로 하는 전통사학 사상인데 한 마디로 응축하면 바로 "권선징악이다". 징악은 곧 풍자이고 권선은 곧 송양이다. 사학의 이 두 기능은 후자를 주로 하기 때문에 "명주와 현군, 충신과 의를 지켜 죽는 선비"를 논하여 기록하는 것이 주요 내용이다. 그 진보성은 어디에 있는가? 당나라의 저명한 사학평론가인 유지기(劉知幾)는 아래와 같이 평론한 적이 있다.

대체로 선인(善人)은 적고 악인은 많은데 역사에 이름이 남은 사람은 대개 오직 훌륭한 것만 적었을 따름이다. 그러므로 태사공이 말하기를 "기린이 잡힌 이래 4백여 년이 되도록 명주와 현군, 충신과 의를 지켜 죽는 선비가 있었는데, 황폐해져 기록되지 않았으니 내 이를 매우 두려워한다.(自獲麟以來四百有餘歲, 明主賢君忠臣死義之士, 廢而不載, 余甚懼焉)"고 하였으니 바로 그 뜻이다. 『상서』의 사흉(四凶)이나 『춘추』에 보이는 세 번의 모반, 서한에서 강충(江充)과 석현(石顯)을 기록하고 동한에서 양기(梁冀)와 동탁(董卓)을 기록한 것 같은 것은 모두 기강과 윤상을 어지럽히고 존폐흥망과 관계된 것이니 이미 시정과 상관이 있어서 기록을 빠뜨릴 수가 없다.[11]

---

11 『사통(史通)』 권8 「인물(人物)」.

유지기는 "권선징악"이 중국 고대 사학(史學)의 우수한 전통이라는 것을 긍정적으로 보았다. 사마천이『춘추』를 추앙한 것 또한 이 전통을 긍정적으로 본 것이다. 이른바『춘추』의 포폄(褒貶) 필법은 바로 권선징악을 확 드러내기 위함이었다. 이른바 후세의 왕에게 법도를 세워주고 인륜에 준칙을 세워준다는 것 또한 권선징악을 위해서였다. 이는 확실히 통치자의 질서를 옹호하기 위함이었지만 난신적자를 폄하하여 배척하고 성군과 현상(賢相)을 기려 칭찬하는 것 또한 국민들의 바람이었다. 정직한 사학자는 이렇게 하여 반드시 사실대로 기록하고 애증을 분명히 견지해야 하는데, 또한 매우 쉽지 않으며 심지어는 목숨까지 바쳐야 한다.

5. 이릉의 화를 당하다

천한(天漢) 3년(B.C. 98) 사마천은 48세였다. 이는『태초력』이 반포된 후 일곱 번째 해로『사기』의 찬술 작업에 몰두하여 최고조로 들어섰으며 "일을 시작하여 아직 끝내지는 못한" 때였다. 갑자기 액운이 들이닥쳐 이릉 사건에 연좌되어 부형(腐刑: 宮刑)을 당하게 된 것이다. 이 재화는 사마천이 인간으로 당할 수 있는 최대의 치욕이었고 중대한 사상적 전환을 이끌어냈으며,『사기』의 창작에 직접적인 영향을 끼쳤다. 사마천은 울분을 기탁하고 강렬하게 그의 비관과 애증의 감정을 표현하였으며 이는『사기』의 주제로 승화되었다. 이 때문에 이릉의 화에 대한 전후의 원인과 결과 및 사마천이 화를 당한 후의 심리 상태는 모두 전면적이고 깊은 탐구 토론을 요했다. 그래야 사마천의 입장과 사상의 변화 및 분을 발하여 책을 지었는가 하는 것을 설명할 수 있다.

1) 화를 당한 시말

사마천이 화를 당한 시말은 『한서』 「이릉전」과 사마천의 「보임안서」[12] 에 모두 상세히 기술되어 있다.

이릉(李陵)은 명장 이광(李廣)의 손자로 젊어서 건장감(建章監)이 되었다. 기마와 궁술이 조부인 이광의 기풍을 그대로 빼다 박았고 겸허하게 병사들에게 몸을 낮추어 전사들의 마음을 자못 얻었다. 천한 2년 5월 한무제는 흉노를 출격하라는 동원령을 내렸다. 가을 9월에 이사장군(貳師將軍) 이광리(李廣利)가 3만의 기병을 거느리고 주천(酒泉)으로 나가 천산(天山)에서 흉노의 우현왕(右賢王)을 쳤다. 이릉은 책응편사(策應偏師)로 5천의 보병을 거느리고 거연(居延)을 나서 북쪽으로 30일간 행군하여 곧장 준계산(浚稽山: 대략 지금의 蒙古高原 圖拉河와 鄂爾渾河 사이에 있다.)에 이르러 선우의 주의력을 끌어 이사장군의 출격을 확보해 주었다. 이릉의 부담은 매우 커서 한무제는 노장 노박덕(路博德)을 파견하여 기병 1만 기를 거느리고 그를 후방에서 지원해 주도록 하였다.

이릉은 승승장구하여 목적지에 도달한 후 진보락(陳步樂)을 조정으로 보내어 보고하게 하였다. 한무제는 매우 기뻐하였으며 조정의 대신들 가운데 술잔을 들고 축하하지 않는 사람이 없었다. 바로 이때 고립된 군사로 깊숙이 들어간 이릉은 도리어 흉노의 선우가 친히 거느린 겹겹의 군사들에게 포위를 당했다. 흉노의 기병은 3만에서 8만까지 늘어났으며 온 나라의 힘을 다 기울여 이릉을 추격하기를 그치지 않았다. 이릉은 싸우기도 하고 후퇴도 하면서 10여 일의 격전을 치렀는데, 한나라 군사는 적 1만여 명을 죽였지만 끝내 중과부적에 군량마저 바닥이 났다. 변

---

12 이릉의 일은 『한서』 권54 「이광전(李廣傳)」에 부기되어 있으며, 사마천의 「보임안서」는 『한서』 권62 「사마천전」에 실려 있다.

경에서 겨우 1백여 리 떨어진 곳에서 이릉은 전군이 전멸하여 흉노에게 투항하였다. 노장 노박덕은 이릉을 뒤에서 지원하는 것을 부끄러이 여겨 한무제는 그에게 따로 서하(西河)로 나서게 함으로써 이릉이 고군분투하여 지원군이 끊어지게 하였다. 이는 한무제의 실책이 부른 비극이었다.

이사장군 이광리는 평범한 사람이었지만 한무제의 총희 이부인(李夫人)의 오빠라는 이유로 한무제는 그에게 대군을 주었다. 이사는 본래 대원(大宛)의 도성이었다. 태초 연간에 이광리의 군사가 대원을 정벌하여 이사장군에 임명되었고 해서후(海西侯)에 봉해졌다. 이광리는 황제의 친척이라는 전폭적인 총애를 등에 업었지만 완전히 범용한 장수였다. 천한 2년 흉노에 출정할 때 한무제는 그에게 공을 세워 봉작을 더하게 하였지만 이 범용한 장수가 거느린 3만의 기병은 흉노의 주력군을 만나기도 전에 대패하여 많은 군사를 잃고 돌아왔다. 한무제는 방금 신하들이 바치는 승전의 축하주를 마셨는데, 갑자기 두 갈래의 군사가 패했다는 말을 듣자 제왕의 지엄함은 얼굴에서 싹 사라졌으며, 이 때문에 식사 때는 단것을 먹어도 맛을 느끼지 못하였고 조회에서도 기쁘지가 않았다. 비위를 맞추며 영합하는 무리들은 무제의 심사를 꿰뚫어 보고 이사의 패배를 말하는 것을 꺼리고 모든 잘못을 이릉에게 돌렸다.

이릉이 승전보를 전하였을 때 조신들이 "술잔을 올리며 축수하였을" 때와 마찬가지로 이릉이 패하여 항복하자 조신들은 우물에 빠진 사람에게 돌을 던지듯이 "그 단점을 부풀렸다." 더욱 심한 것은 다 같이 패군지장인데도 이릉은 죄가 너무 커서 용서할 수 없다고 하면서 이사는 오히려 아무 일이 없는 듯하였다. 사마천은 이는 정상적인 풍조가 아니며 공도(公道)와 양심, 정의는 어디로 갔는가를 생각하였다. 그는 이릉의 처지에 대해서는 동정심이 넘쳤고 아첨으로 영합하는 조신들에게는 분개심이 넘쳤다. 한무제가 사마천을 불러 이 일을 물었을 때 자기의 한무제에 대한 "간절한 충심심"으로 솔직담백하게 견해를 밝혔다. 사마천은 말하였다.

이릉은 어버이에게 효도를 다하고 사와 사귐에 신의가 있으며, 줄곧 나라에 보답하려는 마음을 품고 있었습니다. 그는 다만 5천의 보병만 거느리고 흉노의 온 나라 역량을 끌어내어 적병 1만여 명을 죽였습니다. 비록 싸움에 패하여 적에게 투항하기는 했지만 그 공이 과를 필적할 만합니다. 제가 보기에 이릉은 결코 진심으로 적에게 투항한 것이 아니라 살아남아 한 왕조에 보답할 기회를 엿보고 있을 것입니다.[13]

처음에 한무제는 사마천의 의견을 받아들였으나 한참 동안 깊이 생각하다가 노장 노박덕에게 그 군대를 맞이하게 하였다. 이릉을 구원할 군사를 파병하지 않은 것을 깨닫고 이에 "사신을 보내어 이릉의 남은 군사 가운데 탈출한 자를 위로하게 하였다." 또한 인우장군(因杅將軍) 공손오(公孫敖)를 흉노 땅 깊숙이 파견하여 이릉을 맞게 하였다. 공손오는 변경에서 이릉을 1년여 동안 정탐하였는데, 공을 세우지 못하고 포획된 포로의 입을 빌려 "이릉이 선우의 군사를 훈련시켜 한나라에 대비하게 했다"라는 허위보고를 올렸다. 무제는 대로하여 이릉의 일가를 멸족시켰다. 실제 흉노의 군사를 조련한 사람은 항장(降將) 이서(李緒)였으며 이릉이 아니었다. 이릉의 가족은 멸족되고 이릉은 수치스러운 반도(叛徒)가 되어 이씨 가문은 오명을 뒤집어썼으며 사마천은 "무망(誣罔)" 죄에 연좌되어 부형을 당하게 되었다.

---

13 여기서는 통괄적으로 말하였고 원문은 「보임안서」에 보인다.

법률에 따르면 "무망(誣罔)"죄는 "대불경(大不敬)"인 임금을 속이는 죄로 대벽(大辟: 사형)의 형이 내려지는 죽을죄였다. 『한서』「무제기」의 기록에 의하면 "악통후(樂通侯) 난대(欒大)는 무망죄에 연좌되어 요참형을 당하였다."고 하였다. 난대는 방사(方土)로 신선의 편술(騙術)이 탄로나 "무망"죄로 목이 달아났다. 일반적인 정황이라면 사형을 면할 수 있는 두 가지 방법이 있었다. 첫째는 50만 전을 넣어 사형을 속죄 받는 것이었다. 『한서』「무제기」의 기록에 의하면 태시(太始) 2년 9월 "사형의 죄를 지은 사람을 모아 속전(贖錢) 5십만을 들이게 하여 사형에서 한 등급 감해주었다." 흉노와의 전쟁에서 장군 이광과 장건(張騫), 공손오 등은 모두 각종 원인으로 군법을 어겨 사형이 내려졌으나 서인으로 속죄되었다. 둘째는 경제 때 반포한 법령으로, "사형의 죄를 받은 사람 가운데 부형을 원하는 자는 허락한다."[14]는 것이다. 사마천은 "집이 가난하여 재물이 스스로 속죄를 하기에 부족하였다." 이에 죽느냐 부형을 당하느냐의 양자택일뿐이었다. 그러나 부형이 사형을 대신하기는 하지만 결코 사형의 죄를 범한 자가 단독으로 결정을 "할 수" 없었으며 법 집행자의 "허락"도 요구했다.

『한서』「장탕전(張湯傳)」의 기록에 의하면 장안세(張安世)의 형 장하(張賀)는 위태자(衛太子)의 총애를 받았는데, "태자가 패하자 빈객들은 모두 사형을 당하였으며 장안세가 장하를 위해 글을 올려 잠실(蠶室: 궁형을 당한 사람이 요양하는 곳)로 내려가게 되었다."고 하였다. 정화(征和) 2년 무고(巫蠱)의 사건으로 사형의 죄를 범한 자가 수없이 많았는데, 장하 한 사람만 사형을 면하고 부형으로 대신하게 되었으니 장안세가 그를 위해 말해주었기 때문이다. 장하는 사마천과 동시대인으로 형을 받은 시기도 큰 차이

---

14 『한서』 권23 「형법지(刑法志)」.

가 없다. 서한은 경제가 부형으로 사형을 대신하는 율령을 반포한 이래 한무제의 시대가 끝날 때까지 사대부로 황제에게 불경죄를 범하여 사형을 언도 받은 자가 궁형으로 바뀐 기록이 또한 사마천과 장하 두 예밖에 없다. 한무제는 사람을 사지에 몰아넣으려고 속량은 물론 부형조차 허락지 않았다. 원광(元光) 2년(B.C. 133) 마읍(馬邑)의 모략에서 한나라 군사는 흉노를 매복 습격했다. 선우가 미리 알아 중도에 매복이 없었다. 대행령(大行令) 왕회(王恢)는 명을 받들고 적의 후방으로 깊이 들어가 흉노의 치중(輜重)을 차단하고 공격하였다. 그는 흉노의 주력부대가 물러나다가 돌아오는 것을 보고 자기가 거느린 3만으로는 중과부적이라 즉시 한나라 군사를 철수시켰다.

한무제는 왕회가 본래 계책의 주동자이면서 출격할 수 없었다고 생각하여 이에 죄를 물어 하옥시켰다. 승상 전분(田蚡)과 왕태후가 직접 구명활동을 했음에도 불구하고 한무제는 여전히 사면령을 내리지 않아 왕회는 옥중에서 스스로 목숨을 끊었다. 이로써 보건대 한무제는 사마천을 사지로 몰 생각까지는 없었기 때문에 부형으로 사형을 대신하는 것을 들어준 것이다. 그러나 한무제는 사마천을 완전히 사면하지는 않아 부형으로 사형을 대신하게 하는 것을 들어주어 반드시 그 심기를 꺾고 난 뒤에야 후련하게 여겨 절대 군권의 위엄을 보여주고자 하였으니 사마천이 "밝은 임금이 깊이 깨닫지 못하였다"는 원망의 말을 꺼내도록 한 것이 아니겠는가?

부형은 곧 궁형(宮刑)으로 기원이 매우 일러 전설에 의하면 하상(夏商) 시대에 이미 행해졌다고 한다. 『한서』「형법지」의 기록에 의하면 서주대에 "궁죄오백(宮罪五百)"이라 하였는데, 궁형의 율령이 이미 매우 엄격하였음을 설명한다. 안사고(安師古)의 주석에서는 "궁(宮)은 음형(淫刑)이다. 남자는 잘라서 썩히며 여인은 유폐(幽閉)시킨다."고 하였다. 궁형이 원래 음형을 징치하기 위한 것임을 설명하고 있다. 음란죄를 범했을 경우에는 비열한 하류라 여겨 사람들이 동등하게 취급하지 않았다. 수없이 많은 궁정의 환관 및 사대부로 궁형을 받은 사람들은 결코 음란한 행위 때문이 아니었지만 그들이 가장 부끄러워하는 것은 은밀한 부위가 제거되는 것으로 형식적인 면에서 음란죄를 저질러 궁형을 받는 것과 마찬가지로 취급되었다.

「보임안서」에는 역대의 환관을 열거하고 임금을 가까이 모시기는 하지만 "형벌을 받은 사람(刑餘之人)"로 사대부들과 동등하게 취급되지 않았는데, 이는 이해하기가 어렵지 않다. 봉건시대의 사대부들은 명예와 절개를 지키기 위하여 부형을 받는다고 하면 안 되었고 관청의 재판도 받지 못하였는데, 이광이나 소망지(蕭望之) 등과 같은 사람이 자살한 것이 좋은 예증이다. 사마천은 단언컨대 모두 "살고 싶어 하고 죽기를 두려워하며 친척을 생각하고 처자를 돌아보지 않을 수 없는" 인지상정의 습성을 가졌지만 "의리에 감동된 사람은 그렇지 않아서", "노비(奴婢)나 시첩(侍妾)도 오히려 자결할 수 있는데" 하물며 입언(立言)하여 저술(著述)에 종사하는 당당한 태사령이겠는가! 사마천은 생과 사라는 극도의 어려움과 영광과 치욕이라는 결단에 빠져서 고통에 시달림을 필묵으로 형용할 수가 없었다.

사마천은 생과 사의 침통한 사고와 엄혹한 선택에서 인생의 진정한 가치를 깨닫고 천고에 울리는 진리의 명언을 제기하였다. "사람은 원래 한 번은 죽기 마련이니 어떤 죽음은 태산보다 더 무겁고 어떤 죽음은 기러기 털보다 더 가벼운데, 이는 죽음의 방식이 다르기 때문이다.(人固有一死, 或重於太山, 或輕於鴻毛, 用之所趨異也)" 사람의 일생이 사회에 공헌을 하여 후인들의 평가를 기다릴 수 없고 근근이 한번 죽음으로 암흑에 대하여 항쟁을 진행한다면 어찌 "아홉 마리의 소에서 털 하나 잃어버리는 것과 같으니 땅강아지와 개미의 죽음과 무엇이 다르겠는가!(若九牛亡一毛, 與螻蟻何以異?)"라는 것이 아니겠는가?

사마천은 「공자세가」와 「백이열전」에서 성인 공자가 "군자는 종신토록 이름이 일컬어지지 못함을 싫어한다.(君子疾没世而名不稱焉)"고 한 말을 인용하였다. 그는 「태사공자서」에 부친 사마담이 죽으면서 남긴 말을 기록하였다. "또한 대체로 효도는 어버이를 섬기는 데서 비롯되고 임금을 섬기는 것이 중간 단계이며 입신양명하는 것으로 마친다. 후세에 이름을 떨쳐 부모를 드러내는 것이야말로 효도 가운데서도 큰 것이다.(且夫孝始於事親, 中於事君, 終於立身, 揚名於後世, 以顯父母, 此孝之大者)" 입신양명이야말로 효도의 궁극적 목표이니 이는 사마천이 부친의 입을 빌려서 제기한 참신한 견해이다. 이 견해는 사마천이 생과 사의 선택의 갈림길에서 입신양명을 핵심으로 하는 영욕관(榮辱觀)을 형성하였음을 나타내고 있다. 『사기』는 아직 완성되지 않았고 이름도 아직 서지 않았으니 이 때문에 그의 육신과 생명은 『사기』에 속한 것이며 또한 부친과 자기의 이상에 속한 것이어서 그는 죽으러 갈 수가 없었고 꿋꿋하게 살아야 했다. 따라서 "극형을 당하였으나 원망하지 않았다.(就極刑而無慍色)" 이렇게 사마천은 부형으로 죽음을 대신하는 것을 택하였다.

2) 사마천이 법대로 형을 받았으나 정리에 맞지 않은 억울한 사건이다

사마천이 형을 받은 것을 어떻게 보더라도 우리는 사실대로 입론함을 존중하여야 한다. 그의 「보임안서」는 가장 권위 있는 사실의 의거이고, 또한 『한서』 「이릉전」을 증좌(참고가 될 만한 증거)로 삼을 수 있다. 「보임안서」는 태시 4년(B.C. 93년)에 지어졌다. 이때는 사마천이 형을 받은 천한 3년으로부터 이미 6년이 흘러 사마천의 고통이 가라앉고 난 다음 고통을 생각한 회고라 할 수 있으니 완전히 진실로 믿을 만하다.

이릉이 적에게 항복한 것은 뜻밖의 일로 사마천이나 한무제 모두 짐작조차 할 수 없었다. 이릉의 사건 전에 사마천은 "일심으로 자신의 직무에 힘써 임금님 환심을 살 수 있기를 바라면서(務一心營職, 以求親媚於主上)" 늘 무제를 따라 호종하였고 임금과 신하 사이가 물고기와 물이 서로를 얻은 것 같았다. 정치적인 면에서 사마천의 인식과 한무제의 행사에는 갈래가 있기는 하였다. 다만 그는 사실(史實)을 실록(實錄)하는 역사학자로 한무제의 "다욕(多欲)"과 "한도가 없는(無限度)" 외정(外征)과 국내의 일을 비평하긴 하였지만 본의는 충심에서 나왔고 목적은 경종(警鐘)을 울리는 데 있었으며 정견을 펼치며 한무제를 반대하지는 않았다. 따라서 두 사람은 근본적인 이해의 충돌이 없었다. 다시 말해 한무제는 강의하고 교만한 웅주(雄主)이니 어찌 그 "원대한 도모"를 막을 수가 있겠는가! 한무제는 대신(大臣) 죽이기를 초개와 같이 여겼으니 하찮은 태사령이 어찌 그의 "원대한 도모"를 막을 수 있겠는가! 사마천 스스로 한무제가 기회를 틈타 자기를 징치할 생각을 하지 않을 것이라 생각하였기 때문에 그런 "오랜 정치의 갈래와 모순이 누적된 대폭발" 같은 견해는 사실적인 근거가 없다.

그렇다면 사마천은 "이릉에게 연좌"되었건 말았건 간에 과연 결코 "무망의 죄"는 저지르지 않았을까? 「태사공자서」의 『집해』에서는 위굉(衛宏)의 『한서구의주(漢書舊儀注)』의 말을 인용하여 말하기를 사마천은 "이릉을 천거한 일에 연좌되었는데, 이릉이 흉노(匈奴)에 항복하였으므로 사마천을 잠실(蠶室)에 하옥시켰다."고 하였다. 그러나 이는 다만 위굉의 추론일 뿐이니, 「보임안서」와 『한서』 「이릉전」에는 모두 사마천이 이릉을 천거한 사실이 없기 때문이다. 「보임안서」에서는 특히 신중하게 사마천과 이릉은 "서로의 취향이 가는 길이 달라(趣舍異路)"라고 표현하였으니 결코 특별한 관계가 없다. 따라서 사마천은 원망을 느꼈다. 사마천은 어떻게 정죄(定罪)되었을까? 「보임안서」에서는 말하였다.

> 임금께서 분명히 이해하지 못하시고 제가 이사 장군을 모함하고 이릉을 위해 유세한다고 여기시어 감옥을 맡은 관리에게 저를 넘기셨습니다. 충성스럽고 공손한 저의 마음을 끝내 진술할 수 없었습니다. 임금을 기만한다고 여겨져 결국 유죄 판결을 받았습니다.
> 明主不曉, 以爲僕沮貳師, 而爲李陵遊說, 遂下於理. 拳拳之忠, 終不能自列. 因爲誣上, 卒從吏議.

『한서』 「이릉전」에는 더욱 명석한 기록을 남겼다.

> 처음 무제는 이사장군의 대군을 출격시키고 이릉에게는 원군(援軍)의 역할을 맡기려고 했었다. 그런데 이릉이 선우와 맞닥뜨림으로써 이사장군은 전공이 적었다. 무제는 사마천이 남을 무고하고 헐뜯는 말로써 이사장군을 저해하고, 이릉을 위해서 유세한다고 생각하여 사마천을 부형(腐刑)에 처했다.

두 책의 기록은 매우 명확하여 사마천이 정죄된 것은 "이릉을 천거한 것에 연좌된" 것이 아니라 "이사를 저해하고", "이릉을 위해 유세한 것이다." 마지막으로 임금의 뜻을 아첨함에 따라 없는 죄를 덮어씌운 혹리들에 의해 "무망"의 죄가 정해졌다. 사마천은 다만 "이릉의 공을 어림잡아 말하였을" 뿐 언사에서는 이사를 범하지 않았다. 이 때문에 그가 "이사를 저해했다"라고 하는 것은 법률상 성립하지 않으며, 다만 임금의 뜻에 아첨하는 조신들의 속살거리는 말일 따름이었다. "이릉을 위해 유세하였다"는 것은 조리가 있어 말이 되는 것 같지만 한무제가 이릉을 멸족하지 않았을 때는 또한 사마천에게 죄를 덮어씌우기가 편하지 않았을 것이다. 이 때문에 사마천이 화를 당한 것은 이릉의 집이 연좌되어 멸족되었을 때 "무망"의 죄가 정해졌을 것이니 "터무니없는 일을 당하여도 감히 말을 하지 못한 것"이다.

순열(荀悅)의 『한기(漢紀)』에서는 바로 이렇게 기록하였다. 순열은 말하기를 사마천이 이릉의 공을 상주하자 "임금은 사마천이 이사를 저해하고 이릉을 위하여 유세하였다고 생각하였으며", "나중에 흉노의 포로를 잡았는데, 이릉이 선우를 위해 병법을 가르쳤다고 하였다. 임금이 노하여 이에 이릉의 집안을 멸족시키고 사마천에게 부형의 판결을 내렸다."고 하였다. 사마천이 형을 받은 것을 어떻게 평가하든지 그가 형을 받은 시간이 하나의 관건이다. 순열의 견해가 근거가 있는지의 여부는 아직도 고증이 필요하다.

이릉이 흉노에게 패하여 항복한 것은 천한 2년 10월이다. 사마천이 화를 당한 것은 천한 3년으로 「태사공자서」에서 확실하게 말하였다. "그러나 7년 만에 태사공이 이릉의 화를 당하여 감옥에 유폐되었다.(七年而太史公遭李陵之禍, 幽於縲紲)" 이른바 7년은 태초 원년부터 천한 3년까지를 가리키는데, 이 말이 위 태초 원년의 "그 문장을 논하여 편차를 매긴(論次其文)" 것을 이어 말하였기 때문이다. 한무제가 이릉의 집을 멸족시킨 것을 『자치통감』에는 천한 4년 정월 한나라 군사가 흉노에 대대적으로 출격을 한 다음에 엮어 넣었다. 이는 『한서』 「이릉전」의 "이릉이 흉노에 있은 지 한 해 남짓 되어" "임금이 인우장군 공손오에게 군사를 거느리고 흉노 깊이 들어가 이릉을 맞이하게 하였다."고 한 기록에 근거하였다. 이는 사마광(司馬光)의 판단 착오이다.

천한 2년 10월에서 천한 4년 정월까지는 딱 1년 남짓이다. 사실 천한 2년 10월에서 천한 3년 12월까지가 이미 1년 남짓이다. 다시 보면 천한

4년 정월의 대출정 때 군사를 네 갈래로 나누었는데 보병과 기병이 21만을 헤아렸다. 네 갈래의 지휘 장수는 이사장군 이광리, 인우장군 공손오, 유격장군 한열(韓說), 강노장군(强弩將軍) 노박덕이었다. 이사장군 이광리는 보병과 기병 13만을 거느렸으며 주력군이었다. 이번 출정이 이릉을 영접하기 위하여 싸운 것이라면 주력군이 이광리이니 "임금이 이사장군 이광리를 보내어 군사를 거느리고 흉노 깊이 들어가 이릉을 맞았다."라고 하여야 하며 공손오라고 기록해서는 안 된다.

한나라 군사는 천한 4년 1월 엄동설한에 대규모 출정을 하였으니 합리적인 논리는 다만 한무제가 이릉의 집안을 멸족시킬 수 있었던 것은 정치적 사건이 필연적으로 발전한 것일 것이다. 한무제의 심리대로라면 이릉을 영접하는 것이 이루어지지 않아 노하여 그 집안을 멸족시켰을 것이다. 아울러 대대적으로 군사를 일으켜 흉노를 쳐서 반드시 흉노와의 전쟁에서 이겨 천한 2년의 치욕을 설욕하고 내친김에 반도(叛徒)를 붙잡아 온 뒤에야 분이 풀렸을 것이기 때문에 이광리에게 이렇게 많은 군사를 주었던 것이다. 이 전역은 천한 4년 정월에 있었으며 이릉을 멸족한 것은 천한 3년 12월에 있었음을 반증할 수 있다. 세밑에 사형을 집행하는 것이 또한 상법(常法)이다. 자연스레 사마천이 연좌되어 부형을 받은 것은 당연히 천한 3년 12월이었을 것이다.

사마천은 이릉을 동정하고 이광리를 멸시하였다. 그는 "이릉을 싫어하는 사람들에 의해 말할 기회가 막혔기" 때문에 노하고 분하여 감히 말하여 정직한 사관의 고상한 정조를 표현하였으니 천고의 뒤에도 올바른 기운이 늠연하다. 사마천이 이릉의 공을 미루어 말할 때 언어가 격정적이고 어투가 과장된 표현이 따랐을 것이라 생각해 볼 수 있으니 "억만의 군사를 올려다보고(仰億萬之師)", "흉노의 왕이 매우 놀라(旃裘之君長咸震怖)", "활을 쏠 수 있는 사람은 모두 불러들여 온 나라가 힘을 다해 이릉을 공격하고 포위했다.(擧引弓之人, 一國共攻而圍之)" 등등과 같이 「보임 안서」를 쓸 때도 오히려 붓끝을 운용하였다.

사마천은 "충성스럽고 공손한 저의 마음을(拳拳之忠)"을 다하여 "임금 의 뜻을 위로해 드리려고(以廣主上之意)" 하였으나 지나치게 천진하고 솔 직함을 면하지 못하여 책상물림의 기상을 띠고 말았다. 온 조정의 문무 관원이 이릉에게 죄를 덮어씌운 것은 이사장군의 과실을 벗겨주기 위 함이었으나 사마천은 기어코 이릉이 고전한 공을 부각시켰다. 이는 한 무제의 뜻을 따르지 않은 것일 뿐만 아니라 세속을 따르지도 않아 중의 를 거슬린 것이니 "임금을 무망한" 죄를 논하여 좌우의 가까운 사람들 조차 한마디도 해주지 않은 것이다. 더욱 아이러니한 것은 한나라 군사 는 이릉을 영접하지 못하였는데, 흉노의 선우는 "곧 자기의 딸을 이릉에 게 시집보내어 현귀하게 여겨" 집안이 멸족되었으니 사마천의 "무망" 죄는 충분히 성립될 것이다. 이 점에 대해서는 사마천 본인 또한 미처 변호를 하지 못하였다.

「보임안서」에서는 말하였다. "이릉은 살아서 적에게 항복하여 그 가 문의 명성을 손상시켰고, 저 또한 궁형(宮刑)을 집행하는 밀실로 끌려가 거듭 천하 사람들의 웃음거리가 되었습니다. 슬프고 슬픕니다.(李陵旣生 降, 隤其家聲, 而僕又佴之蠶室, 重爲天下觀笑. 悲夫! 悲夫!)" 또 말하였다. "저는 말을 삼가지 못하여 이러한 화를 입고 마을 사람들의 심한 웃음거리가 되어 조상을 욕되게 하였으니 무슨 면목으로 다시 부모님의 묘를 찾아가겠 습니까?(僕以口語遇此禍, 重爲鄕里所戮笑, 以汙辱先人, 亦何面目復上父母丘墓乎?)"

사마천은 이릉이 적에게 항복하여 "가문의 명성을 손상시킨 것"과 자 기가 부형을 받아 "마을 사람들의 심한 웃음거리가 된" 것을 함께 거론 하였는데 실기이기도 하고 그 책임을 벗어날 길이 없는 고민스러운 모 습이기도 하다. 사마천은 「이장군열전」에서 이릉이 적에 투항한 것에 대하여 한 차원 더 날선 비판을 하였다. 그는 말하였다. "선우는 이릉을 잡자 평소에 그 가문의 명성을 안 데다 싸울 때 더욱 씩씩하여 이에 자기의 딸을 이릉에게 시집보내어 현귀하게 하였다. 한나라에서는 듣고 이릉의 어미와 처자를 멸족시켰다. 이때 이후 이 씨의 명성은 무너져 농서의 선비들로 문하에 있던 사람들은 모두 그것을 부끄럽게 여겼다.(單于既得陵, 素聞其家聲, 及戰又壯, 乃以其女妻陵而貴之. 漢聞, 族陵母妻子. 自是之後, 李氏名敗, 而隴西之士居門下者皆用爲恥焉)" 사마천은 명철하고 『춘추』를 익히 읽어 몸이 형륙(刑戮)을 면하지 못하여 예의상으로 말하면 그는 또한 『춘추』의 뜻을 다 지킬 수 없었고 임금에게 충성을 하였으나 임금에게 순종할 수 없었다. 또한 봉건 전제주의의 법률에 따라 사마천이 "무망" 죄를 뒤집어쓴 것은 "터무니없는 일을 당하여도 감히 말을 하지 못한 것"이라는 말이다.

오늘날의 관점에서 보면 사마천이 이릉의 공을 미루어 말한 것은 그가 대적할 수 있는 수를 훨씬 넘어선 적과 맞섰고 공이 과에 필적하여 정곡을 찔렀다는 말로 한무제가 그 집안을 멸족시켰다는 것은 더욱 잔혹하고 무정하다. 일을 말하는 사람은 이릉의 모친과 아내가 "죽을 기색이 없다."고 하였는데, 더욱 근거 없는 헛소리이다. 전제군주가 신민에게 죄를 덮어씌우려 하는데, 무슨 말 없음을 근심하겠는가! 그러나 이릉은 군사는 패하고 적에게 투항하여 반역자가 되었으니 이 사안은 번복될 수 없는 것으로 사마천이 이릉의 공을 미루어 말하였는데, 이릉이 투항하기 전에는 결코 이릉이 항복한 것을 변명해 주지 않았다.

위에서 말한 것에 의하면 사마천이 화를 당한 것은 억울한 일이다. 또한 "무망" 죄 때문에 정죄되었으며 아울러 객관적인 표준이 없어서 유죄와 무죄는 완전히 임금의 기분에 의해 좌지우지되었다. 한무제 시대에는 복비(腹誹: 마음속으로 비방함)의 법이 있었는데, 지금 보면 황당무계하기 짝이 없지만 절대 군권시대에는 오히려 불변의 진리이다. 말로 정죄를 논하는 것은 전제주의의 특징이다. 이치상 이는 주관적 동기가 기준이 된다. 그러나 사마천의 권간(勸諫)은 주관적 의도가 결코 이릉이 항복한 것을 변호해 주지 않았으며 역사학자의 입장에 서서 사실의 참모습을 이야기하여 한무제가 공정하게 장사(將士)의 성패를 처리하기를 바랐다. 주관적인 동기는 무제의 마음을 너그럽게 하고 "충성스럽고 공손한 마음"을 다하는 것이다. 그러나 일은 오히려 선량하게 마음을 쓰는 것과는 반대로 달려 사마천의 언사는 한무제의 심정을 통렬히 풍자하여 이 "성명(聖明)한 임금"은 표정을 바꿔 그가 다년간 시종하며 직분을 다한 것은 전혀 돌아보지 않고 "마침내 관리들의 의론을 따라" 사마천이 부형이라는 수치스럽기 그지없는 큰 욕을 당하게 하였다. 따라서 정리로 말하면 이 또한 억울한 일이고 더욱이 이릉이 적에게 항복한 이 사실에 직면하여 사마천은 입이 있어도 말을 하기가 어려웠기 때문에 그는 매우 침통하게 말하기를 "저와 같은 사람이 오히려 무슨 말을 하겠습니까! 오히려 무슨 말을 하겠습니까!(如僕尙何言哉! 尙何言哉!)"라고 하였다. 또 말하기를 "슬프고 슬픕니다. 세상 사람들에게 사정을 하나하나 설명하기가 쉽지 않습니다.(悲夫! 悲夫! 事未易一二爲俗人言也!)"라고 하였다. 사마천은 몸은 형을 받는 치욕을 당하였고 마음은 억울한 일을 당하여 오히려 입으로 말할 수 없었다. 세상 사람들은 이해를 하지 못하였으니 그같이 정직하고 순결한 심령이 궁지의 고통에 빠져들었으니 얼마나 굴욕이었겠는가?

6. 발분저서

이른바 "발분(發憤)"은 바로 한 사람이 역경에 처해서도 그 뜻이 꺾이지 않고 더욱 격앙되고 분발하여 일을 하는 것이다. 사마천이 발분하여 (『사기』) 책을 지은 것은 두 방면의 내용이 있다. 첫째, 욕을 견디고 발분하여 침통한 가운데서 떨쳐 일어나 더욱 강인한 근성으로 세상에 전해지는 작품을 완성한 것이다. 둘째, 통치자의 황음무도함과 횡포를 까발리고 비난하였으며 사회의 하층 국민을 동정하고 과감하게 반항하고 투쟁한 역사적 인물을 노래하고 칭송하고 개인의 불평과 울분을 역사적 인물에 대한 포폄에서 발산하였다. 지나간 일을 말하고 올 것을 생각하여 『사기』의 주제로 승화시켰다. 이는 사마천에게 해를 입힌 통치자들이 미처 생각하지 못한 것이다.

사마천이 부형을 받은 때는 천한 3년 12월이며, 출옥한 때는 대략 천한 4년 2~3월이다. 부형을 받은 후에는 잠실에서 1백 일간 정양을 해야 했다. 『염철론(鹽鐵論)』「주진(周秦)」편의 문학(文學)에서는 말하였다. "지금은 행한 사람이 없다. …… 하루가 지나면 잠실로 내려 보내는데 상처가 채 낫지 않았으며, 임금을 숙위(宿衛)하고 궁전을 출입하면서 봉록을 받을 수 있고 태관(太官)으로 내려주는 것을 누리고 몸이 높고 영예로워져 처자는 넉넉함을 얻는다." 이 상황은 대략 바로 사마천을 가리킨다. 이해에 사마천은 49세였고 출옥한 후에 중서령에 임명되었다.

중서령은 본래 환관에서 충원되었다. 이 직관은 황제의 신변에서 기밀을 처리하는 비서의 장관이다. 좌우에서 시종하면서 상주하는 글을 출납하여 직위는 낮아도 직권은 중하여 조야에서 "총애 받는 임직"으로 지목되었다. 사마천은 부형을 받아 이 관직을 얻었기 때문에 인생 최대의 치욕이라고 생각하였다. 신체적으로 말하면 "몸이 이미 불구가 되어 (大質已虧缺)" 사람의 존엄이 없어졌다. 심리 상태로 말하면 환관과 같은 무리가 되어 쓸모없는 사람으로 비쳐졌으며 아울러 전통적인 효제 윤리 관념에서 또한 치욕이 조상에게까지 미칠 것이었다.

『효경』「개종명의(開宗明義)」제1장에서는 공자가 증자(曾子)에게 말하기를 "우리의 신체와 털과 피부는 모두 부모님으로부터 물려받은 것이니 이것을 손상하지 않는 것이 효의 시작이다."라고 하였다. 맹자는 말하였다. "불효가 세 가지 있는데, 후손이 없는 것이 가장 크다."[15] 따라서 옛사람들은 곤형(髡刑)으로 머리가 깎이는 것도 치욕스러운 형벌로 보았는데, 하물며 생식기를 없애는 형벌인 부형이 사형보다 더욱 사람의 심령을 괴롭히는 것임이겠는가! 따라서 사마천은 이를 큰 치욕으로 보았으며 "마을 사람들의 심한 웃음거리가 되었을 뿐만 아니라", "조상을 욕되게 하였으니 무슨 면목으로 다시 부모님의 묘를 찾아가겠는가?" 그는 「보임안서」에서 비통함이 가득한 마음으로 그의 괴로움을 말하였다. "최상의 죽음은 선조를 욕되게 하지 않는 것이고, 그 다음은 자신을 욕되게 하지 않는 것입니다. 그 다음이 안색이 모욕당하지 않는 것이고, 그 다음은 언사에 욕됨이 없도록 하는 것이며, 그 다음이 몸을 굽혀 욕을 당하는 것입니다. 그 다음이 죄인의 옷을 입고 욕을 당하는 것이며, 그 다음은 형구를 쓰고 밧줄에 묶인 채 욕을 당하는 것이고, 그 다음이 머리카락이 밀리고 쇠사슬에 목이 감긴 채 욕을 당하는 것입니다. 살갗이 훼손당하고 신체가 잘려 욕을 당하는 것이 그 다음이고, 가장 하위의 부형은 치욕의 극치라 하겠습니다.(太上不辱先, 其次不辱身, 其次不辱理色, 其次不辱辭令, 其次詘體受辱, 其次易服受辱, 其次關木索·被箠楚受辱, 其次剔毛髮·嬰金鐵受辱, 其次毀肌膚·斷肢體受辱, 最下腐刑極矣!)"라고 하였다.

사마천은 단숨에 열 가지 치욕을 나열하였다. 이는 모두 사람이 사는 세상의 지극히 큰 불행인데 "가장 하위의 부형은 치욕의 극치라 하겠다.", "최(最)"자에 "극(極)"자까지 더하였으니 치욕을 극도로 표현하였

---

15 『맹자』 권7 「이루(離婁) 상」 제26장.

다고 하겠다. 그것은 사마천을 살고 싶어도 살 수 없고 죽고 싶어도 죽을 수 없는 고통스러운 처지에 빠지게 하여 "이로 인해 창자가 하루에도 아홉 번이나 뒤틀리는 것같이 근심만 쌓이고 집에 있으면 정신이 얼떨떨하여 마치 뭔가를 잃어버린 듯하고, 문을 나서면 가야 할 곳이 어디인지를 모르겠습니다. 매번 이러한 치욕을 생각할 때마다 등에서 식은 땀이 흘러내려 옷을 적시지 않은 적이 없습니다.(是以腸一日而九迴, 居則忽忽若有所亡, 出則不知其所往. 每念斯恥, 汗未嘗不發背沾衣也)"라고 하였다. 이런 심경에서 사마천에게 살아갈 힘을 준 것은 다만 소리 없는 입언(立言) 사업이 아직 완성되지 못한 것뿐이었다. 이 때문에 사마천은 말하였다. "따라서 욕됨을 참고 구차하게 목숨을 유지하면서 더러운 감옥에 갇혀 있는 것도 달게 여겨 마다하지 않은 이유는 저의 개인적인 생각을 다 표현해 내지 못하고 비루하게 세상을 떠나면 아름다운 문채가 세상에 드러나지 못할까 한스러워하기 때문입니다.(所以隱忍苟活, 幽於糞土之中而不辭者, 恨私心有所不盡, 鄙陋沒世, 而文采不表於後世也)"

봉건 전제사회의 염량세태, 인정의 냉온은 권세의 부침과 밀접한 관련이 있는데, 사람이 역경에 처해야 직접 체험할 수 있다. 사마천은 몸은 부형을 당하고 삼중고를 몸소 겪었으니 임금의 기쁨과 노여움은 무상하고 신하의 화복(禍福)은 예측 불가능하다는 것을 의미하고 있다. 전제주의의 해독은 사마천의 눈을 뜨게 하여 "명주(明主)"라는 이 절대 군권의 잔인한 본질을 분명히 보여주었으며, 지난날의 "임금의 환심을 살 수 있기를 바란 것"이 "크게 잘못되어 그렇게 되지 못한" 것을 깊이 인식하게 되었으며, 이에 평상시와는 전혀 다르게 나라 일과 세상사에 대하여 냉담하게 표현하였다. 태시 4년(B.C. 93) 사마천은 이미 53세로 중서령에 임명된 지 5년째였으며『사기』를 찬술하는 데 몰두하는 것 외에는 정치적으로 어떤 성과도 없었다. 이때 사마천의 친한 벗인 익주자사(益州

刺史) 임안(任安)은 마음속으로 감정을 억누르지 못하고 사마천을 격려해 주려고 하여 그에게 편지를 한 통 써 보내 "신중하게 사람을 사귀고, 현명하고 재능 있는 선비를 추천하도록(愼於接物, 推賢進士)" 하였다.

임안의 편지는 흡사 돌멩이 하나가 천 겹의 물결을 일으키는 것 같았는데, 사마천의 마음속에 적체된 억울함을 자아내어 답장인 「보임안서」에서 이를 폭발시켰다. 이 편지에서 사마천은 세정(世情)에 대한 감개와 인생에 대한 비관, 전제군왕에 대한 인식, 이상적 사업에 대한 추구 등을 생각나는 대로 마음껏 토로해 냈다. 우는 듯 하소연하는 듯 강개하고 슬프고 처량하며 이치가 바르고 말이 엄정하여 매우 강한 감염력을 갖추었다. 이천 년 이래 인구에 회자되는 명편이 되었다.

『한서』「예문지」의 기록에 의하면 사마천은 부 8편이 있다고 하였는데, 지금 남아 있는 것은 겨우 『전한문(全漢文)』에 수록되어 있는 「비사불우부(悲士不遇賦)」 1편뿐이다. 내용으로 보면 이 부 또한 사마천이 형을 받아 살아서 때를 만나지 못한 것을 비탄해 하는 작품으로 「보임안서」와 상호 보완적인 내용임을 알 수 있다. 부에서 사마천은 천도가 약하고 어두우며 선악을 구분하기가 어렵다고 질책하며 "이치는 의거할 수 없고 지혜는 믿을 수가 없다(理不可據, 智不可恃)"고 하여 그의 마음에는 갈등과 고통이 충만하였다. 한편으로는 소극적이고 염세적이어서 "자연에 맡겨 끝내 하나로 돌아갈 것이다.(委之自然, 終歸一矣)"라고 하였다. 사람은 모두 죽을 것이니 공리를 추구하는 것이 무슨 의미가 있을 것이며 또한 자연으로 돌아감에 맡겨둠만 못하다고 생각했다. "복 미리 만들지 말고, 화를 애초에 건들지 말지니,(無造福先, 無觸禍始)" 한편 이상을 견지하여 "죽어서 세상에 알려지지 않는 것, 옛사람들 수치스럽게 여겼네. 아침에 (도를) 듣고 저녁에 죽은들, 누가 아니라 하겠는가?(沒世無聞, 古人惟恥, 朝聞夕死, 孰云其否)"라고 하였다. 확실히 공자를 좇고자 하였는데, 이는 죽은 후에야 끝이 날 것이다.

　사마천의 모순적인 사상 상태는 바로 삶을 구하였으나 얻지 못하였고 죽음을 구할 수도 없는 생동적인 묘사이다. 궁형이 인생 최대의 치욕인 바에야 사람의 기절을 존엄하게 하기 위해서는 반드시 일찌감치 자결하여 치욕을 끝내야 했다. 그러나 저술의 이상을 실현하고 후세에 이름을 남기기 위해서는 반드시 굳세게 살아가야 했다. 그러나 살아가자니 또한 세속의 비난을 받아 계속 치욕을 당하는 것과 같으니 곧 "죄를 짊어진 상황에서는 처신하기가 어려우며 비천한 지위에 있는 자는 비방받기가 쉬운(負下未易居, 下流多謗議)" 것이다. 이런 죽어야 한다고 생각하면서도 죽을 수 없는 사상이 뒤엉켜 사마천의 정신을 쏙 빼놓아 수차례나 스스로 목숨을 끊을 생각이 미치도록 하였다. 결국 사마천은 꾹 참고 입신하는 새로운 길을 선택하였다. 공명이 명예나 절개보다 중하다는 말이다. 한 사람이 공명을 이미 이루고 혹 죽음으로 공명을 세울 수 있다면 조금도 머뭇거리지 않고 죽음으로 절개를 지킬 것이다. 한 사람이 재능을 미처 다 발휘하지 못하였고 공명을 아직 세우지도 못하였는데, 죽음으로 절개를 지킨다는 것은 구우일모에 지나지 않을 것이다. 사회에 아무런 영향력도 발휘할 수 없을 때는 꾹 참으며 분을 발하여 공명을 세워야 한다. 사마천은 바로 이런 기준점을 가지고 죽어서 절개를 지킴과 공명을 세우는 것의 합일점을 찾아내었다. 따라서 『사기』에서 그는 죽어서 절개를 지킨 자들을 표창했을 뿐만 아니라 또한 꾹 참고 구차하게 산 사람들을 표창하여 역사 인물의 죽음을 생동감 있고 정감 넘치게 묘사하였다.

　『사기』에서는 굴욕을 달갑게 여기지 않는 것을 많이 묘사하였는데, 명예와 절개를 지켜서 죽은 의사였기 때문이다. 제나라의 포의(布衣: 평민)인 왕촉(王蠋)은 제나라가 함락되어 멸망이 임박했을 때도 여전히 "의리상 북으로 연나라를 섬기지 않고 자결로 생을 마감하였다."[16] 전횡(田橫)은 한나라에 항복하는 것을 부끄럽게 생각하여 스스로 목을 쳐서 죽었으며, 5백 명에 달하는 빈객들은 전횡이 죽었다는 말을 듣고 "또한 모두 자결하였다."[17] 이광(李廣)은 "다시 도필리(刀筆吏)를 대하는 것을" 견디지 못하여 자결하였다. 항우(項羽)는 군사가 패하여 강동(江東)의 부로를 대하는 것이 부끄러워 자결하였다. 후영(侯嬴)은 신릉군(信陵君)을 격려하기 위하여 죽었다. 전광(田光)은 형가(荊軻)를 격려하기 위하여 죽었다. 섭영(聶榮: 자객 聶政의 누이)은 형제의 이름을 드러내게 하기 위하여 죽었다. 난포(欒布)는 신하의 의리를 다하기 위하여 "팽월(彭越)을 곡하고 끓는 물로 나아가는 것을 집에 돌아가듯 하였다." 사마천은 이런 의리를 흠모하여 죽은 사람들을 칭찬하여 "높은 절개"를 갖추고 있으니 "어찌 지극히 현명하지 않을 것이며"[18], "비록 옛날의 열사라 하더라도 어떻게 더 낫겠는가!"[19]라고 하였다. 굴원(屈原)같이 "죽을 때까지 (나라를) 스스로 멀리함을 용납지 않은" 고결한 뜻은 "해와 달과 함께 그 빛을 다툰다 할 수 있을 것이다."[20] 그러나 역경 속에서도 분발하고 치욕을 참아가며 중대한 임무를 진 지사는 더욱 가상하지 않겠는가? 구천(句踐)은 와신상담하여 굳세고 완강하였으며 분을 발하여 치욕을 씻어 끝내 강한 오나라를 멸하고 패왕(霸王)을 일컬었는데, 사마천은 그의 "현명함"을 인정하였을 뿐만 아니라 "아마 우임금의 공렬(功烈)이 있을 것이다"[21]라며 칭찬하였다. 오자서(伍子胥)는 작은 의리를 버리고 큰 치욕을 씻어 이름이 후세에 중하

---

16 『사기』 권82 「전단열전(田單列傳)」.
17 『사기』 권94 「전담열전(田儋列傳)」.
18 『사기』 권94 「전담열전(田儋列傳)」 찬.
19 『사기』 권100 「계포난포열전(季布欒布列傳)」 찬.
20 『사기』 권84 「굴원가생열전(屈原賈生列傳)」.
21 『사기』 권41 「월왕구천세가(越王句踐世家)」.

였으므로 사마천은 그를 "열장부(烈丈夫)"[22]라고 칭찬하였다. 계포(季布)는 용맹함으로 초나라에서 드러나 "몸소 여러 전투에서 (적의) 깃발을 뽑은 것이 여러 차례나 되니 장사라 할 만하였다." 그러나 유방(劉邦)에게 체포되었을 때 남의 노예가 되어 죽지 않고 욕을 보면서도 부끄러워하지 않아 "끝내 한나라의 명장이 되어" 사마천은 그를 "현명한 자라야 실로 그 죽음을 중히 여긴다"[23]라며 칭찬하였다.

이후 사마천은 일종의 욕을 견디며 중임을 맡은 지사를 경앙할 가치가 있는 사나이인 "열장부"로 생각하였다. 이 관점은 세속과 어긋날 뿐만 아니라 성인의 시비와도 자못 어그러졌다. 일반적인 세속의 관점은 욕을 견디면서 중임을 맡는 것을 "삶을 탐하고 죽음을 두려워하는 것"으로 생각하며, 형륙을 당하는 것은 "중재 이상이라면 또 그 행실을 부끄럽게 여길 것이었다."[24] 공맹이 남긴 가르침은 자기의 "몸을 희생하여 인을 이루고(殺身成仁)", "목숨을 버리고 의를 취하는 것(舍生取義)"이다. 사마천은 오히려 말하기를 "용감한 사람이라고 해서 꼭 지조를 지키기 위해 자결할 필요가 없고, 겁이 많은 사람이라도 의(義)를 사모하면 어느 곳에서든 분발 노력하지 않겠는가?(勇者不必死節, 怯夫慕義, 何處不勉焉?)"[25]라고 하였다. 또 말하기를 "저 비첩과 천인이 감개하여 자살하는 것은 용감하다고 할 수 없는데, 그 계획이 그렇게 회복하지 못하기 때문일 따름이다."[26]라고 하였다. 그런 모욕을 당하여 가볍게 스스로 목숨을 버리는 사람은 사마천이 보기에 어찌할 수 없는 표현에 지나지 않으며 결코 진

---

22 『사기』 권66 「오자서열전(伍子胥列傳)」 찬.
23 『사기』 권100 「계포난포열전(季布欒布列傳)」 찬.
24 『사기』 권90 「위표팽월열전(魏豹彭越列傳)」 찬.
25 「보임안서」.
26 『사기』 권100 「계포난포열전(季布欒布列傳)」 찬.

정한 용사가 아니었다.

　의를 흠모하여 죽음으로 명예와 절개를 지키며, 욕을 참고 중임을 져서 스스로 떨쳐 이름을 세우는 이 두 가지 상반된 한계를 어떻게 처리하는가 하는 문제는 매우 어렵다. 앞에서 이미 언급하였듯이 사마천은 "어떤 죽음은 태산보다 더 무겁고, 어떤 죽음은 기러기 털보다 더 가볍다."라는 표준을 제기하였다. 인생에서 가장 귀한 생명은 희생할 수 없는 것이 아니라 빛을 발하게만 한다면 죽을 가치가 있는 것이다. 한 사람이 사회에 공헌을 하여 후대 사람의 평가를 기다릴 수 없고 근근이 한번 죽음으로 암흑에 항쟁을 진행한다면 어찌 "아홉 마리의 소에서 털 하나 잃어버리는 것과 같으니 땅강아지와 개미의 죽음과 무엇이 다르겠는가!"란 것이 아니겠는가? 사마천은 욕을 참고 견디는 것과 생사의 고통을 결정하는 과정에서 인생의 의미를 이해하였으며, 침통한 가운데서 떨쳐 일어나 굳게 살아가며 최대의 굳센 의지로 『사기』를 완성하기로 결심하였다. 그는 옛사람들을 끌어다 스스로를 비교하였다. 그러한 그런 어려운 환경 속에서 연마할 수 있는 사람이라야 공업(功業)을 이룰 수 있다고 생각하였다.

　서백(西伯: 周文王)은 유리(羑里)에 갇혀서 『주역』을 폈고, 공자는 진나라와 채나라 사이(陳蔡之間)에서 곤액을 당하여 『춘추』를 지었으며, 굴원은 쫓겨난 다음에 「이소(離騷)」를 지었다. 좌구명(左丘明)은 시력을 잃고 『국어(國語)』를 지었으며, 손자(孫子)는 월형(刖刑)을 받고 『병법』을 논하였다. 여불위(呂不韋)는 촉(蜀)으로 좌천되어서 『여람(呂覽, 呂氏春秋)』을 전하였다. 한비(韓非)는 진나라에서 수감되고 난 다음에 「세난(說難)」과 「고분(孤憤)」을 남겼고, 『시』 삼백 편은 거의 대부분 성현이 울분을 표출한 작품이다. 이런 사람들은 모두 마음속에 울분이 맺혀 있고 또한 통달할 수 없었기 때문에 지난 일을 서술하여 후대의 사람들에게 정을 기탁한 것이다. 사마천이 인용하여 말한 이런 옛사람들의 사적은 역사적 사실과 차이가 있다. 예를 들자면 한비의 「세난」과 「고분」은 진나라에 들어가기 전에 지어졌으며, 여불위의 『여람』은 추방되기 전에 완성되었다. 이는 모두 『사기』 그들의 본전에서 명백하게 기술하였다.

사마천은 감정이 요동치면 파도가 넘실대듯 쏟아져 나와 붓이 마음에 따라 이르러 이런 모순을 또한 문제 삼지 않았다. 이는 일부러 분을 터 뜨리기 위한 것이며 뜻이 그가 분을 발하여 책을 지었다는 것을 설명하는 데 있다. 옛사람을 본받아 자신의 모든 정력과 열정을 『사기』에 쏟아 부어 "일가의 말"을 이루었다고 말할 수 있다. 사마천은 끝내 개인의 비원(悲怨)에서 벗어나 욕을 참아가며 책을 지어 귀중한 실록 작품을 남겼다. 이런 정신은 중화민족의 중추를 체현하였으며, 우리가 경앙할 만한 가치가 있다. 사마천의 인격은 숭고하며, 그는 그런 어려운 환경에서 단련을 거칠 수 있는 사람이라면 대사업을 해낼 수 있을 것으로 보았으며 이런 인식은 스스로를 격려하였을 뿐만 아니라 후대의 사람들에게도 깊이 생각할 거리를 열어주었다.

제6장

체제가 웅대하고
생각이 정밀한 역사 저작

『사기』는 체제가 웅대하고 생각이 정밀한 역사 저작이다. 체제가 크다는 것은 『사기』의 다섯 체제의 결구와 체계성을 가리킨다. 생각이 정밀하다는 것은 『사기』내용의 전면성과 진보성을 가리킨다. 『사기』는 체제가 완비되고 내용이 풍부하여 동서고금을 망라하여 관통하고 있다. 황제에서 시작하여 태초에 이르기까지 고금의 전적(典籍)을 모두 모아 "천하의 산일된 옛 전적과 사실을 망라하여(罔羅天下放失舊聞)" 백과전서식의 중국 통사를 이루었으며, 내용에서 형식에 이르기까지 모두 획기적인 위대한 창신이다.

1. 넓고 큰 오체의 결구

『사기』는 오체로 구성되었다. 첫째, 「본기(本紀)」12편. 둘째, 「표(表)」10편.

셋째, 「서(書)」 8편. 넷째, 「세가(世家)」 30편. 다섯째, 「열전(列傳)」 70편으로, 모두 130편이다.

전인이 남긴 『사기』 오체에 대한 연구 토론은 연원을 거슬러 오르는 데 중점을 두었다. 필법의 의례(義禮)에서 사마천의 창신을 연구하는 것은 소홀히 하였는데, 이는 바로잡아야 할 사안이다. 연원을 거슬러 오르는 자들은 오체가 옛날에 이미 있었으므로 사마천은 다만 그것을 한데 모아 하나의 책으로 구성한 것에 지나지 않을 따름이라고 생각하였다. 유협(劉勰)의 『문심조룡(文心雕龍)』 「사전(史傳)」과 소진함(邵晉涵)의 『남강문초(南江文鈔)』 「사기제요(史記提要)」, 장학성(章學誠)의 『문사통의(文史通義)』 권6 「화주지열전총론(和州志列傳總論)」 등에서는 『사기』의 오체는 『여람』의 형식을 따랐다고 생각하였다. 홍이손(洪怡孫)의 『구계집정(鉤稽輯訂)』, 진가모(秦嘉謨)의 『세본집보(世本輯補)』는 『사기』의 오체가 『세본(世本)』을 본받은 것이라고 하였다.

근대의 인물인 나근택(羅根澤)과 청진짜오(程金造)는 오체의 근원을 고찰하면서[1] 사마천이 본 석실과 금궤의 책에는 본기와 세가, 연표, 열전의 체제가 있었는데, 사마천에 의해 모방되었다고 생각하였다. 제가의 근원에 대한 고찰은 사마천이 여러 전적을 널리 채택하여 하나로 녹여 넣은 창조 정신을 이해하는 데 도움이 되기는 하지만 지나치게 사실적으로 지적하였으니 실제와는 현격한 차이가 있다. 이를테면 논자는 『사기』 「대원열전(大宛列傳)」 찬을 인용하여 제기한 「우본기(禹本紀)」를 옛날에 「본기」의 체제가 있었다는 증거로 삼았다. 사실 사마천이 말한 「우본기」를 『산해경(山海經)』과 나란히 들어 논하여 지괴(志怪)를 말한 책을 지적하였

---

1 나근택(羅根澤)의 「사기 본서에서 사기의 본원을 고찰함(從史記本書考史記本原)」, 『북평도서관월간(北平圖書館月刊)』 제4권 제2기에 수록되어 있음. 청진짜오(程金造)의 「사기체례소원(史記體例溯源)」, 『연경학보(燕京學報)』 제37기에 수록.

는데, 그냥 「본기」라는 이름만 있을 뿐 제왕의 사적을 기록하여 말한 「본기」와는 서로 아무런 관계도 없다. 또한 『사기』의 「관채(管蔡)」와 「진기(陳杞)」의 각 세가에서 말한 "세가언(世家言)" 석 자는 곧 사마천이 그 책을 스스로 일컬은 것으로 고대에는 결코 세가의 체제가 없었다. 선진 전적 중에는 "세경(世卿)"과 "세양(世樣)", "세신(世臣)", "세가(世家)"라는 일컬음이 있는데, 모두 경대부의 관작과 직위, 질록(秩祿)을 대대로 이어받은 것을 가리킨다. 『사기』 "세가"의 체제는 그 명칭이 여기에서 연변되어 온 것으로, 판원란(范文瀾)의 『정사고략(正史考略)』 사기 조에서는 말하였다. "팔서(八書)의 명칭은 『상서』에 근본한다." 그 말은 채택할 만하다. 그러나 또 말하기를 "팔서가 지어진 것은 『상서』의 「요전(堯典)」과 「우공(禹貢)」을 취하였다."고 하였다. 이는 곧 매우 어렵고 추론을 드러낸 것이 너무 멀다.

『사기』의 오체는 모두 사마천이 창조한 것이다. 「태사공자서」에서 반복하여 『사기』는 『춘추』를 본받아 지은 것이라고 말하여, 『춘추』의 경전(經傳) 형식이 『사기』의 체제를 창조하는 데 끼친 영향이 매우 큼을 알 수 있다. 유지기(劉知幾)는 말하였다. "대체로 기전(紀傳)이 흥기한 것은 『사기』와 『한서』에게서 비롯되었으며, 기(紀)라는 것은 편년(編年)이라는 뜻이다. 전(傳)은 여러 가지 일이다. 편년은 역대 제왕의 세월로 『춘추』의 경과 같다. 여러 가지 일은 신하의 행장(行狀)을 기록한 것으로 『춘추』의 전(傳)과 같다. 『춘추』는 전으로 경을 해석하였고, 『사기』와 『한서』는 전으로 기를 해석하였다. 이 예를 처음 시작한 것을 찾아보니 자장(子長)에게서 비롯되었다."[2] 이 말은 옳다. 「삼대세표(三代世表)」 서에서 "내가 『첩기(諜記)』를 읽어보니"라고 하였고, 「십이제후연표」 서에서는 "내가 『춘추역보첩(春秋曆譜諜)』을 읽어보았는데"라고 하였다. 이는 사마천이 연표

---

2 『사통(史通)』 권2 「열전(列傳)」.

를 창조하면서 참고로 한 남본(藍本)이다. 『여씨춘추(呂氏春秋)』는 「십이기
(十二紀)」와 「팔람(八覽)」, 「육론(六論)」으로 나누어서 백가의 사상을 통일하
고 풍부한 내용을 포용하였는데, 이 형식은 또한 사마천에게 매우 큰 계
시를 주었다. 그러나 『여씨춘추』의 각 체제는 모두 단편적인 논문으로
다만 명칭만 다를 뿐 결코 본질적인 구별이 없다. 각자 필법과 의례(義例)
를 갖춘 『사기』의 오체와 함께 제기하여 논할 수 없는 것이다.

이상은 사마천의 창조는 하나의 책이나 하나의 체례를 조종으로 삼지
않으며, 각종 전적 체례의 장단점을 참작하여 홀로 한 편으로 모아 갖추
어 넣어 새로운 체제를 창조해 낸 장심(匠心)이라는 것을 설명한다. 『사
기』의 5체는 각기 필법(筆法)의 의례(義例)를 갖추어 나누어보면 각 체가
절로 하나의 독립적 체계를 이루어 처음부터 끝까지 역사 발전을 관통
하는 단서를 완전히 갖추었으며 각기 다른 측면과 무게중심을 가지고
있다. 5체를 합쳐서 말하면 또한 조직이 엄밀하여 상호 간에 어우러진
저작이 된다. 스스로 일가를 이룬 말이다. 바로 체제가 완비되었기 때문
에 풍부한 역사 소재를 용납할 수 있어서 한정된 편폭 안에 정치와 경
제, 문화, 학술, 민족, 사회 및 자연의 성상(星象)과 역법, 지리 등 갖추지
않은 것이 없도록 하였다. 따라서 진(晉)의 장보(張輔)는 말하기를 사마천
은 역사를 지으면서 "말은 간략한데 일은 다 들어 3천 년의 일을 기술하
는 데 다만 50만 언(言) 뿐이었다."[3]라고 하였다. 청나라 조익(趙翼)은 그
것을 "전사(全史)"라고 일컫고 아울러 말하였다. "이 체제가 한번 정하여
지고부터 역대의 역사를 짓는 사람들은 마침내 그 범위에서 벗어날 수
없었다."[4]

---

3 『진서(晉書)』 권60 「장보전(張輔傳)」.
4 『이십이사차기(廿二史箚記)』. 권1.

1) 5체의 제명(題名) 의례(義例)

(1) 본기. 「오제본기」의 『정의』에서는 배송지(裴松之)의 『사목(史目)』을 인용하여 말하였다. "천자(天子)는 본기라 칭하고, 제후는 세가라 한다." 장수절은 밝혀서 말하였다. "본(本)은 그 본계(本系)를 잇는 것이므로 본(本)이라고 하였다. 기(紀)는 다스림(理)인데, 뭇 일을 통괄적으로 다스려 연월(年月)에 갖다 붙였으므로 기(紀)라고 한다." 유지기는 말하였다. "대체로 기(紀)는 여러 가지의 강기를 정하고 만물을 망라하여 편목의 큰 것을 고찰하는 자는 절대로 이를 벗어나지 못할 것이다!" 또 말하였다. "대체로 기(紀)의 체는 『춘추』의 경(經)을 일월(日月)로 엮어서 세시(歲時)를 이루고, 임금을 기록하여 국통(國統)을 드러내었다."[5] 이에 의하면 "본기"의 뜻은 다섯 가지가 있다.

① "본기"는 법칙, 강기의 뜻으로 "여러 가지 강기를 정하는 것"이므로 가장 존귀한 명칭이다.

② "본기"는 천자와 국군의 말을 기록하는 것에 전용된다.

③ "본기"는 "만사를 망라하는" 것, 곧 국가의 대사를 싣지 않음이 없어 일반적인 인물의 전기와는 구별된다.

④ "본기"는 연대순으로 정리하고 정삭(正朔)을 기록하는데, 천명이 귀의하는 바를 상징한다. 편찬학이라는 각도에서 논거를 세우면 편년 기사는 중국 사법(史法)의 우수한 전통으로, 열거한 역사 사건과 흥망하고 발전한 단서가 분명하게 하였고, 『춘추』에서 창안된 것이다.

⑤ "본기"는 『춘추』의 12공(公)을 본받았으므로 12편으로 하였다. 「태사공자서」에서는 "12본기를 지었다."고 하였다.

---

5 『사통』 권2 「본기(本紀)」.

(2) 10표. 사마정은 말하였다. "『예(禮)』에는 「표기(表記)」가 있는데, 정현(鄭玄)이 말하기를 '표(表)는 밝히는 것이다.'라고 하였다. 일이 은미하여 드러나지 않는 것은 밝혀야 하기 때문에 표(表)라고 한 것이다."[6] 조익(趙翼)은 말하였다. "『사기』에서는 10표를 지었는데 주나라의 보첩(譜牒)을 모방하였다. 기전(紀傳)과는 서로 출입이 있어 무릇 열후(列侯), 장(將), 상(相), 삼공(三公), 구경(九卿) 가운데 공명이 드러난 자는 이미 전을 세웠다. 이 외에 대신 가운데 공과가 없는 자는 전으로 전할 만한 것이 없지만 모두 없어지는 것을 용납지 않아 표로 기록하였는데, 역사를 짓는 체제가 이보다 큰 것이 없다."[7]고 하였다. 이에 의하면 "표"의 뜻은 다음과 같다.

① 은미한 일을 드러내어 선명하게 한다.

② 기(紀), 전(傳)의 기사 범위를 확대시킨다.

③ 표는 기, 전과 날줄 씨줄이 되어 기, 전을 연계시키는 교량이다.

그러나 이것은 다만 근근이 재료를 조직하는 방면에서만 입론한 것으로 "10표"를 드러내는 진정한 가치는 전혀 없다. 사마천은 10표를 지어서 역사 발전의 실마리와 단계를 반영하였으며 고대의 연대학 이론을 세웠는데, 장법의 의례를 가장 잘 갖추고 있다. 뒤의 "5체가 체제를 파괴한 의례"에 상세하므로 여기서는 줄인다.

(3) 8서(書). 사마정은 말하였다. "서(書)라는 것은 오경(五經)과 육적(六籍)의 총칭이다. 이곳의 8서는 국가의 대체(大體)를 기록한 것이다."[8] 조익은 말하였다. "8서는 곧 사마천이 창조한 것으로 조장(朝章)과 국전(國典)을 기록한 것이다."[9] 지금의 용어로 말하면 8서는 부문별 문화제도사

---

6 『사기』 권13 「삼대세표(三代世表)」의 『색은』.

7 『이십이사차기(廿二史箚記)』 권1.

8 『사기』 권23 「예서(禮書)」의 『색은』.

9 『이십이사차기(廿二史箚記)』 권1.

이다.『상서』는 각종 체재의 공문 당안(檔案)을 모아서 편집한 것으로 사마정은 "오경과 육적의 총칭"이라고 한 해석이 정확하다. 사마천이 8부문으로 나누어 전장제도와 문화발전을 기록한 「팔서」를 "서(書)"라 명명한 것 또한 매우 합당하다. 반고는『한서』를 지으면서 "8서"의 내용을 "10지(志)"로 확대하였다. 그 큰 제목을 "한서(漢書)"라 명명하였기 때문에 "서(書)"를 "지(志)"라 한 것이다.

(4) 세가(世家). 사마정은 말하였다. "계가(系家)는 제후의 본계(本系)를 기록한 것으로, 그 말이 아래로 자손이 늘 나라를 가지는 것에 미친다. 그러므로 맹자는 말하기를 '진중자(陳仲子)는 제나라의 계가(系家)이다.'[10]라 하였다. 또한 동중서는 말하기를 '왕자(王者)가 제후에 봉해지면 관직을 얻는 것이 아니라 대대로 집으로 여기게 된다.'고 하였다."[11] 유지기는 말하였다. "세가의 뜻에 의하면 어찌 나라를 열고 대대로 서로 잇는 것이 아니겠는가?"라고 하였다. 또한 말하기를 "사마천이 여러 나라를 기록함에 편차하는 체제가 본기와 다르지 않았으니 저 제후를 누르려 함이 천자와 다르므로 그것을 빌려 칭하기를 세가라 하였다."[12]라 하였다. 곧 세가(世家)라 명명한 데는 세 가지 뜻이 있다.

① 제후 열국의 역사를 기록하였다.

② 대를 전한 가계(家系)를 실었다.

③ 「세가」는 「본기」와 체례가 같아 모두 편년 기사이며, 천자 등의 등급과 구별하기 위해서 달리 세가라 이름하였다.

---

10 계가(系家)는 곧 세가(世家)를 말한다.『색은』을 지은 사마정이 당 사람이어서 태종(太宗)의 휘인 이세민(李世民)의 세(世)자를 꺼려서 고친 것이다. 系xi와 世shi는 중국어 발음이 서로 가깝다.─옮긴이

11 『사기』권31 「오태백세가(吳太伯世家)」의『색은』.

12 『사통』권2 「세가(世家)」.

(5) 열전(列傳). 사마정은 말하였다. "열전(列傳)은 신하의 사적을 서술, 열거하여 후세에 전할 수 있게 하였으므로 열전(列傳)이라고 하였다."[13] 장수절은 말하였다. "그 사람의 행적을 순서대로 열거할 수 있으므로 열전이라고 하였다."[14] 조익은 말하였다. "고서(古書)에 무릇 일을 기록하고 입론하며 경을 해석한 것은 모두 전(傳)이라 하며, 한 사람의 사적만 오로지 기록하는 것이 아니다. 한 사람에게 한 사람의 전만 지어준 것은 사마천에게서 비롯되었다."[15] 장학성(章學誠)은 말하였다. "사마천이 열전의 체제를 창시하였다. 열(列)이라는 말은 여러 사람을 배열하여 수미(首尾)로 삼았기 때문에 편년의 전과 다름을 표명하였다."[16]

사마정과 장수절은 "열(列)"자를 서열(叙列)로 해석하였고, 장학성은 배열(排列)로 해석하였다. 열(列)자는 두 가지 뜻을 모두 가지고 있다. 「백이열전」에서는 말하였다. "공자는 옛날의 인덕이 있고 성스러운 현인을 차례로 열거하였는데, 오태백(吳太伯)과 백이 같은 무리에 대해 상세하다."「진기세가(陳杞世家)」에서는 말하였다. "나란히 열거하기에는 조금 부족하다."「소진열전(蘇秦列傳)」에서는 말하였다. "그 행한 일을 나열하였다." 사마천의 「보임안서」에는 "옳고 그름을 논하여 열거한다(論列是非)", "끝내 스스로 (논술하여) 늘어놓을 수가 없었다.(終不能自列)", "병법을 정리하여 열거하였다(兵法修列)"와 같은 말이 있다. 이런 예증의 "열(列)"자는 곧 서열(序列), 논열(論列)의 뜻이다.

『사기』의 열국(列國), 열후(列侯), 열봉(列封), 열성(列星), 열수(列宿) 등의 용어는 곧 배열한다는 뜻이다. 『설문해자』 권4에서는 "열(列)은 분해(分解)

---

13 『사기』 권61 「백이열전」의 『색은』.
14 『사기』 권61 「백이열전」의 『정의』.
15 『이십이사차기(廿二史箚記)』 권1.
16 『문사통의(文史通義)』 권4 「번칭(繁稱)」.

하는 것이다."라고 하였다. 이것이 열(列)자의 본의이다. 열전(列傳)은 곧 "나눈다(分)"는 뜻에서 인신되어 나왔으며 많은 인물들의 전기를 일정한 위차에 따라 배열하는 것을 가리킨다. 일본 학자 나카이 세키토쿠(中井積 德)는 말하였다. "전(傳)은 하나로 충분하지 않아 차례로 열을 이루었으 므로 열전이라 하였을 따름이다."[17]

위의 서술에서 "열전"이라는 단어는 사마천이 완전히 새로 창조한 동 사-목적어 구식의 복합명사임을 알 수 있다.[18] 사마천은 기사를 빌려서 입론하고 경을 해석한 책을 "전"으로 명명하여 사람의 전을 짓고 공신 과 현인의 언행을 기록하여 「본기」에 주입함으로써 신하가 임금을 받들 어 지키는 것을 나타내었다. 「태사공자서」에서는 말하였다. "의를 부지 함이 탁월하고 비범하며 스스로 때를 놓치지 않게 하여 천하에 공명을 세웠으니 70열전을 지었다." 아울러 일정한 순서로 배열하였으므로 열 전(列傳)이라 하였다.

위에서 말한 것을 종합하면 「본기」는 편년으로 군국(軍國)의 대사를 널 리 기록하고, 조령(詔令)과 제고(制誥)를 따서 실어 역사 발전의 통서(統緖) 를 상징한다. 「세가」는 나라를 열고 대대로 이어받은 제후이다. 「열전」 에는 신하의 사적과 임금을 보필하는 것을 서술하였는데, 뭇별이 북두 성을 떠받치어 지키는 것과 같다. 이런 같지 않은 제명(題名)과 기술 방법 은 일종의 등급 서열이다. 따라서 기전체 역사는 제왕과 장상을 중심으 로 하는 역사이다. 구체적으로 봉건 정체(政體)의 등급 질서를 조영하였 으며 봉건 통치자의 사상체계를 적용시켰다. 이것이 바로 기전체 역사

---

17 일본 다키가와 모토히코(瀧川資言)의 『사기회주고증(史記會注考證)』 권61 「백이열전(伯夷列 傳)」에서 인용.

18 리사오융(李少雍)의 「열전신해(列傳新解)」, 『사마천전기문학논고(司馬遷傳記文學論稿)』에 수 록, 충칭출판사(重慶出版社) 1987년판.

가 봉건왕조에 의해 정사로 반포된 내재적 원인이다.

2) 5체의 체제를 파괴한 의례

이른바 체제를 파괴했다는 것은 체제를 세운 것과 상대적으로 말한 것이다. 위에서 말한 5체의 의례를 가지고 24사와 비교해 보면 반고의 『한서』가 표준에 가장 부합되며, 『사기』는 표준에 가장 부합되지 않는다. 『사기』의 편목에는 약간의 체례 파괴가 있는데, 「본기」와 「세가」가 가장 두드러진다.

「본기」의 체제 파괴. 첫째, 하(夏), 은(殷), 주(周)의 세 「본기(本紀)」는 삼대의 선공과 선왕을 포괄하였으며, 더욱이 「진본기(秦本紀)」는 곧 제후인데도 「본기」에 넣었다. 둘째, 『사기』에 「여태후본기(呂太后本紀)」는 세웠는데, 「혜제기(惠帝紀)」는 세우지 않아 마침내 제왕을 「본기」에서 빼버렸다. 셋째, 『사기』에 「항우본기(項羽本紀)」를 세웠지만 서초의 기년(紀年)은 없고 "한(漢)나라 원년", "한나라 2년"으로 정삭(正朔)을 기록하였으며 또한 기사의 장법(章法)도 전의 체제로 하였다. 실제적으로 사마천이 쓴 것은 "항우열전"이지만 이름을 「항우본기」로 정한 것일 따름이다.

「세가」의 체제 파괴. 첫째, 항량(項梁)이 세운 초왕(楚王) 웅심(熊心)은 군대를 통솔하고 장수를 파견한 적이 있으며 한 방면을 호령하였다. 유방이 관중으로 들어가고 항우가 북으로 조나라를 구원한 것은 모두 초왕웅심에 의해 파견된 것이다. 항우가 송의(宋義)를 죽이고 스스로 상장군(上將軍)이라 일컬은 것은 초왕의 명령을 빌린 것과 같으며 관중으로 들어간 후에는 초왕을 의제(義帝)로 높였다. 사마천은 그를 "본기"에도 세우지 않았고 "세가"에도 세우지 않았다. 둘째, 한나라 초기의 제후 오왕(吳王) 유비(劉濞)와 회남왕(淮南王) 유장(劉長)·유안(劉安), 형산왕(衡山王) 유사(劉賜)는 반역 때문에 "열전"으로 강등되었으나, 서주의 제후 관숙(管叔)

은 반역으로 종묘를 지키지 못하였는데도 오히려 「관채세가(管蔡世家)」가 있다. 셋째, 한나라 초기의 공신인 소하(蕭何)와 조참(曹參), 장량(張良), 진평(陳平), 주발(周勃) 등은 작록이 봉후(封侯)에 지나지 않았는데 "세가"에 세웠다. 그러나 기타 제후국은 "세가"에 세우지 않았으며 아울러 조왕(趙王) 장이(張耳)와 장사왕(長沙王) 오예(吳芮)는 제후로 봉해졌고, 몇 대나 전하였지만 또한 "세가"에 세우지 않았다. 넷째, 30 「세가」 중에 공자와 진섭(陳涉), 외척의 3 「세가」가 있다. 공자는 포의이고, 진섭은 왕을 일컬었지만 끝이 좋지 않았다. 한나라 황제들의 후비(后妃)는 대대로 전할 수 없었지만 모두 "세가"에 세웠으니 그 예는 어떠한가?

유지기의 『사통』은 『사기』의 체제가 순수하지 못하다고 비평하여 곳곳에서 반고를 추어올리고 사마천을 폄하하였다. 그는 「이체(二體)」 편에서 비록 『사기』와 『좌전』을 기전과 편년 두 체의 조상으로 생각하기는 하였지만 진정 두 체를 대표하는 것은 오히려 반고의 『한서』와 순열의 『한기(漢紀)』라 인정했다. 그래서 그는 「이체」 편의 결론에서 말하였다. "그러니 반고와 순열의 두 체는 선두를 각축하며 그중 하나를 폐하려 한다면 실로 어려울 것이다. 나중의 작자들은 이 두 방식에서 벗어나지 않는다." 유지기의 평론은 검토해 볼 만한 가치가 있다. 체제를 세우고 또 체제를 깨뜨리는 것은 바로 사마천의 품격을 창신하는 정신의 반영이다. 체제가 없다면 역사의 기술에 규범이 없어서 반드시 넘치는 쪽으로 흐르게 될 것이다. 이루어진 체제를 사수하면 풍부하고 다채로운 역사적 내용을 곡진히 할 수 없었고 형세가 단조롭게 흐를 것이다. 이 때문에 체제를 세우고 또 깨뜨렸는데 객관적인 정세가 그렇게 했다. 사마천은 마침 정세 파악에 가장 뛰어난 사학자였으므로 그가 만든 다섯 체제는 많은 역사적 소재를 용납할 수 있었고 무한한 잠재력이 있었다.

『사기』가 체제를 깨뜨린 것은 세 가지 유형이 있다.

(1) 일을 서술함에 수미(首尾)가 완정하여 "그 처음과 끝을 살피는 데" 편하다. 하·상·주 세 「본기」는 위로 선공(先公) 선왕(先王)으로 거슬러 한 조대의 흥망의 역사를 기록하도록 하여 수미가 완전히 갖추어져서 역사의 경험을 총결하는 데 유리하며 역사가 발전하는 윤곽을 통찰하였다. 위수(魏收)는 『위서(魏書)』를 지으면서 「서기(序紀)」를 제일 앞에 열거하여 탁발씨(拓跋氏) 선세의 기원을 기록하였는데, 바로 『사기』를 모방하여 창조한 것이다.

(2) 명실(名實)을 바로잡았다. 사마천은 진(秦)나라는 헌공(獻公)에 이른 후에 "늘 제후 가운데서 군림하고"[19] "소양왕(昭襄王)이 제업을 이루어"[20] 비로소 시황(始皇)이 통일하였다고 생각하였으므로 특별히 「진본기(秦本紀)」를 지었다. 「육국연표」를 참조하면 우의(寓意)가 더욱 분명하다. 표명한 것은 6국이지만 실제로는 8국을 서술하였다. 첫머리에 주나라를 배열함으로써 주나라의 천자를 공주(共主)로 높임을 드러내었으며, 다음에 진나라를 배열한 것은 바로 실제 상황을 기록하여 진나라가 "늘 제후 가운데서 군림한" 뜻을 체현하였다. 이 때문에 주나라와 진나라는 6국의 수에 들어 있지 않다.

사마천은 「여태후본기」는 세우고 「혜제본기(惠帝本紀)」는 세우지 않았는데 실제의 상황을 기록한 것이다. 고후(高后)와 효혜제(孝惠帝) 때 혜제는 옷소매를 드리우고 팔짱만 끼고 있었으며 여후가 섭정하였으므로 혜제를 여후의 본기에 부기하여 넣었다. 사마천은 초왕(楚王) 웅심(熊心)을 「항우본기」에 부기해 넣었는데, 또한 이 예와 같다. 사마천은 오예(吳芮)의 "세가"를 세워주지 않았으며, 그 사적이 분명하지 않아 연표에 기

---

19 『사기』 권15 「육국연표(六國年表)」 서.
20 『사기』 권130 「대사공자서」.

재하여 넣는 것으로 만족했다. 장이(張耳)의 "세가"를 세워주지 않은 것은 장이와 진여(陳餘)의 전을 합칠 의도였다.

(3) 포폄을 기탁하였다. 사마천은 공자와 진섭(陳涉), 한제(漢帝)의 후비(后妃) 및 한나라 초기의 소(蕭, 荷), 조(曹, 參), 장(張, 良), 진(陳, 平), 주(周, 勃) 등 개국공신의 「세가」를 세워주어 그들의 역사 공적을 기려 드러내었다. 반대로 한나라 초기 반기를 든 제후들은 "보필고굉(輔弼股肱)"의 작용을 일으키지 못했다고 하여 "열전"으로 강등함으로써 폄훼하여 억눌렀음을 보여주었다. 그러나 주나라 초기의 관숙(管叔)과 채숙(蔡叔)은 비록 모반하였지만 나중에 채중(蔡仲)이 회개하여 다시 제후에 봉해졌으므로 사마천은 「관채세가(管蔡世家)」를 세워서 선을 권장하였다. 이로써 사마천의 파격적인 체제는 깊은 뜻이 있음을 알 수 있다.

반고는 「사기」를 모방하여 「한서」를 지었으며 통사체를 단대사체로 바꾸었다. 이는 또 다른 창조로 이 둘은 대조만 할 수 있을 뿐 함께 논할 수는 없다. 『한서』는 단대(斷代)로 역사를 지어 「기(紀)」에 제왕을 싣고 「세가」를 다 없애었으니 진승(陳勝)과 항적(項籍)은 이치상 전에 들어가야 했다. 『사기』는 관통하여 「본기」에서 조대를 겸하여 서술하였기 때문에 하·상(商)·주 삼대의 「본기」에서 선공과 선왕까지 거슬러 올라갔다. 또한 「진시황본기」 앞에 「진본기」가 있고, 「고조본기」 앞에 「항우본기」가 있어 완전히 역사 발전의 서열에 부합하고 장법(章法)의 의례(義例)가 엄격하고 신중하다. 형식주의적으로 문제를 보면 『사기』의 체제가 불순하다고 생각할 것이다. 유지기는 『한서』를 표준으로 삼아 기전체의 찬술 이론을 추출한 다음에 역으로 『한서』의 의례로 규범하고 창시한 것이 『사기』의 체제라 하였다. 논리상 원인과 결과가 뒤바뀐 착오를 저질렀기 때문에 우활한 의론이다. 유지기가 제기한 『사기』를 개조한 의견을 보도록 하자.

희(姬) 씨는 후직(后稷)에서 서백(西伯)에 이르렀고, 영(嬴) 씨는 백예(伯翳)에서 장양(莊襄)까지 이르렀으며, 작위가 제후인데 이름을 「본기」에 넣었다. 서백과 장양 이상으로 "주진세가(周秦世家)"를 짓고, 은주(殷紂)를 가지고 무왕에 짝하고, 진시(秦始)를 뽑아내고 주란(周赧)을 이어 제왕으로 하여금 전하여주게 하면 환하게 구별이 될 것이니 어찌 훌륭하지 않겠는가? 반드시 서백 이전은 그 일이 간략하여 별도로 한 항목을 더한다면 편을 이루기에 부족할 것이다. 백예에서 장양에 이르기까지 그 책이 먼저 한 권을 이루어 세가와 같은 등급이 되지 않고 문득 「본기」와 같은 편을 이룰 것이니 이는 더욱 괴이할 것이다. 항우는 참칭하여 도적질하다가 죽어 임금이 되지 못하였으니 옛날 일에서 찾아보면 제나라의 무지(無知)와 위(衛)나라 주우(州于)와 같은 무리인데 어찌 그 명자(名字)를 꺼려서 왕이라고 부른다고 하겠는가? 『춘추』에서는 오초(吳楚)가 참칭하여 열국과 같이 기록하였는데, 항우가 제(帝)의 이름을 훔쳤다고 한다면 도둑 떼처럼 억눌러야 할 것인데 하물며 그 이름을 서초(西楚)라 하였으니 호칭이 패왕(霸王)에 그치겠는가? 패왕이라는 것은 곧 당시의 제후인데 제후이면서 「본기」라 일컫는 것은 이름을 구하여 실질을 책망한 것이니 두세 번 거듭 잘못되었다.[21]

또 말하였다.

진승은 도둑 떼에서 일어나 왕이라 일컬은 지 여섯 달 만에 죽어 자손들이 잇지를 못하고 사직이 알려지지 못하여 세상에 전할 것이 없고 살 집에 없었는데 "세가"로 일컬었으니 어찌 당연하겠는가?[22]

---

21 『사통(史通)』 권2 「본기(本紀)」.

유지기는 제왕(帝王)으로 서로 이어 역사를 관통하는 관점이 취할 만한 곳이 없지 않다. 그러나 유지기는 단대사의 예를 가지고 통사체를 규범하였으므로 그 말이 우활하다. 가령 정말로 유지기의 의견에 따라 『사기』를 개조한다면 삼대의 「본기」 및 진대의 역사적 사실의 서술적 연관성이 찢어져 흩어지게 될 것이다. 「항우본기」의 경우 사마천은 한나라의 기년(紀年)을 쓰고 또 전(傳)의 체로 서술하여 다만 "본기"라는 이름으로 「고조본기」 앞에 배열한 것에 지나지 않는다. 그러나 역사 발전의 실제를 반영하였을 뿐만 아니라 초나라가 망하고 한나라가 흥기하게 되는 강렬한 대비를 구성함으로써 문장의 기세가 강하여져 더욱 사람을 깊이 생각하게 한다. 장이가 열전으로 강등되어 진여와 전이 합쳐진 것도 이런 예다. 사마천이 하나는 올리고 하나는 내리는 것은 그 뜻이 마찬가지이다. 사마천이 「진섭세가」를 지은 것은 네 가지 원인이 있다. 첫째 권위를 높인 것, 둘째 폭정에 반대한 것, 셋째 첫 번째 난을 도운 것, 넷째 사실을 기록한 것이다. 유방의 반진(反秦)은 초왕(楚王) 진승이 든 깃발 신호로 시작되어 천하를 얻은 후에 진승을 위해 무덤을 지키는 30가구를 탕(碭)에 설치하였다. 진섭이 처음을 난을 일으켜 "그가 설치하고 파견한 후왕(侯王)과 장상(將相)이 마침내 진나라를 멸망시켰다."[23]

사마천은 진왕조의 폭정은 전복되어야 하고 진섭이 난을 일으킨 공로는 표창되어야 한다고 생각하였으며, 이는 『사기』의 많은 곳에서 이야기하였다. 서한 사람들은 진섭이 반역자라고 절대로 생각지 않았다. 유지기는 강화된 후세 봉건 정통관념으로 사마천은 항우를 본기, 진섭을 세가에 세우지 말았어야 한다고 규탄하였는데 당연히 우활한 생각이다.

---

22 『사통』 권2 「세가(世家)」.
23 『사기』 권48 「진섭세가(陳涉世家)」.

대조적으로 운치를 더하는 것은 지금의 현자들은 형이상학적인 분석 방법으로 유지기와는 결론을 달리하는 결론을 끌어내었는데 사마천이 "진섭 같은 이런 통치 계급이 '도적'으로 보는 사람을 위해 세가를 세운 것은" "국민의 반항쟁을 노래로 칭송한 것이다"라고 하였으며, 따라서 반고가 「진승항적전(陳勝項籍傳)」을 지은 것을 부정하였는데, 이는 마찬가지로 일종의 우활한 의론이다. 가령 반고가 『사기』를 모사하여 단대사인 『한서』에 홀로 우뚝 「항우본기」와 「진섭세가」를 세운다면 어찌 탄식할 만한 괴이한 일이 아니겠는가! 단대사인 『한서』는 체제가 엄밀하며, 사마천과 반고의 우열은 역사 인식에 있으며 두 책의 체제의 득실에 있는 것이 아니다. 『사기』와 『한서』의 체제를 비교하면서 사마천과 반고의 우열을 변별하는 것에서 유지기가 삐끗하였으니 우리는 이를 거울로 삼아야 한다.

3) 오체의 편수 및 서열의 의례

『사기』의 오체는 하나의 정밀하고 엄격한 의례의 체계를 갖고 있으며, 편목의 차제는 모두 사마천의 독특한 역사철학 사고를 풍부히 함유하고 있다. 「사기」는 오체이며, "오(五)"는 신비로운 숫자이다. 사람은 두 손을 가지고 있으니 그 기능으로 사람의 무한한 창조력을 표현하였다. 한 손은 다섯 손가락이고 두 손은 열 손가락이며, 10은 수의 끝이다. 원시 철학관념의 사유 방식은 멀리는 사물에서 취하고 가까이는 몸에서 취하였다. 사람은 오지(五指), 오관(五官), 오장(五臟), 오체(五體) 등등을 가지고 있다. "오(五)"라는 수목(數目)의 개념은 신비감을 갖추고 있어 미루어 크게 하면 오행이 되고, 오행은 운동하여 천도(天道)를 이룬다.

『사기』 전서가 130편인데 어째서 「본기」가 12편, 「표」가 10편, 「서」가 8편, 「세가」가 30편, 「열전」이 70편인가? 이런 수목은 모두 임의로 확정된 것이 아니라 떳떳하고 일정한 예가 있다.『사기』의 오체 결구는 한 개인의 노동력이 창조하는 계통적인 공정을 반영한다.「태사공자서」는 본기와 표, 서, 세가, 열전 각체의 창작 취지를 나타낼 때 또한 모두 특별히 "12(十二)", "10(十)", "8(八)", "30(三十)", "70(七十)" 등의 수목을 표시하면서 곧 그 속에 정보를 드러냈다. 사마정의「보사기서(補史記序)」에서는 말하였다.

> 「본기」 12편은 세성(歲星: 목성)의 주기를 본떴고,「서」에는 8편이 있으니 천시(天時)의 8절(節)을 본뜬 것이며, 10「표」는 강유(剛柔)한 10일을 모방하였다. 30「세가」는 한 달에 30일이 있음을 비유하였고, 70「열전」은 현거(懸車: 70세)의 모치(暮齒: 만년)라는 뜻을 취하였다. 130편은 윤달이 있는 해를 이루는 것을 본떴다.[24]

　장수절의『사기정의』「논사례(論史例)」에서는 조금씩 수정하였는데, 그 설이 더욱 상세하다.

> 태사공은 …… 「본기」 12편을 지었고 한 해가 12달임을 상징한다.「표」 10편을 지어 하늘의 강유(剛柔) 10일(日)을 본떠서 봉건 세대의 끝과 처음을 기록하였다.「서」 8편에는 한 해의 8절(節)을 본떠서 천지(天地) 일월(日月) 산천(山川) 예악(禮樂)을 기록하였다.「세가」 30편을 지었는데, 한 달이 30일이고 30개의 바퀴살이 하나의 바퀴통에 모이는 것을 본떴으며 대대로 녹을 먹는 가문을 보필하는 고굉의 신하에 대한 충효와 득실

24　판원란의『정사고략(正史考略)』"사기 조"에서 인용. 중화서국(中華書局) 교점본『사기』부록「사기색은서」와「사기색은후서」에는 그 말이 없다. 여기서는 대조하고 참고하여 기록하였다.

을 기록하였다. 「열전」 70편을 지으면서 한번 운행하는 데 72일이 걸리
는 것을 본떴다. 70이라고 한 것은 전수(全數)를 든 것이며 나머지 2일은
윤일을 본떠서, 왕후장상 영현(英賢)이 천하에 공을 세워 서열로 세울 만
한 것을 기록하였다. 모두 130편으로 한 해가 열두 달 및 윤월로 남는
날이다. 태사공이 이 오품(五品)을 지은 것은 하나만 없애도 안 되며 천
지를 통괄 정리하여 경계를 권장하여 후세의 본보기가 되었다.

　판원란의 『정사고략(正史考略)』 사기 조에서 "「본기」 12의 수는 사실 『춘
추』 12공을 본떠서 지은 것"이라 생각한 것은 정확하다. 『춘추』의 12공
또한 12월을 본떴기 때문에 위로부터 은공에서 시작하여 12라는 수를
이루며, 『춘추』의 기사가 평왕(平王)이 동천한 수 10년보다 늦도록 하였
다. 『사기』의 편수가 세시의 역법과 서로 짝이 되는 것은 곧 유가가 선양
하는 일종의 천도관을 반영하였다.

　『논어』 「요왈(堯曰)」 편에는 "요임금이 말씀하셨다. '아! 너 순아, 하늘
의 역수가 너의 몸에 있으니, 진실로 그 중을 잡도록 하라. 사해가 곤궁
하면 천록이 영원히 끊어질 것이다.' 순임금도 이 말씀으로써 우임금에
게 명[훈계]하셨다.(堯曰, 咨爾舜! 天之曆數在爾躬, 允執其中, 四海困窮, 天祿, 永終. 舜亦以
命禹)"고 하였다. 이른바 "중(中)"은 곧 "역수(曆數)"이며, 대도의 운행을 상
징한다. "집중(執中)"은 곧 천명을 얻는 것이므로 명을 받은 임금은 반드
시 봉선을 하고 정삭(正朔)을 개정한다. 사마천은 친히 한무제의 봉선과
역법 개정에 참여하였다. 『사기』는 "천인 관계를 궁구하였기" 때문에 오
체의 편수는 각기 상징을 가지고 있으며 뜻을 천도의 운행에 기탁하였
다. 사마천은 혜제의 사적을 「여태후본기(呂太后本紀)」에 부기하여 『한서』
처럼 두 기(紀)로) 나누어 세우지 않아 기(紀)가 "12"의 수를 넘지 않도록
하는 뜻을 포함하였다.

『사기』오체의 편 수에 깃든 뜻은 「태사공자서」에서 명확하게 예시하였다. 사마천은 말하였다. "28수가 북극성을 돌고 30개의 바퀴살이 하나의 바퀴통에 몰리는 것처럼 운행하여 끝이 없듯이 보필하는 고굉지신을 거기에 짝지어 충성스럽고 성실하게 도를 행하여 주상을 받들었으니 30세가를 지었다.(二十八宿環北辰, 三十輻共一轂, 運行無窮, 輔拂股肱之臣配焉, 忠信行道, 以奉主上, 作三十世家)" 여기서 뭇별이 북극성을 돌고 수레바퀴살이 바퀴통으로 모이는 것을 가지고 신하가 임금을 보위하는 것을 비유한 것은 매우 적절하다. 이와 동시에 "28"과 "30" 두 개의 확정한 수목이 30세가의 수와 부합하여 깊은 뜻이 있음을 나타내었다. 사마정이 "70열전은 현거(懸車: 70세)의 모치(暮齒: 晚年)를 취하였다"라고 한 것은 추측일 것이다. 장수절은 "「열전」 70은 한번 운행하는 데 걸리는 72일을 본떴다"고 하였는데, 충분한 근거와 깊은 견해를 갖추고 있다.

이른바 "한번 운행하는 데 걸리는 72일"은 바로 1년 365일을 목, 화, 토, 금, 수의 5행으로 등분하면 각기 72일을 주관하는 것을 말한다. 서한 초년의 기록에 "하나가 72일을 운행한다"는 설법이 종종 보인다. 『역곤영도(易坤靈圖)』에서는 말하였다. "오제(五帝). 동방은 목이고, 푸른색이며 72일이다. 남방은 화로 적색이며 72일이다. 중앙은 토로 황색이며 72일이다. 서방은 금이고 백색이며 72일이다. 북방은 수로 흑색이며 72일이다."[25] 「고조본기」에는 고조의 "왼쪽 넓적다리에 72개의 점이 있다.(左股有七十二黑子)"라는 기록이 있는데, 장수절은 『정의』에서 "72개의 점은 적제 72의 수이다"라 해석하였다. "72"라는 숫자는 사마천 시대에 매우 유행한 신비한 숫자임을 알 수 있다. 연구에 의하면 "72"라는 숫자는 전국시기의 연력(年歷)에서 기인하였고, 그것이 유행한 연력은 곧 오행사상이

---

25 『고미서(古微書)』 권15에서 인용.

발전한 연력으로, 일종의 문화운동을 드러내고 있다. 이 때문에 "70"열전의 수는 일종의 역사철학을 반영한 것이다.

그러나 우리가 사는 오늘날에는 거기에만 고집스럽게 매달릴 필요가 없으며 힘껏 오체 편수의 현묘하고 미묘한 뜻을 탐구해야 한다. 우리는 다만 원칙상에서 파악하여야 하고, 오체의 편 수를 세시(歲時)와 연계하여 역사의 무궁한 운행을 상징하고, 또한 바로 사마천이 고금의 인물을 오행운동에 짜 넣은 역사철학 체계에서 진행하는 논술임을 말하며, 이는 사마천이 "하늘과 사람 사이의 관계를 연구하는" 사상 내용의 한 부분이다.

『사기』의 편목에 대하여 청나라의 조익(趙翼)은 편차가 혼란하다고 생각하여 "차례가 모두 무의미하고", "대체로 한 편을 이루면 곧 한 편에 편입하여 전서(全書)를 이루지 못하였으며 거듭 나란히 배열하였는데", "되는대로 따라 편집하였다."[26]고 하였다. 조 씨는 『사기』 오체 구성의 계통성에 밝지 못하였기 때문에 이런 말을 하였다. 계통성은 하나의 독립 학과로 비록 근현대에 총결하여 이루어진 이론이다. 그러나 일종의 사유 방식이 된 것은 오히려 근원이 멀고 길어 인류의 사유와 전 과학 기술 발전사의 진전에 수반하여 발생되고 발전되었다. 『사기』의 오체는 곧 사마천이 창작한 하나의 계통 공정이기 때문에 편목의 배열에는 신중하고 엄밀한 의례를 갖추고 있어서 "시대를 순서로 하고 종류별로 서로 따랐다.(時代爲序, 以類相從)"는 8자로 개괄할 수 있다. "시대위서(時代爲序)"는 역사 발전의 윤곽선으로 사마천이 "예와 지금의 변화에 통한" 사상의 반영이다. "이류상종(以類相從)"은 역사를 운용하여 비슷하게 종횡으로 나란히 배치하여 치란(治亂)과 성쇠를 탐구하는 규율로 일종의 편

---

26 『이십이사차기(廿二史箚記)』 권1.

찬방법이며 또한 일종의 연구 방법이다. 시대를 순서로 하는 것은 객관적 형세이다. 편목을 시간의 순서에 따라 배열하는 것은 역사 운동의 전후 순서와 연속성을 존중하는 것이다. 따라서 통사(通史)의 체제를 창립하였다.

「본기」와 「연표」, 「세가」의 3체는 모두 편년 기사로 의례를 조합하여 시대를 나누어 각 시기의 역사 대세를 반영하였다. 지금은 상세하고 옛날은 소략하며 변화는 상세하고 점진적인 것은 소략하여 시간의 층차가 매우 선명한데 이것이 바로 의례(義例)이다. 「연표」의 단계성이 가장 선명하다. 종류별로 서로 따랐다는 것은 장심(匠心)이다. 홀로 운용한 편성으로 혹은 종 혹은 횡으로 하는 조합의 의례를 갖추고 있다. 구성과 비교는 역사 내용을 탐색하는 사상 의취이며 70열전의 서목이 가장 선명하다. 「8서」는 전문적인 제목에 따라 고금의 제도를 통론하였고, 마지막 편 「평준서」는 전적으로 한나라 일을 말하여 "금(今)"한 자를 두드러지게 하였다. 이는 모두 사마천의 장심이 배치한 미묘한 뜻을 머금고 있다. 이 때문에 "되는 대로 따라 편집하였다"는 말은 아무런 근거가 없다. 사마천의 편목은 "시대를 순서로 하는 것"과 "종류별로 서로 따르는" 두 가지 원칙을 매우 완미하게 결합하여 『사기』 전서의 오체의 구조에 관철시켰다. 편목 차례의 구체적인 의례는 이 장 제2절에서 오체의 통변(通變) 내용과 결합하여 함께 상세히 애기할 것이므로 여기서는 생략한다.

4) "태사공왈(太史公曰)"이라는 사론 형식을 창조하였다

『사기』의 "태사공은 말한다(太史公曰)"는 곧 습관적으로 일컫는 "서(序), 찬(贊), 논(論)"이며, 사마천이 처음으로 창시한 사론(史論) 형식으로 간략히 "사기논찬(史記論贊)"이라고 한다. 사마천은 결코 그 사론을 서너 찬이니 하는 말로 명명하지 않았다. 『사통(史通)』 권4 「논찬편」과 「서례편(序例篇)」에서 "태사공은 말한다"를 서와 찬으로 논하여 열거한 후에 서로 따라 습관이 되었다. 『사기』의 원제는 "태사공서(太史公書)"인데 태사공이 지은 책이라는 뜻이므로 "사기의 논찬"을 "태사공은 말한다"고 칭하였다.

"태사공은 말한다"는 내용이 풍부하고 넓으며 정치와 경제, 군사, 사상, 문화, 천문, 지리, 역사, 윤리 및 세속과 형세, 인사 등등을 섭렵하여 왕왕 각 편에서 미비된 것을 보충하고 있다. "태사공은 말한다"는 의론이 크고 넓으며 필세가 종횡무진하고 언사가 정련되었으며 지의(旨義)가 깊고 은미하다. 혹 옛 역사를 고증하기도 하고 혹 유력하면서 얻은 것을 서술하기도 하였으며 혹 취재한 의례를 게시하고 혹 이어서 창작하는 뜻을 밝히기도 하였고, 혹 인물을 포폄하였으며 혹 역사적인 일을 마음껏 논하기도 하는가 하면 혹은 몰래 풍자하기도 하였다. 모두 마음속 생각을 직접 편 것인데 관점이 뚜렷하고 계통적인 사학 이론을 구성하였다. 사마천이 인용한 전적 및 군자의 말, 곧 『시』와 『서』, 『논어』, 제자(諸子) 등을 모두 자기의 언어로 탈바꿈시켰다. 또한 대량으로 시부 가요 및 속담과 속어를 인용하여 평론의 생동성과 통속화를 강화시켰다.

"태사공은 말한다"의 형식은 정제되었으면서도 융통성이 있다. 이른바 정제되었다는 것은 "태사공은 말한다"의 체제가 완비되어 계통적인 편 앞의 서론과 편 뒤의 찬론, 중간에 끼인 서(叙)와 의(議)를 논전(論傳)의 세 가지 형식으로 나누었다는 것이다. 대단히 넓은 의론이 편의 첫머리에 놓인 것이 서론으로 10표와 8서 및 유전(類傳)에 집중되어 있는데, 23편으로 집계된다. 10표와 8서 및 유전은 모두 고금을 관통하며, 서론은 곧 관통하는 성질의 개괄로 가장 이론적인 색채를 갖추고 있다. 「본기」와 「세가」, 「열전」에서는 모두 편말에 논찬을 배치하였으며 106편으로 집계된다. 본기와 세가, 열전은 모두 인물을 순서대로 열거한 것이므로 논찬은 인물의 포폄에 중점을 두고 있으며 강렬한 감정적 색채를 지니고 있다. 논전은 의례를 게시하고 있는데, 「백이열전」, 「일자열전(日者列傳)」, 「귀책열전(龜策列傳)」, 「태사공자서」 및 「천관서(天官書)」 찬 등 5편이다.

「태사공자서」는 집중적으로 서술 창작하는 뜻을 밝혔으며 전체의 총강이다. 서와 찬, 논의 세 가지 형식은 정제되고 집중되어 장심의 배치와 현저히 연계되어 있다. 이른바 융통성이 있다는 것은 형식이 결코 판에 박힌 것이 아니라 정제된 가운데에서도 변통이 있는 것이다. 말하자면 10표의 「장상표(將相表)」는 기록이 도치되어 순서가 없으니 글자의 순서가 없는 것을 창시하여 책을 두드러지게 하였으며 예시가 더욱 선명하다. 8서의 「예서」와 「악서」, 「율서」, 「역서」는 서는 있는데 찬이 없고, 「하거서」와 「평준서」에는 찬은 있으나 서가 없으며, 「봉선서」에는 서도 있고 찬도 있으며, 「천관서」의 찬은 서술도 하고 논의도 한다. 10편의 유전(類傳)에서 「자객열전」은 서가 없고 찬이 있으며, 「유림열전」과 「화식열전」에는 찬은 없고 서가 있다. 「순리열전」과 「혹리열전」, 「유협열전」, 「영행열전(佞幸列傳)」, 「골계열전」에는 서가 있고 찬이 있다. 「일자열전」과 「귀책열전」은 제목을 빌려 발휘하여 서의 일을 논으로 삼았다. "사기의 논찬"을 종합적으로 보면 내용 또한 완전히 모두 평론이 아니다. 어떤 것은 역사적 사실을 보충하거나 고증하고, 어떤 것은 유력을 서술하였으며, 어떤 것은 울분을 기탁하기도 하였다. 변통의 형식과 융통성 있는 내용은 사마천의 크고 넓은 도량과 무한한 창조적 활력을 표현하였다. 변체는 곧 전례를 깨뜨린 것으로 내용을 적절히 배합하기 위한 필요성 때문에 만들어낸 변통이다.

「외척세가」 및 「맹자순경열전」 두 편은 실질적으로는 유전(類傳)이므로 서를 지어서 유사함을 밝혔다. 앞에서 이미 논급하였듯이 전례를 깨뜨려 체로 삼은 것은 『사기』의 큰 특색이며 전체 오체에 모두 전례를 깨뜨린 것이 있다. 역사 자체는 색채가 풍부하고 다채로우며 갖가지 변화가 있으니 어찌 판에 박힌 격식으로 형상을 반영하겠는가! 그러나 질적인 규정성은 또한 반드시 격식을 통하여 반영된다. 격식을 갖추고 변통까지 있어야 그 이치의 묘함을 다할 수 있다. 예를 세우고 또 예를 깨뜨리는 것이야말로 사마천의 탁월한 역사 인식의 표현이므로 "태사공은 말한다"는 풍부하고 다채로운 형태를 드러내었다.

"태사공은 말한다(太史公曰)"는 형식상 『좌전』의 "군자는 말한다(君子曰)"를 모방한 것이지만 『사기』에서는 체계적인 사론으로 발전하였으므로 사마천이 처음 시작한 것이다. 선진(先秦)의 전적 『국어』와 『전국책』 및 제자의 저작에 간혹 이미 "군자"가 보이는데 당시의 덕 있는 사람을 나타낸다. 개략적인 통계로 『좌전』에는 134조목의 평론이 있다. 직접 중훼(仲虺), 주임(周任), 사일(史佚), 공자 등의 말을 인용한 것이 약 50조목이다. "군자"나 "군자가 이르기를(謂)", "군자는 생각하기를(以爲)"로 칭한 평론이 84조목이다. 이렇게 많은 평론은 이미 체계적인 사론의 얼개를 갖추었기 때문에 우리는 "태사공은 말한다"는 『좌전』의 "군자는 말한다"를 모방한 것이라고 일컫는다. 그러나 『좌전』의 "군자는 말한다"는 일에 따라 일을 논한 것이며, 이는 이론적인 색채를 갖춘 사론이 아니어서 일종의 체계를 형성할 수 없었다.

수대(隋代)의 저명한 사학자 위담(魏澹)은 말하였다. "좌구명(左丘明)은 아성으로 성인의 뜻을 발양하여 '군자는 말한다'고 한 것이 지나치게 과대한 것이 아님이 없었고, 그 사이 보통의 것은 직서(直書)일 따름이었다."[27] 곧 좌구명의 사론은 다만 구체적인 사실에 대한 포폄에 한정되

---

27 『수서(隋書)』 권58 「위담전(魏澹傳)」.

어 일종의 직서라고 할 수 있다는 것이다. 평론 방식은 주로 군자의 말을 널리 채택함으로써 또한 자기의 뜻으로 단정하였다. 문공(文公) 2년의 『전』에서 노희공(魯僖公)의 "군자는 예를 잃었다고 생각하였다(君子以爲失禮)" 운운한 것은 『국어(國語)』「노어·하공불기개소목지상(魯語·夏公弗忌改昭穆之常)」 조의 종인(宗人) 유사(有司)가 한 말이다. 양공(襄公) 3년 『전』의 "군자는 기해가 이때 훌륭한 사람을 천거했다고 하겠다(君子謂祁奚于是能擧善矣)"는 21년 『전』에 진(晉)나라 숙상(叔向)이 한 "기대부는 밖으로는 천거함에 원수를 버리지 않았고 안으로는 천거함에 가까운 사람을 잃지 않았다(祁大夫外擧不棄仇, 內擧不失親)"로 되어 있다.

이로써 『좌전』에서 일컫은 군자는 주로 당시 군자의 말을 취하였거나 자기의 뜻을 추단한 것임을 알 수 있다. 그런데 『사기』의 "태사공은 말한다"는 『사기』 전반에서 혼연일체가 되어 매 서와 매 찬에서 길고 짧은 것을 막론하고 절로 일체를 이루어 농후한 이론적 색채를 갖추었다. 다만 일에 따라 일을 논한 평론이 아니라 『사기』 내용의 필요성을 따른 것이다. 이를테면 사마천은 항우에게 "본기"로 지어주면서, 항우의 힘은 산을 뽑고 기개는 세상을 덮는 영웅적 업적에 대한 공적과 서술을 통하여 진한의 과도기에 바람과 구름이 거세게 이는 듯한 대변혁의 형세를 그려내고 그가 진나라를 멸한 공을 드러내 밝혔다. 항우를 논찬하여 "근고 이래 일찍이 없었던" 영웅적 인물이라 하였고, 동시에 그가 실패한 원인을 분석하여 다섯 가지로 쭉 말하였다. 첫째, 천하를 분열시키고 쟁투를 일으켰다. 둘째, 관중을 등지고 초나라를 품어 지리적 이점을 잃었다. 셋째, 의제를 쫓아내고 제후들이 반란을 일으켰다. 넷째, 스스로 공을 뽐내고 인정(仁政)을 행하지 않았다. 다섯째, 무력만 믿고 민심을 잃었다. 「태사공자서」에서는 또 말하였다. "항우는 포학하였으나 한나라는 공덕을 행하였다.(子羽暴虐, 漢行功德)" 사마천의 이런 직접적인 평론은 사상이 깊고 포폄이 제격이어서 독자들이 항우에 대해 전면적인 인식을 갖도록 이끌 수 있었다. 이는 『춘추』 필법인 일자포폄(一字褒貶)을 완성할 길이 없었다. "역사는 도의(道義)"로 하는데 포폄이 없다면 사상이 없다.

사마천은 공자의 말을 빌려서 "내가 빈말을 실으려 하는 것보다는 이미 일어났던 일이 아주 절실하게 드러남을 보여줌만 못하였다.(我欲載之空言, 不如見之於行事之深切著明也)"고 말한 적이 있다.[28] 이는 사마천의 역사 인물에 대한 애증과 역사 사건에 대한 포폄을 표명하는데, 주로 서사의 방법을 통하여 완성되었다. 고염무는 "옛사람 가운데 역사를 짓는 데 논단을 기다리지 않고 서사에서 바로 그 가리키는 것을 보여주는 것은 태사공만이 할 수 있었다."[29]고 지적하였다. 그러나 다만 "논단을 서사에 기탁하는" 이런 형식에만 기대는 것은 충분치 못하다. 더욱이 『사기의례(史記義例)』를 천술하였는데, 이를테면 오체의 구상은 취재의 의례(義例), 서법의 의례, 연표의 시대를 나누고 상·하한선을 정하는 의례이다. 이는 모두 실천 경험의 승화와 이론의 천술로 반드시 "논단을 서사에 기탁하는" 국한성을 돌파하여 직접적으로 사상을 표명하여야 한다. "사기논찬"은 바로 사마천이 직접 사상을 표현하는 서법 형식이다.

사마천이 "태사공은 말한다"로 창조한 사론 형식에 대하여 청나라의 장학성은 매우 높은 평가를 내렸다. 그는 말하였다. "태사공이 서례(叙例)를 지은 것은 스스로 주석을 단 시초일 것이다! 술작(述作)의 본뜻이 밝고 취사의 유래가 보이는데, 이미 후대의 사람이 그 말한 것을 알지 못할까 걱정하여 특별히 기록하여 드러낸 것 같다. 이른바 '고문에 위배되지 않는 것(不離古文)' 및 '육경에서 사실을 상고하는 것(考信六藝)' 운운한

28 『사기』 권130 「태사공자서」.
29 『일지록(日知錄)』 권26.

것은 모두 130편의 종지(宗旨)이며, 혹은 권말에 두고 혹은 편의 앞머리에 두기도 하여 반복하여 스스로 밝히지 않은 적이 없다."[30] 그러나 장씨처럼 이렇게 감상한 사람은 결코 많이 보이지 않는다.

당나라의 유지기는 반고를 추어올리고 사마천을 폄하하여 반고의 찬에는 "전아하게 경계하는 기풍"이 있다고 중시하였으며, 『사기』의 경우에는 불순하다고 생각했는데, 심지어 사기의 논찬을 비평하여 "담박하여 맛이 없어" "실로 문채만 빛나는" 사족이라고 하였다.[31] 실제로 반고가 『한서』에서 "찬하여 말한다(贊曰)"라 한 것은 "태사공은 말한다"를 모방한 것이며, 다만 사장(辭章)과 형식적인 측면에서 "태사공은 말한다"에 비하여 장중하고 전아할 따름이다. 그러나 역사를 인식한 의례(義例)는 오히려 "태사공은 말한다"와 비길 길이 없다. 사마천이 사론의 체계를 창조하였고 『사기』가 전범을 제공하였기 때문에 중국 전통 사학의 역사 편찬이 진정한 사학 논저가 되게 되었다고 말할 수 있다. 그 후 "반고는 찬이라 했고, 순열(荀悅)은 논(論), 동관(東觀)은 서(序), 사승(謝承)은 전(詮), 진수(陳壽)는 평(評), 왕은(王隱)은 의(議), 하법성(何法盛)은 술(述), 양웅(揚雄)은 선(譔), 유병(劉昞)은 주(奏)라고 하였고, 원굉(袁宏)과 배자야(裴子野)는 성명을 드러냈으며, 황보밀(皇甫謐)과 갈홍(葛洪)은 그 호를 열거하였는데"[32] 명칭은 비록 다르지만 모두 사마천을 본받아 서론을 지었다.

5) 오체를 이어주는 호견법(互見法)

호견법은 사마천이 기전의 오체에 알맞게 맞추려는 필요성 때문에 창조한 서사 방법이다. 그 기본 정신은 한 사람의 사적, 역사적 사실을 여

---

30 『문사통의(文史通義)』 내편(內篇) 5 「사주(史注)」.
31 『사통(史通)』 권4 「논찬(論贊)」.
32 『사통』 권4 「논찬(論贊)」.

러 편에 분산시켜 서로 섞이어 보이게 하여 피차간에 보완하여 호문(互文)으로 서로 충족시키는 것이다. 이런 서사 방법은 『사기』에서만 능숙하게 운용되었다. 사학의 기능을 갖추고 있을 뿐만 아니라 문학적인 기능까지 갖추고 있다. 송나라의 소순(蘇洵)이 가장 먼저 호견법을 언급하였다. 그는 말하였다.

사마천은 염파(廉頗)의 전을 지으면서 알여(閼與)를 구할 것을 의논하는 실수를 기록하지 않았는데, 「조사전(趙奢傳)」에 보이며, 역이기(酈食其)의 전을 지으면서 초나라의 권세를 어지럽힐 것을 모의하는 잘못을 기록하지 않았으나 「유후전(留侯傳)」에 보인다. 반고는 주발(周勃)의 전을 지으면서 땀이 흘러 등을 흠뻑 적신 치욕을 기록하지 않았지만 「왕릉전(王陵傳)」에 보이며, 동중서의 전을 지으면서 화친을 의논하는 소를 기록하지 않았는데, 「흉노전」에 보인다. 저 염파, 역이기, 주발, 동중서는 모두 공은 열 가지이고 과는 하나인 사람들이다. 실로 하나를 들어 열 가지 흠을 낸다면 후세의 용렬한 사람들은 반드시 "지혜가 염파와 같고, 변설이 역이기와 같고, 충성이 주발과 같으며, 현명하기가 동중서와 같은데 열 가지 공이 하나의 과실을 속죄하지 못하는구나."라고 할 것이니, 그 어려움을 괴로워하면서도 업신여기게 될 것이다. 그런 까닭에 본전에서는 그런 사실들을 숨기고 타인의 전에서 그것을 밝혔으니, 훌륭한 점을 칭찬한 것이 또한 은미하면서도 드러난 것이 아니겠는가?[33]

"본전에서는 숨기고 타인의 전에서 그것을 밝혔다는" 것은 호견법에 대한 가장 간결한 개괄이며 동시에 주로 그 문학적 기능을 나타낸 것이

---

33 『가우집(嘉祐集)』 권8 「사론(史論) 하」.

다. 근인 이립(李笠)의 『사기정보(史記訂補)』와 장학성의 『문사통의(文史通義)』, 근덕준(靳德俊)의 『사기석례(史記釋例)』 등에 모두 간결하고 정확한 언급이 있는데 일일이 더 인용하지 않겠다. 여러 사람의 논술은 사학의 각도에서 호견법의 공용을 드러내는 데 치중하고 있다. 본질적인 면에서 보면 호견법은 사마천이 역사의 비교법을 운용하여 역사를 연구한 것을 반영한다. 그는 역사 인물과 역사 사건을 가지고 보편적인 연계와 대비를 진행하여 인물과 사건의 가장 본질적인 것을 추출하여 무게중심을 돌출시키고 가지와 잎으로 뻗어나간 재료를 다른 편에 서로 보이게〔互見〕 한다.

사마천이 마음먹은 대로 호견법을 운용하였기 때문에 『사기』는 역사의 서술과 인물을 빚어내는 방면을 막론하고 모두 최대의 성공을 얻을 수 있었다. 호견법의 작용은 다방면에서 일어난다. 풍자와 피휘, 비슷한 사물을 끌어 쓰는 것은 모두 호견법을 가지고 역사적 사실을 집중시키거나 분산하는 창조 조건이다. 아래에서는 사학에서의 호견법 기능을 세 가지 방면의 내용으로 이야기하였다. 어떻게 호견법을 운용하여 집중적으로 역사적 사실에서 인물 형상을 빚어냈는지에 대해서는 이 책의 제7장 제3절에서 상세히 논하겠다.

(1) 호견법은 이곳에선 상세하고 저곳에선 간략하며 역사 사실을 서술하는 데 조리가 분명하고 중복을 피한다. 사마천은 복잡한 역사적 사실을 미리 정해진 의례에 따라 재료를 짜내어 갑편과 을편이 관련이 있을 때 분명하게 "이 일은 아무 편에 보인다", "말이 아무 편에 있다"고 밝혔다. 「주본기」에서 주공이 관숙(管叔)을 토벌한 것을 서술한 후 「대고(大誥)」 등편을 지어 말하기를 "그 일은 주공 편에 있다"고 하였다. 이렇게 하여 「주본기」와 「노주공세가(魯周公世家)」를 연계시켰다.

「소상국세가(蕭相國世家)」에서는 소하가 한신을 천거한 것 및 나중에 소하가 여후에게 한신을 죽일 계책을 바친 것을 서술하면서 모두 설명하여 말하였다. "말은 회음(淮陰)의 일에 있다." 이는 곧 「소상국세가」와 「회음후열전」을 연계시킨 것이다. 이런 진술은 전서에서 다 들 수가 없을 정도이다. 목적은 독자들에게 고립적으로 매 편의 기록만 보지 말고 『사기』 각 체의 상관 있는 편목을 연계시켜 하나의 완전체로 연계시키도록 환기시키는 것이다. 오체의 호문은 서로 보완적이며 기전(紀傳)이 씨줄과 날줄이 되어 뼈대를 구성하고 연표는 신경 맥락을 가지고 그 한 가운데를 관통한다.

「본기」는 편년으로 조령(詔令)과 주의(奏議), 군국(軍國)의 큰일을 따다가 수록하였으며, 「세가」와 「열전」은 사실의 본말을 상세하게 기록하였다. 기(紀)는 강(綱)이고 전(傳)은 목(目)이며, 호문으로 서로 보완한다. 무왕(武王)이 주(紂)를 정벌한 것과 서주의 건국은 극심한 변화가 발생한 역사시대로 기록이 특히 상세하다. 우리가 서주가 건국된 본말을 상세히 연구할 때 「주본기」만 읽어서는 부족한데 대량의 기사를 제(齊)와 노(魯), 연(燕), 관채(管蔡), 위강숙(衛康叔)의 여러 세가에 분산시켜 놓았기 때문이다.

뒤집어보면 주나라 초기의 개국공신인 여상(呂尙)과 주공단(周公旦), 소공석(召公奭) 등이 일으킨 작용과 지위는 『주본기』에는 단 몇 조목의 일로 비교를 형성하였으며, 세절(細節)은 각 세가에서 상세히 서술하였다. 이런 배치는 필묵이 경제적일 뿐만 아니라 사건의 순서가 정연하다. 요컨대 호견법은 이곳은 상세하고 저곳은 간략하여 『사기』의 전반적인 구조에 예술적 배치의 광활한 천지를 제공하여 각 편의 중점이 두드러진다. 기사가 간략하고 정련되었으며 조리가 분명하여 역사의 서술을 편하게 하였다. 이 때문에 『사기』는 겨우 50만 언으로 3천 년의 일을 기록하여 사람들로 하여금 사마천이 위대한 창작가가 되기에 부끄럽지 않다는 경탄을 하지 않을 수 없게 하며, 그의 재료를 다루는 능력은 견줄 무리가 없다.

(2) 호견법은 역사 사실에 집중하여 역사 사건의 서술이 수미가 완비되게 하였다. 사마천은 역사를 서술하면서 "처음부터 끝까지 다 표현하는 것을" 매우 중시하였다. 중대한 사건에는 호견법을 써서 역사 사실을 집중시켜 기사본말체(紀事本末體)의 특색을 갖추었다. 「여태후본기」에서는 여(呂) 씨들의 변란을 서술하였고, 「진섭세가」에서는 진나라 말기의 기의(起義)를 서술하였다. 「오왕열전」에서는 서한 7국의 반란을 서술하였고, 「대원열전(大宛列傳)」에서는 한나라가 서역과 교통한 것을 서술하면서 역사 사실에 집중하여 수미가 완비되어 기사본말체의 필법을 체현하였다. 편년체는 연대 위주로 역사 사실을 기록하여 연월(年月)이 분명하며, 어지럽고 번다한 사변(事變)을 한 편에 갖추어 놓아 눈앞에 드러내는 것이 장점이다.

기전체는 사람이 주가 되어 형상이 생동적이다. 기(紀)와 전(傳), 지(志)와 표(表)가 나누어졌다 합쳐졌다 하여 비슷한 예가 엄중하고 삼가 풍부한 역사적 내용을 받아들인다. "드러나고 숨음을 반드시 갖추고 크고 섬세한 것을 빠뜨리지 않는 것"은 다른 체제로는 불가능하다. 그러나 두 체제는 각각 단점이 있다.

편년체는 한 가지 일을 몇 권에 걸쳐 기록하여 역사 사실의 맥락이 가지와 잎이 뻗어나간 다른 일에 매몰되도록 하여 실마리가 잡히지 않아 처음과 끝을 상고하기 어렵다. 기전은 인물이 뒤섞이어 별도로 전을 나누어 세워 지루함과 중복을 면할 수 없다. 기사본말체는 일을 주로 하여 집중적으로 반영하여 수미가 완비되도록 하여 두 체제의 미비점을 더욱 보완하였다. 이 체는 남송의 원추(袁樞)에 의해 창시되었다. 청나라 장학성은 평론하기를 "문(文)은 기전에서 생략되고, 일은 편년에서 공백이 있다."[34]고 하였는데, 매우 정확하다. 그런데 사마천은 『사기』에서 호견법을 운용하여 역사 사실에 집중하여 기사본말체의 필법에 이미 매우 능숙하여 「세가」와 「열전」에 모두 많은 수미가 완비된 이야기가 있으니 원추의 창조에 본보기를 제공하였다.

(3) 호견법은 명실(名實)을 바로잡아 비호하는 가운데서도 역사의 진실을 잃지 않았다. 『춘추』필법에는 높은 사람을 기휘(忌諱)하고 가까운 사람을 기휘하며 현자를 기휘하는 설법이 있다. 이는 공자가 시작한 역사를 에둘러 표현한 예로 봉건시대의 예제로 자식은 아비를 숨겨주고 아비는 자식을 숨겨주는 것으로 "곧음(直)"이 그 가운데 있다는 것이다. 따라서 황제가 반포하는 조령과 제조, 신하가 바치는 장표와 소주(疏奏)는 비호하고 아름다움이 충만하지 않은 말이 없다. 사마천은 이런 당안에 의거하여 한 자도 어긋남이 없이 그대로 모사하고 또한 비호의 회오리 속으로 빠져들었다. 사마천이 사실에 근거하여 사료를 개조하였다면 또한 역사에 충실한 당안을 이룰 수 없었을 것이다. 바꾸어 말하면 명분과 사실 사이에는 왕왕 모순이 발생하며 역사에 충실하면서도 명분을 어기고 당안을 개조할 수 없기는 확실히 어려운 문제이다.

사마천은 호견법을 가지고 보충하고 구제하여, 호문이 서로 맞고 명실을 바로잡아 비호를 하는 가운데서도 역사의 진실을 잃지 않았다. 이런 사례는 왕왕 책에서 서로 분명하게 드러나지 않아 관찰하기가 쉽지 않으며 오히려 기술상의 모순으로 착각하게 된다. 이를테면 진시황의 출신을 씀에 「진시황본기」의 기록은 시황의 부친 장양왕(莊襄王) 자초(子楚)가 조(趙)나라의 볼모로 있을 때 여불위의 첩을 맞아 시황을 낳았다고 하였다. 「여불위전」에서는 여불위가 이미 잉태한 첩을 자초에게 바쳐 시황을 낳았다고 하였다. 두 전을 대조해 보면 진시황이 사실은 여불

---

34 『문사통의』 내편 「서교(書教) 하」.

위의 아들인데 명분은 진(秦) 장양왕의 아들이라 했음을 알 수 있으므로 「여불위전」은 사실을 기록한 것이고, 「진시황본기」는 명분을 기록하여 비호한 것임을 알 수 있다. 장량이 진시황을 척살하려 한 것을 「진시황본기」에서는 "도둑의 습격을 당했다"고 한 것은 명분을 바르게 한 것이다. 「유후세가」에서는 장량이 하였다 하였으니 사실의 기록으로 이 또한 비호하는 법이다.

사마천이 진나라의 멸망을 사실적으로 기록한 공은 더욱 호견법의 명실을 바로잡는 것을 운용한 전형적인 예증이다. 진나라 말기에는 대대적으로 기의하여 유방이 함양(咸陽)을 함락시키고 진나라의 왕자 자영(子嬰)의 항복을 받아낸 후 천하를 통일하여 서한의 통치자가 "대성(大聖)"으로 칭송되었다. 사마천은 「고조본기」에서 유방이 군사를 일으켜 지휘하여 관중으로 들어가 자영에게 항복을 받아낸 역사적 공적을 기록하였지만, 평론에서는 결코 그가 진나라에 반기를 든 공훈을 제기하지 않았다. 사마천은 말하였다.

> 항우는 포학하였으나 한나라는 공덕을 행하였다. 촉과 한에서 분발하여 돌아와 삼진을 평정하였다. 항적을 죽이고 제업을 이루니 천하가 편안해졌으며 제도를 고치고 풍속을 바꾸었다. 「고조본기」 제8을 지었다. 子羽暴虐, 漢行功德. 憤發蜀漢, 還定三秦. 誅籍業帝, 天下惟寧, 改制易俗. 作高祖本紀第八.[35]

(하·은·주) 삼대의 도는 끝이 났다가 다시 시작되는 것이었다. 주 왕조에서 진 왕조에 이르는 기간의 병폐는 지나치게 예의를 강구한 데에 있었

---

35 『사기』 권130 「태사공자서」.

다고 말할 수 있으나, 진 왕조의 정치는 (그 병폐를) 고치지 않고 도리어
형법을 가혹하게 하였으니 이 어찌 잘못된 일이 아니겠는가? 그러므로
한 왕조가 흥기하여, 비록 전대의 폐정을 계승했으나 그 폐단을 개혁함
으로써 백성들로 하여금 피곤하지 않게 했으니, 이는 자연의 법칙을 얻
은 것이었다.

三王之道若循環, 終而復始. 周秦之間, 可謂文敝矣. 秦政不改, 反酷刑
法, 豈不謬乎? 故漢興, 承敝易變, 使人不倦, 得天統矣.[36]

사마천은 유방이 항우를 패배시키어 포학함을 없애고 천하를 편안하
게 하여 "제도를 고치고 풍속을 바꾸었으며", "폐정을 계승했으나 그 폐
단을 개혁한" 역사적 작용을 평가하는 데 치중했다. 진나라를 멸망시킨
공은 첫째 진섭이 난을 일으킨 데로 돌렸고, 둘째 항우가 이어받아 진나
라 군사를 쳐서 패배시킨 데로 돌렸다. 이 역사 과정의 실제 상황을 기
록하기 위하여 사마천은 진섭을 위하여 「세가」를 세워주었다. 항우를
위하여 「본기」를 세워주었으며, 아울러 「진세가(陳世家)」에서 말하기를
"백예(伯翳)의 후손으로 주평왕(周平王) 때에 이르러 진(秦)이 봉해졌는데,
항우가 멸하였으며 「본기」에서 말하였다."고 하였다.

사마천은 또한 진한 교체기의 대사(大事)를 기록한 연표를 「진초지제
월표(秦楚之際月表)」라 하고 "진한지제월표(秦漢之際月表)"라고 하지 않았는
데, 이는 깊은 의미를 내포하고 있다. 내용 서술의 측면에서 「진섭세가」
는 크고 작은 군사 기의를 거의 20번에 걸쳐 쭉 서술하였으나 유독 패
공(沛公)의 군사는 기록하지 않았다. 진승이 죽은 후 여신(呂臣)과 경포(黥
布)가 번갈아 진나라 군사와 진(陳)을 놓고 다투어 "다시 진(陳)을 초(楚)로

36 『사기』 권8 「고조본기(高祖本紀)」.

삼았다" 하여 의병의 깃발이 쓰러지지 않았음을 보여주었다. 그런 다음에 바로 이어서 말하기를 "마침 항량이 회왕(懷王)의 손자 웅심을 초왕으로 세웠다."고 하여 「진섭세가」의 정전(正傳)을 마무리했다.

「태사공자서」에서는 말하였다. "진나라가 도를 잃자 호걸들이 함께 소요를 일으켰다. 항량이 창업을 하였고 항우가 그 뒤를 이었다. …… 「항우본기」 제7을 지었다.(秦失其道, 豪桀並擾. 項梁業之, 子羽接之……作項羽本紀第七)" 사마천은 서로 다른 편장에서 이를 분산 기록함으로써 서로 호응이 되도록 하였다. 사마천이 이렇게 호견법을 운용하여 공들여 배치한 필법의 뜻은 이렇다. 진섭이 가장 먼저 일을 일으키고 항 씨가 이어받았으며 그들이 잔포한 진나라를 전복시켰는데, 그제야 유방에게 천하 통일의 길을 개척해 주었다는 것을 설명하는 것이다. 이런 곳에서는 사마천이 역사를 가감 없이 기록하는 탁월한 역사 인식을 표현하였고, 이는 우리가 진지하게 요약할 가치가 있다.

2. 변화에 통달한 역사 내용

『사기』의 초고가 끝난 뒤 사마천은 전서의 역사 사실과 연구 방법에 대하여 극히 정련된 표현을 명시했다. 「태사공자서」에서는 말하였다.

천하의 산일된 옛 전적과 사실을 망라하여 왕의 자취가 흥기한 것에 대해 시작을 밝히고 끝을 살피고 성쇠를 관찰하여 그 행한 일을 논하고 고찰하였으며, 삼대를 대략 추산하고 진·한을 기록하였으며 위로는 헌원을 기록하고 아래로는 지금에 이르기까지 12본기를 지어 그 조목을 분류 정리하였다. 같은 시대이면서도 시대가 달라 연차가 분명치 않아

10표를 지었다. 예와 악의 덜고 더함과 율력의 개역, 병권과 산천, 귀신, 천인의 관계에 대하여 폐한 것을 잇고 변한 것을 통하여 8서를 지었다. 28수가 북극성을 돌고 30개의 바퀴살이 하나의 바퀴통에 몰리듯 운행하여 끝이 없듯이 보필하는 고굉지신을 거기에 짝지어 충성스럽고 성실하며 도를 행하여 주상을 받들었으니 30세가를 지었다. 의를 부지함이 탁월하고 비범하며 스스로 때를 놓치지 않게 하여 천하에 공명을 세웠으니 70열전을 지었다. 모두 130편 52만 6,500자이며 『태사공서』이다. 서술의 대략은 빠뜨린 것을 줍고 경서를 보충하여 일가의 말을 이루어 『육경』의 다른 해석을 맞추고 백가의 뒤섞인 말을 가지런히 하여 이름난 산에 갈무리하여 두고 부본은 경사에 두어 후세의 성인군자를 기다린다.

罔羅天下放失舊聞, 王跡所興, 原始察終, 見盛觀衰, 論考之行事, 略推三代, 錄秦漢, 上記軒轅, 下至于茲, 著十二本紀, 既科條之矣. 並時異世, 年差不明, 作十表. 禮樂損益, 律曆改易, 兵權山川鬼神, 天人之際, 承敝通變, 作八書. 二十八宿環北辰, 三十輻共一轂, 運行無窮, 輔拂股肱之臣配焉, 忠信行道, 以奉主上, 作三十世家. 扶義俶儻, 不令己失時, 立功名於天下, 作七十列傳. 凡百三十篇, 五十二萬六千五百字, 爲太史公書. 序略, 以拾遺補藝, 成一家之言, 厥協六經異傳, 整齊百家雜語, 藏之名山, 副在京師, 俟後世聖人君子.

위에서 말한 내용을 개괄하면 『사기』의 창작 종지(宗旨)는 4가지임을 알게 된다.

(1) "천하의 산일된 옛 전적과 사실을 망라하여 왕의 자취가 흥기한 것에 대해 시작을 밝히고 끝을 살피고 성쇠를 관찰하였다." 곧 고금의 모든 인간 사회의 역사적 사실을 총괄하고 치란의 근원을 고찰하였다.

(2) "천인의 관계에 대하여 폐한 것을 잇고 변한 것을 통하였다." 곧 천도와 인사의 관계를 탐구토론하고 역사의 변화와 발전을 발견하였다. 한대에는 천인감응 학설이 유행하였는데, 자연히 사마천의 사상에 시대의 낙인을 찍었을 것이며 "천인의 관계에 대하여 탐구하였지만" 이와 동시에 또한 자연과 공간을 이야기하고 천인관계를 나누었다. "폐한 것을 잇고 변한 것을 통한 것"은 곧 "고금의 변화에 통한 것으로" 인류 사회의 흥망성쇠는 시시각각 유행에 따라 변천해 간다는 것을 말하였다. 사마천이 포착하려 한 것은 바로 이 "변(變)"자이다. 위무(威武)가 웅장한 역사 활극은 바로 예와 지금의 시간 사이를 부단히 흐르는 가운데 진보한다.

(3) 인물을 중심으로 하는 역사 기술 체계를 확립하였다. 사마천은 운행하여 끝이 없는 역사는 결코 제왕의 정적(政績)이 아니며 "보필하는 고굉지신"의 언론과 행사는 닳아 없어지지 않을 것으로 생각하였다. 그는 『사기』에서 30「세가」와 70「열전」을 창작하여 많은 인물을 기록하였다.

(4) "빠뜨린 것을 줍고 경서를 보충하여" 일대의 전적(典籍)을 창시하려 『춘추』의 뒤를 이어 "일가의 말을 이루었다." 총괄하여 말하면 바로 사마천은 인사를 중심으로 하는 백과사전식의 통사를 완성하려고 하였다. 내용은 형식을 결정하여 기전 5체 구조의 창작은 충분히 대량의 역사 소재를 수용할 수 있고 충분히 원만하게 사마천의 창작의도를 체현할 수 있었다. 이에 시대 요구에 의해서 생겨나 사마천에 의하여 창작되어 나왔다.

우리는 제4장에서 사마담의 핵심적 내용을 든 창작 종지를 토론하였고, 제5장에서는 사마천이 역사를 짓는 의례를 호수의 질문에 답하는 형식을 통하여 토론하였다. 여기서 개괄한 것은 사마천이 창작 과정 중에 본래의 계획을 발전시켜 실제로 완성한 내용으로, 앞뒤로 대조해보면 사마천의 사상이 발전해 가는 맥락을 볼 수 있다. 사마천의 "일가의 말"에 관한 사상은 이 책 제8장에서 상세히 논할 것이다. 여기서는 사마천의 고금의 변화에 통하는 방법과『사기』5체의 변화에 통달한 역사 내용을 집중적으로 토론한다. 먼저 5체의 변화에 통달한 역사 내용을 이야기하겠다.

1) 12본기의 내용

12본기는 편년(編年: 연대순)으로 정삭(正朔)을 기록하였으며 왕조를 체계로 하여 조대가 변천하는 큰 형세를 반영하였다. 사마천은 왕의 자취가 흥기하고 쇠락하는 역사를 고찰하고 상세하고 간략함을 구별하여 시대의 대세를 구분하여 역사를 인식하는 강령으로 삼았다. 12본기에서는 역사를 상고(上古)와 근고(近古), 금세(今世)의 세 단락으로 나누었다. 오제와 하·은·주 등 4편의 본기에서는 상고사를 쓰고 오제삼왕으로 함께 불렀다. 중심은 유가가 선양한 "덕치(德治)" 정치의 성쇠를 표현한 것이다. 「오제본기」에서는 요순의 선양을 두드러지게 기록하였는데, 이는 유가의 이상적인 정치이다.

사마천은 총괄하여 말하였다. "황제부터 순·우에 이르기까지 모두 같은 성(姓)인데 나라의 호칭을 달리하여 밝은 덕을 분명히 하였다." 이 "밝은 덕(明德)" 2자는 바로 사마천의 오제와 삼왕의 정치에 대한 화룡점정이다. 진(秦)과 진시황(秦始皇), 항우(項羽) 등 3편의 본기는 근고사를 썼는데, 춘추전국 및 진·한의 과도기에 패권 정치가 흥기하고 쇠락하는 역사를 중심으로 표현하였다. 한대의 황제 등 5편의 본기는 근세사를 썼는데, 한나라 왕조가 인심을 얻어 흥기하는 것을 중심으로 표현하였다. 유방은 너그럽고 인후하여 폭정을 일삼은 항우에게 승리를 거두고 천하를 차지하였다. 여태후는 "정치가 방안을 벗어나지 않았지만 천하가 편안하였다. 형벌을 쓰는 일이 드물었고 죄인이 드물었다. 백성들이 농사에 힘을 쓰니 의식이 더욱 풍족해졌다." 한문제(漢文帝)는 "덕으로 백성을 교화하는 데 온 힘을 쏟아 이로 인하여 천하가 풍부해졌고 예의가 흥기하였다." 또 말하였다. "한나라가 흥기하여 효문제에 이르러 40여 년간 덕이 지극히 성하였다."

한나라 왕조는 힘으로 천하를 취하여 진나라의 제도를 이어 하는 일이 없어서 도가의 색채를 띠었는데, 이는 덕과 힘이 결합한 정치이다. 금상(今上)인 한무제는 유가를 외면하고 법가를 받아들였으며 욕심이 많은 것을 무위(無爲)로 대치하여 시대의 추세를 또 한번 바꾸었다. 한나라가 흥하여 융성한 것은 건원(建元) 때였는데, 민력을 과도하게 사용하였기 때문이며, 한무제의 절정기에 이미 쇠락의 단서가 드러났다. "시작을 밝히고 끝을 살피고 성쇠를 관찰하여" 12본기 왕의 자취의 흥망의 변천에서 규율을 총결해내었고, 그것은 바로 민심의 향배가 사세의 발전을 결정하는 것이었다. 사마천의 필치 하에서 덕과 힘이라는 두 가지 정치의 대비를 펼쳐 보였다. 진나라의 두 본기는 천하를 "얻기 어려움"과 "잃기 쉬움"의 대비를 취하였다. 항우와 유방 두 본기는 강약의 변화라는 대비를 썼는데, 모두 민심의 향배가 일으킨 근본적인 작용이다. 『사기』는 사람을 중심으로 역사를 서술하였는데, 본기의 묘사가 바로 전서의 저술 대강이다.

2) 10표의 내용

10표는 편년으로 12본기와 함께 서로 날줄과 씨줄을 이루며 시대의 단락을 나누어 천하의 대세를 펼쳐 드러내며 또한 『사기』 전체의 강기(綱紀)가 된다. 두 체례의 편목은 모두 연대순으로 배열하였다. 연표의 편년은 한 걸음 더 나아가 시대의 변혁으로 단락을 나누었으며 왕조의 체계를 타파하였고 천하의 대세를 보다 명확하게 드러내었다. 10표는 명확하게 고대 3천 년의 역사를 상고와 근고·금세의 세 단락과 다섯 시기로 나누었다. 상고사의 표(表)는 「삼대세표」와 「십이제후연표」의 두 시기로 나누었다. 근고 역사의 표는 「육국연표」와 「진초지제월표」의 두 시기로 나누었다. 한나라 세계(世系)의 여러 표(表)는 금세사의 표로 하나의 시기이다. 사마천은 표 앞에 서를 지어 간략하고 개괄적인 역사 내용과 분기의 의례를 표현하였다. 다음과 같이 요약한다.

(1) 「삼대세표」는 황제(黃帝)부터 시작하여 서주(西周)의 공화(共和)에서 끝나며 덕을 쌓고 선을 쌓아 천하를 얻은 예스럽고 소박한 시대를 표현하였다.

(2) 「십이제후연표」는 공화에서 시작하여 공자의 죽음에서 끝나는데,[37] 곧 B.C. 841년에서 B.C. 476년까지로 왕권이 쇠락한 패도정치의 시대를 표현하였다.

(3) 「육국연표」는 주원왕(周元王) 원년부터 시작하여 진2세의 멸망까지로, 곧 B.C. 475에서 B.C. 207년까지이며, 폭력으로 정벌하여 천하를 얻은 전국시대를 표현하였다.

(4) 「진초지제월표」 진섭이 난을 일으킨 것부터 시작하여 유방이 칭제하기까지로, 곧 B.C. 209년에서 B.C. 201년까지이며, 월표(月表)를 상세히 드러내어 5년간 천하가 3번 바뀐 극렬한 변혁의 시대를 표현하였다. 진나라가 멸망하고 서한이 통일할 때까지는 5년이지만 월표는 진섭이 난을 일으킨 것까지 소급하여 모두 8년이다.

(5) 「한흥이래육표」는 조목을 쪼개어 분류하여 대일통의 금세 시대를

---

37 공자는 B.C. 479년에 죽었으며 연표에서는 주력(周曆)으로 연대를 기록하였다. 주경왕(周敬王)은 B.C. 476년에 죽었으므로 연표에서는 아래로 3년을 연장하여 늘렸다. 사마천은 표의 서에서 특별히 해석하여 말하기를 "공화(共和)에서 공자까지"라고 하였는데, 연표의 시대적 범위를 일대의 위인 공자가 죽은 이 중대한 역사 사건을 임계점으로 삼은 것을 보여주며, 사마천의 걸출한 역사적 범위의 관점을 표현하였다.

표현하였다.

『사기』10표는 사마천이 공들인 창작으로 경위(經緯)와 종횡의 형식으로 천하의 대세를 표현하였다. 또한 복잡하고 어지러운 역사 내용을 짧은 편폭에 집어넣어 일목요연하게 하였다. 10표는 다양한 결구 형식으로 표현한 필법의 의례이다. 10표의 내부적인 구조는 4종(種)으로 나뉜다. 「삼대세표」는 오제와 삼대의 세계(世系)를 계보로 나열하였다. 제왕의 세차(世次)를 경으로 하고, 제후의 세계를 위로 하였다. 표에서 오제와 삼대의 세계를 열거하면서 편명을 다만 "삼대세표"라 하고 "오제삼대세표"라고 명명하지 않은 것은 의례가 세 가지 있다. (1) 오제는 선양을 하여 대를 전하여 "오제세표"라는 이름을 쓸 수 없었다. (2) 오제시대는 전설의 역사와 연결되어 있어서 세계를 확실하게 고찰할 수 없다. 그리고 3대가 왕을 일컬은 이후의 세계가 명확하므로 "삼대세표"라는 이름은 삼대가 왕을 일컬은 이래의 세계라야 비교적 믿을 만하다. (3) 삼대의 세계는 길고 멀어 모두 황제의 뒤에서 나왔으며 삼대를 표명하여 오제를 거슬러 올라 모두 황제의 뒤에서 나와 백왕의 본 갈래를 살폈다. 「십이제후연표」와 「육국연표」, 「진초지제월표」, 「한흥이래제후왕연표」는 연월시(年月時)를 경으로 삼고 나라를 위로 삼아 서주 이래 제후의 분봉 및 흥망하고 발전하는 대세를 표현하였다. 「고조공신후자연표」와 「혜경간후자연표」, 「건원이래후자연표」, 「건원이래왕자후자년표」는 백 년 한나라 역사의 한 시기의 역사를 분류하여 표현하였으므로 나라가 경이 되고 연도가 위가 되어 일시의 득실을 살폈다. 「한흥이래장상명신연표」는 대사(大事)를 주로 하고 연도를 경으로 하고 사람을 위로 하여 군신의 직분을 살폈다. 10표의 내용은 천하대세의 표현일 뿐만 아니라 긴밀하게 본기, 열전과 상호 보완하여 전으로 이루 전하지 못하고 사실이 또한 완전히 매몰되는 것을 용납지 않는 인물은 표에다 실었다. 10표의 구조적인 특수함과 문자의 간명함 때문에 대량의 역사 내용을 용납하여 고증의 바탕으로 삼았고 아울러 기전을 연결하는 교량이 되었다.

10표는 상하가 관통하여 하나의 유기적인 시스템을 구성한다. 나누어서 보면 매 표는 하나의 역사 시기의 역사적 변화와 특징을 반영하였다. 합하여 보면 위로는 황제에서부터 시작하여 아래로 태초에까지 이르는 처음과 끝이 3천 년에 달하는 거대한 역사의 변화를 반영하였다. 매 편의 연표에 붙은 서문은 모두가 정채로운 사론이며 어떤 단계의 역사적 특징을 개술하고 분기의 이론을 천명하였다. 「십이제후연표」와 「육국연표」 두 연표의 분계점은 주경왕(周敬王)의 죽음과 주원왕(周元王)의 즉위로, 고대에는 왕공의 기년을 가지고 나누어서 역사 사실의 서술을 편하게 하였지만, 분계의 용의(用意)는 "공자의 죽음이며"「십이제후년표·서」에서 명확히 표현하였다.

사마천이 당시의 인식 수준을 감안하여 일대(一代) 위인의 조락(凋落)을 시대의 분계점으로 삼은 것은 당연히 과학적이지 못하다. 그러나 사마천은 춘추와 전국 두 시대의 거대한 변화에 주의를 기울였다. 이것이야말로 그가 시대적 범위를 나누는 데 의거한 것이었다. 또한 사마천은 처음으로 구체적인 중국 고대의 역사 발전 단계를 나눈 역사학자로 역사의 "변(變)"을 표현하였다. 아울러 표의 형식으로 역사 발전의 단계성을 드러냈으며 그가 그의 규율성으로 삼아 역사를 탐구 토론하는 탁월하고 원대한 식견을 선명하게 표현해 내었다. 그는 또한 공화와 공자의 죽음, 진나라의 멸망, 진섭의 기의, 유방의 칭제 등 대사변을 시기를 나누는 범위의 임계점으로 삼았다. 이는 매우 광채를 발하는 사상이다. 사마천의 시대의 범위를 명백히 하는 것이 우리가 『사기』를 연구하는 열쇠이다.

사마천의 역사 범위를 나누는 빛나는 사상 또한 계승된 것이었다. 전국시대의 백가쟁명은 각자의 학설이 모두 치란의 근원을 탐구 토론하는 데 있었으며, 역사 발전의 규율에 대한 시추였다.『예기』「예운(禮運)」편은 공자 유가학설의 관점을 기록하였는데, 요순시대는 대동(大同) 사회이고 삼대는 소강(小康) 사회라고 하였다. 춘추 이래는 난세이며 역사 발전은 쇠퇴하는 방향으로 나아가 천하를 다스려 요순을 본받고자 하여 역사를 서주시대로 회귀시키려는 망상을 하였다.『한비자』「오두(五蠹)」편은 법가의 시대에 따라 세상이 바뀌는 진화론적인 역사관을 기록하고 아울러 명확하게 상고와 중세, 근고, 금세의 논법을 제기하였다. 서한 때의『춘추』공양학은『춘추』의 12공(公)을 크게 이야기하고, 본 것과 들은 것, 전한 것의 세 단계로 나누었다. 이와 동시에 오덕종시설(五德終始說)과 삼통설(三統說) 등 순환역사관이 유행하였다. 이런 것은 의심할 여지없이 모두 사마천이 계승하고 거울로 삼은 역사적 사상 자료이다. 그러나 사마천 이전의 백가학설은 역사 발전의 규율을 탐색하면서 근근이 사변철학의 추측과 묘사에 머물러 있었다. 그러나 사마천은 오히려 처음으로 역사를 서술하는 방법으로 역사의 발전 규율을 연구하여 명확한 시대 범위를 나누었으니 위대한 공헌이라 말하지 않을 수 없다.

『춘추』의 친근하고 소원한 필법은 사마천의 수중에서 당대(의 묘사)는 상세하고 옛날은 소략하며 후왕을 본받는 역사관으로 발전하였다. 당연히 이 또한 순자의 후왕을 본받는 사상 계발의 영향을 받았다. 그러나 사마천은 한 걸음 더 나아가 "지금 세상에 살면서 옛사람들의 행적을 기록하는 것은 이를 본보기로 삼으려는 것이다."라고 생각했다. "(제후들이) 존중받고 총애 받거나 버림받고 모욕당한 이유를 살펴보면 또한 당세의 득실이 존재하고 있으니 하필이면 옛날에 들은 것이겠는가?"[38]라

---

38 『사기』 권18 「고조공신후자연표(高祖功臣侯者年表)」 서.

고 하였다. 당대의 역사를 총결하는 것을 으뜸으로 제기한 것은 확실히 당시에 독보적이었다.

3) 8서의 내용

예(禮), 악(樂), 병(兵), 율력(律曆), 천관(天官), 봉선(封禪), 하거(河渠), 평준(平準)의 여덟 방면은 사마천이 나라를 경영하는 큰 정치로 생각했기 때문에 전문적인 제목을 달아 기록하여 말하였다. 예와 악, 병의 세 서는 망실되고 결손되었다. 결손을 보충한 사람이 「율력서」를 「율서」와 「역서」로 나누고 결손을 보충하여 (사마정의 설에 의거) 8서의 수를 채웠으므로 지금 판본 8서 중에는 「병서」가 없다. 결손을 보충한 사람이 또 『순자』 중의 「예론(禮論)」 및 「의병(議兵)」을 따와서 「예서」를 보충하고, 『예기』 「악기」에서 따와 「악서」를 보충하였다. 결손을 보충한 사람은 이미 이루어진 책에서 망실을 보충하여 자기가 함부로 짓지 않았음을 보여주었다. 예, 악, 서의 세 편 첫머리에 "태사공은 말한다" 운운한 것으로 증명할 수 있는데, 이는 결손을 보충한 자가 찾아낸 사마천의 유문(遺文)으로, 장법(章法)과 어기가 또한 사마천이 손수 쓴 것이다. 또한 어떤 사람은 지금 판본의 예와 악 두 편은 사마천이 초고를 지은 것으로 본래 망실된 것이 없다고 하였다. 다만 이 두 서의 문장은 이미 고증을 거쳐 『순자』와 『예기』에서 따온 것으로 밝혀졌으니 결손을 보충한 사람이 보충을 하였건 사마천 자신이 초고를 지었건 간에 모두 사마천의 사상으로 인증되어서는 안 된다. 두 서의 진위에 관해서는 잠시 제쳐두고 논하지 않겠으며 여기서는 8서의 총체적인 내용과 순서만 토론하여 사마천 "일가의 말"의 미묘한 뜻을 보겠다.

『사기』「송미자세가(宋微子世家)」를 보면 주무왕이 은나라를 이긴 후 기자(箕子)를 찾아 자문을 하여 나라를 다스리는 방침에 대하여 가르침을 청한다. 기자는 아홉 조목으로 답하였으며 그 가운데 세 조목은 국가의 팔정(八政)을 이야기한 것이며 순서는 다음과 같다. 첫째 식(食), 둘째 화(貨), 셋째 사(祀), 넷째, 사공(司空), 다섯째 사도(司徒), 여섯째 사구(司寇), 일곱째 빈(賓),여덟째 사(師)이다. 이 기록은『상서』「홍범(洪範)」에서 가져왔으며, 선진 유가의 팔정 관념과 백성은 먹을 것을 하늘로 여기는 것을 반영하기 때문에 식화를 첫머리에 놓았다.

  사마천은 예는 등급 질서의 제도와 관계된다고 생각하여 치국을 최상의 대사로 삼았으며, 따라서 예를 논하는 것을 8서의 첫머리로 삼았다. 예악이 서로 도와주는 것이 정치이므로 「악서」와 「예서」를 이어놓았다. 「홍범」 팔정의 내용은 8서의 서목(序目)에 반영되었는데, "식"과 "화"는 "평준"에 대응되고, "사"는 "봉선"에 대응되며, "사공"은 "하거"에 대응된다. "빈"은 "예"에 대응되며 "악"과 "사"는 "병"(곧 「율서」)에 대응된다. 「홍범」 팔정의 사도와 사구는 8서에 반영이 되지 않았지만 열전에 대응하는 편이 있다. "사도"는 "유림"에 대응하고, "사구"는 "순리"와 "혹리"에 대응한다. 이와 동시에 『사기』에는 "화식열전"이 있는데, 또한 식화(食貨)의 일이다. 대응은 다만 일종의 근사한 비교이다. 요컨대 「홍범」 중의 팔정은 『사기』에 모두 반영되어 있으며, 사마천이 국가의 대정을 사학 고찰의 범위에 넣은 것을 표명하여 전적으로 8서의 계열을 열거하여 후세 정서(政書)의 선하를 열었다. 내용과 서열을 조정하여 사마천의 사학 관점과 국가 대정의 경중과 서열을 표현하였다. 반고의 『한서』 10지(志)는 율력과 예악, 형(刑), 식화(食貨), 교사(郊祀), 천문(天文), 오행(五行), 지리(地理), 구혁(溝洫), 예문(藝文)의 순으로 열거하였다. 내용이 더욱 풍부하고 결구가 더욱 엄밀하여 사마천의 사학 체계를 발전시켰으니 이는 분명하게 밝혀야 한다. 반고는 또한 직관을 사학 범위에 넣어 「백관공경표(百官公卿表)」를 지어 그 제도를 기록하였다.

8서는 「평준서」를 마지막으로 삼아 한무제가 백성과 이익을 다투는 것을 풍자하여 농후하게 시정(時政)을 가리키는 색채를 띠고 있다. 그래서 청나라의 주제(周濟)는 말하였다. "이로써 8서의 용의(用意)를 알겠는데, 오로지 근본과 처음을 미루어 밝히는 데 있으며 흥망의 본보기를 드러내어 후세의 왕에게 법도를 드리웠다."[39]

4) 30세가의 내용

세가의 편년 기사는 체제 상 본기와 별다른 구별이 없지만 기술된 역사 내용과 의례는 같지 않다. 「본기」는 조대의 제왕을 기록하였고, 세가는 주상을 수호하는 "번보(藩輔)"인 제후를 기록하였으며 체제를 깨뜨린 것을 체로 하고 있다. 주의할 만한 것은 세가의 총체는 시대순이면서 동시에 유사한 것을 서로 따르는 뜻을 가지고 있다. 오태백(吳太伯)에서 정세가(鄭世家)까지의 12편은 주나라 초기에 봉해진 제후를 수록하고 있다. 그 시조가 모두 주나라 왕실의 병번(屏藩: 울타리) 신하이고 또한 백성에게 덕을 베풀어 자손이 그 덕을 누린 제후이다. 조(趙)와 위(魏), 한(韓), 전경중(田敬仲) 4편은 한 벌이며, 전국시대에 폭력으로 찬탈하여 제후가 된 사적을 기록하고 있다. 공자와 진섭, 외척의 3편은 파격이며 시대의 서열을 타파하여 서로 한 벌이 되었다. 파격의 뜻은 이미 이 장 제1절의 "5체의 구조"에 상세하여 여기서는 생략하기로 한다. 한대 제후세가와 종실과 공신을 나누어 열거한 것은 모두 분명한 의례이다.

주나라 초기 12제후의 「세가」 편목 서열은 「십이제후연표」의 서열과 같지 않은데 아래와 같이 대조해 본다.

주(周) 노(魯) 제(齊) 진(晉) 진(秦) 초(楚) 송(宋) 위(衛) 진(陳) 채(蔡) 조(曹) 정

---

39 『미전제사의(味雋齋史義)』 권1.

(鄭) 연(燕) 오(吳)

오(吳) 제(齊) 노(魯) 연(燕) 채(蔡) 진(陳) 위(衛) 송(宋) 진(晉) 초(楚) 월(越) 정(鄭)

—30「세가」의 서열

「연표」는 춘추시대의 신정(新政)을 반영하여 제후의 강약을 순서로 하여 주나라를 첫째 난에 놓아 천하의 공주(共主)로 높였다. 노나라를 두 번째 난에 놓아 『춘추』를 왕의 법도로 삼는 것을 상징하였다. 그러므로 주나라와 노나라는 모두 12의 수 가운데 있지 않다. 노나라의 뒤를 제, 진(晉), 진(秦), 초, 송으로 이은 것은 곧 춘추오패의 서열이다. 오나라를 제일 끝에 둔 것은 제후를 안으로 하고 오랑캐를 바깥으로 하는 뜻을 보여준다. 이런 것은 모두 춘추필법이다. 「세가」는 제후의 시조와 주나라와의 친소 관계와 개국하였을 때의 공로의 크기에 따라 배열하였다. 제후가 주나라 왕실을 둘러싸고 돕는 것을 상징하기 때문에 「연표」의 서열과는 같지 않다. 사마천은 오태백(吳太伯)이 나라를 양보한 것을 가상히 여겨 첫째에 열거하여 양위한 덕을 기리고 대일통을 옹호하였다. 이 외에 「연표」에는 월(越)나라가 없고 진(秦)나라가 있다. 진나라의 선공과 선왕을 파격적으로 「본기」에 열입하여 진의 역사가 연관되어 기술되도록 하였으므로 「세가」에는 진나라가 없다.

30「세가」의 내용과 서열의 의례에서 보건대 그것이 표현한 "변화에 통달한(通變)"한 사상은 사마천의 대일통 역사관을 집중적으로 반영하였으며, 확실히 강렬한 시대적 특색을 갖추고 있어 『사기』 전체의 주제 및 창작 종지와 일치한다.

5) 70열전의 내용

70열전에는 4가지 유형이 있다. (1) 전전(專傳), (2) 합전(合傳), (3) 유전

(類傳), (4) 부전(附傳). 전전은 하나의 전에서 한 사람만 다룬 것을 가리키고, 2인 이상을 함께 다룬 것은 합전이다. 표제가 유사한 것이 유전이고, 전의 제목에 들지 못한 인물이 부전이다. 전전과 합전, 유전 세 종의 전에는 모두 부전이 있다. 정전(正傳)과 부전은 열전 인물의 주(主)와 차(次)를 표시하며 아울러 결코 부전이 있을 수도 있고 없을 수도 있는 부속물이 아니다. 어떤 부전은 겨우 이름만 붙여놓았고 일반적으로 자손(子孫)과 친척, 친우가 실려 있으며, 중요한 인물의 부전은 사적이 서로 유사하다.

70열전에는 정전에 수록된 인물이 140명이고 부전의 인물은 92명이다. 부전의 인물은 정전의 인물보다 많아야 하는데, 92명은 다만 비슷한 일이 서로 따르는 부전의 인물을 가리킨다. 공자의 제자는 77명이다. 총계를 내면 308명이 된다. 유전의 인물은 예와 지금에 걸쳐 전을 함께 하였으며 종류별로 서로 따른다. 합전과 유전은 동일한 유형으로 혹은 대조하고 혹은 비슷하게 이었으므로 합전의 인물은 왕왕 시대적 한계를 깨뜨려 위로 거슬러 오르기도 하고 아래로 미치기도 하였다. 「백기왕전열전(白起王翦列傳)」과 「노중련추양열전(魯仲連鄒陽列傳)」, 「굴원가생열전」 등은 아래로 미친 것이다. 「편작창공열전(扁鵲倉公列傳)」은 위로 거슬러 오른 것이다. 비슷한 유를 서로 미치게 할 때 합전과 유전은 서로 통한다. 「맹자순경열전」에는 덧붙여 열거한 인물이 11명이어서 실질적으로는 한 편의 선진 "제자열전(諸子列傳)"이다. 「급정열전(汲鄭列傳)」은 한대의 "황로(黃老)열전"으로 간주할 수 있으며 이 두 편의 합전은 모두 유전으로 볼 수 있다. "유(類)"의 함의는 광활한 사회생활 내용을 표현하며, 인물의 개성을 대표하는 의의를 확대시켰다. "유(類)"는 사마천이 인물 사전을 쓰는 핵심 사상이다.

70열전의 총체적인 계열은 합하면 바로 사마천이 한 계열의 역사 인물을 선택하는 전형으로 역사 발전의 대세를 반영할 따름이다. 따라서 70열전의 매 한 인물은 개인의 역사일 뿐 아니라 개인의 역사가 아니기도 하여 일정한 전형적 의의를 갖추었다. 그러므로 사마천의 필치 아래 인물은 개개인이 생동하고 역사적 사실의 마음은 형상의 소조에 종속된다. 따라서 광휘가 찬란하여 매우 강한 문학성을 지닌다.

70열전의 총체적인 서목(序目)은 기본적으로는 시대를 순서로 하였지만 유사한 것을 따르는 의례가 매우 분명하다. 예를 들자면 전국 사공자(四公子)는 함께 배열하였으며 소진과 장의는 나란히 붙여 비슷한 유끼리 따르게 하는 뜻이 있다. 여불위, 이사(李斯), 몽염 그리고 자객의 4전은 한 짝을 이루어 진나라를 보좌하여 흥기한 인물을 서술하였다. 그들의 특징은 폭력과 간사함으로 천하를 빼앗는 데 치중하여 실로 백성의 힘을 경시하여 모두 좋은 결말을 얻지 못한 경우이다. 자객 1편은 유전으로 순리(循吏)의 다음에 배치되어야 하나 사마천은 의도적으로 진나라를 보좌한 인물들의 중간에 끼워 넣었다. 이는 대비하여 뜻을 나타낸 것으로 사마천의 반폭력 사상을 표현하였다.

자객은 모두 반폭력적인 인물이다. 백기와 왕전 두 사람은 모두 진나라에서 큰 공을 세웠으나, 백기는 억울하게 죽었고 왕전은 선종하였다. 백기는 투항한 사람을 갱살(坑殺)했고 왕전은 이런 포학한 행동이 없었기 때문에 두 사람을 합전으로 지어 대비를 보였다. 백기가 투항한 사람을 갱살한 것은 이사와 몽염이 백성을 가볍게 폭압한 것과는 달랐다. 이 때문에 사마천은 왕전을 백기의 앞에 둠으로써 두 사람의 전기를 이사, 몽염과 거리를 남겨 두어 폭정 인물과의 구별을 나타내었다. 순리와 급정(汲鄭), 유림, 혹리의 4전은 둘씩 대비하였다. 순리전에는 한 이후의 인물이 없고 혹리전에는 한 이전의 인물이 없다. 급정은 고졸하고 순박한 데다 강직하여 유가를 좋아하지 않았으며, 무제는 유학을 창도하였으나 혹리를 많이 썼다. 사마천은 이런 강렬한 대비로 무제의 정치를 풍자하였다.

요컨대 70열전의 서열은 복잡하게 섞여 있는 것 같지만 실제로는 모두 깊은 뜻을 의탁하였다. 첫 편 「백이열전」은 유일한 삼대(三代)의 인물로 전에 들어 있다. 이 전은 의론을 주로 하여 논전(論傳)이라고 할 수 있으며 70열전의 총론이다. 고죽군이 두 아들 백이와 숙제의 높은 풍도와 밝은 절개를 의제(議題)로 삼아 "의를 위해 달아나고", "나라를 양보"한 것을 칭송하고 "이를 다투고", "나라를 다투는" 것을 견책하였다. 이와 동시에 「채미지가(采薇之歌)」의 충만한 원망의 정을 빌려 무도한 것을 질의하고 인사가 중함을 강조하였다. 본전과 마지막 편인 「태사공자서」는 앞뒤로 호응하는 두 편의 사론이라고 할 수 있는데, 하나는 도입하는 말이고 하나는 전서의 요지를 총괄한다.

『사기』의 5체는 70열전의 내용이 가장 생동적이고 활발하며 풍부하고 다채로워 매우 광활한 사회상을 갖추고 있다. 역사 인물은 역사 무대에서 활약한 정치가와 군사가, 사상가, 각양각색의 영웅호걸 외에도 하층사회의 협객과 의복(醫卜), 상인[商賈], 배우(俳優), 도박꾼, 사냥꾼, 부녀 등등 인류의 활동에서 작용을 일으킨 적이 있는 인물들은 모두 역사에 서술해 넣었다. 시간은 상고시대에서 당대까지, 지역은 중원에서 팔황(八荒)까지이다. 사마천은 주변의 민족들을 사전에 넣었을 뿐 아니라 대원(大宛) 등 외국의 민족까지 사전에 넣어 『사기』가 고대의 세계사적인 의의를 갖추게끔 하였다. 70열전의 내용은 이렇게 풍부하게 사마천 역사관의 전면성과 계통성을 표현하였다.

5체에 수록된 내용을 총괄하면 "본기"는 조대의 흥망 및 정치 연변의 대세에 중점을 두고 서술하였다. "표"는 역사 발전 단계의 대세에 치중하여 밝혔고, "서"는 천도관과 전장제도의 연변을 중점적으로 탐구·토론 하였으며 아울러 당대의 정치를 가리키며 풀어나갔다. "세가"는 국가의 통일과 안정을 옹호하는 제후에 주안점을 두고 드러내 밝혔다. "열전"은 각양각색의 인물 활동이 역사에 끼친 공헌을 집중적으로 기록하여 광활한 사회생활을 반영하였다. 몇 가지 체재를 상호보완적으로 운용하여 서로 더욱 빛나게 하고 하나의 정체로 융합하여 풍부한 역사적 내용을 기술하였으며 깊은 역사적 내용을 온축하였다. 따라서 광대하면서도 생각이 정밀한 체계를 구성하여 『사기』가 중국 내외에서 칭찬받는 명저가 되었다.

6) 고금의 변화에 통달한 원칙과 기본방법

사마천은 "변(變)"의 관점에서 출발하였으며, 고금의 관계에 대한 기본 원칙은 당대를 상세히 하고 옛것을 간략히 하는 것과 변화를 상세히 하고 점진적인 것을 간략히 하는 것이다. 이 두 원칙의 공통 정신은 변혁을 쓰는 것에 치중하는 역사이다. 『사기』 전서는 130편이며 상하로 3천 년의 역사를 관통한다. 2천여 년에 달하는 오제와 삼대의 고대사는 다만 오제와 하, 은, 주, 진의 다섯 본기, 삼대와 12제후의 두 연표, 백이와 관안(管晏), 노자·한비(老子·韓非), 사마양저(司馬穰苴), 손자, 오자서, 중니 제자 등 70인물의 열전 모두 14편이다. 고대사를 아울러 언급한 편목은 서 7편, 세가 12편 및 5편의 민족 사전이다. 고대사를 쓴 편목을 총계 내면 34편 10여만 자이다. 그러나 겨우 백년에 불과한 한나라의 역사는 전편(專篇)이 62편, 한나라 역사를 아울러 언급한 것이 13편으로, 모두 75편에 달하여 전체적으로 반수가 넘는다.

전서를 통괄하여 보면 『사기』는 4단계의 역사에 특히 상세하다. (1) 서주 건국사. (2) 전국시기의 변화하는 역사. (3) 진한 과도기의 변혁 역사. (4) 무제 건원·원봉 연간의 변혁 역사. 이 네 단계의 변혁 역사는 다 더하여도 3백 년이 되지 않아 근 3천 년 역사의 10분의 1을 차지하는 데 지나지 않지만 편폭은 오히려 전체의 4분의 3을 초과한다. 곧 『사기』 3천 년의 역사를 서술한 52만 6천 5백 자 가운데 변혁의 시대인 3백 년의 역사가 거의 40만 자의 편폭을 차지한다는 말이다. 이를테면 1만 7천 자의 「주본기」는 2백여 년 서주 역사가 약 3분의 2의 편폭을 차지하고 5백여 년에 달하는 동주의 역사는 3분의 1의 편폭을 차지할 뿐이다. 서주 부분은 또한 문왕과 무왕 및 주공이 성왕을 도운 건국의 역사가 특히 상세하다. 변혁의 역사는 상세하고 태평한 시대는 간략히 하였다. 이것이 바로 변혁을 상세히 하고 점진적인 것을 간략히 하는 것이다. 변혁을 상세히 하고 점진적인 것을 간략히 하는 것은 "변혁"을 두드러지게 하고 역사 서술이 중점적으로 두드러지게 한다. 파란만장하게 하여 말은 간략하고 뜻은 깊어지게 하여 "말이 간략하고 일을 들어 3천 년의 일을 단 50만 자로 서술하였다."[40]

지금은 상세하고 옛날은 간략한 것과 변혁은 상세하고 점진적인 것은 간략한 이 두 원칙에는 또 하나의 공통점이 있다. 바로 "고금의 변혁에 통달한" 목적이 현세와 미래에 착안하여 옛것을 거울로 삼는 것이다. 사마천은 가의(賈誼)의 「과진론(過秦論)」을 인용하여 「진시황본기(秦始皇本紀)」 찬으로 삼았는데, 지금은 상세하고 옛날은 소략하게 하여 거울로 삼은 의의에 대하여 이론적으로 개괄하였다. 거기서는 말하였다.

속담에서 말하였다. "옛일을 잊지 않는 것은 뒤에 올 일의 스승이다." 그런 까닭에 군자는 나라를 다스릴 때 상고시대를 살펴 당대에 증험해보고 인사를 참고하여 성쇠의 이치를 살피며 권세의 마땅함을 살피어 버리고 취함에 순서가 있는 것이다. 변화에는 때가 있으므로 오랜 세월 지

---

40 『진서(晉書)』 권60 「장보전(張輔傳)」에 수록된 장보의 말.

속하고 사직도 안정되었을 것이다.

野諺曰: "前事不忘, 後事之師也." 是以君子爲國, 觀之上古, 驗之當世,
參以人事, 察盛衰之理, 審權勢之宜, 去就有序, 變化有時, 故曠日長久
而社稷安矣.

이는 사마천이 역사를 총결하는 경험의 교훈을 선명하게 표현한 것으로 당대의 수요 때문이었다. "상고시대를 살펴 당세에 증명해 보고 인사를 참고하는" 세 가지는 서로 참고하고 증명하여 "성쇠의 이치를 살펴어" 치란의 규율을 찾아내고 따라서 "권세의 마땅함을 살펴어" 합리적인 통치 방법을 채택하여 오래도록 편안하게 다스리는 목적에 도달한다. 사마천 본인의 "고금의 변화에 통달한" 이론은 10표의 '서'에 집중되어 있다. 「육국연표」 서에서는 말하였다. "전국시대의 임기응변 또한 자못 채택할 만한 것이 있으니 어찌 반드시 상고시대이겠는가? 진나라가 천하를 취해서는 포악함이 많았지만, 세태가 바뀌면서 공을 이룸이 컸다. 전하는 말에 '후왕(後王)을 본받는다'고 하였는데 어째서인가? 자기와 가까우면서 세속의 변화가 비슷하고 의론이 비천하여도 행하기가 쉽기 때문이다." 여기서 이야기한 것은 당대는 상세하고 옛날은 간략하여 후왕을 본받음을 취한 것이다.

「진초지제월표」 서에서는 말하였다. "태사공이 진초의 과도기 역사를 읽고 말하였다. 처음 난은 진섭에게서 비롯되었고, 잔학하고 사납게 진나라를 멸한 것은 항 씨였다. 어지러움을 바로잡아 포악한 자를 없애고 해내를 평정하여 마침내 제위에 오른 것은 한나라에서 이루어졌다. 5년 사이에 호령하는 자가 세 번 바뀌었는데 백성이 생겨난 이래 이처럼 천명을 빨리 받은 경우는 없었다." 여기서 이야기한 것은 변혁이 극렬한 세상의 역사는 잘 총결되어야 한다는 것이다.

「고조공신후자연표」서에서는 말하였다. "지금 세상에 살면서 옛사람들의 도를 기록하는 것은 스스로 거울로 삼기 위함이다. 반드시 다 같지는 않다. 제왕들은 각기 예가 다르고 일이 다르니 성공을 통기(統紀)로 삼는 것이 어찌 일치할 수 있겠는가? 존중되고 총애받는 것 및 폐하고 욕보는 것을 살펴보면 또한 당대의 득실이 존재하고 있으니 어찌 반드시 옛날에 들은 것이겠는가?" 한편으로는 옛날을 거울삼을 것을 이야기하고 한편으로는 또한 예와 지금이 같지 않은 것을 이야기하면서 예와 지금을 혼동하면 안 되고 사마천이 예와 지금의 변화에 통달한 소박한 변증법 사상을 표현하였다. 사마천이 진나라 역사에 대한 총결을 특히 중시한 것은 바로 한나라의 거울이 되기 때문이다.

고금 사회의 치란 규율을 찾기 위하여 사마천은 체계적인 연구방법과 이론을 제기하였다. 특히 두드러진 두 원칙이 있다. 하나는 "처음을 캐고 끝을 살펴서 성쇠를 살피는 것"이며, 하나는 유전(類傳)과 합전(合傳)을 창조하여 고금을 종횡으로 대비하는 것이다.

"처음을 캐고 끝을 살피는" 것은 바로 처음을 추적하고 끝을 살피어 탐구하며 역사가 변해온 전 과정을 파악하여 그 원인과 경과, 발전과 결과를 살펴보는 것이다. "쇠를 살피는 것"은 바로 흥성했을 때 그것이 바뀌어온 기점을 보려는 것이다. 사마천은 이 여덟 자(原始察終, 見盛觀衰)를 가지고 인류 사회 역사의 발전을 보았다. 전체 역사의 긴 흐름은 하나의 끊임없는 성쇠와 발전의 연속적인 계열이다. 그 발전 과정을 통찰하려면 관통하는 연구를 해야 할 뿐만 아니라 단락을 나누어서 고찰하여야 한다. 이 일단의 역사는 다음에 올 역사 발전의 원인이며, 후의 역사는 앞의 일단의 역사가 발전한 결과이다.

『사기』 5체의 기본 내용은 시간 순서에 따라 배열되었다. 이는 바로 분명하게 사마천이 관통한 역사 관점을 표현한 것이다. 이 관통의 역사 서술에서 예와 지금에 대한 상세함과 간략함의 층차는 단락으로 나누었으며, 변혁에 상세하고 점진적인 것은 간략하게 하여 "변"의 규율을 파악하였다. 이것이 바로 "처음을 캐고 끝을 살피는" 역사 관점이다. 앞에서 말한 『사기』 5체의 역사 내용은 12본기와 10표에서 매우 선명하게 사마천의 이 방법을 표현하였으며 다시 중복하여 서술하지 않는다. 여기서 치중하여 지적해야 할 것은 사마천의 "처음을 캐고 끝을 살펴서 성쇠를 살피는" 연구 방법이다. 고대의 역사 연대학을 건립하고 관통하는 역사 구분의 범위이며 역사 서술을 과학 궤도라는 중대한 의의로 향하여 끌어올린 것이므로 성실하게 연구해야 한다. 사마천의 이 이론과 실천은 전에 없는 창조이며 그 시대의 소박한 역사 유물사관의 최고 수준이다.

유전과 합전에 관한 것은 편찬 방법인 동시에 또한 연구 방법이다. 사마천의 창조와 편찬 방법에 대한 공헌은 앞에서 이미 서술했고 여기서는 연구 방법의 각도에서 유전과 합전을 보는 가치와 의의를 보충하도록 하겠다.

유전과 합전 및 70열전의 배열은 비슷한 것을 서로 따르게 한 것으로, 목적은 바로 역사를 종횡으로 비교하는 것이다. 「중니제자열전」과 「맹자순경열전」, 「노자한비열전」, 「유림열전」 등등은 하나의 계열에 속하는 열전과 유전으로 고금 학술의 변화 발전을 조리화한 논술로 삼았는데 원류를 나누고 합치는 실마리가 분명하다. 「맹자순경열전」은 전국시대 백가학설의 윤곽을 개괄하였지만 합전의 표목(標目)으로 또한 맹순(孟荀) 두 유가학파가 이 시대의 주류임을 두드러지게 하였다. 「노자한비열전」은 또한 「노장신한열전(老莊申韓列傳)」이라고도 하는데, 사마천은 법가인 한비와 신불해(申不害)를 도가인 노자, 장자와 함께 배열하여 양가의 학술에 연원이 있음을 표명하였다.

『한비자』에는 「해로(解老)」와 「유로(喻老)」가 있다. 「굴원가생열전」에서 사마천은 가생의 장지(壯志)가 보답 받지 못하여 굴원과 비슷한 처지를 갖고 있다고 생각하여 두 사람을 합전으로 엮어 세상 사람들에게 역사의 비극이 재연된다는 것을 각성시켰다. 「편작창공열전」에서 이야기한 것은 의학의 계승과 발전이다. 요컨대 유전과 합전의 창조는 사마천이 "예와 지금의 변화에 통달한" 일종의 방법이다. 이 방법은 역사의 유추에서 옛것을 거울로 삼을 것을 강조하였다. 의심의 여지없이 또한 진보된 역사관이며 오늘날까지도 여전히 귀감이 될 만한 의의를 갖추고 있다.

사마천의 "예와 지금의 변화에 통달한" 방법과 이론은 또한 긍정적인 가치가 있다.

3. 『사기』의 취재 (取材) 의례

역사의 저작을 편찬하는 것은 문학작품이 정을 펴내어 뜻을 드러내므로 말이 반드시 자기에게서 나오는 것과 다르다. 이와 동시에 철리 저작이 빈말로 도를 논하고 이치를 말하는 것과도 다르다. 역사 저작은 말에는 근거가 있어야 하고 일에는 기탁하는 것이 있어서 자자구구 모두 내력이 있어야 한다. 사마천은 바로 이 원칙에서 출발하여 널리 사료를 수집하고 사료를 가려냈다. 아울러 자기의 이론적 견해와 실천 경험을 일일이 사기의 논찬에 수록하여 귀중한 사론의 유산을 남겨놓았다.

"천하의 산일된 옛 전적과 사실을 망라하였다"는 구절은 바로 사마천이 제기한 사학 이론으로 두 개의 함의가 있다. 하나는 역사학이 인류사회의 모든 문화 발전을 개괄해야 하기 때문에 "『육경』의 다른 해석을 맞추고 백가의 뒤섞인 말을 가지런히 하여" 백가의 학설을 한 편에 융합시키는 것을 말한다. 다른 하나는 『사기』의 취재가 포함하지 않은 것이 없다는 것을 말하며 이는 『사기』의 내용이 풍부하고 복잡해지는 결정적 계기가 되었다. 이 둘을 합친 것이 바로 『사기』의 취재 의례이다. 아래에서는 『사기』의 취재 과정과 표준을 달리 택한 두 방면에서 구체적으로 분석을 해보겠다.

1) 사료의 수집 과정

사마천이 사료를 수집한 과정은 대체로 여섯 방면으로 귀납될 수 있다.

(1) "역사 기록과 석실 및 금궤의 책을 모아서 엮었다"는 것은 곧 황실에서 소장하고 있는 도서와 문건을 열독한 것이다. 「조상국세가」는 조참(曹參)의 군공, 곧 「공령(功令)」에 실려 있는 문장을 기록하였다. 「편작창공열전」은 창공의 진료에 대하여 황실에서 소장한 것을 기록하였다. 「번역등관(樊酈滕灌)」, 「부근괴성(傅靳蒯成)」 등의 전 또한 「공령」의 문장을 많이 기록하였다. 한나라 역사의 여러 표(表)는 더욱 「공령」과 「열봉(列封)」, 「영갑(令甲)」 등 자료에 의거하여 완성된 것이다. 진나라가 「시」와 「서」를 태워 없애 도적(圖籍)이 흩어지게 되었는데, 한나라가 건립되면서 국가에서 힘껏 수장한 것에 힘입어 겨우 사마천에게 역사를 편수할 조건을 제공하였다.

『사기』에는 35개 편목에 걸쳐 사마천이 본 도서를 언급하였는데, 서와 찬(序贊)에서 언급한 것이 20여 편이다. 『사기』에 실려 있는 사마천이 본 책을 통계 내어보면 모두 103종이다. 그중에서 육경 및 훈해(訓解)가 24종이며, 제자백가의 책이 52종, 역사 지리 및 한나라 왕실의 당안(檔案)이 20종, 문학서가 7종으로 이는 사마천이 일에 따라 논급한 것의 일부분에 지나지 않는다. 이로써 사마천이 문헌과 전적을 대하는 것을 얼마나 중시했는지 알 수 있다.

(2) 금석과 문물, 도상 및 건축에서 자료를 취하다. 「진시황본기」에는 「태산석각(泰山石刻)」, 「낭야석각(琅邪石刻)」, 「지부석각(之罘石刻)」, 「갈석석각(碣石石刻)」, 「회계석각(會稽石刻)」을 수록하였다. 「공자세가」 찬에 의하면 사마천은 노나라에 가서 공자의 사당과 수레, 복식, 예기(禮器)를 보았다고 하였다. 「유후세가(留侯世家)」 찬에서는 사마천이 유후 장량(張良)의 화상을 평가하였다고 하였다. 「춘신군열전」의 찬에서는 사마천이 초나라에 가서 춘신군의 옛 성과 궁실을 보았다고 하였다. 「몽염열전」 찬에서는 사마천이 몽염이 쌓은 장성과 정장(亭障), 직도(直道)를 보았다고 하였다.

(3) 유력(遊歷)하고 방문하며 현장을 답사하다. 「태사공자서」에서는 사마천이 20세에 남쪽으로 강회(江淮)를 유력한 장거를 기록하였다. 그는 또한 사명을 받들고 파(巴)·촉(蜀) 이남을 유력하였다. 이 외에 또한 몇 십 년간 무제가 순시하는 것을 호종하였다. 사마천의 발자취는 전국을 누볐다. 그가 수집한 상고의 역사에 관한 역사 전설은 서주가 낙읍을 건국하고 경영한 상황을 고증하여 학자가 전한 잘못을 바로잡았다. 전국의 고사와 한초의 고사, 옛 전장의 형세, 개인의 유사 조사에는 더욱 상세하였다. 사마천은 보통 백성의 구비(口碑)와 전송(傳頌)을 매우 중시하여 모두 『사기』에 기록을 남겨놓았다. 대량(大梁)의 유허에 가서는 이문(夷門) 및 진나라가 위(魏)나라를 멸한 것을 물어, "유허의 사람이 말하기를" 운운이라 하였다. 저리자(樗里子)의 사적을 기록하여 "진나라 사람이 그 지혜를 일컬었다" 운운하였다. 회음(淮陰)에 이르러 "회음의 사람이 내게 말해주기를" 운운……하였다. 이런 예증은 이루 다 열거할 수 없다. 이는 사마천의 조사가 사회의 하층까지 깊이 들어가 때로는 생명의 위험을 무릅쓰기도 하였다는 것을 설명한다. 이를테면 그는 제와 노에서 조사하면서 "파(鄱)와 설(薛), 팽성(彭城)에서 곤액을 당한 적이 있지만

끝내 설 땅의 풍속을 이해하였으니 "그 마을에는 거의가 흉포하고 사나운 자제들로 추나라 노나라와는 달랐다." 「화식열전」 같은 것은 전국의 도시 경제와 각지의 산물, 습속에 대한 기록이다. 이처럼 생동적이고 다채로워 의심의 여지없이 유력하는 중에 조사하여 얻은 자료의 도움을 받았다.

(4) 당사자나 타인의 구술 재료를 접촉하다. 풍왕손(馮王孫) 조왕(趙王) 천(遷)이 행실이 좋지 않다고 하여 양장(良將) 이목(李牧)을 죽인 이야기를 하는 것, 가가(賈嘉)와 편지를 주고받으며 가의를 추억한 이야기, 번타광(樊他廣)이 한고조 및 번(樊)·역(酈)·등(滕)·관(灌) 등 공신이 미천했을 때의 이야기를 말한 등등과 같은 것이다. 이광은 질박하고, 곽해는 왜소한 등의 사정은 모두 사마천이 직접 만나보고 역사에 기록해 넣은 것이다.

(5) 가요와 시부, 이어(俚語)와 속언(俗諺)을 채집하다. 이는 세 항으로 나누어진다. 첫째, 악부가요(樂府歌謠)와 문인의 시부, 둘째 민가와 동요, 셋째 이어와 속어이다. 『사기』에 실려 있는 이 세 항의 자료는 모두 61조목이다. 그중 첫째 항이 15조목, 둘째 항이 8조목, 셋째 항이 38조목이다. 사마천은 광범하게 민가와 동요, 이어와 속언을 채집하여 "언왈(諺曰)", "어왈(語曰)", "비어왈(鄙語曰)" 운운하는 것을 표명하였다. 아울러 대량으로 찬에 인용하여 넣어 인물을 포폄한 것은 경전을 인용한 것만큼이나 정중하다. 가요와 이어에는 평범한 진리가 깃들어 있으며 국민과 군중 생활 실천의 결정체이다. 사마천이 가요와 이어를 인용한 것은 바로 그의 역사 인식이 출중한 일종의 표현이다.

(6) 진시황에 의해 불타 없어진 옛 제후의 역사를 찾다. 「육국연표」 서에서는 진나라가 『시』와 『서』를 불태웠는데, 제후의 역사가 더욱 심하여 "역사 기록은 주나라 왕실에만 소장되어서 없어진 것이다. 안타깝도다! 안타깝도다! 『진기』(秦記)』만 남아 있는데, 그나마 일월이 기록되어 있

지 않고 그 문장이 소략하여 갖추어지지 않았도다."라고 하였다. 진나라는 관청에서 소장한 것만 태워 없앴고 민간에는 여전히 잔편이 남아 있었다. 「연소공세가(燕召公世家)」 같은 곳에는 연효왕(燕孝王)이 "3년 만에 죽고 아들인 지금 왕 희(喜)가 즉위하였다."고 기록하였다. 또한 "지금 왕희 4년에 진소왕(秦昭王)이 죽었다."고 기록하였다. 이는 B.C. 225년에서 B.C. 221까지의 일로 아래로 사마천과는 140~150년의 시차가 있는데, 두 군데서 "지금 왕(今王)"이라 일컬었으니 분명히 연나라 역사를 초록하여 완전히 다 고쳐 쓰지 못한 흔적이다. 또 「염파인상여열전(廉頗藺相如列傳)」에는 진(秦)나라와 조(趙)나라가 민지(澠池)에서 회동한 것을 기록하고 있는데, 조왕이 슬을 타자 진나라의 어사(御史)가 "모년 모월일에 진나라 왕이 조나라 왕과 만나 술을 마시고 조나라 왕에게 슬을 치게 하다."라고 기록하였다. 인상여가 진나라 왕을 협박하여 질장구를 치게 하고 어사를 불러 "모년 모월일에 진왕이 조왕을 위해 질장구를 치다"라고 기록하게 하였다. 조나라 어사의 기록은 반드시 진나라의 역사 기록에는 기록되지 않았을 것인데 조나라의 기록에 의하여 써내려 간 것이다. 또한 연표와 세가의 기록에는 각 제후국의 역사 사실에서 제일인칭을 "아(我)"라고 하였으나 전부 진나라의 역사에 의거하여 고쳤을 수는 없었을 것이다. 당연히 제후의 역사에 의하였을 것이다. 이런 예증은 『사기』가 "제후의 사기"에서 취재하였다는 유력한 증좌이다.

2) 재료를 취사하는 표준

위에서 말한 사료를 찾는 여섯 가지 경로는 사마천이 자료를 취하는 광박함을 족히 반영한다. 이런 풍부하고 넓고 복잡한 재료에 대하여 사마천은 또 어떻게 채택하고 선록하였는가? 우리는 대체로 또한 여섯 가지 의례, 혹은 여섯 가지 표준으로 귀납할 수 있다.

(1) "육예(六藝)에서 상고하고 부자에게서 절충하였다." 이는 공자를 추숭하여 높인 것으로 육예의 경전(經傳)과 공자의 말로 시비를 감별하는 표준으로 삼은 것이다. 이 책 제3장 "지성선사 공자를 사숙하다" 절에서 상세하게 논하였으니 여기서는 생략한다.

(2) "그 말 가운데 전아하고 합리적인 것을 가렸으며 요컨대 고문에 위배되지 않는 것이 사실에 가깝다." 이 원칙은 사마천이 아정한 고문을 역사 서술의 의거로 삼았음을 표명하는 데 과학적 정신을 갖추고 있다. 「오제본기」 찬과 「삼대세표」 서, 「중니제자열전」 찬 등의 여러 편에 표현되어 있다. 「오제본기」는 바로 한 편의 고문 기록을 주요 의거로 삼아 "그 말 가운데 전아하고 합리적인 것을" 택한 전형적인 예증이다. 사마천은 고문의 기본적인 공효를 운용하여 공안국에게 옛일을 물어서 내실을 다지는 기초로 삼았다. 제3장에 상세하여 여기서는 다시 말하지 않는다.

(3) "괴이한 것은 기록하면서 그 설은 기록하지 않았고 모든 괴물은 내 감히 말하지 않겠다." 「천관서」에서는 말하였다. "유왕(幽王)과 여왕(厲王) 이전은 오래전의 일이다. 보인 천상의 변화는 모든 나라에서 달리 이변의 자취를 남겨놓았고 점술가들은 괴이한 물상으로 점을 쳐서 당시의 사건에 부합시켰다. 그 글과 도적(圖籍)의 길흉의 조짐은 법도가 없어서 공자는 육경을 논하면서 괴이한 것을 기록하면서 그 설은 기록하지 않았다." 「대원열전」의 찬에서는 말하였다. "「우본기」와 「산해경」의 모든 괴물은 내가 감히 말하지 않았다." 이른바 "괴이한 것을 기록하면서 그 설은 기록하지 않았다"는 것은 하늘과 사람에 관계된 하나의 원칙을 궁구한 것이다. 사마천은 천문과 율력에 정통하였지만 고대의 과학지식은 종교미신, 신화전설과 한데 뒤섞였다. 실제로 천상을 관찰하면 "별과 기운으로 점치는 책은 길흉이 많이 섞여 있어 상법(常法)에 맞지 않는"

것을 검증할 수 있다. 그러나 무축의 예언에는 경험을 기초로 삼음이 있기 때문에 "이따금 자못 맞을 수도 있다." 이에 사마천은 "그 글을 미루고 그 감응을 고찰하면 다르지 않다."[41]고 생각하였다.

천도와 성명은 도대체 있을까, 없을까? 사마천은 회의를 품으면서도 믿었다. "괴이한 것을 기록하는 것"은 바로 천상의 기이한 돌변을 기록하는 것이다. "설은 기록하지 않았다"는 것은 감응에 대한 설법은 기록하지 않은 것이다. 「율서」와 「역서」, 「천관서」의 세 서는 천변(天變) 및 감응을 기록한 자료여서 인사를 기록한 기전(紀傳)에서는 결코 발휘하지 않았다. 하늘은 하늘이고 사람은 사람이므로 양자는 『사기』 5체의 분업에서 분명히 구분하였다. 더욱이 70열전은 인사를 실제 기록하는 역사의 변화를 힘껏 추구하였으며 허망하고 황당한 설에 대해서는 배척하거나 폭로하였다. 따라서 「우본기」와 『산해경』의 모든 괴물은 황당무계하고 실제 역사가 아니어서 일괄적으로 기록하지 않았다.

(4) "천하의 존망에 관계되지 않은 것은 기록하지 않았으며, 대대로 그 기록이 전하는 것은 그 일사를 논하였다." 이 원칙은 사마천이 반복적으로 중언부언하여 「유후세가」와 「장승상열전」, 「관안열전」 찬, 「손자오기열전」 찬에서 분별하여 설명하였다. 천하의 대사를 기록하는 것과 인물의 일사를 기술하는 것은 어떤 관련이 있는가? 사마천의 이 원칙은 인물을 빚어내는 전형적인 형상을 운용하고 선택하여 역사를 반영하는 본질이다. 구체적으로 말하여 곧 공도 없고 과도 없는 현달한 고관에 대하여 사마천은 전을 지어주지 않았다. 이와는 반대로 일이 치도와 관련된 하층의 인물은 사마천이 전형을 선택하여 일일이 전을 지어주었다. 역사상 중대한 공헌을 한 사람에 대해서는 후세에 기록과 설을 남겨놓

---

41 『사기』 권130 「태사공자서」.

은 인물이라면 그 일사만 기록하였다. 사마천이 어떻게 역사적 인물의 전형을 운용하고 선택하였는가 하는 것은 제7장에서 상세히 논할 것이다. 편찬 방법의 측면에서 이야기하면 사마천의 이 원칙은 간단하다. 번다한 것을 다루는 방법으로 인물을 중심으로 하는 『사기』가 단 52만 자로 3천 년에 달하는 역사를 서술하였으니 진정으로 글자마다 정련되었음은 두말하면 잔소리다.

(5) "믿음은 믿음을 전하고 의심은 의심을 전하여 두 가지로 말하게 되었다."「삼대세표」 서에서는 말하였다. "태사공은 말한다. 오제와 삼대의 기록은 오래되었다. 은나라 이전의 제후국도 보첩(譜牒)을 구할 수가 없고 주나라 이래로 비로소 자못 드러날 만하였다. …… 그래서 의심이 가면 의심이 가는 대로 전하였으니 신중을 기하였기 때문이다."「중니제자열전」 찬에서는 말하였다. "의심나는 것은 빼버렸다." 오제 삼대의 본기와 연표는 다만 세계(世系)만 기록하고 연도는 기록하지 않았으며, 은과 주의 두 기(紀)에는 은나라의 시조 설(契)과 주나라의 시조 후직(后稷)을 기록하였다. 그 어미가 검은 새의 알을 삼켰거나 거인의 발자국을 밟아 낳았으며, 또 말하기를 그 부친이 제곡(帝嚳)이라 하였는데, 바로 "믿음은 믿음을 전하고 의심은 의심을 전한" 원칙의 운용이다.

(6) "육경의 다른 해석을 맞추고 백가의 뒤섞인 말을 가지런히 하였다." 사마천이 역사를 서술하는 이상은 "일가의 말을 이루는 것"이기 때문에 그는 자기의 견해를 가지고 역사가 어떻게 발전하고 변화하였는가 대답하려고 하였다. 이 때문에 그는 "육예에서 사실을 상고하고", "부자의 말을 기준으로 삼는" 사실을 상고하는 원칙을 제기하였다. 육예의 경전 및 백가의 잡된 말을 인용하여 수록하였지만 결코 교조로 굳게 지키지는 않은 것은 한 차례 "궐협(厥協)"과 、"정제(整齊)" 작업을 진행하려는 것이었다. "궐협(厥協)"은 곧 종합하는 것이고, "정제(整齊)"는 곧

삭제하고 선별하는 것이다.

사마천이 "궐협"하고 "정제"하는 기법은 주로 4가지가 있다. ① 편집하고 따오는 것, ② 문장을 늘리고 역사를 보충하는 것, ③ 고문을 훈석(訓釋)하는 것, ④ 녹여 넣어 고쳐 쓰는 것이다. 이 4가지 기법은 종종 교차하여 운용되고 녹여 넣어 고쳐 쓰는 것이 주가 된다. 「오제본기」에는 고수(瞽叟)와 상(象)이 어떻게 순을 박해하였는가 하는 이야기가 수록되어 있는데, 주로 『맹자』와 『회남자』에서 채택하였다. 『맹자』 「만장(萬章) 상」에서는 상이 순을 우물 안으로 들어가게 한 후 돌을 떨어뜨려 순을 해친 다음에 순의 궁으로 가서 힘으로 두 형수를 차지하려 기도하지만 순이 이미 우물에서 나와 먼저 집으로 돌아간 것을 이야기하였다.

유가의 예교에 따르면 상은 두 형수를 더럽힐 수 없었고 그의 행동은 다만 순의 위대함을 두드러지게 한 것에 지나지 않는다. 사마천이 따와서 빚어내고 고쳐 쓴 내용은 순이 우물에서 나와 집으로 돌아갔을 때 상은 이미 자기의 집에서 순의 두 처를 희롱하였다는 것이다. 사마천이 이렇게 고쳐 쓴 것은 이야기를 더 극적으로 만들었을 뿐만 아니라 투쟁을 더욱 합리적이고 격렬하게 만드는 효과가 있었다. 『사기』는 실록으로 세상에 알려졌는데, 이는 그가 반영한 역사의 본질을 가지고 말한 것이다. 세세한 데 이르면 『사기』는 왕왕 문학 기법을 운용하였다. 「공자세가」에서는 『논어』의 재료를 가져다 시간과 정경을 확정시켜 일관된 편년 사료로 인물을 묘사하는 행장을 형성하였다. 이는 확실히 일종의 문학적인 구사이다.

위에서 말한 것을 종합하면 『사기』의 취재에는 엄밀한 사법 의례를 가지고 있는데, 종지는 "일가의 말을 이루는 것"이다. 사마천의 취재 의례는 그의 창조 정신과 탁월한 역사 인식을 표현하였을 뿐만 아니라 많은 방법은 지금까지도 거울로 삼을 만한 의의가 있다. 반 씨 부자는 『사기』는 오로지 광박함만 힘써서 소략하고 저촉된다 하였고[42], 정초(鄭樵)는 『사기』가 넓고 우아함이 부족하다고 하였는데[43] 이는 모두 치우친 견해이다.

4. 실록 정신

실록 정신은 직필(直筆) 정신이라고도 한다. 이는 중국 고대사학의 우수한 전통이다. 양한의 대유(大儒)는 모두 『사기』를 실록으로 매우 추숭하였다. 반고는 『한서』 「사마천전」에서 유향(劉向)과 양웅(揚雄)의 말을 인용하여 『사기』를 "문장이 곧고 일이 핵심적이며 헛되이 아름답지 않고 악을 숨기지 않았으므로 실록이라고 한다."고 찬양하였다. 구체적인 내용과 특징을 아래에서 분석해보겠다.

1) 문장이 곧고 일이 핵심적이다

문장이 곧고 일이 핵심적인 것은 실록의 가장 기본적인 정신이며 또한 역사를 저술하는 가장 기본적인 방법이다. 그것은 사학자가 역사를 짓는 데는 근거가 있을 것을 요구하고 전면적으로 재료를 가질 것을 요한다. 객관적 사실의 존재를 인정하여 전면적이고 체계적으로 역사 사실을 직서하여 어떠한 왜곡된 필치와 누락도 용납하지 않는 것이다. 사마천은 역사를 쓰면서 전방위적으로 사회생활을 펼쳐 보였으며 각양각색의 인물 전기를 쓰면서 역사의 본질을 반영하였는데, 이는 실록

---

42 반 씨 부자의 비평과 반표의 말은 『후한서』 「반표전(班彪傳)」에 실려 있고, 반고의 말은 『한서』 「사마천전」에 수록되어 있다.

43 정초(鄭樵)의 비평은 『통지(通志)』 「총서(總序)」에 보인다.

정신의 반영이다. 실록에 충실하여 더 높은 표준에서 보면 그것은 일기장이 아니라 사건과 인물의 전형성을 포착하려는 것으로 사가(史家)의 높고 원대한 식견으로 표현되며 사례(史例)와 사체(史體)에 반영된다. 사마천은 항우와 여태후의 본기를 지어주었으며 공자와 진섭, 후비의 세가를 지어주었다. 이는 실록 정신이 승화된 탁월한 역사 인식의 표현이다.

실록 정신은 구체적 역사 사실에 대한 기술을 요구한다. 역사 사실의 본래 면모에 부합하여야 하여 세속의 흐름과 습관을 따를 수 없다. 전의 역사 사실에 대하여 상세하고 치밀한 조사와 고증을 요한다. 이런 방면에서 사마천은 매우 특출했다. 그는 많은 편장에서 진술하였고 인용하여 의거한 사적이나 기타 근거를 설명하였다. 「오제본기」에서는 "내가 『춘추』와 『국어』를 보았는데"라고 하였고 「은본기」에서는 "성탕(成湯) 이래로는 『서』와 『시』에서 채택하였으며", 「고조공신후자연표」에서는 "내가 고조의 제후 공신을 읽어보고 그 처음 봉해졌을 때를 살펴보니" 등등과 같은 것이다. 또한 사마천은 오제와 하, 은, 주 각 편의 "태사공은 말한다"에서 고사(古史)에 대한 고증으로 설명을 하였다.

오제의 사적을 쓰는 것은 각종 재료를 종합하여 "그 말 가운데 전아하고 합리적인 것을 가렸으며", 하, 은 양대의 성씨는 하우(夏禹)가 회계(會稽)에서 붕어한 것과 은나라 사람의 습속, 주나라 왕실이 언제 낙읍으로 천도하였는가에 대하여 모두 성실한 고증을 하였으니 사마천이 역사를 지을 때의 근엄한 태도를 알 수 있다.

사마천은 세속에서 소진에 대하여 번안한 것을 따르지 않고 특별히 찬에서 설명을 가하였다. 그는 "소진은 민간에서 일어나 여섯 나라를 이어 합종으로 친하게 하였으며 이는 그 지혜가 남보다 뛰어남이 있어서였다. 내 그런 까닭에 그가 한 일을 열거하여 시간 순서대로 배열한 것은 오로지 오명을 쓰지 않게 하기 위해서이다."라고 하였다. 소진이 일을 행함이 기이하고 속임수를 쓴 것은 민간에서 유전되는 과정에서 "훗날의 일에 비슷한 것이 있으면 모두 소진에게 갖다 붙여서" 많은 부화한 전설로 소진을 신격화하였다. 그러나 사적의 기록에서는 소진이 일찍 죽었고 장의가 "그 단점을 활짝 드러내어 그 학설에 기대어 연횡의 도를 이루었기" 때문에 갖가지 방법으로 소진을 중상하고 비방하여 "천하에서 모두 비웃게 하였다."

소진에 대한 과도한 칭찬이나 과도한 손상은 모두 사실에 부합하지 않기 때문에 사마천은 사적의 실록에 의거하여 독자들에게 시비를 공평하게 판단하게끔 하였다. 또한 「이사열전」에는 진나라의 승상 이사에 대하여 기록하였다. 진나라에서 큰 공을 세웠지만 오형(五刑)에 걸려 죽어 천하의 사람들이 모두 그의 억울함을 말하였다. 사마천은 사실의 기록으로 조목조목 이사가 진시황을 보좌하여 육국을 통일하고 제도를 건립한 공적을 열거하였다. 이와 동시에 중한 작록을 탐내어 조고와 모의하여 2세가 포악한 죄를 저지르는 것을 도와 역사의 발전을 바꾸어 천하의 죄인이 되었으니 그 죽음이 참혹하기는 하지만 실로 안타까워할 만한 것이 없다고 기록하였다. 따라서 이사가 충성을 다하였는데도 죽었다는 세속의 의론을 반박하여 배척하였다.

부녀자를 경시하는 것은 예로부터 있어 온 습관적인 풍조라 하겠다. 공자는 "여자와 소인은 기르기가 어려우니, 가까이하면 불손하고 멀리하면 원망한다."[44]고 말한 적이 있다. 사마천은 부녀를 멸시하는 편견이 없었을 뿐만 아니라 그가 묘사한 부녀자의 형상은 광채를 발하여 눈이 멀 정도이다. 『사기』의 체제에서 여후를 "본기"에 넣고, 후비를 "세가"

---

44 『논어』 제17 「양화(陽貨)」.

에 넣었다. 사마천은 사실의 기록에 의거하여 그가 무정하게 여후가 정치투쟁 과정에서의 각종 악행을 폭로하기는 하였지만 결코 여성이 나라에 화를 끼치고 정치를 어지럽힌다는 것에는 착안하지 않았다. 여후의 성격이 "강의(剛毅)하고 매우 모질어" 진시황 유의 인물에 속한다고 지적하였을 뿐이며 이는 보다 깊은 차원의 우의를 갖추고 있다. 이와 동시에 사마천이 여후가 무위의 정치를 집행한 것에 대하여 사회에 안정을 가져왔다 하여 실사구시적으로 높은 평가를 부여한 것은 매우 정확한 것이다. 「외척세가」에서는 처음으로 후비의 정치를 돕는 작용을 다하여 지적하였다.

사마천이 열거한 역사 사례는 또한 각각 정반(正反)의 입장을 띠어 부녀의 작용을 국가의 흥망에 영향을 끼치는 정도로 끌어올렸는데, 역사 발전의 진행을 부녀와 뗄 수 없는 것으로 보았음을 설명한다. 이 외에도 사마천은 인물의 부전(附傳)에서 많은 다른 유형의 부녀 형상을 찬양하였다. 전국시대 조(趙)나라 장수 조괄(趙括)의 모친은 공평무사하여 시비를 분명히 변별할 수 있는 여성의 전형이다. 제나라 태사 교(嫩)의 딸은 나라의 어려움이 눈앞에 닥치자 작은 절개에 구애받지 않고 제나라 민왕(湣王)의 태자 법장(法章)과 사사로이 결합하여 나라를 회복할 사적에 협조하여 애국주의의 정신을 표현하였다. 위(魏)나라 지(軹)의 사람 섭영(聶榮)은 목숨을 버리고 그 동생 섭정(聶政)이 의사라는 이름이 전파되도록 한 여성의 전형이다. 한나라의 제영(緹縈)과 탁문군(卓文君)은 과감하게 봉건 예법과 투쟁한 부녀의 전형이다. 또한 춘추시대 진(晉)나라 개지추(介之推)의 모친, 진나라 말기 동양(東陽)에서 기의한 진영(陳嬰)의 모친, 초·한이 서로 다툴 때 항우에게 죽음을 강요당한 왕릉(王陵)의 모친 같은 부녀들은 대의를 깊이 밝혀 역사의 대세를 통찰할 수 있었던 부녀의 전형이었다. 한신을 도와주고도 보상을 바라지 않았던 표모(漂母)는 더욱 평범하면서도 고상한 정조를 가진 부녀의 전형이었다. 사마천은 중국 역사상 처음으로 부녀가 사회생활의 각 영역에서 발휘한 작용을 중시하여 기록한 사가이다. 어떻게 사마천은 이렇게 비범한 식견과 성취를 가질 수 있었을까? "이치는 매우 간단하다. 다만 사가가 갖추어야 할 실록 정신을 관철시킨 것뿐이다."[45]

2) 헛되이 찬양하지 않고 악한 것을 숨기지 않는다

이는 "문장이 곧고 일이 핵심적인" 기초에서 한 걸음 더 발전한 것으로 사학자에게 옳음을 구하고 참됨을 보존할 고상한 역사의 품덕을 갖출 것을 요구한다. 선과 악을 반드시 기록하여 두 논점을 갖추도록 요할 뿐만 아니라 "시비를 밝히고", "선을 택하고 악을 폄훼하여" 자각적으로 역사 인물에 대한 포폄과 애증을 표명하기를 요한다. 아울러 적절하게 되도록 하여야 한다. 사마천은 "기리는 자는 혹 그 실제보다 지나치기도 하고 헐뜯는 자는 혹 그 참됨을 덜어내기도 하는"[46] 주관적이고 근거 없는 판단을 명확하게 반대하였다. 따라서 사마천은 역사 인물을 논하고 싣는데, 일반적으로 사실에 의거하여 있는 그대로 적절한 평가를 부여하여 헛되이 찬양하지 않았고 악한 것을 숨기지 않았다. 전적으로 긍정하거나 전적으로 부정하지도 않았으며 사실 그대로 인물이 행한 일과 객관적인 사물의 변화와 발전을 분명하게 이야기하였다.

사마천은 진나라의 폭정에는 반대하였지만 진나라가 통일한 공과 체계적인 제도를 긍정적으로 보았다. 한나라의 통일을 칭송하여 찬양하면서도 한나라 제왕(帝王)의 사생활과 시정(時政)을 깊고 세밀하게 폭로하고

---

45 지전화이(季鎭淮)의 『사마천(司馬遷)』, 상해인민출판사(上海人民出版社) 1979년판, 130쪽.
46 『사기』 권67 「중니제자열전(仲尼弟子列傳)」 찬.

풍자하였다. 사마천은 항우가 진나라를 멸한 공을 긍정하여 그를 일컬어 풍운을 일으키는 듯한 영웅적 인물로 묘사하였지만, 잔인하고 포학하여 인(仁)하지 못하였음 또한 폭로하고 비판하였다. 사마천은 이광을 동정하여 그가 영특하고 용맹하여 잘 싸우는 것과 애국주의의 정회를 구체적으로 생생하게 묘사하였다. 대체로 높은 평가를 내렸지만 결코 지나치게 수식하지 않았다. 사마천은 혹리를 매우 혐오하였지만 또한 청렴결백하고 법을 곡해하지 않는 혹리는 긍정적으로 보았다. …… 이런 등등은 힘껏 추구하여 역사의 실제를 객관적으로 존중하게 하였다. 다만 실록의 역사만이 진정하고 유익한 교훈을 제공하고 역사가 거울 작용을 일으키게 하기 때문이다.

3) 필법에 숨김이 없어 당대 한나라의 역사를 써서 깊은 비판 정신을 부여하였다

유지기는 고대의 직필 사학자를 칭찬하여 "동호(董狐)의 필법은 숨김이 없었다", "제나라 사관은 최저(崔杼)의 시해(弑害)를 기록하였고, 사마천은 한나라의 그릇됨을 서술하였으며, 위소(韋昭)는 오(吳)나라에서 바름을 지켰고, 최호(崔浩)는 위(魏)나라에서 꺼리는 일을 저질렀다."[47]고 하였다. 이런 직필하는 사학자들 가운데 사마천의 성취가 가장 크다. 유지기는 사학자의 직필은 현실 생활의 불합리한 부분을 비판하는 것이 귀하다고 역점을 두어 지적하였으며 특히 사마천의 "한나라의 그릇됨을 서술한 것"을 긍정적으로 보았다. 사학자가 현실을 비판할 용기가 없고, 애증에 대한 분명한 입장이 없으며 직언을 꺼리지 않는 정신이 없다면 그 사학자는 사덕(史德)을 상실한 것이며 사학자로서의 지위와 역사적 가치가 없다.

---

47 『사통』 권7 「직서(直書)」.

사마천은 "한나라의 그릇됨을 서술하여" 동한 왕윤(王允)에 의하여 "유서(謗書)"[48]로 배척되었다. 장회태자(章懷太子) 이현(李賢)의 주에서는 말하였다. "무릇 사관의 일은 선악을 반드시 써야 한다. 사마천이 지은 『사기』는 한나라의 좋지 않은 일을 두루 비방한 것일 뿐 무제에게만 해당하는 것이 아니다."[49] 이는 사마천이 "한나라의 그릇됨을 서술한" 내용은 다만 한무제만을 풍자한 것이 아니라 백년 한나라의 전반적인 면을 언급하였다는 것을 설명한다. 사마천은 한나라의 최고 통치자인 유방에서 한무제에 이르기까지, 한대의 문(형식)과 질(내용)이 빈빈하면서도 끝내 영리를 각축한 유생들에 대하여, 한무제 시대의 사회 모순에 대하여 모두 깊은 "미묘한 문장의 풍자"를 하였다. "천명을 받아 제위에 오른" "대성(大聖)" 유방의 이기심, 각박함, 시기심, 냉혹함이 사마천의 필치 아래서 유감없이 반영되었다.

청나라의 왕명성(王鳴盛)은 『사기』의 묘사에서 유방의 품격을 총결하여 오직 이익만 도모하고 우둔하며 부끄러움이라곤 없어 "위급할 때는 기신(紀信)에게 대신 죽게 하고 자녀를 돌보지 않아 수레 밖으로 밀어서 떨어뜨렸다. 홍구(鴻溝)로 이미 경계를 정하고는 얼마 안 있어 저버렸고, 누차 패배하여 누차 쪼그라들어도 욕된 것으로 생각하지 않았으며 믿음을 잃고 의를 폐하고서도 부끄럽게 여기지 않았다."[50]고 하였다.

한나라를 대표하는 유자는 숙손통(叔孫通)과 공손홍(公孫弘), 동중서(董仲舒)이다. 숙손통은 한나라의 의법(儀法)을 처음으로 기초했고, 공손홍은 유학을 창도했으며, 동중서는 "공양춘추"를 연구하여 대일통을 선양했

---

48 왕윤(王允)의 말은 『삼국지(三國志)』 「동탁전(董卓傳)」 배송지(裵松之) 주에서 인용한 사승(謝承)의 『후한서(後漢書)』에 보이며, 범엽(范曄)의 『후한서』 「채옹전(蔡邕傳)」에도 보인다.
49 『후한서』 「채옹전(蔡邕傳)」의 주에 보인다.
50 『십칠사상각(十七史商榷)』 권3.

다. 사마천은 이렇듯 명성이 혁혁한 세 인물에 대하여 모두 수수하게 기술하는 중에 그들의 업적을 긍정적으로 보았다. 이와 동시에 그들 각자의 개성과 약점에 대하여 왕왕 의미심장한 풍자를 하였다. 숙손통의 "아첨", 공손홍의 "속임", 동중서의 "우활"에 모두 매우 구체적이면서도 생동감 있게 묘사하였다.

백년 한나라 역사의 중점은 집중적으로 무제 대의 정치와 경제, 문화 등 각 방면을 묘사하였다. 사마천은 한무제 시대의 사회적 모순을 깊이 폭로하였고 당시의 정치를 비평하였다. 「평준서」에서는 턱없이 높은 세금을 징수하는 경제정책을 집중적으로 비판하였다. 「혹리열전」에서는 잔혹하고 어두운 관료정치를 집중적으로 비판하였다. 「유림열전」과 「공손홍전」에서는 한나라 유자들이 고관에게 아첨하여 환심을 사는 추태를 폭로하면서 문화정책을 비판하였다. 「봉선서」에서는 한무제의 미신을 맹목적으로 믿고 백성을 수고롭게 하고 재물을 상하게 하는 것을 풍자하였다. 이런 편장은 「평준서」가 각 편에 조응작용을 일으켜 그 내재된 관련 강령에 불을 지피는 작용을 하였다.

사마천은 먼저 한나라는 진나라의 폐단을 이었으며 70년의 휴양과 생식을 거쳐 백성들은 성하고 나라는 부유해졌다고 썼다. 이를 가지고 한무제가 제멋대로 일을 하여 전성기에서 쇠퇴기로 접어드는 것과 대조하는 포석을 깔았다. 그런 다음에 "사물은 번성하면 쇠하는 것이 실로 그 변화이다"라는 말로 필봉을 정식 주제로 전환시켰다. 무제가 대외적으로는 군사를 쓰고 내적으로는 공사를 일으켜 가렴주구로 조성된 백성의 곤궁과 나라의 어려움을 일일이 서술했다. 결미에서 진나라를 가지고 한나라를 비유하여 통치자에게 경종을 울렸다. 「평준서」의 기사는 원봉 원년에서 그치는데 의미심장하게 성쇠를 살펴본 뜻을 보여 사람들로 하여금 사마천의 담대함과 비범한 식견에 대해 경탄하지 않을 수 없게 하였다.

4) 사마천 직필의 진보적 의의

공자의 춘추필법은 "선(善)을 훌륭하게 여기고 악을 미워하며", "현명한 자를 현명하게 보고 불초한 자를 선하게 여겨" 사마천의 칭찬을 받았다. 그러나 춘추필법은 오히려 높은 사람과 친한 사람, 현자를 기휘하는 태도를 보였다. 공자는 "아버지는 자식을 숨겨주고 자식은 아버지를 숨겨주니, 정직함은 그 가운데 있을 것이다.(父爲子隱, 子爲父隱, 直在其中矣)"[51] 라고 말한 적이 있다. 「공자세가」에서는 공자가 『춘추』을 수찬하면서 "노나라에 의거하고 주나라를 가까이하였다,"고 기록하였다. 노나라에 의거하였다는 것은 『춘추』가 노사기(魯史記)를 산삭(刪削)하여 이루어졌다는 것을 가리킨다. 주나라를 가까이하였다는 것은 주나라 천자의 존엄을 옹호하고 주나라 천자를 위해 기휘하였다는 것을 가리킨다. "그러므로 오초(吳楚)의 임금이 스스로 왕이라 칭하자 『춘추』에서는 그들을 깎아내려 자(子)라고 하였다. 천토(踐土)의 회맹에서 실제로는 주천자를 불렀는데, 『춘추』에서는 그 사실을 꺼려 천왕(天王)이 하양(河陽)에서 사냥하였다고 하였다."[52]

『좌전』에서는 『춘추』의 범례를 해석하여 말하기를 "무릇 제후에게 큰일이 있을 때는 보고를 하면 기록을 하고 그렇지 않으면 기록하지 않는다. 군사를 일으킬 때 동기가 좋은가 나쁜가 하는 것도 또한 그렇게 한다."[53] 이렇게 열국이 다른 나라를 향하여 소식을 봉쇄하여 "알리지 않을" 수도 있었으며, 혹은 거짓 정황을 알려 임금을 죽인 것을 훙거(薨去)했다고 알릴 수도 있었으며, 찬탈한 것을 왕위를 이었다고 알릴 수도 있었다. 기타 군사가 패하고 나라가 멸망하고 임금이 치욕을 당한 것 및

---

51 『논어』 제13 「자로(子路)」 제18장.
52 『사기』 권47 「공자세가(孔子世家)」.
53 『좌전』 「노은공(魯隱公) 11년」.

대신의 각종 예를 저버린 구차한 일 같은 것은 모두 꾸며서 꺼릴 수 있었다. 공자는 역사를 수찬하면서 노나라에 의거하고 주나라를 가까이하였기 때문에 꾸며서 꺼린 것과 역사적 사실을 숨기고 싶지 않은 것이 있었다. 이는 곧 공자는 직필로 악을 성토하는 것과 곡필(曲筆)로 꾸며서 꺼리는 것을 『춘추』에 통일시켰다는 것을 말한다. 이게 어찌된 일인가?

원래 춘추시대에는 "사(史)"의 관념이 의를 중히 여기고 일을 중히 여기지 않아 열국 사관의 직필은 예를 따르며 직서하는 것이지 사실을 그대로 직서하는 것은 결코 아니었다. 진(晉)나라 동호(董狐)를 가지고 말할 것 같으면 그는 "예"에 의하여 "조돈(趙盾)이 그 임금을 죽였다."고 직서한 것이다. 다시 제장공(齊莊公)이 피살된 것을 보자. 장공은 처음에 최저(崔杼)와 모의하여 제영공(齊靈公)의 병이 위급할 때 영공의 총희와 태자 아(牙)를 죽이고 영공이 죽자 장공이 스스로 즉위하였다. 그 후 장공은 또 최저의 첩과 사통하여 최저와 원한이 맺혀 피살되었다. 제나라 태사(太史) 형제의 매우 비장한 행위로 목숨을 희생하는 것을 아끼지 않고 사책(史册)에 "제나라 최저가 그 임금 광(光)을 죽였다"고 기록하면서도 오히려 제장공의 추행은 숨겼다. 이는 진나라 동호와 제나라 태사 씨 형제 및 남사 씨(南史氏)의 두려움이라고는 전혀 없는 정신으로 설명한다. 반란을 일으킨 신하가 임금을 죽인 악행을 직서한 목적이 봉건 계급의 윤리강상을 옹호하기 위함이었다는 것이다. 공자가 『춘추』를 수찬한 것은 임금은 임금답고 신하는 신하다우며 아비는 아비답고 자식은 자식다운 도덕 강상을 위한 것이다. 이 대원칙하에서 직필과 꾸미고 꺼림이 조화로이 통일되었기 때문에 "아버지는 자식을 숨겨주고 자식은 아버지를 숨겨주니, 정직함은 그 가운데 있을 것이다."

『좌전』은 경을 해석하면서 다양한 역사적 사실을 보충하면서 비로소 비교적 완정한 춘추의 편년사가 되었다. 『춘추』의 꾸며 꺼린 많은 "임금과 어버이의 악행"을 폭로해 낸 것은 사학의 일대 발전이다. 사마천은 「십이제후연표」에서 공자가 『춘추』를 이루어 "70명의 제자들은 입으로 그 전한 뜻을 전수하였다. 거기에는 비평, 권고, 찬양, 숨기고 꺼림, 힐난, 훼손 등의 문장이 있어서 글로 써서 드러내지 않았다. 노나라의 군자 좌구명은 제자들이 각각 오류를 범하며, 제각기 주관에 집착하여, 그 진의를 잃을까 걱정하였다. 그래서 그는 공자의 역사 기록에 연유하여 그 말을 상세하게 논술하여 『좌씨춘추(左氏春秋)』를 이루었다."

분명히 사마천은 여기서 『좌전』이 역사 본래의 면목을 회복하여 "그 말을 논한" 것을 긍정하여 공자의 "기록하여 드러내지 않아" 숨기고 꺼린 것에 대해서는 완곡하게 비평하기에 이르렀다. 『좌전』이 경을 해석하기 위해 지은 것이어서 채택한 역사 사실이 여전히 『춘추』의 범위를 벗어나지 못하여 정벌 회맹과 제사 조빙(朝聘) 등 절문(節文)과 의주(儀註)를 벗어나지 않아 포폄의 기조는 여전히 『춘추』의 절필을 떠나지 못하였다. 『사기』는 『춘추』의 빈말을 도의로 하는 체제를 돌파하여 5체의 결구를 창립하였다. "천하의 산일된 옛 전적과 사실을 망라하여" 전면적이고 체계적으로 역사를 서술하여 천지만물과 예와 지금의 사회, 세상의 모든 사물 및 모든 학문이 모두 서술의 열에 있게 되었다. 『사기』의 포폄은 임금의 친함에 미치지 못하는, 꾸미고 꺼리는 울타리를 돌파하여 "천자를 폄하하고 제후들을 물리치셨으며 대부들을 성토하여"[54] 감히 현존 통치 질서하의 각종 어둠을 드러내어 "헛되이 찬양하지 않고 악을 숨기지 않아" 참신한 직필의 경계를 창조하였는데, 이는 하나의 획기적인 진보이다.

---

54 『사기』 권130 「태사공자서」.

제7장

『사기』의 문학적 성취

역사 저작은 엄숙한 과학성을 요구하여 묘사한 역사 인물은 모두 그 사람의 진실과 사실이어야 하며 허구와 과장을 허락지 않는다. 문학작품은 사람을 묘사할 때 빚어내는 인물이 전형성을 갖출 것을 요구한다. 이 두 가지는 매우 큰 구별이 있다. 따라서 『사기』는 역사의 명저로 세상에 모습을 드러내자마자 학술계의 공인을 얻게 되었고, 문학의 명저로 인식되기까지는 멀고 긴 역사 과정을 겪었다.

『사기』의 인물 전기는 실록인가 창작인가? 지금껏 문사(文史) 두 학계의 인식은 일치되지 않았다. 사마천의 필치하에서 역사 인물이 하나하나 살아 있는 듯 생생하고 형상이 선명하여 독자가 마치 그 소리를 듣는 듯, 그 사람을 보는 듯하게 하여 대대로 인구에 회자되었기 때문에 지금 『사기』는 이미 고전 전기문학의 빼어난 작품으로 공인되었다. 그렇다면 사마천은 어떻게 역사 인물을 빚어내었을까? 그는 문학적 필치로 역사 인물을 썼는가? 역사 인물을 빌려서 문학 창작을 진행하였는가? 이는 문사의 두 경계가 나누어지는 초점이며 이 장에서 평론하고자 하는 무게중심이기도 하다. 문학계의 연구자는 인물 묘사 예술의 관점에서 체계적으로 『사기』의 문학 성취를 나타냈으며, 1980년대에 두드러진 공헌을 하였다.

근년에 출판된 학술 전문 논저를 시간 순서에 의하여 배열하면 주로 다음과 같은 것이 있다. 쑹쓰리엔(宋嗣廉)의 『사기예술미연구(史記藝術美硏究)』(東北師範大學出版社, 1985)와 궈솽청(郭雙成)의 『사기인물전기논고(史記人物傳記論稿)』(中州古籍出版社, 1985), 한자오치(韓兆琦)의 『사기평의상석(史記評議賞析)』(內蒙古人民出版社, 1985), 우루위(吳汝煜)의 『사기논고(史記論稿)』(江蘇教育出版社, 1986), 리사오융(李少雍)의 『사마천전기문학논고(司馬遷傳記文學論稿)』(重慶出版社, 1987), 그리고 커융쉬에(可永雪)의 『사기문학성취논고(史記文學成就論稿)』(內蒙古教育出版社, 1991) 등이다. 이런 논저의 출판은 『사기』의 문학 성취에 대한 연구가 새로운 고지에 도달하였음을 명시하고 있다. 이 장에서는 제가의 설을 가려 뽑아 나의 의견을 참고하고 문사를 요약하여 대략 『사기』의 문학 성취를 서술하여 평설을 제공한다.

1. 『사기』 문학성의 정의

『사기』의 문학성에 대한 인식과 부각은 역사상 점차 심화되어 가는 과정을 거쳤는데, 최소한 4개의 단계가 있다. 가장 광의의 문학성은 다만 『사기』의 문장이 간결하고 어사가 화미한 것을 채택한 것에만 착안하였는데, 이것이 첫 번째 단계로 위진 이전의 가장 보편적인 인식이었다. 『사기』 산문의 성취와 예술 풍격미에 착안한 것이 두 번째 단계로, 당나라 사람들의 심화한 인식이다. 『사기』의 문장 구조가 곡절이 많고 파란하며 인물의 묘사에 소설적 요소를 갖추고 있다는 것이 세 번째 단계로, 명청 평점가(評點家)들이 많이 드러낸 것이다. 전면적이고 체계적으로 사마천이 역사 전기 인물의 전형적인 형상을 빚어낸 예술 기법을 드러낸 것이 네 번째 단계로, 근년에 와서 심화한 것이라 말할 수 있다.

위에서 말한 것 같은 『사기』의 문학 성취와 공헌은 다방면에 걸쳐 있다. 언어의 운용, 산문 성취, 소설의 구조, 전기문학 등 모든 방면에서 사마천은 대가라 할 만하다. 『사기』 문학의 최고 성취는 역사 사실의 실록이라는 기초에 전형적인 형상을 묘사한 전기문학이라는 것이다. 사마천의 위대함은 바로 여기에 있다. 사실 묘사에서 벗어난 과장된 소설의 구조라면 그것은 사마천의 문학이 아니다.

사마천이 문장의 대가라는 사실은 예나 지금이나 논의가 일치한다. 서한의 유향(劉向)과 양웅(揚雄)은 사마천의 『사기』를 실록이라고 찬양하여 "사리에 뛰어남에 탄복하였으며",[1] 동한의 반고는 "문장은 사마천과 상여(相如)"[2]라고 하였다. 두 사마 씨를 함께 들어 논하였는데, 사마천의 문과 사마상여의 부(賦)는 모두 문학으로 당시에는 문장이라 통칭되었다. 진(晉)나라 장보(張輔)와 양(梁)나라 유협(劉勰), 당나라 유지기는 한 걸음 더 나아가 『사기』 문장의 다채로움을 논술하였다.

장보는 "사마천의 저술은 말은 간략하면서도 일은 다 들어 있다"고 긍정하였다. 아울러 소진과 장의, 범저(范雎), 채택(蔡澤) 등의 전을 증거로 들어 "말이 시원하고 유려하며", "변사(辯士)를 말할 때는 사채가 화미하고 실록을 서술할 때는 핵심을 파헤치고 명분을 검증하였다. 이것이 사마천을 훌륭한 사관이라고 일컫는 까닭이다."[3]라고 하였다. 여기서 이

---

1 『한서』 권62 「사마천전」 찬.
2 『한서』 권58 「공손홍복식예관전(公孫弘卜式兒寬傳)」 찬.
3 『진서(晉書)』 권60 「장보전(張輔傳)」.

야기한 것은 사마천의 문장이 간결하고 사조가 화려하다는 것이다. 유협의 『문심조룡』에서는 "사전(史傳)"이란 표제(標題)를 세워 명확하게 『사기』의 인물 전기를 문학의 범위에 포괄하였다. 유지기의 『사통』에서는 선진 양한의 『좌전』과 『국어』, 『사기』, 『한서』 등의 저작에서 표현한 서사의 간결함, 언어의 화미함에서, 얼마간 세부 묘사에 이르기까지의 성취에 대하여 자못 많이 밝혀내고 칭찬하였다. 위에서 말한 한나라에서 당나라 문사의 이론가에 이르는 천술은 먼저 『사기』가 역사학 저작임을 긍정하였으며, 그 다음에 문장의 다채로운 문학성을 천명하였다. 이는 첫째 단계에 대한 광의의 문학적 인식이고 고금에 분기가 없었으며 역사의 실제에 부합한다.

중국의 고대 문화 학술에서 "문사를 구분하지 않는" 설법이 주로 가리키는 것은 바로 선진시대이다. 당시의 학술 문화는 백가쟁명의 단계에 처하여 문학과 사학, 철학, 문헌학 등등이 맹아 단계에서 개화를 눈앞에 둔 결과에 다가설 정도로 성장한 시기였으며 왕왕 둘 또는 여럿이 일체가 되었다. 사마천은 바로 이런 문화 전통을 계승한 기초 위에 무엇보다도 독립된 사학을 창조하였다. 이와 동시에 편찬 형식에서 5체제를 하나로 합친 것과 사상 내용 면에서 사학과 문학, 철학이 삼위일체가 된 저작도 창조하였다. 그러므로 『사기』의 내용은 삼라만상을 포괄하였으며 사필(史筆)과 문필(文筆)의 서사를 한데 주조하였다. 따라서 사마천 또한 사학자와 문학가, 사상가의 정체를 한 몸에 집중시켰다. 이는 시대적 창조이다. 그러나 『사기』는 무엇보다도 역사학 저작임은 의심할 여지가 없다.

유향과 양웅, 반고에서 장보와 유협, 유지기까지 그들은 사학에서 『사기』를 평가하는 데 치중하였고 주류는 긍정적이어야 한다. 오늘날 『사기』를 연구하고 더욱이 문학적 관점에서 『사기』를 연구한다 하더라도 반드시 이를 출발점으로 삼아야 편견에 이르지 않게 된다.

　당송팔대가는 고문운동을 일으켰는데, 사마천을 기치로 삼아『사기』를 학습을 추모하는 전범으로 세웠다. 한유(韓愈)는『사기』의 웅건함을 논하였고, 유종원(柳宗元)은『사기』의 높고 깨끗함을 논하였다. 한유와 유종원 모두『사기』를 본보기로 삼아 글을 지었으며,『사기』의 문학성에 대한 인식이 한 걸음 더 나아가게 하였다.『사기』의 문장이 한나라 산문의 전범으로 자리 잡게 된 것은 이때 확립되었다.

　명청인들이『사기』에 평점을 하면서 문장 예술미에 대한 연구와 발굴은 더욱 깊어졌으며 청나라 동성파(桐城派)의 평점 업적이 가장 크다. 방포(方苞)는 "의법(義法)"으로『사기』를 논하여 이미 명확하게 내용과 형식의 통일된 인식을 언급하였다.『방포집(方苞集)』「또 화식전 뒤에 쓰다(又書貨殖傳後)」에서는 말하였다. "『춘추』에서 의법(義法)을 만들고 태사공이 편다음에 문장에서 깊어진 것을 또한 갖추었다. 의(義)는『역』에서 말한 말에 물(物)이 있다는 것이고, 법(法)은『역』에서 말한 서(序)가 있다는 것이다. 의를 날실로 삼고 법을 씨실로 담은 다음에 체를 이룬 글이 된다." 여기서 명확하게 "의(義)"는 바로 "말에 물(物)이 있는 것", 곧 문장의 내용이며, "법(法)"은 바로 "말에 순서(序)가 있는 것" 곧 문장의 표현 형식이다. "의를 날실로 삼고 법을 씨실로 담은 다음에 체를 이룬 글이 된다"는 것은 내용과 형식이 고도로 통일되어야 문학적 가치가 풍부하고 좋은 문장이라는 말이다.

　동성파의 다른 대가인 유대괴(劉大魁)는 방포의 의법설(義法說)의 기초 위에서 한 걸음 더 나아가『사기』산문의 예술미를 탐색하면서,『사기』의 문법에는 "대(大)"와 "원(遠)", "소(疏)", "변(變)"의 네 가지 큰 특징이 있다고 지적하였다. 동성파의 마지막 대표 인물은 임서(林紓)이다. 그는『사기』산문 예술미의 연구에 탁월한 업적을 남겼다. 그가 지은『춘각재논문(春覺齋論文)』은 『사기』 문장 정운(情韻)의 아름다움 및 허자와 결미를 운용하는 예술에 대하여 적지 않은 구체적인 분석을 하였고, 앞 세대의 사람이 밝히지 못한 것을 밝혔다. 임서는 그가 번역한 많은 서방소설의 서문에서 태사공의 필법과 서구소설가의 창작 기교를 비교 분석하여 대대적으로 사람들의 눈을 뜨게 해주었다. 이는 이미 산문 예술의 연구 범위를 뛰어넘었다.

인물 형상을 빚어내는 관점에서 『사기』의 문학성을 평가한 것은 송나라 사람이 이미 깊은 탐색을 시작하였다. 『사기평림(史記評林)』에서는 남송 위료옹(魏了翁)이 「고조본기」에서 고조가 환향하였을 때의 문자를 평론하여 말하였다.

후세의 역사를 짓는 사람은 다만 "패(沛)로 돌아와 술상을 차리고 친구들을 불러 즐겁게 술을 마셨는데, 매우 기뻐하였다."라고만 하면 충분했다. 그를 보면 패의 아이들을 불러내어 노래를 가르치고 술에 취하여 축(筑)을 타며 노래를 부르고 일어나 춤을 추는 데까지 이르러 반전하여 눈물을 흘려 줄줄이 끊이지 않는다. 고금의 문자는 고스란히 다 드러내어 말과 웃음에 정이 있으니 어찌 여기에 미칠 수 있겠는가!

여기서 사마천은 고조가 환향한 생활에 대해 세밀하게 묘사하였다. 농후한 인정미에 대한 묘사는 이미 역사 기술의 범위를 뛰어넘었으며 인물 형상이 필요로 하는 문학 창작을 묘사하였다고 지적하였다. 송말원초의 유진옹(劉辰翁)은 『반마이동평(班馬異同評)』에서 『사기』 인물 형상의 소조(塑造)와 세세한 묘사에 대하여 대규모로 분석하고 아울러 명확하게 「사마상여열전」에서 탁문군(卓文君)이 밤중에 달아난 일은 소설의 플롯이라고 지적하였다.

최초로 『사기』와 소설을 함께 제기하여 논한 사람은 명나라 가정(嘉靖) 연간의 인물인 이개선(李開先)이다. 그는 『사학(詞謔)』에서 말하였다. "『수호전(水滸傳)』은 완곡하고 곡절이 매우 상세하여 혈맥이 관통하는 듯한데 『사기』 이래로는 곧 이 책이다." 이개선은 『수호전』의 플롯 배치와 문장 기교를 『사기』의 문장 기교와 연계시켰다. 명말 청초에 이르러 금성탄(金 聖歎)은 곧바로 『사기』를 『장자』, 「이소」, 『두시(杜詩)』, 『수호전』, 『서유기』와 함께 "육재자서(六才子書)"라 일컬었다. 금성탄은 『재자고문(才子古文)』을 평 점(評點)하면서 『사기』 서찬(序贊)을 뽑아서 평한 글 90여 편을 남겼다. 또 한 『수호전』과 『서상기(西廂記)』의 평점에서 여러 차례 사마천의 문필을 찬 양하였다. 더욱이 『사기』의 소설과의 관계에 대하여 금성탄은 깊이 인식 하였다. 그는 「제5 재자의 서법을 읽다(讀第五才子書法)」에서 말하였다. "『수 호전』의 방법은 모두 『사기』에서 나왔지만 『사기』보다 나은 곳이 많은 것 같다. 『사기』의 묘한 곳 같은 것은 『수호』에 이미 군데군데 있다."

『수호전회평본(水滸傳會評本)』 제28회의 회평(回評)에서는 말하였다. "사 마천이 글을 짓는 것은 일 가운데 큰 것은 개괄함이 보이고, 세세한 것 은 장황하게 함이 보인다. 혹 빠진 일을 견강부회한 것도 보이고 전체적 인 일은 빼버림도 보여서 문장을 짓는 계책이 아님이 없는데 일을 위한 계책은 아니다." 김 씨는 사료의 편집과 세절의 과장된 묘사, 견강부회 하여 덧붙임, 잡다한 사실을 생략하는 것 등 네 방면에서 사마천이 역사 사실 인물을 처리함은 문학성의 창작에 복종하였다고 설명하였는데, 이 견해는 조예가 매우 깊다. 현대 문사(文史)의 대가 루쉰(魯迅)과 판원란은 『사기』의 문학성에 대해 모두 많은 주도면밀한 평론을 하였다.[4] 루쉰은

---

4 판원란은 『문심조룡(文心雕龍)』 「사전(史傳)」 편의 주석에서 사마천은 기전을 창립하고 "분 을 발하여 책을 지으며 말에 기탁함이 많아", "체제는 역사이면서 뜻은 시인" 특징을 갖추 었다고 지적하여 루쉰의 정평(定評)과 요지가 대략 같다.

그의 명저인 『한문학사강요(漢文學史綱要)』에서 정채로운 평론을 하였다. 루쉰은 말하였다.

하물며 분을 발하여 책을 짓고 의도가 절로 격해졌음이겠는가. …… 농신(弄臣: 군주의 놀잇감이 되는 신하)이 된 것을 한하여 지필(紙筆)에 마음을 기탁하였으며, 몸이 형여지인(刑餘之人)이 된 것을 느껴 천추에 기인(畸人)을 전하였으니, 『춘추』의 뜻에는 위배되지만 실로 사가의 절창이요 운을 달지 않은 「이소(離騷)」임을 잃지 않았다. 오직 사법(史法)에 구속되지 않고 자구에 구애받지 않아 정으로 발하고 마음으로 거리낌 없이 문장을 지었으므로 모곤(茅坤)이 말한 것과 같다. "「유협전」을 읽으면 삶을 가벼이 여기려 하고,「굴원가의전」을 읽으면 눈물이 흐르려 하며,「장주(莊周)」와 「노중련전」을 읽으면 세상을 버리고 싶고,「이광전」을 읽으면 일어나 싸우고 싶으며,「석건전(石建傳)」을 읽으면 몸을 숙이고 싶고,「신릉」과 「평원군전」을 읽으면 선비를 기르고 싶어진다."

루쉰은 『사기』를 평가하여 "사가의 절창이요 운을 달지 않은 「이소」"라고 하여 이미 확고부동한 정론(定論)을 이루었는데, 문학과 사학 두 학계 연구자들의 공감을 얻었다. 루쉰은 세 방면에서 『사기』의 문학성을 분석하여 "운이 없는 「이소」"라고 하여 충실한 논증을 제공하였다. 첫째, 사마천은 "분을 발하여 책을 짓고 의도가 절로 격하여" 역사를 쓰는 중에 자기의 사상 정지(情志)를 기탁하였다. 둘째, "천추에 기인을 전하였다." 기인(畸人)은 곧 기인(奇人)이며, 바로 절행(節行)이 기이한 사람의 광휘가 빛나는 형상을 빚어내어 후세에 남긴 것이다. 셋째, "사법(史法)에 구속되지 않고 자구에 구애받지 않아 정으로 발하고 마음으로 거리낌 없이 문장을 지어" 뜻이 바로 이르고 정이 닿는 대로 문장을 구사하여 사법의 규범을 돌파하였으며 문채와 감화력이 풍부한 문장을 써내었다. 이 때문에 유협과 굴원, 가의 등등 각양각색의 인물 묘사는 선명한 개성을 갖추어 독자를 감동시켰다.

사마천의 필치하에서 각 인물의 개성이 뚜렷하여 부르면 하나하나 튀어나올 것 같다. 항우의 한번 소리를 치면 구름이 이는 듯함, 유방의 활달하고 큰 도량, 여후의 강의함과 질투심, 번쾌의 용맹하고 거칢, 숙손통의 아부하여 영합함, 공손홍의 가식, 주발의 어눌하면서도 중후함, 육가(陸賈)의 빼어난 풍류, 석분(石奮)의 공경하고 삼감, 한안국(韓安國)의 세상사에 원만함, 장량의 책모, 진평(陳平)의 기이한 계책(奇計), 이광의 빼어난 활쏘기, 장탕의 잔혹함 및 고대의 인물들인 신릉군(信陵君)의 겸손하고 공손함, 인상여(藺相如)의 지혜와 용기, 염파(廉頗)의 충성심, 소진과 장의, 범저와 채택 등 책사들의 지혜로운 변설, 굴원의 고결한 뜻, 형가의 비장함 등등 각양각색의 인물들을 모두 매우 성공적으로 묘사해 내어 사람들에게 깊은 인상을 남겼다.

사마천은 "사람에 따라 말을 다르게 할" 수 있었다. 장석지(張釋之) 같은 중후한 사람에게는 곧 "한 편의 중후한 문자로 묘사하였으며", 만석(萬石)과 장숙(張叔)은 순하고 삼가는 사람이었는데, "마침내 순하고 삼가는 글로 묘사하였다." 요컨대, 사마천의 필치하에서 인물들은 제각기 풍채를 갖추었으며 누구를 묘사할 때는 그 사람과 같았다. 사마천의 필력은 이처럼 비범하여 역사 사실의 실록에 문학 창작 성분을 띠고 있었음은 부인할 수 없다. 그러나 『사기』의 인물 전기를 소설로 삼아 역사의 플롯을 허구적인 예술로 읽고 본다면 편견을 벗어나지 못할 것이다. 명 청인이 평점한 『사기』의 인물 묘사 예술은 사실을 묘사한 예술 기법의 탐구에 치중하였다. 이에 비로소 중국 문학 발전의 전통에 부합하게 되었다.

『사기』가 중국의 소설에 끼친 영향은 매우 큰데, 이는 사마천이 성공적으로 인물 묘사를 한 예가 후세 소설가들에게 본보기로 받아들여졌음을 설명한다. 중국 고전소설은 인물 전기 성격과 스토리 라인이 매우 강한데 바로 『사기』의 영향을 받은 소치이다. 그러나 이를 뒤집어 『사기』가 소설이라고는 말할 수 없다.[5] 역사와 소설 사이에 어찌 등호를 그을 수 있겠는가? 금성탄이 『사기』와 『수호전』을 함께 논하기는 하였지만 금성탄은 둘을 구별하는 데 있어서도 분명하였다. 앞에서 인용한 그의 「제5 재자의 서법을 읽다(讀第五才子書法)」에서는 『사기』의 묘한 곳을 말하며 『수호』를 보면 이미 곳곳에 있다고 하였다. 바로 이어 금성탄은 이렇게 말하였다.

나는 『수호』가 『사기』만큼 뛰어난 것 같다고 말한 적이 있는데, 사람들이 모두 믿으려 하지 않았다. 특히 내가 헛소리를 한 것이 아님을 알지 못하였다. 사실 『사기』는 글로 일을 옮겼고 『수호』는 글에 따라 일이 생겨난 것이다. 글로 일을 옮긴 것은 일이 먼저 있어서 여차여차한 것이 생겨났지만 한 편의 문자로 묘사해 낸 것은 사마천의 빼어난 재주이면서도 결국 고생스러운 일이다. 글에 따라 일이 생겨나는 것은 그렇지 않고 다만 글재주를 따라 지나친 것은 깎고 못한 것은 보충함이 모두 내게서 말미암는 것이다.

여기서 말한 "글로 일을 옮기는 것"은 곧 문학기법으로 사람을 묘사

---

5   양인선(楊蔭深)은 『중국문학사대강(中國文學史大綱)』의 「한대문학가(漢代文學家)」 장에서 말하였다. 『사기』는 "가장 위대한 창작으로 사서로 읽을 수 있을 뿐만 아니라 실제 소설로도 읽을 수 있다." 후화이천(胡懷琛) 등의 『사기선주(史記選注)』 「서언(序言)」에서는 단도직입적으로 『사기』는 "완전히 현재적인 역사소설이다."라고 하였다.

하고 일을 묘사하는 것이다. "글에 따라 일이 생겨나는 것"은 곧 문학가의 허구적인 창작이다. 『수호』가 『사기』와 흡사하기는 하지만 『사기』는 아니다. 바로 『수호』가 『사기』의 인물 창작을 본보기로 삼은 것이지 『사기』의 실제 인물의 묘사를 본보기로 삼은 것은 아니다. 금성탄의 평점이 얼마나 깊은가! 이는 당대의 현자들이 『사기』의 인물 형상을 연구하는 좌우명으로 삼을 만하다.

『사기』의 전기 인물을 당대 문학 형식에 비기면 보고문학에 비길 만하며 단편소설과는 비길 수 없다. 보고문학의 관점에서 『사기』의 인물 묘사 예술을 연구하면 문사 두 학계의 연구자들에게 받아들여질 뿐만 아니라 진지하게 사마천의 인물 묘사 예술을 체득할 수 있을 것이다. 그 가운데서 예술의 본보기가 되는 영양을 섭취할 수 있다. 『사기』의 인물이 모두 사마천이 창작이라고 한다면 "지나친 것은 깎고 부족한 것은 보충함이 모두 내게서 말미암는 것이" 어찌 분명하게 그의 "글로 일을 옮기는" 대가의 솜씨가 나오겠는가?

"글로 일을 옮기는 것"은 단순히 역사를 필기하는 것이 아니라 사필(史筆)과 문필(文筆)의 상호 융합이다. 단순한 사필, 이를테면 『춘추』의 필법은 별 가치가 없어 보이는 기사(記事)다. 그것을 가지고 사람을 기록하면 사적밖에 기록할 수 없는 문서일 것이며, 이력서 혹은 생로병사를 기록한 명세서와 같다. 이런 공문서 역사는 문채와 문학이 없어서 유전될 길이 없다. 따라서 청나라 장학성은 말하기를 "역사에 실린 것은 일인데 일은 반드시 문장에 의지해서 전하여야 한다."고 하였다. "역사가 문장에 힘입는 것은 옷이 색깔을 필요로 하고 음식이 맛을 필요로 하는 것과 같다."[6]라고도 하였다.

---

6 『문사통의(文史通義)』 「사덕(史德)」.

사마천은 "비루하게 세상을 떠나면 아름다운 문채가 세상에 드러나지 못할까 한스러워하였는데"[7] 바로 이런 뜻이다. 문필과 기사가 문채를 가지고 사람을 묘사하면 문학이 있게 된다. 그러나 문학은 세부적인 묘사와 형상화를 요구하며 이따금 또한 유감없는 발묵(潑墨)[8]의 기법도 필요로 한다. 부각시키는 분위기도 필요로 하는데 이렇게 창작의 요소를 띠게 된다. 『사기』는 인물의 사필과 문필이 융합되어 개별 편장에 분명한 분야의 흔적을 남겨놓았다. 조참과 주발, 번쾌, 역상(酈商) 같은 사람들의 전기는 문서에서 전공(戰功)의 기록을 따왔는데 기본적으로 사필이다. 번쇄한 일사(軼事) 및 전형적인 생활 사례 부분은 문필이다. 조참이 술을 마시면서 업무를 보지 않고 혜제(惠帝)와 문답하는 것은 문필로 일을 서술하여 인물 형상을 묘사한 것이다. 『사기』의 세부 묘사 또한 윤기를 더하여 생기가 있는데, 이것을 저것으로 옮긴 사례이다. 『좌전』에서 오상(伍尚)이 한 말은 『사기』에서 오운(伍員)이 한 말로 바뀐다. 이는 오운의 반골 성격을 부각시키기 위한 필요성 때문이다. 『사기』의 창작 성질을 띤 세부 묘사는 일일이 들 수가 없다.

그러나 "글로 일을 옮기는" 세부 묘사는 결코 소설 창작과는 같지 않다. 지금 사람은 "예술 변증법(藝術辨證法)"을 끌어들인 개념으로 창작에 앞 세대의 사람을 뛰어넘는 분석을 하였다. 쏭쓰리엔의 『사기 예술미 연구』에 「사기의 예술변증법」이란 장이 있는데, 여기에 대해 깊은 분석을 하였다. 이른바 "예술변증법"은 곧 "유물변증법의 보편된 진리를 예술 창작에 운용하는 것이다. 그 기본 특징은 바로 인류 사회와 자연계의 묘

---

7 사마천의 「보임안서(報任安書)」.
8 발묵(潑墨): 수묵화의 기법 중 하나. 진한 먹의 덩어리를 종이나 비단 화폭에 떨어뜨리고 거기에서 그 먹으로 그려 나가거나, 붓을 화폭에 순서 없이 두들겨서 그려 가는 기법을 말한다. ─옮긴이

사를 하나의 내재적으로 연계된 규율 발전과 합해진 역사 과정을 이룰 수 있는 데 있다."⁹ 쏭쓰리엔은 이 이론을 운용하여 『사기』의 "실록과 상상", "다양성과 통일성", "공통성과 개성" 등의 특징을 탐구하였다. 작자는 사마천이 역사 사실의 "사실을 탐구"한다는 전제하에 모종의 세절(세새한 부분)에 대하여 "정을 불어넣은 합리적인 상상"을 통하여 "질량을 달아내어", "문식"을 더하였으며, 이는 소설의 허구와는 함께 논할 수 없다고 생각하였다. "정을 불어넣은 합리적인 상상" 때문에 "사실을 탐구"하는 사료와 취재하여 얻은 일사를 기초로 하여 부족한 부분에 대하여 보충하거나 작자의 체험을 표현하였다. 곧 "이 상상은 다만 역사 인물의 인정에 대한 '먼 몸'과 역사적 사건의 형세에 대한 '걸린 생각'에만 국한될 뿐이다. 그것이 역사소설 등 문예 작품의 구사와 같지 않은 점은 실제 사람과 사건을 떠나서 사료에 대해 종합하고 허구적인 것을 허락지 않는 데 있다." 마지막으로 작자는 "사실 탐구", "정도를 헤아림", "문식", "일사를 부각시키는" 것 등에 관한 실례를 통하여 분석한 후 "『사기』의 '실록'은 '일의 핵심'—헛되이 찬양하지 않고 악을 숨기지 않는 것을 포괄하는' 것 외에 또한 '문직(文直)'—'변별하되 화려하지 않고 소박하되 속되지 않은' 특징이 내재된", "상반된 그런 '실록'을 다만 객관적인 사실의 견해로 이해하는 것을 오히려 전면적이지 않은 것으로 이해하는 것이다."¹⁰ 분명히 "예술변증법"의 분석 방법은 "글로 일을 옮기는' 개괄에 비하여 또 진일보하여 나갔다.

"예술변증법"을 운용하는 관점으로 앞 세대의 사람의 사전문학의 실천을 분석해나가면 파악된 관건은 "정을 불어넣은 합리적인 상상"과

9 『사기예술미연구』 동북사범대학출판사(東北師範大學出版社) 1985년판, 72쪽.
10 위와 같음, 81~89쪽.

"질량을 달아내는" 것에 있다. 이 "법도"를 떠나게 되면 그것이 곧 소설의 허구이다. 요즘 사람 치엔중수(錢鍾書)과 궈솽청(郭雙成) 등의 연구는 『사기』의 합리적 상상에 모두 충분한 긍정을 부여하였다. 치엔중수는 말하였다. "사가가 실제 사람과 실제 일을 추서하는 데는 반드시 인정을 멀리서 체험하고 일의 형세를 아득히 생각하며 몸이 거기 있다고 설정하고 마음속에 잠심하여 부치고 헤아리며 미루어 짐작해 보면 거의 정을 불어넣음이 합리적일 것이다. 대체로 소설, 잡극의 창작인물, 허구의 경지와 같지 않지만 서로 통할 수 있다."[11] 궈솽청은 『사기인물전기논고(史記人物傳記論稿)』에서 결코 『사기』의 생활 진실과 예술 진실의 문제를 전적으로 말한 적이 없다. 작자는 "상상을 통하여 역사에 대하여 기본적으로 세부적인 면에서 적당히 보충할 수 있는 것은 어느 정도 불가피하다. 상상을 떠나면 또한 구체적인 묘사가 없기 때문에 이런 형편은 오히려 『사기』의 인물 전기에 무한한 문학 광채를 더해주어 더욱 잘 구체적으로 특정 인물의 성격 특징과 면모 심리를 드러내 보일 수 있다."[12]고 생각하였다. 이런 견해는 『사기』에서 모종의 세절에 대한 묘사는 사마천의 합리적인 상상을 운용하여 생활 진실에 대한 보충과 복원 또한 일종의 모사이며 소설의 허구적인 면과는 구별된다는 생각을 우리에게 알려준다. 예를 들어 「회음후열전」에서는 한신과 진희(陳豨)가 뜰에서 모반하는 말을 기록하였는데, 이 일은 당시 도청한 기록도 없었고 현장에 제3자도 없었는데 사마천이 어떻게 알 수 있었을까? 이 때문에 어떤 논자들은 문제를 제기하여 사마천이 "일부러 누락시켰다"고 생각하였다. "한정(漢廷)의 옥안(獄案)"을 그대로 베껴서 회음후가 반란을 일으키지 않

---

11 『관추편(管錐編)』 제1책, 중화서국(中華書局) 1979년판, 166쪽.
12 『사기인물전기론(史記人物傳記論)』, 중주고적출판사(中州古籍出版社) 1985년판, 283~284쪽.

을 것을 밝혔다고 하였고 혹자는 소설적 허구로 보았다. 당시 비록 도청한 기록은 없지만 진희가 거병하여 이를 빌려 부하들을 선동하리라는 것을 사마천이 간결하고 세련되게 기록한 것은 다만 기록 과정이 없었을 따름이다. 원고와 피고에게 모두 증명할 사료가 없는 상황에서 사마천이 알려지지 않은 사실에 대하여 혹 "한나라 조정의 옥안"으로 작성하였을 것이라는 상상은 매우 합리적일 것으로 보인다.

위에서 말한 것을 종합해 보면 『사기』의 문학성에 대한 범주의 확정은 단계가 나누어져야 한다. 언어의 운용이라는 관점에서 말하자면 사마천은 의심할 바 없이 언어의 대사(大師)로 52만 자의 편폭으로 근 3천 년의 생기가 넘치는 역사를 써냈으며, "말이 유려하기" 때문에 사마천은 역사학자이면서 또한 문학가이다. 문장 기교에서 언명한다면 사마천은 "일의 이치를 잘 서술하였으며 말이 뛰어나지만 화려하지 않고 질박하지만 촌스럽지 않은" 산문의 대가이다. 사람을 묘사하는 예술이라는 측면에서 본다면 사마천은 기전문학을 처음으로 창조하여 역사 인물을 구체적이고 생동적으로 묘사하였다. 더욱이 그런 개성이 선명한 인물은 왕왕 사회의 어떤 부류의 사람을 대표하고 사회현상을 반영하였으며, 어떤 것은 일정한 정형화의 정도에 도달하였다.

사마천의 인물 묘사는 실록의 기초에서 형상화한 소조를 진행하여 인물의 사적을 묘사하였을 뿐만 아니라 인물의 성격과 영혼까지 써내었으며 동시에 작자의 애증과 생활 체험을 기탁하였다. 바로 "분을 발하여 책을 짓고 의지를 스스로 격하게 한" 것이다. 『사기』에서 가장 성공적으로 써낸 인물은 역사 인물 자체의 가치를 넘어서 천고에 전해져 칭송되는 문학의 명편과 문학 인물이 되었다. 자연스레 사마천은 위대한 역사학자일 뿐만 아니라 위대한 문학가이기도 하다. 그렇다면 그의 인물을 묘사하는 예술과 경험은 성실하게 총결하고 드러낼 가치가 있다. 여기서 반드시 지적해야 할 것은 인물 형상을 빚어내는 관점에서 보면『사기』의 많은 인물 전기는 다만 일반 사필이나 산문 기법으로 사람을 묘사하는 문학이라고 할 수는 없다. "12본기"에서 항우와 고조 두 편의 문학성이 가장 강하며, 그 다음은 여태후와 진시황, 5제 3황이며, 그 나머지 각 편은 모두 일반적인 사필이다. 또한 "열전"에서 「백이열전」과 「관안열전」은 서술도 하고 논의도 드러낸 산문 필법으로 작자는 역사에 논의를 기탁하여 모종의 이성적 사유를 표현하였으며 결코 인물의 형상을 묘사하는 데 착안하지 않았다. 민족 사전은 서사를 더욱 중시하였다. 그런 중점은 인물의 성격을 그려낸 편장이며 또한 다만 세부적인 창작만 있으며 결코 근간이 되는 허구가 없으며 각 편의 문학적 의미의 농담(濃淡)은 역사 자료의 제약을 받아 매우 큰 차별을 드러내기 때문이다.

「공자세가」의 경우 사마천은『논어』의 재료를 인용하면서 일일이 시간과 정경의 위치를 확정함으로써 일관된 사료를 형성하여 이미 세부적으로 고쳐 썼다는 것을 초월하였다고 할 수 있으나, 인물의 묘사를 진행하는 문학적인 구상이긴 하지만 결코 가상적인 역사 사실은 아니다. 가장 전형적인 것으로 「항우본기」에서 묘사한 홍문연(鴻門宴)을 뛰어넘을 수는 없다. 유진옹(劉辰翁)은 평하여 말하기를 "또렷이 목격하는 듯하며 터럭만큼도 샐 틈이 없이 빼어난 필력이 아니면 모사해 낼 수 없다."[13]고 하였다. "모사(模寫)" 두 자는 매우 합당하게 쓰였다. 이른바 "모사"는 곧 작자가 현장으로 들어가 목격자의 태도를 가지고 문학적인 필치로 써낸다는 것이다. 인물이 앉은 위치에 대한 세부적인 묘사(描寫)와 거친 파도에 둘러싸인 것 같은 과장된 분위기는 모두 인물을 서술하고자 설정한 것으로 역사를 쓰는 데는 불필요한 것이다.

---

13 『반마이동평(班馬異同評)』권1.

번쾌가 군문(軍門)을 치면서 노기 띤 눈으로 항왕을 노려보는데, 머리카락이 위쪽을 가리키는 것은 과장된 필법을 운용한 것이다. 더욱 드문 것은 사마천은 전지적 서사 사필을 쓴 것이 아니라 명청 소설에서야 출현한 제한적 서사 필법을 운용한 것이기 때문에 홍문연에서 인물의 대화는 말을 하는 인물의 신분과 개성이 매우 적절하다. 홍문연의 묘사 형태는 소설의 플롯과 비슷하지만 절대 허구적인 소설의 일이 아니라 진실한 사건에 대한 "모사"이며 또한 곧 진실된 재현이다. 사마천이 펼쳐 보인 인물 화면은 고급 예술 촬영이며 절대로 구상한 유화 창작은 아니다. 『사기』의 문학 성취는 반드시 특정한 정의를 더 하여야만 개념이 분명하게 된다. 이른바 정의는 바로 토론을 확정하는 의거와 표준이다. 입론자의 관점은 같지 않으며 같지 않은 정의가 있을 수 있지만 반드시 정의가 되어야 토론에 들어갈 수 있으며 이는 많은 말이 필요 없다.

2. 사마천의 문학관과 미학관

『사기』의 문학성을 정의하려면 반드시 사마천의 문학관을 언급해야 한다. 사마천 자신의 문학 주장이 그가 창작을 진행하는 기준점이기 때문에 『사기』의 문학 성취를 밝히려면 무엇보다도 사마천의 문학 사상을 총결해야 한다.

사마천의 시대에만 해도 문학 실천은 아직 문학이론가를 낳을 만한 조건이 갖추어지지 않았으므로 자연히 사마천 또한 문학이론가는 아니며 광범위한 문학이론 저작을 남기지 않았다. 그러나 사마천은 창작 실천에서 작품의 예술성을 지극히 중시하였다. 아울러 자각적으로 허다한 문학 주장을 드러내어 이미 막 체계적인 이론의 얼개를 갖추었기 때문에 중국 고대 문학 발전사에서 선구자임은 의심의 여지가 없다. 개괄적으로 말해 사마천의 문학 주장은 주로 다음의 몇 가지 방면이 있다.

1) 문학가의 역사 지위를 두드러지게 하여 『사기』에 문학작품을 폭넓게 실었다

"문학"이라는 단어는 『논어』 「선진(先進)」 편에 처음 보인다. "덕행에는 안연·민자건·염백우·중궁이었고, 언어에는 재아·자공이었고, 정사에는 염유·계로였고, 문학에는 자유·자하였다.(德行, 顏淵閔子騫冉伯牛仲弓, 言語, 宰我子貢, 政事, 冉有季路, 文學, 子游子夏)", "문학"은 문헌과 학술을 가리키며 "덕행", "언어", "정사"와 나란히 쓰여 구체적으로 자유와 자하가 해박한 학문을 갖추고 있다고 지적하였다. 서한에서 "문학"의 함의는 경학의 유술(儒術)과 같아서 『한서』 「서역전(西域傳)」에서는 "대부랑(大夫郎)이 문학자가 되었다."고 하였으며, 안사고(安師古)는 "문학을 한다는 것은 경서를 배우는 사람을 이른다."고 주석을 달았다. 한무제는 유가를 높였는데, 역사에서는 일컫기를 "임금이 바야흐로 문학을 지향하였다"[14]고 하였다. 장탕(張湯)은 정위(廷尉)가 되어 『상서』와 『춘추』를 연구한 박사 제자들을 끌어다 정위사(廷尉史)에 보하였는데, 역사에서는 "문학지사에 의탁하였다"고 하였다. 서한에서는 현량(賢良)을 천거하였는데, 전칭(全稱)은 "현량문학사(賢良文學士)"[15]이다. 서한 때의 문학 작품은 뭉뚱그려서 "문장(文章)"이라 일컬었고, 작가는 "문장가(文章家)"라고 일컬었다.

『한서』 「공손홍전」에서는 "문장은 사마천과 사마상여(司馬相如)"라고 하여 『사기』의 전기 산문과 사마상여의 부(賦)를 문장으로 병칭하였다. 또 말하기를 선제(宣帝) 때 "소망지(蕭望之)와 양구하(梁丘賀), 하후승(夏侯勝),

---

14 『한서』 권59 「장탕전(張湯傳)」.
15 『한서』 권49 「조조전(晁錯傳)」.

위현성(韋玄成), 엄팽조(嚴彭祖), 윤갱시(尹更始)는 유술로 나아갔으며, 유향(劉向)과 왕포(王褒)는 문장으로 드러났다."고 하였다. 확실히 서한 시대에는 경학의 유술과 문장의 문학이 이미 길을 달리하여 발전되기 시작하였다. 한무제가 유술을 단독으로 높여 경학이 창명해졌으며, 이와 동시에 문학을 애호하여 한부(漢賦)가 흥기하였다. 그러나 양한 시기에는 문학지사의 지위가 매우 낮아서 사마상여는 다만 한무제의 문학 시종에 지나지 않았다. 그러나 사마천은 도리어 『사기』에서 문장가의 지위를 부각시켜 문학 작품을 폭넓게 수록하였다. 사마천은 굴원의 전을 지어주고 「이소」를 극력 추숭하여 "해와 달과 함께 그 빛을 다툰다 할 수 있을 것이다."라고 평하였다.

사마천은 굴원이 역사적 지위를 확립하고 「이소」의 영향이 확대되는 데 불후의 공적을 다졌다. 그는 또한 사마상여의 대전(大傳)도 지어주었다. 이 작가의 명작을 두루 수록하여 사마상여의 부가 이에 힘입어 전해지게 되었다. 또한 이사(李斯)의 「간축객서(諫逐客書)」와 「논독책서(論督責書)」, 악의(樂毅)의 「보연혜왕서(報燕惠王書)」, 가의(賈誼)의 「조굴원부(吊屈原賦)」와 「복조부(鵩鳥賦)」, 노중련(魯仲連)의 「유연장서(遺燕將書)」, 추양(鄒陽)의 「옥중상양왕서(獄中上梁王書)」 등을 남김없이 전에 수록하여 넣었다. 명나라의 모곤(茅坤)은 지적하였다. "추양은 본래 전으로는 부족하였는데, 태사공이 특히 그의 서(書)의 글이 자못 족히 볼 만한 것을 사랑하였으므로 가져다 전에 넣었다."[16] 사마천 자신도 예를 보이며 말하기를 한무제의 세 아들을 왕에 봉하였으나 본래 채집할 만한 사적이 없었지만 세 왕을 봉하여 세운 책서(策書)가 "문사가 찬연하여 매우 볼 만하였으므로 세가에 붙였다."[17]고 하였다. 또 말하기를 "왕에 책봉된 세 아들의 문사가 볼

---

16 『사기초(史記鈔)』 권49.

만하여 「삼왕세가」 제30을 지었다."[18]고 하여 「삼왕세가」는 글 때문에 전을 세운 것이라 하였다.

사마천은 무엇 때문에 그렇게 문장가를 중시하였는가? 그는 문사가 찬연한 작품은 작가의 심지를 기탁하였기 때문에 이름을 세울 수 있고 후세에 전할 수 있다고 생각하였다. 그는 「보임안서」에서 말하였다. "제가 욕됨을 참고 구차하게 목숨을 부지하면서 더러운 감옥에 갇혀 있는 것까지 달게 받아들인 이유는 저의 개인적인 생각을 다 표현해 내지 못하고 비루하게 세상을 떠나면 아름다운 문채가 세상에 드러나지 못할까 한스러워하였기 때문입니다." 여기서 말한 문채는 단순하게 문장의 사채(辭采)가 숙련된 것을 가리키는 것이 아니다. 역사의 전기가 되는 문채(文采)이며, 더욱 중요한 것은 인물의 형상을 빚어내는 것을 가리킨다. 사마천이 문사(文史)를 하나로 다룬 것은 우연히 음운이 자연스럽게 이루어진 것이 아니라 고심하여 조탁하고 장심으로 홀로 운용한 것이다. 사마천은 문학적인 기법으로 역사를 써서 『사기』의 문장이 찬연하여 볼 만하게 하였는데, 바로 자각적 창신이며 자각적으로 추구한 큰 열매이다.

2) 문학이 현실 생활을 반영하고 아울러 시사를 풍자할 것을 주장하다

『사기』는 근 3천 년의 역사 사실을 관통하였다. 겨우 1백 년 내외인 당대(當代) 한나라의 역사는 편목과 글자 수를 막론하고 모두 전체의 반이 넘는다. 사학(史學)의 관점에서 보면 이는 지금(의 일)은 상세하고 옛일은 간략한 것이다. 문학적 관점을 따르면 현실 생활을 중점적으로 반영하여 "이제 한나라가 흥하여 해내가 하나로 통일되고 명주와 현군, 충신과

---

17 『사기』 권60 「삼왕세가(三王世家)」.
18 『사기』 권130 「사태공자서」.

의를 지켜 죽은 선비"의 사적을 기록하였다. 사마천이 묘사에 심혈을 기울인 인물은 주로 진한(秦漢) 과도기 및 작자가 생활한 당대 인물이었다. 사마천이 20세의 장유(壯遊) 때 유문과 옛일을 수집한 것이 한 방면이며, 광활한 현실 생활로 깊이 들어가 민정 생활을 몸소 관찰한 것은 더욱 중요한 방면이다. 사마천의 수리에 대한 고찰, 화식 경제에 대한 이해, 한나라가 흥하였을 때의 풍운아에 대한 조사, 민간의 질고의 생활에 대한 반영 같은 것은 모두 매우 명확하다.

　문학의 사회 작용에 대하여 사마천은 충분히 밝게 말하였다. 한편으로는 권선징악의 교화 작용이고 다른 한편 풍유적으로 간언하고 풍자하는 정치 작용이다.『사기』에서 문사를 하나로 다루면서 사마천은 역사를 이야기하는 거울로 삼는 동시에 또한 문학을 이야기하는 거울로 삼는 작용을 하였다. 그는 호수와의 문답에서 문사의 이 두 방면의 작용에 대하여 이미 충분히 밝게 말하였다. 순문학 작품에 대하여 사마천은 그 풍간과 풍자의 사회적 의의를 더욱 강조하여 다만 정치의 득실을 풍유한 작품이라야 가치가 있다고 생각하였다. 사마천은『시』삼백 편이 표현해낸 풍자 사상을 칭찬했다. 그는 「십이제후연표」 서에서 "주나라의 도가 해이해지자 시인은 그 근본이 부부생활에 있다고 생각하여 「관저(關雎)」를 지었다. 인의가 쇠미해지자 「녹명(鹿鳴)」을 지어 풍자하였다."고 하였다. 「사마상여열전」에서는 사마상여의 부가 풍간하는 의의를 갖추고 있다고 칭찬하고 아울러 「자허부(子虛賦)」에 대하여 구체적인 분석을 하였다.

　　상여는 '자허'는 빈말이라는 뜻인데 이로써 초나라를 칭찬해 주었고, '오유선생'은 어찌 이런 일이 있겠느냐는 뜻인데 제나라를 힐난하게 하였으며, '무시공'은 이런 사람이 없다는 뜻인데 천자의 뜻을 밝혔다. 가공으로 이 세 사람을 빌려 말을 하여 천자와 제후의 원유를 미루었다. 그 마지막 장은 절검으로 귀결하였는데, 이로 인해 풍간하려는 것이었다.

相如以子虛, 虛言也, 爲楚稱, 烏有先生者, 烏有此事也, 爲齊難, 無是公者, 無是人也. 明天子之義, 故空藉此三人爲辭, 以推天子諸侯之苑囿. 其卒章歸之於節儉, 因以風諫.

찬에서는 또 말하였다.

상여는 비록 빈말과 지나친 말이 많기는 하지만 그 요점은 절검으로 이끄는 것에 귀결되니 이것이 『시』의 풍간과 무엇이 다르겠는가?

相如雖多虛辭濫說, 然其要歸引之節儉, 此與詩之風諫何異?

「자허부」는 양(梁)나라 소통(蕭統)이 『문선(文選)』에서 「자허」와 「상림(上林)」의 두 편으로 나누어 앞뒤가 중복되는 것을 피했다. 사마천은 이를 한편으로 합쳐 인용하여 수록하였으며 (문자적 의미와 내포한 뜻이 다른) 쌍관적(雙關的)인 의의가 있다. 첫째, 무시공은 상림의 광대함을 추어올리며 말하고 천자의 겉치레를 성찬하여 사마상여의 대일통 역사관을 표현하였다. 둘째 마지막 장을 돌출시켜 절검의 풍유적 의의로 돌렸다. 하나로 합친 「자허부」의 끝장에서는 말하였다.

종일토록 바깥에서 말을 달리며 정신을 수고롭게 하고 육신을 괴롭히며 수레와 말의 쓰임을 피폐케 하고 사졸들의 정기를 닳아 없애며 부고의 재물을 낭비하고도 인후한 은혜가 없으며 홀로 즐김에 힘쓰고 여러 사람들을 돌보지 않으며 나라의 정사를 잊고 꿩이나 토끼를 잡음을 탐내는 것은 어진 자는 말미암지 않습니다. 이로써 살펴보건대 제나라와 초나라의 일이 어찌 슬프지 않겠습니까! 땅은 천 리에 지나지 않는데,

원유는 9백 리를 차지하고 있으니 초목은 개간되지 못하고 백성들은 먹을 것이 없습니다.

若夫終日暴露馳騁, 勞神苦形, 罷車馬之用, 抏士卒之精, 費府庫之財, 而無德厚之恩, 務在獨樂, 不顧衆庶, 忘國家之政, 而貪雉兔之獲, 則仁者不由也. 從此觀之, 齊楚之事, 豈不哀哉! 地方不過千里, 而囿居九百, 是草木不得墾辟, 而民無所食也.

「자허부」는 사채(辭采)가 절묘하게 아름답고 인간의 사치와 황음을 극도로 묘사하여 양웅은 이런 사치하고 화미한 부는 "권하는 것은 백인데 풍자하는 것은 하나다"라고 하여 (경박하고 음일한) 정·위(鄭衛)의 음악에 곧 잘 비견된다고 하면서 "곡이 끝나고 연주가 우아하니 너무 이지러지지 않았는가?"[19]라고 하였다. 그러나 사마천은 오히려 이렇게 보지 않았다. 그는 사마상여가 지은 부의 화려하고 아름다운 문사를 감상하고 그 적극적인 의의를 끌어내었다. 「태사공자서」에서는 말하였다. "「자허부」의 일과 「대인부」의 말은 화려하고 과장이 많지만 그것이 가리킨 풍간은 무위로 돌아갔다. 「사마상여열전」 제57을 지었다." 전에서 재차 강조하여 말하였다. "무시공은 천자의 상림이 광대함과 산과 골짜기, 물과 샘 그리고 만물을 이야기하였으며, 자허는 초나라 운몽에 있는 것이 매우 많음을 이야기하였다. 분에 넘치고 화미하여 그 실질에 지나쳤으며 또한 의리가 숭상하는 것이 아니었으므로 그 요점만 쳐내어 취하였으며 정도로 돌아가 논하였다." 이른바 "그 요점만 쳐내어 취하였으며 정도로 돌아가 논하였다"는 것은 바로 오늘날 이야기하는 "그 정화는 취하고 찌꺼기는 버리는 것"이 아니겠는가? 사마천은 "사치와 화미함이 실

---

19 『한서』 권57하 「사마상여전(司馬相如傳)」 편말 반고의 찬 인용.

제보다 과한" 사마상여의 부에서 적극적으로 풍간하는 의의를 끄집어
내었다. 이는 그의 일종의 문학 주장을 표현한 것이 분명하다.

사마천은 굴원의 사람됨 및 「이소」의 평가에 대하여 더욱 선명하게 표
현해 내었다. 「태사공자서」에서는 말하였다. "사(辭)를 지어 풍간하고 비
슷한 것을 이어 붙여 의를 다투어 「이소」를 남겼다. 「굴원가생열전」 제24
를 지었다.", "풍간"과 "의를 다투는 것(爭義)"은 굴가의 열전을 지은 근본
적인 원인이다. 전에서는 「이소」를 칭찬하여 말하였다. "위로는 제곡을
칭송하고 아래로는 제환공을 말하였으며 중간에서는 탕왕과 무왕을 서
술하여 세상일을 풍자하였다. 도덕이 넓고 숭고함과 다스려지고 어지러
운 조리를 밝혀 다 드러나지 않음이 없었다." 여기서는 "자(刺)" 자를 매
우 강조하였다. 문학 작품은 현실 생활을 반영하고 정치 득실을 풍유하
여야 치란에 귀감을 제공하고 사회에 적극적 의의를 낳을 수 있다.

사마천은 '굴원이 죽은 뒤에 초나라에는 송옥(宋玉)과 당륵(唐勒), 경차
(景差) 같은 무리가 있었는데, 모두 문사를 좋아하여 부로 일컬어졌다. 다
만 모두 굴원의 종용한 사령을 조종으로 삼아 끝내 아무도 감히 직간하
지 못하였다. 그 후로 초나라는 날로 쇠약해져 수십 년 만에 마침내 진
나라에게 멸망당하였다.'[20]고 생각하였다. 여기서 사마천은 문학작품의
풍간 작용을 국가의 흥망과 연계시켰다. 굴원은 지향이 고결하여 감히
직간을 할 수 있었고 격조 높은 작품을 써내었다. 사마천은 찬양하여 말
했다. "그 뜻이 깨끗하였기 때문에 사물을 일컬음이 향기로웠다. 그 행
실이 청렴하였으므로 죽을 때까지 (나라를) 스스로 멀리함을 용납지 않았
다." 그러나 굴원의 후계자인 송옥과 당륵, 경차 등은 사령(辭令)에만 능
하고 감히 직간을 하지 못하였다. 사마천은 그 사람됨을 경멸하였으므

---

20 『사기』 권84 「굴원가생열전(屈原賈生列傳)」.

로 전을 짓지 않고 그 문장을 싣지 않았으며 또한 비평을 제기하였다. 한나라 가의는 큰 뜻을 품고 억울하게 죽었으며 그 행실과 그 문장이 모두 굴원과 비슷하였으므로 두 사람을 하나의 전으로 합쳤다.

3) "발분저서설"이라는 창작동기론을 제기하여 후세에 심원한 영향을 끼치다

사마천은 이릉의 화를 당하여 굴욕 중에 격려를 얻었으며, 역경 중에 인생을 깨달아 침통한 가운데서 떨쳐 일어나 발분저서설을 제기하였다. 「태사공자서」와 「보임안서」에서는 모두 말하였다. "『시』 300편은 대체로 성현들이 발분하여 지은 것이다. 이 사람들은 모두 뜻에 울분이 맺혀 있어서 그 도를 통할 수가 없었으므로 지난 일을 말하여 다음에 오는 사람들을 생각하는 것이다." 이른바 "발분 저서"는 바로 흉중의 울분을 발산하는 것이다. 그는 굴원의 「이소」를 가장 힘이 있는 근거 자료로 삼았다. 「굴원열전」에서는 말하였다.

굴평은 왕이 듣는 것이 총명하지 못하고 참소하고 아첨하는 자들이 밝음을 가리며 바르지 못한 자들이 공정함을 해치고 반듯하고 바른 사람이 용납되지 않는 것을 통한하여 근심하고 깊이 생각하여 「이소」를 지었다. 이소라는 것은 근심에 걸린다는 것과 같다. 저 하늘은 사람의 시작이며, 부모는 사람의 근본이다. 사람은 궁하게 되면 근본으로 돌아가므로 수고롭고 고생하며 지치고 괴로우면 하늘을 부르지 않은 적이 없으며, 병으로 아파서 애처롭고 슬퍼지면 부모를 부르지 않은 적이 없다. 굴평은 정도로 바로 가고 충성과 지혜를 다하여 그 임금을 섬겼는데, 참소하는 자가 이간질을 하였으니 궁하다 할 만하다. 신의가 있는데 의심을 받고, 충성을 다하였는데 비방을 받았으니 원한이 없을 수 있겠는가? 굴평이 「이소」를 지은 것은 대체로 원망에서 나온 것이다.

屈平疾王聽之不聰也, 讒諂之蔽明也, 邪曲之害公也, 方正之不容也, 故
憂愁幽思而作離騷. 離騷者, 猶離憂也. 夫天者, 人之始也, 父母者, 人之
本也. 人窮則反本, 故勞苦倦極, 未嘗不呼天也, 疾痛慘怛, 未嘗不呼父
母也. 屈平正道直行竭忠盡智以事其君, 讒人間之, 可謂窮矣. 信而見
疑, 忠而被謗, 能無怨乎? 屈平之作離騷, 蓋自怨生也.

「이소」는 울분에서 나왔다. 이는 이미 "풍간"이라는 한계를 뛰어넘었
으며 격렬한 풍자와 비판이다. 사마천은 이어서 말하였다. "「국풍」은 여
색을 좋아하지만 음란하지 않으며, 「소아」는 비방을 원망하지만 어지러
움이 없다. 「이소」 같은 것은 이를 겸하였다고 할 수 있다." 이 관점은 오
히려 공자의 "즐거우면서도 지나치지 않고, 슬프면서도 화(和)를 해치지
않는다."[21]는 중화미(中和美) 관점의 인신이며 "굴평이 「이소」를 지은 것
은 대체로 원망에서 나온 것이다."라고 한 정조(情調)와는 분명히 불협화
음을 일으킨다. 이 문자의 표면적 모순은 바로 사마천이 일부러 일으킨
"은약(隱約: 말은 간단하나 뜻이 깊음)"한 생각이며 곡절하게 그의 울분과 원망
을 표현하였다.

굴원은 충성을 하였는데도 비방을 당하였고 몸은 추방되어 시종 "초
나라를 돌아보며 회왕이 마음에 걸려" 「이소」를 지어 원망하였는데 "임
금이 한번 깨달아 풍속이 한번 바뀌기를 바란" 것이기 때문에 사마천은
「이소」는 「국풍」과 「소아」의 중화미를 겸하였다고 평론하였는데, 이는
실제와 부합한다. 굴원이 "근심하고 깊이 생각하여 「이소」를 지은 것"
또한 사실이다. 하늘과 땅을 향해 부르짖고 울분과 원한을 발설한 것은
사마천이 발휘한 것으로 그의 "발분하여 책을 지은" 주장을 표현하였

---

21 『논어』 제3 「팔일(八佾)」.

다. 화를 당하기 전에 사마천이 공자의 "즐거우면서도 지나치지 않고, 슬프면서도 화(和)를 해치지 않는다"는 문학관을 계승하였다고 한다면, 그가 화를 당한 후에는 분을 발하여 책을 짓고 마음에 거리낌 없이 글을 지어 정의를 위해 뒤도 돌아보지 않고 이 한계선을 돌파하였으며, 『사기』에서 한껏 자기의 애증을 드러내었고 아울러 행위가 극단적인 인물들을 매우 칭찬하였다. 오자서(伍子胥)의 복수를 쓸 때 적국의 군사를 거느리고 부모의 나라를 멸하였을 뿐 아니라 옛 임금인 초나라 왕의 무덤을 파헤쳐 시신을 매질하는 것을 묘사하였다. 이 원한의 화는 군신의 예와 충서(忠恕)의 도를 잿빛 연기로 화하게 하였다. 리창즈(李長之)는 이에 대하여 매우 긍정적 평가를 내렸다. 그는 말하였다.

> 주나라와 노나라 스타일의 고전문화가 추구하는 "즐거우면서도 지나치지 않고, 슬프면서도 화(和)를 해치지 않는다."는 것은 사마천의 수중에 이르러 모두 즐거운 것은 즐거운 것이고 슬픈 것은 슬픈 것이 되게 하였다. 따라서 우리는 그의 책에서 인류의 심령에 있는 진정한 외침을 들을 수 있다.[22]

사마천의 "발분저서"설은 문학사상 심원한 영향을 낳았다. 당송팔대가 한유(韓愈)는 "불평즉명(不平則鳴: 만물은 평정을 잃으면 소리내어 운다.)"의 문학 주장을 제기하였고, 구양수(歐陽脩)는 "시는 궁해진 다음에 솜씨가 좋아진다(詩窮而後工)"는 관점을 제기하였는데, 이는 모두 "발분저서"설을 계승하여 발전시킨 것이다. 사마천의 이 문학 주장은 두 방면에서 적극적

---

22 리창즈(李長之)의 『사마천의 인격과 풍격(司馬遷之人格與風格)』, 삼련서점(三聯書店) 1984년판, 18쪽.

인 의의가 있다. 첫째, 궁한 근심과 곤욕은 위인의 한 가지 조건을 성취시켜 창작 성공을 얻는 일종의 동력이라는 것이다. 궁한 근심과 곤욕이 수반하는 굴곡과 고난은 작가의 사회와 인생에 대하여 깊고 절실한 인식과 체험을 얻게 하고 비범한 격정을 낳게 하여 불평의 사려를 발산하게 하며, 따라서 위대한 작품을 창조해 낸다. 사마천은 여기까지 생각이 미치자 "몸이 망가져 쓸모없는" 절망 속에서 분연히 스스로 일어나 『사기』라는 대대로 전해지는 작품을 완성하였다. 아울러 후세의 어려움을 당하고 역경에 처한 사람들을 고무시키는 일종의 정식 역량이 되었다. 둘째, 궁한 근심과 곤욕이 이어진 "생각"과 "원한"이 "그 도를 통할 수" 없다면 공업(功業)의 발전이 곧 "지난 일을 말하고 올 것을 생각하는" 것이 되어 작품에서 용솟음쳐 나와 사상의 불꽃을 형성하여 생명이 영원히 살아 꺼지지 않게 해야 한다. 사마천은 바로 발분하는 정신으로 "남달리 위대하고 빼어난" 계열의 인물 형상들을 창작하였다. 유가 전통의 "중용의 도"를 돌파하고 울분과 원한을 아름답게 여기고 기이한 것을 아름답게 여기는 문학관을 펼쳐 보였다. 따라서 『사기』의 웅혼하고 비장한 예술 풍격을 형성하여 홀로 당시를 비추었다.

4) 사마천이 기이한 것을 숭상한 것은 「이소」의 낭만주의 정신을 계승하였다

기이한 것을 숭상하는 것은 사마천 심미관의 중심 내용이다. 서한의 양웅이 제일 먼저 사마천은 "기이함을 사랑한다"[23]고 밝혔고, 당나라 사마정은 사마천은 "기이함을 좋아한다"[24]고 말하였다. 청나라 장학성은 사마천은 "현재(賢才)로 기이함을 좋아한다"[25]고 하였고, 리창즈

---

23 『법언(法言)』「군자편(君子篇)」.
24 「사기색은후서(史記索隱後序)」.
25 『문사통의(文史通義)』「사덕(史德)」.

는 "사마천 일생 최대의 특징은 기이함을 좋아한 것"이라 하여 모두 사마천의 기이함을 좋아함은 "일종의 낭만주의 정신의 가장 노골적인 표현"[26]이라고 하였다. 예와 지금 사람들의 이런 평가는 매우 정확하다.

첫째, 무엇보다도 사마천의 기이한 것을 좋아하는 심미관은 "발분하는" 정신에서 인신되어 나왔다고 앞에서 이미 언급하였다. 이런 인신은 굴원이 지은 「이소」의 낭만주의 정신을 계승하였기 때문에 리창즈는 기이한 것을 좋아하는 것은 "일종의 낭만주의 정신의 가장 노골적인 표현"이라 하였는데, 아주 제격이다. 굴원이 기이한 것을 좋아한 것은 「이소」에 충분히 표현되어 있다. 그는 자신을 지조(鷙鳥: 맹금)에 비유하였으며 정옥(精玉)을 양식이라 하였다. 용과 봉황을 채찍질하여 부리고, 비바람과 뇌신(雷神)을 부려 하늘에 올랐다가 땅으로 내려오니 실로 사람으로 하여금 아주 감탄해 마지않게 한다. 그래서 유협(劉勰)은 「이소」를 기문(奇文)이라 하였다.

둘째, 사마천이 기이함을 좋아한 내용은 또한 현실적이어서 굴원의 기이함을 좋아함과는 엄연히 구별된다. 굴원이 기이함을 좋아함은 환상으로 충만하여 그는 향초와 미녀로 스스로 비유하였으며 정신이 옛날로 돌아가서 놀고 성인을 찾고 미인을 구하며 국화를 먹고 이슬을 마시는 것을 통하여 묘사함으로써 자기의 기이한 정취와 고상한 흥회를 펴냈다. 사마천이 기이함을 좋아함은 기이한 사람과 기이한 일을 좋아하는 것으로 리창즈는 곧장 "재기를 사랑하는 것"이라 해석하였다. 사마천 자신의 말대로라면 바로 "충신과 의를 지켜 죽는 선비", "보필하는 고굉의 신하", "의를 부지함이 탁월하고 비범하며 스스로 때를 놓치지 않게 하여 천하에 공명을 세운" 사람들을 사랑하였다. 사마천은 역사 사

---

26 『사마천의 인격과 풍격(司馬遷之人格與風格)』92쪽.

실에 충실하다는 전제하에서 "기이하고 위대하며 탁월한" 사람의 기행 (奇行)과 기언(奇言), 기책, 기계, 기이하고 위대한 공업(功業) 및 덕행을 묘사하였다.

항우를 묘사하면서 그는 "힘은 산을 뽑을 만큼 세고, 기개는 세상을 덮을 만큼 웅대한" 기인(奇人)으로 신장이 8척이고 힘은 정(鼎)을 들 수 있으며 자라서는 눈동자가 두 개였다고 하였다. 기행을 일삼아 거록(鉅鹿)의 전투에서는 하늘과 땅을 뒤흔들었으며, 홍문(鴻門)의 연회에서는 부인처럼 인하였고 해하(垓下)의 포위에서 애첩과 헤어지면서 슬픈 노래를 불렀으며 오강(烏江)에서는 자결하여 남에게 목을 내주었다. 형가의 묘사에서는 역수(易水)에서 송별할 때는 바람과 구름이 색을 바꾸었으며, 진나라 조정에서 척살을 행할 때는 귀신이 감읍하고 놀랐다고 하였다. 부녀를 묘사하면서 탁문군(卓文君)은 밤에 달아났고, 태사 교(太史嫩)의 딸은 스스로 남편을 선택하였다고 했다. 섭영(聶榮)은 죽음의 길로 가면서 동생의 이름을 불렀고, 제영(緹縈)은 상소하여 아비를 구하였다는데, 그들은 모두 기녀(奇女)이다.

유협을 묘사할 때는 한 마디로 천금을 허락하면서도 그 몸을 아끼지 않았다고 하였다. 의를 중히 여김을 묘사하면서 정영(程嬰)과 공손저구(公孫杵臼)가 조(趙) 씨의 고아를 구원하기 위해 몸을 바쳤다고 하였다. 지우(知遇)를 묘사하면서 예양(豫讓)이 옻칠을 하여 문둥이가 되고 숯을 삼켜 농아가 되어서 지기를 위해 복수를 하였다고 하였다. 발분함을 묘사하여 범저(范雎)는 진나라에 들어갔고, 손빈(孫臏)은 제나라로 달아났으며, 오기(吳起)가 장수가 되기를 구하고 월왕 구천(句踐)이 섶에 누워 있는 등 전기의 색채가 충만하지 않음이 없다고 하였다. 요컨대 사마천이 기이함을 좋아함은 "천추에 기인(畸人)을 전하는 것"으로 그는 일련의 사람 심령의 기이한 절개와 행실을 빚어내어 영웅주의를 노래하려고 했다.

셋째, 사마천이 기이함을 좋아한 것은 비극적 색채가 충만하다. 한자오치(韓兆琦)는 『사기』는 "비극적 영웅 인물의 화랑"으로, "책 전체에서는 크고 작은 비극적인 인물 대략 120여 명을 묘사하였다. 전체 『사기』는 사마천의 심미관에 포함되었으며 『사기』의 비극적 분위기는 어디든 없는 곳이 없다고 말할 수 있다. 이런 현상은 『사기』만 가지고 있는 것이다."[27]라고 지적하였다. 이는 매우 정채로운 의론으로 반박할 수 없는 통계 수치를 가지고 사마천 심미관의 모든 비극 의식 및 이 비극 의식이 『사기』의 비극적 화랑을 형성하는 데 끼친 중요한 작용을 지적하였다.

그렇다면 사마천의 비극 의식은 무엇인가? 혹자는 '비극적 정신은 비극적 가치관인가' 라고도 할 것이다. 두 방면으로 나타날 수 있다. 하나는 사마천이 묘사한 비극으로 귀납되는 유형이고, 다른 하나는 사마천이 스스로 나타낸 것을 납득하는 것이다.

『사기』의 비극적 인물 유형은 주로 여섯 가지 전형이 있다. 첫째, 시운이 따라주지 않는 것이다. 축록중원(逐鹿中原)의 실패자로 전국시대 열국의 임금과 진한 과도기의 항우 및 그에게 봉해진 유방 이외의 제후왕 같은 인물들이다. 한나라 주아부(周亞夫)가 굶어죽음, 등통(鄧通)이 가난해져서 죽음, 이광이 봉하여지기 어려움인데, 더욱이 관상쟁이에 의해 사전에 예언되어 명이 정해진다. 둘째, 공신이 꺼림을 만나는 것이다. 오기(吳起)와 상앙(商鞅), 조조(晁錯) 등은 변혁에 의해서 죽는데, 그들은 보수적이거나 부패한 어두운 세력을 건드려 꺼림을 받았다. 한신과 팽월(彭越), 경포(黥布) 등과 같은 개국공신은 공이 높아 임금을 흔들어 피살되었다. 셋째, 현재(賢才)가 시기를 당한 것이다. 사마양저와 한비, 신릉군, 백기, 오

27 한자오치(韓兆琦)의 「사기: 비극적 영웅 인물의 화랑(史記: 一道悲劇英雄人物的畫廊)」, 『사기평의상석(史記評議常析)』에 수록, 내몽고인민출판사(內蒙古人民出版社) 1985년판.

자서 등등은 모두 재능이 빼어난 바람에 해를 입었다. 넷째, 의에 몸을 바친 것이다. 굴원은 참소를 당하여 두 차례 쫓겨났지만, 절의를 바꾸거나 세속을 따르지 않았으며 또한 다른 나라로도 가지 않고 결국 강에 투신하여 죽었다. 제나라의 포의(布衣) 왕촉(王蠋)은 의를 지켜 연나라에 항복하지 않았고 스스로 목을 쳐서 죽었다. 진나라 군사가 한단(邯鄲)을 포위하자 이동(李同)은 적을 맞아 장렬히 전사하였다. 진섭은 대의를 일으키고 죽었다. 자객은 폭력에 항거하여 죽었다. 유협은 믿음을 지켜서 죽었다. 이런 사람의 신념과 품덕 그리고 높은 풍격 밝은 절개는 충분히 사람의 마음을 감동 분발시킨다. 다섯째, 인성이 달라진 것이다. 통치 집단의 정권쟁탈과 이권 다툼에는 모든 것이 총동원되어 죽음에 이른다. 이사 같은 사람은 권세를 탐하다가 오형(五刑)을 받아 죽었다. 두영(竇嬰)과 관부(灌夫)는 권력을 다투다가 죽었다. 혹리들은 악귀같이 사람을 죽였는데, 한결같이 결말이 좋지 못하였다. 이런 사람들은 모두 권력에 의해 인면수심의 식인 동물로 승화되어 가장 냉혹하고 무정하다. 여후는 척부인(戚夫人)을 잔혹하게 해쳐 사람돼지(人彘)를 만드는 사건을 일으켰다. 권력이라는 측면에서는 그녀가 승리자이지만 인정상으로는 실패자로 친아들인 한혜제까지도 그 행위는 사람이 할 짓이 아니라고 생각할 정도였다. 또한 녹봉과 지위를 지키기 위하여 하루 종일 간담을 졸여가며 생활하는 사람도 있다. 석분 같은 사람은 순하고 삼가서 기계적이고 잗단 인물이 된 데다 인성을 상실한 유라고 할 수 있겠다. 여섯째, 이성이 감정이나 개성에 파묻혀 비극이 되었다. 웅주(雄主)의 만년은 대부분 적막하고 처량하여 심한 경우 혹 시비를 가리지 못하고 흐리멍덩하기까지 하다.

진시황은 만세의 업적을 세우려 했지만 결과는 단 2세 만에 망하였다. 한무제는 불로장생을 구하려 했지만 오히려 방사에게 우롱을 당했다. 주관은 객관을 초월하여 언제나 반대쪽으로 달린다. 제환공은 제후를 규합했고, 진헌공은 처음으로 패업을 이루었다. 조나라 무령왕(武靈王)은 호복(胡服)을 입고 말을 타고 활을 쏘았다. 그들은 모두 훌륭한 일을 한 임금으로 만년에 총애한 사람들에게 혹하여 모두 국가에 재난을 가져왔다. 걸과 주, 2세 등과 같은 말세의 혼암하고 잔포한 임금들도 제멋대로 행동을 하다가 가업을 막대하게 해쳐 망국의 임금이 되었음은 말할 필요도 없다.

사마천은 비극을 어떻게 묘사하였을까? 항우와 오자서를 예로 들어 볼 것이니 사마천의 가치와 취향을 보기 바란다.

해하의 전투에서 항우는 겹겹의 포위망에 빠져 이미 말로를 의식하였다. 그는 애첩인 우희(虞姬)를 보자 강개한 비가(悲歌)를 금하지 못하였다. "힘은 산을 뽑을 만큼 세고 기개는 세상을 덮을 만큼 웅대한데, 때가 이롭지 못하니 오추마가 나아가지 않는구나. 오추마 나아가지 않음이여 어찌하겠는가? 우희여 우희여, 너는 어찌 하려느냐!(力拔山兮氣蓋世, 時不利兮騅不逝. 騅不逝兮可奈何, 虞兮虞兮奈若何!)" 남아는 쉽게 눈물을 흘리지 않는 법인데 지금 힘이 산을 뽑을 만큼 세고 기개가 세상을 덮을 만큼 웅대한 영웅이 마침내 눈물을 마구 쏟아내고 있다. 좌우의 사람들은 모두 소리없이 흐느끼며 고개를 들지 못하고 있다. 좌우의 사람들이 어떻게 항우 같은 사람도 눈물을 흘릴 수 있다는 것을 생각할 수 있었겠는가?

항우가 흘리는 눈물은 그들의 말로가 닥쳤다는 것을 나타내었다. 그런데 항우 본인은 그 자신의 말로 때문에 우는 것이 아니라 우희 때문에 울고 있는 것이다. "때가 이롭지 못한" 환경에서 항우는 끝내 우희를 보호할 수가 없어서 이 한 미녀를 망치게 하고 있다. 이와 동시에 항우의 울음은 또한 천도가 공정치 못함에 대한 분노였다. 그 스스로 자기의 비극적 결말은 "하늘이 나를 망하게 한" 것이라 생각하였기 때문이다. 그러나 항우는 결코 자기의 실패를 인정하지 않았으며 하늘의 뜻으로 내린 운명을 달갑게 여기지 않았다. 그 때문에 우희가 죽은 후 그는 8백의 장사를 거느리고 해하에서 포위망을 뚫고 나갔다. 오강(烏江)의 가에 이르자 따르는 시종은 28기 밖에 남아 있지 않았고 앞에는 큰 강이 가로막고 있으며 뒤에는 한나라 군사가 새카맣게 하늘과 땅을 덮으며 추격해 오고 있었다. 바로 이 죽음에 직면한 처지에서 항우는 그의 명운을 쥐고 있는 "하늘"을 향하여 도전적인 노호를 내질러 포위망을 뚫고 장수를 베며 깃발을 쓰러뜨리려 하며 자기가 죄가 없음을 표현하였다. 그는 신변의 28기(騎)에게 비분강개하여 말하였다.

> 내가 군사를 일으킨 지 지금 8년째이다. 몸소 70여 차례의 전투를 치렀는데, 맞선 적은 격파하고 공격한 적은 굴복시켜 패배한 적이라고는 없어 마침내 천하의 패권을 차지하게 되었다. 그러나 지금 결국 이곳에서 곤궁한 지경에 이르렀으니, 이는 하늘이 나를 망하게 하는 것이지, 결코 내가 싸움을 잘하지 못한 죄가 아니다.
> 吾起兵至今八歲矣. 身七十餘戰, 所當者破, 所擊者服, 未嘗敗北, 遂霸有天下. 然今卒困於此, 此天之亡我, 非戰之罪也.[28]

항우의 뇌리에서는 영용(英勇)하고 잘 싸우기만 하면 모든 것을 다 가져야 하는데, 영용하고 잘 싸웠는데도 실패를 한 것은 논리적이지 못하다고 생각하였을 것이다. 항우는 그 신변의 28기로 사방을 에워싼 한나라 군사와 맞서 한 차례 결전을 치렀다. 그가 일갈대성하자 적병은 수리를 뒷걸음질쳤다. 그는 한나라 장수 한 사람을 베고 한나라 군사의 깃

---

28 『사기』 권7 「항우본기(項羽本紀)」.

발을 빼앗았는데, 이 순간까지는 항우가 승리자였다. 결국 그는 자기의 두 손으로 머리를 잘라 그를 사지로 내몰던 적장에게 주었는데, 그의 너그럽고 어진 큰 도량과 스스로의 선택을 표현하였다. 그, 항우는 어떠한 사람에게도 패한 적이 없고 모든 전투에서 다 이긴 투사였다. 용왕매진하는 영웅으로 그의 정신은 영원히 사라지지 않고 남을 것이다.

사마천이 빚어낸 항우의 비극적 예술 개괄은 항우 인물 형상의 묘사를 완성하였다. 이와 동시에 인생 가치의 완성을 표현하였으며 항우는 실패한 가운데서도 비극을 초월하여 영생을 얻었다. 그 의의는 사람들에게 하늘이 부여한 운명을 따르지 않고 외압을 받으면서도 아무 일도 하지 않을 수 없는 것이 아니라 끝까지 투쟁하여 승리를 쟁취하는 것임을 알려주는 데 있다. 항우의 비극적 형상은 사람들을 인생의 고통에서 떨쳐 일어나도록 이끌어줄 수 있고 절망 속에서도 사기를 앙양시키고 고무시킬 수 있다.

오자서의 비극적 형상은 항우보다 더욱 격앙되었다. 그는 불충하고 불효하다는 죄명을 쓰는 것을 전혀 두려워하지 않았다. 오나라 군사를 빌려 부형의 원수를 갚고 초평왕(楚平王)의 시신에 채찍질을 했다. 사마천은 그가 "작은 의를 버리고 큰 치욕을 씻은 것"을 칭찬하며 공공연하게 반역 정신을 제창했다. 오자서가 오나라에서 참소를 당하여 자결하라는 명이 내려졌을 때 그는 다시 한 차례 복수의 항쟁을 폈다. 그가 하늘을 우러러 부르짖으며 오왕 부차(夫差)의 배은망덕함을 나무라면서 "아첨하는 신하의 말을 들어 장자(長者)를 죽인다" 한 것은 항우가 "하늘이 나를 망하게 하였다"고 대든 것과 같은 필법이다. 오자서는 그래도 머리를 잘라서 적장에게 보내주지는 않았다. 그는 가족들에게 "반드시 내 무덤가에다 가래나무를 심어 관으로 만들 수 있게 하고, 내 눈을 도려내어 오나라 도성의 동문 위에 걸어 월나라 침략자들이 오나라를 멸하는 것을 보게 하라."고 하고는 말이 끝나자마자 스스로 목을 쳐서 죽었다. 죽는 법은 마찬가지인데 예술 형상은 전혀 딴판이다. 오자서는 분발하여 복수의 불꽃을 태워 죽어서도 오나라의 멸망을 보고자 했다. 그의 예언은 무덤가의 가래나무 목재로 관을 만들 때가 바로 오나라가 멸망할 날이라는 것이다. 오자서의 비극적 결말과 말은 오자서가 가진 성격의 특징과 딱 맞아떨어져 사람의 존엄이 모든 신념보다 높다는 것을 드러내 보이고 있다. 여기서는 반역 정신이 가장 숭고하게 예술적으로 재현되었다.

사마천은 천인감응의 영향을 받아 또한 운명이 정해진 비극적 인물을 썼다. 주아부의 운명은 굶어 죽으리라는 것이며, 등통은 가난하게 죽을 것이라는 운명이고, 이광의 운명은 "자주 운이 좋지 않을 것(數奇)"이라는 식이다. 다만 구체적으로 묘사하는 가운데 오히려 주아부와 등통, 이광의 비극은 바로 한나라 황제와 귀척의 박해로 조성된 사람이 저지른 것이며 암흑의 정치이며 하늘의 뜻이 아니라고 드러내었다. 비판의 예봉은 봉건사회를 가리켰고 집권 정치를 가리켰다.

사마천은 화를 당하여 인생세간의 고난을 맛보았고 운명의 장난을 깊이 느꼈으며, 비극적 화면을 운용하여 인생세간의 고난을 펼쳐 보여 사람들의 동정과 침통을 유발하였다. 백기(白起)와 몽염(蒙恬)이 죽음 앞에서 체념한 것이나 백이와 숙제, 굴원 같은 사람들이 도를 따라 죽으며 신음하는 것과 같은 것은, 격조가 잔잔하여 사람들의 마음속에 거대한 고통과 의구심을 갖게 한다. 그러나 사마천은 결코 의기소침해하지 않고 책상을 치며 떨쳐 일어나 자기의 인생 가치를 실현하기 위하여 고군분투하였다. 그러므로 그가 써 내려간 비극적인 주선율은 운명의 작용을 강조하는 것이 아니라 사회의 모순을 드러내는 것으로 각종 비극적 유형을 가지고 다방면의 인생 신념과 추구를 펼쳐 보였다. 공자의 그 불가함을 알면서도 하는 정신이 있고, 오기와 상앙, 조조의 사회의 변혁 때문에 역사라는 제단에 희생으로 바쳐진 정신도 있다. 범저와 손빈, 월왕 구천 같이 복수의 일념으로 한을 씻기 위해 욕을 견뎌내며 발분하는 정신이 있는가 하면, 항우와 오자서, 이광 같이 오만하게 죽음에 맞서 싸워 이길 수 없는 정신도 있으며, 자객과 유협의 폭력에 항거하는 정신 등등과 같은 것도 있다.

사마천이 묘사한 각양각색의 비극적인 인물들의 인생 신념과 생활 목적이 각기 다름은 고하의 구분이 있다. 하지만 그들의 운명을 인정하지 않고 외부의 압력을 순순히 받아들이지 않으며 과감하게 인생에 직면하여 항쟁하는 정신은 오히려 서로 일치한다. 그들은 자기의 인생 가치를 실현하기 위하여 성공과 실패를 막론하고 모종의 정복할 수 없는 역량을 말끔히 드러내어 사마천의 아낌없는 칭찬을 받았다.

「자객열전」 찬에서는 말하였다. "그 의거는 성공하기도 하였고 성공하지 못하기도 하였지만 그 뜻을 세움이 환하여 그 뜻을 속이지 않았으니 이름이 후세에 드리운 것이 어찌 허망한 것이겠는가!" 이것이 바로 사마천이 칭송하고 찬양한 비극 정신이며, 인생의 비참함과 고통, 운명의 처량함을 초월하여 사람들을 감동시키는 진동과 희망을 주었다. 한자오치가 지적한 것과 똑같이 "우리가 『사기』에서 읽는 것은 하는 것이 없는 애탄(哀歎)이 아니라 장려한 사업을 위하여 용감히 분투하는 호방한 노래이다. 한번 쓰러져 떨쳐 일어나지 못하는 좌절이 아니라 백절불굴의 두려움이 없는 진취이다. 실패의 감상(感傷)이 아니라 일종의 승리와 성공의 통쾌한 위로이며 일종의 도덕적인 면에서 만족을 얻는 기쁨이다. 그것은 근근이 사람들이 비극적인 영웅 인물에 대하여 동정을 격발시키는 것이 아니다. 더욱 중요한 것은 사람들이 이런 영웅 인물에게서 배울 수 있도록 그들을 소환하여 그들처럼 원대한 이상과 숭고한 목표를 위해 생활하고 분투하여 목숨을 바치게까지 할 수 있게 하는 것이다."29 확실히 사마천이 묘사해 낸 영웅 인물은 이런 사람을 움직이는 감화력을 갖추고 있다. 다만 비극성에 그치지 않고 더욱 중요한 것은 응당 그 전형성일 것이다. 바로 우리가 다음 절에서 탐구 토론하려는 문제이다. 곧 사마천이 어떻게 역사 인물을 빚어내는가 하는 것이다.

3. 사마천이 역사 인물을 빚어내어 전형화하는 방법

『사기』는 인물의 전기로, 역사뿐만 아니라 사람에 대해서도 썼다. 역사를 쓰는 것은 다만 대략적인 줄거리만 사실적으로 쓰면 되며 중점은 서사에 있다. 사람을 쓰는 것은 인물을 생생하게 그려내야 한다. 아울러 인물을 통하여 생활을 재현하고 시대를 반영해야 하는데, 이것이 바로 문학이다. 전형화한 전기 인물은 이미 순수한 사학이 아니며 또한 순수 문학도 아니며, 역사와 문학의 통일로 우리는 이를 역사 문학이라 일컫는다.

사마천의 성공적인 실천은 역사 과학의 엄숙성과 사람을 묘사하는 문학의 전형성 두 가지를 하나로 통일시킨 것이라 말할 수 있다. 다음으로 『사기』의 인물 전기는 군상(群像)의 배치로 독립된 인물들을 단순히 취합하는 것이 아니라 총체적인 구성인데 이 또한 홀시할 수 없다. 사마천이 역사 인물을 빚어내어 전형화하는 방법은 글로 일을 옮기는 것으로 사필과 문필을 엇섞어 운용하는 것인데 전형적인 사례는 일일이 다 들 수가 없다. 편폭의 제한으로 몇 가지 주요 방면만 열거할 수 있을 뿐이다.

---

29 『사기평의상석(史記評議賞析)』, 내몽고인민출판사(內蒙古人民出版社) 1985년판, 114쪽.

1) 느닷없이 나타난 역사 인물을 선택하는 전형성을 운용하다

선택에는 두 방면이 있다. 우선 전에 들어갈 인물을 선택하는 것이고, 그 다음에는 전에 들어갈 인물의 사적을 선택하는 것이다. 이 두 방면에서 사마천은 모두 비범한 창조성을 보였다.

무엇보다도 전에 들어갈 인물의 선택이다. 『사기』는 황제에서 한무제까지 상하로 3천여 년간의 역사를 서술하였다. 이 시기에는 각양각색의 등장 인물이 천에서 수만에 달하여 인물들을 잘 식별하고 선택하여 전에 넣어야 역사의 본질을 반영할 수 있는데, 이는 가장 먼저 해결해야 할 문제이다. 사마천의 선택 표준은 각 유형의 전형성과 사회적 작용에 치중하였으며 결코 혈통과 존비, 관작의 고저가 선택의 기준이 되지는 않았다. 이 원칙은 사마천이 「장승상열전」에서 표현한 바 있다. "신도가(申屠嘉)가 죽은 뒤에 경제 때 개봉후(開封侯) 도청(陶青)과 도후(桃侯) 유사(劉舍)가 승상이 되었다. 지금의 임금까지 백지후(柏至侯) 허창(許昌)과 평극후(平棘侯) 설택(薛澤) 무강후(武彊侯) 장청적(莊青翟) 고릉후(高陵侯) 조주(趙周) 등이 승상이 되었다. 모두 열후로 (승상직을) 이어받았으나 잘 정돈하여 청렴하고 삼가 승상의 자리만 채우고 있었을 뿐 공명을 발휘하여 당대에 드러낼 만한 것이 없었다." 이는 곧 제후에 봉해지고 재상에 임명된 혁혁한 인물이라 할지라도 아무 하는 일이라곤 없이 자리만 차지하는 인물들은 전을 세워주지 않았다는 것을 말한다.

반대로 "재주에 또한 각기 뛰어남이 있는" 영행(佞幸)은 사마천이 「영행열전(佞幸列傳)」을 지어주었다. "말하는 것이 은미해도 사리에 맞아 또한 분란을 해결할 수 있는" 배우에게는 「골계열전(滑稽列傳)」을 세워주었다. "취하고 줄 때맞춰 하여 재부를 늘린" 상인에게 사마천은 「화식열전」을 지어주었다. 자객과 유협, 의복(醫卜), 일자(日者) 등도 모두 하층인물이지만 사마천은 모두 전형을 선택하여 일일이 전을 지어 그들이 사회에서 일으킨 공헌을 표창하였다. 무릇 열전의 인물, 특히 사회의 하층 인물은 부전(附傳)의 인물을 포괄하여 모두 엄격한 선택을 거쳤으며 모든 인물은 각기 자신만의 특색이 있다. 「유협열전」에서는 열정적으로 "행실을 닦고 명성을 닦은" 포의의 협객인 주가(朱家)와 곽해(郭解) 등의 사람을 노래하여 칭송했다.

"북쪽의 요 씨(姚氏)와 서쪽의 제두(諸杜), 남쪽의 구경(仇景), 동쪽의 조타우 공자(趙他羽公子), 남양(南陽)의 조조(趙調) 같은 무리에 이르러서는 도척(盜跖)이 민간에 사는 것일 따름이니 어찌 말할 만하겠는가!" 이런 "외롭고 약한 자들을 침탈하는" 토호의 악패(惡霸)들에 대해서는 사마천이 전을 세워주지 않았다. 사마담은 임종할 때 유언으로 수록할 만한 사람들을 논하여 말하기를 "명주와 현군, 충신과 의를 지켜 죽는 선비"라고 하였는데, 사마천은 이 원칙을 그대로 계승하였다. 고사(古史)에 실린 고요(皋陶)와 이윤(伊尹), 부열(傅說), 중산보(仲山甫), 유하혜(柳下惠) 등 몇몇 역사 인물은 문헌이 부족하여 사마천이 또한 전을 세우지 못했다.

70열전은 한대(漢代)의 인물이 과반수를 차지하고 있다. 거의 사마천이 직접 보거나 들었기 때문에 기록이 친근하고 절실하며 흥미진진하고 생동적이다. 후세의 사가는 번다하고 넓은 것을 공으로 여겨 수많은 인물이 "빼면 부족하여 적고 기록하면 오로지 더욱 늘어나"[30] 사마천이 선택한 뜻을 잃어버렸다. 매 편에 이어지는 장상(將相)의 가보(家譜) 계열 생로병사의 수첩은 인물의 사적이 평담하고 형상 또한 형상화하기가 매우 어려웠다.

사마천이 사회적 지위에 매달리지 않고 사회의 작용을 기준으로 대표적인 인물을 선택하여 전에 넣은 것은 확실히 전형화 하는 창작에 이점

---

30 『사통(史通)』 권8 「인물(人物)」.

이 있었다. 각류의 역사 대표 인물, 특히 위대한 역사 인물은 그 자체가 곧 모종의 전형성을 갖추고 있기 때문에 이는 불문가지다. 그러나 사전 인물 선택의 여지에는 한도가 있게 마련이니, 제왕과 귀척, 열후와 현관(顯官)은 수가 너무 많아 선택할 수가 없다. 사마천은 이런 인물들을 연표나 세가에 싣거나 본기와 열전에 부가하여 넣었다. 전편에는 이런 인물이 수천이나 되는데, 그들의 작용은 역사 발전의 윤곽이 되는 실마리와 형세로 쓰이며 절대다수는 결코 구체적인 특색이 없다. 사마천은 선택을 통하여 거시적으로 많은 인물의 역사 기술과 전형적 인물의 문학적 형상화 이 두 가지를 유기적으로 결합하여 『사기』 5체의 구조에 조절 작용을 하였다는 것을 말한다.

다음으로 우리는 사마천이 어떻게 전에 들어가는 인물의 사적에 대하여 선택을 진행하였는가를 볼 것이다. 역사 인물의 사적은 고유의 것이다. 작자가 주관적으로 창조할 수 없으며 더욱이 "입은 절강(浙江)에 있고 얼굴은 북경(北京)에 있으며 의복은 산서(山西)에 있는" 방법을 채택하여 짜 맞출 수 없다.[31] 사마천은 역사 규범에 이미 있는 사적에서 전형화의 창조를 진행할 수 있었다. 주요 기법은 두 가지가 있다. 첫째, 우선 역사적인 대사건을 선택하여 인물의 개성을 실현시킨다. 사마천은 「유후세가」에서 예를 들어보였다. "유후가 임금을 따라 대(代) 땅을 공격하여 마읍(馬邑) 성 아래에서 기이한 계책을 내었고, 소하를 상국으로 세우는 등 임금과 조용히 천하의 대사를 논의한 것이 매우 많았지만 천하의 존망과 관계된 것이 아니므로 기록하지 않았다."

유방의 주요 모신인 장량은 "천하의 대사를 논의한 것이 매우 많지만" 사마천은 가지와 덩굴은 쳐내고 유방이 천하를 다투는 것에 관한

---

31 『루쉰전집(魯迅全集)』 제4권, 394쪽.

"계책" 같은 대사만 가지고 장량이 계책에 뛰어난 특징을 형상화하는 데만 집중하여 개성이 두드러지게 하였다. 중대한 역사 사건을 포착하여 인물의 주요 공과를 생동적으로 표현할 수 있었을 뿐만 아니라 또한 역사가 발전해 나가는 과정의 특징을 반영해 낼 수 있었으니 또한 가장 경제적인 필묵이라 하겠다. 이 선택 원칙은 호견법의 운용과 밀접하여 불가분의 관계에 놓여 있는데, 다음 절에서 상세히 말하려 한다. 둘째, 인물의 특징적인 점을 선택하여 뜻을 세워 모종의 사상을 표현한다. 명나라의 고문평론가 진인석(陳仁錫)은 말하였다. "자장(子長)은 전을 지을 때 반드시 하나의 주재(主宰)가 있었다. 「이광전」은 불우시(不遇時) 석 자를 주로 하였고, 「위청전」은 '천행(天幸)' 두 자를 주로 하였다."[32] 청나라의 오견사(吳見思)는 말하였다. "대체로 사공(史公)의 글은 매 편에 각기 하나의 기축(機軸)이 있고 각기 하나의 주된 뜻이 있다."[33] 근인 가오부잉(高步瀛)은 보다 직접적으로 말하였다. "사공의 글은 매 편에 주된 뜻이 있는데, 「오태백세가(吳太伯世家)」는 '양(讓)'과 '쟁(爭)' 두 글자가 주가 되고, 「노주공세가(魯周公世家)」는 상신(相臣)이 집정하는 것이 주가 되며, 「진승상세가(陳丞相世家)」는 음모가 주가 되고, 「위기무안후열전」은 권세가 서로 기우는 것이 주가 되며, 「대원전(大宛傳)」은 사신을 통하고 군사를 일으키는 것이 주가 된다."[34]

앞 세대 사람들의 이런 의론은 모두 사마천이 지은 인물 전기는 결코 장부 수첩이 아니며 뜻을 세워 선택하고 인물의 특징을 포착하여 비슷한 것의 대표로 삼았다는 것을 설명한다. 비열한 소인배인 전분(田蚡) 같은 사람은 일생 동안 얼마나 나쁜 짓을 저질렀는지 알 수 없다. 탐욕스

---

32 진인석(陳仁錫)의 『사기평림(史記評林)』.
33 오견사(吳見思)의 『사기논문(史記論文)』 「굴원가생열전(屈原賈生列傳)」.
34 가오부잉(高步瀛)의 『사기거요(史記擧要)』.

럽고 뇌물을 받아 백성의 농지를 강탈하고 법과 권세를 농단하였으며 천명을 미신하여 황하를 막는 등등 많은 측면이 있다. 다만 「위기무안후 열전」은 그가 어떻게 두영과 관부를 모해하는가를 묘사하는 데 치중하여 권세를 탐하고 농단하며 음흉하고 악독한 성격의 특징을 두드러지게 하여 그의 형상화를 비열하고 권세와 이익을 따지는 소인과 교만하고 간사한 음모가의 전형으로 만들었다. 중요한 역사 인물인 상앙의 각박함, 이사의 탐욕, 항우의 용맹함, 유방의 교활함, 한신의 지혜로움, 소하의 진중함, 이광의 뛰어난 궁술, 공손홍의 아는 체함, 석분의 순하고 신중함, 장탕의 잔혹하고 각박함 등등과 같은 것으로 사마천은 항상 인물이 각기 지니고 있는 특징을 파악하여 재료를 선택하고 집중과 개괄을 진행하여 인물의 형상을 빚어냄으로써 개성을 돌출시켜 매우 큰 성공을 얻어냈다.

2) 호견법을 운용하여 역사인물의 전형적인 형상을 빚어내다

가장 기본적인 형식은 "(인물의 나쁜 점을) 본전에서는 숨기고 다른 전에서 밝히는 것"이다. 첫째, 인물의 본전에서는 인물의 형상을 그려내는 데 심혈을 기울였다. 인물과 상관이 있는 갈등과 투쟁 중에서 가장 첨예하면서도 격렬한 사건들을 집중적으로 서술하고 묘사하여 인물의 주요 정신적인 면모를 부각시키며 인물의 측면은 다른 전에 싣는다. 둘째, 광범한 역사와 연계되어 있는 인물을 강렬한 대조로 구성하여 대비시키는 가운데 인물의 개성을 부각시킨다. 셋째, 전과 찬이 서로 보완하여 표현이 강렬한 애증의 감정으로 인물의 정신적 면모를 낱낱이 그려낸다. 넷째, 중복하여 여러 차례 기록하여 인물의 위대함을 부각시킨다. 구체적으로 다음과 같이 분석한다.

「항우본기」는 아주 훌륭하게 항우의 영웅적 형상을 빚어내었다. 편명은 본기이지만 실제로는 전기체이다. 본기는 편년으로 사건을 서술하지만 전기체는 인물의 일생 행사 가운데서 가장 전형적인 사적을 선택하여 문장을 구성한다. 항우는 스스로 70여 차례 전투를 치러 진나라를 멸하고 한나라와 싸웠다고 하였으며 사적이 많고 번잡하다. 사마천은 거록(巨鹿)의 전투와 홍문연, 해하의 전투라는 세 개의 관건이 되는 시기만 포착하여 이야기를 묘사하여 항우의 형상을 빚어내면서 생동적으로 묘사하여 후세에 유전되어 집집마다 입에 오르내렸다. 거록의 전투에서 항우는 솥을 깨뜨리고 배를 가라앉혀(破釜沉舟) 진나라를 멸한 세상을 덮을 만한 공훈을 확고히 다졌다. 이는 항우의 일생에서 가장 득의한 전투였으며 사마천이 항우의 형상을 그려낸 것 중에서 가장 빛을 발하는 부분이다.

전투에 앞서 항우는 송의(宋義)를 죽이고 군사를 빼앗았는데 대의가 늠름하다. 전투 중에는 항우의 용맹이 삼군에서 으뜸이었다. 사졸이 분발하여 초나라에서는 1당 10의 전사가 아닌 사람이 없었고 고함소리가 하늘을 움직였으며, 진나라 군사를 대패시켰다. 전투가 끝난 후에 항우는 제후를 불러 만나보았는데, 명성과 위엄이 빛나 상장군으로 옹립되었다. 이런 것들을 모두 묵직한 필치로 묘사하고 복선과 과장을 더하여 집중적으로 항우의 용맹함과 훌륭한 전투력을 그려내었다.

홍문연은 초한쟁패의 서막을 열어젖혔는데, 주연(酒宴)에서의 투쟁은 사람의 심금을 울린다. 유방은 겸손하게 받들고 항우는 교만방자하여 뚜렷한 대비를 이룬다. 사마천은 초나라와 한나라의 임금과 신하를 한 군데 모아놓고 과장된 묘사를 진행하였으며 인물의 군상을 빚어내어 항우를 두드러지게 하였다. 전장에서의 항우는 바람과 구름을 일으키는 통수(統帥)이지만, 정치에서의 항우는 그저 시야가 좁은 난쟁이에 지나지 않는다. 그는 교만방자하고 머리가 단순하며 후중하여 나무처럼 뻣뻣했다. 개인의 감정을 중시하였으며 받드는 것을 가벼이 믿었다. 교활한 유방은 항우의 개성에서 이런 특징을 이용하여 몽혼약을 크게 들이부어 결국 쟁패의 주도권을 장악하였다. 이 장면의 묘사를 통하여 사마천은 집중적으로 항우의 인애와 마음에 거리낌이 없음을 그려내었다. 해하의 포위는 사방에서 초나라 노래가 들려오는 가운데 항우가 태연자약하게 우희와 슬픈 이별의 노래를 부르는데, 이 남녀 간의 애틋한 정의 묘사는 항우의 형상을 더욱 풍만하게 한다. 마지막으로 항우는 동성(東城)에서 부하들에게 한바탕 빛나는 "포위를 뚫고 적장을 베며 깃발을 빼앗는" 결전을 보여준 후에 단기필마로 오강(烏江) 가까지 돌격하여 "하늘이 나를 망하게 한다"는 개탄을 하고 스스로 목을 쳐서 죽는다. 이는 한 폭의 처량하고 비장한 장면으로 사람들의 무한한 애틋함을 불러일으킨다. 이에 이르기까지 하늘을 떠받치고 우뚝 섰던 기개가 세상을 덮을 만한 영웅의 형상이 지면에서 약동한다.

그러나 항우는 결코 완벽한 인물이 아니다. 많은 결점을 가지고 있으며 전투에서도 졌고 심지어 성향에 잔혹한 일면을 가지고 있어서 천만을 헤아리는 사람을 생매장[坑殺]하여 민심을 잃었기 때문에 그는 결국 실패자라는 낙인이 찍혔다. 그러나 항우의 이런 단점은 본전에서는 다만 가볍고 담담하게 묘사하여 한 번의 붓 터치로 지나가거나 혹은 생략하여 싣지 않았지만 「고조본기」와 「진승상세가」, 「회음후열전」, 「경포열전(黥布列傳)」 등 편에서 보충하여 서술해 냈다.

유방은 항우의 열 가지 죄를 꼽아가며 신하들과 항우의 패배를 논하였는데, 항우의 결점을 집중적으로 묘사하였다. 군사 투쟁 중이라 하더라도 항우는 다만 전장의 한 맹장일 뿐 시야가 넓은 전략가는 못되어서 결코 유방의 상대가 되지 못하였다. 그는 성고(成皐)에서 전투를 벌이던 중 광무(廣武)에서 유방과 대치하였는데, 굳건한 성 아래서 진을 치고 제대로 계책을 펴지 못하였다. 범증(范增)이 있기는 하였지만 항우는 쓸 수가 없었다. 범증이 떠나자마자 그 즉시 흔들려 결국 끊임없이 유방이 친 올가미에 걸려 숨 쉴 틈도 없이 달아났다. 이런 플롯은 모두 「고조본기」에 기록되었다.

다시 「위공자열전」을 보면 사마천은 온정적으로 현사를 예우하고 선비에게 몸을 낮추는 정치가의 형상을 묘사하였다. 위공자는 남의 어려움을 구원하였으니 완전한 사람이라 할 수 있다. 그러나 「범저전」에서는 오히려 위공자가 진나라를 두려워하여 위제(魏齊)를 받아들이지 못하는 가식적인 심경을 기록하였는데, 이는 후영(侯嬴)의 비판을 받았으나 본전에서는 단 한 자도 제기하지 않았다.

위에서 말한 두 가지 예는 사마천의 필치하에서 인물 형상의 광채가 사람을 비추는 가장 기본적인 방법은 바로 클로즈업의 기법을 써서 인물을 그려내고 재료에 대해 취사선택하였다는 것을 설명한다. 그러나 인물 형상을 묘사하는 데 불리한 재료를 버리면 역사의 진실에는 해가 되므로 사마천은 호견법을 써서 다른 편장에서 보충하여 두 가지 훌륭한 점을 온전히 지킴으로써 문학과 역사(文史)를 한데 녹여 넣었다. 이것이 호견법을 운용하여 이룬 가장 큰 성과이며 또한 사마천의 가장 위대한 창조인데, 이는 아주 높은 평가를 받아야 함은 일말의 의심도 없을 것이다.

호견법을 운용하여 재료를 짜 맞추어 선악의 양면이 대조되도록 구성함으로써 인물의 형상을 두드러지게 한 것은 「항우본기」와 「고조본기」 두 편의 문장을 대조시킨 것이 가장 전형적이다. 「항우본기」에는 유방이 있고 「고조본기」에는 항우가 있다. 홍문연에서는 유방의 교활함으로 항우의 성실하고 독실함과 솔직담백한 점을 부각시켰다. 반대로 성고에서의 대치는 항우의 무대책이 유방의 지모가 남보다 뛰어나다는 것을 두드러지게 하였다. 이는 명확한 대비를 이룬다. 이외에도 많은 은근한 비유가 있다. 유방이 팽성의 전투에서 패한 후 도망칠 때의 낭패한 모습 같은 것은 항우가 해하에서 포위되어 동성으로 달아날 때 같은 것과 대조해 봐야 할 측면이다. 유방은 목숨을 살리기 위해 세 번이나 친자녀를 수레에서 밀어 떨어뜨리기를 조금도 주저하지 않았는데, 이는 정치가의 냉혹하고 무정함을 표현한 것이다.

항우는 겹겹이 포위된 가운데 우희와 헤어지는데, 그런 태연자약하고 소탈한 모습은 항우의 위용과 비장감이 살아가는 데 대한 뜨거운 사랑을 더욱 드러나게 한다. 당연히 사마천의 주제는 결코 여기에 있지 않다. 「태사공자서」에서는 "항우는 포학하였으나 한나라는 공덕을 행하였다."고 하였으니 주제는 초한쟁패의 성패와 흥망의 대비를 드러내는 데 있다. 항우는 포학하고 고조는 백성을 어루만지며, 항우는 용맹을 떨치고 고조는 지모가 있다. 항우는 강함에서 약하게 변하고 고조는 약함에서 강하게 변하여 결국 항우는 파멸하고 한나라는 흥하여, 대비시켜 뜻을 보여주고 상반되어 서로 이루어준다. 사마천은 호견법을 운용하여 재료를 배치함으로써 두 전이 교차되도록 하고 형상이 특별히 선명해지도록 하였다. 유사하거나 상대적인 인물 사이의 열전은 모두 이런 필법을 갖추고 있다. 소진과 장의 두 사람의 열전 또한 서로 대조되는 사전(史傳)인데 다만 호견의 필법이 항우와 유방 두 기(紀)만큼 선명하지 않을 따름이다.

전과 찬은 서로 보완적인데 편말의 평론에서 "태사공은 말한다"라는 것이 왕왕 본편에서 말하지 못한 일에 대해 작자의 뜻과 생각을 기탁한다는 것을 가리킨다. 「상군열전(商君列傳)」의 찬에서 "상군은 타고난 바탕이 각박한 사람이었다" 운운한 것은 상군을 부정적으로 보는 것 같다. 다만 정전(正傳)에서는 말하기를 "(변법이) 시행한 지 10년 만에 진나라 백성들은 크게 기뻐하여 길에서 (남이) 떨어뜨린 것을 줍지 않았으며 산에는 도둑이 없어졌고 집집마다 모두 풍족하게 되었다. 백성들은 나라를 위해 싸우는 전쟁에서는 용감해졌고 사적으로 다투는 것은 겁을 내었으며 향읍이 아주 잘 다스려졌다."고 하였다. 또 말하기를 "진나라 사람들은 부강해졌으며 천자가 효공(孝公)에게 제사 지낸 고기를 내려주니 제후들이 모두 축하하였다."고 하여 또한 열정적으로 칭송하는 것 같다. 또한 「조조전」의 찬에서는 "(조조는) 권력을 천단하여 바꾸고 고친 것이 많았다. …… 속담에 '옛것을 바꾸고 상법(常法)을 어지럽히면 죽지 않으면 망한다.'고 하였는데, 아마 조조 등을 이른 것일 것이다!"라고 하여 조조의 변혁을 비판한 것 같다. 그러나 전에서는 조조가 법령을 바꾼 것이 30장(章)이나 되어 제후들이 모두 시끌벅적해져 조조의 부친이 영천(潁川)에서 바삐 와서 조조를 꾸짖자 조조는 "이렇게 하지 않으면 천자가 높아지지 않고 종묘가 안정되지 못하게 됩니다."라고 하였다. 이 대화는 또한 조조의 매우 충성스러운 마음을 찬양하는 것 같다. 동일한 편의 전과 찬이 한 사람의 손에서 나온 것인데 어떻게 이런 모순이 있을까? 호견법을 명확히 알면 이 모순은 절로 풀릴 것이다. 원래 사마천은 호문(互文)으로 서로 보충하여 전에서는 사실대로 기록하고 찬에서는 법가의 잔혹하고 각박한 면목을 보충하여 사마천의 증오의 감정을 표현하였다.

전과 찬이 서로 보충하는 것은 본편에만 국한되지 않는다. 「소진열전」과 「장의열전」의 두 "찬"은 각자 본전을 보충할 뿐만 아니라 두 전에서 서로 소진의 "전찬"에서는 소진이 지혜가 남보다 빼어나 "오로지 오명을 쓰지 않게 하기 위해서" 전을 지었다고 보충하여 말하였으며, 장의의 "전찬"에서는 소진의 오명은 장의가 지어낸 여론의 후과라고 지적하였다. 요컨대 두 사람 모두 세상을 위태롭게 하는 선비라는 것이다. 사마천의 이런 평론은 정치가들의 알력을 일으키는 면목을 그려내었다.

「위공자열전」은 「위세가」의 찬과 상호 보완적이다. 「위공자열전」에서는 위공자가 위나라에 있자 진나라 군사가 감히 나서지 못하였음을 서술하였다. 위공자가 조나라에 10년간 머물러 귀국하지 않자 진나라 군사는 밤이나 낮이나 동쪽으로 진출하여 위나라를 공격하였다. 위공자가 귀국하여 장수가 되자 제후들이 합종하여 위나라를 구하여 진나라 군사를 하외(河外)에서 대파하고 승세를 타고 관문을 치니 진나라 사람이 감히 나오지 않았다. 위공자가 죽은 후에 진나라 사람이 위나라를 공격하여 20개의 성을 함락시키고 처음으로 동군(東郡)을 설치하였다. 그 후 진나라는 위나라를 조금씩 잠식하여 18년 만에 위왕을 사로잡았다. 여기서는 힘껏 위공자의 명성과 위세를 써내어 그 한 사람의 몸에 위나라의 안위가 달려 있다고 하였다. 그 의도는 위공자의 높고 큰 형상을 묘사하는 데 있다. 그러나 위공자의 이성에 대한 평가는 오히려 「위세가」의 찬에서 보충하였다.

태사공은 말하기를 "논자들이 말하기를 '위나라가 신릉군(信陵君)을 등용하지 않은 까닭에 나라가 쇠약해졌고, 멸망에 이르렀다.'고 하였으나, 내 생각은 그렇지 않다. 당시에 하늘의 뜻이 진나라로 하여금 천하를 평정하게 한 것으로, 아직 그 과업이 완수되지 못하였기 때문에 위나라가 비록 아형(阿衡) 따위 현신(賢臣)의 보좌를 받았다고 한들 무슨 소용이 있었으리오?"라고 하였다. 이곳의 하늘(天)은 천명 아니면 형세를 가리키는데, 잠시 제쳐두고 논하지 않겠다. 그러나 그것은 정확하게 위나라의 운명이 결코 위공자 개인의 작용에 의해 결정되지 않았으며 위공자를 비범한 영웅적 형상에서 세상으로 되돌려 놓았음을 지적하였다.

호건법의 운용은 중복된 서술로 인물의 위대함을 두드러지게 하였는데, 공자의 평가에서 집중적으로 표현되었다. 사마천은 공자를 "세가"에 세우고, 찬의 말에서 경건함이 충만한 심정으로 공자를 "지성(至聖)"으로 받들어 존중하였다. 그의 도덕학문이 높은 산처럼 사람을 우러르

게 하여 큰길처럼 사람들이 따르게 한다고 찬양하였으며, "나는 공자의
책을 읽어보았고 그 사람됨을 생각해 보았다."고 하였다. 그는 곡부(曲阜)
로 가서 고찰하기도 하고 공자의 묘당을 참관하기도 하였다. 공자가 행
하던 것 및 예를 연습하던 수레와 복장, 예기(禮器)를 보았고, 그곳에서
때에 맞추어 예의를 익히던 학생들을 방문하기도 하는 등 완전히 공자
의 교화와 유풍에 도취되었다. 성실하고 진지하게 그리워하여 오래도록
배회하며 차마 떠날 수가 없었다. 이곳의 평가는 일종의 시가의 격조를
띠어 한 숭배자의 농후한 감정을 펴내었다. 그리고 「태사공자서」에서
사마천은 이성화한 언어로 공자가 역사에 끼친 공헌을 평가하였다.

> 주나라 왕실이 쇠퇴해지자 제후들이 제멋대로 행동하였다. 중니는 예
> 가 없어지고 음악이 무너진 것을 슬퍼하여 경학을 좇아 닦아 왕도에 이
> 르렀으며 어지러운 세상을 바로잡아 올바름으로 되돌리고 그 문사를
> 보고 천하에 의법을 제정해 주어 육경의 기강을 후세에 드리웠다. 〈공
> 자세가〉 제17을 지었다.
> 周室旣衰, 諸侯恣行. 仲尼悼禮廢樂崩, 追脩經術, 以達王道, 匡亂世反
> 之於正, 見其文辭, 爲天下制儀法, 垂六藝之統紀於後世. 作孔子世家第
> 十七.

「공자세가」의 찬어가 수평적 평가라고 한다면 공자 학설 영향의 광범
한 "중국에서 육예를 말하는 자는" 모두 "부자에게서 기준을 찾으니 지
성이라고 할 만하다"라는 것을 지적하는 것이다. 「태사공자서」의 공자
에 대한 평가가 수직적이라면 공자 학설의 영향이 심원하여 "천하에 의
법을 제정해 주어 육경의 기강을 후세에 드리웠다."는 것을 지적하는 것
이다. 이런 두 가지 관점의 다른 평가는 호문이 서로를 충족시켜 주는

일종의 필법이다. 사마천은 공자를 매우 숭배하였다. 반복된 찬평(讚評)은 그 사람을 중시함을 여전히 부족하게 생각하여 호견법으로 공자의 죽음을 반복적으로 계속 씀으로써 일대의 위인이 운명하였음을 보여주었으며 애도의 감정을 가중시켰다. 『사기』에서 사마천은 7차례 공자가 노나라의 재상이라고 기록하였고 9차례 공자의 죽음을 기록하였다.[35] 중복적으로 공자가 천하의 첫 번째 역사적 지위에 있는 사람임을 두드러지게 하였는데, 이는 호견법을 운용하여 서사에 논점을 기탁한 것이다. 『사기』에서 호견법으로 중복 기록한 사례가 또한 매우 두드러졌다.

위에서 말한 것을 총괄하면 호견법 자체는 결코 예술 기법이 아니며 다만 재료를 잘 짜서 호문으로 상호 보충하는 것일 뿐이다. 그러나 사마천은 인물의 형상을 빚어내는 각종 문학 기법과 인물을 평가하는 사법의 의례(義例)가 모두 호견법의 운용을 떠날 수 없다. 이것은 우리가 『사기』의 인물 형상의 묘사와 인물의 평가를 연구할 때 절대로 가볍게 지나쳐서는 안 될 것이다.

3) 줄거리의 스토리텔링화

『사기』 중요 인물의 전기는 대부분 시간 순서에 따라 일을 기록하며 일생 일어난 일을 총괄하여 첫머리에서는 성명과 향리, 가계(家系), 생일을 쓰고 결미에서는 그 죽음을 써서 인물의 일생 동안의 언행을 수미가 완비된 이야기로 구성한다. 「항우본기」는 세상을 덮는 기개를 가진 영웅이 폭풍우가 휘몰아치듯 흥하였다가 망한 이야기를 썼으며, 「고조본기」는 포의로 제위에 오른 이야기를 썼다. 「이장군열전」은 이광이 때를

---

35 『사기』는 「주본기」와 「진본기」, 「오태백세가」, 「노세가」, 「연세가」, 「진(陳)세가」, 「위(衛)세가」, 「진(晉)세가」, 「초세가」, 「위(魏)세가」, 「정세가」, 「공자세가」, 「오자서열전」 등편에서 7차례 공자를 노나라 재상이라 기록하였고, 9차례 공자의 죽음을 기록하였다.

만나지 못한 이야기를 썼고, 「위기무안후열전」은 두영(竇嬰)과 전분(田蚡) 등이 서로 알력을 일으키는 이야기 등등을 썼다. 아울러 인물의 일생에서 언행이 발전해 간 줄거리 또한 스토리텔링화했다. 「이장군열전」에서는 이광이 흉노를 추적하며 독수리를 쏜 것과 죽은 척하여 험지에서 탈출한 것, 패릉위(霸陵尉)를 참한 것, 우북평(右北平)에서 호랑이를 쏘아 화살촉이 (바위에) 박힌 것, 좌현왕(左賢王之)의 포위를 뚫은 것, 문서를 마주하지 않고 자결한 일 등 여섯 이야기를 중점적으로 기술하여, 그가 일생 동안 "운수가 좋지 않아" 재주를 품고도 때를 만나지 못한 비극적인 이야기를 펼쳐 보였다. 「염파인상여열전」에는 세 가지 이야기에 중점을 두었다. 곧 완벽귀조(完璧歸趙)와 민지의 회맹(澠池之會), 그리고 가시나무를 지고 죄를 청한 것이다. 중간에 조사(趙奢)와 조괄(趙括), 이목(李牧)의 사적을 끼워 넣은 것은 약간의 이야기로 분해할 수 있다. 사마천은 인물의 언행을 세부적으로 쓰면서 한 장면을 모두 이야기로 구성할 수 있었다. 「진승상세가」 같은 데서는 진평이 주재자가 되어 제사의 고기를 나누는 이야기를 36자의 대화로 구성하였다.

> 마을 안의 제사 모임에 진평이 주재자가 되어 고기와 음식을 매우 고르게 나누었다. 마을의 어른들이 이르기를 "잘하는구나. 진 씨집 아이가 주재함이여!"라고 하였다. 진평은 말하였다. "아아! 나에게 천하를 주재하게 하면 또한 이 고기처럼 할 텐데!"
> 里中社, 平爲宰, 分肉食甚均. 父老, "善, 陳燕子之爲宰!" 平曰, "嗟乎! 使平得宰天下, 亦如是肉矣!"

이 간단한 대화로 진평의 포부와 재주를 품고도 때를 만나지 못한 개탄을 묘사하였으며 대화 중에 부로의 칭찬이 또한 진평의 사람됨을 반영하였다. 대화는 스토리텔링을 갖추고 있으며 독자로 하여금 말한 사람의 표정을 볼 수 있게 하는 것 같다.

인물의 언행을 생동감 있고 구체적인 이야기로 변화시켜 인물의 사상 면모를 드러내면서 가필을 많이 하지 않고도 인물 특유의 개성을 표현해 낼 수 있었다. 따라서 사마천은 재료와 편의 배치를 선택하면서 자주 생활의 소소한 이야기를 끼워 넣었다. 「회음후열전」은 편을 시작하면서 한신이 젊었을 때 곤궁하고 욕을 당한 것을 묘사하였다. 대가의 솜씨를 한껏 갖추어 세 개의 이야기를 짜 넣어 인물의 사상 정지(情志)를 표현한 것이다. 첫째, 한신이 남창(南昌)의 정장(亭長)에게 노하여 절교하는 것을 써서 그가 염량세태를 증오하고 권세와 이익을 추구하는 소인배를 싫어함을 표현하였다. 둘째, 한신이 표모(漂母)가 은혜를 베푼 것에 보답함을 말하는 것을 써서 그의 덕으로 은혜를 갚는 충의(忠義)한 사상을 표현하였다. 셋째, 한신이 못된 소년을 만나 "물끄러미 쳐다보다가 가랑이 아래로 기어나간" 것을 써서 그의 인내심을 묘사하였다. 이 세 가지 에피소드가 표현한 정신 기질은 한신의 일생을 조영하였다. 한신이 남창의 정장과 노하여 절교한 것은 그가 나중에 항우를 배신하고 떠나게 되는 복선이다. 한신이 표모에게 보답하고 가랑이 아래로 기어나간 것은 바로 그가 한왕의 덕을 배반하지 않는 것으로, 곧 군사를 빼앗기고 봉지를 옮기고 속여서 체포하고 작위가 깎이더라도 외압을 견뎌낼 수 있는 사상적 기초이다.

「혹리열전」에서는 혹리 장탕이 고기를 훔친 쥐를 심리하는 이야기로 시작한다. "장탕은 두현(杜縣) 사람이다. 그 부친이 장안승이었을 때 외출하자 장탕은 아이로 집을 지켰다. 돌아오니 쥐가 고기를 훔쳐 그 부친이 노하여 장탕을 매질하였다. 장탕은 도둑질한 쥐와 남은 고기를 파내어 쥐의 훔친 죄를 심리하여 죄수를 심리한 문서를 만들고 고문하고 국문하여 논하여 알리고 쥐와 고기를 함께 가져다가 죄목을 갖추어 대청 아래서 책형(磔刑)에 처하였다. 그 아버지가 보게 되었는데, 그 문사가 노련한 옥리와 같음을 보고 매우 놀라 마침내 옥사를 판결하는 문서를 배우게 하였다." 이 에피소드는 장탕의 혹독하고 모진 성격을 쏙 빼닮게 그려내어서 후에 옥사를 다스림이 가혹할 것이라는 포석이 되어 독자들에게 깊은 인상을 남겼다.

「이사열전」은 사마천이 네 차례 탄식하는 세절로 묘사의 주안점을 삼아 이사라는 인물의 개성이 발전되어 가는 것을 펼쳐 보여 이사를 생생하게 묘사하였다. 이사는 변소의 쥐와 창고의 쥐가 처한 환경이 다른 것을 보고 한번 탄식을 하고, 현귀해져 승상이 되자 한번 탄식을 하며, 유조(遺詔)를 고치고 한번 탄식을 하고, 오형이 갖추어짐에 한번 탄식을 한다. 이 네 탄식은 이사의 이기주의적 인생관을 깊숙이 드러낸다. 따라서 봉건통치계급의 걸출한 인물을 그려내었는데, 극단적으로 이기적일 뿐만 아니라 포부가 비범한 이중성격의 인물 형상이다.

『사기』에서 인물 전기가 가장 정채로운 편장은 스토리텔링이 가장 강화된 명편이다. 「자객열전」과 「유협열전」은 모든 인물의 전기가 모두 완정한 이야기이다. 「위공자열전」은 주로 신릉군이 자리를 비워놓고 후영(侯嬴)을 맞이하고 후영과 결별하며, 도박을 하고 술을 파는 자들과 종유하는 이야기 등을 썼다. 그가 조나라를 구원하고 진나라에 맞선 대사건 또한 부절을 쪼개어 조나라를 구하는 이야기로 변화시켰다. 역사 인물의 사실은 허구일 수 없지만 선택과 편집, 배치 등 각종 기법을 통하여 스토리텔링의 구성을 진행하는데 인물이 전형화하는 과정이기도 하다. 플롯의 스토리텔링화는 사마천이 인물을 전형화하여 창작하는 하나의 가장 기본인 방법이라고 할 수 있다.

4) 세절 묘사와 큰 장면의 표현

세절의 묘사는 이야기를 구성하는 부속품이다. 하나의 세절은 긴 것은 하나의 고사일 수 있으며 짧은 것은 다만 하나의 동작, 하나의 암시 혹은 하나의 번뜩 스치는 생각에 지나지 않는다. 장면은 정절이 발전하는 기본단위이며, 그것은 왕왕 모순되고 충돌된 결점(結點)으로 하나의 인물이나 많은 인물이 활동하는 공간 무대이다. 전설의 인물을 시간 순서에 따라 서술하는 것은 종적인 시간 전개이고 장면 묘사는 횡적인 공간 전개이다. 세절과 장면은 모두 묘사이며 사필이 대략적인 서사를 타파하는 문학 기법이다. 사마천은 세절의 묘사에 뛰어나 세절로부터 인물의 특성을 부각시키는 데 뛰어났을 뿐만 아니라 대장면의 묘사에도 뛰어나 큰 곳에서 인물의 전모를 펼쳐 보이고 인물의 개성을 그려내었기 때문에 세절의 묘사와 장면의 표현은 대소가 서로 도와 이루며 모두 사마천이 창작하고 형상화한 인물의 중요한 예술 수단이다.

세절은 형상을 구성하는 세포이다. "세절의 묘사가 많아질수록 묘사의 밀도가 더 커지며, 생활의 형상화가 더 강해진다. 일정한 수량과 질량의 세절 묘사가 없으면 생동적 형상을 이룰 수 없으며 결코 문학이라고 일컬을 수 없다. 순수한 역사의 성격을 띠고 있는 저작인 『춘추』는 근본적으로 세절 묘사가 없다. 세절 묘사는 사전 저작에서 문사가 결합한 산물로 『좌전』에서 단서를 열어 『사기』에 이르러서야 막힘이 없게 되었다." 커융쉬에 선생이 그의 저서 『사기문학성취논고(史記文學成就論考)』에서 제기한 의론은 매우 정확하다.

『사기』에서 인물을 그려낸 세절 묘사는 얼마든지 있다. 『고조본기』에서는 외상으로 술 마시기, 빈손으로 연회에 가서 "하례금 만 냥"이라고 큰소리 친 일, 진시황을 실컷 구경하고 감탄한 일, 두 다리를 뻗고 앉아 역생(酈生)을 만나본 일, 가슴을 다치고 발을 문지른 일, 내심 가신의 말을 훌륭하게 여긴 일 등등의 세절이 유방의 개성 각각의 측면을 펼쳐 보여준다. 사마천이 포착한 세절은 결코 엽기적이거나 세절을 위한 세절이 아니라 언제나 인물 묘사나 역사 사건을 기술하는 총체에 놓고 거시적으로 살펴본 것이다. 묘사한 모든 세절에는 모두 사람이나 일의 본질을 반영할 수 있는 독특함을 갖추었으며 이에 전형적인 의의를 갖추게 되었다. 「유후세가」에서 장량이 하비에서 만난 노인에게 신발을 신겨주는 세절은 장량의 흉금과 도량을 보여주었다. 이는 또한 인물의 내면활동이 지극히 정채로움을 보여주는 단순한 묘사이다. 사마천은 이렇게 기록하였다.

> 장량은 한가한 틈을 타 하비의 다리 위를 천천히 산책한 적이 있다. 한 노인이 거친 삼베옷을 걸치고 장량이 있는 곳으로 다가와 바로 신을 다리 밑으로 떨어뜨리더니 장량을 돌아보며 "얘야, 내려가서 신을 주워오너라!"라고 하였다. 장량은 놀라며 한바탕 때려주려고도 하였다. 그 사람이 늙어서 억지로 참고 내려가서 신을 주워왔다. 그러자 노인이 "신겨라!"라고 하였다. 장량은 기왕에 노인을 위해서 신을 주워왔으므로 윗몸을 곧게 세우고 꿇어앉아 신을 신겨주었다. 노인은 발에(신을) 신기게 하고는 웃으면서 가버렸다. 장량은 매우 놀라서 노인이 가는 대로 물끄러미 바라보았다.
>
> 良嘗閒從容步游下邳坯上, 有一老父, 衣褐, 至良所, 直墮其履圯下, 顧謂良曰, 孺子, 下取履! 良愕然, 欲毆之. 爲其老, 彊忍, 下取履. 父曰, 履我! 良業爲取履, 因長跪履之. 父以足受, 笑而去. 良殊大驚, 隨目之.

이 단락의 문자는 한 늙은이와 젊은이가 배척과 대립에서 서로 교류하고 심적으로 통하게 되는 장면으로 하나의 이야기를 체계적인 세절로 구성하였다. 첫머리에 장량이 "한가한 틈을 타 하비의 다리 위를 천천히 산책하는 것"을 썼는데, 한가로이 경치를 구경하는 이 세절은 장량의 당시 한가한 심경을 묘사한 것이다. 이어서 한 노인이 앞으로 오더니 "바로 신을 다리 밑으로 떨어뜨렸는데", "직(直: 바로)"자는 노인이 일부러 장량의 마음을 떠보는 것을 묘사하였다. "애야, 내려가서 신을 주워오너라!", "신겨라!"라는 것은 조금도 언급할 여지가 없는 명령조이며, 이는 장량에 대하여 그야말로 느닷없는 모욕으로 감히 진시황을 저격할 계책을 세운 적이 있던 귀공자로서 평상시 같았으면 참을 수 없는 행동이었다. 그런데 현재의 장량은 추격을 받고 있는 성명을 숨긴 사람으로 언행을 삼가야 했고 대면하고 있는 사람도 노인이었기 때문에 화를 내지 않았다. 처음에는 "놀랐으며" 이어서 "때리려 했고" 또 "노인이기 때문에 억지로 참았으며" 결국 "내려가 신발을 가져와", "길게 무릎을 꿇고 신을 신겨주었는데" 이 일련의 행동의 세절 묘사는 장량이 급격히 사상 투쟁을 진행하는 복잡한 심리 활동을 묘사해 내었다. 노인은 장량의 이런 인내와 공손함을 보고 시험한 목적을 이미 이루었으므로 "발에 신기게 하고는 웃으면서 가버렸으므로" 행동이 기묘하고 변화무쌍하여 재차 장량으로 하여금 의외라고 느끼게 하였다. 이에 "놀라서 노인이 가는 대로 물끄러미 바라보면서" 노인이 멀리 떠나는 것을 눈으로 지켜볼 뿐이었다.

장량은 원래 가산을 털어 국난을 구제한 호협 인물이다. 박랑사(博浪沙)에서 진시황을 저격하였으나 실패하였다. 이에 은거하여 깊이 생각하며 10년간의 연마를 거쳐 성숙해지기 시작하였으며 마침내 제왕의 스승으로 모략이 뛰어난 인물이 되었다. 장량이 전후로 행한 일은 전혀 딴 사람 같은데 이는 시사(時事)의 발전이 만들어낸 영웅이다. 다리에서 신발을 신긴 이야기는 장량의 사상 성격이 바뀌는 계기가 되었다. 그의 꾹 참고 받아들이는 성격의 측면을 그려내었는데, 흡사 그의 후반생의 행사와 서로 호응하는 것 같다. 따라서 이 장면의 이야기는 복잡한 심리 상태의 묘사를 포용하였다. 작자의 어떠한 설명이나 평어도 없지만 인물의 정취와 풍모가 그림처럼 생생하다. 이로써 사마천이 큰 그림을 그리는 데 뛰어나고 세절을 포착하여 묘사하는 빼어난 재주를 가지고 있음을 알 수 있다.

큰 장면의 표현은 분량이 크기 때문에 더욱 신출귀몰한 예술 효과를 갖추었다. 무릇 『사기』의 명편과 명인의 전기에는 모두 사람의 마음을 흔드는 장면 묘사가 있다. 「주본기」에서는 무왕을 묘사하였는데, 맹진(孟津)에서 군사를 보는 것과 목야(牧野)에서 군사에게 맹세하는 것, 무왕이 주(紂)를 죽이는 등의 장면 등이 있다. 「항우본기」에는 모두가 아는 홍문연과 거록의 전투, 동성(東城)의 결전, 해하에서 우희와의 이별, 오강에서의 자결 등의 장면을 제외하고도 편중에는 또한 항우가 회계(會稽) 태수 은통(殷通)을 죽인 것, 송의를 죽이고 조나라를 구원한 것, 제왕(諸王)을 분봉한 것, 팽성(彭城) 대전 등의 장면도 있다. 『사기』에서 묘사한 장면은 내용이 풍부하고 다채롭다.

연회 장면은 다음과 같은 것이 있다. 위공자가 후생에게 연회를 베풂, 고조가 환향하여 부로들에게 연회를 베풂, 관부(灌夫)가 술김에 좌중을 꾸짖은 것 등이다. 회맹의 장면으로는 다음과 같은 것이 있다. 모수(毛遂)가 합종을 정함, 진소왕(秦昭王)이 장대(章臺)에 앉아 인상여를 보는 것 등이다. 자객을 보내어 맹약을 겁박하는 장면으로는 다음과 같은 것이 있다. 조말(曹沫)이 맹약을 겁박한 것, 전제(專諸)가 오왕(吳王) 요(僚)를 죽인 것, 섭정(聶政)이 한상(韓相)을 죽인 것, 형가(荊軻)가 진왕을 저격한 것 등이다.

일상생활 장면에는 다음과 같은 것이 있다. 두 태후(竇太后)가 아우를 알아본 것, 문제가 신부인(慎夫人)을 위해 신풍(新豊)의 길을 내도록 지시한 것, 태상황이 빗자루를 끼고 고조를 맞이한 것 등이다. 생이별과 사별의 장면에는 다음과 같은 것이 있다. 이광이 바위에 화살을 쏘자 화살촉이 박힌 것, 손무(孫武)가 부녀자로 구성된 병사를 조련한 것, 제나라의 양저(穰苴)가 감군(監軍) 장가(莊賈)를 벤 것, 탁문군이 밤에 사마상여에게로 달아난 것 등이다. 이 외에도 진섭이 대택향(大澤鄕)에서 기의한 것, 우전(優旃)이 난간으로 다가가 섬돌의 방패를 든 낭(郞)에게 큰소리 친 것, 위기와 무안후가 동조정(東朝廷)에서 변론한 것 등등 일일이 다 셀 수가 없다. 가장 빛을 발하는 장면은 아무래도 전쟁 장면일 것이다.

「항우본기」가 명편임은 말할 것도 없고,「손자오기열전」의 손빈과 방연의 지혜 다툼,「전단열전」의 화우진(火牛陣),「회음후열전」의 한신의 용병술 같은 것은 생동적이고 다채롭게 쓰여지지 않은 것이 없다. 독자들은 눈만 스쳐 가도 그 천군만마의 웅위한 기상을 상상할 수 있으며 귓전에 창칼과 철마가 고함을 치고 교전을 하는 함성이 울려 몸소 겪은 것과 같다. 『사기』의 절묘한 장면 묘사는 다만 어느 한 인물 형상의 유기적인 구성 부분일 뿐만 아니라 이미 독립적인 예술 생명을 갖추었다. 이렇게 말할 수 있다. "『사기』의 장면 묘사는 이미 이런 경지에 이르렀으며, 그 묘사해 낸 장면을 모두 그리고 아로새기고 빚어낼 수 있으며 더욱이 무대와 스크린으로 옮길 수 있다."[36]

4. 『사기』 산문 서사의 예술 특색

『사기』 인물 전기의 본질은 일종의 산문 서사다. 그 가운데 인물 전기

---

36 커융쉬에(可永雪)의 『사기문학성취논고(史記文學成就論稿)』, 내몽고교육출판사(內蒙古敎育出版社) 1991년판, 222쪽.

가 아닌 편장은 대부분 정치적 색채를 띠고 있는데, 더욱 전형인 산문 서사이다. 사마천 산문의 예술 성취는 한대 문학의 높은 봉우리를 대표한다. 언어의 연마와 장법의 결구는 우수한 산문을 써내는 중요한 요인이다. 앞 세대의 사람이 이 방면에 대하여 밝혀낸 것이 가장 깊고 얻은 성적이 또한 가장 크고 본래 할 말이 많지만 편폭의 제한으로 여기서는 상세히 논하지 않겠다. 아래에서는 역사 서사와 인물의 묘사라는 관점에서 『사기』 산문의 예술 특색을 탐구해 볼 것인데, 가장 두드러진 성취는 바로 다음의 몇 가지 방면임을 알 수 있다. 일의 이치를 서술함에 뛰어남, 서사(序事)에 논단을 기탁함, 농후한 서정성, 풍자 예술, 통속화하고 개성화한 언어이다, 나누어서 아래에 개략적으로 말해보겠다.

1) 일의 이치를 서술함에 뛰어남

『사기』는 일반적인 서경, 서정, 비유, 설리(說理)가 아니다. 사람을 본위로 하여 역사를 기록 서술한 것이기 때문에 따로 하나의 격을 갖춘 역사 산문이다. 중국 문학사에서 최초의 역사 산문은 『상서』와 『춘추』이다. 『상서』는 말을 기록하였고, 『춘추』는 일을 기록하였다. 양자는 모두 비교적 고풍스럽고 소박하다. 그 후로는 『국어』와 『좌전』이 있다. 『국어』는 말을 기록하였고, 『좌전』은 일을 기록하였다. 이 두 책은 기언(記言)이든 기사(記事)든 모두 광범한 역사 내용을 갖추고 있으며 언어가 간결하고 유창하며 문채가 풍부하다.

『좌전』의 기사는 사물의 본질을 두드러지게 하는 데 뛰어나 간단하고 개괄적인 언어로 복잡하고 어지러운 사물을 잘 묘사해 냈으며 전쟁의 묘사에 더욱 뛰어나다. 이와 동시에 『좌전』은 이미 인물의 경개를 묘사하기 시작하였으며 극히 적은 필치로 인물의 미세한 동작과 내면 활동을 그려낼 수 있어서 인물이 생동적인 형상을 갖게 하였다. 『전국책』

은 사령(辭令)에 뛰어나며 제자(諸子)의 산문은 설리(說理)에 뛰어나다. 사마천은 『좌전』의 역사 산문 전통을 계승하였으며, 또한 『국어』와 『전국책』, 제자의 산문에서 자양분을 흡수하여 발전시켜 태사공 특유의 풍격이 있는 『사기』의 산문을 창조해 내었으며, 그 최대 특색은 기사의 실록에서 일의 이치를 서술함에 뛰어나다는 것이다. 서한의 문학 대가 유향과 양웅은 모두 극히 탄복하였다. "일의 이치를 서술함에 뛰어나 변설에 능하면서도 화려하지 않고 질박하면서도 속되지 않다." 바로 유향과 양웅이 사마천 문필 특징에 대한 고도의 개괄이 제기한 명제이다. 반고는 『한서』 「사마천전」의 찬어에서 유향과 양웅의 말을 인용하면서 그의 탄복을 표명하였다. 이는 『사기』의 "일의 이치를 서술함에 뛰어난" 산문 특색이 양한 문학과 사학의 대가에 의해 공인되었으며 또한 2천 년이 되도록 반박할 수 없는 의론이 되었다는 것을 설명한다.

사마천은 "고금의 변화에 통달하였고", "제왕(帝王)을 서술하였으며", "제후국을 기록하였고", "시사를 엮었으며", "제도를 상세히 밝혔고", "인물을 기록하였는데" 모두가 서사(叙事)이다. 사마천은 "일가의 말을 이루어" 역사를 기록하고 서술하는 가운데 역사가 변화 발전해 온 인과 관계를 천명하고 자기의 분석과 견해를 표명하려고 한 것이 바로 이(理)이다. 일을 서술하고 이치를 말하면서 융합하고 닫는 데 천의무봉의 솜씨를 보였다. 「오제본기」는 옛 역사 문헌을 주조하고 편집하고 완성한 편장이다. 사마천은 오히려 때에 따라 상세하고 간략하게 서사 중에 선명하게 황제가 개창한 통일과 요·순의 밝은 덕의 역사적 관점을 표현하였다. 청나라 오견사(吳見思)는 평론하였다. "요·순의 두 기(紀)는 순전히 『상서』와 『맹자』의 것을 쓰면서 글자의 표면을 대략 고쳤다. 곧 태사공의 문장이며, 『상서』, 『맹자』의 문장이 아니다. 이미 깎아내고 고치는 과정을 거치고 조화롭게 끼워 넣는 것을 운용하였는데, 흔적이라고는 전

혀 없으니 어찌 신의 솜씨(神手)가 아니겠는가!"[37] 이는 옛 역사 문헌이
사마천의 수정을 한 차례 거쳐 대문호의 문장이 되었고 무한한 사상을
함축하게 되었다는 것을 말한다.

근대의 인물 이경성(李景星)은 구체적으로 분석하여 말하였다. "편중
에서 세계(世系)를 고찰한 곳은 극히 분명하며 또한 지극히 들쭉날쭉하
다. 서사에 이르러서는 더욱 상략(詳略: 상세하고 간략함)이 타당함을 얻었으
며 변화가 극치에 달하였다. 대구(對句)는 주어(周語)를 배웠다. 빼어난 구
절은 제자를 참고하였다. 옛 구절과 오묘한 구절은 경서를 방불케 한다.
열거한 오제의 큰일, 천지산천, 예악제도, 관직의 설치와 분화, 덕을 닦
고 정사를 행함 같은 것은 수백 언으로 늘어난 것도 있고 몇 글자로 축
약된 것도 있다. 모든 절이 호응하고 곳곳에서 관통한다. 사실은 고고하
고 전아하며 질박하고 한 올도 구차하지 않다."[38] 여기서는 「오제본기」
의 역사 고증은 정밀하고 상세하며, 상세하고 간략함이 타당하고 편장
의 배치와 문장의 구사와 문장을 만듦에 이미 계승한 것도 있고 창조한
것도 있어서 한 올도 구차하지가 않다는 것을 지적하였다, 사마천의 "일
의 이치를 서술함에 뛰어남"은 지극히 힘들고 어려운 노력을 거쳤다.

문장은 오직 서사(叙事)가 가장 어려워 평탄하게 직서하면 담담하여
맛이 없다. 사마천은 오히려 서사에 뛰어나 "『사기』라는 책은 들쭉날쑥
하게 변화를 끼워 넣은 것이 기이하며 필법과 구법이 절대 일률적이지
않다."[39]고 하여 역대 학자들의 일치된 인정을 받았다. 유지기는 말하였
다. "자장의 서사를 살펴보니 주나라 이래로 갖추지 않은 것을 말하였으
며, 그 문장은 넓고 소략하여 더 이상 체통이라고는 없었다. 진한 이하

---

37 『사기논문(史記論文)』「오제본기(五帝本紀)」.
38 『사기평의(史記評議)』「오제본기(五帝本紀)」.
39 오견사(吾見思)의 말은 『사기논문(史記論文)』「오제보기(五帝本紀)」에서 인용.

로는 조리가 있고 질서가 있어 환하게 볼 만한 것이 있으니 칭찬할 만하다."[40] 사마천이 진한의 어지러운 역사를 기록한 창작은 그 서사 기법이 더욱 정밀하고 빼어나다는 말이다.

청나라의 풍반(馮班)은 말하였다. "『사기』의 서사는 물이 그릇을 따르듯 방원(方圓)과 심천(深淺)에 따라 모두 자연스레 서로 응하였다."[41] 유희재(劉熙載)는 말하였다. "『사기』의 서사는 글 밖으로도 끝이 없어 비록 하나의 시내 하나의 골짝이라도 모두 장강이며 대하와 서로 같다."[42] 이런 칭찬의 말은 이루 다 들 수가 없다. 중심은 『사기』의 문장을 말한 것으로 서사가 적절하여 혼연일체가 되며, 말 밖에 뜻이 있어 파란(波瀾)이 씩씩하고 넓으며 기복과 변화가 무궁한 묘경을 이룬다. 사마천이 정성껏 창작한 편목인 「항우본기」, 「고조본기」, 「이장군열전」, 「위기무안후열전」 등과 같은 것은 모두 서사가 그림 같은 명편이다. 「위기무안후열전」을 가지고 한번 분석해 보자. 이경성(李景星)은 말하였다.

이 전은 비록 「위기무안후열전」이라 하였지만 실제로는 두영(竇嬰)과 전분(田蚡), 관부(灌夫) 세 사람의 합전이다. 두 사람은 귀척이고 한 사람은 술꾼으로 무한한 풍파를 불러일으켰다. 두서가 어지러운데 어떻게 손을 대었는가? 그러나 태사공은 홀로 짐승들을 때려잡는 수단으로 한 편의 떠들썩한 문자를 구성하였으니 실로 신력(神力)이다! 전은 위기와 무안을 날실로 삼고, 관부를 씨실로 삼았으며 두(竇)와 왕(王) 두 태후를 안목(眼目)으로 삼았고 빈객들을 줄거리로 삼아 양왕(梁王), 회남왕(淮南王), 조후(條侯), 고수(高遂), 도후(桃侯), 전승(田勝), 승상관(丞相綰), 적복(籍福),

---

40 『사통』 권6 「서사(叙事)」.
41 『둔음잡록(鈍吟雜錄)』 권6.
42 『예개(藝槪)』 「문개(文槪)」.

조관(趙綰), 왕장(王藏), 허창(許昌), 장청적(莊靑翟), 한안국(韓安國), 갑후(蓋侯), 영음후(潁陰侯), 두보(竇甫), 임여후(臨汝侯), 정불식(程不識), 급암(汲黯), 정당시(鄭當時), 석건(石建) 등 많은 사람을 가지고 색칠하고 귀보(鬼報)로 마무리했다. 나누었다 합치고 맥락을 이어 엇섞임을 주밀하게 하여 은원(恩怨)이 서로 맺어지고 권세가 서로 기울며 잔술[杯酒]을 서로 다투어 정경이 완전히 눈앞에서 펼쳐지는 듯하다.[43]

본전은 단 3천여 자로 서한 통치 집단의 상류 인물 27명을 언급하였다. 전 중의 세 주인공인 두영과 전분, 관부는 모두 평범한 관료로 이경성이 말한 것과 똑같다. 두 사람은 외척이고 한 사람은 술꾼으로 그들은 무슨 칭송을 받을 만한 특별한 공훈이 없다. 그러나 사마천은 오히려 그들 각자가 갖고 있는 전형적인 개성의 특징을 포착하여 실록 중에 생동적인 형상을 빚어냈고, 후대의 사람들을 깊은 생각에 잠기게 하는 철리를 함축시켰다. 사마천은 세 사람을 주된 플롯으로 삼고 각양각색의 정치 인물을 이어서 삽입하였으며, 한 폭의 우의가 깊은 정치 풍운 파노라마를 짜내어 성세기 서한 궁전 내외의 모순과 투쟁을 드러내었다. 귀족들 상호간의 알력과 횡포하고 제멋대로인 악한 형상을 통하여 당시 전제정치의 암흑과 부패를 힘껏 규탄하였다. 전체 전의 서사는 평담해 보이지만 읽어보면 오히려 폐부를 찌른다. 본전의 예술 기법은 다방면의 정채한 표현이 있어서 인물을 그려내는 데 형상이 생동적이고 언어가 간결하며 서사가 정련되었다. 편말의 평론은 화룡점정으로 시비가 타당하고 함축적이며 예리하다. 서사수법만 가지고 말한다면 본전에는 두 가지 큰 특징이 있다.

---

43 『사기평의(史記評議)』「위기무안후열전」.

첫째, 장법과 결구가 새로운 국면을 창조하여 흩어지는 것 같으면서도 치밀하고 얼기설기 뒤엉켰으면서도 조리가 분명하다. 세 전을 떼어서 읽으면 각기 처음과 끝을 갖추었는데, 다만 각 인물의 개인적 영욕을 반영할 뿐 평담하고 기이함이 없다. 사마천은 세 전을 이어서 두 외척의 복잡한 인척 관계를 이용하여 각종 인물을 끼워 넣어 각종 복잡한 모순을 섞어 짜 파란만장한 역사 화면을 반영하였다. 청나라의 곽숭도(郭嵩燾)는 말하였다. "위기, 무안, 관장군은 각자 그 세력의 성쇠에 따라 차례대로 말하여 세 전을 하나의 전으로 합하여 사정이 더욱 드러났다."[44]

둘째, 한 계열의 전형적인 생활 정경을 선택하여 스토리를 짜고 인물을 그려내어 다른 정치집단세력의 성쇠를 반영하여 생활의 정세를 풍부하게 갖추어 사람을 황홀한 경지로 이끌었다. 두영과 전분이 갈등 관계로 발전하게 되는 두 개의 중요한 장면이 있다. 하나는 두영 부부가 연회에 전분을 청한 것이고, 하나는 관부가 술자리에서 욕을 한 것이다. 전자는 두영 부부가 연회에 초청하자 아첨쟁이가 장단을 맞추어주지 않고 오히려 전분의 교만함을 부추겨 술과 고기를 차려놓은 초청으로 전분이 성남의 전지(田地)를 요구하도록 바꾸었는데, 실로 부인에게 배상하고 또 군사가 꺾였다. 후자는 두영과 관부가 전분의 결혼을 경하하러 갔는데, 두영은 사람들의 싸늘한 시선을 느꼈고, 불평불만이 가득한 관부는 술자리에서 화를 내고 모욕한데 지나지 않았는데도 불의의 화를 당한 것이다. 두 차례의 연회에서 기인한 것은 모두 세력을 잃은 두영과 관부가 주동적으로 전분의 비위를 맞추러 간 것인데 그 결과 제 꾀에 넘어가 두 차례의 해학극을 연출해 냈다. 이 근본 원인은 두영과 관부 두 사람은 내심 전분을 매우 질투하여 미워하였고 이에 같은 당파를 결성하여

---

44 『사기찰기(史記札記)』 권5하.

대항하였지만 그들은 또한 마음에 환상이 남아 표면적으로는 전분에게 아첨하고 좋은 세력을 빌려 자기의 가치를 올릴 작정이었다. 또한 두 영과 관부 두 사람은 심사가 어긋난 권문세가로 내심 축적된 증오와 고통이 홍수처럼 억지웃음이라는 제방을 터뜨렸기 때문에 제 꾀에 넘어간 결과를 연출하기에 이르렀다. 사마천은 이런 전형적인 생활 정경을 포착해내어 스토리를 전개하여 플롯에는 비록 요동치는 기복이 없지만 오히려 곡절이 생동적이어서 사람을 황홀한 경지로 이끈다.

편장의 배치가 교묘하고 전형적인 소재의 선택에 뛰어난데 사마천이 사리의 대요를 잘 서술하였기 때문이다. 이 외에 사마천은 한 편의 단락에 층차를 두는 것부터 한 구절의 자법의 변화에 이르기까지 또한 서사 필법을 매우 강구하였다. 청나라 이만방(李晩芳)은 「백이열전」을 평하여 말하였다. "한 편 내에서도 서술하는 듯하더니 어느덧 끊기고, 논하는 듯하다가 찬하기도 하며, 옛날을 조문하는 듯하다가 지금을 슬퍼하기도 하는 등 독자들을 모호하게 하여 그 묘함을 이름붙이지 못한다."[45]

오견사는 「급정열전」을 평하여 말하였다. "일을 서술하는 듯하더니 문장을 행하고 갑자기 간략하고 질박하다가 갑자기 화려하게 배치하여 단락을 따라 변환하며, 또한 산이 돌아가고 골짜기가 꺾이며 구름이 흩어지고 달이 나오는 듯한 묘함이 있다."[46] 여기서 말한 것은 서사하는 단락의 필법 변화이다. 뉴원전(牛雲震)은 「염파인상여열전」의 "완벽귀조(完璧歸趙)"절을 평하여 말하였다. "하나의 벽(璧)일 뿐인데, 변화를 주어 벽옥을 바꾸었다(易璧), 벽옥을 받들었다(奉璧), 벽옥을 완전히 보호했다(完璧), 벽옥을 주었다(授璧), 벽옥을 얻었다(得璧), 벽옥을 구하였다(求璧), 벽

---

45 『독사관견(讀史管見)』.
46 『사기논문(史記論文)』.

옥을 차지하였다(取璧), 벽옥을 잡았다(持璧), 벽옥을 깨뜨린다(破璧), 벽옥을 보냈다(送璧), 벽옥을 돌려보냈다(歸璧), 벽옥을 남겼다(留璧)와 같이 표현해 내어 글자가 비록 경의 뜻은 아니지만 얼마나 정을 내는 곳이 많은가!"[47] 이는 자법의 변화를 말하였다. 한 "벽(璧)"자는 상황의 발전에 따라 일련의 같지 않은 동사를 써서 변화시켜 장면의 전환을 묘사하였고, 인물의 심리 상태의 변화를 표현하였으며 아주 통쾌하게 인상여의 큰 지혜와 용감무쌍한 형상을 그려내었다. 이로써 사마천의 서사는 단락의 기복 및 문자의 변화가 완전히 인물을 다 써내거나 이치를 말하는 것을 증강하기 위해 봉사하는데, 대가의 솜씨가 아니면 이렇게 할 수 없다는 것을 알 수 있다.

"변설에 능하면서도 화려하지 않고 질박하면서도 속되지 않다"는 것은 첫째, 서사의 내용이 상세하고 확실하면서 비지 않았고, 둘째, 서사에 문채가 있고 질박하면서도 거칠고 속되지 않다는 것을 말한다. 이 두 특징은 또한 문학과 역사를 하나의 도가니에 넣고 다루는 예술 기법이다. 명나라 하교신(何喬新)은 평론하여 말하였다. "유협을 서술한 이야기와 육국의 형세를 논한 것에서 토지와 갑병에서 거기(車騎)와 곡식을 쌓아 놓은 차이를 말하였으니, 변설에 능하다고 할 수 있다. 각기 실질에 해당하지 않는 것이 없으니 이것이 변설에 능하면서도 화려하지 않은 것이다. 화식(貨殖)의 바탕을 서술하면서 봉후의 집은 대부와 밤, 옻과 대에서 복어와 갈치의 수를 문서처럼 기록한 것은 질박하다고 할 수 있을 것이며, 각기 문식을 하지 않은 것이 없는데, 이것이 질박하면서도 속되지 않은 것이다."[48] 하 씨가 든 예증과 평어는 극히 정밀하고 타당하다. 「화

---

47 『사기평주(史記評注)』.
48 『하문숙공문집(何文肅公文集)』 권2 「사기」.

식열전기」에서는 각지의 도시와 지리, 기후, 물산, 풍속, 인정 등을 기록 서술하였다. 형형색색의 모든 것이 다 실록이면서 문채가 빛나며 내용이 "변설에 능하면서도 화려하지 않고 질박하면서도 속되지 않아" 전편의 배치가 또한 사리의 서술에 뛰어난 정채한 편장이다.

2) 서사에 논단을 깃들이다

이 기법은 바로 작자의 논점을 역사 서술에 녹여 넣는 과정에서 말을 하지 않아도 평론이 절로 드러난다. 청나라 고염무(顧炎武)가 처음으로 이 논의를 꺼냈다. 『일지록(日知錄)』 권 26에서는 말하였다.

> 옛사람은 역사를 짓는 데 논단을 기다리지 않고 서사하는 가운데 그 가리키는 것을 드러내 보였는데, 태사공만이 이에 능했다. 「평준서」의 끝에는 복식(卜式)의 말을 실었으며, 「왕전전(王翦傳)」의 끝에는 객(客)의 말을 실었으며, 「형가전」의 끝에는 노구천(魯勾踐)의 말을 실었으며, 「조조전」의 끝에는 등공(鄧公)과 경제(景帝)의 말을 실었으며, 「무안후전분(武安侯田蚡)」의 끝에는 무제의 말을 실었는데, 모두 사가가 서사에 논단을 깃들이는 방법이다.

고염무가 든 예는 모두 편말에 다른 사람의 말을 빌려 작자의 평론을 표현한 것이다. 「평준서」의 끝부분에서 복식(卜式)은 말하였다. "정부의 비용은 응당 정상적인 조세로 충당하여야 합니다. 현재 상홍양은 관리를 시장의 점포에 앉혀, 장사를 해서 돈을 벌고 있습니다. 상홍양을 죽이면 하늘은 비로소 비를 내릴 것입니다." 이는 복식의 말을 빌려 상홍양이 "이(利)를 일으키고" 백성을 해친다는 것을 비판한 것이다. 「왕전전」의 끝부분에서는 객의 말을 기록하였다. "대체로 3대에 걸쳐 장수를 지내면 반드시 패한다. 반드시 패하는 것은 어째서인가? 살육한 것이 너무 많아 그 후세는 반드시 상서롭지 못하게 되기 때문이다." 이는 객의 말을 빌려서 왕 씨의 조손 3대가 오직 아부하는 뜻만 알아 공을 세웠으며 백성들에게 잔학하게 굴어 끝내 패망하게 된 것을 비판한 것으로 선명하게 포악한 관리에 대한 증오의 감정을 표현하였다. 「형가전」의 끝부분에서는 노구천의 "아아! 안타깝도다, 그 칼로 찌르는 기술을 익히지 않았음이. ……"라 한 말을 실어 작자의 형가가 검술이 정밀하지 못하여 저격에 실패한 것에 대한 애석함 및 형가가 용감하게 사지로 간 것에 대한 찬탄을 표현하였다. 「조조전」의 끝부분에서는 등공의 말을 실었다. "조조는 제후들이 강대해져 제어할 수 없을까 걱정하였으므로 땅을 삭감할 것을 청하여 서울을 높이려 했는데, 이는 만세의 이로움이 있습니다. 계획이 막 시행되려는데, 마침내 사형을 당하고 말았으니 안으로는 충신의 입을 막고 밖으로는 제후의 원수를 갚아준 것이니 신은 폐하께서 취하지 않으시고 가만히 계셔야 했다고 생각합니다." 이는 등공의 말을 빌려 경제의 처사가 부당하다고 비판하여 조조가 국가를 위해 수립한 장기적인 계획의 충군 정신을 나타냈고 아울러 억울한 일을 당한 것에 대한 불평을 나타내었다. 「위기무안후열전」의 끝부분에는 무제의 말을 실었다. "무안후가 살아 있었다면 멸족당하였을 것이다." 이는 무제의 말을 빌려서 비열한 소인 전분은 죄질이 멸족을 당하여도 모자랄 지경이라는 것을 성토한 것이다.

이상의 다섯 가지 예는 모두 편말에 있는데, 예가 잘 드러난다. 사실 이런 예는 편 중간 부분에 더욱 많아 일일이 예를 들 수가 없다고 하겠다. 형식 또한 다양하다. 「숙손통열전(叔孫通列傳)」의 숙손통에 대한 비판에 진나라의 박사 제생(諸生)의 말이 있고, 한 초 노생(魯生)의 말이 있으며, 고제의 말, 제자들의 말이 있는데, 이런 비평은 전편을 관통하고 있다. 진나라 박사 제생의 말과 두 노생의 말은 정면적인 비평이고, 고제의 말은 칭찬이며, 제자들의 말은 아부여서 형식이 다양한데 그 뜻은 하나로 모두 숙손통이 면전에서 아첨하는 것을 풍자하였다.

사마천은 구체적인 역사 사실과 결합시키고 다른 사람의 말을 차용하여 논단함으로써 평론과 역사 사실의 서술이 유기적인 전모를 이루게 하였으며, 착수한 것이 많지 않은데도 오히려 지극히 깊고 생동적이며 화룡점정의 효과를 거두었다. 「오기열전」에는 이극(李克)이 위문후(魏文侯)에게 한 말을 수록하였고, 「상군열전」에는 조량(趙良)의 말을 실었다. 「이장군열전」에는 문제의 말을 실었고, 「급정열전」에는 급암이 무제에게 간언하는 말을 실었는데, 모두 매우 선명한 예증이다. 언어의 차용은 또한 인물을 직설하는 데 한하지 않아서 기타 「월왕구천세가」에서는 범려(范蠡)가 문종(文種)에게 보낸 편지를 실었으며, 「악의열전」에는 악의가 연혜왕(燕惠王)에게 보낸 편지 및 많은 편장의 가요와 시부, 이어(俚語)와 속담을 실었다. 「진(晉)세가」에는 「사위지가(士蔿之歌)」를 실었고 「공자세가」에는 「거노지가(去魯之歌)」를 실었으며, 「조상국세가」에는 백성들의 「소조지가(蕭曹之歌)」를 실었다. 「제도혜왕세가(齊悼惠王世家)」에는 주허후(朱虛侯) 유장(劉章)의 「경전가(耕田歌)」를 실었으며, 「백이열전」에는 백이와 숙제의 「채미지가(采薇之歌)」를 실었고, 「위기무안후열전」에는 영천(潁川)의 동요를 실은 것 등등인데 모두 사론을 표현하는 작용을 갖추고 있다. 사마천이 또한 많은 속담을 직접 "태사공은 말한다"고 한 평론으로 승화시켜 넣었음은 더욱 말할 필요가 없다.

다시 한 걸음 더 나아가 탐구·토론해 보면 우리는 사마천이 역사를 서술하는 과정에서 선명하게 애증과 포폄을 표현하였다는 것을 발견하게 되는데, 이것이야말로 서사에 논단을 기탁하는 가장 기본적인 형식이다. 「회음후열전」은 바로 사마천이 한신을 위하여 쓴 한 편의 판결을 뒤집는 사전(史傳)이지만 전편을 통틀어 보면 결코 판결을 뒤집는 말이 없다. 한신은 한나라에 큰 공을 세웠는데도 진희(陳豨)와 내통하여 모반을 꾀한 것은 누명을 쓴 뒤 부득이해서였다. 전 전은 한나라 4년을 기점으로 크게 두 부분으로 나뉜다. 전반부는 한신의 공을 썼다. 그는 초나라에서 도망쳐 한나라로 귀순하였으며 한중(漢中)에서 방책을 세우고 위왕(魏王, 豹)을 사로잡고 대(代)를 취하였으며 조나라를 격파하고 연나라를 도왔으며, 동으로는 제나라를 격파하고 한나라를 대신하여 강산을 둘로 갈라놓았다. 이는 한신의 지략을 두드러지게 한 것이다. 후반부에서는 한신이 고조의 시기를 받아 왕에서 깎여 삼족이 멸하게 되는 것을 나누어 말하여 그의 억울함을 부각시켰다. "지(智)"를 "원(冤)"에 호응시켜 우리에게 사람을 감동시키는 비극적인 장면의 윤곽을 그려내어 절대군주의 잔인함을 보여주는데, 이는 봉건전제에 반대하는 사상의 광휘를 갖추고 있다. 사마천은 묵직한 필치로 한신이 무섭(武涉)과 괴통(蒯通)의 말을 받아들이지 않는 사실을 기록하였다. 이곳의 말은 가장 정채로우며 사마천이 사실을 가지고 한신을 변호해 준 것으로 서사에 논단을 기탁하고 있는 절묘한 필치라고 말할 수 있다. 「한서」 권43에 옮겨 쓴 한신전에서는 괴통의 이야기를 삭제하고 따로 괴통전을 세웠다. 반고는 이와 같이 사마천의 서사에 논단을 깃들이는 필법을 분리하였는데, 전문이 크게 빛이 바래도록 하였다. 고염무가 "영락하여 읽을 수 없다"[49]고 비평한 것은 한마디로 핵심을 찌른 것이다.

『사기』는 서사에 논단을 기탁한 필치가 가장 정채로우며, 또한 언제나 가장 전형적인 인물 전기에 체현되어 있다. 예를 들어 진시황과 고조, 항우 등의 본기, 진섭, 소하, 조참, 장량, 진평, 주발 등의 세가, 오기,

---

49 「일지록(日知錄)」 권26.

상군, 전국사공자, 굴원, 가생, 이사, 몽염, 장이, 진여, 팽월, 경포, 회음후 한신, 숙손통, 만석군, 위기 무안후, 이장군, 공손홍, 주보언, 자객, 유협, 혹리, 영행 등등 열전은 모두 역사 인물 사적의 실제 묘사를 통하여 역사 문제를 설명하고 논단하였다. 사마천이 편중에서 서술도 하고 논의도 하는 것과 "태사공은 말한다"고 한 것은 직접적 평론이다. 사마천의 직접적 평론은 왕왕 서사에 논단을 깃들이는 평점과 게시에 대하여 두 가지를 결합시켜야 사마천의 사필이 묘함을 이해할 수 있다. 이런 것들은 일일이 평론하지 않겠다.

3) 농후한 서정성

사마천은 역사 인물을 묘사하면서 선명한 애증의 감정을 녹여 넣어 『사기』의 문장 구사가 「이소」의 정취를 깊이 얻게 하여 강렬하게 독자들을 감동시켰고 공명을 일으켰으며 이에 따라 인물의 형상이 강화되었다. 본래 사전의 산문과 서정의 장시는 문체가 같지 않고 형식이 달라 내용이 판연하게 달라 공통분모가 없는 것 같다. 그러나 학술계에서는 『사기』와 「이소」 두 가지를 함께 거론하는 것을 인정하는 쪽으로 가닥을 잡았다.

청나라 장학성은 말하였다. "「이소」와 『사기』는 천고의 지극한 문장이다."[50] 루쉰은 말하기를 『사기』는 "운을 달지 않은 「이소」"[51]라고 하였다. 리창즈(李長之)는 한 걸음 더 나아가 『사기』를 "중국의 영사시(詠史詩)"[52]라고 하였다. 이는 모두 『사기』가 농후한 서정성을 갖추고 있으며, 『사기』가 「이소」의 주요 공통점과 견줄 만하다는 말이다. 지금 사람 우

---

50 『문사통의(文思通義)』 「사덕(史德)」.
51 『서한문학사강요(西漢文學史綱要)』.
52 『사마천의 인격과 풍격(司馬遷之人格與風格)』, 삼련서점(三聯書店) 1984년판, 300쪽.

루위(吳汝煜)는 『사기』에서 「이소」의 그림자를 구체적으로 분석하였다. 그는 말하였다. "「항우본기」는 비장한 탄식의 정이 충만한 영웅의 서사시이며, 「백이열전」은 불평에 분격하는 정을 쏟아낸 원망하고 풍자하는 시다. 「위공자열전」은 가슴에 숭앙과 공경의 정이 가득한 찬미시이며, 「골계열전」은 가볍고 유쾌한 정이 넘치는 유머시이며, 「사마상여열전」은 첨부한 대부(大賦)를 생략하였는데, 곧 치열한 감정과 풍부한 낭만적인 색채를 내포하고 있는 연애시이다."[53] 이런 분석은 사마천이 「이소」의 감화를 받았다는 것을 설명하는 데 뜻이 있다. 그는 시인의 기질을 가지고 역사를 썼는데, 이에 역사 문장이 시의 운치를 많이 함유하게 하였다.[54]

청나라 유희재(劉熙載)는 "「이소」를 배워 그 정서를 터득한 사람은 태사공이다."[55]라고 말한 적이 있다. 만청(晩淸)의 유악(劉鶚)은 더욱 심도 있게 말하였다. "「이소」는 굴대부(屈大夫)의 울음이고, 『장자』는 몽수(蒙叟: 몽의 늙은이)의 울음이며, 『사기』는 태사공의 울음이고, 『초당시집(草堂詩集)』은 두공부(杜工部)의 울음이다. (南唐의) 이후주(李後主, 煜)는 사(詞)로 울었고, 팔대산인(八大山人)은 그림으로 울었다. 왕실보(王實甫)는 『서상(西廂)』에 울음을 기탁하였고, 조설근(曹雪芹)은 『홍루몽(紅樓夢)』에 울음을 기탁하였다."[56]

---

53 우루위(吳汝煜)의 『사기논고(史記論稿)』에서 인용, 강소교육출판사(江蘇敎育出版社) 1986년 판, 37쪽.
54 궈모뤄는 『논시찰기(論詩札記)』에서 말했다. "시의 정신은 내재된 운율에 있다. 내재된 운율은 결코 평상거입이니 고저장단, 강약 같은 것이 아니며 또한 무슨 첩운(疊韻)이니 구절 중간에 압운한 문장이니 하는 것도 아니며, 이런 것은 모두 외재한 운율이다. 내재된 것은 정서의 자연스러운 소장(消長)이다." 이 원칙에 의하면 『사기』는 손색이 없는 영사시에 해당된다.
55 『예개(藝槪)』 「문개(文槪)」.
56 『노잔유기(老殘游記)』 「자서(自序)」.

유악은 『좌전』과 「이소」, 『사기』 이래 2천여 년의 중국 문예 발전의 역사까지 거슬러 올라가면서, 걸출한 시사, 산문, 전기, 회화, 희곡, 소설을 일률적으로 작가의 "울음"이 되었다고 말하였다. 이 견해는 지극히 심도가 깊은데 비유가 극히 생동적이고 타당하다. 이는 곧 문학작품에서 가장 심층적으로 내포하고 있는 것은 바로 작가가 격정으로 녹여 넣으려는 것임을 말한다. 『사기』는 태사공의 울음이기 때문에 유악은 그것을 「이소」, 두공부의 시, 이후주의 사(詞) 및 회화, 소설과 함께 취급하여 말하였다. 이로 『사기』의 인물 형상이 생동적이며 농후한 서정성, 작가의 강렬한 주관적 색채가 스며들었으며 중요한 의의를 갖추고 있다는 것을 알 수 있다.

사마천은 굴원의 인격을 추앙하였다. 아울러 「굴원열전」에서 악을 미워하는 것을 원수처럼 여기고 정직하여 아첨하지 않으며, 충정으로 간언하고 몸을 던져 나라를 위하는 품덕을 일종의 심미관으로 삼아 『사기』의 인물 전기에 스며들게 하였다. "감히 용안을 범해가면서 그 주장을 이룬" 원앙, "그 몸을 돌보지 않고 나라를 위해 장기적인 계책을 세운" 조조, "법을 지켜 (임금의) 뜻에 아부를 하지 않은" 장석지(張釋之), "남의 잘못을 용인할 수 없었고", "절개 있는 행동을 하고 안으로 깨끗하게 수양을 하였으며 직간을 좋아한" 급암 같은 이런 인물 형상의 신상에서 모두 굴원 인격미의 일단을 볼 수 있다.

사마천은 굴원을 칭송하여 "그 뜻이 깨끗하기 때문에 사물을 일컬음이 향기로웠다."고 하였다. 그는 『사기』에서도 이를 그대로 본받고 있다. 이를테면 사마천은 "도리(桃李)는 말을 하지 않아도 그 아래 절로 길이 생긴다"라는 말로 이광의 고상한 품덕이 사람들의 흠모와 숭앙을 받는다고 비유하였다. "높은 산 우러르고, 큰 길 간다(高山仰止, 景行行止)"는 말로 공자 학설이 넓고 크고 정밀하고 깊은 것을 비유하였다. "황금 백 근을 얻는 것이 계포(季布)의 한 마디 허락을 얻음만 못하다"라는 말로 계포의 사람됨이 신실하여 믿을 만하다는 것을 비유하였으며, "제비와 참새가 어찌 기러기와 고니의 뜻을 알겠는가"라는 말로 진승의 큰 도량을 비유하였다. 이 모든 것은 「이소」에 깊은 연원이 있다.[57]

사마천이 인물을 포폄하는 애증의 감정은 굴원의 「이소」 전통을 배우고 계승한 것 외에도 그의 생활 경력과 평탄하지 못한 처지에서 더욱 도움을 받았다. 사마천은 이십 세 때의 장유로 폭넓게 하층사회를 접촉하였으므로 『사기』에서 제후와 장상을 서술하였을 뿐 아니라 또한 많은 작은 인물을 서술하였다. 사마천은 이릉의 화를 당한 후 발분하여 책을 지었기 때문에 압박받는 국민을 동정하였으며 폭력 통치를 반대하였다. 정의를 찬미하였으며, 사악함을 저주하여 국민의 감정과 상응하였고 같은 기운을 서로 구하였다. 자객과 유협, 창우(倡優, 배우), 상고(商賈), 의복(醫卜) 등등 중하층 인물은 통치계급의 입장에서는 안중에도 없는 사회적 지위가 없는 시정의 보잘것없는 백성이지만 사마천의 필치하에서 그들은 전형적인 각 부류의 인물들이다. 그들은 우수한 품덕과 한 가지 기예에 빼어난 재능을 가졌으며 열정적인 찬송과 긍정을 받았다.

「평원군우경열전」의 식객인 모수(毛遂)와 한단(邯鄲)의 사인(舍人) 이동(李同), 「위공자열전」의 동문 감문(夷門監) 후영(侯嬴), 시정에서 도축을 하는 주해(朱亥) 및 한단의 도박사인 모공(毛公)과 술장사 설공(薛公) 같은 많은 부전(附傳)의 인물들은 권귀를 깔보는 고상한 정조와 강렬한 애국주의의 감정을 지니고 있다. 더욱이 위난에 빠진 사람을 도우려는 희생정신을 가지고 있어 사마천은 충만한 열정으로 그들의 광채가 나는 형상

57 우루위(吳汝煜)의 『사기논고(史記論稿)』를 참고하여 보라. 강소교육출판사(江蘇敎育出版社) 1986년판, 35~36쪽.

을 그려내었다.

사마천은 의를 중시하는 공손저구(公孫杵臼)와 나라를 먼저하고 사적인 복수를 뒤로한 인상여, 허물을 고치는 데 용감했던 염파, 의리를 지켜 진나라를 섬기지 않은 노중련, 경골이 쟁쟁한 전횡(田橫), 난을 일으켜 진 나라를 멸한 진섭과 항우 및 폭력에 항거한 자객과 이미 반드시 성실할 것을 허락하고 위난에 빠진 사람들을 돕는 유협 등등에 대하여 모두 생 동적이고 다채롭게 묘사하여 강렬하게 정의를 칭송하고 폭력에 맞서는 정신을 기리는 것을 관철하였다. 반대로 폭군과 오리(汚吏)에 대해서는 한껏 규탄하고 폭로하였다.

「혹리열전」은 혹리들이 법을 곡해하여 대중을 해치는 잔학한 형상과 가증스러운 면목을 그려내었다. 요컨대 사마천은 아름다운 정치와 숭고 한 형상에 대해서는 비길 데 없이 뜨겁게 사랑하였고 칭찬하였다. 반면 부패한 사물과 추악한 형상에 대해서는 비길 데 없이 분노하고 비길 데 없이 통한해 했다. "사랑이 깊었기 때문에 한도 절실했다. 그의 붓끝과 종이 위의 글자 행간에서 예기치 못하게 감정의 파도가 출렁이고 소용 돌이치며 독자들의 내면을 강렬하게 뒤흔들었는데, 이것이 바로 『사기』 서정성의 근본 내원이다."[58]

다음으로 사마천은 묘사한 인물에 깊은 인정미를 부여하였는데, 이는 독자들을 감동시키는 요인의 하나이다. 해하의 포위에서 항우는 슬픈 노래로 우희와 이별하고 강변에서 정장(亭長)에게 타던 말을 주며 적병 에게 머리를 내주는데, 정조가 슬프고 처량하다. 고집이 센 영웅이 막다 른 길에 다다랐을 때의 인생에 대한 미련을 표현하였으며 작자의 무한 히 애석해하는 정을 기탁하였다. 사마천은 유방의 술과 여색을 좋아함,

---

58 한자오치(韓兆琦)의 『사기상석집(史記賞析集)』 「전언(前言)」, 파촉서사(巴蜀書社) 1988년판.

무뢰함, 큰 소리, 시시콜콜함, 활달하고 큰 도량과 좀스러움을 묘사하였는데, 모두 생활의 정취가 풍부하다.

유방은 만년에 고향에 돌아와 폭음을 하면서 부로들과 축(筑)을 타며 심정을 노래하고 즉석에서 시를 읊어 「대풍가(大風歌)」를 짓고 120명의 어린아이에게 익혀 노래하게 하였다. 일생을 전투마를 타고 먼지 속을 누비느라 이런 인생의 환락은 얻기 어렵다는 것을 승리자의 석양빛으로 묘사하였다. 사마천의 이런 묘사는 다방면에 걸친 예술 효과를 가지고 있다. 군왕과 백성이 즐거움을 함께 하는 것은 바로 천하가 안정된 뒤에 백성들의 고조에 대한 깊고 간절한 사념을 표현하기 위함이었으며 인정미가 매우 풍부하다. 다른 한편 「대풍가」는 또한 유방이 공신들을 살육한 슬픈 뜻을 드러내었으며, 이렇게 좋은 산하에 누가 와서 보좌할 것인가 하는 집권 전제군왕의 복잡한 심리 상태와 인정미를 곡절하게 표현하였다. 「위공자열전」에서 사마천은 공자(公子)를 편명으로 삼았을 뿐만 아니라 한 편 중에 공자라는 말을 모두 147차례나 말하여 수없이 많은 단락의 구절마다 공자라는 말이 있다. 이는 일을 서술하고 있는 것 같지 않으며 감칠맛 나게 이야기를 하는 것 같다. 모든 글자에다 작자의 가슴 가득한 열정의 가송을 기울여 위공자의 형상과 광채가 자연스레 사람을 비추게 된다.

요컨대 사마천의 역사 인물 묘사는 왕왕 남의 술잔을 빌려 자신의 응어리를 푸는 것으로 충만한 격정에 자기의 생활 경험, 생활 배경과 개성적 색채를 띠고 있다. 이 방면에서 사마천은 굴원과 흡사하다. 그러나 역사 집필의 원칙상 감정을 떠어서는 안 되며 더욱이 많은 주관적 색채는 말할 필요도 없다. 그러나 문학 창작은 농후한 감정을 필요로 한다. 사마천은 사실을 기록하는 가운데 농후한 감정을 주입하였기 때문에 『사기』는 역사이면서 또한 문학이다. 그러나 이는 반드시 감정과 역사

사이에서 모순점을 드러내게 되는데, 어떻게 이 양자 간의 모순점을 처리하고 두 가지를 하나로 통합시켰는가 하는 것이 바로 사마천의 비범한 점이다.

청나라 유희재는 『예개(藝槪)』에서 "서사에는 판단하는 말이 들어가지 않아야 하는데, 태사공은 정에 주된 뜻을 깃들여 마음으로 거리낌 없이 문장을 지었다."고 지적하였다. 강개하고 격앙된 곳에서 분노의 정이 샘처럼 용솟음치고 바다의 해일과 같아 감정과 역사 사실의 모순은 돌아볼 겨를조차 없었다. 가장 전형적인 예증은 바로 사마천이 「태사공자서」와 「보임안서」에서 토로한 발분저서설로 "『시』 300편은 대체로 성현들이 발분하여 지은 것이다."라는 것은 전체에서 논의한 역사 사실이 거의 『사기』에 실린 것과 모순된다. 당연히 모든 사람들은 다 사마천의 격정이 가리키는 것을 명백히 알아 그를 탓하지 않을 것이다. 그러나 이런 사례는 역사 사실의 신뢰성에 해를 끼침이 매우 많기 때문에 반고는 사마천을 비평하여 "경전에서 발췌하여 몇몇 사람들의 일을 분산하여 소략함이 매우 많고 저촉되는 곳도 있다."고 하여 거리낌 없이 말하였다. 이는 사마천에 대하여 말하면 대체로 양호하나 약간의 흠이 있는 것이며, 후세 역사가에 대하여 말하면 더욱 많은 사람들이 반고를 본받고 사마천을 본받을 수 없었으니 또한 객관적 원인이 있다.

4) 풍자 예술

이 장의 제2절에서는 사마천의 문학관을 논하여 언급하였다. 그는 문학이 현실 생활을 반영할 것과 함께 시사를 풍자할 것을 주장하였다. 사마천은 굴원의 「이소」와 사마상여의 부가 풍간한 가치와 의의를 칭찬하여 매우 높이 평가하였다. 사마천은 몸소 실천하였으며 풍자에 과감하였고 기치가 선명했기 때문에 『사기』를 세상에 내놓자 "방서(謗書)"라는 무고를 당하였다. 풍자의 표현 형식은 날카로우면서도 해학적인 언어로 거짓과 추함, 악한 것에 대하여 폭로하고 아울러 조소와 견책을 가하여야 한다. 목적은 거짓, 추함, 악에 대한 부정을 풍자하는 것을 통하여 진(眞), 선(善), 미(美)에 대한 긍정에 다다르고 아울러 사람들로 하여금 풍자 예술을 감상하는 가운데 심미의 유쾌함을 얻게 하는 것이다.

사마천은 "미묘한 말로 기롱하고 풍자하며 당대를 폄훼하여 깎아내리는 데" 뛰어났다. 「십이제후연표」 서에서는 말하였다. "공자는 『춘추』를 편차하여 …… 70제자의 무리가 전한 뜻을 입으로 전수하였고 거기에는 비평, 권고, 찬양, 은휘(隱諱), 힐난, 폄훼한 문장이 있어서 글로 드러낼 수가 없었다." 「흉노열전」 찬에서는 말하였다. "태사공은 말한다. 공자가 『춘추』를 지을 때 은공과 환공 사이는 (기록이) 분명한데 정공(定公)과 애공(哀公) 사이에는 간략하였으니 당대에 가까운 문장이라 기릴 수 없어서 기휘한 말이기 때문이다." 이 두 "서"와 "찬"은 『춘추』를 빌려서 『사기』의 당대사에 대한 기록에 미묘한 말로 풍자한 것이 많음을 밝혔다. 송나라 여조겸(呂祖謙)은 『대사기(大事記)』에서 말하였다.

태사공의 필법을 어찌 얽매인 유자와 왜곡된 사(士)가 그 설에 능통할 수 있겠는가? 그 지의(旨意)가 심원하고, 흥을 기탁함이 유장(悠長)하며, 은미하면서도 드러나고, 끊어지면서도 이어지며, 바르면서도 변하여 문이 여기에서 드러나고 뜻은 저기에서 일어나 물고기가 용으로 변하는 것 같아 자취를 찾을 수 없는 것과 같다. 이 책을 읽는 사람은 서로 참고하여 보고 그 큰 뜻이 귀의한 곳을 탐구하지 않을 수 없을 것이다!

여조겸은 태사공이 문장을 구사하는 것이 "물고기가 용으로 변화하는 것"과 같아 높이와 깊이를 잴 수 없다고 생각하였다. 이 견해는 매우 면밀하게 살핀 것이다. 따라서 우리는 사마천의 풍자예술 기법을 조목별로 열거하는데, 그 큰 실마리만 들 수 있을 뿐이다.

첫째, 본인이 스스로 자부심을 갖는 성색을 모사한 심리 태도를 가지고 풍자를 기탁하였다. 「고조본기」에는 한고조 유방이 태공(太公)을 태상황(太上皇)으로 높이는 것을 기록하면서 "내심 가령(家令: 皇家의 속관)의 말을 가상히 여겨 금 5백 근을 하사하였다."고 하였다. 태공의 가령이 태공에게 신하의 예를 갖추도록 권하였기 때문에 유방이 마음속으로 훌륭하게 여긴 것이다. "내심 훌륭하게 여겼다(心善)" 두 자는 유방이 효경을 하는 내면세계를 절묘하게 드러내보였다. "금 5백 근을 내렸다"는 행동은 "내심 훌륭하게 여겼다"는 의식이 자신도 모르게 표현된 것이다. 또한 고조는 미앙궁(未央宮)에 술자리를 마련하고 태상황을 축수해 주면서 말하기를 "처음에 대인께서는 늘 내가 재주가 없어 생업을 꾸려나갈 수 없어서 중(仲: 둘째 형)보다 못하다고 생각하였습니다. 지금 저의 업적이 중에 비해 누가 많습니까?"라고 하였다. 유방의 야유 섞인 행동은 태상황이 난처하여 말하기 어렵게 만들었고 전상에 있는 신하들로 하여금 크게 만세를 외치게 하여 크게 웃으며 즐겁게 하였다. 또한 「숙손통열전」에는 숙손통이 예법을 제정하는 것을 실었는데, "이에 고제가 말하였다. '내 오늘에야 황제가 되는 것이 귀한 것임을 알았도다.' 이에 숙손통을 태상에 임명하고 금 5백 근을 내렸다."고 하였다. 이 두 가지 예는 더욱 스스로 자부심을 갖는 전형적인 예증이다.

둘째, 다른 사람의 말을 끌어다 써서 풍자를 기탁하였다「급정열전」에서는 급암의 입을 빌려 한무제는 "내심 욕심이 많아 겉으로만 인의를 베푼다"라고 지탄하였다. 이는 다른 사람의 입을 빌려서 자기의 의취를 묘사해 낸 절묘한 필치라 할 수 있다. 사마천이 이 기법으로 숙손통의 심리 상태를 묘사해 낸 것은 더욱 절묘하다. 먼저 노생(魯生)의 말을 끌어다가 대뜸 숙손통을 질책하여 "공이 섬긴 주인은 거의 열 명인데 모두 면전에서 아첨하여 친하여지고 귀해졌소."라고 하여 복선으로 삼았다. 그런 다음에 숙손통의 제자가 한 말을 빌려서 "유생들이 이에 모두 기뻐하여 말하였다. '숙손 선생은 실로 성인으로 당세의 중요한 일을 안다.'"라고 하였다. 이렇게 한 번은 깎아내리고 한 번은 칭찬하는 것이 서로 어울려 운치를 더하여 숙손통의 얼굴빛을 좋게 하여 총애를 받는 태도를 생동감 있게 표현하였으며 지면에 기뻐 웃는 것과 성이 나서 욕하는 것을 모두 풍자로 삼게 했다.

셋째, 진나라를 빌려서 한나라를 풍자했다. 「육국연표」 서에서는 말하였다. "진나라의 덕의를 논하는 것은 노나라나 위(衛)나라의 포악한 자보다도 못하고, 진나라의 병력을 헤아려보면 삼진(三晉)의 강함만 못하였지만 끝내 천하를 병합한 것은 반드시 험고한 지세가 이로웠기 때문이 아니라 하늘이 도왔던 것 같다." 또 말하였다. "진나라의 제업은 옹주(雍州)에서 일어났고 한나라는 촉(蜀)과 한(漢)에서 일어났다." 선명하게 진한을 연계시켰는데, 언외의 뜻은 한나라가 흥한 것 또한 하늘의 도움을 얻어서이지 유방 개인이 무슨 덕행이 있어서가 아니고 풍자하는 뜻이 붓끝에 숨어 있다는 것이다.

우루룬(吳汝綸)의 『점감사기(點勘史記)』에서는 평하여 말하였다. "말은 비록 진나라를 논하고 있지만 뜻은 바로 한나라에 있다." 진나라의 일로 한나라를 풍자한 것은 「평준서」 찬에 가장 선명하게 보인다. "이에 밖으로는 오랑캐를 물리치고 안으로는 공업을 일으켰다. 전국의 남자들이 농사에 힘을 기울였으나 정부에서 필요로 하는 양식으로는 부족하였다. 여자들이 베를 짰으나 정부에서 필요로 하는 의복으로는 부족하였다. 고대에는 일찍이 천하의 재물을 모조리 갈취하여 그들의 임금을 섬겼으나, 스스로는 부족하다고 여겼다." 겉으로는 진시황을 배척하였지만 속으로는 무제를 암시했다. 『사기평림』의 평어에서는 모곤(茅坤)의 말을 인용하였다. "본조를 언급하지 않고 진나라의 일로 이렇게 말하였는데, 그 뜻이 깊다." 방포(方苞)의 『평점사기(評點史記)』에서도 말하였다. "진나라의 일을 들어서 한나라를 비유하여 말한 것이다."

넷째, 칭찬을 하면서 깎아내리는 반어법을 써서 풍자를 기탁했다. 「소상국세가」 찬에서는 말하였다. "회음(한신)과 경포 등이 모두 이미 주멸된 것은 소하의 공이 찬란하다." 분명히 폄훼하는 내용을 칭찬으로 포장한 것이다. 「부근괴성열전(傅靳蒯成列傳)」과 「만석장숙열전」 등편에 가장 집중되어 있고 가장 전형적이다. 괴성후(蒯成侯) 주설(周緤)은 유방이 직접 진희를 치려고 했을 때 울면서 말했다. "처음에 진나라가 천하를 공격하여 깨뜨릴 때 일찍이 직접 가신 적이 없습니다. 지금 임금께서 직접 가심은 부릴 만한 사람이 없어서입니까?" 유방은 매우 감동하여 "임금이 '나를 아낀다'고 생각하여 전각의 문에 들 때도 추보(趨步: 종종걸음)를 하지 않고 사람을 죽여도 죽지 않게 하였다."고 하였다.

사마천은 찬에서 평론하여 말하였다. "괴성후 주설은 조심하고 굳고 곧아 몸이 의심을 받지 않았으며 임금이 출정하려 하면 눈물을 흘리지 않은 적이 없으니 이는 마음 아파함이 있어야 그렇게 되는 것이니 독실하고 도타운 군자라 할 만하겠다." 주설 등은 아부하고 비위를 잘 맞춰 높은 관작을 얻었다. 사마천은 정중하게 그 아부하는 행위를 싣고 엄숙하게 찬양하였는데, 찬양이 장중할수록 풍자는 더욱 엄중하다. "이는 마음 아파함이 있어야 그렇게 되는 것이다(此傷心者然)"라는 말의 의미는 "마음 아파하는 모양을 지어야 또한 실로 그런 일을 할 수 있다"라는 것으로 말뜻이 해학적이면서도 신랄하며 문장의 구사는 매우 엄숙한 모양으로 치장하여 읽은 후에는 웃지 않을 수 없게 한다.

「만석장숙열전」의 풍자는 신랄하여 냉소적으로 질책하고 있다. 본편은 사람들을 풍자하는 것을 통하여 절대 군권하의 부패 정치를 풍자한 것으로 사회의 풍조에 일침을 가한 것이다. 만석군 석분(石奮) 일가는 서한 왕조의 현귀한 가문이다. 석분은 고조 유방의 그림자 같은 시종으로 본인은 내세울 만한 "학문은 없었지만" "공손하고 삼가기가 비길 데 없어서" 고제와 혜제, 문제, 경제를 두루 섬겨 네 임금을 섬긴 원로가 되었다. 석분과 그의 네 아들은 문제 때 모두 관직이 2천 석에 이르러 모두 합치면 만 석이었다. 존귀와 영예가 비길 데 없어 "만석군(萬石君)"이라는 아름다운 별명을 얻었다. 한무제 때 고관을 지낸 두 아들 낭중령(郎中令) 석건(石建)과 관직이 승상에 이른 석경(石慶) 또한 달리 능한 것이라고는 없었고 오직 늙은 아비의 온후하고 신중함을 본받았을 뿐이었다. 이때 석분 가족 가운데 2천 석의 고관을 누계해 보면 13명에 달하였다.

만석군 일가의 사람이 관직을 한 비결은 바로 온후하고 신중하기가 비할 데 없었다는 것이었다. 만석군은 궁문을 지날 때 반드시 수레에서 내려 종종걸음으로 갔으며 행차하는 (임금의) 말을 보면 반드시 그쪽을 향해 예의를 표했다. 자손이 소리(小吏)가 되어 돌아와 뵈면 반드시 조복을 입고 만나보았으며 자손 가운데 관례를 치를 만한 자가 곁에 있으면 비록 한가로이 거처할 때도 반드시 관을 썼다. 석건은 관직이 낭중령까지 이르렀어도 여전히 친히 늙은 아비의 속옷과 변기를 씻었다. 한번은 석건이 상주문의 "마(馬)"자에 점 하나가 적은 것을 보고 벌벌 떨 정도로 두려워하며 말하기를 "잘못 썼구나! '말 마'자는 꼬리까지 다섯 획이 되어야 하는데, 지금 곧 네 획이니 한 획이 부족하다. 황상께서 꾸짖으면 죽어야 하리라!"고 하였다. 사마천은 "그 근신함이 다른 일도 모두 이러하였다."라는 말을 끼워 넣었다. 석경은 태복(太僕)이 되어 한번은 수레를 몰고 궁궐을 나섰다. 황상이 말이 몇 마리냐고 묻자 석경은 그 일을 신중히 하여 "채찍으로 말을 센" 다음에야 손을 들고 숫자를 내어 대답하기를 "여섯 마리입니다."라고 하였다. 사마천은 또 삽입하여 말하기를 "석경은 여러 아들 중에서 가장 (예절이) 소략하고 평이하였는데도 오히려 이 정도였다."고 하였다. 사마천이 삽입한 말은 분명히 "말은 모두 칭찬하는 뜻이지만 풍자의 의미가 남아 있다."[59]

만석군은 우직하게 충과 효를 다하는 전형적 인물로 그들의 신상에는 확실히 뛰어난 점이 있다. 사람됨이 성실하고 도타우며 너그러워 직책을 충성스레 지켰으며, 만석군과 합전의 인물인 위관(衛綰)과 직불의(直不疑), 주문(周文), 장숙(張叔) 등도 또한 모두 언행이 신중하고 청렴하며 삼가는 장자(長者) 군자이다. 그러나 이런 부류의 사람들은 어떤 언급할 만한 치적이 없다. 석경은 승상을 9년간 지냈는데도 "(시정을) 바로잡는 말을 할 수가 없었으며", "순일하고 삼갔을 따름이었다." 이는 한 무리 봉건 관료정치 체제하의 노비였으며 그들은 평용하고 무능하여 관직을 지킬 줄만 알았을 따름이다. 사마천은 호견법으로 이런 류의 "말이 어눌한" 사람들이 가지고 있는 가식적인 일면을 폭로하였다.

낭중령 석건은 신하들과 조정에서 뵐 때 "말을 할 수 없는 듯하였는데(如不能言)", "여(如)"자는 그가 말을 할 수 없는 사람인 것처럼 가장하였음을 설명한다. 그러나 "사람을 물리치고 정성껏 말하였으며" 또한 바로 고자질할 때면 오히려 청산유수 같아 도도하여 끊이지 않았다. 「위기무안후열전」의 동조정(東朝廷)에서의 변론 때 석건은 한 마디도 말을 하지 않다가 퇴조한 다음에야 한무제에게 "두 사람의 일을 변별하여 말해 주었으며" 그 결과 위기후는 요참형을 당하였다. 확실히 석건은 정세의 흐름을 보아 가며 행동하여 왕태후의 편에 서서 한결같이 비열한 소인배인 전분을 두둔해 주었다. 이런 류의 사람은 고자질할 때는 "매우 간

---

59 방포(方苞)의 『평점사기(評點史記)』「태사공자서」 중의 평어.

절하고" 중후하며 충성스러운 모습을 연출하기 때문에 임금의 "예로 높임"을 폭넓게 얻을 수 있었다.

사마천은 석건이 "사람을 물리치고 정성껏 말하였는데, 매우 간절하였으며, 조정에 이르러 뵈면 말을 할 수 없는 사람인 듯한" 것에 뛰어난 것을 서술한 후에 "이 때문에 임금이 곧 친히 높이고 예우하였다."고 말하였다. 명확하게 풍자의 예봉을 한무제에게로 돌린 것이다. 원래 사마천은 평용한 관료의 "순일하고 삼간" 세절을 집중적으로 묘사하였는데, 관료정치가 노비만 등용하고 인재는 등용하지 않는 부패한 본질을 폭로하려고 한 것이다. 이런 절대군권에 의해 이질화한 "독실하고 도타운 군자"를 사마천은 칭찬하기도 하고 깎아내리기도 하였다.

다섯째, 기사를 두 갈래로 내면서 일부러 허점을 내보이며 풍자를 깃들였다. 주아부(周亞夫)는 오초칠국(吳楚七國)의 난을 평정하고 양나라를 오나라에 맡기는 책략을 채택하였다. 「오왕비열전(吳王濞列傳)」은 주아부가 회양(淮陽)에 이른 것을 기록하였다. 도위(都尉)가 바친 계책을 받아들여 전략을 제정하였다고 하였다. 그러나 「강후주발세가(絳侯周勃世家)」의 주아부 본전에서는 오히려 경사에서 제정되었다고 기록하여 경제의 비준을 얻었다고 하였다. 사실을 가지고 생각해 보면 양왕(梁王)은 주아부에게 구원을 바랐다. 주아부는 "(전략상) 편리함을 지키느라 가려고 하지 않았으며" 양왕이 또 경제에게 위급함을 아뢰자 경제는 사신을 보내 조령으로 주아부에게 양나라를 구원하라고 하였지만 그는 여전히 "조령을 받들지 않았다." 일이 끝난 후 양왕은 주아부를 원망하여 두 태후의 면전에서 그 단점을 극언하였으나 경제는 주아부를 책망하지 않았을 뿐만 아니라 오히려 그를 승상으로 승진 발령하였다.

「양효왕세가(梁孝王世家)」에서 양효왕은 두 태후의 은총을 받았다. 드나듦에 복식과 수레가 "천자에 비견되어" 경제는 내심 불만이 있었으나 표면상으로는 자애로움을 더하고 아울러 "내가 죽고 나면 양왕에게 (왕위를) 전하겠다."고 공언하였다. 두영(竇嬰)이 경제가 실언을 했다고 간언하며 "임금께서는 어찌 함부로 양왕에게 전하시겠습니까!"[60]라고 하자 경제는 기쁘게 두영이 현명하다고 생각하였다. 이로써 경제의 본심을 알 수 있다. 그는 주아부의 양나라를 바치는 계책을 비준하였으며 곧 남의 손을 빌려서 사람을 죽임으로써 마음속 근심을 제거하려 한 것이다. 따라서 사마천은 일부러 모순된 기록을 하면서 허점을 드러내어 사람이 깊은 생각에 잠기도록 하였는데, 황친과 외척 사이의 상호 알력에서 경제의 근심을 없앴다는 것을 암시한다.

여섯째, 기사가 유사하여 계속 되풀이되고 성취가 서로 어울려 운치를 더하여가며 풍자를 구성하였다. 「봉선서」에서는 한무제가 도를 닦아 신선이 되려는 것을 기록하였다. 불사약을 구하여 비로소 처음에는 제나라 사람 소옹(少翁) 문성장군(文成將軍)에게 사기를 당하고 이어서 난대(欒大)에게 더욱 큰 사기를 당한다. 문성과 난대를 잇달아 죽이기는 하였지만 결코 깨닫지 못하고 여전히 방사(方士)와 "처하는 것을 의심하지 않았다." 그러므로 「봉선서」는 아래와 같은 의미심장한 말로 맺는다. "이 이후 방사들이 신에게 제사 지내는 것을 말한 것이 더욱 많아졌으니 그 결과가 눈에 선하다." 사람을 속이는 방사가 더욱 미친 듯이 활동하니 두고 보라! 지금 황제도 걸릴 것이다. 이 냉소적인 필치는 희학에 가까우며 한무제의 "더욱 귀신의 제사를 공경하는" 우둔한 면목이 독자의 면전에 선명하게 드러난다.

일곱째, 소리 없는 침묵으로 풍자를 기탁하였다. 「흉노열전」 찬에서는 말하였다. "요임금은 비록 현명하였으나 사업을 흥기시켜 이루지 못

---

60 『사기』 권107 「위기무안후열전」.

하였는데, 우를 얻어 구주가 편안해졌다. 또한 제왕의 실마리를 흥기시키고자 하는 것은 오직 장수와 재상을 택하여 임명하는 데 있도다! 오직 장수와 재상을 택하여 임명하는 데 있도다!" 이는 에둘러 풍자한 것이다. 성동격서로 한무제가 큰 공을 세우는 것을 좋아하지만 현자를 선택하지 못하였으므로 흉노의 정벌에 큰 공을 세우지 못하였다고 풍자한 것이다.

하작(何焯)은 『의문독서기(義門讀書記)』에서 말하였다. "아래로 위청과 곽거병, 공손홍의 전이 이어지며, 주보언(主父偃)이 흉노 정벌을 간언하는 글 전문을 다 실었는데, 태사공의 뜻이 깊다." 우루룬의 『점감사기(點勘史記)』에서도 말하였다. "이 편의 뒤에 위청과 곽거병, 공손홍의 두 편이 이어지는데, 한나라가 택하여 임명한 장상임을 밝힌 것이다." 「영행전(佞幸傳)」의 끝에는 느닷없이 두 마디를 덧붙여 "위청과 곽거병 또한 외척으로 존귀해지고 총애를 받았으나 자못 그 재능으로 스스로 승진하였다."고 한 것으로 입증할 수 있다. 왕명성(王鳴盛)은 『십칠사상각(十七史商榷)』에서 말하였다. "이 두 사람을 본래 「영행」에 넣을 수도 있었을 것 같다." 그러나 『사기』의 기술을 종합하여 살펴보면 사마천은 완곡하게 한무제가 현재를 가릴 수 없었음을 비평하였다. 주로 적에게 패하여 항복한 이사장군(貳師將軍) 이광리를 가리키며, 위청, 곽거병 두 장군은 결국 재능으로 승진하여 결코 깊이 질책하는 것이 아니라 깎아내리기도 하고 찬양하기도 하는 것이다. 또한 「혹리열전」에서 묘사한 혹리 중 한대 이전의 사람은 하나도 없고 십중팔구 무제 한 조대에 집중되어 있다. 「순리열전」은 모두 한대 이전 사람이며 한대의 사람은 하나도 없으니 두 가지를 대조해 보면 강렬한 풍자로 구성하였다. 「대원열전」 찬에서는 대원을 정벌한 일을 평론하지 않았는데, 또한 소리 없는 풍자에 기탁한 것이다. 이른바 소리 없는 풍자라는 것은 바로 직접 평론을 하지 않으면서 강렬한 풍유의 의의를 기탁하는 것이다. 소리 없는 풍자는 각종 창조적인 기법을 운용하여 풍유적인 환경과 기분을 구성하여 사람을 깊이 생각하게 하는데, 사마천만이 능수능란하다.

사마천의 풍자 예술은 문장을 따라 변화무쌍하여 이루 다 들 수가 없다. 「혹리열전」은 한무제가 겉으로는 너그러우나 안으로는 혹독하고 법을 씀이 엄혹한 것을 풍자하였는데, 암시법을 채택하였다. 사마천은 백성을 해치면서 쾌락을 추구하는 것에 대하여 "속속들이 드러내는" 기법을 채택하여 폭로하고 채찍을 들이댔으며 한무제를 풍자하는 밑바탕으로 삼았다. 영성(寧成)을 묘사하면서 "남의 상관이 되면 아랫사람 다루기를 젖은 장작을 묶듯이 하였으며" 제남도위(濟南都尉)가 되어서는 "그 다스림이 마치 이리가 양을 치는 것 같아서" 당시 사람들이 전하기를 "차라리 어미 호랑이를 만날지언정, 영성의 화는 만나지 말라"라고 할 정도였다. 의종(義縱)을 묘사하면서 "매가 작은 새를 치듯이 다스렸다."고 하였고, 왕온서(王溫舒)를 묘사하면서는 대규모로 사람을 죽여 "흐르는 피가 10여 리에 이르렀으며", "심복 관리들은 호랑이에다 모자를 씌운 격이었고" 12월이 다 되어가자 왕온서는 발을 구르며 말하기를 "아뿔싸, 겨울 달을 한 달만 더 늘렸더라면 내 일을 (충분히) 끝냈을 텐데!"고 하였다. 두주(杜周)를 묘사하면서 다시 하나의 "진중하여 (판결이) 늦었으며 겉으로는 너그러웠지만 안으로는 혹독하기가 뼈에 사무칠 정도의" 사람이다. 그가 정위(廷尉)가 되었을 때는 "어명으로 투옥한 자가 6~7만 명에 달하였고 관리들이 더 잡아넣은 자가 10만여 명이었다." 이런 이리 같고 호랑이 같은 혹리들에게 그들이 믿고 의지하는 것은 한무제가 준 권력과 격려였다.

사마천은 직접 왕온서를 배척하여 말하기를 "그 살육을 좋아하고 위세를 행하여 백성을 아끼지 않음이 이와 같았다."고 하였다. 바로 이어서 말하기를 "천자가 듣고 유능하다고 생각하여 중위(中尉)로 승진시켰다."고 하였다. 전 전에서 "천자가 유능하다고 생각하여(天子以爲能)", "임금이 유능하다고 생각하여(上以爲能)"라고 적시한 곳이 8곳이나 될 정도로 많은데 그 풍자가 가리키는 것이 매우 선명하다.

풍자의 특징은 "미묘한 문장으로 풍자하며" 구불구불 돌려서 문장을 구사하고 뜻이 말 밖에 있다. 「혹리열전」의 혹리들에 대한 "속속들이 모습을 드러낸" 묘사는 선명한 비판이며 풍자가 아니다. "임금이 유능하다고 생각한" 것은 낱낱이 비판이며 사마천은 한대의 제왕에 대하여 비판하고 풍자하는 것 외에 또한 호견법으로 "본전에서는 숨기고" "다른 편에서 까발렸다." 한문제가 총애한 등통에게 구리산이 내려져서 일개 황제의 가노가 왕후보다 더 부유하게 하였는데, 문제의 본기에는 실려 있지 않으며 「영행열전」에서 밝혔다. 한경제는 주아부를 의심하여 옥중에서 억울한 죽음에 이르게 하였으며, 장석지를 시기하고 미워하여 서울 밖으로 좌천시켰다. 율부인(栗夫人)에게 화풀이를 하여 율태자(栗太子)를 폐위시키고 죽였으나 본기에는 싣지 않고 다른 편에서 드러내었다. 지금 임금인 한무제에 대해서는 사마천이 더욱 강렬한 비판으로 필봉을 옮겨 갔지만 오히려 교묘하게 그 말을 비틀어 각 편에 분산시켰는데, 명확하게 썼을 뿐만 아니라 더욱 많은 암시의 비유로 금기를 돌파했다. 암시하는 은유의 기법은 바로 풍자이다. 「봉선서」와 「혹리열전」, 「만석군열전」 세 편은 한무제의 사람됨과 그 부패한 정치를 집중적으로 풍자하였는데, 『사기』 풍자 예술의 백미이다. 이로부터 풍자의 중점은 "미묘한 문장으로 당세를 폄훼하여" 현실 정치에 견주어 사학으로 세상에 경종을 울리는 기능을 완성하고 적극적인 진보 의의를 갖추고 있음을 알 수 있다.

사마천의 풍자 예술 또한 계승된 것이다. 중국 고대 문학 발전사에서 풍자는 현실주의 문학 창작의 훌륭한 전통이다. 『시경』에는 날카로운 풍자시가 많다. 「위풍·벌단(魏風·伐檀)」은 지위를 차지하고 있으면서 탐욕스럽고 비루한 시위소찬하는 군자, 곧 놀고먹는 밥벌레를 풍자하였다. 「석서(碩鼠)」는 무거운 세금을 착취하는 임금을 큰 쥐로 풍자하였다. 「관저(關雎)」의 서(序)에서는 이런 풍자 형식은 "말한 자는 죄가 없고 듣는 자는 경계로 삼을 만하다."고 하였다.

『한서』「예문지(藝文志)」에서는 말하였다. "옛날에는 시를 채집하는 관리가 있었는데, 이는 통치자가 풍속을 살피고 득실을 알아 스스로 바로잡기 위한 것이다."『국어』「주어(周語)」에서는 소공(邵公)이 여왕(厲王)에게 비방을 그치게 하는 것을 간언하였는데, "천자가 정사를 처리할 때 공경(三公과 九卿)에서 열사(上士·中士·下士의 통칭)까지 시를 바치게 했다."는 기록이 있다. 확실히 풍자 예술은 근원이 유구한 역사를 가지고 있는데, 이는 통치자가 일종의 풍자 방식을 충분히 받아들일 수 있었다는 것을 말한다. 사마천은 바로 이를 계승하고 또 발전시켰다. 사마천의 풍자가 얼마나 날카로운가 하는 문제는 차치하고 한나라를 높이는 큰 뜻을 위배하지 않으며 봉건제도와 철저히 결렬하는 경지를 지향하였다. 그는 깊이 미워하고 통절해 한 혹리에 대하여 전적으로 부정하지 않았으며 청렴한 자는 공무 집행의 귀감이 될 수 있다고 칭찬하였다. 이것이 바로 『사기』의 풍자 예술이 유전되어 올 수 있었던 원인이다.

5) 통속적이고 개성화한 언어

사마천은 여러 책에 두루 해박하여 "10세에 고문에 능통하였으며" 선진 산문 언어를 집대성하였다. 그는 또 명산대천을 두루 둘러보고 사방 백성의 구두 언어를 채집하였다. 곧 사마천은 문인들이 연마한 문어체와 국민 대중의 생활 언어 두 방면을 두루 성실하게 배우고 흡수하였다. 아울러 이를 창조적으로 운용하여 독자적으로 예술적 매력을 갖춘『사기』
의 언어를 형성하였다 하겠다. 사마천은 인물의 말씨를 빼다 박은 듯이
묘사하였다. 스토리 서술이 파란만장하며, 의론을 발함이 아주 통쾌하고
감정을 펴냄이 한껏 기복이 있어 비교하기 드문 언어의 거장이 되었다.
사마천 언어 예술의 가장 두드러진 두 가지 특색은 통속화와 개성화이다.

　사마천은 통속화한 서면 언어를 창조하여 다음의 세 방면으로 두드러
지게 표현하였다.

　첫째, 선진 문헌 자료를 인용하면서 심오하여 알기 어려운 고문에 대
하여 한대에 통행한 언어로 번역을 진행하였다.『상서』「요전(堯典)」과
「오제본기」를 대조해 보면 사마천이 전면적으로 번역을 하였음을 발견
할 수 있다. 어떤 구절은 직역을 하고 어떤 구절은 의역을, 어떤 구절은
말의 순서와 구식을 바꾸고 단어를 바꾸어 번역하였다. 어떤 구절은 녹
여서 고쳐 씀으로 고어를 지금 말로 번역하여 표현함으로써 풍부한 경
험을 누적시켰다. 「요전(堯典)」의 "진실로 백공[백관]을 다스려서 모든 공
적이 다 넓혀질 것이다.(允釐百工, 庶績咸熙)"는 매우 "어렵고 난삽한데" 「오
제본기」에서는 "信飭百官, 衆工皆興"이라 고쳐 썼다. 명백하게 매끄러
워졌음을 알 수 있다. 송나라 왕관국(王觀國)은『학림(學林)』권1에서 사마
천이 선진 고적의 어휘를 바꾼 것에 대하여 집중적인 통계를 내었다. 왕
씨는 말하였다.

　사마천은 달리 표현하는 것을 좋아하여 다른 사람과 같이하는 것을 싫
어하였다.『사기』를 살펴보면『상서』와『전국책』,『국어』,『세본』,『좌씨
전』의 문장에서 원문을 많이 고쳐 썼다. "적용(績用)"을 "공용(功用)"으로
고쳤으며, "궐전(厥田)"을 "기전(其田)"으로, "사근(肆覲)"을 "수견(遂見)"으
로, "소중(宵中)"을 "야중(夜中)"으로, "자사악(咨四岳)"을 "차사악(嗟四岳)"

430

으로, "협화(協和)"를 "합화(合和)"로, "방명(方命)"을 "부명(負命)"으로, "구재(九載)"를 "구세(九歲)"로, "격간(格奸)"을 "지간(至奸)"으로, "신휘(愼徽)"를 "신화(愼和)"로, "열풍(烈風)"을 "폭풍(暴風)"으로, "극종(克從)"을 "능종(能從)"으로, "준천(浚川)"을 "결천(決川)"으로, "휼재(恤哉)"를 "정재(靜哉)"로, "사해(四海)"를 "사방(四方)"으로, "희제(熙帝)"를 "미요(美堯)"로, "불손(不遜)"를 "불훈(不訓)"으로, "주자(胄子)"를 "치자(稚子)"로, "유적(維績)"을 "유정(維靜)"으로, "천공(天工)"을 "천사(天事)"로, "저적(底績)"을 "치공(致功)"으로, "강구(降丘)"를 "하구(下丘)"로, "납석(納錫)"을 "입사(入賜)"로, "공수(孔修)"를 "심수(甚修)"로, "숙야(夙夜)"를 "조야(早夜)"로, "신명(申命)"을 "중명(重命)"으로, "여익(汝翼)"을 "여보(汝輔)"로, "칙천(敕天)"을 "섭천(陟天)"으로, "솔작(率作)"을 "솔위(率爲)"로, "택토(宅土)"를 "거토(居土)"로 고쳤는데, 이와 같은 류가 매우 많다. 또한 『논어』의 문장을 「공자제자전」으로 나누어 묶었는데, 또한 고친 것이 많아 "오집(吾執)"을 "아집(我執)"으로 고쳤고, "무고(毋固)"를 "무고(无固)"로, "지저장(指諸掌)"을 "시기장(視其掌)"으로, "성여천도(性與天道)"를 "천도성명(天道性命)"으로, "미약(未若)"을 "불여(不如)"로, "변변(便便)"을 "변변(辯辯)"으로, "도도(滔滔)"를 "유유(悠悠)"로 바꾸었는데, 이런 따위는 더욱 많다. 자장은 달리하는 것을 좋아할 줄은 알았지만 (그렇게 하는 것이) 뜻을 해치는 것인 지는 몰랐다.

왕관국은 옛것에 얽매여 사마천이 글자를 고친 것이 뜻을 해쳤다고 비평하였는데, 이는 완전히 틀렸다. 그러나 왕관국이 나열한 것은 비교적 의의가 있다. 사마천이 고문을 풀어쓴 것은 자각적 창신이며 체계적인 전역(轉譯)이라는 것을 생동적으로 설명하였다. 사마천은 공안국을 사사하였는데, 공안국은 금문으로 고문 『상서』를 읽었으며 해설 중에 반드시 당대의 어휘를 써서 고어를 전역하였을 것이다. 따라서 사마천의 고문 금역 작업 또한 사승된 것이다. 그러나 금역을 서면어에 대량으로 운용하였으니 사마천은 의심할 바 없이 처음으로 중대한 성취를 취득하였다.

둘째, 대량으로 민가와 속요 및 방언과 이어를 채택해 쓰고 정련하여 일을 서술하여 언어의 내용을 풍부하게 하였고 언어의 표현력을 향상시켰다. 예를 들어 "도리(桃李)는 말을 하지 않지만 그 아래에는 절로 길이 생긴다"라는 말은 고대에 유행한 속담이다. 복숭아나무와 자두나무는 사람들에게 아는 체를 하지 않지만 그 달고 맛있는 과실 때문에 무수한 사람들을 다투어 달려가도록 끌어들이기 때문에 나무 아래는 밟혀 다져져서 길이 생긴다는 뜻이다. 이광은 중후하고 나무처럼 어눌하지만 그의 충직한 마음은 천하의 사람들을 감동시켰다. 사마천은 도리의 과실로 비유하면서 이 속담을 인용하여 그를 찬송하였다. 묘사가 선명할 뿐만 아니라 함의가 깊고 또한 매우 적절하여 생활의 숨결이 풍부하다.

「춘신군열전」은 춘신군의 우유부단함을 묘사하였다. 간사한 이원(李園)을 죽이라는 주영(朱英)의 권고를 받아들이지 않고 화를 당하자 사마천은 평론하기를 "속담에 말하기를 '결단을 내려야 할 때 결단을 내리지 않으면 도리어 어려움을 당하게 된다.'고 하였다. 춘신군이 주영을 잃은 것을 이르는 것이 아니겠는가?"고 하였다. 고식적이고 간사한 사람은 바로 자기에 대해 잔인하다. "결단을 내려야 할 때 결단을 내리지 않으면 도리어 어려움을 당하게 된다."는 이 속담은 이 역사적 교훈을 매우 깊이 총결하였으며 이런 것은 천 마디 만 마디 말보다 낫다. 또한 「백기열전」에서는 "속담에 말하기를 '자(尺)에도 짧은 것이 있고, 치(寸)에도 긴 것이 있다."고 하였다. 「회음후열전」에는 "약삭빠른 토끼가 죽고 나면 훌륭한 개는 삶기고, 높이 나는 새가 다 잡히고 나면 훌륭한 활은 거두어지고, 적국이 격파되고 나면 계책을 낸 신하는 죽는다." 등등의 속담을 실었다. 이에 내포된 철리가 매우 깊으며 사마천 또한 이들을 매우 적절하게 사용하여 작품의 정취를 더할 수 있었다.

사마천은 방언과 구어의 사용에도 뛰어난 면을 보였다. 「진섭세가」에서는 진섭이 왕을 일컬은 후 친구가 만나기를 구하는 장면을 묘사한 부분이 있다. 입궁하여 궁전의 휘장을 보고 놀라서 말하기를 "정말 화려하구나, 진섭이 왕이 되니 궁전이 높고 크고 화려하구나.(夥頤! 涉之爲王沈沈者!)"라고 하였다. 여기서 "과이(夥頤)"와 "침침(沈沈)"은 곧 초나라 백성의 방언이다. 사마천은 이를 이용해서 가난하고 어려운 농민의 천진함, 순박하고 흙 내음이 묻어나는 진지한 감정을 매우 생생하게 그려냈다.

진섭은 거사를 할 때 연설하였다. "지금 도망쳐도 죽고 대사를 일으켜도 죽는데, 똑같이 죽는다면 나라를 위해서 죽는 것이 옳지 않겠는가?" 이에 무리를 모아 명령하였다. "너희들은 큰 비를 만나 모두 기한을 놓쳤는데, 기한을 놓치면 사형을 당한다. 죽지 않는다 하더라도 변방에서 수자리를 서다가 죽는 것이 실로 열 가운데 예닐곱은 된다. 장사가 죽지 않으면 그만이겠지만 죽는다면 큰 이름을 남겨야 할 따름이다. 왕후장상이 어찌 씨가 있겠느냐?" 이런 말은 인물의 표정과 말투를 그대로 본떠 구어화하였을 뿐 아니라 개성화시켜 지금 읽어도 그 목소리를 듣는 듯하고 그 사람을 보는 것 같다. "똑같이 죽는다면(等死)", "죽지 않는다 하더라도(藉弟令毋斬)", "왕후장상이 어찌 씨가 있겠느냐?(王侯將相寧有種乎?)" 등의 어구는 사람들에게 친근감을 준다. 요컨대 『사기』에서 구사한 언어의 생기발랄함은 사마천이 민간의 언어를 열렬히 사랑한 것과 떼어놓고 생각할 수 없다.

셋째, 문장의 구사를 산문화하여 구식과 장단이 서로 떨어져 들쭉날쭉하다. 사람들이 하는 말이 마음먹은 대로 말하여 구절이 이어지는데, 언제나 긴 것은 긴 대로 짧은 것은 짧은 대로 들쭉날쭉하여 일치하지 않는다. 그러나 전국시대 종횡가가 임금을 유세하던 말은 열국을 누비던 사자(使者)들의 외교 언어로 사장(辭章)이 화려함을 강구하여 구어와는 거리감이 있었다. 『좌전』과 『전국책』 등의 책에 기재된 사자들의 외교 사령(辭令)과 책사들이 유세하는 말에는 이미 어느 정도 과장을 늘어놓고 대우(對偶)를 배치하는 구식이 나타났다. 한대에 이르러 사부(辭賦)가 성행하자 과장된 나열과 변우(駢偶: 對句)가 당시의 풍조가 되었다. 이런 풍조 아래서 사마천 또한 부를 짓는 데 뛰어나 『한서』 「예문지」에는 그의 부 8편을 기재하였다. 그러나 『사기』의 언어는 오히려 지극히 간결하고 정련되어 의식적으로 대우의 구절을 짓지 않았다. 문장의 구사에 있어서도 장단이 항상 가지런하지 않고 들쭉날쭉하면서 구식이 활발하고 생동적이어서 구어에 접근하여 생명력이 풍부하다. 「항우본기」에서 묘사한 거록의 전투는 장단구(長短句)와 같아 들쭉날쭉 운치가 있다. 문장은 다음과 같다.

항우가 곧 모든 군사를 이끌고 장하를 건너서는 배를 모두 가라앉히고, 솥과 시루를 깨뜨리고 막사를 불사른 뒤 3일분의 군량만을 휴대함으로써 사졸들에게 필사적으로 싸울 것이며 추호도 살아 돌아올 마음이 없다는 것을 나타내었다. 이리하여 거록에 도착하자마자 왕리를 포위하고 진의 군사와 수차례 접전하여 그들의 용도를 끊어서 크게 무찔렀으며, 소각을 죽이고 왕리를 포로로 잡았다. 섭간은 초나라에 투항하지 않고 분신자살하였다. 이때 초군은 제후군 가운데 으뜸이었다.

項羽乃悉引兵渡河, 皆沈船, 破釜甑, 燒廬舍, 持三日糧, 以示士卒必死, 無一還心. 於是至則圍王離, 與秦軍遇, 九戰, 絕其甬道, 大破之, 殺蘇角, 虜王離. 涉閒不降楚, 自燒殺. 當是時, 楚兵冠諸侯.

이 대전(大戰)을 묘사한 문자는 구식이 짧고 촉급한 문장이 많아 일종의 긴장감과 격렬한 전투 장면이 서로 상응함을 조성하였다. 독자들은 이 짧고 촉급한 절주에 따라 부지불식중에 더욱 마음이 따라 약동하게 되어 대전의 광경이 눈앞에 또렷이 보이는 듯하게 하였으니 실로 신필(神筆)이라 할 수 있다. 특정한 환경에서 사마천은 한 자의 단구를 지어내어도 천균의 무게감을 느끼게 한다. 「이장군열전」에서 이광이 흉노를 만나 전투가 벌어지는 것을 묘사하는데, 중과부적이라 전군이 두려움에 떠는 것을 그려냈다. 이때 이광은 태연자약하기 이를 데 없이 전군에 흉노를 향하여 바짝 다가서도록 명하여 대담함을 보여준다. 문장은 다음과 같다.

　　이광은 여러 기병에게 명령하였다. "앞으로!" 전진하여 흉노가 늘어선
　　곳과 2리쯤 되는 곳에 미치지 못하여 멈추었다.
　　廣令諸騎曰, 前, 前, 未到匈奴陳二里所, 止.

　첫 번째 "전(前)"자는 구령을 쓴 것으로 이광의 우레 같은 명령을 개괄하여 용감하게 전진하여야 기세가 적군을 압도하여 죽음 속에서 삶을 모색하고 쟁취할 수 있었음을 나타내었다. 두 번째 "전"자는 행진을 묘사한 것으로 전군이 질서정연하게 전진하는 호방하고 씩씩한 기세를 나타내고 있다. 마지막의 "지(止)" 한 자는 산처럼 우뚝하게 버티어 꿈쩍도 하지 않는 의지를 보여주고 있다. 모두 16자인데 길고 짧은 다섯 구절로 이루어졌다. 세 구절은 한 자로 구성된 구절이며 한나라 군사가 죽음을 집으로 가는 것처럼 여기고 용왕매진하는 것을 남김없이 묘사해내었다. 하나의 큰 장면을 실로 절묘하게 그려냈다.
　이따금 여러 가지 일을 잇달아 서술하기도 하였다. 또한 의도적으로 뜻은 대구를 이루는데, 구식은 대구가 아닌 산문 구절을 지어내어 일종

의 질탕한 분위기를 구성하여 문장의 뜻을 더욱 깊게 하기도 하였다. 「진초지제월표(秦楚之際月表)」 서에서는 진한 교체기 시세 추이의 변화에 대하여 말하였다. "처음에 반란을 일으킨 것은 진섭이고, 잔인하고 포학하게 진나라를 멸한 것은 항우이다. 그러나 어지러운 세상을 바로잡아 포학한 자를 제거하고 천하를 평정하여, 마침내 제위에 오른 것은 한가에 의해서 완성되었다.(初作難, 發於陳涉; 虐戾滅秦. 自項氏; 撥亂誅暴, 平定海內, 卒踐帝祚, 成於漢家)" 의의는 대구를 이루어 천하가 세 번 바뀐 대조적 형세를 더욱 심화하였다. 반면 자구의 변화는 대구를 이루지 않아 층층이 앞으로 나아감을 보여주었다. 오견사는 『사기논문』에서 이를 비평하여 말하였다. "『사기』는 무릇 몇 구절의 대구를 썼는데, 변하지 않는 구절이 하나도 없어 후대의 사람들은 더는 종법(宗法)으로 삼지 않았고 유독 융통성이 없었다. 대체로 『한서』가 나오자 고르게 네 자로 정련하여 그것을 해쳤다." 이는 확실히 지극히 정련되게 『사기』 산문 언어의 특징을 개괄하였다.

사마천이 인물을 묘사할 때 쓰는 언어는 생동감 있는 형상이 가장 큰 특색으로 개성 있는 색채를 갖추고 있다. 「장승상열전」에서는 주창이 말을 더듬을 때의 표정과 태도를 흉내 내어 말하였다. "신은 말을 잘하지는 못하지만 신은 그것이 불가함을 아…압니다.(然臣期期知其不可) 폐하께서 비록 태자를 폐하시고자 하나 신은 명을 바…받들지 않을 것입니다.(臣期期不奉詔)" 더듬더듬한 몇 마디로 주창의 급박하면서도 노여워하는 정신 상태를 매우 핍진하게 묘사하였다. 또한 「위기무안후열전」 동조정변(東朝廷辯)의 절에서 사마천은 인물의 대화를 통하여 각자의 신분과 품격에 딱 맞아떨어지는 언어로 두영의 노함과 전분의 간사함, 한안국의 원만함, 왕태후의 우둔함, 한무제의 말하기 어려움을 절묘하면서도 빼다 박은 듯이 그대로 재현해 내었다. 각자 인물의 정태(情態)가 또렷하게 눈앞에 펼쳐지는 듯이 한 것이다. 때로는 동일한 일에 대한 같은 반응이 사마천의 필치하에서 각기 신분의 상이함에 따라 다른 모습과 말투를 가지고 있다.

항우는 진시황이 순행에 나간 것을 보고 말하기를 "저 자리를 빼앗아 대신할 수 있을 것이다."라고 하였다. 이런 결단성 있고 단호하면서도 과감한 어기는 가슴 가득 장한 뜻을 품고 복수를 결심한 항우의 성격과 딱 맞아떨어진다. 유방은 진시황을 보고는 이렇게 말한다. "아아! 대장 부라면 이래야지." 이는 감탄하고 부러워하는 말투로, 유방의 처지가 당시 일개 평민 신분이었음과 딱 맞아떨어진다. 이렇게 입을 열면 개성이 넘치는 언어를 띠는 것은 사마천이 인물을 그려내는 큰 특색이다. 역이기는 유방을 만나 자칭 "고양(高陽)의 술꾼"이라고 하였으며, 제나라에서 팽형(烹刑)을 받았을 때 제나라 왕 전광(田廣)에게 말하였다. "큰일을 행함에는 자잘하게 삼가지 않으며 큰 덕은 꾸짖음을 사양치 않는다. 그러니 그대는 다시는 말을 바꾸지 않을 것이오!" 두세 마디 능란한 말로 분방하여 얽매이지 않는 가슴에 웅대한 뜻을 품은 논객의 형상을 생생하게 드러내었다.

사필(史筆)의 기사는 장면 묘사와 심리 묘사를 허용치 않지만 사마천은 오히려 인물의 언어를 통하여 각종 특정한 환경 및 인물의 심리 상태를 표현할 수 있었다. 앞에서 인용한 「이장군열전」 같은 데서는 패릉위(霸陵尉)가 이광을 꾸짖어 세우고 밤에 다니지 못하게 하며 말하였다. "지금 장군도 오히려 밤에 다니지 못하게 되었거늘 하물며 옛 장군이겠는가!" 이는 거드름을 피우는 취한(醉漢)의 언어를 모방하여 그의 정신 상태를 매우 정묘하게 모사한 것이다.

「위기무안후열전」은 관부가 술기운을 빌려 같이 참석한 사람을 꾸짖는 것을 묘사하였는데, 언어가 또한 따로 하나의 격식을 갖추었다. 관부는 거만 방자한 세력을 잃은 장군으로 그는 술을 빌려 일을 벌였다. 결코 진짜로 취한 것이 아니기 때문에 굳이 거드름을 피울 필요가 없었다. 임여후(臨汝侯) 관현(灌賢)을 꾸짖으면서 이 사람을 가리키며 저 사람을 욕하여 사단을 돋우었으며 노기등등하게 무안후에게 말하였다. "오늘 머리가 잘리고 가슴이 내려앉는다 한들 정불식과 이광 따위를 어찌 알겠는가!" 일종의 미친 태도였다. 오견사의 『사기논문(史記論文)』에서는 여기에 주석을 달고 말하였다. "말이 순서가 없는 취중의 언어인데 그 소리가 들리는 듯하다." 이 논평은 관부의 취한 말이 관부의 개성과 부합함을 지적한 것이다.

「범저채택열전」에서는 수가(須賈)가 장록(張祿)이 바로 진나라 승상 범저임을 알아채는 것을 묘사하였다. 순간적으로 놀라 얼굴에 핏기가 가셨다가 대경실색하여 황망히 웃통을 벗고 무릎으로 걸어가 죄를 청하며 문으로 들어가 범저를 보고 연신 머리를 찧으며 말하였다. "제가 그대가 스스로 청운의 위로 이를 수 있으리라고는 생각지도 못하였으니 저는 감히 다시는 천하의 책을 읽지 않을 것이며 감히 다시는 천하의 일에 끼이지 않겠습니다. 저는 끓는 솥에 던져질 죄를 지었사와 청컨대 스스로 오랑캐 땅으로 물러날 것이니 그대만이 (저를) 죽이고 살릴 수 있습니다!" 말투가 촉급하고 두서가 없어 여기서 가(賈)가 어쩌고저쩌고 저기서 가가 어쩌고저쩌고하여 넋을 잃고 혼비백산 놀라 어쩔 줄 몰라 하며 목숨을 구걸하는 정상이 지면에 생동감 넘치게 표현되었다.

위에서 말한 것을 종합해 보면 사마천이 언어의 운용에 성공한 것은 세심한 학습과 언어를 연마하여 구어화하고 통속화하였으며 개성화한 결과이다. 사마천은 각종 수사 수단과 허자(虛字)를 운용하여 언어의 문학성을 강화하였고 평이하게 서술하는 사필을 타파하였다. 그 덕분에 『사기』의 문장은 문채가 매우 풍부하다. 이는 반고의 근엄함과는 확연히 다른 풍격을 형성하였다.

제8장

사마천의 사상

사마천은 「보임안서」에서 자기가 지은 『사기』에 대하여 스스로 다음과 같은 평가를 내렸다. "하늘의 일과 사람의 일이 서로 부합되는 관계를 탐구하고 옛날과 오늘날의 변화를 살펴 일가의 문장을 이루려 했다." 이 말은 『사기』의 사학에서의 공헌을 개괄하였으며 동시에 또한 사마천의 진보적 사상과 역사관을 표현하였다.

간단명료하게 말하면 "하늘의 일과 사람의 일"은 하늘과 사람의 관계를 탐구 토론하여 사마천의 철학사상을 집중적으로 표현하였으며, 역사의 변화 발전에 이론적 근거를 제공하였다는 것이다. "옛날과 오늘날의 변화를 살피는 것"은 인사(人事)의 역사적 경험에 대한 총결이며, 사마천의 역사관을 집중적으로 표현하였는데, 주지(主旨)가 되는 정신은 역사가 변화 발전하는 궤적에서 치란의 규율을 찾았다. "일가의 문장을 이루었다"는 것은 사마천이 역사를 짓는 것이 결코 역사 자료를 모으고 베끼며 사실을 쌓아가는 것이 아니라 자기의 사상과 이상을 천명하려는 것을 표명하였다. 독특한 견해를 꺼내어 역사가 어떻게 변화 발전하는 가에 대하여 대답하였다.

사마천은 공자의 말을 빌려서 말한 적이 있다. "내가 빈말을 실으려 하는 것보다는 이미 일어났던 일이 아주 절실하게 드러남을 보여줌만 못하였다."[1] 이로 인하여 사마천의 사상을 본인이 서술한 인물의 역사 사실에 자연스레 녹여 넣었다. 『사기』는 백과전서식의 통사이기 때문에 스케일이 크고 생각이 정밀하여 그 안의 사상 체계에 녹여 넣었으며, 또한 넓고 커서 지자는 지혜를 보고 인자는 인한 것을 보아 어떤 방면에서 보더라도 논술을 펼쳐나갈 수 있다. 여기서는 다만 천인관(天人觀)과 정치관(政治觀), 경제관(經濟觀), 역사관(歷史觀), 전쟁관(戰爭觀), 민족관(民族觀), 도덕관(道德觀), 인재관(人才觀) 등 사마천 사상의 몇 가지 주요 방면을 늘어놓을 수 있다.

1. 천인관

"천인관계"는 서한 초기 사상계의 가장 근본적인 철학 문제이다. "하늘의 일과 사람의 일"은 바로 사마천이 이 철학의 기본 문제를 겨냥하여 제기한 명제이다.

"하늘"과 "사람"의 관계는 지금 보면 매우 간단한 일이지만 고대에는 상층 건축 영역에 속한 중대한 문제이다. 하늘이 인사를 지배할 수 있다는 이 관념은 통치권을 옹호하는 이론의 기초이기 때문에 그것은 언제나 통치계급의 관방철학이었다. 은주시대에는 종교 신학이 사상계를 주

---

1 『사기』 권130 「태사공자서」.

재하였으며 하늘이 지고무상의 권위를 가지고 있었다. 은나라 사람은 미신을 가장 많이 믿어 지상신(至上神)과 조상신을 하나로 합쳤으며, 상제가 바로 그들의 선조라고 생각하였다.

주왕(紂王)은 나라가 망해갈 때 말하였다. "내가 태어나 명을 받지 못함은 하늘에 있다!"[2] 천명의 보우가 있으면 나라가 망할 수 없다고 생각하였다. 무왕이 주(紂)를 정벌하여 은조(殷朝)가 전복되고 멸망당하자 천명은 한 차례 묵직한 타격을 받아 "천명은 항상성이 없다"는 관념이 생성되었다. 서주 말년에는 유왕(幽王)이 무도하여 여산(驪山)의 변고가 발생하였고, 평왕(平王)이 도읍을 동쪽으로 옮겨 왕권은 하늘에서 떨어졌다. 춘추전국 시대의 동란으로 귀족은 노예로 강등되었고 평민은 신분이 상승하여 신흥 봉건지주계급을 탄생시켰다. 정치적으로 변법운동을 발생시켰으며 "친친(親親)"의 관념은 "존현(尊賢)"에 의해 대체되었다. 각국은 모두 사람의 모의를 중시하였고 부국강병을 강구하였다. 그래서 『좌전』에서는 "길흉은 사람에게서 말미암는다",[3] "하늘의 도는 멀고 사람의 도는 가깝다"[4] 등과 같은 무신론 사상을 기록하였다. 전국 말기의 사상가 순자는 심지어 "사람은 하늘을 이긴다"는 사상을 제기하기에 이르렀으며, 전투적 유물주의 철학저작인 「천륜(天倫)」을 써내었다.

진한의 교체기에는 사회에 더 큰 변화가 발생하여 "5년 사이에 천하가 세 번 바뀌었을" 뿐만 아니라 농사를 짓다가 떨쳐 일어나 왕이 된 진섭이 보낸 왕후장상이 결국 진나라를 멸하였다. 한고조 유방은 필부로 일어났을 뿐만 아니라 한초의 개국공신은 거의 미천한 하층 인물이었다. 이런 변화는 사람들에게 두 가지 첨예한 문제를 제기하였다. 곧 천

---

2 『사기』권3 「은본기(殷本紀)」.
3 『좌전』「희공(僖公) 16년」.
4 『좌전』「소공(昭公) 18년」.

인의 관계와 고금의 변화이다. 천인관계에 있어서 통치권의 통치계급을 취득하기만 하면 천상의 권위를 회복하여 지상의 왕권을 공고히 할 수 있다. 이 때문에 진시황과 한무제 두 웅주(雄主)는 모두 매우 미신을 믿었다. 동중서는 천인감응의 신학을 선양하였는데, 바로 한무제가 중앙집권을 강화하고 적용하는 과정에서 태어났다.

천인감응설의 전제는 하늘은 의지를 가지고 있으며, 하늘과 사람이 서로 영향을 끼치고 서로 감응한다는 점을 인정하는 것이다. 고대의 사람들은 생산성이 떨어져서 과학이 발달하지 못하였으며, 천지에 대응하는 우주의 구조에 대한 이해도도 떨어졌다. 온 하늘의 별들을 대하면서도 두려움과 당혹감을 면치 못했다. 천상의 변성(變星)과 혜성(彗星), 신성(新星), 운성(隕星), 일식과 월식, 행성의 운행 및 극광(極光), 유성우(流星雨), 달무리, 구름 등을 모두 이상(異常)으로 보았다. 따라서 하늘에 관한 신학 체계가 출현하였고 천상과 인간 사이에 길흉화복의 관계가 있다는 점 성학을 낳았다. 이는 전세계의 보편적 현상이다. 그러나 지상 대일통의 사회적 틀을 하늘로 옮겼으며 동시에 천인감응의 체계적 이론을 설계해 내었다. 곧 지도(地道)의 중국 천관학(天官學)과 점성술이다.

천인감응 학설에 따라 하늘은 지고무상의 권위를 갖고 있으며 인간의 모든 것을 주재한다. 제왕은 하늘에서 명을 받아 국민을 통치하였다. 이로 인하여 제왕의 언행에 있어 선악과 정치 득실은 위로 하늘과 감응하여 악행을 저지른 자는 망하고 선행을 한 사람은 창성한다는 이론을 이끌어냈다. 각종 기상 이변 및 수해와 한해, 지진 등의 재해나 가화(嘉禾)나 지초(芝草) 같은 생물의 변이 등은 상서로운 조짐을 나타내었으며, 이는 상천(上天)이 인간의 제왕 및 신민에게 발하는 경고이다. 따라서 통치계급은 천인감응 학설을 매우 중시하였다. 이런 배경과 분위기 속에서 사마천이 동중서를 사사하여 천명론과 천인감응설의 사상 영향을 받아들인 것을 이해할 수 있다.

하늘은 의지를 가지고 있지 않으며 인간의 사물을 주재할 수 있는가 없는가에 대한 사마천의 대답은 소박한 유물주의적 경향을 띤다. 추상적으로는 긍정하고 구체적으로는 부정하는 농후한 이원론적 색채를 가지고 있지만 말이다.

사마천은 천명론의 관점을 받아들여 하늘이 의지를 가지고 있다는 것을 인정하였다. 아울러 그것을 가지고 몇몇 중대한 역사의 변이 국면을 해석하였다. 그는 왕조의 흥망과 교체에는 천명의 작용이 있다고 생각하였다. 「율서(律書)」에서는 말하였다. "옛날에 황제(黃帝)는 탁록(涿鹿)의 싸움에서 염제족의 재화를 평정하였으며, 전욱은 공공(共工)을 토벌하여 수해를 평정하였다. 성탕(成湯)은 하나라의 걸왕(桀王)을 남소(南巢)로 쫓아버려 하나라의 난을 멸절시켰다. 차례로 흥하고 폐하니, 승자가 권력을 잡게 되는 것은 하늘로부터 받은 바이다." 「진초지제월표」 서에서는 유방이 천명을 얻었다는 설을 말하였다. "이것이 바로 전(傳)에서 말하는 위대한 성인인가? 어찌 하늘(의 뜻)이 아니겠는가? 어찌 하늘(의 뜻)이 아니겠는가? 위대한 성인이 아니라면 누가 이 천명을 받은 황제가 될 수 있었겠는가?"

한문제(漢文帝)가 대통을 이어받자 사마천은 또한 유항(劉恒)이 천명을 얻었다고 생각하였다. 「외척세가」에서는 말하였다. "고후(高后)가 죽자 …… 여록(呂祿)과 여산(呂産) 등은 주살당할 것을 두려워하여 반란을 모의하였다. 대신들은 그들을 정벌하였으며, 하늘이 유 씨(劉氏) 천하의 통기를 계속 이어지게 하려고 하므로 마침내 여 씨를 멸하였다. 효혜황후(孝惠皇后)만 북궁(北宮)에 머물게 하였다. 대왕(代王)인 효문제(孝文帝)를 황제로 맞이하자 그는 한가(漢家)의 종묘를 받들어 섬겼다. 이것이 어찌 천명이 아니겠는가? 천명이 아니면 누가 그러한 임무를 담당할 수 있겠는가?" 사마천이 여전히 유물론의 계급투쟁과 생산 관계를 가지고 역사의 변이 국면을 해석할 수 없었을 때 그는 그저 천명에 맡길 수밖에 없었다. 진나라가 천하를 겸병한 것 같은 것이 적절한 예이다.

「육국연표」 서에서는 말하였다. "진나라의 덕의(德義)를 논하면 노나라나 위(衛)나라의 포학한 자보다도 못하였고, 진나라의 병력을 헤아려보면 삼진(三晉)의 강대함만 못하였다. 그런데도 마침내 천하를 병합한 것은 반드시 진나라의 지리적 위치가 험고하여 형세가 이로웠기 때문만은 아니니, 아마도 하늘이 도왔던 것 같다.(蓋若天所助焉)" 여기서 사마천은 모호함을 나타내는 단어인 "개약(蓋若)"을 운용하여 그의 곤혹감을 표현하였다. 보아하니 그는 결코 천명의 해석에 만족하지는 않았지만 부득이하게 여전히 천명의 관점을 믿었다.

하늘과 사람이 서로 감응한다. 사마천은 또한 적지 않은 예증을 기재하였는데, 「천관서」에 집중적으로 보인다. 진시황 때는 15년간 혜성(彗星)이 4번 나타났는데, 그 후 진나라는 군사를 동원하여 6국을 멸하였다. 밖으로는 사이(四夷)를 쫓아내었으며, 장초(張楚)가 함께 일어나 30년간 "군사들이 서로 짓밟고 짓밟힌 것이 수를 헤아릴 수 없으며", "죽은 사람이 난마(亂麻)처럼 얽히는" 시국을 조성하였다. 혜성이 4번 출현한 것은 바로 일종의 전조(前兆)였다. 항우가 거록을 구원하였을 때는 "왕시성(枉矢星)이 서쪽으로 흘렀으며" 그 후 진나라 사람들은 도륙을 당했다. 한나라 왕조가 흥기하려 하자 "다섯 별이 동정(東井)에 모였다." 유방이 평성(平城)에서 포위되었을 때는 "삼수(參宿)와 필수(畢宿)에 달무리가 일곱 겹으로 끼었다." 여 씨들이 반란을 일으켰을 때는 "일식이 일어나 낮에도 어두웠다." 오초칠국의 반란이 일어났을 때는 "혜성이 여러 길이나 되었다." 원광(元光)과 원수(元狩) 연간에는 "치우지기(蚩尤之旗)가 두 번 나타났으며 긴 것은 하늘의 반에 걸쳐 있었다." 그 후 무제는 밖으로 사이를 정벌하였으며 군사는 수십 년이나 해산되지 않았다. 월나라가 망하자 "화성[熒惑]이 두수(斗宿)를 점거하였다." 군사가 대원(大宛)을 정벌하자 "별빛이 초요성(招搖星)을 비추었다." 세상에 군국(軍國)의 대사가 있을 때면 천상에 전조가 있었다. 사마천은 이런 역사 서술을 한 이후에 아울러 이러한 총합적인 결론을 내놓았다.

이는 그 드러남이 큰 것이다. 소소하고 잘 드러나지 않는 작은 이변들은 이루 다 말할 수 없다. 이로써 살펴보건대 먼저 전조가 드러났는데, 응하여 따르지 않은 것이 없었다.
此其犖犖大者. 若至委曲小變, 不可勝道. 由是觀之, 未有不先形見而應隨之者也.

이 외에 사마천은 때로 운명도 이야기하였다. 「부근괴성열전(傅靳蒯成列傳)」에서는 부관(傅寬)과 근흡(靳歙) 등 평용하고 능력이 떨어지는 장수에 대하여 말하였다. 확실히 그들은 아부하여 총애를 받아 제후에 봉해졌다. 그렇지만 엄혹한 초한의 전쟁 중에서 "항적(項籍)을 쳐서 이름난 장수들을 죽이고 군사를 깨뜨려 성을 항복시킨 것이 열을 헤아렸다. 일찍이 곤욕을 당하지 않았으니 이 또한 하늘이 준 것이다." 이는 부관 등은 운수대통하였다는 말이다. 또한 이광 같은 사람이 수차례나 액운을 만나고 주아부가 굶어 죽은 것 등등은 모두 하늘이 정해준 운명이라는 것이다.

그러나 총체적으로 보면 사마천이 "하늘과 사람 사이를 탐구한 것은" 결코 그의 스승 동중서의 "도의 큰 근원이 하늘에서 나온다"는 신학 사상을 밝히고 해석한 것이 아니다. 공교롭게도 동중서의 신학 사상체계가 지향한 것과 상반되는데, 당시로서는 일종의 대단히 혁명적인 분발정신이었다.

이론 체계로 보면 "하늘과 사람 사이를 탐구한 것은" 두 방면의 의의
가 있다. 『설문(說文)』에서는 말하였다. "제(際)는 벽(壁)이 만나는 것이
다."[5] 주준성(朱駿聲)은 말하였다. "무릇 두 담이 서로 만나는 틈을 제라고
한다."[6] 두 담이 서로 합쳐진 틈은 회합(會合)이기도 하고 분계(分界)이기
도 하다. 천인관계는 두 담이 서로 합해진 틈과 같아 함께 만나는 것이
면서도 각자 갈라진 길로 명확한 한계를 갖고 있다.

동중서가 "하늘과 사람의 사이"를 이야기한 주요 경향은 하늘과 사람
이 서로 만나는 것이며 하늘을 두려워해야 한다는 것을 선양한 것이다.
원래의 말은 이렇다. "신이 삼가 『춘추』의 내용을 검토하여 예전 세상에
서 이미 실행된 일을 살펴봄으로써 하늘과 인간의 상관관계를 관찰했
더니 그것이 매우 두려워할 만하였습니다.(觀天人相與之際, 甚可畏也) 국가가
올바른 도리를 잃어 패망하게 될 때에는 하늘은 먼저 재앙을 일으켜서
견책하고 경고합니다(譴告). 그러나 스스로 반성할 줄 모르면 또 괴변과
재이(災異)를 내보내어 놀라고 두렵게 만듭니다. 그럼에도 불구하고 개
선할 줄 모르면 그제야 손상과 패망이 이르게 되도록 합니다."[7] 이것이
바로 한대에 유행한 천인감응 학설이다. "상여(相與)"는 곧 하늘과 사람
이 회합하는 것이고 서로 감응하는 것이다. 동중서가 심혈을 기울인 것
은 "견책과 권고(譴告)"로 군권이 하고자 하는 것을 제한하고 패망을 초
래하는 것을 면하여 통치 계급이 오래도록 편안하게 다스리도록 옹호
하는 것을 기도하는 것이었다. 그러나 통치자는 허망한 "견책과 권고"
를 써서 자신의 수족을 속박해서는 안 되었다. 이는 마치 하늘과 사람의
상관관계 및 군권신수의 학설을 이용하여 자기의 죄책을 벗어나고 백

---

5   『설문(說文)』 권14 하.
6   『설문통훈정성(說文通訓定聲)』 태부(泰部) 제13.
7   『천인삼책(天人三策)』은 『한서』 권56 「동중서전」에 실려 있다.

성을 우롱하는 것이다.

　동중서는 "하늘을 두려워할" 것을 선양하여, 그가 구상한 방면을 지향함으로써 신학목적론자가 되었으며 통치자의 환영을 받았다. 그러므로 그의 하늘과 사람의 상관관계 학설은 도를 넘어서게 되었다. 이 사상은 또한 사마천에게 시대적인 한계라는 낙인을 찍어주었다. 그러나 사마천의 주요 사상 경향은 하늘과 사람이 서로 만나는 것을 이야기하는 것이 아니고 하늘과 사람이 서로 나누어지는 것을 이야기하였다. 그는 동중서의 "하늘과 사람이 서로 만나는 사이"를 깎아내어 없애버렸다. 이 말의 "상여(相興)" 두 자는 또한 그것을 한번 "궁구(究)"해야 하며 이는 바로 하늘과 사람이 서로 떨어지는 사상을 돌출시켰다. 사마천이 "궁구(究)"한 방법은 바로 "행사에서 논하고 고찰하는" 것이다. 천상에 대한 실제 관측과 인사에 대한 실제 고찰을 하는 중에 하늘과 사람의 두 방면에 대하여 모두 유물주의의 견해를 획득하였다. 이것이야말로 사마천 천인관의 주류이다.

　첫째, 사마천은 자연현상과 음양오행의 미신 설법을 구별해 내었다. 사마천은 부친 사마담의 「논육가요지」를 발휘하여 음양가에 대해 평론하여 말하였다.

　　대체로 음양가는 사시와 팔위, 12도, 24절기에 각기 교령을 두어 순응하는 자는 창성하고 역행하는 자는 죽지 않으면 망한다고 하였는데, 반드시 그렇지는 않으므로 '사람들로 하여금 얽매여 많이 두렵게 한다'고 하였다. 대체로 봄에는 싹이 나고 여름에는 생장하며 가을에는 수확하고 겨울에는 저장하는 것이 천도의 큰 법도로 순응하지 않으면 천하의 강기가 되지 못하게 되므로 '사시의 큰 순서를 잃을 수가 없다'고 한 것이다.

夫陰陽四時八位十二度二十四節各有敎令, 順之者昌, 逆之者不死則
亡, 未必然也 故曰使人拘而多畏. 夫春生夏長, 秋收冬藏, 此天道之大
經也, 弗順則無以爲天下綱紀, 故曰四時之大順, 不可失也.

여기에서 사마천은 음양오행설 중 자연 규율의 대강에 대하여 긍정하
였으며, "사람들로 하여금 얽매여 많이 두렵게 하는" 미신의 금기학설
을 비판하였다. 「태사공자서」에서는 또한 "별과 기운으로 점치는 책은
길흉이 많이 섞여 있어 상법(常法)에 맞지 않는다."고 비평하였다. 「봉선
서」에서는 진시황과 한무제의 미신 활동에 대하여 더욱 사정없이 폭로
하고 야유하였으며 풍자하였다. 이 의의에서 사마천의 "하늘과 사람의
관계를 궁구하는 것"은 음양오행설의 미신이 펼치는 장과는 첨예하게
맞서 투쟁하였다.

둘째, 사마천은 사실에 대한 실록의 구체적 논술을 통하여 천도에 대
하여 의문을 제기하였다. 「백이열전」은 70열전의 첫머리로 의론이 주가
되며, 논전(論傳)의 한 예이다. 이 논전의 중심 사상은 "권선징악"이라는
천도에 의문을 제기하는 것이었다. 실제로는 70열전이 인사 활동을 이
야기한 것이라는 것을 드러내었으며, 역사 발전을 지배하는 것은 사람
이지 하늘이 아님을 보여주었다. 「항우본기」와 「고조본기」는 전기의 성
격을 띤 「본기」로 서로 대조되도록 하여 강렬한 흥망의 대비를 구성하
였다. 초나라가 망하고 한나라가 흥한 근본 원인은 하늘(의 뜻)이 아니며,
결국 인심의 향배에 따라 사업의 성패가 결정된다는 것이다.

「태사공자서」에서는 명확하게 "항우는 포학하였으나 한나라는 공덕
을 행하였다."고 지적하였다. 항우의 잇달아 사람을 죽이고 성을 도륙하
는 시대의 흐름에 역행한 행동이 그의 실패를 초래하였다. 따라서 사마
천은 「항우본기」 찬에서 항우가 죽음에 이르러서도 깨닫지 못하고 "하

늘이 나를 망하게 하였다"고 책망하는 것이 매우 터무니없다고 비판하였다. 「고조본기」에서는 사마천이 한 걸음 더 나아가 유방의 입을 통하여 직접 하늘의 뜻이 사람의 계책을 지배할 수 없다고 말하였다. 유방은 말하였다.

군막 속에서 계책을 짜내어 천 리 바깥에서 승리를 결정짓는 일에서는 내가 자방만 못하며, 나라를 안정시키고 백성들을 위로하며 양식을 공급하고 운송도로를 끊기지 않게 하는 일에서는 내가 소하만 못하고, 또 백만 대군을 통솔하여 싸움에 반드시 승리하고 공격함에 반드시 점령하는 일에서는 내가 한신만 못하오. 이 세 사람은 모두 걸출한 인재로서 내가 그들을 임용할 수 있었다는 것이 바로 내가 천하를 얻을 수 있었던 까닭이며, 항우는 단지 범증 한 사람만이 있었으나 그마저 끝까지 신용하지 못했으니 이것이 항우가 나에게 포로로 잡힌 까닭이오.
運籌策帷帳之中, 決勝於千里之外, 吾不如子房. 鎭國家, 撫百姓, 給餽饟, 不絶糧道, 吾不如蕭何. 連百萬之軍, 戰必勝, 攻必取, 吾不如韓信. 此三者, 皆人傑也, 吾能用之, 此吾所以取天下也. 項羽有一范增而不能用, 此其所以爲我擒也.

여기서는 명확하게 유방이 천하를 얻은 것은 사람을 잘 쓴 결과라고 설명하였다. 하늘의 뜻은 역사의 변천을 지배할 수 없고 마찬가지로 개인의 화와 복을 지배할 수 없다. 「백이열전」에서 안회(顔回)가 일찍 요절한 것을 서술한 다음에 말하기를 "하늘이 선인에게 보답함이 그 어떠한가?"라고 하였다. 이는 푸른 하늘에 직접적으로 항쟁하는 질문을 발설해낸 것이다. 「몽염열전」 찬에서는 몽염이 지맥을 쌓고 끊어 죽임을 당하였다고 책망하는 관점을 부정하였다. 이는 그가 백성의 힘을 가벼이 보고 주(紂)를 도와 학정을 한 것은 죽고도 남을 죄라는 것을 지적한 것이다.

이상 두 방면은 사마천이 "하늘과 사람의 관계를 궁구한" 주류이자 정수(精髓)이다.

현상이라는 측면에서 보면 사마천은 천명의 문제를 인정하는 동시에 의심을 품었다. 때로는 맑게 깨었는가 하면 또 때로는 호도하기도 하였다. 이는 마치 그 시대 사람들이 받은 계급의 국한성과 역사의 국한성을 반영한 것 같다. 사관으로서 사마천은 반드시 천명론이라는 이 관방철학에 대한 해답을 제시하여야 했다. 그는 또한 한무제를 수십 년 호종하여 봉선과 천지의 온갖 신에게 제사 지내는 활동에 참여하면서 그 황당무계함을 보았다. 그뿐만 아니라 동시에 그 통치를 강화시키는 데 대한 작용을 보았으며 이를 사실대로 기록하였다. 이것이 바로 계급의 국한성이다.

사마천은 고금의 변화에 통달하여 삼대(三代)가 흥한 것은 누대에 걸쳐 덕을 쌓고 의를 행하여 천하를 얻었기 때문이라고 생각하였다. 진한(秦漢) 시대에는 천자가 필부에게서 일어났는데, 예와 지금에 이런 큰 차이가 생긴 것을 그는 정치경제학의 관점에서 해석을 구할 수 없었으며 천명론에서 도움을 구할 수밖에 없었다. 이는 곧 역사의 국한성이다. 그러나 사학자로서 사마천은 신앙과 사실이라는 양자 간의 관계를 처리할 때 사실을 더욱 믿어 점성술의 속박을 충분히 돌파하였으며 나아가 의심을 품었고 나아가 수정하였다. 그는 풍부한 관측 기록과 인사의 변화를 상세히 연구한 사료를 파악한 후에 "별과 기운으로 점치는 책은 길흉이 많이 섞여 있어 상법(常法)에 맞지 않는다."[8]는 것을 발견하였다. 그는 「천관서」에서 말하였다. "유왕(幽王)과 여왕(厲王) 이전은 먼 옛날이

8　『사기』 권130 「태사공자서」.

다. 나타난 천변(天變)은 나라마다 각기 다른 이변의 자취를 남겨놓았고 점성가들은 그 괴이한 물상(物象)으로 점을 쳐서 당시의 사건과 현상에 부합시켰는데, 그 문자, 그림, 서적의 길상은 법칙이 없었다." 또 말하였다. "근세에 십이제후와 칠국은 서로 왕이라 하였고 합종연횡을 말하는 자가 잇달았으며 윤고(尹皐)와 당매(唐昧), 감공(甘公), 석신(石申) 등이 당시의 형세에 대응하여 그들의 문서와 전적을 담론하였는데, 그들이 말한 점과 응험은 문란하고 잡다하며 쌀과 소금 알갱이처럼 많았다." 점성가들이 "당시의 사건과 현상에 부합시키고", "당시의 형세에 대응하여 그들의 문서와 전적을 담론하는" 것을 풍자한 것이다. 바로 아첨하며 비위를 맞추는 헛소리이며, 심지어 쌀과 소금으로 점을 치는 번쇄한 일 같은 것은 지극히 엄숙하지 않다. 점성가의 신성한 광배가 사마천에 의하여 벗겨지고 기이한 형상과 다양한 색채의 원형을 환히 드러내었다.

마지막으로 사마천은 「천관서」의 결말에서 말하였다. "나라의 임금이 강대하고 덕이 있는 자는 번창하고 약소하고 꾸며 속이는 자는 망한다." 흥망과 성패는 자업자득이며, 완전히 하늘의 의지를 배제하였다. 그러나 사마천은 여전히 임금을 권계하는 데 천인감응을 중시하였다. 그는 말하였다. "가장 좋은 것은 덕을 닦는 것이고, 그 다음은 정치를 닦는 것이다. 그 다음은 보완 조치를 닦는 것이고, 그 다음은 제사를 닦는 것이며, 가장 나쁜 것은 무시하는 것이다." 이른바 "닦는다"는 것은 상천(上天)이 경고를 보인 후 임금이 개과천선하여 재변(災變)을 제거하는 것을 가리킨다. "제사를 닦는" 것은 제사 의식을 거행하여 상천이 보우하여 경구를 거두어들일 것을 기구하는 것이다. 주의해야 할 것은 사마천은 "보완 조치를 닦고", "제사를 닦는" 것을 셋째와 넷째로 밀어내고 "덕을 닦고", "정치를 닦는" 것을 첫째와 둘째에 놓은 것이다. 바로 사람의 일을 첫째로 놓고 하늘의 일을 두 번째로 놓았다. "가장 나쁜 것은 무시하는 것이다"라는 천도와 인사를 무시하는 포학한 임금을 가리킨다. 덕과 정치, 보완, 제사를 모두 뒷전에 두고 제멋대로 굴어 고칠 수 있는 약이 없어 반드시 멸망을 당하게 된다는 뜻이다.

위에서 말한 것을 종합하면 사마천은 천인관계에 있어서 결코 의지가 있는 "하늘"의 존재를 부인하지 않았다. 다만 주요한 사상 경향은 깊이 믿는 것이 아니라 의심을 품는 것이며, 순종하는 것이 아니라 거스르는 것을 세우는 것이다. 『사기』에 반영되면서 표현된 이원론은 "천명"을 이야기하는 문장은 껍데기일 뿐이고 인사를 강조하는 것이야말로 중점 사항이다. 사마천이 "천인감응"을 이야기한 목적은 임금을 경계하고 개과천선하며 덕을 닦고 정치를 닦아 적극적 해석과 운용을 하는 데 있었고, 이 방면에서 동중서 사상의 적극적 의의에 대한 계승으로 간주할 수 있다. 구체적으로 역사 변천을 논술하고 인물을 평가할 때에는 천명론의 그림자를 보지 못한다.

「천관서」의 많은 천상의 기록은 다만 관측 기록으로 감응을 이야기하지 않는다는 것을 지적하여야 한다. 사마천은 오잔성(五殘星)과 왕시(枉矢), 사위(司危), 대적성(大賊星), 치우지기(蚩尤之旗) 등등과 같은 천상을 기록하였다. 대다수가 "기이한 것을 기록하되 설명은 기록하지 않은", 곧 인사와 연결하지 않은 것이다. 그는 심지어 말했다. "태사공이 옛 천변을 미루어 짐작해 보았는데, 지금은 고찰할 수 없는 것이다." 이 말은 좋은 곡조와 문장이 숨은 것을 드러내었다고 말할 수 있다.

한문제 전원(前元) 16년(B.C. 164)은 헬리혜성이 주기적으로 회귀하는 해로 관측되지 않았을 리 없었지만 사마천은 이에 대해 일언반구도 언급하지 않았다. 사마천은 진시황의 폭정과 한무제의 탐욕에 불만을 가지고 오히려 대량으로 이 두 시기의 천상을 실어 경고를 나타내었다. 두 가지를 서로 대조해 보면 사마천이 "천인감응"의 자료를 이용하여 선택적으로 정련하여 부회하고 있으며 그것을 가지고 그의 정치 관점을 표현하여 그의 선악의 경향을 설명하고 있음을 알 수 있다. 이를 통하여 그의 사상의 진보성을 더욱 잘 표현하였으며 또한 그가 동중서의 사상을 지양하는 것으로 간주할 수 있다.

2. 정치관

사마천 정치사상의 기본 경향은 유가의 "인정(仁政)"을 창도함을 근본으로 하고, 도가의 "무위"로 도움을 겉으로 하는 통일체. 이와 동시에 음양과 명, 법, 묵의 제가에 대해서도 그 장점은 두루 받아들이고 단점은 지양하였다. 이는 「논육가요지」에 명확한 언급이 있다. 사마천의 정치사상 형성은 근근이 유가와 도가 및 제자백가의 사상 자료를 융합시킨 것이 아니다. 더욱 중요한 것은 역사의 경험을 총결하여 "예로부터 거울에 뜻을 둘 것을" 제기한 것이다. 따라서 사마천의 정치사상은 경세치용(經世致用) 형에 속하며 사변이론(思辨理論) 형은 아니다. 그는 유가도 아니고 도가도 아니며 역사적 경험을 승화시켜 스스로 일가를 이루었다. 주요 내용은 다음의 세 방면이 있다.

1) 덕치를 숭상하고 폭정에 반대하다

사마천의 붓 아래 "덕치"와 "폭정"은 서로 대립 관계에 있다. 작자의 옳고 그름이나 선악을 판단하여 결정하는 경향이 매우 두드러진다. 「태사공자서」에서는 옛날의 성인과 선현인 우(禹)와 탕(湯), 문왕과 무왕에 대하여 덕치의 임금이라고 칭송하였다. 하우(夏禹)는 "덕이 먼 후손에게까지 흐르게 하였으며", 주문왕은 "덕업이 서백에서 융성하였다"고 하였다. 하걸(夏桀)과 은주(殷紂), 주유왕(周幽王), 주여왕(周厲王) 및 진시황과 진2세 같은 혼암하고 포학한 임금에 대해서는 "포학하다"고 깎아내렸다. 사마천은 이 정치 관념의 표준이 되는 전형적인 형식으로 역사 경험을 총결했다. 「하본기」에서 그는 "제걸(帝桀) 때는 공갑(孔甲) 이래로 제후들이 대부분 하나라를 배반하자 걸은 덕치를 힘쓰지 않고 무력으로 백성을 해쳐 백성은 그것을 견디지 못했다. …… 탕(湯)은 덕을 닦아 제후들이 모두 탕에게 귀의하여 탕은 마침내 군사를 거느리고 하나라 걸왕을 쳤다."고 하였다.

「은본기」에서는 말했다. 주왕(紂王)은 "술을 좋아하고 음악에 빠졌으며 여인을 좋아하였다. …… 백성이 원망하고 제후가 반란을 일으키자 이에 곧 형벌을 무겁게 하여 포락(炮烙)의 법이 생겨났다." 그러나 주문왕은 덕을 쌓고 선을 행하여 제후들은 거의 주를 배반하고 서백에게 가서 귀의하였다. 고대의 "우하(虞夏)가 흥하고", "탕무(湯武)가 왕업을 이룬" 것은 인을 닦고 의를 행하여 "덕이 백성에게 무젖게 해서이며",[9] 걸, 주, 유, 여가 망한 것은 포학하고 어질지 않은데 처해서이다. 중고의 춘추시기에는 "임금을 죽인 것이 36회이고 나라가 망한 것이 52회이며, 제후가 달아나 그 사직을 지키지 못한 것은 이루 셀 수도 없었는데", "그 까닭을 살펴보면 모두 그 근본을 잃었을 따름이다."[10] 여기서 말한 근본은 바로 인의(仁義)의 근본이다.

근세의 초나라가 망하고 한나라가 흥한 것 또한 "항우는 포학하였으나 한나라는 공덕을 행하였기"[11] 때문이다. 한나라가 흥한 백 년간 "제후 중에는 교만하고 사치하기도 했으며 간사한 신하의 말에 젖어 들고

---

9 『사기』 귀16 「진초지제월표(秦楚之際月表)」 서.
10 『사기』 권130 「태사공자서」.
11 『사기』 권130 「태사공자서」.

454

반란을 꾀하기도 하여 크게는 반역을 일으키기도 하였다. 작게는 법도를 따르지 않아 목숨을 위태롭게 하였으며 몸을 죽게 하고 나라를 망하게도 하였다."[12] 따라서 사마천은 더욱 명확하게 언명하였으니, 그가 「한흥이래제후왕연표」를 쓴 목적은 바로 "신 천은 고조 이래 태초의 제후에 이르기까지 그 흥하고 망한 때를 모두 기록함으로써 후세에서 열람하도록 한다. 형세는 비록 강하나 요컨대 인의를 근본으로 삼는"[13] 것이다.

사마천은 덕치를 숭상하고 폭정을 반대하였지만 결코 "법치"를 배척하지는 않았다. 다만 "형법"은 다스림의 근본이 아니어서 태평을 가져올 수 없으며 더욱이 가혹해서는 안 된다고 생각했을 따름이다. 순리와 혹리 두 전의 "서"에서 논한 대조는 매우 선명하다. 「순리열전」 서에서는 말하였다. "법령은 백성을 이끄는 것이고, 형벌은 사악함을 금하는 것이다. 문덕과 무공이 갖추어지지 않았을 때 선량한 백성이 두려워하면서 몸을 닦으면 관직이 어지러워진 적이 없다. 직무를 잘 받들고 이치를 따르면 확실히 잘 다스려질 것이니 왜 꼭 위엄을 내세워야겠는가?"

「혹리열전」 서에서는 말하였다. "법령이라는 것은 다스림의 도구이지 청탁을 통치하는 근원은 아니다." 아주 분명히 사마천은 폭력과 법은 다스림의 "도구"로 불가결한 것이라고 생각하였다. 그러나 "도구"는 다만 수단일 뿐 다스림의 목적이 아니다. "한나라가 흥하고 효문제가 큰 덕을 베풀자 천하는 편안하게 되었으니" 이것이야말로 목적이다. 정치를 행하는 도구는 "덕치"로 천하를 태평하게 이끄는 것이다.

"덕치"는 유가정치의 근본이다. "덕치"는 곧 "인정(仁政)"으로 출발점

---

12 『사기』 권17 「한흥이래제후왕연표(漢興以來諸侯王表)」 서.
13 『사기』 권130 「태사공자서」.

은 비록 봉건통치를 공고히 하기 위함이지만 구체적 내용은 요역을 경감하고 부세를 가볍게 하는 것으로, 국민에 대한 착취를 절제하여 계급적인 모순을 가볍게 하자고 주장하였다. 이 정치 이론의 기초는 "백성은 나라의 근본이니, 근본이 견고하여야 나라가 튼튼해진다."[14]는 것이다.

사마천은 고금의 역사 사실을 가지고 "민심을 얻는 자는 천하를 얻고 민심을 잃는 자는 천하를 잃는다"는 이 민본사상을 설명하였다. 이런 관점은 『사기』 전체를 관통한다고 할 수 있다. 다만 사마천은 결코 이런 경지에 이르지는 못하였다. 그는 백성의 역량이 역사가 진보하는 데 최후의 결정적 작용을 일으킨다는 것을 인식하였을 뿐만 아니라 국민의 반폭력 투쟁을 긍정하였고 큰 소리로 혁명 행동을 찬미하였다.

"혁명"이라는 것은 천명을 바꾸는 것으로 도가 있는 사람이 무도한 사람을 치는 것이다. "혁명"의 어원은 출처가 두 곳이다. 하나는 『일주서(逸周書)』 「극언해(克殷解)」로 무왕이 상나라를 이기고 하늘에 고한 말을 기록하여 말하기를 "대명(大命)을 이어받아 은나라를 바꾸어(革殷) 하늘의 밝은 명을 받았다."고 한 것이다. 하나는 『주역』 권5에서 공자가 말한 「혁괘(革卦)」의 「상사(象辭)」로 "천지가 변혁하여(天地革) 사시(四時)가 이루어지며 탕·무가 혁명을 하여(革命) 하늘을 따르고 사람들에게 응하였으니, 혁(革)의 때가 크도다."고 한 것이다. 전국시대 때는 맹자가 더욱 발전시켜 백성은 귀하고 임금은 가볍다는 설이 되었으며, 무왕이 혁명으로 "일부인 주(一夫紂)"를 죽인 것을 매우 칭찬하였다.[15]

한나라 경제 때는 또한 유학박사 원고생(轅固生)과 도가박사 황생(黃生)이 전개한 탕이 걸을 치고 무왕이 주를 친 것은 혁명이 아니라는 변론

---

14 『상서』 위고문(僞古文) 「오자지가(五子之歌)」.
15 『맹자』 권2 「양혜왕(梁惠王) 하」 제8장 및 권14 「진심(盡心) 하」 제14장.

이 발생하였다. 황생은 탕과 무왕의 거사를 "신하가 임금을 죽인 것"으로 대역무도라고 생각하였다. 원고생은 탕과 무왕의 혁명은 "탕임금과 무왕은 천하의 마음과 함께 걸과 주를 토벌한 것"[16]으로 생각하였으니, "혁명"은 선진에서 한초의 유가에 이르는 진보된 관점임을 알 수 있다. 그러나 한무제 때에 이르러서는 백가를 축출하고 유가의 학술만 높여 대일통의 사상 억제를 강화하였다. 이때의 유가학설은 동중서의 삼강오상을 기준으로 하였으며 원시 유가의 백성이 귀하고 임금은 가볍다는 설은 이미 방치되었다. 이런 배경에서 사마천은 원시 유가의 민주적인 정화를 계승하였을 뿐만 아니라 탕과 무왕이 혁명을 일으킨 관점을 밝혔고 또 한 걸음 더 나아가 폭정에 반대하는 사상을 제기하였다.

사마천은 진섭을 위해 세가를 지어주고 그를 탕·무왕과 함께 논하였다. "걸왕과 주왕이 도를 잃자 탕왕과 무왕이 일으켰으며 주나라가 도를 잃자 『춘추』가 일어났다. 진나라가 정치(의 도)를 잃자 진섭이 자취를 털고 일어났으며 제후들이 난을 일으키어 구름이 일고 구름이 피듯 하니 마침내 진나라를 망하게 하였다. 천하의 단서가 진섭이 난을 일으킨 데서 비롯되었다."[17] 항우가 진나라를 멸하자 사마천은 열정적으로 그를 칭송하여 그를 위해 본기를 지어주었으나, 항우가 포학한 행동을 하자 마찬가지로 사마천의 냉철한 비판을 받았다. 「자객열전」과 「유협열전」의 대지(大旨)는 모두 폭력에 반대하는 정신을 칭송하는 것이다. 다른 점은 「자객열전」이 반영한 것은 정치 투쟁이며 약한 자를 돕고 강한 자를 없애는 것을 선양하는 정의로운 정신이다.

유협은 녹림의 의기를 칭송하는 것이라 말할 수 있으며 하층 국민이

---

16 『사기』 권121 「유림열전(儒林列傳)」.
17 『사기』 권130 「태사공자서」.

나라를 부지하고 나라를 구원하는 "인의" 도덕을 선양하였다. 유협의 출현은 봉건사회의 법제가 와해되고 필부가 격분하는 일종의 형식이다. 유협은 압박받고 억울한 일을 당하는 하층 국민을 위하여 정의를 신장하여 생명을 희생하는 것을 아끼지 않아 사마천은 그들을 칭송하여 그의 광대한 국민의 폭력에 반대하는 바람을 표현하였다. 이는 이미 전통적인 유가사상을 뛰어넘었으며 정통 사가의 비난을 받았다. 그러나 이것이 바로 사마천 사상이 빛을 발하는 정수 중의 하나이다.

2) 백성의 풍속을 따르고 무위정치를 송양할 것을 주장하다

무위정치는 이론적으로 "옛것을 그대로 따름을 쓰임으로 하는(因循爲用)"것으로 "탐욕을 가지고 일을 벌여나가는"것과는 정반대이다. 『사기』를 쭉 살펴보면 사마천이 칭송한 성군과 현상(賢相)은 모두 "옛것을 그대로 따름을 쓰임으로 하였으며", 규탄한 폭군과 오리는 모두 "탐욕을 가지고 일을 벌여나갔다." 오제와 삼왕 그리고 한초의 군신은 모두 "옛것을 그대로 따름을 쓰임으로 하였고", 삼대 말기의 임금과 진나라의 황제, 한무제는 모두 "탐욕을 가지고 일을 벌여나갔다." 전자는 흥성하여 무위이면서 하지 않음이 없었고, 후자는 쇠락해져서 하고 싶은 대로 하여 국가는 파탄 나고 망하였다.

사마천이 말한 "옛것을 그대로 따름을 쓰임으로 하는"것은 도가 사상에서 온 것이지만 노장(老莊)의 도와는 본질적인 구별이 있다. 노자의 "무위"는 성스러운 것을 끊고 지혜로운 것을 버리며 인욕을 없애어 역사를 고졸(古拙)한 원시사회로 되돌리려 했다.[18] 사마천이 말한 "그대로 따르는 것(因循)"은 오히려 백성의 풍속을 따르고 사람의 욕망을 주는 것이다. 그는 「화식열전」에서 명확하게 욕망은 역사 발전의 동력이라는 관점을 제기하였으며 정치를 시행할 때는 민속을 따라야 한다고 주장하였다. 그는 말하였다. "그러므로 가장 좋은 것은 따르는 것이고 다음은 인도하는 것이다. 그 다음은 가르치는 것이고 그 다음은 가지런하게 하는 것이며 가장 낮은 단계는 함께 다투는 것이다." 이 때문에 「화식열전」은 시작하자마자 노자의 나라(의 규모)를 작게 하고 백성(의 수)을 적게 하는 주장을 비판의 표적으로 삼아 인용하였다. 사실 『노자』 5천 언에는 "인(因)"자가 한 자도 보이지 않는다.

사마천이 "무위" 학설에서 "인순(因循)"을 끄집어낸 것은 일종의 창신과 발전이다. "인순"은 소극적으로 모든 것을 이전의 관례를 그대로 따르는 것이 아니라 작위적인 것이 없는 것이다. 이와는 정반대로 "정세에 따라 유리한 쪽으로 이끄는(因勢利導)" "인(因)"으로 적극적으로 때에 맞추어 옮겨가는 것이다. 「논육가요지」에서는 "때와 함께 옮겨가고 사물에 응하여 변화하며 풍속을 세우고 일을 베푸니 옳지 않은 곳이 없다"고 하였다. 이는 도가의 언어로 법가의 진화론 사상을 표현한 것이다. 사마천이 노·장·신·한(老·莊·申·韓)을 합전으로 꾸민 것은 깊은 생각을 하게 한다.

한비는 말하였다. "성인은 옛것을 닦기를 기필하지 않고 항상 옳은 것을 본보기로 삼지 않는다. 세상의 일을 논의하여 그것에 따라 대비한다." 또 말하였다. "세상이 다르면 일도 다르며", "일이 다르면 변화에 대비한다."[19] 사마천은 또한 말하였다. "진나라는 천하를 취함에 폭력이 많

---

18 『노자』 제3장 "현명한 자를 숭상하지 말고 백성들을 다투게 하지 말라. …… 늘 백성들로 하여금 앎이 없고 하고자 함이 없게 할 것이며, 저 지혜로운 자들로 하여금 감히 하지 말게 하라. 함이 없게 하면 다스려지지 않음이 없을 것이다." 제19장 "성스러움을 끊고 슬기로움을 버리면 백성의 이로움이 백 배가 될 것이다." 제80장 "나라를 작게 하고 백성을 적게 하라. 백성들로 하여금 열 배 백 배의 기물이 있어도 쓰게 하지 말 것이며, 백성들로 하여금 죽는 것을 중하게 여기어 멀리 옮기게 하지 말라. …… 닭과 개의 소리가 서로 들려도 백성들이 늙어 죽도록 서로 오가게 하지 말라." 노자의 이런 정치 주장은 모두 사마천의 비판을 받았다.(「화식열전」에 상세히 보인다.)
19 『한비자(韓非子)』 「오두(五蠹)」.

았다. 그러나 세상이 달라지면서 (법도를) 바꾸어 공을 이룸이 많았다. 전하는 말에 '후왕(後王)을 본받는다'고 하였는데, 무엇을 말하는가? 그것은 후왕이 자신과 가까우므로 풍속의 변화가 서로 비슷하여 의론이 비천하여도 행하기가 쉽기 때문이다."[20] "후왕을 본받는다"는 말은 『순자』「비상(非相)」편에서 나왔다. 사마천이 말한 "인순(因循)"은 그 다스리는 내용이 한비의 "풍속에 따라 일을 시행한다"와 순자의 "후왕을 본받는다"는 것과 일맥상통한다.

"옛것을 그대로 따름을 쓰임으로 하는" 정치 실천은 한초의 무위정치로 사마천의 칭찬을 받았다. "탐욕을 가지고 일을 벌여나가는" 정치는 무제의 문치(文治)와 무공(武功)으로 백성의 힘을 과도하게 사용하여 사마천의 비판을 받았다. 한초의 무위는 지도사상 방면에서 "나라에 일이 없고", "임금과 신하가 말이 없는 것"이며, 구체적인 조치는 법을 줄이고 금령을 없애어 백성들과 함께 쉬는 것이다. 무위로 나라를 다스리는 원칙은 고제가 세상에 있을 때 이미 관철되었다. 진나라의 가혹한 법을 없애고 관문과 교량을 열고 산택(山澤)의 금령을 느슨하게 하며 소출의 15분의 1을 세금으로 걷는 등등과 같은 것이다. 한고조는 필부로 일어나 "천통(天統)"을 얻었는데, 원인은 바로 그가 백성들의 풍속을 따르고 "폐정을 이었으나 바꾸고 개혁하여 백성들을 피곤하지 않게 한 것" 때문이었다.

여태후의 무위는 "백성들을 농사에 힘쓰게 하여 의식(衣食)이 불어나게 하였기" 때문이다. 한문제는 "어지럽지 않게 할 수가 있어 백성들이 마침내 편안해졌으므로" 사마천은 그를 "덕이 성인의 경지에 이른", "인한" 임금으로 인정하였다. 소하는 재상이 되어 "백성이 진나라의 법을

---

20 『사기』권15 「육국연표(六國年表)」서.

미워하자 흐르는 대로 다시 시작하였다." 조참(曹參)은 그대로 따라 "천하에서 모두 그 아름다움을 칭찬하였다." 문제와 경제 시대의 사회는 사마천의 붓 아래 이상적 사회로 묘사되었다. 「율서(律書)」에서는 말하였다. "태사공은 말하였다. 문제 때에는 천하가 새로워져 전란이 없어졌으며, 백성들이 즐겁게 일하였다. 하고자 하는 바를 좇았으므로 혼란스럽지 않을 수 있었고, 마침내 백성들이 편안하게 되었다. 6~70세의 노인이 그 때까지 아직 도시에 가보지 않아, 노닐고 즐기는 것이 마치 아이들과 같았다. (문제야말로) 공자께서 말씀하신 덕을 가진 군자가 아니겠는가!"

사마천은 「평준서」에서 명확하게 한나라가 흥하고 70년간 "성한" 원인은 "나라에 일이 없어서"라고 지적하였다. "나라에 일이 없다"는 것은 결코 일이 없고 일을 하지 않은 것이 아니다. 이는 곧 한무제 때 나라에 일이 많았던 것과 상대적으로 말한 것이다. 『한서』의 각 제기(帝紀)를 찾아보자. 혜제(惠帝)는 장안에 성을 쌓는 일을 하였으며, 고후 원년에는 효제역전관(孝弟力田官)을 설치하여 농사를 권하는 일을 하였다. 2년에는 팔수전(八銖錢)을 바꾸어 행하는 일을 하였으며, 문제는 제북왕(濟北王) 유흥(劉興)이 점거하여 반란을 일으킨 것을 평정하는 일을 하였고, 경제(景帝)는 오초칠국의 난을 평정하는 일을 하였다. 이런 일들은 꼭 처리해야할 일이었다. 임금과 신하가 인위적으로 만든 일이 아니었고 일을 처리할 때는 절제해야 했기 때문에 "일이 없었다"고 한 것이다.

혜제의 경우 몇 차례 장안에 성을 쌓았는데, 모두 농한기를 틈타 진행하였으며 30일 만에 끝냈다. "나라에 일이 없다"는 전제는 "임금과 신하가 말이 없다는 것이다." 조참은 재상이 되자 "밤낮으로 순주(醇酒)를 마셨다.", "경이나 대부 이하의 관리들이나 빈객들은 조참이 정사를 돌보지 않는 것을 보고, 내방하는 사람마다 모두 진언하려고 하였다. 그런 사람이 찾아오면 조참은 곧 맛있는 술을 마시게 하였으며, 얼마 후 또 말을 꺼내려고 하면 다시 술을 권하여 취하게 한 뒤에 돌려보내어 방문한 사람이 끝내 말을 꺼내지 못하게 하였는데, 일상적인 일이었다." 조참은 혜제에게 말하였다. "고제와 소하가 천하를 평정하였고, 법령도 이미 밝혔습니다. 지금 폐하께서는 팔짱을 끼고 있고, 저희들은 직분을 지키며 따르기만 하고 잃지 않음이 또한 옳지 않겠습니까?" 혜제가 말하였다. "좋소."[21] 일이 없고 말이 없다는 것이 바로 팔짱을 끼고 일을 하지 않으면서도 직분을 지켜 책임을 다하고 법대로 일을 처리하여 일을 많게 하여 백성에게 해를 끼치는 것이 아님을 알 수 있다. 무제가 즉위하였을 때는 그렇지 않았다. 그는 대규모 사업을 일으켰고 신하들은 다투어 이해를 말하였다. 한 가지 일이 채 다 이루어지지 않았는데 다른 일을 또 일으켰으며, 이것이 곧 서한이 전성기에서 쇠퇴기로 돌아선 원인이었다. 「평준서」에서도 구체적으로 묘사하여 "무예나 힘 있는 사람을 등용하였고 법령을 엄격하게 갖추었으며", 더하여 "이익으로 일어서는 신하가 여기에서 생겨나" 전 국가와 백성이 부담할 수 있는 극한을 초과하여 사회에 재난을 가져왔다. 무제 만년에 이르러 국가에는 "천하는 비어서 다하고 호구는 반으로 주는" 피폐되어 황폐한 경상이 나타나 망한 진나라의 자취와 매우 비슷하였다. 한무제 후기의 쇠퇴는 사마천이 일찌감치 원봉 연간의 흥륭한 경상 때 감지되었다. 따라서 「평준서」 찬어의 결미는 의미심장하게 진나라를 가지고 한나라를 비유하여 역사의 교훈을 가지고 한무제에게 경종을 울렸다. 사마천의 비평을 보도록 하자.

진나라에 이르러 전국의 화폐는 두 등급이 되었는데, '일'을 단위 명칭으

---

21 『사기』 권54 「조상국세가(曹相國世家)」.

로 하는 황금이 상폐(上幣)이고, '반량(兩)'이라고 문자를 새긴 동전을 하폐(下幣)로 하였다. 그리고 주옥이나 귀패, 은석과 같은 종류는 기물이나 장식품 그리고 진귀한 보물로 간주하였지, 화폐로는 취급하지 않았다. 그러나 이러한 물건들은 시간에 따라 그 가치가 일정하지 않았다. 당시 밖으로는 오랑캐를 물리치고 안으로는 공업을 일으켰다. 그렇기 때문에 천하의 남자들이 농사에 힘을 기울였으나 정부에서 필요로 하는 양식으로는 부족하였고, 여자들이 베를 짰으나 정부에서 필요로 하는 의복으로는 부족하였다. 고대에는 일찍이 천하의 재물을 모조리 갈취하여 그들의 임금을 섬겼으나, 스스로는 부족하다고 여겼다. 이것은 별다른 이유가 있어서가 아니고, 사물의 발전 추세라는 것이 흐르는 물과 같아서 저지를 받기 마련이니, 이쯤 되면 무엇이 이상하다고 하겠는가?

及至秦, 中一國之幣爲二等, 黃金以溢名, 爲上幣; 銅錢識曰半兩, 重如其文, 爲下幣. 而珠玉、龜貝、銀錫之屬爲器飾寶藏, 不爲幣. 然各隨時而輕重無常. 於是外攘夷狄, 內興功業, 海內之士力耕不足糧饟, 女子紡績不足衣服. 古者嘗竭天下之資財以奉其上, 猶自以爲不足也. 無異故云, 事勢之流, 相激使然, 曷足怪焉.

여기서 말한 진나라가 화폐제도를 통일시키기는 하였지만 "시간에 따라 그 가치가 일정하지 않았다"는 것은 곧 한무제가 염철 같은 재화를 농단하여 마음대로 화폐제도를 바꾸어 백성의 재산을 긁어모은 것을 은유하는 묘사이다. 천하의 재화를 모아 "밖으로는 오랑캐를 물리치고 안으로는 공업을 일으키는 데" 썼다는 것에서 "천하의 남자들이 농사에 힘을 기울였으나 나라에서 필요로 하는 양식으로는 부족하였고, 여자들이 베를 짠" 경지까지 전제자는 "오히려 스스로는 부족하다고 여겼다." 사마천이 무제의 욕심 많음을 비판하였고 그가 미신을 믿는 황당함을 풍자한 것은 "오히려 스스로는 부족하다고 여겼다"는 것에 있는 것이지 결코 다른 모든 사업을 일괄적으로 부정한 것은 아니다.

서한 정치가 "무위"에서 "욕심 많음"으로 방향이 바뀐 것은 곧 "사물의 발전 추세라는 것이 흐르는 물과 같아서 저지를 받기 마련이므로" 역사적으로 대세였고 필연적인 발전이었다. 웅대한 재주와 큰 책략을 가진 한무제는 밖으로는 정벌을 감행하고 안으로는 사업을 일으켜 서한이 매우 흥성해지도록 하였다. 봉선과 제도의 개혁, 역법을 바로잡음, 사방의 이민족이 귀순함은 넓고 큰 기상이었다. 「태사공자서」에서는 말하였다. "한나라가 흥한 이래 현명한 천자에 이르기까지 상서로운 것이 잡혔고 봉선을 세웠으며, 역법을 고치고 복색을 바꾸었으며 부드럽고 맑은 데서 천명을 받았고 임금의 은택이 끝이 없으며, 해외의 풍속이 다른 민족들도 말을 거듭 통역하고 관문을 두드려 와서 바치고 뵙기를 청하는 자들을 이루 다 말할 수가 없다." 이는 전대미문의 대일통이 크게 번성한 국면으로 사마천이 어찌 칭송하지 않을 수 있겠는가? 이는 사마천이 한무제의 욕심 많고 일을 키우는 것에 대한 비판이 그의 큰 공을 세우기를 좋아하는 것과 백성의 힘을 과도하게 사용하는 것을 가리켜 말한 것이다. 아울러 덕치를 제창하고 백성의 여망을 따르라는 정치관점 및 문경지치(文景之治)의 무위정치에 대한 그리움과 동경을 표현한 것임을 알 수 있다.

요컨대 사마천은 한초의 "무위"를 찬송하였지만 결코 "무위"가 변화하지 않는 것이라고는 생각지 않았다. 그는 무제의 욕심 많음을 비판하였으며, 또한 아울러 무제의 공업이 하나도 옳지 않다고는 생각지 않았다. 사마천의 찬송과 비판은 모두 백성이 하고자 하는 것을 따르는 입장에서 출발하였다. 역사적 경험을 총결하여 위정자가 역사의 사세에 순응하여 일을 처리하고 덕으로 다스려 공고한 통치를 세워야 한다고 경고하였다. 이는 서한 신흥지주계급이 분발하여 위를 향하는 정신을 반영하였는데, 당연히 긍정적이다.

3) 분열과 할거(割據)를 반대하고 진한의 대일통을 송양하다

청나라 전대흔(錢大昕)은 말하였다. "『사기』의 미묘한 뜻은 세 가지인데, 첫째는 진나라를 누른 것, 둘째는 한나라를 높인 것, 셋째는 사실을 기록한 것이다."[22] 이 평가는 매우 긍정적이다. 사마천이 한나라를 높인 것은 역사관으로 보면 대일통을 주장하는 것이라 하겠고, 정치관에서 보면 진한 이래의 중앙집권제도를 옹호하였다. 이는 두 방면에서 논증할 수 있다. 첫째는 진나라의 통일 사업을 긍정한 것이고, 둘째는 경제와 무제 대의 변경을 다스린 정책을 칭송하여 기린 것이다.

사마천이 진나라를 억누른 것은 진나라의 포학한 정치를 반대한 것이다. 그는 진섭을 위하여 세가를 지어주었고 항우를 위하여 본기를 지어주었으며, 장이(張耳)와 진여(陳餘), 위표(魏豹), 전담(田儋) 등을 위하여 전을 지어주었는데, 주지(主旨)는 바로 그들이 폭정에 반대한 것을 칭송한 것이다. 그러나 사마천이 진나라를 누른 것은 오히려 전반적으로 진나라를 부정하는 "남의 말을 그대로 받아들이는" 부유(腐儒)와는 구별되며 평범하지 않게 진나라의 역사적 지위를 긍정하였다. 사마천은 천하를 통일하는 것은 매우 쉽지 않다고 생각하면서 "대체로 통일을 하는 것이 이렇게 어렵다."[23]고 개탄하였다. 이 때문에 진나라가 천하를 취한 후에 포학함이 많은 이 역사 사실에 대하여 사마천은 평론하기를 "세태가 바뀌면서 이룬 공이 크다."[24]고 하였다. 천하가 진나라에 의해 하나로 합

---

22 『잠연당문집(潛研堂文集)』권34 「여양요북논사기서(與梁耀北論史記)」.
23 『사기』권16 「진초지제월표(秦楚之際月表)」서.
24 『사기』권15 「육국연표(六國年表)」서.

병되어 진나라 왕정이 서서 황제로 불린 이 제도를 긍정하였다.

한나라는 진나라의 제도를 이어 군현제도를 시행하였으며 경제와 무제는 변경을 다스리고 난을 평정하여 중앙집권을 강화하였다. 사마천은 진나라 왕조의 통일을 칭송하고 기렸는데, 곧 경제, 무제가 변경을 다스리고 난을 평정한 것에 여론을 형성하여 역사적 의거를 제공하였다. 오왕 유비(劉濞), 회남왕(淮南王) 유안(劉安), 형산왕(衡山王) 유사(劉賜)는 전후로 모반하여 나라가 없어져 사마천은 세가에 세우지 않고 열전에 넣음으로써 폄하하여 깎아내리는 뜻을 나타내었다. 사마천은 「회남형산열전」 찬에서 논평하여 말하기를 "회남과 형산은 골육지친으로 강토가 천 리이며 제후의 반열에 올랐는데도 번신(藩臣)의 직무를 따라 천자를 보좌하는 데는 힘쓰지 않고 오로지 간사하고 한쪽으로 휩쓸린 계책을 끼고 반역만 획책하였다. 이에 부자가 거듭 나라를 망하게 하고 각기 제 명을 다하지 못하여 천하의 웃음거리가 되었다."고 하여 제후왕의 반역행위에 대해 신랄하게 견책하였다.

「오왕비열전」 찬에서는 "옛날에 제후의 땅은 백 리를 넘지 못하였으며 산과 바다는 봉하지 않았다."고 지적하였다. 고제는 동성의 왕을 크게 봉하여 제후들은 군을 타 넘고 성을 이어 사마천은 주나라가 다섯 등급으로 봉하여 땅이 "위로는 백 리를 넘지 않고 아래로는 30리를 넘지 않는"[25] 친한 이를 가까이 하여 번병(藩屛, 울타리)을 세우는 뜻에 부합하지 않는다고 생각하였으며, 경제와 무제 시기의 "변방을 다스리는" 정책을 찬양하였다. 제나라는 일곱으로 나누고 조나라는 여섯으로 나누었으며 양(梁)나라는 다섯으로 나누고 회남은 셋으로 나누어 천자의 여러 아들들이 왕이 되고, 왕자의 여러 아들이 후(侯)가 되어 왕후(王侯)의 나라

---

25 『사기』 권17 「한흥이래제후왕연표(漢興以來諸侯王年表)」 서.

가 1백여 개가 되었다. 이러한 정치 국면에 대하여 사마천은 "본 줄기는 강하게 하고 지엽의 세력은 약하게 하여, 존비가 밝아지고 만사가 각기 그 있을 곳을 얻었다"[26]는 좋은 조치라고 생각하였다. 그는 경제가 난을 평정한 것을 칭찬하여 "천하가 평안해졌으며 크게 안정되고 부유해지게"[27]하였다고 생각하였다. 무제가 은혜를 베풀어 제후들에게 분봉한 것을 칭찬하여 말하였다. "성하도다, 천자의 덕이여! 한 사람이 덕을 베풀면 천하에서 그 덕을 보는구나."[28]

진한의 통일을 찬송한 것은 경제와 무제 시대의 변경을 다스림을 긍정하였으며, 역사 발전의 여정과 부합한다. 사마천은 「화식열전」에서 말하였다. "한나라가 흥하여 천하가 통일되자 관문과 교량을 열고 산택(山澤)의 금령을 느슨하게 하였다. 이로 인해 부유한 상인과 큰 장사치들이 천하를 주유하여 교역물이 통하지 않음이 없었고 하고자 하는 것을 다 이루어 호걸과 제후, 명문대족을 경사로 이주시켰다." 국가의 통일과 정치적 안정은 사회 경제 문화발전의 전제 조건이다. 따라서 사마천은 한나라 정권의 통일과 강성에 대하여 찬송을 배가하였다. 『사기』는 앙양된 정조로 서한의 성세를 반영하였으며 위대한 시대를 찬양하였는데, 역사관과 정치관 모두 진보적이었다.

3. 경제관

중국 고대사에서 사마천은 처음으로 체계적인 상품 경제의 특징을 고

---

26 위와 같음.
27 『사기』 권130 「태사공자서」.
28 『사기』 권21 「건원이래왕자후자연표(建元以來王子侯者年表)」 서.

찰하였다. 또한 경제와 정치. 경제와 도덕 민속의 관계를 고찰하여 생산을 발전시키고 교환을 확대하며 나라와 집을 부유하게 하는 경제이론을 제기하였는데, 소박한 유물사관의 사상이 빛을 발하며 시대가 요구하는 최고의 수준에 다다랐다. 사마천의 새로운 사상과 새로운 관점은 한무제가 유가의 학술만 높이고 사상 통제를 강화하였을 때 출현하였다. 실제 매우 가상하며 성실하게 정리할 가치가 있는 보배로운 문화유산이다.

1) 경제 사전(史傳)을 창시하고 아울러 농공상우(農工商虞)를 중시하다

사마천이 창작한 경제 사전은 두 편이다. 첫째는 「평준서」다. 한초에서 무제 원봉 원년까지 거의 1세기의 경제발전과 재정정책을 개괄하였다. 한무제의 평준과 균수 정책을 중점적으로 평론하였으므로 「평준서」라고 하였다. 둘째는 「화식열전」으로 주인공이 상인이므로 화식(貨殖)이라 명명하였다. 화(貨)는 재부를 가리키고 식(殖)은 늘리는 것을 말하며, 어떻게 재부를 늘리느냐 하는 것이다. 「화식열전」은 전편에 걸쳐 재부를 늘린 상인의 언론과 사적을 기록하여 상인의 역사적 작용을 긍정적으로 보았으며 돈을 벌어 치부할 것을 격려하였다.

『사기』의 필법 의례로 보면 「평준서」와 「화식열전」은 느닷없는 복병의 출현으로 전체적으로 다른 편목과는 현저하게 다르다. 「화식열전」은 서술도 하고 논의도 하는데, 논의가 주를 이루며, 이곳에서 말한 재부를 늘린 30명은 다만 의론의 예증일 뿐이며 다른 인물의 열전과는 확연히 구별된다. 「평준서」는 한무제 시기의 이익을 다투는 정책이 초래한 경제의 쇠퇴를 집중적으로 서술하여 8서(書)의 고금을 관통하는 기타 편목과는 차별성이 있다. 이 두 편은 풍부한 역사 사실로 채워진 경제사 이론이자 경제 사전이라 할 수 있다. 역사도 있고 의론도 있는데, 내용에서 형식까지 모두 사마천이 처음으로 창제한 것이다. 이 이후로 정사에 비로소 사회 경제를 기록한 편목을 두게 되었다. 주의할 만한 것은 그 후 정사의 「식화지」와 「화식열전」 등 경제사를 전문으로 다룬 편은 기술하는 내용의 측면에서는 확대되었지만 이론 체계와 사상의 높이로 보면 사마천을 뛰어넘은 것이 하나도 없다. 이 일면만 놓고 보더라도 사마천이 처음 창제한 이 경제 사전 두 편은 중국정사 체계에서 공전절후의 기이한 작품이라 할 수 있다.

『사기』에서 「평준서」와 「화식열전」의 편목에서 현격하게 떨어져 있고 (서와 열전으로) 체제가 같지 않다. 반면에 내용은 상호·보완적이어서 분리할 수 없는 표리 관계에 있는 글이다. 「평준서」는 당시의 폐단을 지적하여 개진하였다. 풍자의 뜻을 기탁하여 찬에서 의미심장하게 "고대에는 일찍이 천하의 재물을 모조리 갈취하여 그들의 임금을 섬겼다"는 문제를 제기하였다. 옛날을 가지고 지금을 비유하여 상홍양(桑弘羊)의 평준과 균수 등 경제정책을 풍자하여 경제의 하강 운동을 조성하였다. 「화식열전」은 문제와 경제 시기의 "그대로 따르는" 정책을 배경으로 하여 춘추전국 이래 당대에 이르는 상품화폐 경제의 발전을 따라가며 서술하여 한초 경제의 상승 운동을 묘사하였다. 두 배경은 서로 대립하는 듯하면서도 잘 어울려 선명한 대조를 이루었다. 사마천의 진보적 경제사상 및 상홍양과의 분기는 또한 선명한 대비 속에 명확하게 표현되었다.

상홍양은 상인의 집에서 태어나 벼슬이 어사대부에 이르렀으며 서한의 저명한 이재가로, 한무제 시기에 경제정책을 제정하고 집행한 사람이었다. 염철의 관영과 평준, 균수는 모두 상홍양의 손에서 나온 것이다. 한무제의 장기적이고 대규모에 걸친 외정과 국내의 사업은 전부 상홍양의 "털끝만 한 작은 일까지도 상세하게 분석한" 이재에 의하여 지탱되었다. 사마천은 상홍양이 직책에 어울리는 이재가임을 인정하였다.

「평준서」에서는 말하였다. "1년 내내 태창(太倉)과 감천창(甘泉倉)은 (곡식으로) 꽉 찼고 변경에도 양식이 여유가 있었다. 각지의 화물은 균수법을 통하여 일괄적으로 운반하여 파니 비단 5백만 필의 이익을 챙겼다. 백성은 추가로 세금을 내지 않아도 되었고 천하의 쓰임은 넉넉했다." 그러나 결미에서는 복식(卜式)의 말을 빌려 말하였다. "정부의 비용은 정상적인 조세로 충당하여야 합니다. 지금 상홍양은 관리를 시장의 점포에 앉혀 장사를 하여 이익을 추구하고 있습니다. 상홍양을 죽이면 하늘이 곧 비를 내릴 것입니다!"

사마천은 국가가 경제를 농단하는 정책에 대해 찬성하지 않았으며, "사람들은 각기 그 능력에 맞는 일을 맡고 그 힘을 다하여 하고자 하는 바를 얻는"[29] 시장경제를 주장하였다. 따라서 「화식열전」에서는 상인의 활동에 대하여 열정적으로 찬송하였으며 치생(治生)의 기술을 총결하였다. 하나는 오로지 취렴(聚斂)을 일삼는 것이고, 하나는 생산을 발전시키는 것이다. 이것이 바로 상홍양과 사마천 두 사람의 경제사상이 달라진 근본적인 요인이 있는 곳이다. 평준과 균수는 본질적으로는 국가가 시세차익이라는 방법을 써서 농민을 착취하는 것으로 농단과 떼어놓고 말할 수가 없다. 이 때문에 상홍양은 부유한 상인과 대고(大賈), 염철의 가문을 "겸병의 무리"라고 하여 "왕법으로 금할 것"[30]을 주장하였다. 이는 「화식열전」에서 송양한 것과는 선명한 대비를 이룬다.

상홍양은 사마천을 매우 높이 평가하여 사마천을 사마자(司馬子)라 일컬었다. 소제(昭帝) 시원 6년 염철회의를 소집하여 열었는데, 상홍양은 변론에서 여러 번이나 「화식열전」을 인용하여 평준과 균수 등의 정책을

---

29 사마천의 시장경제에 대한 논술은 『사기』 권129 「화식열전」에 상세하다.
30 『염철론(鹽鐵論)』 「금경(禁耕) 제5」.

추진해 나가는 변호로 삼았다. "사마자가 말하기를"이라 하였는데, 이는 상홍양이 사마천이 총결한 경제이론을 매우 칭찬하였다는 것을 설명한다. 그러나 사마천은 오히려 상홍양을 "이재를 일으킨 신하"로 멸시하여 그의 전을 지어주지 않았다. 상홍양은 국가의 대신으로 이재를 일으키라는 명을 받아 그 능력을 다하여 현 정권을 위해 봉사하려 하였기 때문에 취렴(聚斂)이라 하였다. 사마천은 역사학자로 생산발전의 규율에서 치생의 방법을 총결하였으므로 얽매일 것이 없었다. 두 사람의 입장은 서로 달라 단순하게 두 사람의 우열을 평론할 수는 없다. 다만 경제이론 방면에서 말한다면 사마천의 식견은 많은 방면에서 오히려 상홍양을 뛰어넘는다.

사마천은 처음으로 경제사전을 창시하여 탁월한 역사 인식의 터전을 다졌다. 사마천은 농·공·상·우(虞)는 국민의 "의식의 원천"이라 생각하여 농·공·상·우의 네 사업이 함께 발전하여 각자 그 쓰임을 갖추어야 하며 한 가지도 결여되어서는 안 된다고 주장하였다. 이는 객관적 경제 규율을 총결하여 얻은 정확한 관점이다. 상홍양은 다만 공상만 강조하고 농업은 중시하지 않아 "공업이 나오지 않으면 농업의 쓰임이 올라탈 것이고 상업이 나오지 않으면 보화가 끊길 것이다."[31]라고 하였다. 또 말하기를 "말업의 이익이 없으면 본업이 나올 길이 없다.",[32] "부국이 하필이면 본업인 농업을 쓸 것이며, 백성을 풍족하게 하는데 하필이면 정전제이겠는가?"[33]라고 하였다. 그러나 상홍양이 공상의 중요성을 강조한 것은 결코 공상을 발전시키려는 것이 아니라 다만 자기의 관영 염철 균수 등의 정책을 위한 변호에 지나지 않았다.

---

31 『염철론(鹽鐵論)』「본의(本議) 제1」.
32 『염철론(鹽鐵論)』「통유(通有) 제3」.
33 『염철론(鹽鐵論)』「역경(力耕) 제1」.

진나라 상앙(商鞅)의 변법 이래 중국 봉건통치자는 줄곧 "중농억상(重農抑商)"의 경제정책을 추진하였다. 한무제가 중앙집권을 강화함으로써 "중농억상" 정책은 전면적으로 추진되고 발전하게 되었다. "이에 상고의 중가(中家) 이상은 대부분 파멸하였다."[34] 이로써 관영 염철의 평준 균수 등 정책은 공상업을 발전시킨 것이 아니라 "중농억상"의 경제정책이 본래보다 더욱 엄격해진 새로운 형식임을 알 수 있다. 상홍양은 시세차익을 이용하여 농민을 착취하였다. 질은 낮고 가격은 비싼 철기를 제조하였으며 소금값을 끌어올려 농민들에게 가혹하게 세금을 거두어 중농이라는 의미마저 퇴색하게 되었다. 따라서 사마천은 그를 비판하여 "이재를 일으킨 신하"라고 하였다. 이재를 일으킨 신하가 전면적으로 "상인을 억압하는" 정책을 추진하여 국가를 농단하는 역사적 배경에서 사마천은 오히려 상인의 활동을 연구하였다. 상업의 발달이 역사 발전의 필연적 "추세"임을 인식하고 농·공·상·우의 네 사업을 아울러 중시하여야 한다고 강조하였다. 실로 대단한 식견이라 하겠다.

「화식열전」은 시작하자마자 경제발전의 "추세"와 사람의 풍속이 변천하는 이치를 이야기하였다. 그는 노자의 소국과민(小國寡民)의 주장을 인용하여 비판의 타깃으로 삼았다. 『시』와 『서』에서 말한 우하(虞夏) 이래 "귀와 눈은 음악과 여색의 좋음을 다하고자 하고 입은 가축의 고기 맛을 다하고자 하며, 몸은 한적하고 안락함을 편히 여기고 마음은 권세와 권능의 큰 부림을 자랑한다."고 지적하였다. 이런 사람의 풍속은 경제의 발전에 따라 차츰 형성되어 갔다. 소국과민의 앎이 없고 하고자 함이 없는 것은 생산이 발달하지 않은 시대인 원시사회의 풍속이다. 최대한도로 욕망의 만족을 추구하는 것은 생산이 부단히 발전하여 형성된 문명

---

34 『사기』 권30 「평준서(平準書)」.

사회의 풍속이다. 이런 변화는 막을 수 없는 "추세"다. 사마천은 그것을 "풍속이 백성을 물들인 지가 오래되었다."고 하였다. 역사의 수레바퀴를 되돌리게끔 끌어당겨 사람들을 "소국과민"의 몽매함으로 돌아가게 하려 한다면 사람의 눈과 귀를 모두 막아가며 가가호호 교화를 진행한다 하더라도 되지 않을 것이다. 사마천이 이 형상을 가설하여 비유하는 것은 심각하게 그가 변화의 관점으로 사회의 변화를 보았다는 것을 표명한다. 이는 유물주의 인식론에 부합한다.

사마천은 경제와 풍속이 발전하는 "세(勢)"의 관점에서 출발하여 사회에 농·공·상·우의 분업이 출현한 것은 사람들의 의지가 전이된 객관 규율이 아니라 자연적인 추세임을 인식하였다. 사마천은 중국은 땅이 크고 물산이 많아 사람들이 산 사람을 봉양하고 죽은 사람을 송장(送葬)하는 물질생활의 자료가 각기 다른 지구에 분포되어 있다고 생각하였다. "산서(山西)에는 목재와 대나무, 곡(穀)나무, 모시, 털소, 옥석이 많고, 산동(山東)에는 물고기와 소금, 옻, 실, 성색이 많으며, 강남(江南)에서는 녹나무와 가래나무, 생강, 계수나무, 금과 주석, 납, 단사, 무소, 대모, 진주, 상아와 어피(魚皮)가 나고, 용문(龍門)과 갈석(碣石)의 북쪽에는 말과 소, 양, 털갖옷, 힘줄과 뿔이 많으며, 구리와 철은 천리에 걸쳐 왕왕 바둑을 놓은 것처럼 난다. 이는 그 대략이다." 대자연이 제공하는 이런 물질 재부는 모든 사람이 다 필요로 하는 직접 생산에 종사할 수 없고 이로 인하여 반드시 분업과 협조가 상호 의존하여야 한다. "그러므로 농부들이 경작하고 산림과 천택의 일에 종사하는 사람들이 (재화를) 내며 공인들이 가공을 하고 장사치들이 유통시킨다."

사마천은 또한 강조하여 지적하기를 "이 네 가지는 백성들이 입고 먹는 근원이다. 근원이 크면 풍요로워지고 근원이 작으면 부족하게 된다. 위로는 나라를 부유하게 하고 아래로는 가정을 부유하게 한다." 사람들이 자기 의식의 수요를 만족시키고 국가를 부강하게 하려면 반드시 농업과 수공업 생산을 확대시켜야 하며 동시에 산택을 개발하고 상업을 발전시켜야 한다. 사마천은 『주서(周書)』의 말을 인용하여 말하였다. "농부가 생산해 내지 않으면 먹을 것이 부족해지고 공인들이 생산해 내지 않으면 일이 부족해지며 장사치가 내지 않으면 (농공상의) 세 가지 보물이 끊기며 산림천택의 종사자들이 내지 않으면 재화가 모자라게 된다." 이와 동시에 제나라의 발전된 역사를 끌어다 증명하여 농·공·상·우의 네 산업은 일찌감치 고대사회 경제의 기본 구조였으며 국가의 성쇠와 강약은 경제의 기초가 얼마나 두꺼운가에 따라 결정된다고 설명하였다. 네 가지 사업이 왕성하게 일어나면 국가가 부강해지고, 네 가지 산업이 고르지 않으면 국가는 빈약해진다. 이렇게 사마천은 중농억상의 전통적인 관념을 타개하였을 뿐만 아니라 네 산업을 함께 중시하여 하나도 빠뜨려서는 안 된다고 강조하였다.

일찍이 전국시대의 맹자는 농가(農家)인 허행(許行)과 변론을 한 적이 있는데, 사회 분업의 진보적 의의를 긍정적으로 보았다. 맹자의 변론은 "마음(정신)을 수고롭게 하는 자는 남을 다스리고, 몸(육체)을 수고롭게 하는 자는 남의 다스림을 받는다"는 결론을[35] 끌어내기 위한 것으로 통치 계급의 착취를 위한 변호이다. 사마천은 맹자의 이론을 발전시켜 농·공·상·우의 분업이 생산 발전의 "형세"이며 나라와 국가를 부유하게 하는 기초라는 것을 인식한다. 그는 「평준서」의 찬론에서 이 두 구절의 말을 하였다. "사세의 흐름은 서로 부딪쳐 그렇게 되도록 한다(事勢之流, 相激使然)"고 하였는데, 이 두 구절은 화룡점정으로 매우 중요하다. 그것은 사마천이 화식을 말하고 평준을 실은 것은 사세가 변화하는 관점으로

---

35 『맹자』 권5 「등문공(滕文公) 상」 제4장.

사회경제의 발전에 대하여 규율 있게 탐색하였음을 설명하였다. 이는 그가 남보다 한 단계 높은 탁월한 역사 인식을 보여주는 것이다. 사마천은 높은 곳에 서서 먼 곳을 보아 처음 제창하는 데 과감하였으며, 이로 인해 전인의 위대한 공헌을 초월하였다.

2) 욕망동력설을 선양하고 "가장 낮은 단계는 함께 다투는 것이다"라는 정책을 비판하였다

욕망은 인체의 감각기관이 물질에 대한 이익을 추구함을 가리키며, 이는 생생하게 존재한다. 사마천의 전배(前輩)인 선진제자가 제창한 인성의 다툼은 모두 욕망을 인성으로 돌려 각자 나름대로 이론을 폈다. 도가는 성스러운 것을 끊고 지혜를 버릴 것, 곧 욕망을 없앨 것을 주장하여 노자는 "죄는 욕망을 가지려 함보다 더 큰 것이 없다."[36]고 하였다. 유가는 예를 씀에 욕심을 절제해야 한다고 주장하였다. 공자 제자의 구두선(口頭禪)은 바로 "군자는 의에 밝고, 소인은 이익에 밝다."[37]는 것이다. 맹자는 마음을 수양할 때 욕심을 절제할 것을 창도하여 "마음을 수양함은 욕심을 적게 하는 것보다 더 좋은 것이 없다."[38]고 하였다.

법가는 유가와 대립하였으며, 공리주의자로 이익이 지상(至上)이라고 주장하였다. 상앙(商鞅)은 말하기를 "백성들은 살아서는 이익을 따지고 죽을 때는 명예를 생각하게 된다."[39] 그러나 법가가 이익을 따지는 것은 나라를 부유하게 하는 데 중점을 두고 있으며, 국민에 대해서는 형벌과 포상을 행하여 욕심을 제어할 것을 주장한다. 한비는 공상(工商)의 백성

---

36 『노자』 제46장.
37 『논어』 제4 「이인(里仁)」 제16장.
38 『맹자』 권14 「진심(盡心) 하」 제35장.
39 『상군서(商君書)』 「산지(算地)」.

을 "다섯 좀벌레(五蠹)"의 하나로 열거하였으며, 전정을 시행하여야 한다고 했다. 요컨대 제자백가는 모든 사람이 욕심을 가지고 있음을 인정하지 않음이 없었지만 모두 욕망을 절제할 것을 주장하였다. 통치 계급은 이익을 착취하는 것을 옹호하려 했으며, 따라서 사람의 욕망을 홍수나 맹수 같은 것으로 간주하였다. 서한의 통치 계급은 진나라 말기 농민전쟁의 폭풍을 귀감으로 삼았고 더욱 전력투구하여 크게 여론을 형성하여 사람의 욕심을 책망하였는데, 가의는 이렇게 말하였다. "자식을 사랑하고 이익을 좋아하니, 금수와 다른 것이 거의 없다."[40] 사마천의 스승인 동중서는 통치 계급을 위하여 인욕을 방비하는 이론을 완성하여 삼강오상의 도덕 예교로 인욕을 도야할 것을 제기하였다. 그는 말하였다.

만백성이 이익을 추구하는 것은 마치 물이 아래로 흐르는 것과 같아서 교화라는 제방을 쌓아서 막지 않는다면 그 흐름을 그치게 할 수가 없습니다. 이러한 까닭에 교화를 확립시키고 간사한 행위를 모두 멈추게 하는 것은 그 제방을 튼튼하게 쌓는 데 달려 있으니, 교화가 무너지고 간사한 행위가 사방에서 발생하여 형벌로도 사태를 해결할 수 없는 것은 그 제방이 터져버린 데 있습니다. 옛날의 제왕들은 이러한 사실을 환하게 깨달았기 때문에 남쪽을 바라보며 천하를 다스릴 때 교화로서 큰 임무를 삼지 않은 자가 아무도 없었습니다.
夫萬民之從利也, 如水之走下, 不以教化隄防之, 不能止也. 是故教化立而姦邪皆止者, 其隄防完也; 教化廢而姦邪並出, 刑罰不能勝者, 其隄防壞也. 古之王者明於此, 是故南面而治天下, 莫不以教化為大務.[41]

---

40 『한서』 권48 「가의전(賈誼傳)」.
41 『한서』 권56 「동중서전(董仲舒傳)」.

사마천은 통치 계급이 예의를 제창하고 방비함으로써 인욕을 막고 통제하는 시대에서 범속함과는 다르게 절로 하나의 격조를 이루었으며 인욕을 투시하는 다른 울림을 아뢰었다. 사마천은 이익을 좇고 부를 추구하는 것은 모든 사람이 가지고 있는 공통점이며 결코 무슨 사악함이 아니라고 생각하였다. 그는 속담을 인용하여 말하였다. "천하가 왁자한 것은 모두 이익 때문에 오는 것이고, 천하가 시끌벅적한 것은 모두 이익 때문에 가는 것이다." 그는 날카로운 필봉으로 먹물을 듬뿍 찍어 힘차고 분방하게 사회의 이익을 좇는 한 폭의 그림을 묘사하였다. "낭묘에서 깊이 도모하고 조정에서 논의하는" 달관과 현귀, "신의를 지키고 절개에 죽으며 암혈에 은거하는" 청아한 선비는 모두 "부유한 데로 귀의하기" 위함이다. "청렴한 관리는 오래가고 오래가면 더욱 부유해진다."는 말은 풍자적 의미를 지니고 있다. "적진을 허물고 적을 물리치는" 군사와 "(남을) 공격하여 빼앗고 몽둥이로 죽여 파묻는" 소년이며, "사지를 말이 질주하듯 달리는" 협사, "늙은이며 젊은이를 가리지 않는" 가기(歌伎), "모자와 검을 꾸미고 줄지어 수레와 말을 달리는" 유한공자, "맹수를 피하지 않는" 사냥꾼, "노름과 경마를 하는" 도박꾼, "문서를 뜯어고치고 법률을 곡해하는" 이사(吏士) 및 무당과 농부, 공상인(工商人) 등등 온갖 노동에 종사하는 사람들까지 재부를 추구하기 위하여 매우 분주하지 않은 사람이 없다.

사마천은 모든 사회의 사람들, 천승(千乘)의 왕과 만가(萬家)의 후(侯), 백실(百室)의 군(君)은 물론이고 또한 필부와 평민에 이르기까지 귀천을 가리지 않고 모조리 이익을 추구하는 궤도로 집어넣었다. 유가가 선양하는 강상의 명분과 군자 소인의 한계를 철저하게 타파하고 재부를 추구하는 것은 바로 사람의 공통성이라고 하였다. "이렇게 지혜를 다 짜내어 추구할 수 있는 것은 결국 힘을 남기지 않고 재물을 빼앗고자 함이다."

따라서 사마천은 "부(富)라는 것은 사람의 본성이며 배우지 않아도 모두가 바라는 것이다."라는 말로 인성에 대하여 총괄하였다.

　사마천이 이 정도에서 멈추어 인성이 재부를 바라는 것만 지적하는 것으로 끝났다면 일종의 경제 이론이라고 할 수 없을 것이다. 또한 선진 제자의 학설 수준을 뛰어넘지 못하였을 것이다. 사마천의 걸출한 공헌은 바로 인성론을 다투는 사변철학의 범주를 뛰어넘어 생산영역을 현장에서 고찰하는 것에 진입하게 한 데 있다. 생동적으로 사회 속 사람의 무리가 이익을 추구하는 것을 묘사해 내었다. 그뿐만 아니라 "사람들은 각기 그 능력에 맞는 일을 맡고 그 힘을 다하여 하고자 하는 바를 얻는" 것이 자연의 이치이며 합리적인 행위라는 것을 통찰하였다. 사마천의 선배 사상가들은 인욕이 이익을 다투는 면만 보았을 뿐 인욕이 이 본질을 한 번 바꾸는 동력임은 보지 못하였다. 사마천은 처음으로 인욕동력설(人欲動力說)을 제기하였다. 그는 말하였다.

　그러므로 농부들이 경작하고 산림과 천택의 일에 종사하는 사람들이 내며 공인들이 가공을 하고 장사치들이 유통시킨다. 이 어찌 정교와 징발, 기일에 맞춰 모음이 있겠는가? 사람들은 각기 그 능력에 맞는 일을 맡고 그 힘을 다하여 하고자 하는 바를 얻는다. 그러므로 물건이 천해지는 것은 귀하여질 징조이고 귀해지는 것은 천하여질 징조이니 각기 그 일을 권하고 그 일을 즐기기를 물이 아래를 향하여 가듯 하여 밤낮으로 쉴 때가 없으면 부르지 않아도 절로 올 것이고 구하지 않아도 백성들이 내놓을 것이다. 어찌 도에 부합하고 자연의 징험이 되지 않겠는가?

　생산 영역에서 농우공상(農虞工商)의 사회 분업과 유통영역에서 물가의 유동은 모두 인위적인 정교의 기회에 따라 설정되는 것이 아니다. 인

욕의 추이에 따라 자연적으로 형성되고 "도"의 규율에 부합하여 움직인
다. 엥겔스는 말하였다. "계급이 생산과 대립한 이래 바로 사람의 열악
한 정욕·탐욕과 권세욕은 역사 발전의 지렛대를 이룬다. 이 방면 곧 봉
건제도가 자산계급과 함께한 역사는 바로 유일무이한 지속적이고 끊이
지 않는 증명이다."[42] 우리는 2천여 년 전 사마천에게 인욕의 배후에 있
는 계급 투쟁을 밝혀내라는 가혹한 요구를 할 수 없다. 그러나 그는 인
욕동력설을 제기하여 스스로 이미 진리의 가장자리에 근접하였는데, 이
는 그 시대의 가장 탁월하고 가장 가치 있는 인식이다. 사마천은 그의
어떤 선배 사상가보다도 높은 자리에 서서 멀리 보았다.

　인욕동력의 관점에서 출발하여 사마천은 "가장 좋은 것은 따르는 것"
이라는 주장을 제기하면서, "가장 낮은 단계는 함께 다투는 것"이라는
정책을 비판하였다. 그는 말하였다.

> 그러므로 가장 좋은 것은 따르는 것이고 다음은 이로 인도하는 것이며
> 그 다음은 가르치는 것이고 그 다음은 가지런하게 하는 것이며 가장 낮
> 은 단계는 함께 다투는 것이다.
> 故善者因之, 其次利道之, 其次教誨之, 其次整齊之, 最下者與之爭.[43]

　사마천이 말한 "따르는 것"과 "이로 인도하는 것", "가르치는 것", "가
지런하게 하는 것", "함께 다투는 것"은 모두 통치자의 이재 정책을 겨냥
하여 한 말이다. 이 다섯 가지 정책 방침의 구체적인 내용에 대해서는 사
마천이 명확하게 논술하지 않았다. 이것은 "당대에 가까운 문장이라 기

---

42 『마르크스 엥겔스 선집』 제4권, 23쪽.
43 『사기』 권129 「화식열전」.

리지 않고 꺼린 말"이기 때문이다.[44] 꺼렸기 때문에 사마천은 우의(寓意) 의 논단으로 서사하는 기법을 단정 지어, 다섯 가지 정책의 구체적 내용을 「화식열전」과 「평준서」에 분산하여 서로 대조해 가며 보여주었다. 사마천은 선명하게 한무제의 "가장 낮은 단계인 함께 다투는" 정책을 비판하고 그것을 가지고 "따르는" 것이 "좋은 것"임을 두드러지게 하였다.

"따르는" 정책은 경제발전을 따르는 자연규율로 상인 활동에서 손을 떼고 사람들이 재부를 추구하는 대로 맡겨 생산을 발전시키면 국가는 다 쓰고도 남을 재부를 얻을 것이다. 사마천은 말하였다. "한나라가 흥하여 천하가 통일되자 관문과 교량을 열고 산택의 금령을 느슨하게 하였는데, 이로 인해 부유한 상인과 큰 장사치들이 천하를 주유하여 교역물이 통하지 않음이 없었고 하고자 하는 것을 다 이루어 호걸과 제후, 명문대족을 경사로 이주시켰다." 이것이 바로 한초에 실행한 "따르는" 정책으로 그것은 경제의 번영을 가져왔다. 「평준서」에서는 한나라가 흥한 70년간을 말하였다. "백성들은 자급자족하였으며 군과 현의 창고는 모두 꽉 찼고 창고에는 재화가 남아돌았다." 나라에서 비축한 돈과 재산은 억(億)을 헤아려 "돈을 묶은 줄이 썩어서 셀 수조차 없었고", 태창의 양식은 "묵은쌀이 나날이 늘어", "썩도록 다 먹을 수가 없었다.", "따르는 것"은 백성들을 성하게 하고 국가를 부유하게 함을 가져오기 때문에 사마천은 "좋다"고 인정하였으며 가장 좋은 정책이라고 생각하였다.

반대로 "함께 다투는 것"은 "가장 낮은" 것으로 그것은 바로 한무제가 실행한 염철의 전매와 평준의 정책이다. 「평준서」에서는 모든 항목의 "함께 다투는" 정책이 가져온 폐단과 마침내 경제적 몰락을 불러오게 된 것을 상세하게 폭로하였다. 「평준서」는 진나라가 망하고 한나라

---

44 『사기』 권100 「흉노열전(匈奴列傳)」 찬.

가 건국하였을 때의 경제적인 어려움으로부터 서술하기 시작하여 70년 간 백성을 쉬게 하고 번식시킨 것을 통하여 한무제가 즉위한 초년에는 한나라의 경제가 최고조에 달하였다고 하였다. 이어서 필치를 바꾸어 한무제의 백성들과 다투어 재부를 고갈시키는 정치를 기록하였다. 원봉 원년에는 복식(卜式)이 말한 "상홍양이 죽어야 하늘에서 비가 내릴 것이 다"라는 말로 맺었는데, 의미심장하게 "성함을 보면 쇠퇴를 보게 된다" 는 뜻을 보여주었다. 그런 다음에 "태사공은 말한다"의 논찬에서 간략 하게 주나라 이래의 경제 변혁을 소급하여 언급하고 진나라의 통일에 이르러 그쳤다. 이 심혈을 기울여 배치한 내용은 한무제의 사업과 진시 황의 공업을 대조해 보기 편하게 하여 깊이 생각해 보도록 한다. 사마천 은 드러내 놓고 진시황을 책망하였다. 가만히 무제를 비유하여 그가 "무 한도"로 민력을 소모하여 경제발전의 규율을 위배하였고 생산에 대한 파괴를 조성하였으며 마땅히 귀감으로 삼아야 한다고 지적하였다. 「평 준서」는 한무제의 "가장 낮은 단계는 함께 다투는 것이다"라는 경제정 책을 전면적으로 폭로하고 비판한 전투적인 문헌이다.

"따르는 것"은 상품 경제의 발전을 방임하는 것이다. "함께 다투는 것"은 국가가 거칠고 사납게 경제에 간여하여 전면적으로 상품 경제를 억제하는 것으로 두 극단이다. "이(利)로 인도하고", "가르치고", "가지런 하게 하는 것"은 이 두 극단 사이의 충차로 서한의 현실 정책에서는 모 두 정도가 다르게 실행되었다. "이로 인도하는 것"은 "고르게 쌀을 내어 사물을 가지런하게 하는" 경제 조정 정책으로 농부와 공인이 얻은 균형 된 이익을 보호하는 것이다. 가의가 "적저(積貯)"를 논하고 조조가 "귀속 (貴粟)"을 논한 등의 조치는 모두 "이로 인도하는 것"이다. "가르치는 것" 은 유가가 주장한 예로 욕심을 절제하는 정책이다. 승상 공손홍은 한나 라 승상이라는 높은 지위에도 "베 이불을 덮고 두 가지 음식을 먹지 않아 천하에서 솔선하였으며", 무제는 복식(卜式)의 "백성의 풍속이 되도록 하는 것"을 높이 드러내어 백성들에게 국가가 위급할 때 물자를 날라 돕도록 권하는 것 등이 가르치는 내용이다. 그러나 공손홍의 검약은 "풍속에 도움이 되지 않았으며", 복식을 높이 드러낸 것 또한 효과를 나타내지 못하여 "백성들은 끝내 현관(縣官)에게 재물을 나누어주지 않았다." "가지런하게 하는 것"은 곧 전통적인 중농억상으로 그것을 강화하는 것이 곧 "함께 다투는 것"이다.

단순히 경제의 발전이라는 측면에서 본다면 "따르는 것"이 가장 "좋은" 정책이지만 그 또한 새로운 문제를 가져왔다. 「평준서」는 한초의 경제 번영을 서술하는 동시에 "사물이 성하면 쇠하게 되는" 도리를 지적하였다. 사마천은 말하였다.

> 이때 법망은 관대하고 부자들은 부족함이 없자, 그들은 부를 빙자하여 오만방자한 짓을 저질렀는데, 어떤 사람은 토지를 겸병하기까지 하였다. 부호들은 마을에서 제멋대로 날뛰었으며, 봉읍 토지를 받은 종실과 공경대부 이하 모두가 사치를 다투어, 주택이나 거마, 관복 등이 모두 분수를 넘어 한계가 없을 정도였다. 모든 사물이란 성하면 쇠하기 마련인데, 원래가 이렇게 변화하는 것이다.
> 當此之時, 網疏而民富, 役財驕溢, 或至兼并豪黨之徒, 以武斷於鄕曲. 宗室有土公卿大夫以下, 爭于奢侈, 室廬輿服僭于上, 無限度. 物盛而衰, 固其變也.

사마천은 경제 번영의 배후에 새로운 사회적 모순이 잠복해 있는 것을 보았다. 첫째는 사회 재부가 양극으로 분화하여 "(토지를) 겸병한 호족의 무리가 마을에서 제멋대로 날뛰었다." 둘째는 통치 계급의 교만 사치

음일(淫佚)이 "한도가 없었다." 이로 인하여 사마천은 "따르는 것"을 찬미하였는데, 결코 방임하는 정책을 주장하는 것과는 같지 않다. "사물이 성하면 쇠해지는" 발전 추세를 피하고 국가의 전체적인 이익을 위하여 사마천은 적당한 "이로 인도해 주고", "가르치는" 것을 찬성했다. 사마천은 경제 규율을 위반하는 "가장 낮은 단계인 함께 다투는" 정책을 반대하였다. 인욕의 동력을 막았다고 비판하였는데, 생산의 발전을 막는 것이기 때문이다. 이로써 사마천이 주장한 인욕동력설의 선양이 국민들에게 이롭고 경제 생산발전 이론에 이롭다는 것을 알 수 있으며, 긍정적으로 보아야 한다.

3) 상인의 전기를 지어주어 치생의 기술을 총결하다

생산 발전의 역사로 보면 상인의 출현은 농업과 수공업의 분업이 전제되었다. 상인이 직접적으로 생산에 종사하지는 않았지만 그들은 각지의 물산이 교류되도록 유통시켰으며 대대적으로 생산의 발전을 추진시켰다. 「태사공자서」에서는 말하였다. "포의지사와 필부들은 정치의 해를 입지 않았고 백성들을 방해하지도 않았으며, 때맞춰 취하고 주어 재부를 늘렸으니 지혜로운 자들은 그것을 취하였다. 「화식열전」 제69를 지었다."

사마천은 상인의 활동이 나라와 가문을 부유하게 하는 의의에 대하여 충분히 긍정하였으며, 과감히 거부와 대상이 된 범려(范蠡)와 자공(子貢), 백규(白圭), 의돈(猗頓), 오씨라(烏氏倮), 파(巴)의 과부 청(淸), 탁 씨(卓氏), 정정(程鄭), 공 씨(孔氏), 소 씨(邵氏), 조간(刁間), 사사(師史), 임 씨(任氏), 교요(橋姚) 등 고금의 30상인을 위해 전기를 지어주고 아울러 그들이 진한 때 멸시를 당한 정치 분위기에 대한 불평을 토로했다. 사마천은 백규의 입을 통하여 상인을 역사상 가장 위대한 정치가 및 군사가와 나란히 논하여 지

(智), 용(勇). 인(仁), 강(强)의 품덕을 인정하여 높이 찬양하였다. 백규는 말
하였다. "내가 장사를 하는 것은 이윤(伊尹)이며 여상(呂尙)의 계책, 손무
와 오기가 군사를 쓰는 것, 상앙이 법을 집행하는 것과 같다. 그런 까닭
에 지혜가 임기응변을 행하기에 부족하거나 용기가 결단을 내리기에
부족하거나 인(仁)하기가 주고받을 수가 없으며 강하기가 지킬 수가 없
으면 비록 나의 방법을 배우고자 하여도 끝내 일러주지 않았다." 한 개
인이 지(智), 용(勇). 인(仁), 강(强)의 품덕을 가지고 있지 않다면 거부와 대
상이 될 수 없다.

사마천은 상인을 인류의 정화로 간주하였다. 그들이 사회의 발전에 대
하여 공헌을 하였기 때문이다. 따라서 「화식열전」은 전형적인 인물 형상
의 묘사에 착안하지 않고 고금의 재화를 늘린 사람을 하나의 전체로 삼
아 서술하였다. 그들의 치생 기술이 "지자(智者)"가 귀감으로 흡수하도록
제공하였다고 총결하였다. 의도는 생산발전을 제창하는 데 있었다.

사마천은 치생의 기술을 두 방면으로 총결했다. 첫째, 상품의 유통을
고찰하여 재화를 증식한 경험을 총결하였다. 둘째, 자연 지리의 경제와
민속을 고찰하여 상업 활동이 생산 발전을 추진하는 작용을 총결하였
다. 이 두 방면은 모두 사마천이 처음으로 제창하였으며 아울러 탁월한
성취를 거두었다.

사마천은 상품의 유통에 대한 고찰에서 일련의 가치 규율에 부합하는
진귀한 견해를 얻었는데, 중요한 점은 네 가지가 있다. (1) 때를 앎. 계
연(計然)은 "가뭄이 들면 배를 준비해 두었고 수해가 들면 수레를 준비해
두었으며", 범려는 "때맞춰 쫓았으며", 백규는 "때가 변하는 것을 즐겨
살폈다." 여기서 말한 것은 모두 상업의 시세를 파악하고 시장의 수요를
조사하여 "때에 따라 재화를 유치하고" 공급과 수요의 법칙을 이용하
여 큰 이익을 도모하는 것이다. (2) 사물을 앎. "(물자를) 축적하는 도리는

완전한 물건을 힘쓰며", "부패하거나 썩는 재화는 남겨 두지 않아서 감히 비싸게 되도록 해서는 안 된다." 이는 상품의 관리를 연구하여야 상품의 경쟁 능력을 향상시킬 수 있다는 것을 말한다. (3) 노는 화폐가 없게 함. 곧 자금의 유통을 가속화시켜 "재화가 그 흐름이 물이 흐르듯 한다." 이 때문에 반드시 물가가 올랐다 떨어지는 규율을 연구하여 "비싸져서 오름세가 극도에 달하면 다시 싸지고 싸져서 내림세가 극도에 달하면 다시 비싸지는 것"을 이해하면 감히 "시세(時勢)를 좇을 때는 맹수와 맹금이 뛸 때와 같이하고", "비쌀 때는 꺼내는 것을 썩은 흙처럼 하고 쌀 때는 취하는 것을 주옥처럼 할 수 있다." (4) 땅을 가리고 사람을 가림. 범려(范蠡)는 도(陶)에 살았다. 도가 천하의 중앙에 위치하여 "제후국과 사방으로 통하여 화물을 교역할 만한 곳이었다." 범려는 경영에 종사하여 물건을 쌓아 모아두어 "19년 동안 세 번이나 천금을 모았다." 조간은 "사납고 교활한 노예"를 잘 써서 그들로 하여금 "어염과 상고의 이익을 좇게 하여", "마침내 그 힘을 얻어서 수천만 금의 부를 일으켰다."

사마천은 자연 지리와 경제 민속에 대하여 고찰하고 상업 활동이 생산을 발전시키는 작용을 총결하였다. 사마천은 중국을 4대 경제구로 나누었다. 장강 이남을 강남(江南)이라 하였고, 장강 이북을 산동(山東)과 산서(山西) 두 구역으로 나누었다. 중앙은 화산(華山)을 경계로 하였으며, 용문(龍門)과 갈석(碣石)의 선상 이북을 북방구로 하였다. 모든 큰 구역의 아래에 또 약간의 작은 경제 구역으로 나누었다. 산서는 관중구(關中區)와 파촉구(巴蜀區), 농서구(隴西區)로 나누었다. 산동구는 삼하구(三河區)와 연조구(燕趙區), 제로구(齊魯區), 양송구(梁宋區)로 나누었다. 강남구는 동초구(東楚區)와 서초구(西楚區), 남초구(南楚區), 영남구(嶺南區)로 나누었다. 북방의 구역은 기본적으로 목축업을 주로 하는 경제구로 비교적 단일하다. 각 구역 아래의 경제 중심은 모두 도시이다. 엥겔스는 상인의 사명은

"현재는 이미 다만 한 개인의 수중에서 다른 사람의 수중으로 옮기는 것일 뿐 아니라 나아가 한 시장에서 다른 시장으로 옮겨가는 것이다."[45] 라고 지적하였다. 사마천은 역사가 상인에게 부여한 이 사명을 충분히 인식하여 전국 각지의 물산과 교통, 민속과 도시 경제를 묘사하였다. 사마천은 각지의 물산이 국민들에게 의식의 근원을 제공하였다고 생각하였다. 그러나 이런 자원을 재부로 바꾸려면 반드시 생산을 발전시켜 유통을 구해야 하며, 강남의 지세는 부요하여 기아의 근심이 없지만 생산이 낙후되어 국민은 "축적된 것이 없어 많이 가난하다."

제로구(齊魯區)는 본래 땅이 척박하고 백성이 가난하다. 태공망(太公望)이 백성들을 격려하여 매우 솜씨가 좋으며 어염(魚鹽)을 유통시키면 사람과 물산이 귀의할 것이며, 제나라는 마침내 "천하의 갓과 띠, 옷과 신이 되는" 부유한 나라가 되었다. 삼하구(三河區)는 땅이 좁고 백성이 조밀하여 풍속은 사치스럽거나 낭비하지 않았고 일 처리에 익숙하였다. 경상(經商)에 종사하였으며 족적이 천하에 통하였다. 농·공·상·우 네 업이 흥성하게 되는 관건은 상인이 유통시키는 데 달려 있다. 그러나 상업은 최종적으로 농업과 수공업 생산에 의존하고 있기 때문에 사마천은 또한 말하기를 "본업으로 부를 이르는 것이 최상이고 말업으로 부를 이루는 것이 그 다음이며 간사하고 교활함으로 부를 이루는 것은 최하이다." 라고 하였다.

본업의 부는 농업, 임업, 축산, 목축의 생산을 가리킨다. 사마천은 본업의 부를 생산하는 항목을 길게 열거하였는데, 전국 각지의 물산에 두루 미쳤다. 말업의 부는 상업의 경영으로 천하에 두루 유통하는 것을 가리킨다. 간사하고 교활한 부는 남을 겁박하여 간사한 일을 하고 무덤을

---

45 『마르크스 엥겔스 선집』 제4권, 171쪽.

도굴하고 돈을 주조하며 문서를 위조하고 법률에 농간을 부려 도장을 위조하는 것 등을 말한다. 본업의 부를 경영하는 사람은 "시정(市井)을 엿보지 않고 다른 고을에 가지 않고서도 앉아서 수입을 기다리며 몸은 처사의 의로움이 있으면서 넉넉하게 (물자를) 취하여" 명성이 좋을 뿐만 아니라 수입이 온당하기 때문에 가장 좋은 것이다. 상공업으로 일군 부의 자금은 회전이 빨라 "대체로 가난한 데서 부를 추구하는 데는 농업이 공업보다 못하며 공업은 상업보다 못하"지만 경상(經商)은 자본을 요구하고 또한 위험을 지고 있으며 능력 있고 솜씨 좋은 자만이 경영할 수 있기 때문에 다음이라고 말한 것이다. 간사하고 교활한 부자는 몸에 위험이 닥쳐도 주고받으며 생명의 위험을 무릅쓰기 때문에 최하라고 말하는 것이다.

많은 논자들은 사마천이 중본억말의 사상을 남겼다고 생각하는데, 이는 필요한 부분만 가져다 뜻을 취하여 제대로 살피지 못한 생각이다. 사마천이 말한 상(上), 차(次), 하(下)는 치생의 방법을 총결하여 후인이 채택하도록 제공하였다. 이는 통치자가 진행한 중본억말 정책과는 조금도 상관이 없다. 사마천은 전국 각지의 자연지리 경제를 구역을 나누어 고찰하였는데, 물산과 교통, 민속 같은 요소에 치중하였으며 또한 치생 방법을 총결한 것이다. 거부와 대상은 전국을 무대로 하여 경상을 하고 반드시 각지의 물산과 교통, 민속을 파악하여야 때를 알고 이익을 좇아 기이한 방법으로 승리를 거둘 수 있다. 사마천의 총결은 바로 그들에게 제공한 "널리 유행하는 지침"이었다.

이상에서 말한 두 방면의 치생 경험은 모두 자본이 두둑한 "지자(智者)"와 "교자(巧者)"에게만 적용된다. 일반적 "졸자(拙者)"에 대해서는 또한 어떻게 치생을 하여야 하는가? 사마천은 치부를 궁구하는 보편적 원칙과 단계를 나누는 것에서 점진된 이론을 제기하였다. 그는 말하였다.

대체로 세심하게 아끼고 힘을 쓰는 것은 생계를 도모하는 올바른 도리
인데 부자들은 반드시 아주 뛰어난 방법을 쓴다. 농사를 짓는 것은 졸렬
한 생업이지만 진나라의 양 씨는 그것으로 한 고을의 으뜸이 되었다. 무
덤을 도굴하는 것은 간사한 일이지만 전숙은 그것으로 (집안을) 일으켰
다. 노름은 못된 직업이지만 항발은 그것을 가지고 부를 축적했다. 행상
은 사나이가 하기에는 천한 행위이지만 옹주의 낙성은 그것을 가지고
넉넉해졌다. 기름을 파는 것은 욕된 처지이지만 옹백은 천금을 쥐었다.
음료를 파는 것은 하찮은 직업이지만 장 씨는 천만금을 벌었다. 물을 뿌
리며 칼을 가는 것은 별 볼 일 없는 재주이지만 질 씨는 진수성찬을 먹
는다. (양의) 위로 만든 포 같은 것은 보잘것없는 것들일 따름이지만 탁
씨는 말을 줄줄이 끌고 다녔다. 말을 돌보는 의원은 천한 기술이지만 장
리는 종 같은 악기를 연주하였다. 이는 모두 심기일전하여 이룬 것이다.
夫纖嗇筋力, 治生之正道也, 而富者必用奇勝. 田農, 掘業, 而秦揚以蓋
一州. 掘冢, 姦事也, 而田叔以起. 博戲, 惡業也, 而桓發用(之)富. 行賈,
丈夫賤行也, 而雍樂成以饒. 販脂, 辱處也, 而雍伯千金. 賣漿, 小業也,
而張氏千萬. 洒削, 薄技也, 而郅氏鼎食. 胃脯, 簡微耳, 濁氏連騎. 馬醫,
淺方, 張里擊鍾. 此皆誠壹之所致.[46]

그런 까닭에 재산이 없는 사람은 있는 힘을 다하고 조금 가진 사람은 지
모를 가지고 다투며 이미 부요한 사람은 때를 다투는 것 이것이 그 큰
법도이다.
是以無財作力, 少有鬥智, 既饒爭時, 此其大經也.[47]

---

46 『사기』 권129 「화식열전(貨殖列傳)」.
47 위와 같음.

이 두 단락에서 말한 내용은 변증적 통일성을 가지고 있다. "역(力)"은 "힘껏 하는 것이며" 모든 사람이 다 가지고 있기 때문에 근검과 역작(力作)이 치생의 정도(正道)라고 말하였다. "지(智)"는 "계모(計謀)"로 자본을 필요로 한다. "시(時)"는 "기운(機運)"으로 대자본과 큰 식별 능력을 필요로 한다. 역작(力作)으로는 치부를 할 수가 없지만 "성실하게 한결같이(誠壹)" 힘껏 한다면 반드시 축적함이 있을 것이다. 지혜와 기교를 운용하여 시장에 투입하면 "재산이 없는 사람이 있는 힘을 다하는" 데서 "조금 가진 사람은 지모를 가지고 다투는" 과도기를 완성하게 된다. 재력이 넉넉하고 여유로워지면 "기(奇)"를 써서 기운을 창조해야 하는데, 이것이 곧 "이미 부요한 사람은 때를 다투는 것"이다. "역작(力作)"과 "성일(誠壹)"은 치생의 보편적 원칙이며 "지혜를 다투고", "때를 다투는 것"은 "기(奇)"를 써서 치부의 조건을 창조하는 것이다. 한 개인이 "성일(誠壹)" 하기만 하다면 어떤 직업에 종사하든 실질에 힘쓰고 오로지 정하게 할 것이며 다시 지혜와 기교로 기(奇)를 추구하면 부유하지 않음이 없어질 것이다.

사마천은 일련의 천한 직업의 사례를 열거하여 증명하였다. 진나라의 양(揚) 씨는 농사를 지었고 전숙(田叔)은 도굴을 하였으며, 항발(恒發)은 도박을 하였다. 옹주(雍州)의 낙성(樂成)은 장사를 했으며, 옹백(雍伯)은 기름을 팔았고, 장(張) 씨는 음료를 팔았다. 등(鄧) 씨는 물을 뿌리며 칼을 갈았고, 탁(濁) 씨는 위(胃)로 포(脯)를 만들었으며, 장리(張里)는 말을 돌보는 의원 같은 등등의 비천한 직업이었지만 모두 천금의 부를 이루었다. 음악을 연주하며 정(鼎)을 벌려놓고 식사하는 집이 되었다. 여기에 이르러 사마천의 치생 이론 체계가 이미 완성되었다. 이를 여덟 자로 개괄하면 "人人有欲, 人人致富(사람마다 욕심이 있고 사람마다 치부를 한다.)"는 것이다.

4) 사마천 경제사상의 역사적 의의 및 한계

사마천이 「화식열전」과 「평준서」를 창작한 것은 학술사상 큰 사건이다. 그는 중국 정사 기록에서 생산 활동을 기록한 선례를 열었으며 대량의 경제 사료를 제공하여 중국 사학의 우수한 전통을 이루게 하였다. 사마천은 천재적인 통찰력으로 사람의 욕심으로 이를 다투는 행위에서 인욕이 생산의 동력임을 간파했다. 그는 생산 영역 중의 사회적 분업을 고찰하였다. 아울러 농공상우를 중시하여 이것이 고대사회에서 경제구조의 기본임을 인식했다.

사마천은 치생의 기술을 총결하여 많은 가치 규율에 부합하는 견해를 도출해 냈다. 상업 활동이 생산발전을 촉진시키면서 일으키는 유대 작용을 긍정하였으며, 재화를 불리는 것을 찬양하여 상인들의 전기를 지어주었다. 그뿐만 아니라 "소봉론(素封論)"이라는 재부관(財富觀)도 제기하여 인의와 도덕이라는 허위의 베일을 벗겨냈다. "소봉론"에 관해서는 이 장의 "도덕관" 절에서 상세하게 논할 것이다. "소봉론"의 관점에 의하면 사마천은 모든 사람이 돈을 벌어 치부하도록 격려하였으며 아울러 모든 사람이 치부를 할 수 있다고 단언하였다. 이 모든 것은 경전의 말에서 벗어나 상도를 어긴 이단 사상으로 사마천이 선배 사상가들을 초월하는 탁월한 공헌이다.

2천년 전의 사마천에게는 가치 규율과 유물주의, 변증법 같은 개념이 있을 수 없었다. 그러나 상품 경제가 유통하기만 하면 가치 규율은 객관적으로 존재하게 된다. 전국시대와 진한을 관통하는 수백 년 동안 상품 경제는 이상하리만큼 활발하였는데, 이는 곧 사마천에게 인식 가치 규율의 객관적 조건을 제공하였다. 사마천은 유력(遊歷)한 자취가 매우 넓은 역사학자로 그는 전국을 장유(壯遊)하였고 각지의 물산과 교통, 민속과 도시경제에 매우 깊이 들어가 고찰하였다. 또한 고금의 상인이 활동한 역사 자료를 연구하여 그의 매 관점에 모두 생활 경제의 기초를 갖추도록 하였다.

사마천은 "부형"의 화를 받고 사상 감정에 중대한 전환이 발생하였으며, 시선을 하층사회로 옮겨 국민을 동정하였다. 이런 것은 사마천이 형성한 선진사상의 주관적 조건이다. 이런 주관적 조건은 한 사람의 신상에 집중되기 어렵다. 이는 수백 년의 상품 경제 활동에서 다만 사마천 1인의 역사적 원인을 낳았을 뿐이다.

중국사상사에서 사마천의 진보적인 경제사상은 곧 한 묶음의 폭죽과 같이 하늘에서 한순간의 섬광처럼 사라졌는데, 이 또한 깊은 역사적 원인이 있다. 무엇보다 상품 경제의 발전은 자연 경제를 기초로 하는 봉건사회에서 수용되지 않는다. 한무제는 중앙집권을 강화하여 "함께 다투는"정책으로 "따르는"정책을 대신하여 중농억상이 극단화를 향해 갔으며, 상고(商賈)는 꺾이어 "중가(中家) 이상은 대부분 파산하였다." 중국 고대의 자유로운 경쟁을 하던 상품 경제는 이로부터 쇠락해졌다. 기초가 없으면 사물은 존재할 수 없다. 이후 다시는 가치 규율을 연구하는 사람은 없어졌다. 그 다음에 사마천의 이단 사상은 백가쟁명의 전국시대에 생성될 수 없었고 하나의 학파를 형성하지 못했다. 그는 춥고 기나긴 밤에 홀로 핀 외로운 꽃이어서 매우 빨리 시들어갔는데, 이는 필연적인 이치이다. 이 외에 사마천의 경제사상은 직관에서 얻어진 경험이다. 이런 직관적 경험은 한편 본능적으로 유물주의의 인식 노선에 부합하였으며 아울러 소박한 변증법 사상을 가지고 있다. 다른 방면으로 그것은 과학적 체계를 형성할 수 없었으며 최종 결론은 유심주의의 입장으로 되돌려서 객관적으로 존재하는 현실 사회를 해석할 수 없다.

사마천이 내린 최종 결론은 모든 사람은 부를 축적할 수 있다는 것이었다. 그러나 객관적 현실은 수천수만의 국민이 소수의 압박과 착취를 받아 영원히 그들의 비참한 운명을 바꿀 수 없다는 것이었다. 사마천은 계급 투쟁을 인식할 수 없었을 뿐만 아니라 "천 배면 부림을 당하고 만 배면 종이 되는 것"을 영원불변의 규율로 보았다. 이는 곧 계급 투쟁을 덮은 것이다. "재능이 있는 자에게는 (재물이) 폭주하고 못난 자는 와해시킨다"라는 것은 현실 생활의 개별 현상으로 사마천은 일반 규율로 상승시켰다. 이로 인하여 "교(巧: 뛰어남)"와 "졸(拙: 서틂)"을 써서 계급 압박을 해석하였다. 이는 당연히 유심주의적 인식론이다. 사상 자료의 계승에서 사마천은 유가와 도가를 아울러 수용하여 이론 체계에서의 모순을 형성하였다. 그는 「맹자순경열전」에서 맹자가 양혜왕(梁惠王)의 물음에 답한 것에 대하여 손뼉을 치며 칭찬하고 "이는 진실로 난의 시초이다"라며 감개하여 상하가 서로 이를 다투는 것을 비판하였다. 그는 또 「평준서」에서 "예의로 이를 방비한다."고 하였다. 이런 논술은 유가 사상이다. 「화식열전」에서는 "따르는 것"이 최상이며 자연을 따를 것을 주장하였는데, 이는 도가 사상이 주도를 점한다. 근본을 좇고 근원을 거슬러 오르면 모든 사람이 다 이를 추구하여 "천하가 와자한 것은 모두 이익 때문에 오는 것이고, 천하가 시끌벅적한 것은 모두 이익 때문에 가는 것이다."

사마천은 심지어 사람들의 모든 활동을 모두 "이(利)" 한 자로 귀납시켜 다른 계급과 다른 계층의 사람이 이를 추구하는 것에 대한 구별을 묵살하였다. 이 때문에 전사가 성을 공격하고 적진을 함락시키는 것, 농공에 종사하는 백성이 생활로 동분서주하는 것과 거부 대상이 교묘하게 탈취하는 것 및 공격하여 빼앗고 몽둥이질하여 파묻는 범죄 활동을 하나로 섞어 말하였다. 이 모든 것은 바로 사마천 경제사상에서의 역사적 한계성이다. 비록 우리가 앞 세대의 사람을 가책할 수는 없지만 이 또한 사마천의 경제이론이 실천을 갖출 수 없는 원인을 조성한 것 중 하나이다. 사마천이 총결한 치생의 기술은 모든 사람이 치부하도록 이끌 수 없었다고 말할 수 있다. 이 또한 그의 선진 경제사상이 중국 봉건사회에서 발전되지 못한 하나의 원인이라고 해야 할 것이다.

4. 역사관

사마천은 사회 역사에 대한 연구를 "고금의 변화에 통달한 것", 곧 이른바 역사관으로 개괄하였다. 주요 내용은 이래의 세 방면이다.

1) 대일통 역사관

사마천이 처한 시대는 중국 봉건사회의 중앙집권제가 확립되고 공고해진 시대였다. 중앙집권제도는 국가의 통일을 강화하고 장기적인 분열을 불러오는 전란을 끝냈을 당시 가장 선진적인 제도였다. 이른바 대일통 역사관은 바로 이 선진적인 제도에 대하여 찬송하고 이론적 기초를 제공한다. 중국이 대일통을 향해 달려가는 것은 역사가 장기적으로 발전한 필연적 결과이다. 추연(鄒衍)의 오덕종시설(五德終始說)과 동중서가 진화시킨 춘추공양학(春秋公羊學)은 모두 시기에 순응하여 생겨난 대일통 이론이다.

한무제는 봉선을 거행하고 역법을 제정하였다. 제도를 개혁하여 백가를 축출하고 유가의 학설만을 높이도록 정하였는데, 오덕종시설과 천인합일을 관철시킨 정치철학이다. 이 때문에 추연과 동중서라고 하더라도 대일통 역사의 발전에 대하여 유심주의적인 해석을 하였으며, 역사순환론의 이론을 제기하였지만 그 뜻이 귀의하는 곳은 대일통의 선양이다. 당시로 말할 것 같으면 다만 진보된 역사관일 뿐만 아니라 또한 대일통을 강화하는 중앙집권제도에 대해 합법적인 이론을 지어주었으며 정치적으로는 직접적인 영향을 낳았다. 사마천은 전대 사상가의 대일통 이론을 계승하였으며 역사 발전을 고찰하는 지도 사상으로 삼아 이에 따라 또한 체계적으로 이 이론을 발전시켰고 『사기』만의 독특한 대일통 역사관을 형성하였다. 독특한 대일통역사관은 후세에 심원한 영향력을 낳았다.

추연과 동중서는 철학가로, 그들이 구상한 대일통 이론은 일종의 사변 철학으로 빈말로 도를 논하여 당시의 정치에 직접 봉사하였다. 역사학자인 사마천이 구상한 대일통 이론은 역사 발전 과정에 대한 승화다. 목적은 역사 경험의 교훈에서 치란의 규율을 찾는 것이기 때문에 풍부한 역사적 내용을 갖추고 있다. 앞에서 말한 제4~6장의 3장은 모두 이미 사마천의 역사관을 언급하였다. 「논육가요지」는 유가와 명가, 법가 3가의 군신의 예에 대하여 질서를 유지하고 상하의 구분을 바로잡는 것을 강조하였다. 길은 달라도 귀숙하는 곳은 같으며 백가의 학문은 모두 치세를 힘썼는데, 바로 대일통 이론의 반영이다. 『사기』 5체의 체제와 결구는 형상적으로 대일통의 봉건제 등급 질서를 조영하였다. 사마천은 서술의 범위를 수정하여 황제(黃帝)에서 시작하여 태초에서 마쳐 더욱 분명하게 대일통 역사관을 표현하였다. 여기에서 다시 총괄하여 사마천의 대일통 역사관이 중국 역사에서 결국 어떤 영향을 낳았는가 말해보면 그 진보적 의의를 이해할 수 있다.

사마천이 관통한 역사 서술은 황제의 통일에서 한무제의 대일통까지다. 역사의 발전 방향과 제왕의 덕업이 날로 더욱 흥성함을 상징하였다. 중화 민족은 부단히 장대해졌으며 각 민족이 서로 융합하여 멀리 떨어진 풍속이 다른 곳을 날이 갈수록 더욱 통일해 나갔으며 이런 역사 서술의 노선은 『사기』의 전체에서 관통하고 있다. 하·상·주 3대의 임금, 춘추 이래 열국의 제후와 진·한의 제왕, 사방의 민족은 화하의 자손이 아 님이 없었다. 흉노는 하걸(夏桀)의 후예이며 구오(勾吳)와 중국의 우(虞)는 형제다. 월왕 구천(句踐)은 우의 후예이고, 초나라는 전욱(顓頊)의 후예이 며, 그 아득한 후예는 전왕(滇王)이다. 중화 민족은 모두 화하의 자손이라 는 이 한 민족이라는 일통 관념은 바로 『사기』에서 기초가 다져졌다. 사 마천의 이 위대한 사상은 역대 이래로 애국주의의 전통적 교육을 진행 하는 귀중한 역사 자료로 수천 년 동안 무수한 인인(仁人) 지사가 중화민 족의 생존과 번영 그리고 진보를 위하여 투쟁하도록 격려하였다. "황제 자손"과 "화하자손"은 지금까지도 여전히 신성한 명사로 무한한 호소 력을 갖추고 있다. 황제에게 전투에서 패한 염제는 백성들에게 농사를 가르쳤는데, "신농씨(神農氏)"라 불리며 천하 통일을 기도한 역사 인물로 늘 황제와 병칭된다. 따라서 "황제 자손"이라는 이 구호는 "염황자손" 이라고도 칭한다.

오늘날의 관점으로 보면 오제삼왕은 일가(一家)이며 바로 중화 민족 으로, 완전히 한 개인이 만든 역사 계통이다. 그것은 부권제가 모권제 를 대체하는 이 역사적 배경 전설의 그림자에 의거한다. 그것을 가지 고 각종 씨족의 영역에서 생겨난 대일통의 요구를 일소하고 생겨났으 며 그 진보적 의의는 쉽게 드러나 보인다. 사마천은 또한 주변의 민족인 흉노와 서역, 서남이 등도 모두 황제 자손의 범위에 넣어 그의 민족 대 일통 사상을 표현하였는데, 더욱 가상하다. 북제(北齊)의 위수(魏收)가 지 은 『위서(魏書)』에서도 말하였다. "황제는 토덕으로 왕이 되었는데, 북방 의 풍속은 토를 탁(托)이라 하고 후(后)를 발(跋)이라 하였으므로 씨로 삼 았다."[48] 탁발(托跋)을 황제의 자손으로 부회하여 호인(胡人)을 중원의 임

---

48 『위서(魏書)』 귀1 「서기(序紀)」.

금으로 넣어 정통적 여론을 조성하였다. 이로써 사마천의 대일통 역사
관은 중화 민족을 대융합하는 역사에서 거대한 진보작용을 일으켰음을
알 수 있다.

2) 발전, 진화, 변혁의 역사관

역사는 끝없이 반복되는 순환인가, 아니면 변화하고 발전하는가? 역
사는 옛것을 답습하고 옛것을 돌아보는 것인가, 아니면 풍속에 따라 진
화하며 부단히 혁신하는가? 이런 것은 사마천이 『사기』에서 탐색하고
대답하려 한 문제이다. 사마천은 어떻게 대답하였는가?

첫째, 사마천은 동중서의 "삼통순환론(三統循環論)"을 지양하고 개조하
여 역사는 부단히 변화 발전한다고 생각하였다. 사마천의 역사관이 여
전히 순환론의 색채를 띠고 있다는 것은 부인할 수 없다. 「역서(曆書)」서
에서는 말하였다. "하나라는 정월에 세수가 시작되었고 은나라는 12월
에 세수가 시작되었으며 주나라는 11월에 세수가 시작되었는데, 대체
로 삼왕(三王)의 정삭은 순환하는 것 같아 끝이 나면 처음으로 돌아온
다." 이는 천도의 순환을 말한 것이다. 「고조본기」에서는 말하였다. "하
(夏)나라의 정치는 충후했으나 충직하고 순후한 병폐가 백성들을 촌스
럽고 무례하게 하였으므로, 은나라는 그 대신에 공경을 숭상하였다. 그
러나 공경의 병폐는 백성들로 하여금 미신을 숭배하게 했기 때문에 주
나라는 그 대신에 예의를 숭상하였다. 그런데 예의의 병폐는 백성들을
가식적이고 무성의하게 만들었다. 이 가식적이고 무성의한 폐단을 바로
잡는 것으로는 충후함보다 나은 것이 없었다. 하·은·주 삼대의 치국원
칙은 마치 반복하고 순환하는 듯이 끝났다가는 다시 시작되는 것이었
다." 이는 인도의 순환을 말하였다. 이에 어떤 사람은 사마천의 역사관
은 바로 "고금의 사회에서 '충(忠)'─'경(敬)'─'문(文)'이 공식적으로 순환

하여 다시 시작하는 '변(變)'이라"고 생각하였다. 이 때문에 사마천의 역사관을 "삼통순환론"이라고 한다. 사실 이는 매우 큰 오해이다.

동중서의 「천인삼책(天人三策)」은 "하나라는 충을 높였고 은나라는 경을 높였으며 주나라는 문을 높였는데" 이는 "백왕(百王)의 쓰임을 이 세 가지로 한다"고 하였다. "세 성인이 서로 받아 하나의 도를 지켰다"라고도 하였는데, 결론은 "지금 한나라는 대란의 뒤를 이어 주나라의 문치(文致)를 조금 덜어내어야 하며 하나라의 충을 써야 할 것 같다."라는 말이다. 분명히 동중서가 말한 "변(變)"은 "충—경—문"이 순환하고 왕복하는 것으로 "도"는 불변의 것이 아니라는 것을 강조하였다. 사마천은 다만 순환이라는 언어를 차용하여 "변(變)"을 말하는 것에 마음을 두었다. 사마천의 용어는 "삼왕의 도는 순환하는 것 같다(若循環)"는 것이다. "약(若)"은 같다는 뜻이고 닮았다는 것이며 마치 순환하는 것 같다는 것으로 이것은 현재 우리가 쓰는 용어 중에 "나선식(螺旋式)"으로 올라간다는 것과 비슷하다. "약순환(若循環)"과 동중서의 "백왕(百王)의 쓰임이 이 세 가지로 한다"는 것은 현저한 차이가 있다.

이 외에 우리는 진한 과도기의 순환론 역사관은 당시 사람들이 인식한 역사 발전이 도달할 수 있는 인식론의 가장 높은 고지이며 처음으로 일어난 진보적 역사관이라는 것을 짚고 넘어가야 한다. 선진의 제자백가가 쟁명하던 시대에 노자는 태고를 본받아 나라를 작게 하고 백성을 적게 하는 사회야말로 지극히 잘 다스려진 사회라 주장하였고, 유가 또한 요순을 본받아 과거를 뒤돌아보았다. 도가와 유가 역사관의 이론적 기초는 모두 세상의 풍속이 날로 파괴되고 사람의 마음이 더욱 악하여져 역사가 쇠퇴한 방향으로 변천해 간다는 것이었다. 후왕을 본받을(法後王) 것을 주장한 법가는 적나라하게 인성이 악함을 이론의 기초로 삼아 정치의 방침이 강하고 굳세어 매우 각박하였다. 그런데 추연이 창도한 오덕종시순환론과 동중서가 구상한 삼통순환론은 오히려 대일통을 선양하였다. 즉 진한대일통 정치의 수요에 적응하여 출현한 것이다. 순환론은 인심이 더욱 악해진다는 것을 배제하고 천도는 선을 권하고 악을 징벌한다는 것을 이야기하였다. 본래의 바람은 임금이 역사 문화를 중시하고 인정을 시행하며 민심을 쟁취하고 천명을 쟁취하여 오덕을 얻도록 권면하는 것이었다. "순환" 두 자는 발전과 변화의 사상을 포함하고 있는데, 다만 동그라미를 그리는 것에 지나지 않는다. 동그라미를 그리는 것 또한 일종의 운동이다.

추연의 역사에 대한 서술은 "먼저 지금의 위로 황제에 이르기까지 학자들이 함께 서술한 것과 대체가 시대와 함께 성하였다가 쇠한 것을 말하고 이어서 길흉화복의 판단을 기록하여 이를 미루어 멀리까지 적용시켜 천지에 아직 생겨나지 않아 심원하여 고찰할 수 없는 근원에까지 이르렀다."[49]라는 것이다. 천지개벽부터 지금 사회의 대일통까지를 말한 것인데 바로 생동적인 역사 발전의 진화론이 아닌가? "대체가 시대와 함께 성하였다가 쇠한 것"에 대하여 『색은』에서 말하기를 "그 대체가 시대에 따라 성하였다 쇠하였다 하고 시대를 보고 말하는 것을 말한다."고 하였다. "시대와 함께 성하였다가 쇠한 것"이 바로 변화를 이야기한 것이 아니겠는가? 그러나 추연은 세상에 아첨하여 비위를 맞추고 함부로 조짐을 말하였다. 그 말은 매우 크고 상법(常法)에 맞지 않아 사마천의 비판을 받게 되었다. 동중서는 도통을 옹호하여 순환론을 임금에게 순종하는 의지로 이끌어 관방철학을 이루었다. 변화를 압살하고 신의사관(神意史觀)을 선양하였으며 날로 반동을 향하여 갔다.

사마천은 순환론을 접한 적이 있는데, 그 발전을 변혁의 역사관으로

---

49 『사기』 권74 「맹자순경열전(孟子荀卿列傳)」.

생각하였다. 「천관서」에서는 말하였다. "대체로 천운은 30년에 한 번 작게 변하고, 100년에 중등으로 변하며, 500년에 크게 변한다. 큰 변화를 세 번 거치면 한 기(紀)가 되고, 세 번의 기를 거치면 일체의 변화를 다 갖추게 되니 이것이 자연 주기의 한계이다. 국정을 담당하는 사람은 반드시 이러한 3과 5의 변화 주기를 중시하여 위아래로 각기 1,000년씩 하여야 하며, 그러면 천도와 인간사의 관계가 서로 연결되어 완비된다." "삼오(三五)의 왕복" 또한 순환론의 골격을 띠고 있지만 중점은 "변(變)"을 말한 것이고, "삼오의 변화(三五之變)"를 일컬은 것이다. "삼(三)"은 곧 30년으로 한 세대이다. 사마천은 한 세대마다 모두 변화가 있다고 생각하였다. "오(五)"는 곧 5백 년인데 큰 주기의 변화이다. 사마천은 "하늘과 사람의 관계를 궁구하여", "삼오의 변화"가 천도와 인사에 부합한다는 것을 얻게 되었고, 역사의 "변화"를 이야기하는 데 이론적 근거를 제공해 주었다. 이것이 바로 사마천의 순환론에 대한 지양과 개조이다.

둘째, 사마천은 "고금의 변화에 통달"하였는데, 인사와 역사를 사고하는 데에서 순환론의 골격을 돌파하여 역사 발전의 본질은 바로 "변화"이며 또한 부단히 진화하는 것이라고 생각하였다. "고금의 변화에 통달한" 이 명제는 바로 동중서가 선양한 "하늘은 변치 않으며 도도 변치 않는다"는 것과 첨예하게 대립된다. "변(變)"은 사마천의 소박한 유물주의 역사관의 핵심이다. 그는 우주간의 모든 사물은 모두 "변화" 중이며 다만 "변"의 관점을 통해야 사물의 규율을 탐구할 수 있다고 생각하였다. 그는 말하기를 "이루어진 형세도 없고 고정적인 형태도 없기 때문에 만물의 정세를 궁구할 수 있다."[50]고 하였다. 한번 이루어지면 변치 않는 태세도 없으며 영원히 존재하는 형체도 없기 때문에 만물의 진정을 통

---

50 『사기』 권130 「태사공자서」.

찰할 수 있는 것이다.

"변(變)"의 이론 관점에서 출발하여 사마천이 발전 변화의 눈빛으로 인류 사회의 역사를 다루기로 결정하였다. 그는 그것을 "변(變)"이라 하고, "점(漸)"이라 하였으며, "종시(終始)"라고 하였다. 그는 말하였다. "천인의 관계에 대하여 폐해진 것을 잇고 변한 것을 통하여(通變)", "대략 고금의 변화(古今之變)에 어울리게 하는 것이다.", "신하가 임금을 죽이고, 자식이 아버지를 해치는 것은 하루 아침저녁에 일어나는 까닭이 아니라 (조금씩) 물들어 오래되어서일 것이다!(其漸之久矣)"[51], "그런 까닭에 사물의 발전이 최고조에 도달하면 쇠락하기 마련이고, 시대의 발전이 극한 시기에 이르면 곧 변하여 달라지기 마련이다. 질박한 것이 일시에 문채가 찬연해지는 것도, 모두 사물이 끝에 이르면 다시 시작하는 그러한 변화인 것이다."[52] 사마천이 이 방면에 대하여 언급한 것은 매우 많다. "사물이 성하면 쇠하게 되니 실로 그렇게 변화하는 것이다", "유자는 그(『춘추』) 뜻을 가려서 취하였고 유세가는 그 말을 응용하지만 그 처음과 끝을 종합하는 데 힘쓰지 않는다"[53]라는 등등 이루 다 들 수 없다. "변(變)"은 사회가 부단히 진화하고 발전하는 것을 가리키며, "점(漸)"이 가리키는 것은 진행과 운행, 곧 진화와 발전의 과정이며, "종시(終始)"가 가리키는 것은 인과관계이다. 인류 사회가 발전하는 낱낱의 이정은 원인과 결과가 서로 이어진 관계, 곧 인식할 수 있는 규율이 있다. 한마디 말로 총괄해 보면 "옛날과 오늘날의 변화를 살피는" 목적은 바로 "성공·실패·흥성·쇠망의 도리를 고찰하는 것"[54]으로 사회 치란의 규율을 찾는 것이다.

---

51 『사기』 권130 「태사공자서」.
52 『사기』 권30 「평준서」.
53 『사기』 권14 「십이제후연표서」.
54 「보임안서」.

역사의 "변"을 어떻게 인식하는가 하는 것이 바로 관통을 하고자 하는 사고, 곧 "대략 고금의 변화에 어울리게 하는 것이다.", "대략 어울리게 하는 것"이 곧 종합하고 고찰하여 대강의 의미를 파악하는 것이다. "『육경』의 다른 해석을 맞추고 백가의 뒤섞인 말을 가지런히 하는 것"은 전체 『사기』의 저작 요령이다. "대략 어울리게 하고", "맞추고", "가지런하게 하는데" 모두 종합하고 총결한다는 뜻이 있다. 사마천은 역사를 종합하여 선명하게 역사는 부단히 발전하며 진화하고 변혁하며 아울러 앞으로 발전할수록 변혁은 더욱 치열해진다는 관점을 표현하였다. 사마천의 이 사상은 「진초지제월표」 서에서 역사 사실을 가지고 고도의 이론적 개괄을 하였다. 사마천은 말하였다.

옛날 우·하의 흥함은 선과 공을 쌓은 지 수십 년, 덕으로 백성들을 윤택하게 하고, 하늘을 대신해서 정사를 행하다가 하늘에 의해서 시험을 받은 다음에 제위에 올랐다. 탕과 무가 왕을 칭하게 된 것은 설과 후직으로부터 인을 닦고 의를 행한 지 10여 세대, 약속도 하지 않았는데, 800여 명의 제후가 맹진에서 모였지만, 오히려 아직 때가 되지 않았다고 여겼으며, 때가 성숙된 다음에야 비로소 탕왕이 걸을 유배시키고 무왕이 주를 죽였기 때문이다. 진나라는 양공 때부터 일어나기 시작하여 문공과 목공 때 명성을 드러냈고, 헌공과 효공 이후 점차 육국을 잠식한 것이 100여 년이 되었고, 진시황에 이르러 비로소 육국을 병합하였다. 우·하·상·주나라가 그와 같이 덕을 쌓고, 진나라가 이와 같이 힘을 사용한 것은 모두 천하를 통일한다고 하는 것이 이처럼 어렵다는 것을 말하는 것이다.

昔虞、夏之興, 積善累功數十年, 德洽百姓, 攝行政事, 考之于天, 然後在位. 湯武之王, 乃由契后稷脩仁行義十餘世, 不期而會孟津八百諸侯,

猶以爲未可, 其後乃放弒. 秦起襄公, 章於文繆獻孝之後, 稍以蠶食六
國, 百有餘載, 至始皇乃能并冠帶之倫. 以德若彼, 用力如此, 蓋一統若
斯之難也.

이 의론은 매우 간단하면서도 개괄적으로 우·하에서 진한의 대일통
에 이르기까지 중국역사가 변화 발전해 온 윤곽을 그려내었다. 사회가
통일을 지향하는 것은 바로 2천여 년에 걸쳐 역사 발전의 방향으로 기
나긴 여정을 거쳤고, 따라서 사마천은 "대체로 통일이 이렇게 어렵다"
라고 개탄하였다. 여기에는 실오라기 하나 털끝만큼도 순환론의 그림자
가 없다. 진초 교체기의 거대한 변화에 사마천은 더욱 대단히 경탄하였
다. 그는 말하기를 "5년 사이에 호령하는 자가 세 번 바뀌었는데, 백성
이 생겨난 이래 이처럼 천명을 빨리 받은 경우는 없었다."고 하였다.

진섭과 항우, 유방은 모두 "여항(골목)에서 일어나" 우·하가 흥성하고
진왕조가 일어난 것과는 궤를 달리한 새로운 기상이었다. 이런 거대한
변화에 대하여 사마천 또한 역사적 원인에서 탐색을 해나갔다. 그가 얻
은 결론은 "저번에 진나라가 금한 것들은 마침 현자들을 도와 어려운
것을 제거하여 몰아낼 수 있게 하였을 뿐이다." 진나라는 금기가 너무
가혹하여 시행한 폭정은 국민의 반항을 불러일으켰고 이에 "왕의 자취
의 흥기가 골목에서 일어났다." 이것이 바로 사마천이 역사의 변을 탐색
하면서 얻은 휘황한 성취로, 사람의 활동은 역사의 주체임을 발견하였
다. 따라서 사람을 중심으로 하는 역사를 써내고 신의사관(神意史觀)을 배
제했다.

사마천의 발전, 진화, 변혁의 역사관은 의론에서 표현되었을 뿐만 아
니라 『사기』의 구체적인 내용에 더욱 선명하게 표현되었다. 왕조의 교
체와 제도의 수립, 대민(對民) 시정(施政) 등 각 방면에 모두 이런 진보적인

역사 관점이 표현되었다. 『사기』의 첫 편인 「오제본기」는 바로 진화 관점이 집중적으로 표현된 선명한 예증이다. 황제의 시대에는 부락이 서로 공격하는 전쟁을 일삼아 생산이 낙후되었다. 황제는 "덕을 닦고 무위를 떨쳐" 천하를 통일하였다. 그는 풍후(風后)와 역목(力牧), 상선(常先), 대홍(大鴻)을 천거하여 백성을 다스렸으며, 때맞춰 백곡을 파종하였고 처음으로 제도를 창시하였다. 황제 본인은 "산을 개간하고 길을 뚫느라 편안하게 지낸 적이 없다." 전욱과 제곡이 서로 이었는데, 대체로 황제의 다스림을 모방하였다.

요임금 때는 역법과 생산, 정사를 다스림에 모두 매우 큰 발전이 있었다. 요는 희 씨(羲氏)와 화 씨(和氏)를 역관으로 기용하여 전문적인 역법을 추산하는 기구를 가졌다. 요는 연로해지자 순을 천거하여 섭정하게 하였으며 장기간의 시험을 거쳐 현능함을 입증해 보이자 정치를 물려주었다. 요는 현자를 천거하고 선양하였으며 국민의 태도를 매우 중시하였다. 예의제도는 요임금 때 모두 건립되기 시작하였다. 순은 22명의 현인을 천거하여 나라를 다스렸으며 각종 사업이 한꺼번에 일어나기 시작하였다.

사마천은 "천하의 밝은 덕은 우제(虞帝)로부터 비롯되었다."고 하였다. 이 말은 바로 「오제본기」의 주제이다. 역사는 황제부터 우순까지의 부단한 발전을 겪고 나서 국가에서 제도를 세우는 것이 비로소 규모가 갖추어졌다. 「오제본기」의 사상적 맥락은 『사기』 전서를 읽는 데 대한 하나의 예시라고 말할 수 있다. 전편은 겨우 3천여 자로 오제가 서로 이어받은 변화 발전을 생동적으로 묘사하고, 선명하게 사마천의 진화론적 역사관을 표현해 내었다.

위에서 말했듯이 사마천은 순환론을 지양하고 개선시켰으며, 순환론의 언어를 차용하여 역사의 "변"을 표현하였으며 발전하여 진화론의 역사관이 되었다. 이는 사마천의 역사학에 대한 일대 공헌이다.

3) 2원론의 색채를 띤 소박한 유물론 역사관

역사가 어떻게 앞을 향하여 발전하고 변화하느냐는 것은 곧 누가 역사를 창조하느냐에 달려 있다. 사마천의 대답은 농후한 2원론적 색채를 갖추고 있지만 기본 경향은 소박한 유물론 역사관이다. 이 장의 앞에서 이미 논증했듯이 사마천의 천인관은 이원론이다. 그는 하늘과 사람이 서로 감응하며 하늘이 사람의 일을 지배할 수 있다고 생각하였다. 점성술이라는 황당한 미신의 속박은 받아들이지 않았고 권선징악의 천도에 대하여 질의를 제기하였다. 여기서는 사마천의 인사에서의 논술에만 치중하여 이원론을 평론하였다. 곧 그는 성군과 현명한 재상은 천하를 평화롭게 다스릴 수 있다고 생각하였으며 동시에 인심의 향배가 일으키는 최후의 결정 작용도 인정하였다.

『사기』는 인물을 중심으로 하며 주체는 제왕과 장상이다. 사마천은 아낌없이 "명주와 현군, 충신, 의를 위해 죽는 사(士)"를 칭송하여 영웅의 창세 작용을 강조하였다. 그러나 사마천 영웅사관의 핵심에는 두 개의 진보가 뚜렷한 역사 관점이 있는데, 유물주의 인식론에 부합하며 봉건 사회의 후세 사가에게 따라잡히지 않았다. 아래에서 나누어 말하겠다.

첫 번째 관점. 사마천은 어떤 사람도 모든 지혜를 전유할 수 없고 영웅 개개인은 세상을 창조할 수 없다고 생각하였다. 오제삼대의 임금이 성명하다는 표현은 곧 현자를 천거하고 능력 있는 자에게 관직을 주는 것이다. 그는 말하였다. "요임금은 비록 현명하였지만 사업을 흥기시켜 이루지 못하였는데, 우(禹)를 얻어 구주가 편안해졌다."[55] 유방이 천하를

---

55 『사기』 권110 「흉노열전」 찬.

얻었을 때 문신은 비와 같았고 맹장은 구름처럼 많았지만 강대한 흉노에 대해서는 속수무책이었으며 국가의 도읍도 결정할 수 없었다. 농서(隴西)의 수졸(戍卒) 누경(婁敬)은 수레의 가로막대를 풀고 양털 갖옷을 입고 고제를 뵙고 관중에 정도할 것을 건의하여 흉노와 화친하였고 국가는 그 덕에 편안해졌다.

사마천은 감개하여 말하였다. "속담에 '천금이 나가는 갖옷은 여우 한 마리의 겨드랑이가 아니며, 정자의 서까래는 나무 한 그루의 가지가 아니고, 삼대가 이루어진 것은 한 선비의 지모가 아니다'라는 말이 있다. 실로 그렇다! 저 고조는 한미한 신분에서 일어나 해내를 평정하고 계모로 용병하였으니 힘을 다하였다 할 수 있다. 그러나 유경(劉敬)은 멍에를 벗고 한번 말하여 만세의 평안함을 세웠으니 지혜가 어찌 오로지 할 수 있겠는가!"[56] 2천 년 전에 사마천은 일개 보잘것없는 하층 사병이 건의한 말에서 민초의 지혜를 보았다. 특별히 그를 위하여 전을 지어주었을 뿐만 아니라 철리(哲理)로 상승시켜 "지혜가 어찌 오로지 할 수 있겠는가!"라고 하였다. 따라서 최고 중의 최고 초인을 부정하였는데, 실제로 대단하다. 이 때문에 사마천은 협객, 의복(醫卜), 상고(商賈), 배우, 노름꾼, 부녀 등등 하층의 인물에게도 전을 지어주었다. 유전(類傳)을 창립하여 『사기』가 광활한 사회생활을 반영하도록 한 것이다.

두 번째 관점. 국가의 흥망과 민심의 향배가 최후의 결정적 작용을 일으킨다. "백성은 오직 나라의 근본"이라는 것은 본래 유가가 인정(仁政)을 선양하는 기본 관점이다. 맹자는 한 걸음 더 나아가 "민심을 얻는 자는 천하를 얻고 민심을 잃는 자는 천하를 잃는다"는 유명한 이론을 발휘하였다.[57] 사마천의 공헌은 첫 번째로 진정코 이 관점을 가지고 역사

---

56 『사기』 권99 「유경숙손통열전(劉敬叔孫通列傳)」 찬.

의 변천을 고찰하여 생동적으로 국민 군중의 창조역량을 묘사하여 정반(正反)의 두 방향에서 책 전체를 관통하였다. 삼대의 왕은 모두 조상들이 덕과 선을 쌓아서 백성의 옹호와 추대를 받았다고 정면으로 묘사하여 "항우는 포학하였으나 한나라는 공덕을 행하여" 천하를 얻었다고 하였다.

효문제는 "덕으로 백성을 교화하는 것을 오로지 힘써 이 때문에 천하는 인구가 많아지고 부유해졌으며 예의가 흥하였다."[58] 이는 인심을 얻은 자가 천하를 얻는다는 것이다. 반면 묘사는 무왕이 주(紂)를 토벌하여 "주의 군사들은 모두 병기를 거꾸로 잡고 싸워 무왕에게 길을 열어주었고", "무왕이 상(商)의 도읍에 이르자 상나라 백성들은 모두 교외에서 기다리고 있었다."[59]고 하였다. 진나라의 멸망은 "천하가 마음을 함께하여 진나라를 괴롭힌 지가 오래되었기"[60] 때문이므로 진섭이 난을 일으키자 "바람이 일고 구름이 피어오르는 듯 하니(風起雲蒸) 마침내 진나라를 망하게 하였다."[61] "풍기운증(風起雲蒸)" 넉 자는 국민 군중이 하늘 아래 깔리고 땅을 덮는 역량을 갖추고 있음을 형용하였다.

한신은 초나라에서 도망쳐 한나라로 귀순하면서 항우는 반드시 패할 것임을 논하여 "항왕이 지나는 곳마다 살육과 파괴를 일삼지 않음이 없으니 천하에서 많이 원망하고 백성들은 가까이하지 않으며 그저 위세

57 『맹자』 「이루(離婁) 상」에 맹자의 말이 실려 있는데, 다음과 같이 말하였다. "걸·주가 천하를 잃은 것은 백성을 잃었기 때문이니, 백성을 잃었다는 것은 그 마음을 잃은 것이다. 천하를 얻음에 길이 있으니, 백성을 얻으면 천하를 얻을 것이다. 백성을 얻음에 길이 있으니, 그 마음을 얻으면 백성을 얻을 것이다.(桀紂之失天下也, 失其民也, 失其民者, 失其心也. 得天下有道, 得其民, 斯得天下矣. 得其民有道, 得其心, 斯得民矣)"

58 『사기』 권10 「효문본기(孝文本紀)」.

59 『사기』 권4 「주본기(周本紀)」.

60 『사기』 권89 「장이진여열전(張耳陳餘列傳)」.

61 『사기』 권130 「태사공자서」.

와 강압에 겁박당하는 것일 뿐입니다. 명의상으로는 비록 패자라 하나 실상은 천하의 민심을 잃었습니다. 그래서 그 강함은 쉽게 약해진다는 것입니다."[62]라고 하였다. 사실 차근차근 한신이 예언한 대로 진행이 되어서 초나라는 망하고 한나라는 흥하였다. 민심을 잃은 자가 천하를 잃은 것이다.

사마천의 소박한 유물론 역사관을 더욱 잘 표현한 것은 「화식열전」에서 제기한 욕망동력설이다. 인류가 사회 물질 생활에 의지하고 추구한 역사는 필연적으로 앞을 향하여 발전해 나가는 "세(勢)"이며 어떠한 역량도 그것을 역전시킬 수 없다. 이는 앞의 경제관에서 이미 상세히 논하였으므로 여기서는 줄이겠다.

위에서 말한 것을 종합하면 사마천의 대일통 역사관은 서한 왕조정치 제도에 대한 긍정이며, 『사기』의 주제는 한나라를 높이는 것이다. 사마천의 소박한 유물론 역사관은 이원론적인 색채를 드러낸다. 그 시대 사람들이 인식한 역사의 한계를 반영하였을 뿐만 아니라 사마천의 진보를 향한 족적을 더욱 중요하게 반영하였다. 사마천의 독특한 역사관을 형성시킨 인소는 많은 것을 갖추고 있다. 사상 자료의 계승은 중요한 한 방면이다. 그러나 이 방면에서 사마천은 또한 일가(一家)만 고집하지 않았다. 그는 광범하게 선진제자 이래 백가학설의 진보 관점과 합리적인 핵심을 흡수하여 자기의 소박한 유물론 역사관을 형성하였다. 유가의 "백성이 오직 나라의 근본"이라는 사상, 법가의 "후왕을 본받는다"는 사상, 음양가의 "순환론"이라는 변화 사상, 공양가의 "대일통" 사상 등등 사마천은 받아들일 것은 모두 받아들이고 지양할 것은 지양하여 고쳐나갔다.

---

62 『사기』 권92 「회음후열전(淮陰侯列傳)」.

더욱 중요한 것은 사마천의 광박한 지식과 역사 사실을 실록하는 과학 정신을 갖추고 있는 것으로 그는 부단히 신앙의 속박을 돌파하여 앞을 향하여 나아가도록 하였다. 바로 그가 천문과 역법에 정통한 데다 사실을 추구하는 과학 정신과 조금도 두려워하지 않고 탐색하는 용기가 그로 하여금 관측 자료를 운용하여 성기(星氣)의 책이 "길흉이 상도에 맞지 않음"을 비판하였다. 이 외에 사마천의 생활 경력 또한 그의 진보 역사관의 중요한 인소를 형성하였다. 이를테면 소박한 유물론 역사관을 승화시킨 「화식열전」은 바로 사마천이 20세 때 장유한 성과 중 하나이다. 지식의 확장과 생활 체험은 사마천으로 하여금 부단히 진보를 지향하여 마침내 제왕 중심론을 돌파하고 광활한 사회를 향하여 일정 정도 국민의 역사를 녹여 넣었고 따라서 이원론적인 색채를 표현하였다. 이른바 이원론은 우리가 오늘날 마르크스주의 관점으로 앞 세대의 사람들의 사상체계가 발견한 모순을 돌아보는 것이다. 이것은 인류 인식론의 진보이다. 사마천의 시대에 그는 이원론이 하나의 모순이라고는 결코 생각하지 않았으며, 매우 화해로운 사상 체계라 하였다. 따라서 사마천은 자부심 가득하게 스스로 "일가의 말"을 이루었다고 선포하였다.

5. 전쟁관

청대의 역사학자 고염무는 말하였다. "진초의 과도기에 군사가 드나드는 길, 곡절한 변화는 태사공만이 손바닥을 가리키듯이 서술하였고, 산천군국이 쉽고 밝지 않았으므로 동이나 서. 남이니 북이니 하는 것은 일언지하에 형세가 명료하였다. 아마 옛 역사에서 병사(兵事)와 지형(地

形)을 상세하게 기록한 것은 이를 능가할 수 없을 것이다. 태사공의 흉중에는 실로 온 천하의 대세를 가지고 있었는데, 후대의 서생이 빗댈 수 있는 것이 아니다."[63] 3백여 년 전의 고염무는 문제 제기는 하였지만 논증은 하지 못하였다. 이 절에서는 다음과 같이 밝힌다.

『사기』는 고대의 가장 잘 갖추어진 전쟁사이다. 중국 고대 춘추전국 및 진초 과도기는 역사의 거대한 변화가 일어난 장기적인 전란의 시대로 장장 5~6백 년이란 오랜 기간에 걸쳐 진행되었다. 약 18만 자에 지나지 않는 『좌전』은 춘추 242년간의 동란 및 전쟁을 550여 차례 기록하였다. 춘추의 다음은 전국시대로 원정을 하지 않은 해가 없었고 전쟁이 없었던 해가 없었다. 뒤이어 또한 진초 과도기의 대동란이 이어졌다. 수백 년에 걸쳐 갈수록 전쟁이 빈번해졌을 뿐만 아니라 규모도 갈수록 커져 춘추시대의 대전, 곧 진초(晉楚)의 성복(城濮)의 전투, 진제(晉齊)의 안(鞍)의 전투에서는 쌍방 간에 출전한 병거가 이미 1~2천 승에 달하고 사졸은 1~20만으로 상당한 규모의 큰 전투였다. 그러나 이런 대전도 전국 및 진초 과도기의 대전과 비교한다면 다만 제대로 임자를 만난 것에 지나지 않는다. 전국시대 진(秦)과 조(趙)나라 사이에 벌어진 장평(長平)의 전투와 진나라가 초나라를 멸한 전투, 진초 과도기의 거록(巨鹿)의 대전과 초한의 성고(成皐)의 전투는 쌍방 간에 동원된 직접 참전 병력만 백만을 헤아린다. 왕왕 전투가 수개월 내지 1년에 걸쳐 진행되었으며 중국 안팎의 전쟁사를 통틀어서도 경탄할 만한 기이한 광경이었다. 장평의 전투는 전후로 8년에 걸쳐 진행되었다.

결전의 단계는 진소왕(秦昭王) 47년(B.C. 260)으로 결전은 4월에서 9월까지 반년이란 시간이 소요되었다. 진나라는 "나이 15세 이상이 되는 사

---

63 『일지록(日知錄)』 권26 「사기통감지병사(史記通鑒知兵事)」.

람은 모두 장평으로 가게 하는"[64] 전국에 총동원령을 내리는 등 온 나라를 기울여 원정 전투를 하였다. 진나라가 이기고 조나라는 패하여 "전후로 목을 벤 포로가 45만 명이었다."[65] 진나라 군사가 조나라 군사보다 많았으며 쌍방의 참전 병력은 1백여만이었다. B.C. 223년 진나라가 초나라를 멸한 전투는 진나라 장수 왕전(王剪)이 60만 대군을 이끌고 초나라로 들어갔으며,[66] 초나라에서는 나라의 군사를 모두 징발하여 진나라 군사에 대항하여, 쌍방이 참전한 병력이 또한 1백여만이었다.

B.C. 207년의 거록 전투는 기의군이 포학한 진나라를 뒤엎은 결전이었다. 제후의 군사는 사십여만 명에 달하였다. 진나라 군사는 두 갈래로 왕리(王離)는 진나라의 장성의 변방에서 수자리 서던 군사 35만을 거느렸고, 장함(章邯) 군은 20여만이었다. 이 전역에서 각 방면의 참전 병력은 거의 1백만이었으며 결전은 12월에서 7월에 이르는 (진의 역법은 10월을 한해의 첫 달로 한다) 8개월이었다. 초한 간에 벌어진 성고의 전투는 2년 8개월에 걸친 지구전이었고, 쌍방에서 전후로 투입한 병력은 수백만이었다.[67] 사마천은 이런 역사의 여정에 영향을 끼친 대전역을, 생생하게 기록하였다. 교전의 시말이며 병략과 전술, 판세의 변화를 손바닥을 가리키듯 서술하였다. 이는 사마천이 정통한 병략 역사학자라는 것을 설명한다.

---

64 『사기』 권73 「백기왕전열전(白起王翦列傳)」.

65 위와 같음.

66 위와 같음.

67 유방은 "수십만의 무리를 거느리고" 초나라 공현(鞏縣)과 낙양(雒陽)에 이르러 "수차례나 군사를 잃고 달아났으며", 소하는 문득 관중의 군사를 징발하여 결손을 보충했다. 유방은 또 남으로 완(宛)과 섭(葉)으로 가서 회남의 군사를 거두어 성고(成皋)로 들어갔으며, 아울러 하북(河北)의 군사를 징발하여 남으로 내려갔다. 한왕 한쪽만 전후로 이미 1~2백만의 병력을 밑돌지 않았다. 『사기』 「고기(高紀)」, 「회음후열전(淮陰侯列傳)」, 「소상국세가(蕭相國世家)」에 보인다.

『사기』는 『좌전』의 뛰어난 전통을 이어받아 체계적으로 고대의 전투를 기록하여 『사기』로 하여금 전쟁사로서의 규모와 체제를 갖추게 하였다. 『사기』의 5체, 본기와 연표, 팔서, 세가와 열전에는 모두 전쟁에 관한 내용이 있으며, 역사도 있고 논평도 있어 절로 체계를 이룬다. 단순하게 편목의 자수라는 수량으로만 보면 전쟁사를 다룬 내용은 『사기』의 가장 중요한 구성 부분이다.

『사기』는 130편 52만 6천 5백 자로 전쟁의 내용이 실린 편목이 82편에 달하며[68] 자수가 14만여 자이고 대략 4분의 1의 편폭을 차지한다. 이런 편목은 병략과 전진(戰陣)에 뛰어난 제왕과 장상 60여 명을 기재하고 있으며, 고대의 전쟁을 5백여 차례 기술하였다. 그중에서도 중대한 전쟁은 황제의 탁록의 전투에서 한무제가 대원을 정벌하기까지 모두 70여 차례, 춘추전국 및 진초 과도기가 58차례이다. 무릇 중대한 전쟁은 연표에 목록이 실려 있고, 본기와 열전, 세가에 그 일이 실려 있다. 「십이제후연표」와 「육국연표」, 「진초지제월표」 세 표의 서와 「율서」의 서 및 각 병가의 전기 편말의 "태사공은 말한다"에서는 사마천의 체계적인 전쟁론을 구성하였다. 위에서 말한 내용을 발췌하여 싣는다면 선명하게 『사기』가 역사가 있고 논평도 있는 가장 체계적이고 완비된 전쟁사라는 것을 알 것이다. 이는 우리가 사마천의 전쟁관을 연구하는 데 의거해야 할

---

68 전쟁을 기록한 82개 편목 가운데 비교적 중요한 것은 58편이 있다. 본기에는 오제와 주, 진, 시황, 항우, 고조 등 6편이 있다. 표(表)에는 십이제후, 육국, 진초지제 등 3편이 있다. 서(書)는 한 편인데 곧 율서이다. 세가에는 오태백(吳太伯), 제태공(齊太公), 연소공(燕召公), 진(晉), 초(楚), 월왕구천, 조, 위, 한, 전제(田齊), 진섭, 조상국, 유후, 주발(周勃) 등 14편이 있다. 열전에는 사마양저(司馬穰苴), 손오(孫吳), 오자서, 소진, 장의, 저리자감무(樗里子甘茂), 양후(穰侯), 백기왕전(白起王翦). 위공자, 악의(樂毅), 염파인상여, 전단(田單), 몽염, 장이진여(張耳陳餘), 위표팽월(魏豹彭越), 경포(黥布), 회음후, 전담(田儋), 번역등관(樊酈滕灌), 부근괴성(傅靳蒯成), 오왕비(吳王濞), 한장유(韓長儒), 이장군, 흉노, 위곽(衛霍), 남월(南越), 동월(東越). 조선(朝鮮), 서남이(西南夷), 대원(大宛) 34편이 있다.

자료이다.

『사기』에는 원래 「병서(兵書)」가 있었는데, 잔결되었다. 후세의 없어진 것을 보충한 자가 「율력서(律曆書)」를 「율서(律書)」와 「역서(曆書)」로 나누어서 결손을 보충하였다. 지금 판본 「율서」는 전반부는 습관적으로 「율서서(律書序)」로 일컬어지는데, 「병서」의 잔편이다. 이는 곧 사마천이 체계적으로 천술한 전쟁사상의 전쟁론이다. 사마천의 전쟁에 대한 기본 관점은 다음의 세 방면으로 개괄할 수 있다.

1) 전쟁은 포학한 자를 죽이고 위급을 구하는 자강의 도구로 나라를 일으킬 수 있을 뿐 아니라 나라를 잃을 수도 있어서 신중히 사용해야 한다고 생각하였다

사마천은 전쟁에 하나의 정의를 내렸다. 「율서」 서에서는 말하였다.

전쟁은 성인이 강포함을 토벌하고 난세를 다스리고 적대 세력을 평정하고 위태로움을 구하는 것이다.

兵者, 聖人所以討强暴, 平亂世, 夷險阻, 救危殆.

이 정의는 전쟁은 포학한 자를 죽이고 위급을 구하는 도구이며 불가피한 경우에 사용하여야 한다는 것을 지적하였다. 이어서 사마천은 더 나아가 곤충과 조수의 독침과 발톱, 이빨로 전쟁을 비유하여 스스로를 지키는 도구로 보았다. 사마천은 말하였다. "설령 날카로운 이빨과 뿔을 가진 야수라고 해도 침범을 당하면 반드시 보복하는 법이다. 하물며 사람이 호오(好惡)와 희로(喜怒)의 기를 품은 데에 있어서이겠는가? 기뻐하면 사랑하는 마음이 생겨나고, 노하면 살벌함이 가해지니 이는 성정(性情)의 이치인 것이다." 이는 다만 하나의 간단한 비유에 지나지 않으며, 과학적이지 못하다. 직관에서 형성된 자연주의 전쟁관이며 인류 사회를 생존경쟁을 하는 동물의 세계와 동일시하였기 때문에 전쟁의 기원이 "성정(性情)의 이치"라는 결론을 내렸다.

사마천은 계급투쟁을 이해하지 못하여 이런 인식은 면하기 어려웠다. 그러나 사마천은 결코 그대로 멈추지 않았다. 그는 "고금의 변화에 통달한" 역사에서 전쟁과 정치의 관계는 양자가 상호·보완적인 쓰임이라고 인식하였다. 「태사공자서」에서는 말하였다. "군사가 없으면 강해지지 못하고 덕이 없으면 창성해지지 못하는데, 황제와 탕왕, 무왕은 그것으로 흥하였고 걸과 주, 진2세는 그것으로 무너졌으니 신중하지 않을 수 있겠는가?", "군사가 없으면 강해지지 못하고 덕이 없으면 창성해지지 못한다(非兵不强, 非德不昌)"는 이 여덟 자는 사마천의 전쟁관 이론의 핵심이다. 병(兵)은 곧 전쟁이고, 덕(德)은 곧 정치이다. 국가는 전쟁이라는 수단이 결여되면 스스로 강해질 수 없지만 전쟁에 치중하여 예와 의의 덕이 결여되면 창성해질 수 없다.

유가는 전쟁을 배척하였고 법가는 폭력에 전념하여 양가(兩家)는 모두 일방성을 면치 못하였다. 그러나 사마천의 관점은 결코 유가와 법가의 절충이 아니었으며 수천 년의 전쟁사를 총결하였다. 더욱이 춘추전국 이래 근세의 전쟁사를 총결하여 승화시킨 이론은 당연히 또한 유가와 법가 양가의 이론에서 합리적 핵심을 흡수하였다. "황제와 탕왕, 무왕은 그것으로 흥하였고 걸과 주, 진2세는 그것으로 무너졌다"라는 것이 바로 생동적인 역사 예증이다. "신중하지 않을 수 있겠는가"라는 것은 전쟁을 폐기하는 것이 아니라 전쟁에 치중하고 전쟁을 신중히 사용하는 것이다.

2) 전쟁은 "행함에 역과 순이 있다"고 생각하여 하늘의 뜻에 순응하여 행하는 정의로운 전쟁은 칭찬하였고 이치를 거스르는 동적이고 정의롭지 않은 전쟁은 반대하였다

"행함에 역과 순이 있다"는 것은 바로 전쟁을 정의롭고 정의롭지 않은 두 부류로 나누어 막연히 모든 전쟁을 반대하지 않았을 뿐만 아니라 또한 맹목적으로 모든 전쟁을 지지하지도 않았다는 의미다. 그리하여 정의로운 전쟁은 지지하였고, 정의롭지 못한 전쟁은 반대하였다. 사마천의 전쟁에 대한 이런 인식과 태도는 앞 세대의 사람들을 초월하였으며 칭찬받아 마땅하다.

우선 사마천이 전쟁에 대하여 내린 정의를 가지고 보면 그는 명확하게 두 부류의 전쟁을 구분하는 이론을 제기하였다. "전쟁은 성인이 강포함을 토벌하고 난세를 다스리고 적대 세력을 평정하고 위태로움을 구하는 것이다." 곧 강포함을 토벌하고 난세를 다스리며, 적대 세력을 평정하고 위태로움을 구하는 이 네 방면의 전쟁은 정의로운 것이다. 그 반대는 정의롭지 못한 것이다. 선진의 병가 및 동한의 반고가 전쟁에 내린 정의와 대조적으로 사마천 전쟁관의 진보성을 명료하게 볼 수 있다. 선진의 대군사가 손자(孫子)는 마침내 전쟁의 목적은 바로 "적의 지역을 노략질하여 병력을 분산 배치하고 땅을 넓혀 편리한 곳을 점거해야 한다."[69]고 언명하였는데, 이는 두 부류 전쟁의 경계선을 뒤섞었다. 반고는 말하였다. "무릇 전쟁이란 망하는 것을 존속시키고 끊긴 것을 이으며 어지러운 것을 구원하고 해로운 것을 구원하는 것이다."[70]라고 하였다. 이는 유가의 정통 관점이다. "어지러운 것을 구원하고 해로운 것을 구원

---

69 『손자』 중권 「군쟁편(軍爭篇)」.
70 『한서』 권23 「형법지(刑法志)」.

하는 것"은 정확하며, 유가는 탕무(湯武)의 혁명은 여기에 근거를 두었다고 찬양하여 사마천에게 흡수되었다. 그러나 "망하는 것을 존속시키고 끊긴 것을 잇는" 것은 역행하는 역사관이다.

공자는 "멸망한 나라를 일으켜 주고, 끊긴 세대를 이어준다"[71]고 창신하였다. 목적은 서주 같은 봉건사회의 국면을 옹호하기 위함이었다. 이 관점에 의하면 원고의 황제와 근세의 진시황이 진행한 통일 전쟁은 부정될 것이다. 이는 곧 한나라 유자들의 관점이었다. 사마천이 그들을 비판하여 "그 처음과 끝을 살피지 못하는", "남의 말을 그대로 믿는" 선비라고 한 것은 완전히 정확하다.

다음으로 사마천은 역사상 두 부류의 전쟁에 대하여 구체적으로 구분하였다. 선명하게 정의로운 전쟁은 칭송하였고 정의롭지 못한 전쟁은 견책하였다. 구체적으로 두 부류의 전쟁을 구분하여 이론적으로 정의를 내려 비교하기는 더욱 어렵다. 따라서 「율서」에서는 일련의 두 부류의 전쟁 실례를 열거하여 드러내 보여주었다. 어떤 것이 정의로운 전쟁인가? "옛날에 황제는 탁록(涿鹿)의 싸움에서 염제족의 재화를 평정하였고, 전욱(顓頊)은 공공(共工)을 토벌하여 수해를 평정하였다. 성탕(成湯)은 하나라의 걸왕을 남소(南巢)로 쫓아버려 하나라의 난을 멸절시켰다. 차례로 흥하고 폐하니, 승자가 권력을 잡게 되는 것은 하늘로부터 받은 바이다." 황제와 전욱은 난세를 통일하였고, 성탕은 폭군을 토벌하여 모두 백성의 해악을 제거해 주었으며 강포함을 토벌하고 난을 그치게 하여 천리에 부합하였으니 정의로운 전쟁이다.

어떤 것이 정의롭지 못한 전쟁인가? "하나라의 걸왕과 은나라의 주왕은 맨손으로 승냥이와 이리를 물리칠 수 있었다. 뜀박질로 네 마리 말

---

71 『논어』 제20 「요왈(堯曰)」, 제1장.

이 끄는 수레를 뒤쫓을 수 있었으니, 그 용맹이 결코 작지 않았다. 여러 번 전쟁을 해도 늘 이기므로 제후들이 두려워하고 복종하였으니, 권력이 가볍지 않았다. 또 진(秦)나라의 2세 황제는 쓸모없는 땅에 군대를 주둔시키고 변방에도 군대를 파견하였으니, 그 무렵 약하지 않았다. 흉노와는 원한을 맺었고, 월나라에도 화근을 심었으니 그 세력 또한 약한 것이 아니었다. 그러나 그 위엄과 세력이 다하였을 때는 평민 백성들마저 적국으로 여겼으니, 무력을 있는 대로 써도 만족할 줄을 몰랐으며, 탐욕스러운 마음으로 전쟁을 그치지 않는 데에 잘못이 있었기 때문이다." 결과 주, 진2세는 무력을 남용하고 전쟁을 일삼아 탐욕이 끝이 없어 정의로운 전쟁이 아니다. 이 때문에 끝내 패망하였다. 정의로운 전쟁은 반드시 이기며 정의롭지 못한 전쟁은 반드시 패한다. 하늘의 뜻을 거슬러 움직이면 무력을 믿을 수 없다.

『사기』에서 포폄하고 억양한 두 부류의 전쟁을 종합적으로 살펴보면 세 가지 유형으로 개괄할 수 있다. 첫째, 난세를 평정한 통일 전쟁을 칭송하였고, 분열하고 할거한 전쟁은 반대하였다. 둘째. 도가 있는 사람이 무도한 사람을 친 혁명전쟁은 칭송하였고, 국민에게 포학하게 군 어지러운 전쟁은 반대하였다. 셋째, 강포함을 토벌한 전쟁은 칭송하였고, 무력을 남용한 전쟁은 반대하였다. 통일전쟁을 칭송한 것은 『사기』에서 전쟁을 싣고 기술한 대주제이다. "춘추에는 의로운 전쟁이 없었다."[72] 라는 것은 맹가(孟軻)의 관점이다. 단순하게 성을 다투고 땅을 다투는 것만을 가지고 본다면 겸병의 전쟁은 확실히 정의가 없다고 말할 수 있다. 그러나 역사의 여정으로 본다면 겸병의 전쟁은 역사가 통일을 향하도록 추동하였으니 진보적이며 최후의 승리자는 일정한 역사적 지위를

---

72 『맹자』 권14 「진심(盡心) 하」 제2장.

차지하여야 한다. 사마천은 진나라의 통일 전쟁과 초한이 서로 다툰 유방의 통일 전쟁에 대하여 바로 이렇게 평가하였다. 항우는 천하를 분열시켰다. 이는 그가 "포학하고 사나운" 일을 한 것에 대한 일종의 반영이었다.

서한 오초칠국의 난은 통일을 파괴하였는데, 모두 사마천의 비판을 받았다. "항우는 포학하였으나 한나라는 공덕을 행하였다. 촉과 한에서 분발하여 돌아와 삼진(三秦)을 평정하였다. 항적을 죽이고 제업을 이루니 천하가 편안해졌으며 제도를 고치고 풍속을 바꾸었다. 「고조본기」 제8을 지었다." 사마천은 열정적으로 유방이 통일한 공을 칭송하여 그를 "대성(大聖)"이라 일컬었다. 오왕 비는 처음으로 모반하여 사마천은 열전으로 강등하여 폄하하고 억제함을 보여주었다. "오나라가 반란을 일으키자 동구(東甌)의 사람들은 유비를 참하였으며 봉우(封禺)를 보위하여 신하가 되었다. 「동월열전」 제54를 지었다."[73] 월나라 사람은 안으로 붙고, 서남이는 "내신이 되기를 청하여 관리를 받아들였다."[74] 각 민족은 융합하여 통일을 지향하였는데, 사마천은 이 역사적 추세를 긍정적으로 보았다.

「주본기」와 「진섭세가」는 도가 있는 사람이 무도한 자를 토벌한 혁명 전쟁을 칭송하였다. 무왕은 주(紂)를 멸하고 조가(朝歌)에서 하늘에 아뢰는 성대한 의식을 거행하였다. 무왕은 두 번 머리를 조아리고 말하였다. "왕조를 바꾸라는 큰 명을 받아 은을 무너뜨렸으니 하늘의 영명한 명을 받겠나이다."[75] 사마천은 진섭세가를 지어 그가 난을 일으켜 폭력에 항거한 전쟁을 높이 평가하였다. "걸왕과 주왕이 도를 잃자 탕왕과 무왕이

---

73 『사기』 권130 「태사공자서」.
74 『사기』 권130 「태사공자서」.
75 『사기』 권4 「주본기(周本紀)」.

일으켰으며 주나라가 도를 잃자 『춘추』가 일어났다. 진나라가 정치(의 도)를 잃자 진섭이 자취를 털고 일어났으며 제후들이 난을 일으키어 바람이 일고 구름이 피어오르듯 하니 마침내 진나라를 망하게 하였다. 천하의 단서가 진섭이 난을 일으킨 데서 비롯되었다. 「진섭세가」 제18을 지었다."[76]

「흉노열전」은 역사 사실을 실록하는 기법으로 흉노가 중국을 침략하여 어지럽힌 것을 견책하였다. 묵특선우(冒頓單于)가 변경을 침범하자 고조는 32만의 군사를 일으켜 토벌하러 갔는데, 평성(平城)에서 곤경에 처하여 치욕을 무릅쓰고 화친하였다. 여후가 정권을 장악하자 묵특선우는 또 편지를 보내어 희롱하고 모욕하며 한나라를 멸시하였다. 문제와 경제 시기에 흉노는 늘 맹약을 저버리고 변경으로 쳐들어와 노략질을 하였으며 관리와 백성을 죽였다. 흉노의 침략과 약탈에 반격하는 정의로운 전쟁은 불가피하였다. "삼대 이래로 흉노는 늘 중국의 근심과 재해거리였다. 강하고 약한 때를 알아야 대비하고 토벌할 수 있었으므로 「흉노열전」 제50을 지었다."[77]

사마천은 한무제가 흉노의 강포함에 반격하여 토벌한 전쟁을 긍정적으로 보았다. 그러나 한무제 후기의 흉노에 대한 전쟁은 오히려 흉노를 신하로 삼아 복속시키려 한 결과 이광리가 매년 군중을 동원하고도 실패를 초래하였으며 사마천의 비판을 받았다. 이는 사마천 전쟁관의 애민주의 사상을 반영하였다. 침략과 강포함에 반대하는 정의로운 전쟁이라도 무력을 일삼는 주의로 흘러 국가의 이익에 부합하지 않는다면 사마천은 또한 견책하였다.

---

76 『사기』 권130 「태사공자서」
77 『사기』 권130 「태사공자서」

3) 전쟁에는 "씀에 교졸(巧拙)이 있다"고 생각하여 공업을 세우려 한다면 반드시 피아를 상세히 참고하여 신중하게 장상을 택하여 성실하게 용병 작전의 방략을 써야 한다

「흉노열전」 찬에서 말하였다. "세속에서 흉노를 말하는 자들은 한때의 권세를 구하는 것만 근심하여 그 말을 아첨하여 받아들이는 데만 힘쓰느라 편한 대로 한쪽만 가리켜 피아를 고려하지 않았다. 장수들은 중국이 광대한 것만 믿고 기세를 떨쳤으며 임금은 그대로 정책을 결정하여 이 때문에 공을 세움이 크지 않았다. 요임금은 비록 현명하였지만 사업을 흥기시켜 이루지 못하였는데, 우를 얻어 구주가 편안해졌다. 또한 제왕의 실마리를 흥기시키고자 하는 것은 오직 장수와 재상을 택하여 임명하는 데 있도다! 오직 장수와 재상을 택하여 임명하는 데 있도다!"

흉노의 무리는 한나라의 한 군에 지나지 않는다. 그러나 한나라와 흉노의 전쟁은 무제 원광(元光) 3년(B.C. 132)에 마읍(馬邑)을 설치할 모의를 한 때부터 정화(征和) 3년(B.C. 90) 이광리가 흉노에게 항복하기까지 43년간이나 진행되었다. 서한의 성대한 국력을 소모시키고도 흉노를 복종시키지 못하였기 때문에 "공을 세움이 크지 않았다"고 하였다. 사마천은 이 전쟁의 실천에서 신중하게 전쟁을 하고 교묘하게 전쟁을 하는 두 가지 방략을 총결해 냈으니 곧 하나는 "피아를 상세하게 고려하는" 것이며, 둘째는 "장수와 재상을 택하여 임명하는 것"이다.

피아를 상세하게 고려한다. 사마천은 역설적으로 "피아를 고려하지 않으면" 패한다고 하였는데, 정설대로라면 "피아를 상세하게 고려하는" 것은 곧 승리를 취하는 도이다. "피아를 상세하게 고려하는" 것은 바로 "상대를 알고 나를 아는 것이다." 마오쩌둥은 "손자의 규율인 '상대를 알고 나를 알면 백 번을 싸워도 위태롭지 않다'는 것은 바로 과학적인 진리이다."[78]라고 지적하였다.

「회음후열전」에서는 한신이 조나라를 격파한 정형(井陘)의 전역을 서술하였다. 먼저 조나라의 장군 진여(陳餘)가 이좌거(李左車)의 기계(奇計)를 쓰지 않은 것을 정탐하여 알고 당당하게 싸우려고 하였다. 아울러 자기의 군대가 새로 편성한 군대라는 것을 깊이 알았는데, "그 형세가 사지에 둔 것이 아니어서 사람들에게 제각기 스스로 싸우게 한 것이므로" 배수의 진을 치고 기이한 계책을 내고 승리하여 한 번의 전투로 조나라 군사를 격파하였다. 그러나 이 같은 두 강대국의 교전은 한 번의 전쟁의 득실로 결코 전국의 승패를 결정할 수 없었다. 전쟁의 승패는 "군사력과 경제력의 대비가 아닐 뿐 아니라 인력과 인심의 대비이다."[79]

사마천이 말한 "피아를 상세하게 고려한다"는 것은 손자의 "적을 알고 나를 안다"는 전술 사상을 발전시킨 것이고 교전하는 쌍방의 사회 총력량의 대비를 상세하게 고려한 것이다. 「장의열전」에는 장의가 제민왕(齊湣王)을 유세하는 말을 수록하였다. "신이 듣건대 제나라는 노나라와 싸워 노나라가 세 번 이겼는데, 나라는 위망이 그 뒤를 따랐다고 하니 비록 전쟁에서 이겼다는 명성은 있지만 망한 나라라는 현실이 있습니다. 이는 어째서입니까? 제나라는 크고 노나라는 작기 때문입니다. 지금 진나라를 제나라에 비하면 제나라를 노나라에 비하는 것과 같습니다. 진나라와 조나라가 하수와 장수(漳水)의 가에서 싸웠는데, 두 번 싸워 조나라가 두 번 진나라를 이겼으며, 반오(番吾)의 아래에서 싸웠는데, 두 번 싸워 또 진나라를 이겼습니다. 네 번을 싸운 뒤에 조나라의 도망병은 수십만 명이나 되었고 한단은 가까스로 남게 되었으니 비록 전쟁에서 이겼다는 명성은 있지만 나라는 이미 깨졌습니다. 이는 어째서입니까?

78 『마오쩌둥선집』 제2권, 인민출판사(人民出版社) 1966년판, 458쪽.
79 위의 책, 437쪽.

진나라는 강하고 조나라는 약하기 때문입니다." 이는 양국이 교전할 때 쌍방의 강약의 형세와 재력의 크기, 인력의 다과 등에 대하여 피아를 상세히 고려하지 않을 수 없다는 것을 설명한다.

「회음후열전」에는 한신이 항우가 패할 수밖에 없는 형세를 분석한 것을 실었다. 강약의 형세는 결코 한번 이루어지면 변하지 않는 것이 아니라 형세는 성쇠가 있으며 인심의 향배를 상세하게 고려하지 않을 수 없음을 설명하고 있다. 이 외에 적국의 정치적 조치와 국민의 습성, 병졸의 소질 등이 모두 반드시 상세히 궁구되어야 한다. 소진과 장의의 두 전은 종횡가의 입을 빌려 교전하는 책략은 국가의 존망과 관계되어 상세히 피아를 고려하지 않을 수 없다는 것을 설명한다.

한무제는 흉노에게 반격하면서 원수(元狩) 4년(B.C. 119) 막북(漠北) 대전에서 승리한 승세를 타지 못하고 흉노와 화친하여 "그 말을 아첨하여 받아들인" 것으로 잘못 들어 흉노를 복종시키는 전략을 수립하였다. 흉노군의 숫자가 비록 적기는 하지만 흉노는 모든 백성이 말을 타고 활을 쏘는 데 익숙한 국가이며 동서의 너비와 길이가 만 리나 되며 남쪽으로는 큰 사막을 장벽으로 두고 있다. 한나라는 군사의 수효가 비록 많기는 하지만 말을 타고 활을 쏘는 것이 흉노만 못하고 변방을 천 리나 나서야 하여 후방에서 수송하면 "대략 30종(鍾: 6斛 4斗, 곧 64斗)에서 (겨우) 1석(石: 10斗)만 남기에 이르자" 형세가 힘이 고갈된 상태가 되었다. 흉노는 오히려 막북(漠北)에서 군사행위를 그만두고 "성곽을 쌓아 거처하거나 양초(糧草)를 쌓아놓고 지키는 일이 없이 이리저리 옮겨 다녀 새가 날 듯하여"[80] 지형의 이점을 선점하여 편안하게 지친 적을 기다리니 한나라 군

---

80 주보언(主父偃) 「간벌흉노소(諫伐匈奴疏)」는 『사기』 권112 「평진후주보열전(平津侯主父列傳)」에 실려 있다.

사는 승리하기 어려웠다. 사마천은 한무제가 흉노를 정벌할 때 "피아를 고려하지 않았다"고 비판하였는데, 정곡을 찔렀다.

장수와 재상을 택하여 임명하는 것. 사마천은 고금의 많은 병가와 장수의 전기를 지어주었다. 사마양저와 태공(여상), 손무, 오기 등의 병법학을 높이 평가하여 "근세에 와서 절실해졌고 인사의 변화를 끝까지 추구하여" 근세사회의 실용에 딱 맞아떨어졌을 뿐만 아니라 또한 인류 최고의 지혜의 결정체로 유가의 "전투를 잘하는 자는 상형[극형]을 받아야 한다"는 주장을 한 것과 선명한 대조를 이루었다. 정형의 전역에서 조나라 장수 성안군(成安君) 진여는 광무군(廣武君) 이좌거의 기계(奇計)를 쓰지 않은 결과 군사는 패하고 몸은 죽어 천하의 웃음거리가 되었다. 사마천은 칭송하는 어투로 비판하여 말하였다. "성안군은 유자로 늘 의로운 병사는 속임수나 기이한 계책을 쓰지 않는다고 말해왔다."

「전단열전」에서는 전단이 연나라를 칠 때 5천의 무리로 수십만에 달하는 연나라 군사를 이기는 데 오로지 기이한 계책에 의하여 승리를 취하는 것을 기술하였다. 찬에서 말하였다. "군사는 정공법으로 맞붙지만 기이함으로 이긴다. 능한 자는 기이함을 냄이 끝이 없다. 기이함과 정공법은 서로 번갈아 나오니 고리가 끝이 없는 것과 같다." 이른바 "정(正)"은 곧 당당하게 공격하고 수비하는 전투로, 공격할 때는 단단하여 꺾이지 않음이 없고, 수비를 할 때는 반석처럼 단단한 것이다. 이는 날카로운 군사와 용감한 장수를 합친 것이다. 이른바 "기(奇)"는 바로 정법에 의거하지 않고 상도를 행하지 않으며 기이하고 지혜로운 계책을 써서 승리를 취하는 것으로, 싸우는 것은 병략과 권모이다. 군사가 날카롭고 장수가 용감한 것은 전쟁에서 승리를 취하는 가장 기본적인 요소이다. 병략과 권모는 항상 이기는 결정적 인소로 양자는 상호 보완 작용을 한다. 백전백승의 장군은 늘 지혜와 용기를 갖추며, 군사를 쓰고 진을 설치하고, 정

(正)과 기(奇)는 서로 의존하여 변화가 무궁하여 "순환하여 끝이 없으며" 칠 수 있는데 게으르지 않다. 사마천이 쓴 전쟁의 실례를 보도록 하자.

진나라와 조나라가 맞붙은 알여(閼與)의 전역에서는 조사(趙奢)의 입을 빌려서 두 나라의 군사가 서로 싸우는 것을 "비유하자면 쥐 두 마리가 구멍 속에서 다투는 것과 같으니 용맹한 자가 이길 것이다."[81]라고 하였다. 조나라 군사는 매가 교활한 토끼를 채듯 하여 날래고 사납게 생각지도 못한 곳에서 곧장 진나라 군사를 쳐서 전승을 거두었다. 거록의 전역에서 항우는 솥을 깨뜨리고 배를 가라앉혀 용왕매진하여 태산이 머리를 내리누르는 듯한 기세로 진나라 군사에게 충격을 가하여 대승을 거두었다. 항우는 군사를 일으킨 지 8년 만에 직접 70여 차례의 전투를 치러 패배한 적이 없었다. 팽성(彭城)의 전역에서 그는 3만의 정예병으로 유방의 56만 대군을 궤멸시켰다. 오강(烏江)의 기슭에서 그는 단 28기(騎)를 가지고 한나라 5천 군사의 추격 기병과 결전을 벌여 포위를 뚫고 장수를 베고 깃발을 빼앗았다. 이 모든 것이 단숨에 얻은 승리였다. 싸움을 하려면 이런 기세가 필요하다. 오합지졸과 나약한 장수는 전쟁에서 승리를 할 수 없다. 그러나 양군은 진을 설치하고 맞겨루어 "많이 계산하면 이기고 적게 계산하면 이기지 못하였으며"[82], 싸움을 잘하는 것은 지혜로 겨루는 것이지 힘을 겨루는 것이 아니다. 힘은 산을 뽑을 만큼 세고 기개는 세상을 덮을 만큼 웅대한 영웅 항우는 마침내 유방의 부하에게 패하였으니 지혜가 용기보다 나음을 알 수 있다.

해하의 전역에서 한신은 36만 대군을 지휘하여 항우와 일전을 벌였다. 밀집한 대군으로 산이 무너지고 붕괴되는 듯한 패배를 가장하여 항

---

81 『사기』권81 「염파인상여열전(廉頗藺相如列傳)」.
82 『손자(孫子)』상권 「계편(計篇)」.

우가 승세를 몰아 적을 쫓도록 꾀어 초나라 군사의 세력을 분산시켰다. 공(孔) 장군과 비(費) 장군으로 하여금 좌우에서 초나라 군사를 휘몰아치도록 하여 "초나라 군사가 불리해지고 회음은 다시 승세를 타"[83] 이에 항우를 해하에서 겹겹이 에워싸니 확실히 지혜가 용기를 이겼다. 전국시대 손빈(孫臏)이 위나라를 포위하여 조나라를 구원한 계릉(桂陵)의 전투는 "요해처를 막고 약한 적은 쳐서" 찬 곳은 피하고 빈 곳을 친 것이며, 마릉(馬陵)의 전투는 겉으로 약한 모습을 보여주어 적을 잠복한 곳으로 유인하여 방연(龐涓)을 사로잡아 죽였다. 진나라와 위(魏)나라의 안읍(安邑) 전투는 상앙(商鞅)이 공자앙(公子卬)을 죽였으며, 왕전(王翦)은 초나라를 멸하면서 초나라 군사가 동쪽으로 돌아가도록 끌어들이는 계책을 세워 추격 중에 승리를 취하였다. 이런 것은 모두 기이한 것으로 지혜를 겨룬 전투의 예이다.

상승(常勝) 장군 백기(白起)와 회음후 한신은 용기와 지략을 겸비하였다. 진나라와 조(趙)나라의 장평(長平) 전투에서 진나라 군사는 정면에서는 거짓으로 패하여 조나라 군사가 굳게 공격하게끔 하고 따로 두 갈래 기이한 군사를 내어 조군의 길을 끊어놓고 분할하여 포위하였다. 단칼에 양도(糧道)를 끊어놓으니 곤궁에 처한 조나라 군사는 투항하였다. 정형의 전투에서 한신은 지략을 썼을 뿐만 아니라 용맹을 겨루었다. 무릇 적은 수로 많은 사람을 이기고 약한 군사로 강한 군사를 이긴 장군은 모두 지용(智勇)을 겸비한 양장이다. 사마천은 생생하게 고금의 크고 작은 각종 기이함과 지혜를 겨루는 전투의 실제 예를 기록하였다. 이는 "교묘하게" 전쟁을 하려면 반드시 훌륭한 장수를 신중하게 선택하여야 한다는 도리를 설파한 것이다.

---

83 『사기』 권8 「고조본기(高祖本紀)」.

군사가 예리하고 장수가 용맹하며 기이한 전략을 내고 지략을 쓰는 것은 아무래도 엄격한 훈련을 하고 신상필벌을 행하며 관군(官軍)이 일체가 되어 소양(素養)이 있는 군대가 되는 데 있다. 염파가 조나라 군사를 쓰면 이겼고 초나라 군사를 거느리면 공을 세우지 못한 것이 바로 생생한 예증이다. 「손자오기열전」과 「사마양저열전」은 손무가 군사를 조련하고 오기가 병사를 사랑하며 믿음을 꼿꼿이 세우는 것을 기술하였다. 이는 모두 훌륭한 장수의 치병 방략이다. 그들이 거느린 군대는 군관이 일체가 되고 기율(紀律)이 엄하고 밝아 이기지 못한 적이 없었다. 한무제는 흉노를 정벌하였는데, 외척을 대장으로 삼았다. 위청(衛靑)과 곽거병(霍去病)은 그래도 "그 재능으로 스스로 승진하여" 늘 승리를 거두었다. 그러나 곽거병은 사졸들을 구휼하지 않아 "짐수레에는 곡식과 고기가 남아돌아 버려졌는데, 사졸들 중에는 굶주린 자가 있어서" 옛날의 훌륭한 장수에 비하면 이미 손색이 있었다.

이사장군 이광리는 더욱 용렬하기 짝이 없어 대원을 원정한 군사는 상하가 탐욕스러워 한나라군이 전후로 10여 만의 군사를 잃게끔 하였다. 대부분의 군사들은 모두 사막에서 전사한 것이 아니라 탐욕스러운 장수의 손에서 물고가 났다. 결국 이광리는 패하고 흉노에 투항하여 치욕스러운 반도가 되었다. 사마천이 한무제가 장수와 재상을 택함에 신중하지 못하였다고 비판한 것은 정곡을 찔렀다.

위에서 말한 세 방면에서 보면 사마천은 병략에 매우 정통하였다. 권모에 능수능란하였기 때문에 병사(兵事)와 전진(戰陣)을 기술하는데 생동감이 넘쳐흘렀다. 그는 군사를 거느린 적이 없었고 전쟁을 한 적도 없었지만 군사학 이론을 깊이 연구하였다. 당대의 전쟁 경험을 총결하는 데 더욱 치중하였다. 이에 사마천의 전쟁관은 농후한 정치적 색채를 띠고 있으며 당시의 폐단을 찌르는 현실적 의의를 갖추고 있어 서한의 통치자에게 경종을 울렸다. 현재의 입장에서 보면 매우 높은 사료적 가치를 갖추어 중국 봉건사회가 대일통시대를 향해 가는 사람들의 전쟁관념을 반영하였으며 고대전쟁사를 연구하는 중요한 자료가 되었다.

사마천의 전쟁관을 개관하면 치국평천하라는 정치의 고도에 입각하여 체계적으로 역사상 전쟁 경험과 군사학 이론을 총결함으로써 "옛일을 기록하여 거울로 삼는" 역사 병략학을 형성하였으며 치국자에게 좋은 볼거리를 제공하였다. 사마천은 군사와 정치 관계에 대하여 변증적으로 이론적인 개괄을 하였으며, 군사와 정치는 나라를 지키고 백성을 편안하게 하는 두 가지의 불가결한 도구라고 생각하였다. 그는 주보언의 「간벌흉노소(諫伐匈奴疏)」에서 인용한 「사마법(司馬法)」을 빌려 말하였다. "나라가 아무리 크다 하더라도 전쟁을 좋아하면 반드시 망하며, 천하가 태평하다고 하더라도 전쟁을 잊으면 반드시 위태롭게 된다." 이는 사마천이 전쟁에 치중하고 병략을 연구할 것을 창도하는 것이 싸우기를 좋아하는 것이 아니라 스스로 강하게 하는 것이며 폭력에 항거하고 모욕을 막는 것임을 설명한다. 이런 사상은 오늘날 보기에도 의심의 여지 없이 또한 긍정할 만한 가치가 있다.

마지막으로 사마천의 전쟁관을 형성한 역사적 조건을 말해보겠는데, 주로 세 방면에 걸쳐 있다.

첫째, 사마 씨의 가학에는 깊고 두터운 군사학의 연원이 있어 사마천에게 중대한 영향을 끼쳤다. 이는 이미 이 책의 제3장에서 논급하였으므로 여기서는 줄이겠다.

둘째, 춘추전국 이래 병법학의 발전은 이미 체계적인 이론을 형성하였다. 춘추전국 및 진초 교체기의 전쟁에 수반하여 무수한 걸출한 군사가와 상승장군을 낳았으며 병법학은 이로 인하여 크게 흥기하였다. 『사마병법(司馬兵法)』과 『손자병법(孫子兵法)』, 『손빈병법(孫臏兵法)』, 『오기병법

(吳起兵法)』 등등의 명저는 모두 군사를 거느리고 전쟁을 한 상승장군의 손에서 나왔다. 실전의 총결이자 경험의 승화이기 때문에 소박한 유물주의론 관점과 변증법적인 사상을 갖추고 있다. 진한 교체기에 병법학은 매우 널리 보급되었고 광범위하게 유전되었다.『한서』「예문지(藝文志)」에는 전적으로 "병서략(兵書略)"을 설치하여 권모와 형세, 음양, 기교의 4류(類)로 나누었다. 총계를 내면 병서가 53가(家), 790편이며 도화(圖書)가 43권이다. 이로써 진한 교체기의 병법학이 번성하게 발전한 상황을 알 수 있다. 사마천은 이런 병법학이 창성한 시대에 살아 병서를 널리 읽고 안으로 육도삼략을 간직하였는데, 조금도 이상할 것이 없다.

셋째, 시세(時勢)의 추이가 사마천으로 하여금 군사학에 치중하게끔 하였다. 한무제 원삭(元朔) 3년(B.C. 126) 사마천은 20세의 장유(壯游)를 통하여 천하에서 망실된 옛 전적들을 망라하였다. 그때 한나라와 흉노는 전쟁을 진행한 지 이미 7년째였으며 천하에서는 신속히 군량을 운송하느라 소란하고 번거로웠다. 전국을 떠들썩하게 한 전쟁의 동원은 사마천에게 군사학을 연구하는 과제를 제기하였다. 그는 20세의 장유로 진나라가 육국을 멸하고 초한이 서로 다툰 전장을 상세히 고찰하였다. 그는 대량(大梁)의 성을 배회하였으며 후생(侯生)이 거처한 이문(夷門)을 고찰하였다. 당년에 위공자가 병부(兵符)를 훔쳐 조나라를 구원한 장거를 아득히 생각하고 나라에 보답할 뜻을 촉구하였다.

사마천은 사명을 받들고 파촉(巴蜀) 이남 지역을 서정하여 친히 군진을 격려하였으며 관산(關山)을 건넜다. 그는 무제를 호종하여 성대한 열병 의식과 포위 사냥하는 군사훈련을 목도하여 책에 군사를 다스리고 진을 치는 군사학이 실제 생활의 경험을 얻도록 하였다. 더욱이 한나라와 흉노의 전쟁은 전화가 수십 년 동안 끊이지 않아 당시 사람들의 생활에 깊이 영향을 끼쳐 나라와 백성을 근심하는 사마천으로 하여금 전쟁에 대한 관심을 배가시키지 않을 수 없었다. 따라서 사마천의 전쟁관은 다만 병서와 역사를 읽고 가학의 전승에서 내원하였을 뿐만 아니라 현실의 전쟁에 대하여 체험하고 직접 실천하였다. 이에 사마천의 전쟁관은 앞에서 서술했듯이 진보성과 유물성 그리고 애민성의 근본 원인을 갖추고 있다.

6. 민족관

사마천의 민족관은 그의 진보적 역사관을 구성하는 중요한 부분으로 중국 역사상 사람의 시선을 강하게 끌었다.

1) 사마천이 처음으로 민족 사전을 창시하다

예로부터 중국은 곧 다민족으로 구성된 국가이다. 주초(周初)에 분봉했을 때는 귀부한 "이적(夷狄)"의 나라가 많았다. 중화 민족의 역사는 한족과 각 소수민족이 공동으로 창조한 역사이다. 그러나 유가의 정통사상은 오히려 거듭 "이하(夷夏: 오랑캐와 중국)의 변별"을 선양하였으며 중국 주변의 민족을 동이·서융·남만·북적이라 일컬어 황복(荒服)의 땅으로 보았다. 공자는 『춘추』를 수찬하면서 제하(諸夏)를 안으로 하고 이적(夷狄)을 밖으로 하였다. 서한의 대유 동중서가 제기한 강상윤리학설 또한 민족 관계까지 미루어 넓혔다. 동중서는 말하였다.

『춘추』는 단어를 신중히 하여 명분과 윤상(倫常) 등에 대하여 삼갔다. 그런 까닭에 소이(小夷)는 벌(伐)이라고 하고 전(戰)이라고 하지 않았으며, 대이(大夷)는 전(戰)이라 하고 획(獲)이라 하지 않았고, 중국은 획(獲)이라

하며 집(執)이라 하지 않아 각기 쓰는 말이 있다. 소이가 대이를 피하면 전(戰)이라 말하지 않았고, 대이가 중국을 피하면 획(獲)이라 하지 않았으며, 중국이 천자를 피하면 집(執)이라 하지 않아 명분과 윤상을 부여하지 않았으며 재상과 신하를 피혐하는 말이다. 그런 까닭에 크기가 같지 않으며 귀천을 그 윤상과 같이하는 것이 의(義)의 바름이다.[84]

중국은 곧 화하(華夏)의 제후이다. 동중서의 위에서 말한 견해에 의하면 제후는 천자와 동등할 수 없었으며, 대이와 소이는 화하의 제후와 동등할 수 없고 심지어 소이는 대이와 또한 동등할 수 없었다. 각 민족의 크기는 동중서에 의해 천연적인 등급 서열이 정해졌으며, 민족 관계의 용어에서 모두 등급의 차서가 표현되어 나왔다. 유가사상이 독존의 지위를 취득함에 따라 "크기가 같지 않은" 대한족(大漢族)주의가 점차 형성되었다. 이 때문에 민족사는 중국정사에서 또한 누려야 할 지위를 얻을 수 없었다.

그러나 사마천은 오히려 "백가를 퇴출시키고 유술을 단독으로 높인" 한무제의 시대에 독보적인 사단(史壇)인 그의 『사기』에서 처음으로 민족사전을 창시하였다. 사마천은 흉노와 남월(南越), 동월(東越), 조선(朝鮮), 서남이(西南夷) 등 5개 소수민족의 사전을 썼다. 각 편의 사전은 독립적으로 편을 이룬다. 지금은 상세하고 옛날은 소략하며 한무제 시기 각 주변 민족과 중원 왕조의 관계를 서술하는 데 치중하였다. 당시 한무제는 사이를 정벌하고, 특히 한나라와 흉노의 관계는 장기간 전쟁의 교착 상태에 처하였다. 상고에서 주진(周秦)에 이르기까지 민족관계사는 물론 "평화우호"이지만 "군사적으로 서로 만난 것"이 더욱 많다.

---

84 『춘추번로(春秋繁露)』「정화(精華)」.

서주는 견융(犬戎)에 의해 멸망했지만 사마천은 오히려 동서남북 각 소수민족을 보게 되었다. 그들의 역사 발전은 중원 화하민족의 융합과 일통을 지향하며 민족사를 기록하였을 뿐만 아니라 또한 민족사전을 명신 장상의 열전과 교차하여 동등하게 열거하였다. 이렇게 사마천은 동중서가 이른바 "소이가 대이를 피하고", "대이가 중국을 피하는" 등등 의 "명분과 윤상(倫常)의 질서"를 타파하고 그의 민족 통일과 천자 신민 과 동등한 사상을 표현하였다. 이는 당시로서는 확실히 매우 어려운 일 이었다. 그 후 반고는 『한서』를 썼는데, 그는 "서남이는 인종이 다르고 구역이 다르다"[85]고 생각하였으며 민족사전을 열전의 끝 부분에 배치 하였다. 반고 이후의 사학자들은 대부분 『한서』를 본받아 민족사전을 열전의 끝부분에 곁들여 배치하였으니 이는 민족사관이 퇴보한 것이라 고 할 수 있다.

이 외에 사마천이 「대원열전」을 처리하는 방식은 사람들의 큰 주목을 끌었다. 「대원열전」은 외국의 역사 사실을 멀리 중앙아시아까지 서술하 였으므로 특별히 분리해 내어 유전(類傳) 가운데 엮었다. 사마천은 「태사 공자서」에서 명확하게 밝혔다. 그는 말하였다. "한나라가 대하(大夏)와 사행을 트자 서쪽 끝의 먼 오랑캐도 목을 늘이고 안을 향하여 중국을 보 고자 하였다. 「대원열전」 제63을 지었다." 한나라의 입장에서는 "대하 와 사행을 튼" 것이며, 서역 각국의 입장에서는 "중국을 보고자 한 것으 로" 「대원열전」은 매우 명확하게 국제 교왕을 주제로 한다. 대비하여 뜻 을 보였는데, 「태사공자서」에서는 민족사전에 대하여 요약하여 말하였 다. "조타(趙佗)는 양월(楊越)을 안정시켜 남쪽 변방을 지킬 수 있어서" 「남 월열전」을 지었다. 동구(東甌)의 사람들은 "봉우(封禺)를 보위하여 신하가

---

85 『한서』 권100 「서전(叙傳)」.

되었기 때문에" 「동월열전」을 지었다. 야랑(夜郎)과 공(邛), 착(筰)의 임금이 "내신이 되기를 청하여 관리를 받아들였기" 때문에 「서남이열전」을 지었다. 이는 곧 양월(兩越)과 서남이(西南夷) 등 주변 민족이 모두 천자의 치하에 있기를 원하여 중원의 판도에 넣었다는 것을 말한다. 둘을 서로 대조하면 사마천의 중외(中外)에 대한 한계는 구분이 뚜렷하다. 반고의 『한서』는 내외를 구분하지 않았으며 국내의 주변 민족사전을 하나의 전으로 합쳤으며 또한 외기(外紀)로 보았다. 이 또한 반고의 역사 인식이 사마천의 표현에 뒤지는 것이다.

우리는 사마천과 반고의 역사 인식을 비교하고 반고의 민족사관이 퇴보하였다는 것을 지적하였다. 그러나 우리가 주목해야 할 것은 『한서』에서 결국 주변 민족에 사전(史傳)을 세워주었고 아울러 단대사에서 상세하게 민족사의 발전 과정을 궁구하였다는 것이다. 이후 반고의 뒤를 이은 기전(紀傳)의 사학자는 대부분 이 방법을 계승하였다. 이를테면 『후한서』라는 단대사 또한 상세하게 소수민족의 역사 발전을 기술하였다. 더욱이 「서강전(西羌傳)」은 강족의 역사에 대한 기술이 매우 정확 타당하여 풍부한 민족 사료를 보존하였다. 이는 사마천이 소수민족의 전기를 세워준 것이 정사에서 긍정적인 평가를 받았고, 『한서』가 모범적인 작용을 일으켰으며 반고의 공이 묻힐 수 없다는 것을 설명한다. 당연히 창시한 공은 사마천의 몫이고, 이는 중국 고대사학에서의 중요한 성과이다.

2) 사마천의 민족일통 사상의 기본 내용

주로 세 방면이 있다. 민족 등렬(等列) 사상, 중국 각 민족은 모두 황제의 자손, 주변 각 민족은 동등한 "혁명"의 권리가 있다는 것.

민족 등렬 사상. 이른바 민족 등렬 사상은 결코 오늘날의 민족 평등 관념이 아니다. 사마천이 유가의 전통적인 "인종이 다르고 구역이 다르다"는 내외의 차별을 타파하는 것을 가리킨다. 민족 구역을 통일된 봉건 제국의 판도 내에 넣어 서술하여 각 민족이 모두 천자의 신민(臣民)으로 보았다. 따라서 각 민족의 풍속 습관은 반드시 각 민족을 객관적으로 존재하는 민족의 실체로 삼았음을 인정하여 그들의 역사를 서술하였다.

각 민족의 실체는 각자 독특한 표지를 가지고 있으며 이를 서로 구별하였다. 현대의 민족 실체에 대하여 이오시프 스탈린은 4대 요소로 개괄하였다. 곧 공동의 언어와 공동의 지역, 공동의 경제 생활, 공동의 문화 습속이 있어야 한다는 것이다. 사마천은 민족 사전을 쓰면서 이런 과학적 개괄은 없었지만 그는 역사의 실록을 통하여 직관적으로 각기 다른 민족 사이의 구별을 깨달아 다섯 민족의 사전을 분별하여 세웠다. 이는 사마천의 민족 실체 사상을 반영한 것이라 말하지 않을 수 없다.

사마천은 「흉노열전」을 썼는데, 주요 내용은 흉노와 한나라의 각축과 진퇴 상황을 기술하였다. 흉노 민족의 역사 발전에 대한 서술은 극히 간명하게 개괄하였다. 사마천은 초반부에서 단 226자로 흉노 민족이 생활한 지역과 경제, 문화 및 풍속 습관을 소개하였다. 흉노 내부의 민족 성분이 매우 복잡하기는 하지만 그들은 모두 오랜 기간 "물과 풀을 따라 옮겨 다니는" 유목 생활을 해왔다. 흉노의 사람들은 가축의 고기를 먹고 낙농 음료를 마시며, 피혁 옷과 갖옷을 입으며, 천막생활을 한다. 축산물은 말과 소, 양, 낙타, 나귀, 노새, 결제(駃騠), 도도(駒騟), 탄혜(騨騱) 등이다. 유목 생활을 하고 들판을 쫓아다니며 사람들이 호전적인 천성을 잘 기르도록 양성하였다. 그 풍속은 "건장한 자를 귀하게 여기고 노약자는 천시한다. 아비가 죽으면 그 (嫡母 외의) 남은 어미를 아내로 삼고, 형제가 죽으면 모두 그 처를 취하여 아내로 삼는다." 사마천은 바로 이런 공동적 특징을 포착하였기 때문에 만 리의 땅을 차지하고 있는 흉노를 하나의 민족 실체로 삼아 서술하였다.

흉노의 습속에 대한 평론에서 사마천은 흉노에 투항한 한나라 사람 중항열(中行說)이 한나라 사신에게 한 대답을 통하여 태도를 나타내었다. 한나라 사신은 흉노가 노인을 경시한다고 조소하였다. 중항열은 흉노의 사람들은 늘 말을 타고 정벌하여 노약자는 전투를 할 수 없으므로 살지고 아름다운 물건은 건장한 사람에게 공급해 준다, 이는 자신의 역량을 강화시키고 부자를 길이 보호하는 표현이며 결코 노인을 경시하는 것이 아니라고 하였다. 한나라 사자는 흉노는 의관과 궁실, 예의 제도가 없다고 말하였다.

중항열의 말에 의하면 흉노 사람들은 목축을 하고 물과 풀을 쫓아 살면서 늘 이동을 하니 집은 필요가 없다, 짐을 가볍고 편하게 꾸리는 것은 달리기에 편하게 하기 위함이다, 흉노 사람들은 번쇄한 예절이 없다, 서둘러 바른 일을 할 수 있도록 하기 위함이다. 부친과 형이 죽으면 아들과 형제가 남은 모친과 형수를 아내로 취하는 것은 성(姓)이 많아지게 하고자 함이라는 것이다. 중항열은 한나라 사신에게 반문하기를 의관을 갖춘 나라인 중원의 한나라 사람이 명예와 이익을 다투기 위하여 서로 죽이고 심지어 멸족을 시키고 성을 바꾸기도 하니 '예의를 가지고 또한 무슨 교만하게 굴 것이 있겠는가'라고 하였다. 중항열은 후안무치한 반도(叛徒)다. 그는 궤변으로 세상을 깜짝 놀라게 할 의론을 펴고 진보와 낙후의 구분을 말살하였는데, 흉노의 입장에서는 효과적이었으나 정론이 될 수 없다. 그러나 중항열은 사리를 말하였으며 각 민족의 생활 습속은 절로 그 형성된 경제적, 문화적 원인을 가지고 있었으며 그것은 각자의 구체적 역사 환경에서는 합리적이다. 한 민족이라면 선진 민족이라도 자기의 생활 방식을 남에게 강요할 수 없다. 사마천은 매우 흥미 있게 중항열과 한나라 사신의 대화를 기록하였는데, 바로 그의 일종의 민족 실체사상을 반영한 것이다.

사마천이 「서남이열전」을 쓴 것은 흉노를 쓴 것과 일맥상통한다. 서남이 또한 광활한 지역을 가지고 있지만 흉노에 비하면 매우 작다. 서남이는 지리적 형세가 비교적 복잡하고 교통이 막혀 있기 때문에 서남이 내부의 각 부족은 독자적 특징을 가지고 있다. 서남이는 하나의 완정한 민족이 아니라 하나의 지역적 개념이다. 서남이는 한왕조 서부의 파군(巴郡)과 촉군(蜀郡)이 중심이 되는데 이남이 남이이고, 이서 이북이 서이이다. 남이는 동부 북인(僰人) 거주 구역과 서부의 월수족(越嶲族), 곤명족(昆明族) 거주 구역으로 나뉜다. 서이는 주로 지인(氐人)이다. 서남이 각 민족의 사회문화와 경제생활의 발전은 매우 균형이 맞지 않고 군장(君長)은 10단위를 헤아렸다. 각 부족의 군장과 한왕조의 연계 및 내부(內附)는 다른 경중의 층차를 갖추고 있다. 서남이 내부로 소속된 뒤 군을 설치하고 관리를 두었는데, 사마천은 한무제가 "잠시 옛 풍속대로 다스리고 세금을 부과하지 않은 것"을 기쁘게 칭찬했다. 서남이 지구에 군을 설치하고 관리를 둔 것은 사마천이 사명을 받들고 집행한 것이다. 아마 "잠시 옛 풍속대로 다스리고 세금을 부과하지 않은" 정책은 바로 사마천이 제기한 것일 것이다. 사마천이 각 민족에 대하여 그 크기를 막론하고 충분히 그들 생활 습속의 동등한 사상을 존중하였음을 표명한 결과이다.

중국 경내의 각 민족은 모두 황제의 자손이다. 이는 사마천이 전설과 역사에서 제련해 낸 민족 일통 이념이다. 『사기』의 많은 편장에 모두 천술한 것이 있다. "중국(中國)의 우(虞)와 형만(荊蠻) 구오(句吳)는 형제이다", "초나라의 선조는 제(帝) 전욱(顓頊) 고양(高陽)에게서 나왔다", "월왕(越王) 구천(句踐)은 그 선조가 우(禹)의 아득한 후예이다", "흉노는 그 선조가 하후씨(夏后氏)의 아득한 후예이다."[86]라고 한 따위이다.

주변의 각 민족에게는 동등한 "혁명" 권리가 있음을 인정하였다. 이 또한 사마천 홀로 이른 사상이다. 이른바 "혁명"은 묵은 것을 혁파하고 새것을 창조하며 천명을 바꾸는 것을 가리킨다. 구체적으로, 중원의 일에 참여하여 조대를 바꾸는 과정에서 천명을 얻은 자가 즉위하는 것을 지지하는 것이다. 진한 교체기에 남방의 월족은 중원 주민의 폭정에 반대하는 투쟁에 참가하였다. 동월인 무제(無諸)와 요(搖)는 월인들을 이끌고 파양령(鄱陽令) 오예(吳芮)에게 귀속하여 진나라에 반기를 들었다. 그후 또 한나라를 도와 항적을 공격하여 유방은 무제를 민월왕(閩越王)에, 요는 동월왕에 봉하였다. 동월이 진나라에 반기를 들고 한나라를 도와 중국의 정치 투쟁에 참여한 일을 사마천은 특별히 기록하였다. 그가 주변의 각 민족이 동등한 "혁명" 권리를 가진다는 사상을 인정한 것을 표현하였는데, 이는 긍정적인 가치가 있다.

3) 사마천 민족 일통사상을 형성한 역사적 조건

앞에서 말했듯이 사마천은 민족 사전을 창시하여 국내외 민족을 구별하고, 국내 각 민족은 동등하게 모두 천자의 신민으로 분별하여 전을 세웠다. 이 일련의 체례는 그의 박학함과 재화(才華)를 반영하였을 뿐만 아니라 보다 중요한 것은 그의 걸출한 사상과 역사 인식의 반영이다. 사마천은 각 민족이 모두 각자 역사 연원의 실체를 가지고 있음을 의식하였다. 심리 요소, 곧 각 민족이 모두 황제 자손이라는 것 및 경제 문화 등 방면의 연계에서 각 민족의 역사 발전이 통일을 향하여 돌아간다는 것도 논증하였다. 이런 것은 바로 사마천만이 갖추고 있는 선진의 민족 일통사상이다. 민족 일통사상의 형성이 그 개인의 천재적 사고와 역사 총결을 한 것보다 더 중요한 것은 그 시대의 필연적인 산물이라는 것이 사

---

86 『사기』 권31 「오태백세가(吳太伯世家)」, 권40 「초세가(楚世家)」, 권41 「월왕구천세가(越王句踐世家)」, 권110 「흉노열전(匈奴列傳)」에 나누어져 보인다.

마천의 생각이다.

객관적 원인으로 첫째, 각 민족 구성원 사이의 경제와 문화 교류는 민족일통을 향해 달려갔고 사마천은 사전에서 생동하게 기재하였으며, 여기서는 다시 말할 필요가 없을 것이다. 둘째, 한무제는 주변 민족 지구에 군현제도를 넓혔으며, 민족일통을 촉진하는 정치 형세를 조성하였다. 주관적 원인은 사마천이 그 당시에 살아 몸소 그 일을 받들었으며, 그는 사명을 받들어 서정하였다. 서남이 지구에 군을 설치하고 관리를 두어 한 차례 민족 지구에 대하여 친히 겪고 고찰하였다. 이런 조건은 사마천의 진보된 역사관과 서로 결합하여 현지에서 고찰한 경험을 바탕으로 체계적인 고대 민족 일통사상의 조리를 상승시켰다. 아울러 역사의 서사에서 더욱 친절하게 반영해 내었다. 이는 바로 사마천 민족관이 당시에 독보적이었던 원인이다.

7. 도덕관

「태사공자서」는 『춘추』를 "예의의 대종(大宗)"이라며 고도로 평가하였다. 이는 사마천이 도덕 윤리를 중시한 것을 표명한 것이며, 『사기』 또한 "예의의 대종"인 도덕 전서라는 것을 은유한다. 사마천은 『사기』에서 매우 광범위한 도덕 범주를 언급하였다. 전방위적으로 중국 고대의 민족 도덕과 도덕관념을 반영하였다고 할 수 있다. 사마천의 진보적인 도덕관 및 그가 칭송한 많은 인륜 준칙과 빼어난 품덕은 중국 전통문화의 귀중한 재부로 이미 민족성 가운데 깊이 뿌리를 내렸다. 이 때문에 사마천의 도덕관에 대하여 해야 할 말은 매우 많으나 편폭의 제한 때문에 간략하게 몇몇 주요 방면만 이야기할 수 있을 뿐이다.

1) 예는 유에서 생겨나고 무에서 폐한다

이 말은 『사기』 「화식열전」에서 나왔으며 예를 이야기한 기원이다. 현대식으로 번역하면 바로 예는 부유(富有)함에서 생기고 빈궁함에서 사라진다는 것이다. 거꾸로 해석하면 곧 경제 기초가 예의 제도와 도덕 관념을 결정한다는 것이다. 사마천이 이런 인식을 가진 것은 대단한 유물사관이다. 그러나 「예서」의 첫머리에서는 말하였다. "삼대의 (예제의) 손익을 살펴보면 곧 사람의 성정에 따라 예의가 제정되고 인간의 성정에 따라 예의가 제정된다는 것을 안다." 이는 예가 인성에서 생겨난다는 말이다. 인성은 어디에서 오는가? 유가의 관점에 의하면 "하늘이 백성을 낳은 것은"[87] 반드시 천명으로 귀납되어야 한다는 유심주의 인식 노선이다. 예는 도덕의 최고 표현이다.

『논어』 「위정(爲政)」에서 공자는 "예로 가지런히 한다.(齊之以禮)"고 하였는데, 주희(朱熹)의 주에서는 "예(禮)는 제도와 품절(品節)이다."라고 하였다. 한대에는 삼강오상이 주요 내용이었다. 삼강은 군위신강(君爲臣綱), 부위자강(父爲子綱), 부위부강(夫爲婦綱)이다. 오상은 군신유의(君臣有義)와 부자유친(父子有親), 부부유별(夫婦有別), 장유유서(長幼有序), 붕우유신(朋友有信)이다. 귀천과 존비는 모두 명확한 등급 규정과 종속 관계를 가지고 있다. 이런 등급의 구분은 일상적인 의식주에서 명확한 표기를 가지고 있다. 복식과 안색, 거기(車騎), 관대(冠戴)는 모두 엄격한 규정이 있어 상하가 넘을 수 없는 것이다. 예제를 뛰어넘는다는 것은 사회적 동란을 의미한다. 이런 봉건 등급 제도를 옹호하는 예는 인성의 수요에 따라 제정된다고 할 수 있으며 천명의 도움을 받지 않으면 성립될 수 없다. 사마천은 예를 논하여 팔서(八書)의 첫머리에 두었다. 그의 기본적인 입장은 유

---

87 『맹자』 권1 「고자(告子) 상」.

가의 예의 제도와 도덕 준칙을 옹호한다는 것을 설명한다. 따라서 『사기』에는 그런 충신과 의를 위해 죽는 사(士)를 논하여 실으면서 충(忠), 효(孝), 인(仁), 의(義), 예(禮), 양(讓), 절(節), 열(烈) 등등의 미덕을 표창하였다. 사마천의 도덕관을 토론하기 전에 이 전제를 설명하는 것이 필요하다.

선진 제자백가의 인성에 대한 논쟁은 매우 격렬하여 이미 도덕의 기원 문제를 언급하였다. 유가는 도덕이 하늘에게 기원한다고 주장하였다. 공자는 "하늘이 나에게 덕을 주었다(天生德于予)"[88]고 하고 아울러 "오직 지극히 지혜로운 자와 어리석은 자는 변화시킬 수 없다.(唯上智與下愚不移)"[89]고 하였다. 맹자는 전면적으로 인의예지 등 도덕은 모두 하늘에서 나왔다고 논증하였다.[90] 이는 당연히 유심주의의 도덕관이지만 봉건제도의 군권신수 정치 수요에 적응하여 진한 때 발전하여 동중서의 삼강오상의 전체 도덕 체계를 이루었다. 법가는 도덕의 생성은 일정한 물질적 조건을 전제로 한다고 주장하였다.

『관자(管子)』 「목민(牧民)」에서는 말하였다. "창고가 차야 예절을 알고, 의식이 족해야 영욕을 안다." 『한비자』 「오두(五蠹)」에서는 말하였다. "기근이 든 봄에는 어린 동생에게는 밥을 주지 않으며 풍년이 든 해의 가을에는 소원한 나그네에도 반드시 밥을 주는데, 골육을 멀리하고 과객을 사랑하는 것이 아니라 많고 적은 것의 실질이 다르기 때문이다." 확실히 이는 소박한 유물주의의 인식 노선이다. 그러나 관중과 한비는 도덕과 물질의 기초적인 연계만 보았을 뿐 여전히 도덕이 또한 일정한 계급과 정치적 제약을 요한다는 것은 인식할 수 없었기 때문에 더 발전을 기다려야 했다.

---

88 『논어』 제7 「술이(述而)」.
89 『논어』 제17 「양화(陽貨)」.
90 『맹자』 권13 「진심(盡心)」 상.

사마천의 도덕관은 역사적 자료에 대한 계승을 아울러 수용하였다. 그는 「화식열전」에서 "예는 있는 데서 생겨나고 없는 데서 폐한다", "사람이 부유해지면 인의가 거기에 붙는다"는 명제를 제기하였으며, 법가의 도덕관을 계승하였다. 사마천은 또한 『관자』의 말을 인용하여 입증하였다. 그러나 「악서(樂書)」에서 사마천은 다시 말하였다. "그러므로 훌륭한 일을 하는 자는 하늘이 복으로 갚고, 악한 일을 하는 사람은 하늘이 재앙을 주는데, 이는 자연스러운 것이다." 이는 "선한 자에게는 복을 주고 음탕한 자에게는 화를 내린다"는 것은 천도의 자연스러움이라고 생각한 것이다.

　「악서」를 「악기(樂記)」에서 따왔는데, 과연 사마천의 수고인가 아닌가 하는 것은 고증을 기다려야 한다. 그러나 『사기』에서는 "음덕(陰德)"과 "음화(陰禍)"의 이야기를 기재한 것이 오히려 적지 않다. 「진(晉)세가」에서는 조돈(趙盾)이 뽕나무 아래서 시미명(示眯明)을 먹어 나중에 그 보답을 받아 화를 면했다고 하였다. 「한세가」에서는 한궐(韓厥)이 조(趙) 씨의 고아를 천거하여 음덕을 맺어 제후가 되었다. 「전경중완세가(田敬仲完世家)」에서는 전희자(田釐子)가 백성들에게 음덕을 베풀어 제나라의 정권이 전 씨에게로 돌아갔다고 하였다. 「진승상세가」에서는 진평(陳平)은 음모를 많이 꾸며 후사가 제후의 지위를 잃었다고 하였다. 「백기왕전열전(白起王翦列傳)」에서는 백기가 장수로 항복한 군사를 많이 죽여 천리를 다치고 해쳤으므로 끝이 좋지 못하였다고 하였다. 왕전은 3세가 장수였지만 그 손자 왕리(王離)는 항우의 포로가 되었다. 이런 기록은 하늘의 그물은 넓어서 성글지만 빠뜨리지 않는다는 것을 표명한 것이다. 그러나 「백이열전」에서 사마천은 "하늘의 도는 가까이함이 없이 항상 선한 사람을 가까이 한다."고 하는 데 대하여 의문을 제기하였다. 이런 관념의 체계에서의 모순은 유가와 법가 양가의 도덕 자료를 모두 수용하여 형성된 모순일 뿐만 아니라 동시에 더욱 중요한 것은 사마천 철학의 이원론적인 반영이다.

사마천이 유가의 이론을 받아들인 것은 주로 국가의 제도를 해설하는 데 쓰이며 사람에게 선을 행하도록 권하기도 한다. 사마천이 법가의 이론을 받아들인 것은 주로 이성적 논증에 쓰였으며 포의의 덕을 칭송하기도 하였다. 사마천은 실증에 더욱 치중하였다. 그는 실제 생활에서 체험하면서 격렬한 역사 사건의 사고에서 "권선징악"의 천도관에 회의감을 제기하였을 뿐만 아니라 아울러 행동이 기이하고 탁월한 사(士)를 표창하였다. 왕왕 유가의 도덕 규범을 돌파하였으며, 법가의 이론을 발전시켰고, 새로운 사유를 갖춘 일가의 말을 형성하였다. 이를테면 그가 화식을 칭송하고 유협을 찬양하였으며, 자객을 인정한 것이 생동적인 예증이다.

도덕 기원의 이성을 탐구 토론하는 면에서 사마천의 주요 경향은 법가의 이론을 계승하고 발전시켰다. 그는 경제적 지위가 도덕 관념을 결정한다고 생각하였다. 아울러 한 걸음 더 나아가 몽롱하게 도덕의 계급성을 언급하고 "후문(侯門)"의 도덕과 "비인(鄙人)"의 도덕적 구별과 대립을 제기하였다. 사마천은 「유협열전」에서 말하였다.

> 비속한 사람들의 말에 "인의를 어찌 알겠는가? 이미 이익을 누리는 것은 덕이 있는 것이다."라고 하였다. 그러므로 백이가 주나라를 싫어하여 수양산에서 굶어 죽었는데도 문왕과 무왕은 그것 때문에 왕으로서의 명예가 깎이지 않았으며, 도척(盜跖)과 장교(莊蹻)는 포악하고 사나웠는데도 그 무리들은 의를 칭송하기를 그치지 않았다. 이로써 살펴보건대 "걸쇠를 훔치는 자는 죽음을 당하고 나라를 훔치는 자는 제후에 봉하여지며 제후의 문에 인의가 보존된다"라는 말은 빈말이 아니다.

鄙人有言曰, 何知仁義? 已饗其利者爲有德. 故伯夷醜周, 餓死首陽山,
而文武不以其故貶王, 跖·蹻暴戾, 其徒誦義無窮. 由此觀之, 竊鉤者誅,
竊國者侯, 侯之門仁義存, 非虛言也.

동일한 사건의 동일한 행동에 대해 지위가 같지 않은 사람의 견해가
확연히 같지 않다. 무왕이 주를 친 것은 폭정에 반대하는 입장에서 보면
혁명의 의거지만, 임금에게 충성한다는 입장에서 보면 윗사람을 범하여
난을 일으킨 것이다. 도척과 장교는 고대의 민초로 기의한 수령이었기
때문에 그 무리가 칭송함이 무궁하였지만, 통치자의 입장에서 보면 사
회를 어지럽히는 포악한 사람이기 때문에 "도둑"이라 일컬어졌다.

『사기』에서 사마천은 후문(侯門: 제후의 가문)의 도덕에 대한 허위성을 가
감없이 폭로하고 맹렬히 규탄하였으며, 비인(鄙人)에 대한 도덕은 매우
칭찬하였다. 이는 사마천의 도덕관에서 더욱 빛을 발하는 정수이다.

이른바 "후문"의 도덕은 곧 통치 계급의 인의 도덕이다. 상위에 있는
통치자는 입으로는 인의 도덕을 잔뜩 논하지만 언행이 일치하지 않아
결코 실행하지 않는다. 사마천은 「급정열전」에서 급암(汲黯)의 입을 빌려
한무제를 "폐하께서는 내심 욕심이 많아 겉으로만 인의를 베푼다"고 비
평하여 한무제의 인의를 고취시키는 일의 허위성을 폭로하였다. 「평진
후주보열전(平津侯主父列傳)」에서는 겉만 번지르르한 유학의 종사로 승상
의 지위에 오른 공손홍의 위선적 군자의 면목에 대하여 유감없는 묘사
와 신랄한 풍자를 하였다. "겉은 너그러웠으나 안은 깊어서 예측할 수가
없었고", "거짓을 품고 지혜를 꾸몄다"고 하였다. 풍자적 의미를 가장
잘 갖춘 것은 「이사열전」이다. 생동적인 대화로 조고와 이사 그리고 호
해(胡亥)를 묘사하고 폭로하였다. 그들은 딱딱 충효와 절의를 표방하는
말로 찬탈의 역모를 완성시켰으며 궁정의 정변을 발동하였다. 이른바

충효, 인의예신은 당정자가 그들의 탐욕과 비열한 행동을 엄폐하는 가리개에 지나지 않을 따름이다.

이른바 "비인"의 도덕은 곧 시골의 하층민이 봉행하는 도덕 준칙이다. 비인은 주로 유협과 자객을 가리키며 또한 하위에 있는 사람을 포괄하는데, 노중련(魯仲連)과 정영(程嬰), 공손저구(公孫杵臼), 후영(侯嬴), 주해(朱亥), 모공(毛公), 설공(薛公) 등등과 같은 사람이다. 노중련에 대하여 사마천은 말하였다. "노련은 그 가리키는 뜻이 비록 대의와 맞지는 않지만 내 그가 포의의 선비로 있으면서 뜻을 거침없이 펴고 제후에게 꺾이지 않고 당대에서 담설을 하고 경상의 권위를 꺾은 것을 높이 샀다."[91] 조말(曹沫)과 형가(荊軻) 등 자객에 대하여 사마천은 말하였다. "조말에서 형가까지 다섯 사람은 그 의거가 성공하기도 하였고 성공하지 못하기도 하였지만 그 뜻을 세움이 환하여 그 뜻을 속이지 않았으니 이름이 후세에 드리운 것이 어찌 허망한 것이겠는가!"[92]

주가와 곽해 등 유협에 대하여 사마천은 말하였다. "내가 들은 바에 의하면 한나라가 흥하자 주가와 전중(田仲), 왕공(王公), 극맹(劇孟), 곽해의 무리가 있었는데, 비록 이따금 당대의 법망을 범하기는 하였지만 개인적인 의리는 청렴결백하며 물러나고 겸양하여 칭찬할 만한 것이 있다."[93] 사마천은 이런 고상한 의를 찬양하였을 뿐만 아니라 또한 명확하게 지적하였다. 그들은 하위에 거처하며 혹 포의지사가 하는 일은 통치계급의 "대의"에 부합하지 않고 "당대의 법망을 범하기는 하였다." 이는 사마천이 이미 어렴풋하게 도덕적 계급성을 언급한 것을 선명하게 표현한 것인데, 확실히 대단한 발현이다.

---

91 『사기』 권83 「노중련추양열전(魯仲連鄒衍列傳)」 찬.
92 『사기』 권86 「자객열전(刺客列傳)」 찬.
93 『사기』 권124 「유협열전(游俠列傳)」 서.

계급사회에서 도덕은 강렬한 계급성을 갖추고 있다. 통치 계급과 피통치계급의 도덕 관념은 왕왕 대립적인데 이는 곧 경제 지위에 의해 결정된다. 그러나 통치 계급의 도덕은 또한 언제나 보편성의 형식으로 표현된다. 보편성은 계급성을 덮어주어 고대에는 다만 선진사상가라야 충분히 어렴풋하게 체험하며, 혹 통치계급의 도덕적 허위성이 발견됨이 직감되지만 또한 계급 관점으로 해석하는 것을 인식하지 못하였다.

사마천은 "예는 있는 데서 생겨나고 없는 데서 폐한다"는 것을 인식하여 "후문"의 도덕과 "비인"의 도덕의 구별을 발현하여 이미 모호하게 도덕의 계급성을 건드렸다. 이는 곧 사마천 도덕관의 진보적 의의이며, 전인을 초월하였을 뿐만 아니라 또한 후세 정통 유가의 도를 지키는 사(士)의 비판을 받았다. 반고는 사마천을 "처사는 물리고 간웅을 나아가게 하였다", "시비가 자못 성인에게서 그릇되었다"[94]고 하였다. 반대로 사마천 진보 사상의 실질은 바로 일부분 경전을 벗어나 도를 어긴 이단 사상을 가지고 있음을 설명하였다.

2) 사마천의 의리관

공자는 이(利)를 드물게 말하였다. 맹자는 극단적으로 이를 배척하여 유가는 의와 이 두 가지는 절대적으로 배척 관계에 있다고 생각하였다. 동중서는 예의로 인욕을 막아야 한다고 주장하였다. 사마천은 화식을 칭송했고, 인욕은 물질과 재부를 창조하는 동력임을 발견했다. 그는 이(利)를 말하였을 뿐만 아니라 모든 사람이 돈을 벌어 치부하도록 격려하였다. 사람들에게 치생의 기술을 총결해 주었으며 한 걸음 더 나아가 "소봉론(素封論)" 이론을 제기하고 인의를 큰 소리로 떠드는 사(士)의 허

---

94 『한서』 권62 「사마천전(司馬遷傳)」 찬.

위성을 폭로하였다. 그러나 사마천은 결코 유가의 예의를 배척하지 않았으며 그는 허다한 편장에서 이를 좇는 것을 규탄하기도 하였다. 사마천의 도덕관에서 의와 이는 한 쌍의 모순인 동시에 또한 하나도 없어서는 안 되는 것이다. 그는 한쪽만 고집하여 이를 말하고 의를 말하는 것은 모두 폐단이 있다고 생각하였으며 협조하고 통일하여 양자는 병존하여야 한다고 하였다. 다음과 같이 분석해 보겠다.

사마천 "소봉론"의 내용. 소봉은 무엇인가? 사마천은 말하였다. "지금 녹봉이나 작위와 봉읍의 수입이 없는데도 즐겁기가 그와 비견될 만한 사람이 있는데 '소봉'이라 한다."[95] 그런 돈이 있고 세력이 있어서 즐거움이 왕자(王者)와 같은 사람을 사마천은 "소봉", 곧 무관의 왕이라고 하였다. 사마천은 고금 상인의 활동을 고찰하면서 결론을 내렸다. 진한 때는 법률이 상인을 천시하였는데, 「평준서」에 생동적인 기록이 있다. 한 고조는 상인이 "비단옷을 입고 수레를 타는 것"을 허락하지 않았다. 그들의 자손이 "벼슬을 하여 관리가 되는 것"을 허락지 않았으며, 또한 무거운 세금을 부과하여 그들이 "곤욕"을 치르게 하였다. 그러나 상인은 "재부가 두터움으로 인해 왕후와 교왕하고 힘이 관리의 세력을 능가하여 이(利)로 서로에게 영향을 주었다. 천리에 오만하게 놀아 귀관(貴官)이 서로 바라고 튼튼한 수레를 타고 살진 말을 채찍질하고 비단신을 신었으며 명주옷을 끌고 다녔다."[96] 이는 조조가 묘사한 문경(文景) 시기 상인의 상황이다. 그는 여기에 대해 "지금의 법률은 상인을 천시하는데, 상인은 이미 존귀해졌다."[97]는 놀라움을 나타냈는데, 불합리하다고 생각한다. 사마천은 여기에 대하여 오히려 참신한 견해를 제기하였다. 그

---

95 『사기』 권129 「화식열전(貨殖列傳)」.(아래에서 인용하는 「貨殖列傳」은 다시 주를 달지 않는다.)
96 『한서』 권24 「식화지」.
97 위와 같음.

는 "무릇 호적에 편입된 평민들은 부가 열 배이면 비하하고 백 배면 두려워하여 꺼리며 천 배면 부림을 당하고 만 배면 종이 되는 것이 사물의 이치이다."

여기서 사마천은 직감적인 경제 관점으로 사람이 사람을 착취하고 사람이 사람을 압박하는 현실을 드러내 보였다. "마음(정신)을 수고롭게 하는 자는 남을 다스리고, 몸(육체)을 수고롭게 하는 자는 남의 다스림을 받는다."는 본질을 들추어냈다. 국군(國君)과 왕후(王侯), 관리의 그런 기색은 바로 그들이 권력의 압박을 통하여 대량의 재부를 착취한 것이 아니겠는가? 왕후와 봉군은 조세로 먹고 사는데, "해마다 대략 호당 2백 전이니" 천호의 임금은 연수입이 25만이다. 부상과 대고는 1백 만의 자본만 있으면 매년 25만의 연리 수입을 얻을 수 있어서 천호의 임금과 대등하다. 진한 때의 거부와 대고는 왕자와 같이 즐길 수 있었을 뿐만 아니라 심지어 만세 황제의 예로 높임을 받기도 했다.

오지(烏氏)의 나(倮)는 목축을 하여 치부하였는데, "진시황제는 나를 봉군에 비기게 하여 때맞춰 신하들과 함께 조회에 참여하게 하였다." 그리고 파(巴)의 과부 청(淸)은 단사 광산을 개발하여 돈을 벌었는데, "진황제는 정절 있는 부인이라고 생각하여 빈객으로 대우하였으며 여회청대(女懷淸臺)를 지어주었다." 이에 대하여 사마천은 힘 있는 질문을 하였다. "저 나(倮)는 야인(野人)으로 목축의 우두머리였으며 청은 궁벽한 시골의 과부였는데도 만승의 예로 높이고 이름이 천하에 드러났으니 어찌 부유해서가 아니겠는가?" 또한 촉의 탁(卓) 씨와 정정(程鄭)은 본래 조상이 진시황이 육국을 통일했을 때 동쪽으로 옮겨간 포로였는데, 그들은 야철로 치부하여 "부유하기가 노예 천 명을 부리게 되었으며", "들과 못에서 사냥하는 즐거움이 임금에 비겼다." 남양(南陽)의 공완 씨(孔宛氏)는 대야철가로 그 집이 천금을 치부하여 "수레와 말을 줄지어 제후들과 교유하였고" 유한(游閑)공자라는 아호를 누렸다. 반대로 한초의 많은 봉군과 왕후는 어떤 경우 쇠락하여 겨우 우차(牛車)를 탈 수 있었다.

오초칠국의 반란 때 많은 장안에 사는 열후와 봉군은 종군하는 자금을 마련하려고 하였는데, 가난하여 고리대금업자인 무염 씨(無鹽氏)에게 빚을 내었다. 전국 각지의 부자와 상고는 "큰 자는 군을 기울이고 중간쯤 되는 자는 현을 기울이며 못한 자도 향리를 기울이는 것이 이루 헤아릴 수가 없다." 사마천은 이 생동적인 역사 및 그 현실에 근거하여 "소봉론"의 관념을 제기했다. 그는 이것은 반박할 수 없는 것이라 생각하여 큰 소리로 캐물었다. 사마천은 말하였다. "천금을 가진 가문은 한 도읍의 임금과 비기고 거만금을 가진 자는 곧 왕자와 즐거움을 함께 누린다. 어찌 이른바 '소봉'인 자이겠는가? 아니겠는가?", "거만금을 가진 자는 곧 왕자와 즐거움을 함께 누린다"라는 것은 바로 "소봉론"의 가장 간결한 개괄이다.

"소봉론"에는 두 가지 기본 내용이 있다. 위에서 말한 "거만금을 가진 자는 곧 왕자와 즐거움을 함께 누린다"는 것 외에도 "사람이 부유해지면 인의가 거기에 붙는다."는 내용도 있다. 사마천은 이 명제에 두 층의 함의가 있다고 제기하였다. 한 층은 "예는 있는 데서 생겨나고 없는 데서 폐한다"는 것을 증명하는 것이다. 이는 인의와 도덕은 경제적 기초에서 건립되었다는 것을 설명한다. 또 한 층은 통치 계급의 도덕은 다만 차지하고 있는 재부와 세력, 이익의 부속물에 지나지 않을 따름이라는 것을 심각하게 설명한다. 앞에서 인용한 「유협열전」의 의론은 "인의를 어찌 알겠는가? 이미 이익을 누리는 것은 덕이 있는 것이다."라는 것인데 돈과 세력이 있기만 하면 인의가 따르게 된다는 것을 말한 것이다.

"걸쇠를 훔치는 자는 죽임을 당하고 나라를 훔치는 자는 제후에 봉하여지며 제후의 문에 인의가 보존된다."는 것은 사마천이 인용한 장자의 말을 자기의 관점으로 입증한 것이며 동시에 분격한 말이다. 사마천이 가차 없이 통치 계급의 허위 도덕을 까발렸다고 말할 수 있는데, 사마천이 일찍이 "집이 가난하여 재물로 속죄할 수 없어서" 비참하게 "부형"을 당한 사람이기 때문에 통치자의 잔혹함과 허위 면목을 절실히 체험하였다. 사마천은 심지어 비판의 칼끝을 공자에게까지 향하였다.

공자의 제자 원헌(原憲)은 술지게미마저 배불리 먹지 못하면서 전혀 알려지지 않은 채 궁벽한 골목에서 나날을 보냈다. 자공은 상업으로 큰 재화를 벌어 열국의 제후들과 대등한 예의로 대하였는데, 공자의 명성은 자공에 의해서 현양되기 시작하였다고 하였다. 이 때문에 그런 "빈천을 부끄러워하고", "인의를 말하기를 좋아하는", "암혈에 거처하는 기이한 선비"들은 거짓 군자로 놀림을 받아야 한다. 사마천의 비판이 가리킨 것은 명확한 대상이 있으며 그는 광대한 빈민을 겨냥하지 않았을 뿐만 아니라 광대한 빈민이 울려도 울지 않았다고 말할 수 있다. 사마천이 가리킨 것은 달관 귀인과 인의를 말하기 좋아하는 거짓 군자의 얼굴을 덮고 있는 베일을 벗겨버린 것이다. 이는 "이미 이익을 누리는 것은 덕이 있는 것이다"라고 한 것에 대한 신랄한 풍자이다.

반고는 사마천이 부자를 찬양하고 가난한 사람을 멸시하는 것 같다고 왜곡하여 사마천이 "화식을 말한 것은 세력과 이익을 숭상하고 빈천을 부끄러워하였다."[98]라고 비판하였다. 반고의 『한서』 「화식전」에서는 안연이 "단사표음"으로 누항에서 사는 것을 찬양하였다. 공자의 말을 인용하여 자공이 재산을 늘리면서 "천명을 받지 않은" 것을 서로 비교하면서 비판하였는데, 반고와 사마천 두 사람의 식견의 높낮이는 동일선상에 놓고 논할 수 없다. 1천여 년이 지나 금나라의 왕약허(王若虛)는 여

---

98 『한서』 권62 「사마천」.

전히 분분히 불평하며 말하기를 "사마천의 죄는 죽음을 용납하지 않은 것이다!"[99]라고 하였다. 이로써 사마천의 "천빈을 부끄러워하는" 것은 확실히 봉건 인의 도덕의 정곡을 제대로 찔렀으며, 정통 문인학사들의 절치부심을 이끌어냈음을 알 수 있다.

위의 두 가지를 종합하면 "거만금을 가진 자는 곧 왕자와 즐거움을 함께 누리며", "사람이 부유해지면 인의가 거기에 붙는데" 이것이 바로 "소봉론"의 기본 내용이다. 사마천은 "소봉론"을 제기하였는데, 결코 국민들에게 통치자의 회포로 옮겨가라고 호소하고, 권세와 이익을 숭상하고 가난한 사람을 멸시한 것이 아니다. 이와는 정반대로 사마천은 "소봉론"으로 부귀와 예의의 본질을 드러내 보였고 그런 황음하고 부끄러움이 없으며 또한 "입으로는 이를 말하지 않는" 통치자를 풍자하였다. 그들은 국민을 속였으며 국민들은 "의"만 이야기해야 했고 "이"는 말하지 않았어야 했다.

사마천은 "소봉론"으로 모든 사람들이 돈을 벌어 치부하도록 격려하였으며 "후(侯)의 문에는 인의가 있다"는 이 불합리한 현실을 바꾸었다. 여기에 특수한 전투작용을 갖추었기 때문에 봉건 정통 사학자와 수구주의자들의 왜곡과 공격에 봉착했다. 진한의 법률로 상인을 천시하는 정치적 배경에서 사마천이 "소봉론"을 제기한 것은 현실적 의의가 있다는 것을 지적해야 한다. 이 관점은 참신할 뿐만 아니라 대담하고 도전적이다. 그 전투작용은 타고난 귀천 등급의 분수를 인정하지 않으면서 각종 직업인들은 모두 자기의 총명함과 재지를 운용하여 돈을 벌어 치부하여 왕자와 함께 즐길 수 있다.

사마천의 "소봉론"은 진승 오광이 기의하였을 때의 구호인 "왕후장

---

99 『호남유로집(湖南遺老集)』 권19 「사기변혹(史記辨惑)」.

상이 어찌 씨가 있겠느냐"라는 말과 함께 대동소이한 묘함을 갖추고 있는데, 모두가 전투적인 소박한 유물주의 인식론이다. 반고는 "권세와 이익"으로 왜곡하였는데, 정통 사가의 식견 없음을 반영하였다.『한서』의「화식전」에서는 "소봉론"의 의론을 전부 삭제하고 부상과 대고는 "모두 궤도를 벗어난 사치와 참람함에 빠뜨리는 악"이라 비판하고, 그들이 돈을 벌어 치부한 것은 "교화와 풍속을 상하게 하고 그르친 크게 어지러운 도"라고 하였다. 반고의 이런 격렬한 평론은 마침 상반된 면에서 사마천 "소봉론"의 전투적 의의를 두드러지게 하였다.

사마천의 이익 추구에 대한 비판. 이익을 좇는 것은 재부에 대한 무한한 탐욕을 가리킨다. 통치자는 국민의 생존은 돌아보지 않고 재물을 거두어들이고, 부상과 대고는 국가의 위급함을 돕지 않고 축적하며, 개인은 도의는 팽개친 채 권세와 이익을 추구하는 교제를 하는 등등이다. 상하가 다투어 이익을 다투는데, 이는 모두 이익을 좇는 행위이다. 사마천은 이익을 좇는 데 대하여 격렬한 비판을 제기하였다. 우선 통치자의 수탈에 대하여 견책을 제기하였다.

「맹자순경열전」에서는 "내가 『맹자』를 읽다가 양혜왕(梁惠王)이 '어떻게 해야 내 나라를 이롭게 하겠는가?'라고 물은 부분에 이르러 책을 내려놓고 탄식을 하지 않은 적이 없었다. 그리하여 말하였다. "아아"라는 것은 실로 어지러움의 시작이로다! 부자께서 이에 대하여 거의 말하지 않은 것은 늘 그 근원을 막은 것이다. 그러므로 말씀하시기를 '이익에 따라 행동하게 되면 원망이 많게 된다.'고 하셨다. 천자로부터 서인에 이르기까지 이를 좋아하는 폐단이 어찌 다르겠는가!"라고 하였다.

「위세가(魏世家)」에서는 말하였다. "맹가(孟軻)가 말하기를 '왕께서는 이와 같이 이(利)에 대해서 말씀하지 마십시오. 왕께서 이를 바라신다면, 대부들이 이를 바랄 것이며, 대부들이 이를 바란다면, 평민들도 이를 바랄 것이니, 상하가 서로 이를 다툰다면, 나라가 위태로울 것입니다. 왕이 되는 데에는 인(仁)과 의(義)가 있을 따름이니, 어찌 이(利)를 바라십니까?'라고 하였다." 이는 맹자의 말을 인용하여 통치자가 이를 좇는 것을 비판한 것이다. 이와 동시에 사마천 또한 유가의 예의로 이를 막는 것을 찬성하였다.

「평준서」에서는 말하였다. "그러므로 『상서(尙書)』에서 말하는 요순시대와 『시경』에서 서술하는 상주(商周)시대는, 천하가 태평하여 학교를 숭상하였고, 농업을 중히 여기고 상업을 억제하였으며, 예의로 이익을 좇는 것을 방지하였다." 「평준서」는 바로 한무제 시대의 각종 이익을 추구하는 정책에 대한 비판이다. 사마천은 이를 일으키는 신하에 대하여 더욱 통절해 하였는데, 그는 「평준서」를 맺을 때 복식의 말을 인용하여 말하였다. "정부의 비용은 응당 정상적인 조세로 충당하여야 합니다. 현재 상홍양은 관리를 시장의 점포에 앉혀, 장사를 해서 돈을 벌고 있습니다. 상홍양을 죽이면 하늘은 비로소 비를 내릴 것입니다." 이는 관료의 상행위에 대한 분개의 표시라 할 수 있다.

그다음은 상인이 이익을 좇는 것에 대한 비평이다. 사마천은 재화를 늘리는 것을 찬양하였다. 이는 상인이 천하의 재화를 두루 유통시키는 작용을 칭송한 것이지만 그들이 매점매석하여 "백성을 더욱 곤경에 처하게 하고", 또한 "국가의 위급을 돕지 않는 것"은 찬성하지 않았다.[100] 사마천은 「화식열전」에서 특별히 범려를 칭송하였다. 범려가 "19년 동안 세 번이나 천금을 모았으며 두 번을 가난한 친구들과 먼 형제들에게 나누어 주었다. 이것이 이른바 부유하면 그 덕을 잘 행한다는 것"이기 때문이다. 「평준서」에서는 애국자로 큰 재화의 주인인 복식(卜式)의 전형

---

100 『사기』 권30 「평준서(平準書)」.

적인 형상을 빚어내었다. 그는 "몸소 경작하고 목축을 하여" 농토와 가축으로 치부하였고 집에 있을 때는 친척과 형제들을 구조하였다. 나라에 전쟁이 있으면 그는 여러 차례 재화를 날라 현관(縣官)을 도왔다. 복식은 어사대부에 임명된 후에 관직을 잃어 목이 달아나는 것을 두려워하지 않았다. 이에 과감하게 관영하는 소금과 철의 폐단을 직간하고 상홍양을 질책하여 무제에 의해 관직이 강등되었다.

다음으로, 사마천은 "권세와 이익을 가지고 교유하는 것"을 매우 싫어했다. 사마천은 형을 받았을 때 좌우의 교유하는 사람들이 아무도 구원해 주지 않아 권세와 이익을 가지고 사귀는 데 대하여 매우 미워하고 통절해 했다. 그는 「정세가」와 「맹상군열전」, 「평원군우경열전」, 「장이진여열전」, 「염파인상여열전」, 「위기무안후열전」, 「위장군표기열전」, 「평진후주보열전」, 「급정열전」 등 열전에서 이익이 다하면 교유가 소원해지는 우정과 세상의 정세에 대하여 날카롭게 비난하였다.

장이와 진여는 "권세와 이익으로 사귀다가" 사마천의 가차 없는 편달을 받았다. 장이는 진여보다 나이가 많았으며 위험과 재난이 있을 때 두 사람은 나이를 잊은 교유를 맺었고 진여는 장이를 부친처럼 섬겼다. 두 사람이 장수에 임명되고 재상이 된 후에는 권세와 이권을 다투고 빼앗는 기세가 물과 불 같았다. 나중에 장이는 유방에 의지하여 한신을 도와 군사를 거느리고 진여를 참하여 결국 벗이 원수가 되어 죽음에 이르게 되었다.

사마천은 개탄해 마지않으면서 평론하여 말하였다. "장이와 진여는 세상에서 대대로 현명하다고 일컫는 자이며, 빈객과 일꾼들까지도 천하의 준걸이 아닌 자들이 없었으며 거처한 나라에서 경상으로 취하지 않은 자가 없었다. 그러나 장이와 진여가 처음에 빈천했을 때는 서로 죽음으로 승낙하고 믿었으니 어찌 돌아보며 물었겠는가? 나라를 차지하고 권력을 다투자 마침내 서로 멸망시켰으니 어째서 저번에는 서로 앙모하고 신뢰함이 그렇게 성의를 다하다가 나중에는 서로 배신하여 어그러졌단 말인가! 어찌 권세와 재리로 사귄 것이 아니겠는가?"[101]

사마천의 염량세태의 폭로는 더욱 생동적이다. 주보언의 일생의 기구함과 출세가 곧 전형적이다. 그는 빈천했을 때는 40여 년을 유학(游學)하였지만 뜻을 이룰 수가 없어 "어버이는 자식으로 여기지 않았고 형제들은 거두어주지 않았으며 빈객들은 버려 곤액에 빠진 지가 오래되었다." 그가 등천(登天)하여 천자의 대신이 되었을 때는 "빈객이 천을 헤아렸다." 나중에 주보언이 죄를 지어 멸족당할 때는 오히려 "한 사람도 거두는 자가 없이 다만 효현(洨縣)의 공차(孔車)만이 그를 거두어 장사 지냈다." 이에 대해 사마천은 매우 깊이 감개하여 말하였다. "주보언은 요로에 있어 제공들이 모두 찬미하였으나 명예가 무너지고 몸이 죽임을 당하게 되자 선비들은 다투어 그 나쁜 점을 말하였다. 슬프도다!"[102]「급정열전」에서 사마천은 적공(翟公)의 입을 빌려 그런 권세 있는 자에게 아첨하여 빌붙는 무리들을 규탄하였다. 적공은 처음에 정위(廷尉)였을 때는 빈객이 문전성시를 이루었으나 관직에서 파면된 후에는 문밖에 참새 그물을 칠 정도였다. 적공이 다시 정위가 되자 빈객들이 그의 집에 가려고 하자 적공은 곧 그 문에 크게 써 붙였다. "한번 죽고 한번 사는 것으로 우정을 알 수 있다. 한번 가난해지고 한번 부자가 되는 것으로 세태를 알 수 있다. 한번 귀하여지고 한번 천해지는 것으로 우정이 드러난다."

사마천의 이상의 역사 사실에 대한 기록과 평론으로 보건대 그는 이를 좇는 것은 악한 일이라고 생각하였다. 국가가 이를 좇으면 경제는 균

---

101 『사기』 권89 「장이진여열전(張耳陳餘列傳)」.
102 『사기』 권112 「평진후주보열전(平津侯主父列傳)」.

형을 잃고 정치는 불안해진다. 상인이 이를 좇으면 교묘하게 갈취하고 빼앗아 백성들을 곤경에 빠뜨린다. 사회의 사람이 이를 좇자 품덕이 타락하고 세풍은 허물어졌으며 인간관계는 냉혹해졌다. 상하가 이를 다투고 사악함이 만연함은 반드시 방지해야 하는 것이었다. 이는 또한 사마천이 예의로 이를 막는 유가의 입장으로 돌아가게 하였다.

공자와 맹자는 인정(仁政)을 창도하여 의를 말하고 이는 말하지 않았다. 동중서는 삼강오상을 창도하여 군권을 강화하고 예의로 이를 막았다. 이런 유가의 성현이 착안한 점은 순정한 인심이다. 이와 동시에 군권으로 이를 탐하는 것을 제한하여 그 학설에 허위성이 있다 하더라도 이론상으로는 일원론이며 정치상으로는 당시 추세의 수요에 적합하였다. 유가 학설이 선진 양한 시대에 선진적인 사상 체계를 잃지 않았음은 말할 필요가 없다. 공자와 맹자, 동중서 등은 철학가이며 사회에서는 교주의 신분으로 군림하였으므로 사변이 정밀하다. 사마천은 유가가 예의라는 합리적 핵심으로 사람의 마음을 바로잡는 것을 계승하였다. 이와 동시에 실학의 관점으로 경제이론을 연구하였으므로 이욕론(利欲論)을 창도하였으며, 유학의 규범을 돌파하여 체계상 모순을 형성하였는데, 이는 이원론이다. 사마천은 역사학자로서 그가 착안한 것은 사회발전이다. 사마천의 이상은 유가 인정의 실현을 숭상하여 사람들이 부를 추구한 다음에 봉헌에 힘을 써서 온 세상이 예로 양보하여 다툼이 없고 천하가 화락하고 태평하기를 희망하였다. 그러나 현실은 상하가 서로 이를 다투는 염량세태로 사람들의 마음은 이를 좇았다.

사마천은 농·공·상·우(虞)는 사회의 필연적 분업으로 하나라도 없으면 민생이 어려울 것이라고 생각하였다. 따라서 사마천은 화식을 말하며 사회발전의 모델을 제시하였다. 그는 말하였다. "본업으로 부를 이루는 것이 최상이고 말업으로 부를 이루는 것이 그 다음이며 간활함으로 부를 이루는 것은 최하이다." 곧 농업으로 부를 이루는 것이 최상이며, 경상으로 부를 이루는 것이 그 다음이며 범법과 투기로 부를 일구는 것은 가장 나쁘다. 그는 또 「태사공자서」에서 「화식열전」을 짓는 목적을 설명하였다. "포의지사와 필부들은 정치의 해를 입지 않았고 백성들을 방해하지도 않았으며 때맞춰 취하고 주어 재부를 늘렸으니 지혜로운 자들은 그것을 취하였다. 「화식열전」 제69를 지었다." 곧 상인이 착실하게 영업할 것을 계도하였으며 백분의 이십만 이익을 취하면 정치가 어지럽지 않고 백성을 해치지 않을 것이라 했다. 국가는 그 자연에 응순하여 상업 및 백공과 기예인의 발전을 격려하여야 한다. 사마천은 그것을 일컬어 "따르는" 정책이라 하였다. 간교하여 법을 지키지 않는 자는 국가에서 가지런하게 바로잡을 것을 진행하고 교도하여야 하며, 보통 민중에 이르러서는 "세심하게 아끼고 힘을 쓰는 것이 생계를 도모하는 올바른 도리이다."라고 하였다. 이 그림은 곧 사마천이 구상한 의리(義利)가 화융(和融)하는 이상적인 그림이며, 그것은 상품 경제에 대한 고찰에서 직감적으로 이끌어낸 민주적인 색채를 띤 유토피아이다.

3) 도덕은 사마천이 역사 인물을 평가하는 중요한 표준이다

사마천이 역사 인물의 전기를 지어준 것은 공적을 기록하는 것일 뿐만 아니라 도덕을 매우 중시한 까닭이다. 『사기』에 서술된 도덕 내용은 매우 광범하다. 사회 윤리와 군신·부자·부부·붕우 등 각종 인간관계, 영욕과 생사·애국·예양(禮讓)·충의·효제·성신 등 각종 인생 관념을 사마천은 날아오르는 듯한 필치로 각종 윤리 도덕의 전형적인 인물을 묘사하여 사람들이 격려하고 본받는 모범이 되도록 하였다. 애국주의로는 국가의 큰 국면을 중시한 인상여, 나라를 위해 몸을 바친 굴원, 몸을 버려 의를 지킨 왕촉(王蠋), 적진에 뛰어든 이동(李同), 발분하여 강함을 도모한 월왕 구천, 재물을 날라 변방을 도운 복식(卜式) 등 각종 전형이 있다.

사마천은 성패(成敗) 및 명성과 지위(名位)를 가지고 영웅을 논하지 않았고 역사에 공헌을 한 사람을 칭찬하였으며, 실패한 영웅에 대해서는 도덕이 더욱 주체적인 기준의 내용이 되었다. 전횡(田橫)의 높은 절개와 정영·공손저구의 의, 백이·숙제 및 오태백(吳太伯)의 양보, 연릉계자(延陵季子)의 믿음, 사람을 알아보는 안목이 있는 안영과 같은 이런 인물은 주로 도덕 정신으로 사림(史林) 편에 섰다. 역사에 기개 드높은 공헌을 한 항우는 강동(江東)으로 건너가려 하지 않고 장렬하게 자결하였는데, 일종의 투쟁 정신과 품덕을 몸소 보여주었다. 사마천은 시비가 선명한 필치로 중화민족의 미덕을 송덕하고 민족 성원 중의 악덕은 비판하였다. 곧 선한 것은 채택하고 악한 것은 폄하하여 한번은 바르게 한번은 반대로 심혈을 기울여 중국의 민족정신을 표현하였다. 중화 민족의 전통적인 도덕관념의 발전을 촉진시키는 데 헤아릴 수 없는 작용을 일으켰다.

사마천은 부지런함, 검박함, 용감함, 지혜, 공정, 염결, 고상한 뜻과 수치를 아는 등의 미덕을 찬송하였다. 그는 포학함, 황음, 간사함, 각박함, 참소하고 시기함, 겁 많고 나약함 등 악덕을 비판하였다. 일반적으로 유가의 충효절의를 도덕의 표준으로 삼았다. 그러나 사마천은 많은 방면에서 오히려 유가의 도덕적 울타리를 돌파하여 민주적이고 애민성이 있는 내용을 부여하였다. 자객의 폭력을 반대함을 찬양하고, 유협의 신의와 위급함을 부지하고 어려운 사람을 구하는 일을 찬양함은 성인과 시비가 같지 않다. 사마천의 전통적인 충효도덕에 대한 찬양은 그 내포하고 있는 것을 확대시켰다. 굴원의 충군에 대하여 사마천은 말하였다. "쫓겨나 떠돌아다니면서도 초나라를 돌아보며 회왕이 마음에 걸려 돌아가려는 것을 잊지 않았으며 임금이 한번 깨달아 풍속이 한번 바뀌기를 바랐다."

굴원은 회왕(懷王)이 마음에 걸려 회왕이 풍속을 바꿀 것이라 각오하기를 희망하여 충군과 혁신 정치, 국민의 애호를 연계시켰으니 굴원의 고원한 지절은 곧 전통적인 "충(忠)"자로 한정지을 수 있는 것이 아니다. 사마천은 오자서의 효를 칭송하였다. 이는 "작은 의를 버리고 큰 치욕을 씻었기" 때문이며 완전히 원래 갖고 있는 "효"의 내용이 아니다. 그는 또 이광의 충실하고 성신(誠信)함도 찬양하였다. 이는 사병의 질고에 관심을 갖고 충실하였기 때문이다. 그래서 그가 죽는 날 천하에서 아는 사람이든 알지 못하는 사람이든 "모두 슬픔을 다하였다." 반대로 명성이 혁혁하나 포학한 인물에 대하여 사마천은 신랄하게 비꼬는 감정을 보였다. 그는 진시황을 비평하여 "스스로 공이 오제보다 낫고 땅은 삼왕보다 넓다고 생각하여 그들과 동등하게 비교되는 것을 부끄럽게 여겼다."고 하였다.

상앙을 비평하여 말하기를 "타고난 바탕이 각박하였다."고 하였다. 왕전을 비평하여 말하기를 "구차하게 비위나 맞추어" 그 손자 "왕리(王離)는 항우의 포로가 되었다."고 하였다. 이사는 "아첨하여 따르고 영합하였으며 혹형으로 엄위를 떨쳤고", 몽염은 "실로 백성의 힘을 깔보아" "뜻에 아첨하여 공을 세웠다."고 하였다. 진시황 및 진나라를 도운 인물은 개인의 공업은 이루었지만 백성을 불쌍히 여기지 않아 결국 몸이 찢기는 참사를 면치 못하고 모두 사마천에 의해 붓으로 죽임을 당하였다.

사마천의 역사 인물 평론은 역사학자의 엄숙함과 문학가의 격정을 아울러 가지고 있다. 그의 인물 평론은 애증이 분명하고 색채가 선명하며 감정이 격동하고, 시비가 환하다. 도덕과 선악으로 방향을 잡아 일종의 시인의 격정을 표현하였는데, 고대 국민의 사상 정회와 서로 일치한다. 왕왕 생활의 직관적인 감정을 가지고 있지만 생활의 직관적 감정과 심사숙고한 철학의 이지(理智) 및 현실적인 역사 사실에는 차별이 있다. 공정한 역사를 실록하는 역사학자로 그의 탁월한 식견은 국민의 직관적 감정을 반영할 뿐만 아니라 충실하게 역사 사실을 기재하기도 하였다.

역사학자의 객관적 분석을 해내려 했으며, 사랑하되 헛되이 찬미하지 않고 악하다고 공을 훼손시키지 않아 감정과 역사라는 두 사실을 하나로 통일시켰다. 이 방면에서 사마천은 좋은 실천을 했다. 하나는 인물을 서술하고 평론하면서 냉정한 이지적 분석을 운용하였다. 둘째 편찬 방법에서 호견법을 운용하여 사료를 예술적으로 배치하였다. 구체적으로 말하여 『사기』의 "논"과 "찬"은 왕왕 마음속 생각을 그대로 폈고 강렬한 감정적 경향을 표현하였으며, 전기 서술에서는 선악을 반드시 써내었다. 「태사공자서」는 그 요지를 간추려서 역사 사실에 치중하였으며 또한 매우 냉정하였다. 이광과 위청, 곽거병 등 흉노를 정벌한 장수들에 대한 서술과 평론은 선명한 대조를 구성하였다.

사마천은 이광전을 쓰면서 거듭 탄식하였다. 노장수의 평탄치 않은 조우에 대하여 깊고 두터운 동정을 기탁하였으며 논찬은 고조에 달하였다. 이광의 충실하며 성실하고 신실한 품덕을 찬송할 때는 정이 매우 깊었다. 위청과 곽거병을 기록할 때는 완곡한 필치로 풍유를 많이 하였으며, 논찬에서 소건(蘇建)의 말을 빌려 위청과 곽거병 두 장수의 위세는 혁혁하지만 "천하의 현대부들이 칭송하지 않는다."고 비평하였으며, 또 말하기를 "장수가 되는 것이 이런가 보다."라고도 하여 멸시하는 말투로 필봉을 운용했다.

사마천은 또한 말하였다. "이광의 재기(才氣)는 천하에 둘도 없다." 위청과 곽거병은 패하지는 않았지만 "군대 또한 천운이 있었다."고 하였다. 이런 평론은 도덕적 입론에 치중하였는데, 위청이 선비를 천거하지 않았고 곽거병은 사졸을 사랑하지 않았기 때문에 사람들의 직관적인 감정을 표현하였다. 이렇게 하소연하는 뜻은 독자들이 이장군을 동정하도록 움직였고, 전제정치의 친한 사람을 가까이하고 현자를 멀리하는 불공평한 대우를 견책하였으며 내면의 불평을 토로하였다. 그러나 감정은 결코 역사 사실 자체가 아니며 이 때문에 사마천은 전기에서 역사 사실에 대하여 상세히 기록하였다. 그는 이광의 "스스로 그 능력을 믿는" 것과 몇 차례나 군대를 전복한 일련의 사건들을 사실대로 기록하였다. 또한 이광이 마음이 좁아 잘못 패릉위(霸陵尉)를 죽인 사실 및 항복한 사람을 죽인 잔인한 행위 등등을 기록하였다. 결코 사랑 때문에 허위로 수식하지 않았고 덕으로 말미암아 과실을 덮어두지 않았다.

반대로 위청과 곽거병이 과감히 적의 후방까지 깊숙이 들어가서 누차 전공을 세운 사적에 대하여 결코 미워한다고 하여 말살하지 않았다. 마찬가지로 진섭과 항우, 팽월, 한신 등의 과실에 대해서도 결코 숨기지 않았다. 진시황 및 진나라를 도운 인물의 공적 또한 말살하지 않았다. 요컨대 사마천은 감정 표출이 뛰어나면서 감정을 제어하는데도 뛰어났다. 이지적이고 냉정한 역사학자로 역사 인물을 평론하는 데 도덕을 중시하였다. 그뿐만 아니라 도덕을 유일한 표준으로 삼지도 않았다. 공과와 시비를 중시하였을 뿐만 아니라 성패와 명성으로 영웅을 논하지 않아 중국 고대의 역사를 사실대로 기록하는 우량한 전통을 발양하였다. 사마천의 걸출한 공헌은 이미 역사 사실의 실록에 보다 잘 표현되었고 강렬한 사상 감정 경향을 표현하였다는 것이다. 고대 서민의 희로 정서와 도덕 취향을 반영한 것은 사마천 "일가지언(一家之言)"의 정수이다.

8. 인재관

사마천은 처음으로 인물 중심의 기전체 역사를 창조하였기 때문에 그는 중국 역사상 최초의 체계적인 이론을 가진 인재학 논자이다. 인물의 전기를 지어준다는 것은 실제적으로는 인재를 발견해 내는 것이다. 사마천은 많은 역사 인물의 공적과 덕행 및 그 성장 과정의 기술을 통하여 비교적 체계적으로 그의 인재학 사상을 표현하였으며 아울러 왕왕 "논" 과 "찬"에서 이를 표현해 내었다.

1) 입덕(立德) 입언(立言) 입공(立功)을 이룬 사람은 모두 인재

어떤 사람을 '인재라고 부를 수 있는가' 하는 데 대해 고대 사상가들은 정의를 내린 적이 없다. 사마천의 용어에는 이미 명확한 개념이 있었다. 「태사공자서」에서는 말하였다. "의를 부지함이 탁월하고 비범하며 스스로 때를 놓치지 않게 하여 천하에 공명을 세웠으니 70열전을 지었다." 이것이 바로 사마천의 인재에 대한 정의라고 말할 수 있다. 「태사공자서」에서는 글을 세운 뜻을 드러내 보이면서 "가(嘉)"자와 "능(能)"자를 즐겨 썼다. "채중이 잘못을 뉘우친 것을 아름답게 여겨(嘉仲悔過)「관채세가」를 지었다", "상앙은 위나라를 떠나 진나라로 갔는데, 그 학술을 잘 밝혀(能明其術) 효공을 강하게 하여 패자가 되게 할 수 있었으며 후세에서는 그 법을 따랐다. 「상군열전」을 지었다." 30세가의 서목에는 "가(嘉)"자가 스무 번 쓰였고, 70열전의 서목에는 "능(能)"자가 열여덟 번 쓰였다. 이 삼가고 엄함을 구별하는 글자의 운용으로 세가와 열전의 등급 서열을 표현하였다.

제후는 울타리이고 장상은 곧 발톱과 이빨이다. 채중(蔡仲)은 잘못을 뉘우쳐 울타리가 되어 사마천은 "가(嘉)"자를 써서 그 훌륭함을 드러냈다. 상앙은 책모(策謀)로 진나라를 도와 큰 공을 세워 사마천은 "능(能)"자를 써서 그 재주를 기렸다. 사마천의 이런 평론은 인재의 소중함을 표현하였다. 인재의 사회적 작용을 충분히 긍정하여 『사기』 인물 전기의 화랑에서 제왕과 장상 외에도 유묵(儒墨) 같은 제자(諸子), 자객, 유협, 의복(醫卜), 배우, 상고(商賈), 식객 등등 사회의 각종 인물이 있다. 「화식열전」은 염철의 거상을 기술하는 외에도 농부, 행상, 기름 장수, 음료 장수, 칼 가는 사람, 위로 포를 만드는 사람(胃脯), 말 의사에 심지어 간사한 짓을 하고 범죄를 저지르는 도굴범과 도박꾼의 무리까지 모두 인재의 범위에 넣었다. 확실히 사마천은 백공과 기예인까지 모두 인재로 보았기 때문에 포의의 평민 및 비천한 사람의 전기도 지어주었다. 이는 비범한 진보 사상이다.

이상적 인재는 무엇인가? 사마천은 그런 백성을 위해 덕을 세우고 사업을 위해 말을 세우고, 나라를 위해 공을 세운 사람은 후세에 이름이 중시될 수 있는데, 이는 사회에 가장 많은 공헌을 한 사람이다. 그는 말하였다. "내(遷)가 듣건대 군자가 귀하게 여기는 도는 세 가지인데 가장 좋은 것은 입덕이고 다음은 입언이며 그 다음은 입공이라 하였다."[103] 『사기』 인물 전기의 주요 내용은 이 세 방면의 인물에 대한 언행의 기술이다.

『사기』의 구체적인 기록에서 입덕의 내용은 큰 것은 제왕의 덕정을 가리키고 작은 것은 신민의 덕의를 가리킨다. 「오제본기」에서 헌원(軒轅)은 "덕을 닦고 군사를 정비했다."고 하였고, 고신(高辛)은 "그 덕이 높았다."고 하였으며, 제요(帝堯)는 "큰 덕을 잘 밝혔다."고 하였고, 제순(帝舜)은 "천하의 밝은 덕은 모두 우제(虞帝)에서 시작되었다."고 하였다. 「육국연표」 서에서는 "우(虞)와 하(夏)가 흥기하자", "덕으로 백성을 다스렸다."고 하였다. 「은본기」에서는 "탕(湯)의 덕이 지극하여 금수에까

---

103 「여지백릉서(與摯伯陵書)」, 황보밀(皇甫謐)의 『고사전(高士傳)』에 실려 있으며 『전상고삼대진한삼국육조문(全上古三代秦漢三國六朝文)』에 들어 있다.

지 미쳤다."고 하였다. 「주본기」에서는 주문왕은 "여상(呂尙)과 함께 몰래 모의하여 덕을 닦아 상나라의 정치를 기울였다."고 하였다. 「효경본기」에서는 "효문은 큰 덕을 베풀어 천하에서는 편안함을 품었다."고 하였다.

일반인의 입덕은 의를 숭상하고 믿음을 중히 여기는 것을 가리킨다. 의를 행하여 몸을 바친 백이와 숙제, 고아를 구한 정영과 공손저구, 폭력에 반대한 자객, 위태로움을 부지하고 곤궁함을 구하는 유협 등과 같은 것이다. 입공(立功)은 국가와 국민을 위하여 공헌한 인물을 가리킨다. 주체는 역대의 공적을 세운 장상과 대신을 가리키며 또한 사회 각 계층의 걸출한 인물, 곧 의복(醫卜), 성상(星相), 골계, 화식 등을 포괄한다.

사마천이 입공의 인물을 평론한 것은 또한 애민(愛民)을 전제로 하며, 진나라의 장상에 대한 혹렬한 비평과 한초의 무위로 나라를 다스린 장상에 대한 찬송은 바로 생동적인 예증으로 꼭 인용하여 서술할 필요는 없다. 입언(立言)은 저작을 남겨 세상에 전한 사람 및 유림의 경사(經師)를 가리킨다. 입공과 입언에서 사마천은 입언을 두 번째로 밀어냈지만 그의 입언자에 대한 칭송은 오히려 최고이다. 그는 「보임안서」에서 말했다. "예전에는 부귀하면서 이름이 알려지지 않은 사람이 수없이 많았지만 오로지 재능이 뛰어나고 비범한 인물만이 칭송을 받았습니다."라고 하였다. 이어서 그는 『주역』을 연역한 서백(西伯), 『춘추』를 지은 공자, 「이소」를 지은 굴원, 『국어』를 지은 좌구명, 『병법』을 지은 손빈, 『여람[呂氏春秋]』을 전한 여불위, 「세난(說難)」과 「고분(孤憤)」을 지은 한비를 줄줄이 들었다. 도를 전하고 학업을 전수한 공자는 더욱 추숭함이 지극하여 "지성(至聖)"이라 일컬었다. 사마천은 그 자신이 바로 공자의 뒤를 이어 "일가의 말을 이룬" 입언자(立言者)이다.

2) 스스로 떨치어 인재가 되다

인재는 어디에서 오는가? 선천적인가 후천적인가 하는 것은 유심과
유물주의 인식의 범주이다. 유가학설은 천재론을 주장하였다. 공자는
"하늘이 나에게 덕을 주었다."[104]고 하였고, 또 말하기를 "오직 지극히
지혜로운 자와 어리석은 자는 변화시킬 수 없다."[105]고도 하였다. 맹자
는 한 걸음 더 나아가 말하였다. "하늘이 이 백성을 낸 것은 먼저 안 사
람으로 하여금 뒤늦게 아는 사람을 깨우쳐 주며, 선각자로 하여금 뒤늦
게 깨닫는 자를 깨우치게 하신 것이니, 나는 하늘이 낸 백성 중에 선각
자이니, 내 장차 이 도로 이 백성을 깨우치겠다."[106]고 하였다.

한대에는 천인감응설이 성행하였다. 사마천은 여전히 천명론의 영향
에서 완전히 벗어날 수 없어서 유방은 바로 천명을 얻은 대성(大聖)이라
고 하였다. 그러나 그는 주로 사람의 작용을 강조하여 인재는 천성적인
것이 아니며 시세(時勢)가 조성한다고 생각하였다. 그는 진승의 입을 빌
려 "왕후장상이 어찌 씨가 있겠는가?"[107]라는 명언을 외쳤다. 한초의 장
상은 포의지사가 많았다. 소하와 조참은 소리이고, 진평과 한신은 어렸
을 때 모두 빈민이었다. 주발은 (누에를 치는) 잠박을 짰고, 번쾌는 개를 잡
았다. 관영은 소매상, 하후영은 마부였다. 그들은 모두 진한 교체기의 시
세와 풍운이 만들어낸 인물이다. 그는 「번역등관열전」 찬에서 말하였
다. "내가 풍패(豊沛)에 가서 그곳의 늙은이들에게 물어보고 옛 소하와
조참, 번쾌, 등공의 집, 그리고 평소의 생활을 살폈더니 들은 것이 기이
하였다! 바야흐로 그들이 칼을 휘둘러 개를 잡고 비단을 팔 때는 어찌

---

104 『논어』 제7 「술이(述而)」.
105 『논어』 제17 「양화(陽貨)」.
106 『맹자』 권10 「만장(萬章) 하」.
107 『사기』 권48 「진섭세가(陳涉世家)」.

스스로 천리마의 꼬리에 붙어 한나라의 조정에 이름을 드리우고 덕이 자손들에게까지 미칠 줄 알았겠는가?" 이른바 "천리마의 꼬리에 붙었다(附驥)"는 것이 가리키는 것은 바로 시세를 타고 일을 일으킨 것으로 유방을 좇아 공명을 성취한 것이다.

개인이 이름을 이루는 것은 기회와 행운이라는 조건을 배제하지 않지만 분발하여 스스로 강해지는 것이 성공적 근본 조건이다. 「부근괴성열전」 찬을 보면 양릉후 부관, 신무후 근흡, 괴성후 주설 등은 평범한 장수다. 그들은 고조 유방을 따라다니며 성을 공격하고 들판에서 전투를 벌여 명장을 죽였다. 오히려 "곤욕을 당한 적이 없지만 이 또한 하늘이 준 것이다."라고 하였다. 이른바 "하늘이 준 것(天授)"은 바로 운명이 좋은 것이다. 유방은 항우와 싸우면서 늘 패배하였는데, 부관 등은 운이 좋은 사람이다. 그러나 그들은 "조심하고 굳고 곧아" 유방에게 충성한 품덕은 오히려 성공한 근본이다.

사마천은 또한 「범저채택열전」 찬에서 범저와 채택이 제후를 유세하는 것을 평론하여 "흰 머리가 되도록 알아주는 사람을 만나지 못하였는데" 진나라로 들어가 경상을 차지하였으며, "선비 또한 우연히 합치되는 경우가 있는 것"이라 말할 수 있으니 그들은 기회를 얻었다고 하였다. 이어서 사마천은 감개하여 말하였다. "현명하기가 이 두 사람 같은 사람이 많은데도 뜻을 다 얻지 못한 것을 어찌 이루 다 말할 수 있겠는가?" 어찌하여 많은 사람이 기회를 얻지 못하는가? 사마천은 "소매가 길면 춤을 잘 추고 돈이 많으면 장사를 잘한다."는 당시 유행하는 속담을 가지고 설명하였다.

자유로이 나부끼는 긴 소매가 없으면 우아하고 아름다운 춤 맵시는 만들어내기 어렵고, 두둑한 경제적 바탕이 없으면 마음먹은 대로 경상 창업을 할 수 없다. 여기서 이야기하는 것은 인재의 성장은 기회를 요한다는 것이다. 진나라는 강함을 도모하여 사(士)를 초치하였는데, 이 정치 무대는 범저와 채택 두 사람에게 재능을 펼 수 있는 기회를 제공하였다. 그러나 "이 두 사람이 곤경에 처하지 않았더라면 어찌 격발할 수 있었겠는가?" 범저와 채택 두 사람이 동방에서 곤액을 당하지 않았으면 어떻게 서쪽 진나라로 들어가려 했겠는가? 여기서 이야기한 것은 주관적인 노력이다. 기회는 다만 부지런히 분발하여 스스로 강하게 하는 사람에게만 주어진다. 소진과 장의 두 사람 또한 실패에서 성공을 얻은 것이다.

사마천은 부형을 당하여 인생의 크나큰 치욕을 있는 대로 당하여 꾹 참고 구차하게 살면서 『사기』를 완성한 덕분에 그는 역사상 스스로 떨쳐 이름을 세운 사람들에 대하여 더욱 칭찬하였다. 그는 「보임안서」에서 말하였다. "출세하여 이름을 알리는 것은 덕행(德行)의 극치이다." 사마천은 몸을 수양하고 이름을 알리는 것을 극도로 추숭하였고 인생 도덕의 최고 표현이라고 생각하였다. 스스로 떨쳐 강함을 도모하는 것이 인재가 되는 근본 조건이라고 강조하였다.

3) 현자를 임용하고 능력자를 부릴 것을 주장하고 천하를 다스려 평정한 현상과 양장을 송양하다

사마천 인재 사상의 핵심적인 내용은 현명한 인재를 얻는 자는 천하를 얻는다는 것이다. 현상과 양장(良將)을 써서 천하를 다스리고 평정할 것을 주장하였다. 「유경숙손통열전」 찬에서는 속담을 인용하여 말하였다. "천금이 나가는 갖옷은 여우 한 마리의 겨드랑이가 아니며, 정자의 서까래는 나무 한 그루의 가지가 아니고, 삼대가 이루어진 것은 한 선비의 지모가 아니다." 천하를 다스리고 평정하는 데는 많은 현재를 필요로 한다. 「초원왕세가(楚元王世家)」 찬에서는 또 말하였다. "나라가 장차 흥하려면 반드시 상서로운 징조가 나타나고, 군자는 쓰이고 소인은 배격당한다. 나라가 장차 망하려면 어진 사람은 숨고 난신(亂臣)들이 귀한 몸이 된다. …… 어진 사람이여! 어진 사람이여! 그 안에 자질이 있는 것이 중요한 것이 아니라, 어떻게 능히 그를 등용하느냐는 하는 것이 중요한 것이 아닐까? '나라의 안위는 명령을 내리는 데에 있고, 나라의 존망은 신하의 등용에 있다'는 말은 진실로 이를 말할 것이다!" 삼대의 흥망이 이와 같으며, 춘추열국의 전쟁이 이와 같았다. 초나라가 망하고 한나라가 흥한 것이 더욱이 이와 같았다.

사마천은 한무제의 인재 등용이 온당치 못하며 주관적으로 정책을 결정한다고 비판하여 "그런 까닭에 공을 세움이 깊지 않았다."고 하였다. 그는 매우 감개하여 말하였다. "요임금은 비록 현명하였지만 사업을 홍기시켜 이루지 못하였는데, 우를 얻어 구주(九州)가 편안해졌다. 또한 제왕의 실마리를 흥기시키고자 하는 것은 오직 장수와 재상을 택하여 임명하는 데 있도다! 오직 장수와 재상을 택하여 임명하는 데 있도다!"[108] 이로써 사마천은 현상과 양장이 천하를 다스리고 평정하는 작용에 대하여 깊은 인식을 가지고 있었다는 것을 알 수 있다. 그는 인재 등용의 득실이 국가 흥망과 고도의 관계가 있음을 강조하였다.

은·주의 교체기에 주왕(紂王)은 혼암하고 어지러워 제후들이 많이 주에 반기를 들고 서백(西伯)에게 가서 귀속하였다. 왕자 비간(比干)이 간언해도 듣지 않았다. 상용(商容)은 현자이고 백성이 사랑하였는데, 주가 폐하여 서백이 기회를 틈타 기국(飢國)[109]을 멸하였다. 대신인 조이(祖伊)가 달려가 일렀다. "임금께선 음란하고 포학하여 스스로 (하늘과의 관계를) 끊으셨으므로 …… 하늘이 우리를 버리신 것이니 왕께서는 이제 어떡하

108『사기』권110「흉노열전(匈奴列傳)」찬.

109『사기』의 주석서인『집해(集解)』에서 인용한 서광(徐廣)의 말에 의하면 "기(飢)는 기(阢)라고도 하고 기(耆)라고도 한다."고 하였다. 은나라의 제후국이다.―옮긴이

시겠습니까?" 주왕이 간언하는 것을 거부하며 말하였다. "내가 태어나 왕이 된 것은 명이 하늘에 있지 않겠는가!" 조이는 깊이 탄식하여 말하였다. "주는 간할 수 없다."[110] 그 후 무왕이 맹진(孟津)에서 군사를 사열하자 기약하지 않았는데도 모인 제후가 8백이었다. 제후들이 말했다. "주는 칠 수 있습니다." 무왕이 말하기를 "그대들은 천명을 알지 못하오. 아직 안 되오." 또 2년이 지나 주왕이 왕자 비간을 죽이고 기자(箕子)를 가두었으며 태사(太師) 자(疵)와 소사(少師) 강(强)은 악기를 안고 주나라로 달아났다. 이에 무왕은 제후들에게 널리 알렸다. "은나라는 중죄를 지어 다 치지 않을 수 없소."[111] 일전으로 주(紂)를 멸하였다.

춘추시대에 제환공은 관중과 포숙, 습붕(隰朋)과 고혜(高傒)를 얻어 "제나라의 정치를 가다듬었다. 다섯 가구를 기초로 하는 군대 조직을 시행하고, 화폐 주조와 어로, 제염 등 이용후생의 조치를 하며, 빈궁한 자들을 구제하고 능력 있는 현사들을 등용하고 우대하니, 제나라의 사람들은 모두 기뻐하였다."[112] 환공이 칭패하여 "제후를 규합하여 천하를 한번 바로잡은 것은 관중의 계책이다."[113] 전국시대에 연소왕(燕昭王)은 악의(樂毅)를 장수로 기용하여 군사를 이끌고 제나라를 쳤는데, 파죽지세로 제나라 79여 성을 함락시켜 거(莒)와 즉묵(卽墨)만 함락되지 않았다. 연혜왕(燕惠王)이 악의를 쫓아내자 제나라의 전단(田單)은 기이한 계책을 펼쳐 화우진(火牛陣)으로 연나라 군사를 공격하여 "마침내 제나라 사직을 지켰다."[114] 진나라의 부강은 더욱 인재를 얻어 흥기한 전형이다.

---

110 『사기』 권3 「은본기(殷本紀)」.
111 『사기』 권4 「주본기(周本紀)」.
112 『사기』 권32 「제태공세가(齊太公世家)」.
113 『사기』 권62 「관안열전(管晏列傳)」.
114 『사기』 권82 「전단열전(田單列傳)」.

전국시대의 인물에 사마천은 21개의 전을 썼는데, 그 중 진나라 인물이 9편을 차지한다. 「상군열전」과 「장의열전」, 「저리자감무열전(樗里子甘茂列傳)」, 「양후열전(穰侯列傳)」, 「백기왕전열전」, 「채택열전」, 「여불위열전」, 「이사열전」, 「몽염열전」의 이 9전은 모두 진나라를 흥기시킨 현재(賢才)를 기록하였다. 진효공은 상앙을 기용하여 부국강병을 이루었고, 진혜왕(秦惠王)은 장의를 기용하여 연횡(連橫)을 성공시켰다. 진소왕(秦昭王)은 백기를 등용하여 조나라를 장평(長平)에서 깨뜨렸다. 범저는 원교근공 정책을 수립하여 남으로는 초나라를 항복시켰고 북으로는 삼진(三晉)을 항복시켰다. 동으로는 제나라를 격파하여 각기 동방의 여섯 나라를 격파하였다.

진시황은 6세(世)가 남긴 공렬을 떨쳐 이사와 왕전, 몽염 등의 보좌에 힘입어 마침내 천하를 통일하였고 북으로는 흉노를 물리쳤다. 반대로 동방의 여섯 나라를 보면 초나라는 굴원을 추방시켜 국토가 날로 깎여나갔다. 위나라는 신릉군을 쓰지 않았으며, 조나라의 양장(良將) 이목(李牧)은 나라의 멸망을 가속화시켰다. 소진이 육국의 재상에 임명되었을 때 진나라 사람이 감히 동쪽으로 함곡관을 나서지 못한 것이 15년이었다. 제나라 왕이 간신을 등용한 후에 "침공에 대한 대비를 하지 말고 다섯 나라가 서로 도와 진나라를 공격하지 못하게 하니 진나라가 다섯 나라를 멸망시킬 수 있게 되었다. 다섯 나라가 이미 멸망하고, 진나라 군이 끝내 임치(臨淄)에 들어오니" 제나라 또한 망하였다.[115]

초나라가 망하고 한나라가 흥하는 데는 사람을 쓰는 득실이 더욱이 매우 중요한 작용을 하였다. 소하와 조참, 유후(留侯), 진평, 주발, 장이, 팽월, 경포, 한신, 노관(盧綰), 번쾌, 역상(酈商), 하후영, 관영 등 대규모의

---

115 『사기』 권46 「전경중완세가(田敬仲完世家)」.

현상과 양장이 유방이 천하를 차지하는 것을 도왔으니 실로 인재가 차고 넘쳤다. 항우 수하의 현재는 모두 유방에게로 달아났으며 유일하게 남은 한 사람인 범증(范增)조차 제대로 쓰지를 못해 고립무원의 처지가 되었다.

주의해야 할 것은 사마천이 현상 양장의 다스리고 평정하는 작용을 기술하면서 늘 "천(天)"자와 연결시켰다는 것이다. 이는 "천인상여(天人相與)"설의 영향을 받았음이 명백하다. 그러나 사마천은 인위적인 작용을 더욱 중시하였으며 천명을 믿지 않았다. 그는 항우의 패전에 대하여 "하늘이 나를 망하게 했다."고 스스로 해석한 말을 인용한 후 곧장 "잘못되었다."고 배척하였음은 사람들이 잘 알고 있다. 또한 주왕(紂王)이 무턱대고 미신을 믿어 하늘의 도움을 바라고 선정을 베풀지 않고 현재를 쓰지 않아 그 결과 천명이 끝장났다고 썼다. 보아하니 사마천은 맹자의 민심으로 천심을 보는 사상 관점을 계승하였으며 이를 적극적으로 발휘하였다. 앞에서 인용한 「초원왕세가」찬은 『중용』의 한 관점을 발휘한 것이다. 원문은 "국가가 일어나려면 반드시 상서로운 조짐이 있으며, 국가가 망하려면 반드시 요괴스러운 조짐이 있다.(國家將興, 必有禎祥; 國家將亡,必有妖孽)"인데, 농후한 천인감응의 숙명론적 색채를 띠고 있다.

사마천은 "군자는 쓰이고 소인은 배격당하며", "어진 사람은 숨고 난신(亂臣)들이 귀한 몸이 되는" 역사 내용을 읊고 고대 사람들의 천명론의 언어를 이어받아 개조하고 주입하여 유물주의의 새로운 사상을 갖추었다. 역사의 성패와 성쇠에 대하여 합리적이고 새로운 해석을 제기한 것은 대담한 창신이다. 사마천은 현재를 군자라 칭찬하고 그들이 세상에 쓰이는 것을 상서로운 조짐이라 하였다. 난신을 소인으로 배척하고 그들이 존귀해진 것을 사회의 요괴스러운 일이라고 하였다. 그는 갈수록 깊은 정으로 굴원의 숭고한 품덕을 칭찬하여 "해와 달과 빛을 겨룰 만하다"고 칭찬하였다. 그 부를 읽고 그 뜻을 슬퍼하였으며 굴원이 스스로 물에 투신한 것을 보고 "눈물을 흘리며 그 사람됨을 생각해 보지 않은 적이 없었다."[116]고 하였다. 굴원은 임금에 충성하고 나라를 사랑하였기 때문에 그의 사악한 세력과 결코 타협하지 않는 투쟁은 국민의 애증과 일치하였다. 반대로 국민들에게 포학하게 굴어 공을 이룬 자들, 이를테면 진나라를 부강해지도록 도와 천하를 병합한 상앙과 왕전, 이사 등에 대해서는 그 공업은 찬송하였으나 그 덕행은 깎아내림으로써 국민의 애증의 감정을 표현하였다. 이런 사상은 『사기』의 애민성의 하나라고 말할 수 있다.

4) 범속함을 달리하는 재덕겸비관(才德兼備觀)

인재에게 "재덕을 겸비"할 것을 요구하는 것은 예나 지금이나 마찬가지이다. 현인의 정치는 본래 유가가 전통적으로 주장해 온 것이다. 공자는 정치를 논하여 곧 "현재를 등용하는 것(擧賢才)"[117]이라 하였다. 또 "정직한 사람을 들어 쓰고, 모든 굽은 사람을 버려두면 백성들이 복종하며, 굽은 사람을 들어 쓰고, 모든 정직한 사람을 버려두면 백성들이 복종하지 않는다."[118]고도 하였다. 유가에서도 재덕을 겸비할 것을 이야기하였지만 사람을 씀에는 덕이 우선임을 강조하였다. 유가의 덕은 충효를 근본으로 하고 예의를 부끄러움으로 여기기 때문에 실제 정치에서는 우직하게 충성하고 우직하게 효도하는 사람을 현재라 생각하였다. 이 때문에 봉건통치자는 항상 노재(奴才)를 쓰고 인재는 쓰지 않았다.

사마천은 재덕을 겸비하는 것을 칭송했지만 인군(人君)에 대해서는 덕

---

116 『사기』 권84 「굴원열전(屈原列傳)」 찬.
117 『논어』 제3 「자로(子路)」.
118 『논어』 제2 「위정(爲政)」.

을 더욱 요구하였고 충신과 양장에 대해서는 재(才)를 요구하였다. 인재는 완전무결한 것이 아니라는 것이 사마천의 생각이었으며 완전무결할 것을 요구하지 않았다. 그가 쓴 많은 역사 인물은 모두 결점을 가지고 있었으며 심지어 악행을 저지르기까지 하였다. 아울러 결점과 악행에 대하여 맹렬한 비난을 진행하였지만 그래도 그들의 공적을 매몰시키지는 않았다. 오기가 아내를 죽이고 장수가 되기를 구한 것은 품행이 매우 악하다 할 수 있다. 하지만 위문후(魏文侯)는 오히려 그의 군사적 재능을 중시하여 서하(西河) 태수로 삼아 진나라 사람이 감히 나오지 못하였다. 백기는 항복한 사람들을 죽였고 진섭은 친구를 죽였으며 진평은 형수의 돈을 훔쳤으니 그들은 모두 완전한 사람이 아니다. 그러나 그들이 하늘을 떠받치고 땅 위에 우뚝 선 대장부가 되는 데는 전혀 영향을 끼치지 않았다. 이런 예증은 이루 다 들 수가 없다.

양웅(揚雄)의 『법언(法言)』 「군자(君子)」 편에서는 말하였다. "사랑이 많으면서 참지 못하는 것은 자장(子長)이다! 중니는 사랑이 많은데 의를 사랑하였다. 자장은 사랑이 많았는데 기이함을 사랑하였다." 리창즈는 지적하였다. "사마천은 모든 기이함을 사랑하였는데, 특히 사람의 기이함을 사랑하였다. 사람의 기이함은 바로 재사이다. 사마천은 재사를 가장 사랑하였다. 사마천은 그가 사랑한 재사를 기사(奇士)라 칭찬하였다."[119] 이 평론은 실제에 부합한다, 사마천은 인재에 대하여 가문의 존비를 따지지 않았다. 직업의 고하도 상관하지 않았으며 기재이기만 하면 전을 세워 칭송하고 기렸다. 심지어 그는 진섭이 나라를 위해 죽은 것과 오자서가 치욕을 썻은 것, 형가가 폭력에 반대한 것, 유협이 금령을 범한 것에 경도되어 칭송하고 기렸다. 이런 사람들의 기행과 이취(異趣)는 모두 국

---

119 『사마천의 인격과 풍격(司馬遷之人格與風格)』, 삼련서점(三聯書店) 1984년판, 93쪽.

군과 제왕을 향한 도전이며 불합리한 사회를 개변시키려는 것이다. 더욱이 전통적인 우직한 충성과 우직한 효도의 덕행 한계를 돌파하여 시대를 멀리 초월하였고 민주적인 광휘가 번쩍인다.

5) 사마천 인재 사상 형성의 역사적인 조건

중국 고대의 인재학 연구는 실천이 이론에 앞장서 달리고 있다. 춘추전국시대에는 열국이 어지러이 다투고 변법으로 강함을 꾀하였다. 대대로 경상과 녹을 누리는 가문의 농단을 타파하였고 형세의 수요에 따라 각양각색의 인재가 튀어나왔다. 열국의 다툼은 인재를 끌어모아 "심지어 계책을 반만 세워도 만금을 받았고 한마디만 하여도 서옥을 내렸다. 어떤 경우는 평민에서 일어나 벼슬하여 규홀을 잡았고, 초의(草衣)를 벗고 경상(卿相)의 지위에 올랐다."[120] 전국 사공자는 사(士)를 양성하여, 계명구도의 무리가 모두 그 장점을 펼치게 되었다. 공자 및 제자백가는 문을 열어 문도를 가르쳤는데, 실제로는 인재의 배양을 진행하였다. 유가의 현자가 나라를 다스려야 한다는 이론은 바로 일종의 인재학 사상이다.

묵자 또한 "상현(尙賢)"의 주장을 제기하였다. 그러나 이런 "상현"의 주장은 다만 일반적인 이론의 천술이며, 유가의 "상현"은 도덕 수양에 치중하였으며 엄격하게 또한 인재학 이론을 구비하지 않았다고 하였다. 한유(漢儒) 때까지 발전하여 예의로 인욕을 막을 것을 제창하였으며 더욱이 인재 성장의 이론을 말살하였다. 그러나 한무제의 공업은 대규모 인재의 성장을 배양시킨 것이다. 사마천의 인재학 사상은 주로 "고금의 변화에 통달한" 역사의 총결에서 형성되었다. 그는 유가의 사상적 자료

---

120 『후한서』 권67 「당고열전(黨錮列傳)」 서.

를 계승하여 대대적으로 앞을 향하여 발전해 나갔다. 사마천 철학 역사 관의 이원론은 인재학 사상에서도 두드러지게 반영되었다. 그는 인재는 천부적인 것이 아니라 시세가 조성한 것이지만 완전히 천명론의 색채 를 벗어나지는 못하였다고 주장하였다. 그는 민심의 향배가 역사의 발 전에 대해 최후의 결정적 작용을 일으킨다고 생각하였지만 인재를 얻 으면 천하를 얻을 수 있다고 생각하여 영웅사관을 선양하였다. 사마천 의 인재 사상에서 가장 걸출한 성취는 인재의 성장이 연마를 필요로 함 을 논증한 것이다. 기회의 객관적 조건을 강조하였을뿐더러 스스로 떨 치어 명예를 세운 주관적 노력을 더욱 중시하였다. 사마천의 인재사상 은 평론을 통해서뿐만 아니라 더욱이 생생한 인물 형상을 통하여 표현 되어 심오한 이치가 매우 친근하고 통속적으로 바뀌었다. 이런 것은 모 두 사마천이 남긴 일가의 말이다.

제9장

대일통 시대의 총아

이 장에서는 사마천의 『사기』에 대한 수정 및 졸년을 논평하고, 『사기』가 완성된 역사적인 조건 및 사마천을 어떻게 평가하여 왔는가를 집중적으로 탐구·토론하겠다. 『사기』의 탄생은 시대의 부르짖음임을 알 수 있다. 사마천은 대일통 시대의 총아이다.

1. 『사기』의 탈고와 수정

1) 태시 4년에 『사기』를 기본적으로 탈고하다

『사기』의 탈고에 대하여 「태사공자서」에서는 말하였다. "모두 130편 52만 6천 5백자이며 『태사공서』이다." 사마천이 대조 점검한 편목과 자수는 깊은 뜻을 가지고 있다. 그는 「보임안서」에서 말하였다. "제가 이 책을 다 완성하여 명산에 숨겨두었다가 저와 뜻을 같이하는 사람에게 전하여 온 나라 수도에 모두 알린다면 제가 이전에 치욕을 참고 자결하지 않았다는 책망을 보상받을 것인데, 비록 수만 번 죽는다 하더라도 무슨 후회가 있겠습니까!" 편목과 자수를 대조 점검하면서 스스로 아주 원만하게 살아 있는 동안 치욕을 씻는 바람을 완성하고 발분한 작품이 큰 공을 이루었음을 알렸다고 표명하였으니 이 얼마나 대견한 일인가! 이것이 첫째이다.

사마천은 「공자세가」에서 공자가 『춘추』를 지은 것을 말하여 "쓸 만하면 쓰고 없앨 만하면 없앴으니 자하 같은 사람도 한마디 말을 거들지 못했다. 제자들이 『춘추』를 배우자 공자는 '후세에서 나를 알아주는 것도 오직 『춘추』이며 나를 죄주는 것도 오직 『춘추』일 것이다.'라 하였다." 『사기』는 『춘추』를 본받았는데, 시비가 고려되어 결정됨이 사마천의 손에서 나왔으며, "후세의 성인군자를 기다리는" 평설은 한 자를 더하거나 빼는 것이 모두 불가능할 것이다. 사마천의 자신감과 초월을 표현하였는데, 성인을 좇기에 조금도 손색이 없을 것이다! 이것이 두 번째이다. 이 외에 사마천이 남긴 이 편목 및 자수의 통계는 오늘날 『사기』의 집필 범위와 "십 편이 결손된 것(十篇缺)"을 연구하는 데 중요한 잣대가 될 수 있다. 이는 아마 사마천의 선지적 선제 장치일 것이며 또한 그가 처음으로 미처 헤아린 일이 아닐 것이다. 사마천 사후 양한의 유자들은 경쟁적으로 보충을 하거나 실권자를 만나 산삭을 하였으며, 이 편목과 자수의 통계는 『사기』라는 책의 무형적인 호법신(護法神)을 형성하였다.

「태사공자서」가 과연 어느 해에 지어졌는지는 고찰하여 알 길이 없다. 그러나 사마천은 오히려 「보임안서」에서 『사기』가 기본적으로 탈고된 소식을 내비쳤다. 「보임안서」가 쓰인 시기를 고찰하여 알면 대체로 사마천이 집필한 과정을 알 수 있을 것이다. 「보임안서」에서는 말하였다.

저는 재간도 없으면서 요즘은 쓸 줄도 모르는 문장에 의지하여 예부터 전해져 내려오는 누락된 이야기를 망라하여 그 행한 일을 간략하게 고증하고 시작과 결말을 종합하여 성공과 실패, 흥성과 쇠망의 도리를 고찰하고자 합니다. (위로는 헌원에서 아래로는 지금에 이르기까지 「표」 10편, 「본기」 12편, 「서」 8장, 「세가」 30편, 「열전」 70편 등) 모두 130편을 지었습니다. 또한 하늘의 일과 사람의 일이 서로 부합되는 관계를 탐구하고 옛날과 오늘날의 변화를 살펴 일가의 문장을 이루려 했습니다.

僕竊不遜, 近自託於無能之辭, 網羅天下放失舊聞, 略考其行事, 綜其終始, 稽其成敗興壞之紀. (上計軒轅, 下至于玆, 爲十表, 本紀十二, 書八章, 世家三十, 列傳七十), 凡百三十篇. 亦欲以究天人之際, 通古今之變, 成一家之言.

위에서 말한 인용문에서 괄호 안의 "위로는 헌원에서" 이하 7구절은 오신(五臣) 주(注) 『문선(文選)』 본에 의거하여 보충해 넣은 것이다. 계(計)자는 기(記)자로 차용되었다. 이 몇 구절에서 『사기』 오체의 편수를 총괄한 것은 「태사공자서」와 서로 부합하기 때문에 『사기』가 이미 기본적으로 완성되었음을 내비친 것이지만 여전히 마지막으로 원고를 확정짓지는 못했다. 「태사공자서」에서 총괄한 문자와 대조를 해보면 문제를 발견할 수 있다. 「자서」에서는 말하였다.

천하의 산일된 옛 전적과 사실을 망라하여 …… 위로는 헌원을 기록하고 아래로는 지금에 이르기까지 12본기를 짓고 …… 10표를 지었으며 …… 8서를 짓고 …… 30세가를 지었으며 …… 70열전을 지었다. 모두 130편 52만 6천 5백 자이며 『태사공서』이다.

罔羅天下放失舊聞……上記軒轅, 下至于玆, 著十二本紀……作十表……作八書……作三十世家……作七十列傳, 凡百三十篇, 五十二萬六千五百字, 爲太史公書.

두 글을 대조해 보면 세 가지 다른 점이 있다. 첫째, 『사기』 오체의 편차와 순서가 다르다. 「보임안서」의 순서는 표와 본기, 서, 세가, 열전이며, 「태사공자서」의 배열은 본기와 표, 서, 세가, 열전으로 금본 『사기』와 부합한다.[1] 둘째, 「보임안서」에서는 책 이름을 아직 정하지 않았고, 「태사공자서」에서는 『태사공서』로 이름을 정하였다. 셋째, 「보임안서」에는 자수의 통계가 없고, 「태사공자서」에서는 전서가 총계 52만 6천 5백 자이다. 세 가지 다른 점은 「보임안서」는 『사기』가 탈고를 할 무렵에 지어졌고 「태사공자서」보다 이르다는 것을 설명한다. 사마천은 「보임안서」를 지은 후에도 계속 수정하였다.

「보임안서」의 내용은 이 책 제5장에서 이미 분석하였다. 그것은 아픔이 가라앉은 후 그때를 생각하는 회고로 이미 『사기』가 대체로 완성되었기 때문에 그는 이때가 되어서야 답을 쓸 수 있다고 하였다. 이에 마음을 알아주는 친구에게 치욕을 참아가며 책을 지은 속상함을 있는 대로 토로하였으며 아울러 그의 항쟁 정신을 표현하였다. 따라서 「보임안서」를 지은 시간을 고증하는 것은 중대한 학술적 문제가 되며 사마천의 창작 여정을 이해하는 것 및 졸년을 추산하는 데 대하여 모두 중요한 의의를 가지고 있다. 따라서 오랜 기간에 걸쳐 논쟁해 온 문제가 되었다. 이에는 주로 두 가지 설이 있다.

청나라 조익(趙翼)은 『이십이사차기(廿二史劄記)』에서 한무제 정화(征和) 2년(B.C. 91)에 쓰였다고 생각했다. 정화 2년 무고(巫蠱)의 일이 발생하여

---

1 『보임안서』에서는 『사기』의 오체를 열거하면서 "표"를 "본기"의 앞에 둔 것은 집필 순서를 표명한 것으로 먼저 10표를 완성함으로써 정사(正史)의 기년(紀年)을 집필의 지도로 삼아 전서를 완성하고 전체의 순서를 조정하여 "표"를 "본기"의 뒤로 옮겼다.

태자 유거(劉據)가 군사를 일으켜 권신 강충(江充)을 토벌했다. 당시 임안은 북군사자호군(北軍使者護軍)을 맡고 있었는데, 태자는 부절을 주며 그에게 출병하여 전투를 돕도록 하는 명령을 내렸다. 부절을 받은 임안은 오히려 문을 닫아걸고 나가지 않았으며 양쪽의 눈치만 살폈다. 일이 평정되자 임안은 돈을 관리하는 소리에게 적발되어 요참형에 처해졌다. 조익은 "지금 소경(少卿)은 생사를 예측할 수 없는 죄를 지었다."는 등의 말에 근거하여 임안이 무고 사건으로 하옥되어 옥중에서 사마천에게 편지를 써서 그에게 "현인을 추천하여" 자기를 구원하게 하였다고 생각하였다.

청나라 포세신(包世臣)은 "추현진사(推賢進士)" 4자를 정화 2년 죄명을 쓴 후 구원을 바라는 임안의 은어라고 생각하였다.[2] 현대의 학자들도 "때마침 임금을 모시고 동쪽으로 왔다"를 주로 정화 2년 사마천이 무제를 호종하여 감천(甘泉)에서 장안으로 돌아온 것으로 해석하였다. 이에 의하면 임안이 사마천에게 편지를 보내고 사마천이 임안에게 회신을 한 것은 모두 정화(征和) 2년이 된다.

왕궈웨이(王國維)는 「태사공행년고(太史公行年考)」에서 「보임안서」의 "서신에 응당 회답을 드렸어야 하는데, 때마침 임금을 모시고 동쪽에서 (長安으로) 와서 …… 한 달이 지나 12월에 가까웠습니다."라는 몇 마디에 의하여 「보임안서」는 태시(太始) 4년(B.C. 93)에 지었다고 추정하였다. 「무제기」의 기록에 의하면 무제가 순행을 나선 것은 1년 중에 동쪽으로 순행하였다가 나중에 또 서쪽으로 옹(雍)에 오른 것은 태시 4년뿐이기 때문이다. 또한 「임안전」의 기록에 의하면 한무제가 "임안은 죽을죄가 매우 중하나 내가 늘 살려주었다." 운운하였다. 임안은 태시 4년에 또 "헤아

2 『예주쌍즙(藝舟雙楫)』 「복석공주서(復石贛州書)」.

릴 수 없는 죄"를 지었으나 무고의 사건은 아니었다. 왕궈웨이의 설에 의하면 우리는 임안이 태시 4년에 "헤아릴 수 없는 죄"를 지었지만 끝까지 사마천이 구원하여 죄를 벗어날 수 있었음을 추측할 수 있다. 사마천이 임안을 구원하였기 때문에 「보임안서」에서 속마음을 하소연하여 임안에게 2년 동안 양다리를 걸쳐 자살을 하는 요행을 바랐지만 희로가 무상한 한무제는 환상을 품지 않았다. 왕궈웨이의 설에 따르면 두 사람이 서신을 주고받은 것은 태시 4년으로 정화 2년보다 2년이 이르다.

사실을 파헤치면 왕궈웨이의 설이 조익의 설보다 낫다. 먼저 "때마침 임금을 모시고 동쪽에서 와서(會東從上來)"의 방위사(方位詞) "동(東)"의 용법은 서사자가 떠나는 경우라야 "동으로 갔다(往東)"고 해석할 수 있으며,[3] 돌아오는 것이라면 "동에서(自東)"라고 쓸 수 있다. 『사기』 「진시황본기」의 "동방에 사행했던 알자가 와서(謁者使東方來) 2세에게 보고하였다"라는 구절로 이의 각주를 삼을 수 있다. 사마천은 임안의 서신을 받고 "때마침 임금을 모시고 동쪽에서 왔는데" 곧 마침 무제의 순행을 호종하여 동쪽에서 장안으로 돌아온 것이다. 태시 3년 무제는 동쪽으로 바닷가를 순행했다.

태시 4년 무제는 동쪽 태산에서 봉선제를 올리고 5월에 경사로 돌아왔다. 임안이 사마천에게 서신을 보낸 것은 반드시 이 두 해일 것인데 태시 4년일 가능성이 가장 크다. 태산에 봉선제를 올리는 것은 국가의 대사이며 바닷가를 순행한 것은 신선을 구하기 위해서였다. "현인을 추천하는 것"은 국가의 대사에 속한다. 원봉 원년 태산에서 봉선제를 올리고 이후 5년마다 한 차례씩 봉선제를 올리는 것이 정례화되었다. 태시 4년 태산

---

3 감천궁(甘泉宮)은 장안 북쪽 서쪽에 치우친 곳에 있으며, 감천에서 장안 건장궁(建章宮)으로 돌아오는 것은 동으로 간다기보다는 남으로 가야 한다고 해야 하는데, 기껏해야 다만 동으로 가고 남으로 가는 것이며 지리적 위치에 따라 또한 "동으로 갔다."고 말할 수 없다.

에서 봉선제를 지낸 것은 으레 행하는 전례로 임안이 이 시기를 택하여 사마천에게 "현인을 추천하도록" 권하는 것이 순리적이다. 포세신은 "현인을 추천하는" 것은 임안이 구원을 바라는 은어라고 생각하였는데, 이 설은 매우 잘 분별하였으나 정리로 보면 사실에 부합하지 않는다.

생각해 보면 임안이 죽을죄를 범하여 지기인 사마천에게 구원을 바라면서도 오히려 빙 돌려서 은어를 쓴 것이다. 사마천은 오히려 시간을 끌며 회신을 보내지 않고 형을 받기 직전에야 회신을 하였다. 구원의 일을 말하지 않고 도리어 자기의 속마음을 하소연하였을 뿐만 아니라 또한 "현인을 추천하여"라는 은어에서 크게 떠들어대었다. 이런 골계희(滑稽戱)는 절대 임안과 사마천 두 사람이 연출한 것이 아니다. 또한 무제가 임안을 죽인 것은 정화 3년 봄과 여름 사이여야 한다.

무고 사건으로 무제는 태자가 반역했다고 생각하여 공신들을 크게 봉하였다. 전천추(田千秋)가 글을 올려 태자의 원통함을 소송하고 무제가 아들을 생각하여 임안에 대한 태도를 바꾸자 소인배들이 이 기회를 틈타기 시작하였다. 임안과 유굴리(劉屈氂) 등은 모두 사형 당하였으며 정화 3년이었다. 당연히 역사 사실이 오래되어 구체적인 시간은 기재되지 않았으며 합리적 추론 또한 오류를 면하기 어렵다. 임안이 사마천에게 편지를 보낸 것은 태시 4년이며 사마천의 회신을 보낸 것은 정화 2년이다. "오랜 시간을 지체하며 답장을 하지 못했기" 때문에 두 서신의 간격은 수개월 또는 1~2년까지 벌어질 가능성이 있다. 이 점은 미결로 남겨 두고 고찰을 기다리기로 하자. 이 책에서는 왕궈웨이의 설을 따른다.

2) 사마천의 『사기』에 대한 수정

사마천은 「보임안서」에서 천한(天漢) 3년 그가 화를 당하였을 때 "초고(草稿)가 아직 완성되지도 않았다"고 하였다. 이때까지만 해도 『사기』는 아직 완성되지 않았다. 「보임안서」에서는 또 말하기를 "비루하게 세상을 떠나면 아름다운 문채가 세상에 드러나지 못할까 한스러워하기 때문입니다."라고 하였으니 이미 완성된 편에 대한 수정과 윤문을 가한 것을 말한다. 이 두 작업은 당연히 번갈아 진행되었으며, 태시(太始) 4년 이후에는 주로 마지막 편정 작업이다. 증명할 수 있는 사료를 들 수가 없어서 우리는 『사기』 편목의 창작 편년을 조사하여 밝히기가 어렵다. 하지만 편중에서 드러낸 생애의 각인, 특히 이릉 사건의 영향으로 대체로 사마천이 역사를 지은 단계 및 수정 내용을 추측해 낼 수 있다. 거기서 그의 발분 정신과 시인의 기질을 음미하게 된다. 먼저 수정 내용을 이야기하겠는데, 주로 4개의 방면이 있다.

(1) 편목과 편정의 차서를 조정하다. 『사기』의 기획은 원수(元狩) 원년 사마담이 이미 창작 서술하기 시작하였다. 원봉(元封) 3년 사마천이 이어서 찬술하여 태초(太初) 원년 원고를 정하기 시작하여 대략적인 『사기』의 규모는 이미 대략 갖추어졌다. 천한(天漢) 3년 사마천은 화를 당하여 사상적 입장이 온화한 풍자적 교훈에서 격렬한 항쟁으로 전환되어 전서의 편목 및 이미 완성된 편목의 내용에 대하여 반드시 상당한 조정이 있었을 것이다. 감개를 기탁하고 발함으로써 이릉의 사건에 대한 영향을 남겨놓았다. 혹리와 유협 등편과 같이 격분한 감정이 보이는 것은 반드시 화를 당한 후에 쓰였을 것이다.

간략하게 분석을 해보자. 「혹리열전」은 무제기의 혹리를 집중적으로 다루고 있다. 그들은 한결같이 가혹하고 포학하였는데도 "임금이 유능하다고 생각하였으니" 풍자가 뼈에 사무친다. 사마천은 혹리를 몹시 원망하여 그들의 결말은 하나같이 선종하지 못하여 목이 떨어지거나 기시되었거나 멸족되었다고 썼다. 그리고 직접적으로 사마천을 박해한 두주(杜周)는 오로지 임금의 의향대로 소송을 처리하여 가혹하면서도 탐욕스럽다고 하였다. 두주는 처음에 정사(廷史)가 되었을 때는 안장과 고삐도 제대로 갖추지 못한 말 한 필뿐이었는데, 어사대부가 되었을 때는 자손의 관직이 높았고 가산이 여러 거만금이나 되었다. 두주는 선종하여 태시 3년에 죽어 사마천이 유독 죽음을 기록하지 못하여 독자들에게 억측을 남겼다. 언외에 그는 선종의 결말이 어울리지 않는다고 하였다.

「유협열전」은 조정의 기강을 범한 협의의 사(士)들을 위하여 지어준 전으로 첫머리에서 전을 세운 이유를 논의하였다. "지금 유협은 그 행위가 정당한 도리의 법도에서 벗어나긴 하지만 그 말은 반드시 신의가 있고 그 행동은 반드시 결과가 있다. 이미 응낙하였으면 반드시 성의를 다하여 그 몸을 아끼지 않았고, 선비가 곤경에 처하면 달려가 이미 죽은 자를 살리고 산 자를 죽여서라도 그 잘하는 것을 자랑하지 않았으며, 그 덕을 과시하는 것을 부끄럽게 여기니 아마 또한 칭찬할 만한 것이 있을 것이다." 이는 이상적인 우의(友誼)에 대한 향방을 기탁한 것이다. 사마천은 "위급한 일은 사람에게 이따금 발생하는 것이다."라고 하고 다시 말하기를 "공(功)을 가지고 신의를 말하는 것을 본다면 협객의 의를 어찌 적다 하겠는가!"라고 하였다. 사마천은 난데없이 극형을 당하였는데, "교유하는 이들이 아무도 구원해 주지 않아" 여기서 진지한 우의에 대한 호소와 갈구를 발출하여 지상에 생생히 드러나지 않는가!

「백이열전」은 권선징악의 천도에 대하여 의문을 제기하였다. 그 가운데 세상에 분개하는 말이 더욱 많다, "때를 기다린 다음에야 말을 꺼내며 길을 갈 때는 지름길을 가지 않고 공명정대한 일이 아니면 분을 발하지 않는데도 재화를 당한 사람이 이루 다 헤아릴 수가 없다." 같은 말은 이릉의 화를 당한 영향을 받았음이 매우 분명하다. 이런 편목들은 화를 당한 후에 집필되었을 뿐만 아니라 화를 당한 후에 편목을 조정하면서 새로 추가한 내용일 가능성이 있다. 「관안열전」 또한 의론이 주가 되며 전에 주된 일은 기재하지 않고 일사를 기재하였다. 이런 재료의 선택은 의론을 펴는 데 편하다. 본편은 우도(友道)를 논하고 작은 절개를 부끄러워하지 않음을 논하였으며 사(士)의 천거를 논하였다. 강개가 격앙되어 사마천이 쓴 것이 자기를 알아주는 것에 대한 의론이라고 할 수 있으니 당연히 이릉 사건의 영향을 받았을 것이다.

또한 「위기무안후열전」은 평범한 외척의 전을 지어준 것으로 서한이 한창 성하였을 때의 궁정 투쟁을 깊이 폭로하여 상층 통치 집단의 상호 알력을 묘사하였고 전제주의의 암흑 정치에 대한 비판과 견책을 표현하였다. 필치가 날카롭고 언어가 간결하며 인물은 개성이 있고 대화가 완연하다. 말투가 빼다박은 듯 닮아 이 편의 의도와 필력이 화를 당한 후가 아니면 써낼 수 없는 것이다.

전서의 편차는 이 책의 제6장 "오체의 편수 및 서열 의례" 절에서 말한 것을 참고하여 보길 바란다. 『사기』 오체의 구조는 인공적인 창작의 체계적인 공정이며, 전문이 완성된 후에 다시 정심껏 배열한 것으로 말하지 않아도 알 수 있다.

(2) 울분을 펴고 기탁하였으며 불평을 울려 써내다. 사마천은 화를 당하여 "비루하게 세상을 떠나면 아름다운 문채가 후세에 드러나지 못할까 한스러워했기 때문에" 책에 힘껏 써내었으며 타인의 사적을 빌려 감개를 기탁하였다. 이것이 수정한 주요 내용이다. 울분을 펴서 기탁함은 「굴원가생열전」을 첫손으로 꼽는다. 우선 사마천의 인격과 처지 및 창작의 심정이 자기와 굴원 두 사람이 서로 비슷하여 서로 통한다. "굴평은 정도로 바로 가고 충성과 지혜를 다하여 그 임금을 섬겼는데" 결과는 "참소하는 자가 이간질을 하여", "신의가 있는데도 의심을 받았고 충성을 다하였는데도 비방을 받았다." 사마천은 "빈객과의 교류도 정중히 사양하고 집안의 사사로운 일도 잊어버린 채 일심으로 자신의 직무에

힘써 임금님 환심을 살 수 있기를 바랐으나" 결과는 화를 만나 형을 당하여 치욕을 당하였다.

사마천은 "굴평이 「이소」를 지은 것은 대체로 원망에서 나온 것이다."라 하였다. 『사기』는 "지난 일을 서술하여 후세 사람들이 자신의 뜻을 알기를 희망한 것"이므로 사마천은 굴원의 "원망"을 높이 평가하였고 이를 빌려 『사기』의 격양된 울분을 펴는 정신을 긍정하였다. 다음으로 사마천은 「이소」의 "사를 지어 풍간하고 비슷한 것을 이어 붙여 의를 다툰" 투쟁 정신을 강조하였다. 사마천은 굴원을 모범으로 하여 과감히 시대의 금기를 건드리고 당대의 암흑을 풍유함을 표명하였다. 20세의 장유 때 굴원의 발자취를 찾아 감회를 느끼며 조문하고 그 책을 읽고 그 사람됨을 생각하였다. 따라서 굴원의 전기는 초년에 지었을 것이다. 그러나 지금 판본의 『사기』 「굴원가생열전」은 반드시 화를 당한 후 새로 심혈을 다하여 썼을 것이다. 깊고 두터운 감정을 담아 굴원의 "신의가 있는데 의심을 받고 충성을 다하였는데 비방을 받은", "원망하고", "울분이 있는" 인물 형상을 빚어내어 자기의 슬픔을 기탁하였다. 청나라 이만방(李晩芳)은 말하였다. "사마천이 「굴원전」을 지은 것은 가슴 가득한 분만과 슬픈 기운을 스스로 펴낸 것으로 온 글이 모두 원망하는 말이다."[4]

다음으로는 「오자서열전」을 꼽아야 한다. 오자서는 혼암하고 범용한 초왕의 어지러운 명령을 듣지 않고 군신의 "의"를 어기어 오나라로 달아났다. 군사를 빌려 사적인 원수를 갚았는데도 사마천은 이를 비난하지 않고 오히려 "작은 의를 버리고 큰 치욕을 씻은" 진정한 사나이로 "열장부(烈丈夫)"라고 높이 찬양하여 전통에 반하는 반역 정신을 표현하였다.

---

4 『독사관견(讀史管見)』 권2 「굴원열전(屈原列傳)」.

치욕을 참아가며 중대한 임무를 맡고 곤액 중에서도 분발하는 정신을 찬양한 것으로는 「우경열전」이 있다. 우경이 곤궁하여 근심하지 않았더라면 또한 책을 지어 후세에 스스로 뜻을 드러내지 못하였을 것이라 하였다. 「범저채택열전」에서는 범저와 채택 두 사람이 곤액을 당하지 않았으면 지혜를 분발시켜 경상의 지위를 차지하지 못하였을 것이라 하였다. 「계포열전」에서는 계포가 장수를 베고 깃발을 빼앗은 장사이기는 하나 지명 수배되어 도리어 남의 노예가 되어서도 죽지 않고 욕을 당하고도 부끄러워하지 않고 마침내 한나라의 명장이 되어 "현자는 실로 그 죽음을 중히 여긴다"라는 칭찬을 받게 되었다. 이런 의론은 바로 사마천이 치욕을 견디며 중임을 맡은 정신을 기탁한 것이다.[5]

사마천은 사람과의 관계를 쓰면서 "권세와 이익으로 사귐"을 통렬하게 미워하였다. 염량세태를 개탄하여 많은 편장에서 명확하게 그 스스로의 인생 체험을 스며들게 하였다.[6] 아울러 그의 애증을 논찬에서 강렬하게 표현해 내었다. 「위강숙세가」 찬에서는 말하였다. "태사공은 말하였다. 내가 세가의 기록을 읽어보다가 위나라 선공(宣公)의 태자가 마누라 감 때문에 피살되기에 이르렀고, 그때에 그의 동생 수(壽)가 형 대신에 죽음을 앞다투어 서로 추양(推讓)하는 대목에 이르렀다. 이 일은 진(晉)나라 태자 신생(申生)이 계모인 여희(驪姬)의 과실을 일러바치지 않은 것과 다를 바가 없는 것으로 이 두 가지 일은 모두가 부왕을 불의에 빠지게 하여 그 명예를 해치는 것을 두려워하였기 때문이다. 그러나 끝내 죽음에 이르렀으니 이 어찌 슬프지 아니한가! 때로는 부자가 서로 살해하고, 때로는 형제가 서로 죽이기도 하니, 어찌 이런 일이 있을 수 있다는 말인가?"

5　이 책 제5장 "발분저서" 절의 관련 내용을 참고하라.
6　이 책 제8장 "도덕관" 절의 "권세와 이익으로 사귐"을 통렬히 미워한 것과 관련된 내용을 참고하라.

계급사회에서 권력과 이욕은 인성을 틀어지게 하여 부자와 형제지간의 혈연관계도 이해의 충돌을 막을 수 없다. 하물며 붕우지간의 권세와 이익으로 사귐이겠는가! 사마천은 신하가 임금을 죽이고 자식이 아비를 죽이며 벗이 원수가 되는 등등의 악행에 대하여 강렬한 견책을 진행하였다. 그러나 사마천은 결코 진선미의 추구에 대한 신념을 잃지 않았다. 그는 오태백을 세가의 첫머리에 세워 오태백과 연릉계자가 경쟁적으로 권세를 빼앗고 이익을 좇는 세풍의 배경에서 손을 모으고 나라를 양보한 전형적인 형상을 빚어내었다. 천하마저 서로 양보할 수 있는 사람이라면 무슨 사심과 잡념이 개입하여 팽개칠 수 있겠는가?

사마천은 「장이진여열전」 찬에서 장이와 진여가 권세와 이익으로 사귄 것을 강렬하게 견책하는 동시에 오태백과 연릉계자가 서로 양보하는 인(仁)한 마음을 심혈을 기울여 찬미하였다. 이는 의도적으로 배치한 강렬한 대비이다. 「평진후주보언열전」에서는 권세 있는 자에게 빌붙는 "빈객이 천을 헤아리는" 것을 견책하는 동시에 목이 달아나는 것을 두려워하지 않고 주보언을 거두어 장사 지내는 공거(孔車)를 찬송하였다. 이 또한 진·선·미와 거짓·추함·악함의 강렬한 대비이다. 이를 가지고 "벗이 아무도 구원해 주지 않는" 세상에 분개한 정회를 펴냈다.

『사기』에는 사마천이 자신의 상황에 대한 울분을 토로한 예가 없는 곳이 없다. 사마천의 진솔한 흥회와 애증이 분명한 감정, 진정에서 나온 희로애락을 표현하였다. 그는 혹리를 한하여 큰 소리로 꾸짖어 "어찌 이루 세겠는가! 어찌 이루 세겠는가!"라고 하였다. 그는 이광리의 사람됨을 경모하여 열정적으로 찬탄하며 "복숭아와 자두나무는 말을 하지 않아도 그 아래에는 절로 길이 생긴다"고 하였다. 안자가 현자를 천거하는 것을 기꺼이 앙모하여 마음을 억누르지 못하여 "그를 위해 (마부가 되어) 채찍을 잡기를" 원하였다. 그가 지은 「굴원열전」과 「백이열전」은 언어가 시와 마찬가지로 심금을 울리며 격정이 가득하다. 청나라의 운경(惲敬)은 말하였다. "지금 백이와 굴원 등의 열전을 읽어보니 겹치고 어수선한 것 같지만 한 자 한 구라도 빼버리면 그 의미가 완전치 못하니 고인이 얻은 것을 알 수 있다."[7]

「이소」의 창작 동기와 주지에 관한 것 등은 곧 중복 답습하여 뜻을 표현하였다. 첫째 "굴평은 왕이 듣는 것이 총명하지 못하고 참소하고 아첨하는 자들이 밝음을 가리며 바르지 못한 자들이 공정함을 해치고 반듯하고 바른 사람이 용납되지 않는 것을 통한하여 근심하고 깊이 생각하여 「이소」를 지었다." 둘째, "신의가 있는데 의심을 받고 충성을 다하였지만 비방을 받았으니 원한이 없을 수 있겠는가? 굴평이 「이소」를 지은 것은 대체로 원망에서 나온 것이다." 셋째, "임금을 살리고 나라를 일으켜 엎질러진 것을 되돌리고자 1편의 글 가운데서도 세 번이나 뜻을 드러내었다."

사마천의 평설은 또한 "1편의 글 가운데서도 세 번이나 뜻을 드러낸" 것으로, 거듭하여 작자의 굴원에 대한 경앙과 동정, 사벽한 것에 대한 분개에 붓끝에 기울여 넣어 자자구구 모두 사람을 감동시키는 역량을 발하였으니 한 글자도 더하거나 뺄 수 없는 까닭이다. 이로 말미암아 사마천의 치열하고 진지한 시인의 기질과 정회를 알 수 있다. 그는 자기가 쓴 사람과 일에 대하여 전력을 기울였으며 자기의 모든 정성을 다하였다. 이는 바로 사마천의 "비루하게 세상을 떠나 아름다운 문채를 후세에 드러나지 못할까" 발분한 정신이다. 『사기』의 많은 편장에서 울분을 토하고 정회가 스며들어 만년에 반복적으로 수정을 하지 않았다면 이와 같은 침잠과 숙련됨은 갖출 수 없었을 것이라고 미루어 생각할 수 있다.

---

7 『대운산방문고(大雲山房文稿)』 2집(集) 권1.

다만 편중에서 삽입하거나 다만 "논"과 "찬"에서 발출한 자기의 상황에 울분을 토로하여 말한 언어에는 확실히 수정을 거친 흔적을 남겼다. 「장이진여열전」의 찬어 같은 것은 바로 전형적인 예증이다.

(3) 태초 이후의 대사를 부기하였다. 내용은 16개 편목에서 모두 22명을 언급하였다. 이릉 사건과 무고 사건의 두 가지 대사에 집중되어 사마천이 심혈을 기울여 배치한 것을 볼 수 있으며 각 체는 환히 비추어 부절을 맞춘 듯 부합한다. 16개 편목은 이렇다. 서(書)가 1편으로 「봉선서」이다. 연표가 4편으로 「고조공신후자연표」와 「혜경간후자연표」, 「건원이래후자연표」, 「한흥이래장상명신연표」이며, 세가가 3편으로 「외척세가」와 「조상국세가」, 「양효왕세가」이다. 열전이 8편으로 「한신노관열전」과 「번역등관열전」, 「전숙열전」, 「이장군열전」, 「흉노열전」, 「위장군표기열전」, 「혹리열전」 「대원열전」이다.

기록된 22명 중 천한 연간의 일을 기록한 것이 6명이다. 윤제(尹齊)의 죽음, 대원에서 매채(昧蔡)를 왕으로 삼은 것, 이릉이 흉노에 항복한 것, 한무제의 봉선, 양(梁)나라 평왕(平王) 유양(劉襄)의 죽음, 두주(杜周)가 어사대부가 된 것 등이다. 태시 연간의 일을 기록한 것은 1명인데 분양후(汾陽侯) 늑석(勒石)이 태시 4년 방종하고 간사하여 제후의 지위를 잃은 것이다. 정화 연간의 일을 기록한 것은 10명이다. 정화 2년 무고의 사건에 연루되어 멸족된 자는 7명으로 노하(盧賀)와 공손하(公孫賀), 한열(韓說), 조종(曹宗), 전재인(田在仁), 공손오(公孫敖)와 조파노(趙破奴)이다. 정화 3년은 3명인데 변인(卞仁)이 저주한 일에 연좌되어 나라가 없어진 것과 이광리가 흉노에 항복하고, 유굴리(劉屈氂)가 무고로 참형을 당한 것이다. 무제 말 후원 연간의 일을 기록한 것은 5명이다. 역종근(酈終根)과 추몽(秋蒙), 이칙(李則), 유서광(唯徐光) 4인은 모두 저주의 일에 연좌되어 나라가 없어졌다. 곧 무고 사건의 여파이다. 한증(韓曾)은 다시 후에 봉해졌고 한열이 무고

(巫蠱) 사건에서 무고(無辜)하게 피살되어 사마천이 그가 후의 지위를 이은 것을 특별히 기록하였다. 이런 사람들과 사건은 무고 사건과 이릉 사건 두 가지 일에 집중되어 있어 미묘한 뜻을 기탁하였다.

사마천은 이릉의 화를 당하였으므로 이릉과 이사(貳師) 두 장군이 흉노에 투항한 시말을 상세히 기록하여 역사적으로 무제가 이광리의 편만든 것이 완전한 착오임을 증명하게 하였다. 그러므로 「흉노열전」의 기사는 정화 3년 이사장군 이광리가 흉노에 투항한 데서 멈춘다. 「한흥이래장상명신연표」의 정화 3년 난에서는 "봄에 이사장군 이광리가 삭방으로 나가 군사를 가지고 오랑캐에 항복하다"라는 내용을 보충한 부분이 특히 눈길을 끈다. 「건원이래후자연표」에는 태초 이후에 제후 31명이 보인다. 사마천이 갈역후(葛繹侯) 공손하(公孫賀)와 안도후(按道侯) 한열(韓說) 두 제후의 시말만 기록한 것은 모두 무고 사건과 연관이 있기 때문이다. 한 무제는 신선이 되기를 구하고 추앙하였다. 미신을 믿고 시기하여 만년의 무고 사건을 초래하여 태자를 장송(葬送)한 것은 확실히 대서특필할 만한 대사건이다. 사마천은 이릉의 사건과 무고의 사건이라는 두 가지 대사로 무제의 일생 사적을 종결지었으나 본래는 태초 이전 기사의 연속과 호견(互見)인데 형편상 부기하여 싣지 않을 수 없었다. 곧 이릉의 사건과 무고의 사건은 사마천이 『사기』를 수정한 것이며 태초 이후의 일을 부기한 분명한 맥락이라고 하겠다.

(4) 태초 이전의 역사 사실을 보충하여 싣거나 수정하였다. 『사기』에는 12편에서 태초 이전의 역사 사실을 기재하면서 "무제" 자를 썼는데 후대의 사람들이 어지럽힌 문자 같지는 않다. 「한흥이래제후왕연표」와 「한흥이래장상명신연표」에서는 한무제의 역사 사실을 열거하면서 첫 머리에 모두 "효무 건원 원년"이라 하였다. 또한 제후왕표에서 원수 6년 4월 이하에 무제의 세 아들이 왕이 된 것을 썼는데, 모두 "무제의 아들"

이라고 썼다.

「효경본기」에서는 말하였다. "태자가 즉위하였으니 효무황제이다." 「외척세가」에는 위황후(衛皇后)를 기재한 절에서 "무제"를 일컬었다. 앞뒤의 문자를 연계시키면 이 절은 보충하여 넣은 문자이며 확실히 나중에 추가한 것으로 진황후(陳皇后)보다 앞에 썼다. 그리고 진황후를 언급한 절의 문자에 또한 이미 위왕후의 사적을 썼다. 「위장군표기열전」에 부록으로 실린 공손하 등 16인의 기사에 일률적으로 "무제"라고 쓴 것은 확실히 보충하여 쓴 것이다. 이 외에 「굴원가생열전」과 「장석지풍당열전」, 「만석장숙열전」, 「이장군열전」, 「평진후주보언열전」, 「급정열전」, 「혹리열전」에도 모두 "무제"라는 글자가 있다. 이는 사마천이 소제 초년까지만 해도 여전히 『사기』를 수정하였다는 흔적을 남긴 것이라고 말할 수 있다.

2. 사마천의 졸년

사마천의 졸년을 고증하는 것이 생년을 고증하는 것보다 더 어려운 것은 직접적인 사료가 더욱 결핍되었기 때문이다. 학술계에서는 사마천의 졸년에는 모두 7개의 견해가 있는 것으로 추정하였다. 충분히 성립될 만한 역사적 증거를 갖춘 견해는 하나도 없으며, 편폭을 줄이기 위하여 하나하나 다 들어 인용하지는 않겠다. 새로운 사료가 발견되지 않는다면 사마천 졸년에 대한 수수께끼는 영원히 풀리지 않을 것이다. 사료가 미비된 상황에서 부득이하게 추리한 논증을 운용하여 실제적인 의의를 갖춘 견해를 제기하여 평설을 제공하겠다. 추리의 논증은 반드시 두 개의 원칙에 부합하여야 한다. 첫째는 정확하게 이미 알고 있는 조건에서 인신(引伸)하여 주관적인 추측에 기대지 말아야 한다. 둘째, 논리적 절차에 부합하여 원인과 결과로 서로 증명하여 제자리서 맴돌지 않아야 한다. 이 두 가지 정신에 의하면 추론 또한 공통된 인식을 구할 수 있다.

학술계에서 사마천의 졸년을 추론함에는 주로 이하의 두 가지 방법이 있다.

(1) 『사기』 기사의 하한선을 가지고 추산하는 것으로 이는 왕궈웨이의 방법이다. 그가 이사장군 이광리가 흉노에 항복한 것이 사마천이 가장 늦게 쓴 기사라고 확신한 때는 정화 3년이다. 3년 후에 한무제는 세상을 뜬다. 왕궈웨이는 사마천의 향년이 60세라고 가정하였기 때문에 사마천이 소제(昭帝) 초인 시원 원년에 죽은 것으로 추정하였지만 결코 믿을 만한 근거는 없다. 다만 사마천의 가장 늦은 기사가 이미 정화 3년에 이르러 무제의 졸년과 매우 근접하다고 생각하였으므로 정리상의 가설을 제기하였다. 신중함을 기하여 왕궈웨이는 다음과 같이 결론지었다.

생각건대 사공(史公)의 졸년은 절대로 고찰할 수 없다. 그러나 무제와 처음과 끝을 함께 하였다고 보는 것이 큰 오류가 없을 것이다.

이는 거듭 왕궈웨이가 의심을 남겨놓은 사실을 고증하는 정신을 체현하였다. "사공(史公)의 졸년은 절대로 고찰할 수 없다."고 말한 것은 증거가 없어서 사마천의 절대 졸년을 고증하여 정할 수 없기 때문이다. 『사기』는 사마천 생전에 원고를 정한 작품으로 결코 미완의 책이 아니다. 따라서 논리상 『사기』 기사의 하한선을 가지고 태사공의 졸년을 고증할 수 없다. 그러나 『사기』는 체제가 엄격한 저작이며 하한선은 태초 4년이다. 태초 이후 사마천이 부기와 증보하였다는 것은 논리상 마지막 기사를 절필하였을 가능성이 존재한다. 따라서 왕궈웨이는 정화 3년 이사장군이 흉노에 항복한 것을 사마천의 수필(手筆)로 고정(考定)한다. 아울러 이를 가장 늦은 기사로 생각하였으며 이에 "그러나 무제와 처음과 끝을 함께 하였다고 보는 것이 큰 오류가 없을 것이다"라는 결론을 제기하였다. 왕궈웨이의 이 안어(案語)는 논리적 절차에 부합하기 때문에 충분히 성립될 수 있다. 그러나 왕궈웨이가 추론한 증거는 부족하여 한 걸음 더 나아간 보완이 필요하다.

(2) 「태사공자서」의 『집해』에서 인용한 위굉(衛宏)의 『한구의(漢舊儀)』에서 말한 사마천이 원망의 말을 하자 하옥시켜 죽음에 이르게 했다는 말에 근거하여 「보임안서」의 저작 연도를 근거로 사마천의 졸년을 정하는 것인데, 이는 궈모뤄 등의 방법이다. 청나라의 성관(成瓘)이 처음으로 이 의론을 제기했다. 그는 『약원일찰(箬園日札)』 권5 『사기』의 "양한인(兩漢人)이 어지럽힌 것은 저(褚) 선생에게서 비롯되지 않았다." 조에서는 정화 2년 임안은 태자의 일에 연좌되어 하옥되어 죽었다고 생각하면서 "태사는 마침내 이 일로 연좌되어 죽었는데, 죽음은 실로 무제의 앞에 있다."고 하였다. 궈모뤄는 이 설을 힘껏 주장하였고 지금의 학자들은 믿고 따르는 사람이 많아 크게 논의를 정한 형세가 있다.

「보임안서」를 쓴 연대에 대해 견해가 다르기 때문에 이 방법을 가지고 사마천의 졸년을 추정한 것은 네 가지 설이 있다. 태시 원년 설, 태시 4년 설, 정화 2년 설, 정화 3년 설 등등이다. 그러나 논증의 추리에 비추어 확정적으로 이미 알고 있는 조건과 논리에 부합하는 두 가지 표준으로 헤아려야 하는데, 이 방법은 성립될 수 없다. 논리적으로 말하면 사마천이 과연 정말로 원망한 말 때문에 하옥되어 죽었다고 한다면 그것은 한무제의 문자옥으로 죽었을 것이니 『사기』가 어찌 금해지고 훼손되지 않을 수 있겠는가? 한무제가 그 사람을 죽이고도 그 책을 남긴다는 것은 논리적으로 부합되지 않는다. 사마천이 『사기』를 완성하였다면 이미 걸리는 것이 하나도 없어 그는 공개적으로 한무제에게 도전하여 억울함을 호소하며 울분을 터뜨리며 「보임안서」를 쓰고 용감하게 자결하였다면 정리에 부합할 것이다. 사마천이 자결을 하지 않았다면 그는 울분을 터뜨리려고 하였을 뿐만 아니라 또한 한무제가 그를 투옥하여 다시 형을 받는 욕을 당하였을 것이다. 이는 논리적이지 않을 뿐만 아니라 「보임안서」의 정신에도 맞지 않는다. 다시 사실을 보면 위굉이 "원망하는 말을 하여 하옥되어 죽었다"고 한 것은 이미 전제를 알고 쟁의가 있게 된 것으로 추론의 기점을 이룰 수 없다. 아래에서 분석하여 식별해보겠다.

첫째, 위굉의 책은 부주의한 실수가 많아 「태사공자서」의 『집해』에서 신찬(臣瓚)의 설과 『한서』 「사마천전」의 주에서 인용한 진작(晉灼)의 설을 인용하였다. 모두 위굉이 말한 것은 부실함이 많아 "바르다고 할 수 없다"고 지적하였다.

둘째, 위굉이 말한 "원망한 말"은 『사기』를 가리킨다. 지금 사람들은 「보임안서」를 지은 것으로 옮겨갔는데, 위굉보다 더욱 멀리 달려갔다. 먼저 위굉이 원래 한 말을 보자.

> 사마천은 「경제본기」를 지어 그 단점 및 무제의 허물을 극언하여 무제가 노하여 그의 직위를 삭탈하였으며 나중에 이릉을 천거한 것에 연좌되었는데, 이릉은 흉노에 항복하였으므로 사마천을 잠실로 보냈으며 원망하는 말을 하여 하옥되어 죽었다.

『삼국지』 「왕숙전(王肅傳)」 및 갈홍(葛洪)의 『서경잡기(西京雜記)』에 유사한 기록이 있다. 실은 위굉의 설을 베꼈거나 파생된 것인데 방증으로 삼을 만한 근거가 없다. 위굉은 사마천이 이릉을 "천거한 것에" 연좌되었다 하였으나 「보임안서」에서 사마천이 한 말과는 상이하다. "저와 이릉은 모두 함께 궁중에서 벼슬을 하였으나 평소에 서로 친하지는 않았습니다. 서로의 취향과 가는 길이 달라 일찍이 함께 술을 마시며 은근한 정과 기쁨을 나눠 본 적도 없습니다."라고 한 것이다. 다시 위굉이 가리킨 원망한 말을 보면 문장의 어기가 모두 『사기』를 가리키며 구체적으로 가리킨 편목은 경제와 무제의 본기와 관련 있다. 무제가 기록을 삭제하였다는 것은 양옥승(梁玉繩)이 지적한 "「봉선」과 「평준」 같은 여러 편은 자못 비판이 절실하니 또한 어찌 깎아내지 않았겠는가?"[8]라고 한 것과 똑같다.

반고는 선제(宣帝) 때 양운(楊惲)이 『태사공서』를 선포하면서 다만 글자를 삭제한 일이 없다고 기록하였다. 서한의 대유 유향(劉向)과 양웅(揚雄)은 모두 『사기』가 "실록"이라고 매우 높이 평가하였다. 저소손(褚少孫)과 풍상(馮商) 등은 모두 어명을 받고 『태사공서』를 잇고 보충하였다. 서한 때 『사기』는 비방하는 책이라는 의론이 없었으므로 작자를 이어 전후로 서로 이었다. 동한 때 금령이 점차 엄밀해져서 장제(章帝) 때에는 백호관집의(白虎觀集議)에서 오경(五經)의 동이(同異)를 이야기했고, 이어서 또 양종(楊終)에게 조서를 내려 "『태사공서』를 10여 만 언으로 산삭하였으며"[9] 비방서라는 설이 점차 일어나기 시작하여 위진시기에는 정식으로 이런 비방의 논의가 있었다. 서한 때는 『사기』에 망실이 있다고 제기한 사람이 없었다. 동한에 이르러 처음으로 위굉이 『사기』에 경(景)·무(武) 두 사람의 기(紀)가 삭제되었다고 제기하였다. 대략 무제기의 망실은 양한이 흥망할 즈음에 동한의 요로에 있는 사람에 의해 산거되었을 것이며, 위

---

8 『사기지의(史記志疑)』 권7.
9 『후한서』 권48 「양종전(楊終傳)」.

굉이 말한 것은 동한의 정치 형세에 맞추어 지어낸 것이다. 이렇게 추론하면 혹 논리적으로 부합할 것이다.

셋째, 반고의 「사마천전」찬에서 말한 "극형을 당하고 옥중에 갇혀서도 발분하였다"는 것은 확실히 이릉의 화를 만나 부형을 당한 것을 가리키는 것이므로 반고의 책을 위굉이 한 말의 증거로 삼을 수 없다. 반고 또한 역사를 지어 무고를 당하여 하옥된 적이 있기 때문에 그는 사마천을 동정하여 "(임안에게 보낸) 편지 또한 믿을 만하다", "또한 스스로 슬퍼한 까닭" 운운하여 한무제가 "극형"을 남용한 것을 풍자하여 불평의 정서가 붓끝에 넘쳤으며 「보임안서」는 바로 『한서』에 힘입어 전해 내려왔다. 여기서 반고는 결코 "숨기고 애매모호한" 말이 없다. 지금의 학자들이 반고의 책을 가지고 위굉의 말을 증명하여 반고에게는 언외에 다른 뜻이 있다고 한다면 실로 견강부회이다.

위굉의 말과는 상반되게 양한 명인(名人)의 언론과 저작 중에서 위굉을 제외하고는 결코 한무제가 사마천을 죽였다는 기록이 없다. 도리어 한무제가 사마천을 죽이지 않은 데 대하여 불만을 표시하는 말이 있다. 『삼국지』「동탁전(董卓傳)」배송지(裴松之)의 주에서 인용한 사승(謝承)의 『후한서』에서는 왕윤(王允)이 한 말을 기록하였다.

지난날 효무제는 사마천을 죽이지 않고 비방하는 책을 짓게 하여 후세에 유전되었다.

또한 『삼국지』「위요전(韋曜傳)」의 기록에서는 손호(孫皓) 봉황(鳳凰) 2년(273) 좌국사(左國史) 요(曜, 昭)가 하옥되자 우국사 화핵(華覈)이 상소하여 요를 구원하였다. 화핵은 말하였다.

옛날 이릉은 한나라 장수가 되어 군사가 패하여 돌아오지 않고 흉노에게 항복하였는데, 사마천은 미워하지 않고 이릉을 위해 유세하여 한무제는 사마천이 훌륭한 사관의 재주가 있다고 생각하여 짓고 있는 것을 마치어 완성하게 하고자 하여 차마 죽이지 못하였으며 책이 마침내 완성되어 끝없이 드리우게 되었습니다. 지금 요는 오나라에 있는데, 또한 한의 사마천입니다.

왕윤은 한무제가 사마천을 죽이지 않고, 화핵 사관이 폭군 손호에게 상소하여 요를 구원한 것에 이를 갈았다. 모두 명백하게 말함으로써 위굉의 말이 근거가 없음을 충분히 증명할 수 있다. 화핵의 상소에 의하면 사마천이 부형으로 사형을 대신할 수 있었던 까닭은 한무제가 그 재주를 아깝게 여겨 『사기』의 집필을 마치게 하였기 때문이다. 『사기』는 태사령의 직임으로 편수한 관서(官書)로 조정에 올려야 한다. 『사기』의 풍자와 「보임안서」의 원망하는 말을 여전히 무제가 포용하였기 때문에 『사기』 및 「보임안서」가 유전되게 되었다. 그러므로 「보임안서」를 쓴 해를 가지고 사마천의 졸년을 정하는 것은 성립될 수 없다고 하겠다.

(3) 기존의 사료로 추론하면 사마천은 소제 초에 죽었을 것이다. 여섯 가지 증거를 아래와 같이 들 수 있다.

첫째, 이 장의 앞 절에서 이미 논증하였듯이 『사기』가 완성되자 자수를 통계 내었다. 「보임안서」에는 자수의 통계가 없고 다만 기본적으로 완성이 되었다는 것만 내비쳤다. 사마천은 「보임안서」를 쓴 후에도 여전히 살아 있었으며 여전히 『사기』를 수정하였다고 할 수 있다. 이는 의심의 여지 없이 이미 알고 있는 확실한 사실이다. 왕궈웨이는 사마천 최후의 기사는 바로 이 사실에서 출발한다고 고정하였다.

둘째, 사마천과 시기적으로 멀지 않은 저소손은 명확하게 "태사공의 기사는 효무의 일에서 다하였다"[10]고 하였다. 이는 사마천이 태초 이후 『사기』를 수정한 것 및 무제의 뒤에 죽었다는 유력한 증거이다. 저소손은 영천(穎川) 사람으로 패(沛)에서 우거하였으며 대유 왕식(王式)의 제자이다. 저소손은 한선제(漢宣帝) 본시(本始) 3년(B.C. 71)에 태어났으며, 오봉(五鳳) 4년(B.C. 54) 18세에 박사 제자에 응하여 뽑혔다. 감로(甘露) 원년(B.C. 53) 뛰어난 성적으로 낭(郎)이 되어 궁궐에 10여 년을 드나들었고 원성(元成) 연간에 박사가 되었다.[11] 저소손이 입궁한 것은 사마천이 죽은 지 겨우 30여 년 뒤일 정도로, 그는 궁중에서 『태사공서』를 읽고 옛날에 빠진 것을 찾아 『태사공서』를 잇고 보충하였으며 학문 연구에 근엄한 대유였다. 그는 박사가 된 후 장부자 곧 박사인 장 노선생(張老先生)과 함께 『사기』의 의리를 토론한 적이 있는데, 저소손이 권위자라고 하였다. 왕궈웨이가 저소손을 주의하지 못한 것은 그가 고증하면서 실수한 것이다.

셋째, 앞 절에서는 사마천이 태초 이후 역사 사실에 대해 잇고 보충하여 부기하였으며 어떻게 고증한 것인가, 평론하여 말하였다. 혹자는 어떻게 저소손의 말을 검증할 것인가 말하기도 한다. 방법은 『사기』 태초 이후의 기사를 가지고 전면적인 통계 수치와 내용 분석을 진행하였다. 태초 이후 천한 원년에서 후원 2년까지 14년의 기사 내용에 16편목이 있다. 22명을 언급하고 자수는 겨우 1,544자이며 무고 사건과 이릉 사건이라는 대사에 집중되어 있다. 우리는 이것을 발견하였다. 이는 계획적인 처음과 끝이 있는 태초 이전 기사 중의 대사라고 말할 수 있고 사마천의 "처음과 끝을 다 드러낸다는" 역사 서술 방침과 부합되기 때문

---

10 『사기』 권21 「건원이래후자연표(建元以來侯者年表)」 저소손의 보충.

11 저소손(褚少孫)의 사적에 관한 고증은 졸저 『사기연구(史記研究)』 「사기를 잇고 보충하는 것과 망실한 편에 관한 산론 2제(關于史記續補與亡篇散論二題)」에 보인다. 감숙인민출판사(甘肅人民出版社) 1985년판.

에 사마천이 부기한 것이다. 무제 후의 기사는 11편이다. 역사 사실은
소(昭)·선(宣)·원(元)·성(成)의 여러 조대를 언급하였다. 자수가 4,997자에
달하며 부기와 대조해 보면 명확하게 두 가지 구별이 있다. 첫째, 역사
사실이 분산되어 끝없이 넓다. 둘째, 무제가 죽은 후 여러 조대를 언급
하여 절대 사마천의 자필이 아니므로 후대의 사람들에 의하여 증보된
것이다. 전면적인 통계 분석을 통하여[12] 저소손의 설에 유력한 증거를
제공하였을 뿐만 아니라 아울러 왕궈웨이의 고증에 충실하였다. 사마천
이 한무제와 처음과 끝을 같이한다는 것은 의심의 여지가 없다.

넷째, 앞의 절에서 이미 논급했듯이 지금 판본 『사기』에는 12편의 기
록에 태초 이전의 역사 사실에 "무제"라는 글자가 있는데, 후대의 사람
들이 문자를 어지럽힌 것 같지는 않으며 사마천이 무제 사후에도 여전
히 『사기』를 수정한 흔적이다. 그 일이 모두 태초 이전의 일에 속하기 때
문에 『사기』의 서술 범위의 태초의 원칙과 부합하여, 사마천의 자필이
어야 하며 후대의 사람들이 고친 것이 아니다.

다섯째, 「굴원가생열전」의 끝부분에서는 말하였다. "가가(賈嘉)가 가
장 학문을 좋아하여 나와 편지를 주고받았다. 효소제에 이르러 구경의
반열에 올랐다." 마지막 두 구절을 최적(崔適)은 저소손이 보충한 것으로
생각하였는데, 과거를 살피지 않고 그 설을 믿었다. 지금 문장을 세심히
살펴보면 이상 각 조목의 비교 검증과 더불어 사마천의 문장이 되어야
한다.

여섯째, 소제 시원 6년(B.C. 81) 염철 회의를 열었다. 상홍양이 논전 중
에 여러 차례 「화식열전」의 문장을 인용하여 자기변호를 하면서 "사마

---

12 사마천이 부기를 잇고 보충하는 것과 후대의 사람들이 보탠 통계 분석 자료는 또한 졸저
『사기연구』의 「사기의 집필 범위 고략」과 「사기의 잔결과 보충 고변」 두 글에 상세하다.

자(司馬子)의 말"[13]이라고 하였다. 상흥양이 어사대부의 높은 직위로 질 (秩)6백석의 사마천을 "사마자"라 한 것은 이미 오랜 학문적 전통을 가 진 가문에 대한 존칭이다. 자기 관점의 권위를 높인 것이며, 선현이 남 긴 가르침에도 부합한다. 사마천이 사후에 당대인에게 이런 존중을 받 은 것을 보면 절대로 하옥되어 죽지는 않았을 것이다. 사마천이 소제 시 원 6년 전에 선종하였다는 것 또한 확실한 역사 사실임을 알 수 있다.

위의 여섯 가지를 종합하면 사마천의 확실한 졸년은 여전히 알 수 없 지만 그는 무제가 죽은 후 소제 시원 6년 전에 죽었음은 오히려 확실하 여 의심의 여지가 없다. 일단 소제 시원 원년 (B.C. 86)으로 졸년을 정하고 고증을 기다린다. 곧 사마천의 일생은 대략 향년 60세로 무제와 처음과 끝을 함께한다는 것은 완전히 성립될 수 있다.

3. 『사기』가 탄생한 역사적 조건

『사기』는 서한의 성세인 한무제 시대에 탄생하였다. 이는 절대 우연이 아니다. 동한의 사가 반고는 이 시대에 대해 높은 이론적 개괄을 한 적 이 있는데, 정채(精彩)로운 의론이다.

한나라가 흥한 지 60여 년 만에 해내는 태평하였고 국고는 꽉 찼으나 사이(四夷)는 복종하지 않았고 제도에는 결점이 많았다. 임금은 바야흐 로 문무를 쓰려고 하였는데, 구하여도 미치지 못하였다. 처음에는 포륜 (蒲輪)으로 매생(枚生)을 맞이하였고, 주보(主父)를 보고 탄식을 하였다. 사

---

13 『염철론(鹽鐵論)』 권4 「훼학(毀學)」.

(士)들이 흠모하여 반향하였고 빼어난 사람들이 한꺼번에 나왔다. 복식(卜式)은 방목을 하다가 선발되었고 상홍양은 장사치에서 발탁되었으며 위청은 노복에서 떨치어 일어났고 금일제(金日磾)는 항복한 포로에서 나왔는데, 이 또한 옛날의 성벽을 쌓고 소를 먹이던 무리일 따름이다. 한나라가 사람을 얻은 것은 이때에 성했다. …… 그런 까닭에 공업을 세우고 제도를 글로 남김은 후세에는 아무도 미치지 못했다.[14]

한무제는 서한의 다섯째 황제이다. 서한은 고제와 혜제, 문제, 경제의 4대에 걸친 다스림을 거치면서 중앙집권이 날로 공고해졌다. 전국이 통일되고 국력이 충실해져 "쌓인 것이 해마다 늘어났고 호구는 휴식을 취하였다."[15] 정치가 안정되고 경제가 번영하면 반드시 문화와 학술이 고조되는 결과를 가져왔다. 무제가 즉위하자 "사이(四夷)가 복종하지 않았고 제도에 결점이 많은 것"을 깊이 깨닫고 대규모의 병력 운용과 상층 구조의 개혁에 적응시키기 위하여 인재를 선발하여 등용하는 데 얽매이지 않았기 때문이다. "사(士)들이 흠모하여 반향하였고 빼어난 사람들이 한꺼번에 나왔으며", "한나라가 사람을 얻은 것은 이 시기에 성했다."

판원란은 지적하였다. "서한의 각 방면의 대표 인물, 이를테면 대경학가이자 대정론가 동중서와 대사학자 사마천, 대문학가 사마상여, 대군사가 위청과 곽거병, 대천문학가 당도(唐都)와 낙하굉(落下閎), 대농학가 조과(趙過), 대탐험가 장건(張騫) 및 민간의 시인이자 음악 창작의 대가 이연년(李延年) 협률의 악부가시는 무제 시기에 집중 출현하였다. 이는 역사상 매우 찬란한 시기로 한무제는 바로 이 찬란한 시기의 총대표이

---

14 『한서』 권58 「공손홍복식예관전(公孫弘卜式兒寬傳)」 찬.
15 『한서』 권32 「형법지(刑法志)」.

다."[16] 사마담과 사마천 부자 양대는 한무제와 군신으로 서로 잘 알았으며 장기간 곁에서 시종하였다. 국가 기밀 사안에 참여하였으며 통치 집단의 최고층에서 드넓은 앙양된 시대정신을 깊이 체험하였다. 이것이 『사기』가 탄생한 역사적 배경과 주관적인 조건이다. 아래에서 분석해보겠다.

1) 『사기』의 탄생은 시대적인 요구

이는 다섯 방면으로 볼 수 있다.

우선 어떻게든 서한 왕조의 통치를 공고히 하려면 역사를 총결하는 경험과 학술적인 종합을 필요로 한다. 일찍이 고제가 즉위한 초기에 말 위에서 천하를 얻은 개국 황제는 육가(陸賈)에게 "진나라가 천하를 잃고 (내가) 어째서 천하를 얻었으며 아울러 옛날의 성공하고 망한 나라를 말하여"[17] 역사의 경험을 총결하여 오래도록 다스릴 기술을 찾게 하였다. 육가는 진나라가 말한 교훈을 총결하여 진대에는 "일이 번거로워질수록 천하는 더욱 어지러워졌으며 법이 많아질수록 간사함이 더욱 치열해졌고 병마(兵馬)를 설치할수록 적이 더 많아졌다. 진나라는 다스리려고 하지 않은 것은 아니지만 실정을 하게 된 것은 다름이 아니라 포학한 무리를 천거하여 썼으며 형벌을 씀이 너무 지나쳤기 때문이다."[18]라고 하였다. 진나라의 실정을 겨냥하여 한 왕조는 요역을 번거롭지 않게 하였다. 형법은 늘어나지 않았으며 병마의 설치는 적게 하였다. 농민에 대한 압박과 착취를 경감시켜 비로소 정권을 공고히 할 수 있었다. 이 치국 이론은 유방이 "훌륭하다" 하면 좌우에서는 "만세"를 불러 이에 따

---

16 『중국통사간편(中國通史簡編)』, 수정본 제2편, 인민출판사 1965년판, 39쪽.
17 『사기』권97 「역생육가열전(酈生陸賈列傳)」.
18 『신어(新語)』 「무위(無爲)」.

라 한나라 초기의 무위정치를 확립하였다. 효혜황제와 고후는 계속 이 치국 방침을 고수하여 "임금과 신하는 모두 무위에서 휴식하고자 했고" 천하는 편안해져서 "백성들은 농업에 힘썼고 의식은 불어났다."[19]

무제가 즉위했을 때 백성은 자급자족하였고 부고에는 재화가 넘쳐 남 아돌았다. 농업기술은 제고되었고 수공업이 발전하였다. 성시(城市)가 흥 기하고 상업이 발달하여 전국이 왕성하게 번영을 향해 나아갔다. 그러 나 시계를 1백 년 뒤로 돌리면 진한의 교체기에는 "30년간 병사들이 서 로 짓밟고 짓밟혔으며", "죽은 사람이 난마처럼 얽혔다."[20] 진섭이 난을 일으키고 항우가 진나라를 멸하고 유방이 흥기한 "5년 사이에 호령하는 자가 3번이나 바뀌었다. 인류가 생겨난 이래 이처럼 자주 천명을 받은 적이 없었다."[21] 천지가 뒤집히는 듯한 역사 변화는 어떻게 발생하였고 발전하였는가? 이는 학술계가 역사에 대하여 종합적인 연구를 하여 대 답할 것을 필요로 한다. 문제 때 가의는 「과진(過秦)」을 지었고, 가산(賈山) 은 「지언(至言)」을 지어 진나라가 망한 교훈을 총결하였다. 이는 육가(陸賈) 의 『신어(新語)』 작업을 이른 것으로 아무래도 정치 방면에 치중되었다.

한무제 시대에 이르러 이론적인 귀납은 대대적으로 앞을 향하여 한 발짝 나아갔다. 동중서는 "백가를 퇴출하고 유술만 높일 것"을 창도하 였다. "춘추공양학"을 연구하여 대일통을 선양하였는데, 이미 학술을 종합하는 작업이었다. 사마담과 동시대이고 사마천에게까지 미치는 회 남왕 유안(劉安)은 학자를 끌어 모아 "천문 지리를 관찰하고, 고금의 사 적(事跡)에 통달한"[22] 『회남자』를 편찬하였는데, 학술을 종합한 작업의

19 『사기』 권9 「여태후본기(呂太后本紀)」 찬.
20 『사기』 권27 「천관서(天官書)」.
21 『사기』 권16 「진초지제월표(秦楚之際月表)」 서.
22 『회남자(淮南子)』 권21 「요략(要略)」.

결과물이다. 사마담의 「논육가요지(論六家要指)」에서는 백가가 길은 달라도 귀납처는 같아서 "모두 다스림에 힘쓴다"고 강조하여 명확하게 학술을 종합하고 치정적인 관계를 천술하였다. 사마천은 이 문제에 대하여 더욱 깊은 인식을 가지고 있었으며 춘추전국시대까지 소급하였다. 「십이제후연표」 서에서는 말하였다.

그런 까닭으로 공자는 왕도를 밝히려고 70여 임금들에게 간구하였으나 "아무도 그를 맞아들이지 않았다. 그래서 공자는 서쪽 주 왕실의 서적을 살펴보고, 역사 기록과 예전의 견문들을 논술하였는데, 노나라의 사적을 위시하여 『춘추』를 편찬하였다. 멀리는 노나라 은공 원년부터 기록하였고, 가깝게는 애공 시대의 기린을 잡은 시기까지 이르렀다. 그 문장을 간략하게 썼고, 번잡하고 중복되는 것을 빼버렸다. 의리와 법도를 제정함으로써 왕도가 구비되고 인사가 두루 미치게 하였다. …… 노나라 군자 좌구명은 …… 공자의 역사 기록에 연유하여 그 구절을 상세하게 논술하여 『좌씨춘추』를 지었다. 탁초는 초나라 위왕의 스승인데, 위왕이 『춘추』를 전부 열독할 수 없기 때문에, 성공과 실패의 기록을 채취하여 마침내 40장을 지어 『탁씨미』라고 하였다. 조나라 효성왕 때, 재상 우경은 위로 『춘추』에서 채취하고 아래로는 근세의 정세를 관찰하여, 8편을 지어 『우씨춘추』라고 하였다. 여불위는 진나라 장양왕의 재상으로서, 역시 위로는 상고시대를 통찰하고 「춘추」를 정리하여 6국의 사적을 집성하였는데, 팔람, 육론, 십이기로 편찬하여 『여씨춘추』라고 하였다.
是以孔子明王道, 干七十餘君, 莫能用, 故西觀周室, 論史記舊聞, 興於魯而次春秋, 上記隱, 下至哀之獲麟, 約其辭文, 去其煩重, 以制義法, 王道備, 人事浹……魯君子左丘明……因孔子史記具論其語, 成左氏春秋. 鐸椒爲楚威王傳, 爲王不能盡觀春秋, 采取成敗, 卒四十章, 爲鐸

氏微. 趙孝成王時, 其相虞卿上采春秋, 下觀近勢, 亦著八篇, 為虞氏春
秋. 呂不韋者, 秦莊襄王相, 亦上觀尚古, 刪拾春秋, 集六國時事, 以為八
覽、六論、十二紀, 為呂氏春秋.

이 의론은 학술을 현실 정치와 긴밀하게 이어서 총결하였다. 사마천
의 학술 사상을 표명하였으며 부친의 「논육가요지」의 종지를 계승하여
학술의 정치를 위한 봉사를 종합하였다. 청나라 학자 전대흔(錢大昕)은
『사기』의 "미지(微旨)"에는 셋이 있는데, "첫째는 진나라를 누른 것이고,
둘째는 한나라를 높인 것, 셋째는 사실의 기술이다."[23]라고 하였다. 이
는 바로 사마천이 처한 시대정신과 시대의 사명이다.

둘째, 서한의 문화 발전에 역사를 편수할 조건을 제공하였다. 사마천
이 『사기』를 수찬한 것은 "장기적인 역사 연구 성과의 집중적 체현"[24]이
다. 『춘추』와 『상서』, 『좌전』, 『국어』, 『세본』, 『전국책』 등의 사서가 전후
로 세상에 나오지 않았다면 허공에 기대어 느닷없이 『사기』라는 역사의
거대한 저작물이 나오는 것은 불가능하였을 것이다. 사마천이 이런 전
적들을 충분히 잘 운용할 수 있었던 것은 서한의 문화 발전이 제공한 조
건이다. 진한시대의 서적은 주로 간책(簡策)으로 필사하여 전파했으므로
책을 얻기가 매우 어려웠다. 더구나 비싼 비단 책은 일반인이 감히 얻을
수 있는 것이 아니었다. 진시황은 시서(詩書)와 사서를 불태워 우민화하
였으며 민간에서 책을 읽거나 책을 간직하는 것을 허락하지 않아 인위
적인 어려움을 만들어내었다. 사마천은 "역사 기록과 석실(石室) 및 금궤
(金匱)의 책을 모아서 엮었는데", 이런 도서는 서한 왕조가 장기간에 걸

---

23 『잠연당문집(潛研堂文集)』 권34 「양요북과 사기를 논함(與梁耀北論史記書)」.
24 바이서우이(白壽彝)의 『사기신론(史記新論)』, 구실출판사(求實出版社) 1981년판.

쳐 수집한 것이었다.

반고는 말하였다. "한나라가 흥하자 진나라의 실패를 바꾸어 크게 서적을 거두어 책을 바칠 길을 널리 열었다. 효무제의 시대에 이르러 서적이 결손되고 탈간(脫簡)이 이루어져 예악이 붕괴되었다. 성상께서는 탄식하여 이르기를 '짐은 그것을 매우 안타깝게 여기노라!'라고 하여 이에 책을 수장할 방책을 세우고 필사하는 관리를 두어 아래로 제자가 전한 설까지 모두 비부(秘府)에 채웠다." 안사고(顔師古)의 주에서는 유흠(劉歆)의 「칠략(七略)」을 인용하여 말하였다. "밖으로는 태상(太常)과 태사(太史), 박사(博士)가 수장한 것이 있었고 안으로는 연각(延閣), 광내(廣內), 비실(秘室)의 부(府)가 있었다."25

일찍 혜제(惠帝) 4년에 한나라에서는 협서율(挾書律)을 폐지하고 책을 바치는 것을 장려하여 강학을 제창하였다. 한문제는 조조를 제남(濟南)으로 파견하여 90여 세 노인의 말을 기록하고 정리하게 한 적이 있으므로 진박사 복생(伏生)이 『상서』를 구술하여 전수하였다. 한무제 즉위 초에는 "천하의 방정(方正), 현량(賢良), 문학(文學), 재력(材力)이 있는 사(士)를 불러서 특별한 지위로 대우하였다."26 한무제는 또한 명을 내려 "천하의 계서(計書)는 먼저 태사공에게 올리고 다음에 승상에게 올리는데, 일을 처리하는 것이 옛 『춘추』와 같게"27 하였다. 이른바 "일을 처리하는 것이 옛 『춘추』와 같은" 것은 바로 연월일의 편찬 정리를 진행함에 천하의 계서(計書)가 모두 유용한 사료가 되게 하였다.

성제 때 유향(劉向)이 책을 교정할 때 국가에서는 더욱 대량의 인력과 물력을 투입하였다. 한무제가 "책을 수장할 방책을 세우고 필사하는 관

---

25 『한서』 권30 「예문지(藝文志)」 및 주.
26 『한서』 권65 「동방삭전(東方朔傳)」.
27 『사기』 권130 「태사공자서」 『집해』에서 인용한 여순(如淳)이 말한 위굉의 『한의주(漢儀注)』.

리를 둔" 것은 실제로 문화 정리를 시작한 것이다. 이 작업은 태사령이 주관하였다. 사마천은 말하였다. "백년 동안 천하의 유문과 고사가 태사공에게 다 모이지 않음이 없었다. 태사공은 이에 부자가 서로 이어 그 직책을 계승하였다."[28] 바로 사마담과 사마천이 서로 이어 문화 전적 정리 작업을 주관하였으며 소중히 간직해 둔 서적과 도서를 볼 수 있게 되어 가장 박식한 사람이 되었다. 태사부 등은 이때 국가가 사마천에게 설립해 준 서국(書局)이었다.

셋째, 재능과 책략이 웅대한 한무제는 중앙집권 통치를 강화했다. 드넓고 앙양된 시대는 『사기』가 이루어진 직접적 배경이었다. 한무제는 오랑캐를 격퇴하고 월을 물리쳐서 강토를 개척하였다. 안으로는 일을 일으켜 상층의 구조를 개혁하여 대일통의 황권 통치를 강화하고 서한 왕조의 넓고 큰 기상을 조성하였다. "한나라가 흥한 지 5대에 융성함이 건원 연간에 있었다. 밖으로는 이적들을 물리치고 안으로는 법도를 닦아 봉선을 행하고 역법을 개정하였으며 복색을 바꾸었다. 「금상본기」 제12를 지었다."

사마천은 한무제의 사업을 충분히 긍정적으로 보았다. 사마담과 사마천 부자는 본래 한무제 신변의 심복으로 한무제가 사업을 일으키는 데 적극적으로 참여하였다. 사마담은 봉선의 예법과 제도를 제정하는 데 중요한 작용을 하였다. 사마천은 무제의 순행을 호종하면서 각종 성대한 전례를 행하는 장면과 열병 의식 및 유럽활동을 목도하면서 넓고 앙양된 시대정신을 받아들였다. 『사기』에는 무제 조의 역사 사실이 실려 있는데, 편목과 자수는 전체의 5분의 1을 차지하였다. 많은 편장에 모두 사마천이 활동한 발자취를 남겼다. 『사기』의 스케일이 크고 생각이 정

---

28 『사기』 권130 「태사공자서」.

밀한 것은 사마천이 직접 한무제의 웅위한 활동에 참여한 것과 불가분의 관계가 있다.

넷째, 한무제 후기에는 사회계급의 갈등이 첨예화하여 사마천의 "시작을 밝히고 끝을 살피고 성쇠를 관찰하는" 방법론에 현실적인 근거를 제공하였다. "시작을 밝히고 끝을 살핌"은 역사 연구는 그 발전하고 변화한 인과 관계를 살펴야 한다는 것을 가리킨다. "성쇠를 관찰하는 것"은 역사의 변화를 통찰하는 것을 가리키는데 절정기에 쇠퇴의 징조를 볼 수 있어야 한다는 것이다.[29] 사마천은 이런 방법으로 한왕조의 통일과 제도를 인식하였다. 진나라의 역사 발전을 이은 것으로 진나라가 통일한 공을 긍정적으로 본 것이다. 이와 동시에 진나라가 망한 원인에서 당대의 정치적 위기도 보았다. 그는 「평준서」에서 한무제가 진시황을 답습하여 "천하의 자재를 고갈시켜" 욕망의 바탕으로 삼은 것은 결코 괴이할 것이 없다고 지적하였다. 황제가 "천하에서 백성을 자식으로 삼는" 것을 한 사람의 사유재산으로 보았기 때문이다. 조금도 절제하지 않고 헤프게 써서 천하의 국민을 불구덩이로 밀어 넣었는데, 그 근원은 아마 황제의 고도의 집권이라는 폐단에서 나왔을 것이다. "사세의 흐름"은 곧 한무제가 진시황의 전제적 방종과 욕심을 본받아 사회적 위기를 가져왔다. 그는 각 방면에서 당시의 사회적 모순을 까발려 "사물이 극성에 달하면 쇠퇴하는 것은 실로 변하게 되어 있다"[30]는 결론을 얻었다.

한무제와 신료들이 벼슬을 하여 승진함을 서로 경하하고 있을 때 사마천은 오히려 한왕조 통치의 위기를 보았다. 「혹리열전」에서 직언을 꺼리지 않고 엄준한 형법은 농민의 기의를 촉발시킨다고 비판하고 경종을

---

29 시작을 밝히고 끝을 살피고 성쇠를 관찰하는" 방법론에 관해서는 이 책 제6장 제2절에 상세히 보인다.

30 『사기』 권30 「평준서(平準書)」.

울렸다. 이는 실로 대단한 식견이다. "시작을 밝히고 끝을 살피고 성쇠를 관찰하는" 것은 변증법적인 사상 광휘를 갖추고 있다고 말할 수 있다. 사마천은 한나라를 높이면서도 비판하였으며 이미 그 전성기를 보고 또 그 병폐를 보았다. 2천 년 전의 사마천에게 이런 비범한 식견이 있는 것은 그의 현실 사회의 변화 발전에 대한 깊은 관찰에서 기원한다. 서한 사회는 "문경지치"의 태평성세에 이미 대립적인 계급의 갈등이 잠복하고 있었다. 가의와 조조는 정론에서 큰소리로 외쳤다. 무제 때에 이르러 모순은 한층 더 격화되었다. "이때 법망은 관대하고 백성들이 부유해지자 부를 빙자하여 오만방자한 짓을 저질렀다. 혹자는 토지를 겸병하기도 하고 토호의 무리들은 마을에서 제멋대로 날뛰기까지 하였다."[31]

무제 후기에 이르러 무제가 과도하게 민력을 사용함에 따라 "해내의 물자를 낭비하여 호구가 반으로 줄어드는" 황폐한 국면이 조성되고 계급간의 갈등이 날로 첨예화됨으로써 각지에서 농민의 기의를 폭발시켜 한왕조의 밑바탕을 뒤흔들었다. 사마천은 이 사세의 변화를 목도하였으니 천명론에 회의가 생기지 않을 수 없었고 "금상의 성명"에 대한 역사 서술 주제에 수정을 진행하지 않을 수 없었다. 따라서 『사기』의 내용은 한나라를 높이면서도 폭로하는 이중적인 내용을 드러내었다. 이는 바로 사마천이 처한 시대의 거대한 변화를 반영한 것이다.

다섯째, 문제와 경제 시대의 개명한 정치의 유풍과 여운은 사마천이 절로 "일가지언"을 이루도록 계발시켰다. 한문제가 즉위하면서 진왕조의 폭정에 대한 비판에 발동을 걸었으며 "언로가 막히는 것이 나라를 망친다"[32]는 역사적 교훈을 흡수하였으며 신민이 직언하고 극간하도록

---

31 『사기』 권30 「평준서(平準書)」.
32 가의(賈誼) 「과진론(過秦論)」.

격려하였다. 현량 방정을 천거하는 기본 조건은 "직언과 극간이다." 한 무제의 전제는 진시황과 근본적으로 다른 점이 있다. 여전히 신하의 직언을 용인할 수 있었으므로 만년에 원정을 뉘우친 일이 있었다.

급암은 조정에서 임금에게 대답하면서 "폐하께서는 내심 욕심이 많으시어 겉으로만 인의를 베푸시면서 어찌 당우[요순]의 다스림을 본받으려 하십니까!"[33]라고 하였다. 무제는 노기를 띠면서도 책벌하지는 않았다. 따라서 한무제 시대에는 백가를 퇴출시키기는 했지만 법망은 아직 엄밀하지 않았고 신하와 공인(工人), 사서(士庶)는 여전히 의정에 직언을 할 수 있었다. 그러므로 사마천이 역사를 서술하는 데 한무제는 간섭을 하지 않았다. 위굉이 무제가 경기(景紀)와 금상기(今上紀)의 유언(流言)을 삭제했다고 기재하기는 하였지만 사마천이 책을 짓는 것을 금하지는 않았다. 이런 환경에서 사마천에서 과감히 직언을 하였고 역사 사실을 실록하였으며 비록 기휘한 말이 있기는 하여도 끝내 일가의 말을 이룰 수 있었다.

이상의 각 점은 『사기』가 이루어진 객관적 조건이다.

2) 부자 양대에 걸쳐 심혈을 기울인 결정체

청나라 조익(趙翼)이 사마천이 역사를 지은 나이를 논하면서 "사마천은 태사령이 되자마자 역사를 편찬하기 시작하였으며 5년이 되었을 때는 태초 원년이다. 처음으로 태사령이 되었을 때는 곧 원봉 2년이다." 라고 하였다. 또 말하기를 「보임안서」는 정화 2년에 지어졌다고 하였는데, 원봉 2년에서 정화 2년까지는 전후로 모두 8년이다. "사마천이 『사기』를 지은 것을 통계 내보면 전후로 모두 18년이었다. 하물며 임안이

---

33 『사기』 권120 「급정열전(汲鄭列傳)」.

죽은 후에도 사마천은 여전히 죽지 않았고 반드시 더 산정하고 고치고 삭제한 일이 있으니 대체로 모두 20여 년에 걸쳐서 책이 이루어졌을 것이다."[34]

조 씨가 논한 『사기』의 성립 연한은 이미 학계의 정설이 되었는데, 사실을 고찰해 보면 오히려 매우 큰 오차가 있다. 조 씨가 논한 것은 사마천 후반 생애의 독립된 역사를 지은 단계만 언급하였을 뿐 사마담의 요점을 들어 예를 든 것은 말하지 않았다. 그뿐만 아니라 사마천의 전반 생애에서 사마담을 도운 연한을 언급하지 않아 확실히 제대로 구비되지 않았다. 사마천이 역사를 짓는 데 필생의 정력을 투입한 것은 전후로 40년간이며, 이는 다시 세 단계로 나눌 수 있다.

원삭 3년(B.C. 126) 사마천은 20세의 장유로 "천하의 산일된 옛 전적과 사실을 망라하였는데" 곧 역사를 짓기 시작한 것이다. 원봉 2년(B.C. 109) 전후로 18년 동안 사마천은 부친이 역사를 짓자 조수가 되었다. 이 시기에 사마천은 그 부친 사마담의 지도 아래 20세의 장유를 하였고 동중서에게서 공양학을 배웠다. 공안국에게서 고문을 배웠고 사마담에게서 가학을 익혀 역사의 수찬을 도와 해박한 학자가 되어 부친의 뜻을 계승하는 견실한 기초를 다졌다. 원봉 3년(B.C. 108)에서 태시 4년(B.C. 93)까지는 발분하여 책을 지은 단계다. 그간의 16년에 기본적으로 『사기』를 완성하였다.

정화 원년(B.C. 92)에서 무제의 말년인 후원 2년(B.C. 87) 혹 소제 초년의 약 6년의 시간 동안 사마천은 『사기』를 편정했고 여전히 계속 수정하였다. 사마담이 역사를 지은 것은 건원과 원광 연간에 준비하여 정식으로 역사를 서술한 것은 원수 원년(B.C. 122)이다. 사마담은 원봉 원년(B.C. 110)

---

34 『이십이사차기(廿二史箚記)』 권1.

에 죽었다. 원수 원년부터 원봉 원년까지 사마담의 사초는 12년을 경영했다. 사마천이 발분하여 책을 지은 단계는 16년이다. 이렇게 『사기』의 저작은 기본적으로 완성되기까지 전후로 28년이 지났다. 사마담과 사마천 부자가 양대에 걸쳐 심혈을 기울여 응집한 결정체로 바야흐로 스케일이 크고 생각이 정밀한 저작이 될 수 있었다.

당나라 유지기(劉知幾)는 훌륭한 사관이라면 반드시 재(才), 학(學), 식(識)의 세 가지 장점을 갖추어야 한다고 논하였다. 청나라 장학성(章學誠)은 여기에 덕(德)을 더하였다. 사마천은 이 재·학·식·덕 4대 요소를 한 몸에 갖추었다고 말할 수 있다. 사마천은 총명하고 부지런히 분발하여 10세에 고문을 외고 그의 재주를 양육하였다. 천부적으로 우월한 조건을 갖춘 가학 연원과 사승은 그의 학문을 배양하였다. 장유와 화를 당한 것으로 그의 학식을 단련시켰다. 대대로 사관을 세습한 혈통과 기질, 사마담의 충효를 다하도록 이끌어주는 교육, 임종 때 유언으로 남긴 촉탁은 그의 덕을 가르쳤다. 이런 것이 바로 『사기』의 주관적 조건이다.

주관적 조건의 재·학·식·덕 4요소에서 가장 중요한 것은 식이다. 탁월한 식만이 "시작을 밝히고 끝을 살피고 성쇠를 관찰하여" 먼 것을 살피고 세미한 것을 살피며 근원을 탐색하고 끝을 살펴 고금의 변화에 통할 수 있다. 사마담은 시야가 원대하고 시대적인 요구를 이해하여 역사 서술의 장한 뜻을 세웠다. 사마천은 식견이 탁월하며 재능이 역사의 변화를 좇아서 찾아 부단히 역사를 서술하는 주제를 승화시켰다. 사마천의 수중에서 『사기』의 주제는 집필 범위의 수정을 따라 두 차례 비약적으로 승화하였다.[35] 따라서 『사기』에 애민주의 요소를 녹여 넣게 하였다.

---

35 사마천이 『사기』의 집필 범위를 수정하여 『사기』의 주제를 승화시킨 것은 이 책 제5장 제3절에 상세히 보인다.

『사기』가 이루어진 조건이 우리에게 남긴 계시는 이렇다. 대대로 전해지는 불후의 명저는 반드시 주관적 조건의 통일이 구비되어야 태어날 수 있다. 서한이라는 성세는 사마천에게 통사를 저작하라는 시대적 요구를 제기하였고 또한 물질적 조건을 제공하였다. 이는 『사기』가 이루어진 역사적 배경이다. 사마천이 받은 교육과 수양 및 그 경력은 『사기』가 이루어진 저술의 내적 요인이다. 역사 배경은 객관적 조건이고 저술의 내적 요인은 주관적 조건이다.

역사 배경으로 보면 『사기』는 한나라라는 대일통 사회의 역사적 사명에 부응하여 탄생되었다. 따라서 그 본래의 주제가 제왕과 장상의 공훈을 송양한 것은 봉건 통치의 복무를 공고히 하기 때문이다. 『사기』에 애민성이라는 요소가 주입되기는 하였지만 이 기본 주제는 결코 바뀌지 않았다. 학술계의 이왕의 논술은 『사기』가 이루어지는 조건을 탐구할 수가 없어서 왕왕 후세의 개인적 경험으로 『사기』를 보았다. 양자의 관계를 전도시켜 애민성을 『사기』의 기본 주제로 본 것이다. 따라서 합리적으로 기전역사가 태어난 원인을 해석할 수 없었다. 『사기』는 사마담과 사마천 두 사람이 한나라 태사의 신분으로 완성하였다. 이 의의에서 또한 그것은 스스로 "일가의 말을" 이룬 관찬 사서라 할 수 있다.[36] 『사기』의 위대한 가치는 결코 그것이 현실을 폭로하고 이단을 표현한 것 때문만이 아니다. 근본성은 전면에서 대일통 시대의 정신 및 그 성쇠를 반영한 것에 있다. 당연히 사마천은 화를 당하고 발분하였으며 『사기』에 애민성을 녹여 넣어 더욱 찬란히 눈이 부시게 하였다. 이는 두말하면 잔소리일 것이다.

---

[36] 『사기』가 관서(官書)임은 이 책 제10장 제1절에 상세히 보인다.

4. 사마천의 중국 문화 사상사에서의 지위와 영향

사마천은 일생을 모두 『사기』에 바쳤다. 이로 인하여 사마천과 『사기』
는 떼려야 뗄 수 없는 이름이 되었다. 사마천의 중국과 세계 문화사상사
에서의 지위와 영향을 평가하는 것은 『사기』의 지위와 영향을 평가하는
것이다. 『사기』는 전에 없던 역사의 거대한 저서이자 걸출한 전기문학
의 명저로 스스로 일가의 말이 되었다. 사마천은 사학자와 문학가, 사상
가가 한 몸에 집중된 중국 고대사에서 공전절후의 문화 거인이며 세계
고대사에서 드물게 보이는 천재임을 알 수 있다.

1) 위대한 역사학자

역사학자로 사마천의 『사기』는 "사가의 절창(絶唱)"으로 기려졌으며,
중국 고대 사학사상 우뚝한 기념비를 세웠다. 사마천의 창작은 선진 사
적과 문헌을 집대성하여 총결하였다. 나중의 사학 발전에 범례를 제공
했을 뿐만 아니라 광활한 영역을 개척하였다. 따라서 사학의 독립적 지
위를 확고히 했다.

중국 사학은 연원이 멀고 오래다. 문헌으로 상·주 시대의 왕실에 사
관이 있었음을 고찰할 수 있다.[37] 좌사(左史)는 행동을 기록하고 우사(右
史)는 말을 기록하였기 때문에 중국 고대 사적은 매우 일찍 나왔다. 『상

---

37 천멍쟈(陳夢家)의 『은허복사종술(殷墟卜辭綜述)』의 고증에 의하면 복사에 기재된 상대(商代)
사관으로는 윤(尹)과 다윤(多尹), 우윤(又尹), 모윤(某尹), 복모(卜某)와 다복(多卜), 공(工)과
다공(多工), 아공(我工), 사(史)와 복사(北史), 경(卿), 어사(御史), 짐어사(朕御史), 북어사(北御
史), 모어사(某御史), 이(吏)와 대리(大吏), 아리(我吏), 상리(上吏), 동리(東吏), 서리(西吏) 등의
명칭이 있다. 그들의 직책은 제사와 귀복(龜卜), 기재(記載)와 수장(收藏) 등을 관장한다. 주
왕실의 사관은 『상서』와 『주례』, 『좌전』, 『국어』 등의 전적에 모두 상세한 기록이 있는데, 다
인용하지 않는다.

서』「다사(多士)」편에서는 말하였다. "은(殷)나라 선인들은 서책과 전적이 있었다."『묵자(墨子)』에는 "백국춘추(百國春秋)"라는 말이 있다.『국어』「초어(楚語) 상』의 기록에는 신숙시(申叔時)가 초나라 태자를 위해 열거한 학습 서목 9종이 있다. 그중에서 춘추와 세(世), 어(語), 고지(故志), 훈전(訓典) 등 5종은 바로 역사 전적이다. 이런 전적은 모두 유전되어 오지 않았다. 오늘날 볼 수 있는 선진의 사적(史籍)으로는『상서』와『일주서(逸周書)』, 『춘추』,『좌전』,『국어』,『주례』,『의례』,『세본(世本)』,『죽서기년(竹書紀年)』, 『전국책』,『산해경』등이 있다.

사마천이 당시 볼 수 있었던 것은 의심할 여지 없이 현재에 비해 훨씬 많았을 것이다. 사마천은 이런 중국 고대 사학의 옥토에서 밭을 갈고 북돋아『사기』라는 사학의 기화요초를 내었다고 말할 수 있다. 그러나 선진 사적은 주로 자료의 휘편(彙編: 모음집)으로『상서』와『국어』같은 것이다. 어떤 것은 경을 해석한 문헌으로『좌전』같은 것이다. 일반적으로 여러 사람의 손에서 이루어졌으며 작자는 주로 사관 또는 사대부로 기재 범위는 좁아서 역사의 무게중심은 국군(國君)의 활동에 한정되었다. 문자는 소략하고 간략하였으며 역사 사실과 신화, 전설, 우언이 병렬되어 있고 주로 후대의 사람들이 보태고 꾸며 진위가 뒤섞여 있다.

사마천의 추숭을 가장 많이 받은『춘추』는 육경의 하나이며 이로 인하여 사학은 경서에 예속되었다. 이 모든 것은 선진 사학이 여전히 유아기에 머물러 있었다는 것을 설명한다. 사마천의『사기』에 대한 스케일이 크고 생각이 정밀하며 성공적인 창작은 역사의 찬술을 하나의 협소한 세상에서 광활한 사회로 끌어서 향하게 하였다. 따라서 진정한 역사학을 창립하였고 사학의 유아기를 끝냈다. 사마천은 중국 역사학의 아버지가 되었으며,『사기』는 2천 년 동안 전통적인 사학의 우수한 모범이 되었다.

사마천이 창립한 본기와 표, 서, 세가, 열전의 5체 구조는 체계가 완정하고 규모가 크며 기세가 드높다. 식견이 발군이어서 전통적인 사학자들에게 역사를 짓는 "최고의 준칙"으로 받들어졌다. 송나라 정초(鄭樵)는 추숭하여 말하기를 "백대 이래로 사관들은 그 법도를 바꿀 수 없었으며 학자들은 그 책을 버릴 수 없었으니 육경 다음으로는 이 책뿐이다."[38]라고 하였다. 청나라 사학자 조익은 한 걸음 더 나아가 평론하였다. "사마천은 고금을 참작하여 요지를 깨달아 체제를 세워 전사(全史)를 창제하였다. …… 이 체제가 정하여지자 역대의 역사를 짓는 자는 마침내 그 범주에서 벗어날 수 없었다."[39]

정초와 조익의 평론은 바로 중국 전통사학 발전의 실록 묘사이다. 당대(唐代)에는 관(館)을 설치하여 역사를 수찬하였는데, 『사기』가 개창한 기전체를 "정사(正史)"로 하여 이때부터 기전체 역사는 1천여 년간 독존의 지위를 차지하였다. 역대 사학자들은 그들이 남긴 궤적을 따라 끊이지 않고 이어지는 열조(列朝)의 정사를 찬수하였다. 『사기』에서 『청사고(清史稿)』까지 누적된 것이 26종이나 되고 4,042권에 장장 5천만 자에 달하는데 각 조대의 역사가 완전무결하게 보존되어 왔으므로 학술계에서는 중화민족 전사(全史)라는 호칭이 있다. 기사는 황제부터 대청까지 중화민족 5천 년의 유구한 문화가 발전해 온 규모 체제가 여기에 다 실려 있으니 사마천이 창시한 공은 해와 달과 함께 영원히 드리울 것이다.

『사기』의 영향은 매우 심원하여 정사 계열에만 한정되지 않았다. 사마천이 개창한 "통사(通史)의 가풍(家風)"은 사마광과 정초에게 계승되어 『통감(通鑑)』과 『통지(通志)』를 써냈다. 『사기』가 창시한 "팔서"를 『한서』에서

---

38 『통지(通志)』「총서(總序)」.
39 『이십이사차기(廿二史箚記)』. 권1.

는 "십지(十志)"로 확충시켜 정사의 계열에 의하여 계승되었다. 당나라 이후 따로 갈래지어져 나왔는데, 각종 전제체(典制體) 전사(專史) 계열로 발전하였다. 관통한 것으로는 『통전(通典)』과 『통고(通考)』 등 이른바 10통(通)의 계열이 있고, 단대(斷代)의 것으로는 대대로 『회전(會典)』과 『회요(會要)』 계열이 있다. 이외에 경제사와 학술사, 지방사, 소수민족사 등의 전사(專史) 영역도 그 근원을 거슬러 올라가면 모두 『사기』에서 발단되었다.

2) 걸출한 문학가

문학가로서 사마천은 산문 서사(序事)의 전기 문학을 개창하였다. 『사기』는 후세에 남긴 유택(遺澤)으로 역대 문학 대가와 천만을 헤아리는 독자가 학습하고 거울로 삼는 전범이 되었다. 『사기』는 후세의 전기 문학과 산문, 소설, 희곡에 모두 심원한 영향을 낳았다.

『사기』가 후세 문학에 끼친 영향 가운데 가장 직접적인 분야는 산문이다. 사마천의 산문 성취는 한대 문학의 높은 봉우리를 대표할 뿐만 아니라 산문 발전 사상 또한 앞을 이어 뒤를 여는 작용을 일으켰다.

한대 문학이 영향을 끼친 영역으로는 네 방면이 있다. 첫째는 한부(漢賦)이고, 둘째는 산문, 셋째는 악부민가(樂府民歌), 넷째는 문인의 5언시이다. 가장 두드러진 영역과 문학 대가는 사마상여를 대표로 하는 한부 및 사마천을 대표로 하는 사전 산문이다. 사람들은 왕왕 사마상여와 사마천을 병칭하여 "문장서한양사마(文章西漢兩司馬)"라고 하였다.[40] 문장가는 바로 문학가이다. 한부는 양한 문단, 특히 서한 무제 시대 때 통치적인 지위를 차지하였다. 한무제 및 제후 양효왕(梁孝王)은 바로 한부의 애호

---

40 서한의 문장에서 양사마를 병칭한 것은 반고에서 비롯되었는데, 『한서』「공손홍복식예관전(公孫弘卜式兒寬傳)」찬에서 "문장은 사마천과 상여이다."라고 하였다.

자이자 보급자이다. 바로 이런 것 때문에 한부의 주류인 대부는 내용상 덮어놓고 가공송덕하고 태평스럽게 보이게 하였다. 그것이 묘사한 대상은 주로 궁실의 원원(苑囿)과 경도(京都)의 전렵(田獵) 따위이다. 형식상으로는 덮어놓고 "나열해 늘어놓고", "사물을 쓰고 모습만 그렸으며" 문학에서 벗어난 것은 사람을 중심으로 쓴 것으로 광활한 사회생활의 반영이 결핍된 것이다. 사마상여의 부는 바로 전형적인 대표이다.

역사적 경험을 통하여 진정 한대 문학의 높은 봉우리를 대표하는 사람은 「자허부」와 「상림부」를 쓴 사마상여가 아니라 사전 산문을 써서 당송팔대가의 기치가 된 사마천이어야 한다. 가장 설복력 있는 것은 곧 「자허부」와 「상림부」가 『사기』에 의지해 수록되고서야 유전될 수 있었다는 것이다. 문학 발전 사상 문장가 사마천은 대시인 굴원과 나란히 놓여야 한다. 굴원의 부는 선진문학의 최고봉을 대표한다. 사마천의 사전 산문은 한대 문학의 최고봉을 대표하여 두 사람은 앞뒤에서 빛을 발하며 각자 절로 한 시대의 대표 인물이 되었다. 굴원과 사마천 두 사람이 당한 처지는 공통점이 있을 뿐만 아니라 두 사람의 작품은 강렬하게 현실 생활을 반영하였다. 부패와 암흑을 비난하였고 피압박 국민을 동정하는 동시에 낭만주의적 정회를 갖추었다. 이상을 노래하였으며 인생을 펴내었다. 따라서 루쉰은 『사기』는 "운을 달지 않은 이소"라고 하였는데, 매우 긍정적으로 본 것이다.

당송팔대가는 중국 고전 산문의 걸출한 대표로, 그들은 육조의 변문을 반대하였다. 고문을 제창하면서 『좌전』과 『사기』를 기치로 삼았다. 『좌전』의 산문 서사는 구체적 과정을 가지고 있으며 문학성이 풍부하여 산문사상 하나의 발전을 이루었다. 그러나 『좌전』의 산문은 기사가 주가 되어 인물 형상의 묘사가 결핍되어 있으며, 또한 편년으로 경을 풀이하였다는 제한을 받았다. 여전히 산문의 완정된 서사적 특징을 충분히 발휘하지 못하였다. 『사기』의 산문은 광범하게 선진 제자의 산문과 『좌전』, 『국어』, 『전국책』 등 서사 산문의 장점을 고스란히 흡수하여 『사기』의 독특한 사전 문학을 창조해 내었다. 이로써 산문의 발전을 새로운 높은 봉우리로 밀어 올렸다.

당대 고문 운동의 선구자였던 독고급(獨孤及)은 말하였다. "순자와 맹자는 소박하나 문채가 없고, 굴원과 송옥은 화려하나 근본이 없다. 올바른 것을 취한 사람으로는 가생과 사천(史遷), 반맹견(班孟堅)이라 할 따름이다."[41] 이는 사마천의 문장이 순자와 맹자에 비하여 문채가 풍부하고 또한 굴원과 송옥의 "화려하면서도 근거가 없는" 병폐가 없으니 어찌 사마천의 문장이 순자, 맹자, 굴원, 송옥에 비해 한 수 위가 아니겠는가! 역사 서사의 관점에서 보면 『사기』는 완정하게 역사 사건의 발전 과정을 서술하였다. 개성 있고 선명한 인물 묘사는 또한 광범하고 심각하게 사회생활을 반영하였으며 아득하게 『좌전』을 초월하였다. 따라서 당 송팔대가가 제창한 고문 운동은 주로 『사기』를 배우고 본뜨고 사마천을 따랐으며 『사기』의 문장을 고문의 전범으로 하여 거울로 삼았다. 당 송팔대가 후의 명청의 평점가들, 특히 청대 동성파(桐城派) 고문가는 더욱 『사기』를 고문의 정종으로 받들었다. 이는 송대 이후 『사기』는 산문의 발전에 지대한 영향을 끼쳤다는 것을 설명한다. 리창즈(李長之)는 매우 주도면밀하게 평술하였다. 리창즈는 말하였다.

사마천의 풍격은 풍부하며 그의 풍격은 내용을 배합하여 변화를 주었다. …… 한유는 이런 풍격의 일부분을 얻었는데, 씩씩한 것이다. 구양수는 이런 풍격의 일부분을 얻었는데, 한탄하는 것이다. 귀유광(歸有光)

---

41 『전당문(全唐文)』 권518 양숙(梁叔)의 「비릉집후서(毗陵集後序)」.

은 그의 자잘한 곳에서 정신을 전하는 것을 배웠는데, 평담한 곳에서 감정을 토로하는 작은 기교이다. 방포(方苞)는 그의 기사문의 층차와 깔끔한 곳을 배웠다. 임서(林紓)에 이르러서도 여전히 사마천의 풍격을 써서 서양 자산계급 상승기의 문학 명저를 소개하였다. 이런 사람들이 얻은 것이 크든 작든 깊든 얕든 다만 사마천은 산문 풍격 방면의 영향이 큼을 오히려 볼 수 있다.[42]

인문학의 관점에서 보면 사마천은 사학과 문학에 고도의 통일된 전기문학을 창조하였다. 이로 인하여 『사기』는 후세의 사전과 잡전(雜傳)의 창작에 영향을 끼쳤을 뿐만 아니라 후세의 소설과 희극 창작에도 깊은 영향을 끼쳤다. 사마천은 인물 형상 창작을 전형화하는 데 기초를 다진 사람이다. 사마천을 떠올리기만 하면 사람들의 뇌리에는 굴원과 위공자(魏公子), 염파와 인상여, 항우와 유방, 장량, 한신, 번쾌, 이광 및 형가와 섭정, 주가와 곽해 등 일련의 인물들의 형상이 떠오른다. 사마천은 "문장으로 일을 옮긴" 사람을 묘사하는 예술에 "문장으로 일을 내는" 후세의 소설에 직접적으로 영향을 끼쳤으며, 중국 소설이 서방 소설과는 다른 독립적인 특징을 갖추게 하였다. 중국 소설은 서사구조가 강하여 첫머리와 결미, 줄거리의 구성이 모두 사전의 특징을 띠고 있다. 이는 『사기』의 영향을 받은 결과이다. 역으로 『사기』의 몇몇 인물은 생동적 역사소설을 방불케 함을 느낀다.

중국 고전소설의 발전에는 주로 세 시기가 있다. 첫째는 육조의 지괴소설(志怪小說)이다. 둘째는 당오대의 전기(傳奇)이고, 셋째는 송원명청의 화본(話本)과 통속소설이다. 각 역사 시기의 소설은 『사기』의 깊은 영향

---

42 리창즈(李長之)의 『중국문학사략고(中國文學史略稿)』 제2권 22쪽.

을 받지 않은 것이 없다.

『사기』에 실린 일은 지괴와 전기(傳奇)의 경향이 적지 않아 직접적으로 육조의 지괴와 지인(志人) 소설에 영향을 끼쳤다. 『사기』에 기재된 신화 전설과 재이(災異)의 길상, 꿈을 좇아 점을 치는 것 등은 지괴의 경향이다. 『사기』는 주로 각양각색의 기인(奇人)과 기사(奇事)를 묘사하였는데, 이는 전기의 경향이다. "괴(怪)"와 "기(奇)"는 중국 고전소설의 두 가지 기본 내용으로 모두 『사기』에서 발단되었다. 육조 소설은 곧 지괴와 지인 전기의 두 가지 유형으로 나뉜다. "대체로 말하여 사마천이 귀신의 기괴함을 기록한 것은 육조의 지괴소설에 영향을 끼쳤으며, 인사(人事)의 기이함을 전한 것은 지인소설에 영향을 끼쳤다. 당나라의 전기는 이 기초위에서 발전하였으며 전기와 지괴를 겸하여 가지고 있지만 그 주요 경향과 기본 정신은 '전기'이다."[43]

『사기』에서 인물을 그려낸 가장 성공적인 전기는 줄거리와 소설적 의미가 가장 풍부한 편장이며, 송원의 화본과 명청 소설에 소설의 기교에 가까운 필법을 제공하였다. 명청 소설의 평점가는 "사공필법(史公筆法)"이라 하였다. 중국 고전소설의 많은 기법은 모두 여기에서 연변되어 발전해 왔다. 여기서는 일일이 평하여 말하지 않는다.

사마천은 인물 전기에서 희극(喜劇)의 스토리와 희극화한 장면을 잘써서 기세가 드넓고 비장하고 격렬하다. 마릉(馬陵)의 길, 화우진(火牛陣), 민지(澠池)의 회맹, 진왕의 저격, 홍문연(鴻門宴), 진여(陳餘)의 격파, 여 씨들의 평정 등 스토리의 줄거리마다 곡절이 생동적이다. 갈등이 집중되고 첨예하여 후세의 희곡 창작에 대규모 역사적 제재를 제공하였다. 사마

---

43 리사오융(李少雍)의 『사마천 전기 문학 논고(司馬遷傳記文學論稿)』, 중경출판사(重慶出版社) 1987년판, 119쪽.

천이 공들여 그려낸 역사 풍류 인물인 오자서와 소진, 위공자, 염파, 인상여, 전단, 굴원, 형가, 섭정, 항우, 장량, 한신, 이광, 사마상여 등과 같은 인물은 후대의 극작가들에 의해 무대로 옮겨지지 않은 것이 없다. 원대부터 개시하여 『사기』는 역대의 희곡이 취재하고 창작하는 곤산(崑山)의 등림(鄧林)이 되었다. 현존 132종의 원나라 잡극 중 『사기』에서 취재한 극 목록은 16종이다. 현존 명청 잡극 중 『사기』에서 취재한 것은 19종이고 청나라 전기는 2종이다.

경극 및 각종 지방희(地方戱)에서 『사기』의 고사에서 편집하고 편 극작목록은 더욱 많다. 불완전한 통계에 의하면 경극은 190개, 천극(川劇)과 전극(滇劇)은 백 개를 상회한다. 진강(秦腔)은 근 80개이며, 기타 진극(晉劇)과 예극(豫劇), 한극(漢劇), 하북방자(河北梆子) 등등 적게는 몇 개에서 십여 개, 많게는 수십 개에 이른다. 「문소관(文昭關)」과 「마릉도(馬陵道)」, 「완벽귀조(完璧歸趙)」, 「소하월하추한신(蕭何月下追韓信)」, 「홍문연(鴻門宴)」, 「패왕별희(霸王別姬)」 등 수십 종의 『사기』 희(戱)는 모두 이미 경극과 각종 지방희에서 오랜 기간 남아 있는 전통적인 극작 목록으로 줄곧 성황리에 상연되어 쇠퇴하지 않았다.

현대 및 당대 작가가 『사기』에서 취재하여 창작한 신편 역사극 또한 반향을 일으켰다. 저명한 역사 극작가 궈모뤄가 창작한 역사극은 대부분 『사기』에서 취재하였는데, 전후로 7종이나 된다. 그 가운데 「굴원」과 「탁문군(卓文君)」, 「당체지화(棠棣之花)」, 「호부(虎符)」, 「고점리(高漸離)」 등의 극작목록은 중국에서 사람들의 마음속 깊이 파고들었을 뿐만 아니라 세계로 퍼져나가 세계인들에게 널리 유전되었다. 「굴원」은 전후로 구소련과 폴란드, 헝가리, 아이슬란드 등의 나라에서도 출판된 적이 있다. 「탁문군」은 영어와 루마니아어로 번역되었다. 「당체지화」는 러시아어로 번역되었는데, 제목은 「이생자매(李生姉妹)」이다. 「호부」와 「고점리」는 일역본이 있다.

신중국 성립 이래 새로 편집된 『사기』의 극작 목록은 화극(話劇)으로 「담검편(膽劍篇)」과 「진황부자(秦皇父子)」가 있다. 가극(歌劇)으로 「대풍가(大風歌)」가 있으며, 진강으로 「진용혼(秦俑魂)」과 「사마천」이 있다. 「조조(晁錯)」는 예극으로, 「사마천」은 경극이 되었다. 영화로 「황친국척(皇親國戚)」이 있고, TV 드라마로 「두태후인제(竇太后認弟)」와 「한무대제(漢武大帝)」가 있다. 라디오 드라마로 「사성사마천(史聖司馬遷)」, 시청각 교육 재료로 「사마천고리행(司馬遷故里行)」 등이 있다.

위에서 말한 것에서 중국 문학 발전 상 사마천은 앞을 잇고 뒤를 열어주는 걸출한 문학가가 되기에 부끄럽지 않다. 그가 창작한 『사기』라는 전기 문학은 다방면의 문학적 가치를 가지고 있으며 중국 고전문학에서 비할 바 없는 정품(精品)이다.

3) 탁월한 사상가

사상가로 사마천은 숭고한 인격과 창신의 정신을 갖추고 있다. 그의 숭고한 인격과 창신의 정신은 주로 다음 세 방면으로 표현된다. 첫째 치욕을 견디며 중대한 임무를 맡고 발분하여 책을 지어 "일가의 말을 이루는" 이상을 실현하였다. 둘째, 탐색과 창신에 용감하여 획기적인 기전체 통사를 창작하였다. 그것을 가지고 그 흥망성쇠의 이치를 상고하여 옛것을 보고 스스로 거울로 삼았다. 셋째, 신실하고 믿을 만한 역사에 엄격하게 충실하여 성인과 시비를 함께 하지 않았다. 이런 정신과 품격은 모두 우리가 계승하고 발양할 가치가 있는 것이다.

사마천은 치욕을 참고 분을 발하여 "일가지언을 이루는" 이상을 실현하였다. 국민들에게 명예를 세우는 것을 핵심 사상으로 하는 진보적인 영욕관과 생사관을 수립해 주었으며, 후세에도 심원한 영향을 끼쳤다. 북제의 안지추(顏之推)는 『안씨가훈(顏氏家訓)』 「명실(名實)」 편에서 말하였다. "명예를 세우도록 권하는 것은 그 실질을 얻는 것이다. 한 사람이 백이(伯夷)가 되도록 권하면 천만인이 맑은 기풍을 세울 것이다. 한 사람이 계찰(季札)이 되도록 권하면 천만인이 인(仁)한 기풍을 세울 것이다. 한 사람이 유하혜(柳下惠)가 되도록 권하면 천만인이 곧은 기풍을 세울 것이다." 이는 걸출한 인물의 수신과 입명이 일단의 사람들의 기풍에 영향을 끼칠 수 있다는 것을 말한다.

봉건사회에서 개인의 수신과 입명은 일종의 적극적이고 진취적인 인생관이다. "청사에 이름을 남기는 것"은 고대의 모든 지사와 인인이 분투하고 추구하는 목표일 뿐만 아니라 사람의 마음에 깊이 들어가 보통 백성들은 모두 "청사에 이름을 남기는" 깊은 의의를 이해하였다. 남송의 민족 영웅 문천상(文天祥)은 「영정양을 지나며(過零丁洋)」에서 "사람이 나서 예로부터 누가 죽지 않겠는가? 붉은 마음 남기고 취하여 역사 비춘다네.(人生自古誰無死, 留取丹心照汗青)"라는 장렬한 시구를 쓴 적이 있는데, 지금까지도 사람들의 투지를 격려하는 좌우명이 된다. 이것이 바로 사마천의 이름이 태산보다 무거운 입명 정신이라 할 수 있다.

사마천은 『사기』를 지어서 전에 없는 성공을 얻었는데, 또한 바로 입명의 신념이 추동한 결과이다. 명나라의 가유기(柯維騏)는 사마천이 발분하여 역사를 수찬한 것을 본받아 마침내 스스로 궁형에 처하였으니 그 행위는 실로 가소롭지만 사마천이 치욕을 참아가며 발분한 정신이 후대에 끼친 강렬한 영향임을 설명한다.

사상가로서 사마천의 위대함은 그의 창작하고 실천하는 부단한 창신 정신에 더욱 체현되었다. 사마천은 그의 부친을 매우 존경하였고 공자를 무한히 추숭하였지만 결코 부친의 가르침과 죽어도 경문만을 안고 있는 것은 지키지 않았다. 그의 창신 정신은 부친의 계획과 성인의 유훈을 돌파하였다. 창신은 사마천 품격의 집중 반영이며 『사기』의 최대 성공이라고 말할 수 있다. 『사기』가 획기적으로 위대한 저작인 까닭은 가장 간결하고 세련된 언어로 개괄하였기 때문인데 바로 이 거작은 내용에서 형식까지 모두 획기적으로 창신하였다. 앞의 제7장과 제8장, 그리고 이 장에서 이미 『사기』의 구조와 풍부한 내용에 대하여 체계적으로 분석을 하였다. 여기서 다시 사마천이 창신한 정신을 구체적으로 나열하는데, 최소한 다음의 10가지 주요 방면으로 열거할 수 있다.

(1) 기전체를 창시하여 형상적으로 봉건사회의 등급 서열을 반영하였다.

(2) 고금을 관통하는 통사를 창시하여 역사 발전의 단한(斷限) 이론 연대학을 세웠다.

(3) "태사공은 말한다"의 사론 형식을 창시하여 체계적인 사학 이론을 제기하였다.

(4) 경제 사전을 창시하여 고대의 소박한 유물사관을 발전시켰으며 경제 발전 상황이 사회 역사에 끼치는 결정적 작용을 하였다.

(5) 군사 사전을 창시하여 체계적으로 고대의 전쟁 이론을 총결하였으며 전사(戰史)의 내용을 서술하였다.

(6) 학술 사전을 창시하여 학술의 원류를 변별하였다.

(7) 민족 사전을 창시하여 민족 통일 사상을 제기하였다.

(8) 갖가지 인물의 유전(類傳)을 창시하여 전면적으로 사회생활을 반영하였다.

(9) 고문을 어역하여 어렵고 깊은 옛 오묘한 언어를 통속화시켰다.

(10) 역사 전기 문학을 창시하여 사전 문학으로 통칭하고 역사 인물의 실록 묘사로 전형적 형상을 빚어서 이루었다.

기타 또한 몇몇 나열할 수 있는 것, 예와 악, 역(曆), 복(卜) 등의 각종 특정 제목을 단 문화 사전 같은 것은 역사 서술의 범위를 확대시켰다. 「대원열전」을 창시하여 외국 역사 사실을 수록하여 말한 것 등등이다.

위에서 말한 창신을 한마디로 총괄한다면 바로 사마천이 창조한 백과전서식 "기전체 통사"이다. 이는 다만 사학 발전사상의 획기적인 창신일 뿐만 아니라 문학사와 사상사에서도 모두 하나의 이정표를 세웠다. 사마천이 입언한 관점에서 보면 5체 구조의 기전체는 바로 "일가지언"의 표현 형식이다. 백가의 학설을 관통하여 통일된 신사상 체계를 세웠는데, 이는 바로 "일가지언"의 내용이다. 핵심 사상은 그 흥망성쇠의 이치를 상고하여 옛것을 보고 거울로 삼았다. 이 때문에 사마천의 사상 체계는 사변철학이 아니다. 경세치용의 역사를 총결한 경험이며 지난 일을 말하고 올 것을 생각하는 중에 "일가지언"을 형성하였다. 사마천의 "일가지언"이 백가의 학설을 융회 관통하였기 때문에 그것은 "홀로 유술을 높인" 사상 체계에 대하여 우러난 이단이다. 이 이단 사상은 사마천이 봉건주의의 정통과 맹목적인 충성 사상의 속박을 돌파하여 과감히 역사를 실록하고 군왕을 풍자하며 성인을 비판하였다. 폭정에 반대하였으며 국민의 고난을 동정하게 하였다. 아울러 『사기』에서 국민의 역량을 중시하는 사상을 두드러지게 했다. 이런 것은 바로 『사기』의 애민 사상 요소이다. 사마천의 "일가지언"은 중국 고대 이단 사학의 우수한 전통으로 긍정할 만하다.

사마천이 창신할 수 있었던 까닭은 주로 그의 구상이 높고 멀며 충분히 실록의 창작 정신을 견지할 수 있었기 때문이다. "천인의 관계를 궁구하였으며 고금의 변화에 통달하였고 일가의 말을 이루어" 자기의 독보적인 견해로 역사에 어떻게 변화 발전하는가에 대답하였다. 그의 재능은 성인과 시비를 함께하지 않고 오랜 사상 전통과 관방철학의 프레임을 돌파하였다. 이런 창신 사상은 도가를 찬양하는 것과 상인, 유협을 위해 전을 세워주는 이 몇 방면에 집중적으로 표현되어 있다. 반고는 비평하여 말하기를 "옳고 그름의 판단 기준은 성인과 사뭇 달랐다. 학술을 논하면서 황로를 앞세우고 육경을 뒤로했으며 유협을 서술하면서 처사(處士)를 물리치고 간사한 무리를 내세우고 화식(貨殖)을 서술하며 세력과 이익을 숭상하고 빈천함을 수치로 여겼으니 이것이 그 폐해이다."[44]라고 하였다.

반고가 비평한 이른바 태사공이 놓친 세 가지의 "폐해"는 정확히 사마천 사상에서 눈부시게 아름다운 "장점"이다. 사마천의 "대도를 논하면 황로가 먼저이고 육경은 나중이다."라는 것은 문경지치의 태평성세를 긍정적으로 보았고 한무제의 과욕이 부른 쇠퇴를 부정한 것이다. 화식을 말하고 상인을 위해 전을 세워준 것은 상인이 생산 발전을 촉진하여 사회경제의 번영에 대하여 일으킨 공헌을 긍정적으로 보는 것이다. 유협을 찬송한 것은 이런 유의 사람이 자기를 희생하고 남의 위급함을 구할 수 있는 도덕을 긍정적으로 본 것이다. 실제로 사마천은 황로와 상인, 유협의 찬송을 통하여 그의 개명 정치에 대한 동경을 표현하였으며 국민이 이를 추구하고 강포함에 반대하는 것을 긍정적으로 보았다. 이런 사상은 『사기』의 인물과 역사 사건을 포폄하는 척도는 통치받는 계급의 정통사상 약속이 아니며, 어느 정도 압박을 받는 국민의 이익에서 입론한 것임을 체현하였다. 이는 의심의 여지 없이 그 시대의 가장 진보된 사상이다.

사마천의 선혈(鮮血)과 생명은 『사기』로 화하여 화하 자손에게 귀중한 문화유산을 남겼다. 그는 영원히 사람들로부터 추앙받을 만한 가치가 있다.

---

44 『한서』 권62 「사마천전」 찬.

제10장

명산의 사업이
천추에 드리우다

『사기』가 이루어지자 사마천은 무거운 짐을 벗은 것 같았으며, 자신감이 충만하여 이름을 후세에 드리울 수 있었고 천추만세의 사람들에게 평설의 근거를 제공하였다. 「태사공자서」에서는 말하였다. "모두 130편 52만 6천 5백 자이며 『태사공서』이다.", "이름난 산에 갈무리하여두고 부본은 경사에 두어 후세의 성인군자를 기다린다." 사마천은 『태사공서』로 그가 당한 치욕을 씻어 이름이 충분히 태산같이 중하여질 수 있으리라 생각하였다.

「보임안서」에서는 말하였다. "명산에 숨겨두었다가 저와 뜻을 같이하는 사람에게 전하여 온 나라 수도에 모두 알린다면 제가 이전에 치욕을 참고 자결하지 않았다는 책망을 보상받을 것인데, 비록 수만 번 죽는다 하여도 무슨 후회가 있겠습니까! 그러나 이러한 말은 명철한 사람에게는 할 수 있어도 일반 사람에게는 하기 어렵습니다." 사마천은 죽은 후 박학하고 고아한 사(士)만이 그 책을 읽을 수 있고 사마천의 사람됨을 생각해 볼 수 있을 것으로 여겼다. 자연히 그는 2천 년이 흐른 지금 『사기』가 일찌감치 묘당에서 걸어 나와 국민 대중이 함께 향유하는 정신적 양식과 문화의 보물이 되리라고는 생각할 수 없었다. 사마천이 지하에서도 지각이 있다면 또한 기뻐하며 만면에 웃음을 띨 것이다.

이 장에서는 『사기』가 유전되어 온 과정을 대략 서술함으로써 사공(史公)의 영령에 위로를 고하고자 한다.

1. 『사기』는 관서(官書)이고 명산에 갈무리하는 것은 곧 묘당에 안치하는 것이다

학술계에서는 일반적으로 『사기』는 사찬 사서이며 "명산에 갈무리하였다"는 것은 금지되어 전하여지지 않을까 해서 정본은 깊은 산에 갈무리하고 부본만 경사에 남겨놓았으므로 "부본은 경사에 두었다"고 하였다고 생각하였다. 이 설은 『한서』 「사마천전」 안사고(顔師古)의 주석에 근거를 두고 있다. 안 씨는 말하였다. "산에 갈무리하였다는 것은 망실에 대비한 것이다. 그 부본은 그대로 경사에 남겨두었다." 안사고의 주석은 잘못된 추측일 뿐이다.

무릇 가져다 명산에 갈무리하였다는 논자들은 모두 사마천이 태사령으로 책을 저술하는 직위에 있었다는 사실을 소홀히 여긴 것이다. 『사기』를 오늘의 개인 사찬과 동등하게 여기는 것은 당시의 실제 상황과 서로 용납되지 않는다. 『사기』가 관에서 수찬한 책이라고 하는 것은 당나라 이후 관(館)을 설치하여 수찬한 사서와는 구별되어 여러 사람의 손에서 이루어진 것이 아니며 처음부터 끝까지 사마담과 사마천 부자 두 사람의 손에서 나와 자수성가한 것을 이르는 말이다.

송나라 사마광이 『자치통감(資治通鑑)』을 수찬할 때 국가에서는 서국(書局)을 설립하였다. 옳고 그름을 고려하여 결정하는 권리가 한결같이 편찬을 주관한 사마광의 손에서 나와서 관찬인지 사찬인지 명확하게 판단하기가 어렵다. 두 사마 씨의 책은 관찬이면서도 사찬이다. 절충하여 말하면 관의 도움을 받은 사찬, 즉 창작이라는 관점에서 말하면 두 사마 씨의 책은 모두 사찬이라고 말할 수 있고 형식은 관찬서인데, 『사기』가 더욱 이런 성격을 띤 책이다.

관찬의 책은 조정에 상주하도록 되어 있다. 『사기』 또한 책이 완성되는 대로 조정에 상주하여야 했다. 「한흥이래제후왕연표」 서에서는 말했다. "신 사마천은 삼가 고조 이래 태초에 이르는 제후의 흥망성쇠를 기록하여 후세의 사람들이 볼 수 있게 하려고 한다.", "신 사마천(臣遷)" 운운한 것이 바로 『사기』의 정본을 조정에 상주하였다는 움직일 수 없는 증거이다. 동한 위굉의 『한서구의주(漢書舊儀注)』에 있는 한무제가 경기(景紀)와 무기(武紀)를 삭제했다는 설 또한 사마천이 지은 책을 조정에 상주해야 했다는 것을 설명할 수 있다. 아니면 한무제가 어떻게 삭제를 하였겠는가!

『사기』가 이루어지면 조정에 상주하여야 했으므로 「태사공자서」에서 말한 "명산에 갈무리한다"는 것은 실은 관가의 서고에 갈무리한다는 것을 우아하게 표현한 것이다. 『사기색은』에서는 "정본은 서부(書府)에 갈무리하였고 부본은 경사에 남겨두었다."고 하였다. 아울러 『목천자전(穆天子傳)』 곽박(郭璞)의 주를 인용하여 증거로 삼았다. 곽박은 말하였다. "옛 제왕이 책을 갈무리하는 부고이다." 사마정의 해석은 실제와 부합한다. 정본을 명산에 갈무리하였다면 경사는 조정을 가리키며 그 부본을 경사에 남겨놓았다면 당당히 높은 황제가 어찌 달가워하였겠는가. 따라서 안사고의 주장은 성립될 수 없다.

관부의 장서는 유포되기가 쉽지 않기 때문에 사마천은 부본을 경사의 집에 남겨놓았다. 사마천은 사위인 양창(楊敞)에게 전하였고, 양창은 그 아들 양운(楊惲)에게 전하였으며 양운은 선제 때 대외적으로 전파하였다. 『한서』 「사마천전」에서는 그 일을 기록하여 말하였다. "사마천이 죽은 후에 그 책은 조금씩 나왔다. 선제 때 사마천의 외손자 평통후(平通侯) 양운이 그 책을 조술하여 마침내 선포하였다."

『사기』의 문장 내용에도 관찬서의 흔적이 남아 있다. 「항우본기」는 항우를 본기로 높였을 뿐 아니라 한나라의 기년을 기술하였다. 「태사공자서」의 문장에 보이는 "초나라 사람이 우리 형양(滎陽)을 에워싸 3년을 지켰다", "초나라 사람이 우리 경(京)과 삭(索)을 압박하였다", "우리 한나라는 오제의 유업을 잇고 삼대의 끊어졌던 대업을 이었다." 등의 화두는 "아(我)"와 "초인(楚人)"을 대조적으로 들었다. 또 "아한(我漢)"이라 일컫는 것은 엄연히 사서를 관찬하는 사신(史臣)의 말투이다. 앞에서 인용한 「한흥이래제후왕연표」 서에서 "신 사마천이 삼가 기록한다" 운운한 것은 완전히 사신이 황제에게 상주하는 격식이다.

어떤 사람은 "서한에는 진정한 사관이 없었으며" 동한의 반고는 나라의 역사를 사적으로 수찬하였다가 고발을 당하였는데, 동한의 명제(明帝)가 완성된 책을 꼼꼼히 읽어본 후에야 반고를 불러 낭관(郎官)으로 삼아 "비서(秘書)의 교정을 맡게 하였으며" 나중에는 또한 난대령사(蘭臺令史)가 되어 "동관(東觀)에서 저작하였다", "이것이야말로 이른바 세상에서 이른바 국사(國史) 편수의 시작이다."라고 생각하였다. 논자는 이에 단언컨대 서한의 태사령은 성력(星曆)을 담당하는 것이 주 업무이며 "문사(文史)는 부차적인 것이었으며 실제로 부차적인 것은 말을 하지도 못하였다." 이 때문에 "사마천은 사관이 아니고 또한 사관을 세습한 후사가 아니며" 따라서 『사기』는 개인의 저작이지 관찬서가 아니라는 것이다.[1]

위에서 인용한 논점은 역사를 단절시키는 단장취구로 겉만 보았지 이면은 궁구하지 않았다. 중국의 사관은 유구한 역사적 전통을 가지고 있다. "당우(唐虞) 삼대의 『시』와 『서』의 언급은 대대로 사관이 있었고 전적을 맡았다."[2] 하·상·주 삼대는 정교가 하나로 합치되어 사관은 문화와 종교를 담당하였다. 사람과 신을 서로 통하게 하는 중개인이었으며 그들은 왕의 좌우에서 모시면서 수시로 왕과 신하의 언행을 기록하였을 뿐만 아니라 하늘의 길흉을 예견하여 수시로 신의 의지를 왕에게 전달해야 했다. 이 때문에 삼대의 사관은 천문과 역법에 정통하여 대대로 서로 세습하며 업무에 정통해야 했고 천관과 사관 둘을 하나로 합쳤다. 동주 이후 국가 제도가 점점 엄밀해지면서 내사와 어사(御史) 등 사관이 정사관(政事官)으로 바뀌어 지위가 부단히 상승하였다. 그러나 문사와 성력을 맡은 태사는 성력이 주된 업무가 되었고 지위가 부단히 하락하였다.

진한에 이르러 태사령은 구경의 하나인 봉상(奉常)에 소속된 육령(六令)의 하나였다. 그러나 태사령은 천관을 관장하고 도적(圖籍)을 맡아 둘을 합쳐 하나가 된 옛 사관의 유의(遺意)가 조금도 바뀌지 않았기 때문에 위굉은 말하기를 "천하의 계서(計書)는 먼저 태사령에게 올리고 다음에 승상에게 올려 일의 순서가 옛 춘추와 같았다."[3]고 하였다. "일의 순서가 옛 춘추와 같았다"라는 것은 바로 계서의 정리와 당안(檔案)의 편차를 연월로 엮는다는 것이다. 태사령만이 사관의 직책을 지켜 사마천은 세습을 하든 말든 그 직책을 맡을 수밖에 없었는데, 곧 사관이 되는 것이었다. 사

---

1 위에서 인용한 논점은 쉬쉬팡(徐朔方)의 『사한논고(史漢論稿)』 74~77쪽을 참고하여 보라. 강소고적출판사(江蘇古籍出版社) 1984년판.

2 『후한서』권40 「반표전(班彪傳)」.

3 『사기』권130 「태사공자서」의 『집해』에서 인용한 여순(如淳)이 말한 위굉(衛宏)의 『한의주(漢儀注)』.

마천 부자는 이어서 그 직책을 맡았다. 목적은 역사를 편수하는 것이었으며 「태사공자서」에서 확실하게 말했으므로 인용하여 말하지 않겠다.

서한의 태사령이 사관이 아니라면 사마담과 사마천이 몽매에도 추구한 사직(史職)은 어찌 허공에 매달린 것이 아니겠는가? 태사령이 사관임을 부인한다는 것은 『사기』가 관찬서라는 것을 부인하는 것이다. 『사기』가 관찬서임을 부인하는 것은 『사기』가 이루어진 역사적 조건을 단절시키려는 것이고 사마 씨 부자 사상 발전의 맥락과 역사 수찬의 동기를 분명하게 말하지 않는 것이다. 이 때문에 『사기』 수찬의 성질을 관(官)과 사(私)로 변별하는 것은 "명산에 갈무리하는" 문제를 해결하는 것일 뿐만 아니라 나아가 『사기』가 이루어진 역사 조건을 언급하려는 것이다. 그러므로 사마천 연구의 중대한 과제라 변별하지 않을 수 없다.

그러나 고대 사관의 주요 직책은 천관을 맡고 도적(圖籍)을 관장하는 것이었으며, 기언과 기사에 있어서는 빠뜨린 것을 보충하고 옛일을 보존하는 일을 하였다. 사관은 도적을 맡고 직책은 문헌 정리를 하는 것이며 실록을 기록하는 것은 역사를 저술하는 것이 아니라고도 말할 수 있다. 사마담과 사마천이 공자가 『춘추』를 편수한 것을 본받아 사관의 직책이라는 조건을 이용하여 스스로 일가의 말을 이룬 역사를 저술한 것은 바로 사관이 지켜야 할 직책을 발전시킨 것이며,[4] 진한 교체기의 사회제도가 크게 변할 때 사관제도 또한 변하는 중이었다.

동한의 반고 후에 역사 수찬을 맡는 직책은 날로 점점 엄밀해져서 당대에 이르러서는 사관제도(史館制度)가 되었다. 이에 이르러 태사령은 비

---

4 『한서』 「서전(叙傳)」에서 반고가 사마천을 비평한 말에서도 또한 실마리가 보인다. 반고는 말하였다. "한나라는 요(堯)의 운(運)을 이어 제업(帝業)을 일으켰으며 6세(世)에 이르러 사신이 그 공덕을 추술하여 사사로이 본기를 짓고 백왕(百王)의 끝에 엮고 진(秦)나라와 항우의 반열에 끼워 넣었다." 안사고의 주에서는 말하였다. "무제 때 사마천이 『사기』를 지은 것을 말한다."

로소 천문만 맡게 되었고 더 이상 사관의 직책은 맡지 않았다. 서한의 태사령을 단순히 후세의 온전한 사관 제도로 한정 짓는다면 이는 역사를 단절시키는 것이다. 『사기』가 이루어졌을 때 원제가 『태사공서』라는 것은 바로 사관의 직책을 지키는 것을 나타낸다. 『사기』는 중국 고대 사관이 국가의 역량을 움직여 처음으로 개인이 역사를 서술하는 것을 열어서 일가의 말을 이룬 선례라 할 수 있다. 따라서 역사학자의 자각 책임을 대동하여 이를 본받아 사인이 역사를 서술하는 기풍을 성하게 하였다고 말할 수 있다. 동한 이후로 국가에서는 사관(史館)을 설치하여 역사를 편수하였는데, 중앙에서 집권 정치를 강화하고 여론을 통제하는 표지로 이는 사세의 발전상 필연적이다.

2. 『사기』의 서명과 잇고 보충하며 덧붙임

『사기』의 서명은 "태사공"의 이름 해석과 긴밀하게 서로 이어져 있다. 『사기』의 전파와 서명의 변천에 따라 "태사공"의 명의(名義)는 판별할수록 더욱 복잡해져 지금까지도 논쟁 중이다. 지금 우리가 보는 『사기』가 『태사공서』 원래의 모습인지 아닌지 많은 의심과 논쟁이 있다. 여기에서 대략 정리하여 참고의 수단으로 삼는다.

1) 『사기』라는 고유명사는 동한 환제와 영제 즈음에 비롯되었고 원제는 『태사공서』이다

"사기"는 원래 공유 명칭으로 사마천의 『사기』에는 아홉 번 보인다. 『주본기』에서는 말하였다. "태사(太史) 백양(伯陽)이 사기(史記)를 읽었다." 「십이제후연표」 서에서는 말하였다. "공자는 서쪽 주왕실의 서적을 살펴보고 사기(史記)의 옛 견문을 논하였다." 또 말하였다. "노나라의 군자 좌구명(左丘明)은 공자의 사기(史記)에 따라 그 말을 제대로 논하여 『좌씨 춘추』를 이루었다."

「육국연표」에서는 말하였다. "진나라는 뜻을 얻자 천하의 『시』와 『서』를 불태웠으며 제후의 사기(史記)는 더욱 심하였는데, 풍자한 것이 있었기 때문이다." 또 말하였다. "『시』, 『서』를 다시 보게 된 것은 대부분 민가에 소장되었기 때문이며 사기(史記)만 주나라 왕실에 소장되어 있었기 때문에 없어졌다." 「천관서(天官書)」에서는 말하였다. "나는 사기(史記)를 보고 행한 일을 고찰하였다." 「진세가(陳世家)」에서는 "공자가 사기(史記)를 읽다가 초나라가 진(陳)나라를 회복시킨 데 이르러" 운운하였다. 「공자세가」에서는 말하였다. "이에 노나라 사기(史記)를 따라 『춘추』를 지었다."

「태사공자서」에서는 말하였다. "사기(史記)와 석실 및 금궤의 책을 모아서 엮었다." 위에서 인용한 각 예의 "사기(史記)"는 모두 공유 명칭이다. 『일주서(逸周書)』와 『염철론』, 『월절서(越絶書)』, 『동관한기(東觀漢記)』 등의 책에도 사적(史籍)을 일컫는 "사기(史記)"라는 용어가 있다. 사마천의 책 원제가 『태사공서(太史公書)』라는 것은 「태사공자서」에 보이는데, "모두 130편 52만 6,500자이며 『태사공서』"라고 하였다. 확실한 근거가 있으니 왜곡된 학설로 거듭 증명할 필요가 없다. 그러므로 양한의 유향과 유흠의 『칠략(七略)』과 반고의 『한서』 「예문지」에는 모두 『태사공서』, 『태사공』 130편이라 저록하였다. 『태사공』은 『태사공서』의 약칭이다.

서한 때 『태사공서』는 사람들이 인용하는 데 따라 모두 다섯 가지의 조금 다른 명칭이 있다. 다른 세 명칭 중 『태사공전(太史公傳)』은 『사기』 「귀책열전」 저소손(褚少孫)의 보충에 보이는데, 이는 저소손이 전적으로 "열전"을 가리킨 것으로 『태사공서』의 "열전"과 같다. 『태사공기(太史公

記)』는 『한서』 「양운전(楊惲傳)」과 응소(應劭)의 『풍속통의(風俗通義)』 권1에 보인다. 『태사기(太史記)』는 『풍속통의』 권2에 보인다.

『사기』가 처음으로 고유명사의 명칭으로 쓰인 것이 언제부터였는지는 고찰할 수 없다. 왕궈웨이의 『태사공행년고(太史公行年考)』와 판원란(范文瀾)의 『정사고략(正史考略)』에서는 『사기』라는 고유명사는 위(魏)나라 왕숙(王肅)에게서 비롯되어 『수서』 「경적지(經籍志)」에서 명칭이 굳어졌다고 하였다. 여러 사적에 의하면 이 논점은 확실치 않다. 문헌에 의거하면 동한 말에 이미 통칭되었다.

채옹(蔡邕)의 『독단(獨斷)』과 순열(荀悅)의 『한기(漢紀)』, 응소의 『풍속통의』, 영용(穎容)의 『춘추예서(春秋例序)』, 고유(高誘)의 『여씨춘추훈해(呂氏春秋訓解)』, 고유의 『전국책주(戰國策注)』 등의 책에서는 모두 『태사공서』를 『사기』라 일컬었다. 위에서 말한 저작가는 모두 한말의 사람들이다. 『삼국지』 「왕숙전」에는 위명제(魏明帝) 조예(曹叡)와 왕숙 두 사람의 문답이 실려 있는데, 또한 『사기』라고 일컬었으며, 이는 『사기』라는 명칭이 삼국시대에 이미 관가(官家)의 인정을 받았다는 것을 설명한다.

천즈(陳直)가 지은 『태사공서명고(太史公書名考)』[5]에서는 9조목의 증거를 들어 『사기』가 고유명사로 쓰인 것이 동한 환제와 영제 즈음에 이미 민간에서 입으로 전파되었음을 논증하였다. 『예석(隷釋)』 권2 「한동해묘비비음(漢東海廟碑碑陰)」에서는 말하였다. "빠진 것은 진시황이 이름을 세운 진나라 동쪽 문이 빠진 것인데 일이 『사기』에 있다." 이는 진시황이 동해의 경계에 세운 비석인데 이름이 진동문(秦東門)으로, 이 일은 「진시황본기」 35년에 보인다. 또한 『금석췌편(金石萃編)』 권12 「한집금오승무영비(寒執金吾丞武榮碑)」에서는 말하였다. "『효경』, 『논어』, 『한서』, 『사기』, 『좌

---

5 천(陳)의 글은 『문사철(文史哲)』 1956년 6월호에 실려 있다.

씨』, 『국어』를 전하여가며 강(講)하였는데, 널리 배우고 작은 것을 감별하여 융회관통하지 않음이 없었다." 여기서 이미 『사기』의 명칭을 『한서』 등의 전적과 병칭하였다. 이 두 비석은 천즈의 고증에 의하면 동해묘비는 환제(桓帝) 영수(永壽) 원년(155)에 세웠고, 무영비는 대략 영제(靈帝) 초년에 세웠다. 이 두 비석의 움직일 수 없는 증거로 『사기』가 고유명사로 쓰인 것은 일찌감치 동한 환제와 영제 즈음에 이미 광범하게 유포되었음을 알 수 있으며 아니면 석비에 새겨질 수 없었을 것이다.

천즈의 글에서는 아울러 그 책 이름의 연변 과정을 추론하여 말하였다. "사마천이 스스로 정한 원래 이름은 『태사공서』이다. 이를 이어 서한의 유자들이 이 명칭을 거의 그대로 갖다 썼으므로 『한서』 「예문지」에서는 『태사공서』를 춘추류(春秋類)에 포함시켰다. 한 번 변하여 『태사공기』가 되었고, 두 번 변하여 『태사기』가 되었고 세 번 변하여 지금의 『사기』가 되었다. 기타 칭호로 『태사공전』 및 『태사공』이 있었는데, 모두 연변 중의 여러 가지 명칭에 속한다." 천즈의 글은 확실한 증거를 들어 입론이 정밀하고 엄정하여 정론이라 할 만하다.

지금까지 우리는 여전히 하나는 알고 둘은 알지 못하였으니 곧 사마천이 어째서 스스로 그 책의 제목을 『태사공서』라 하였는가 하는 것이다. 어째서 또 연변되어 『사기』가 되었는가? 이는 "태사공" 석 자의 석의(釋義)를 언급하였는데, 여전히 대략 고증 변별될 것을 요한다.

태사공이라는 명칭 풀이는 한대 이래로 여러 가지 견해가 분분한데, 귀납해 보면 최소한 10가지의 견해가 있다. 편폭을 줄이기 위하여 여기서는 각 가의 설에 대하여 인용하여 증명하지 않을 것이며 『사기』를 근본적인 증거로 삼고 직접 사마천이 스스로 그 책의 제목을 "태사공"이라 한 본의를 드러내 보이겠다.

"태사공"의 명칭을 풀이하는 초점은 한 마디로 개괄할 수 있다. 곧 "태사공"은 존칭인가 아니면 관직 이름인가? 하는 것이다. 이 두 설은 모두 동한 초에 일어났으며 환담(桓譚)은 존칭이라는 설을 주장하였고[6] 위굉은 관직 이름이라는 설을 주장하였다.[7] 태사공이 존칭이라면 타인이 사마천을 존칭한 것인가, 아니면 사마천이 그 부친을 존칭한 것인가?『사기』130편의 논찬에서는 모두 "태사공은 말한다"고 하였으니, 타인의 존칭이라고 한다면 사마천을 위해 의도적으로 거리를 둔 것으로 타인에게 위탁하여 존칭을 하는 것은 세상에 그런 이치는 없다. 사마천이 그 부친을 존칭한 것이라면 "태사공은 말한다"라는 것은 절대다수가 사마천이 스스로 일컬은 것이니 어찌 사마천이 스스로 높인 것이 아니겠는가? 존칭설은 원만하기가 어렵다. 태사공을 관직 이름이라고 주장한 것에 대하여『한서』「백관표」에는 이 관직이 없으며『한서』의 주석가 진작(晉灼)과『사기』의 주석가 사마정(司馬貞)은 모두 반박하여 배척하였다. 다만 관직 이름이라는 것이 간편하기 때문에 믿고 따르는 사람이 많고 나누어진 설이 가장 많다. 한나라 이래로 태사공 명칭 풀이의 논쟁은 존칭설을 주장하는 것이 세 가지이며, 관직 이름이라는 설을 주장하는 것이 일곱 가지인데 모두 통하기 어렵다. 이제『사기』의 본증(本證: 재판에서, 입증 책임 당사자가 그 사실을 증명하기 위하여 제출하는 증거)을 보도록 하자.

---

6 환담(桓譚)의 설은「효무본기(孝武本紀)」의『색은(索隱)』에서 인용한 곳에 보이는데, 그곳에서는 말하였다. "태사공은 책을 지어 책이 완성되자 동방삭(東方朔)에게 보여주었으며, 동방삭은 평정(平定)해주고 이어서 그 아래에 서명하였다. 태사공이란 것은 모두 동방삭이 추가한 것이다."

7 위굉(衛宏)의 설은 삼국시대『한서』의 주석가 여순(如淳)이 인용하였으며,「태사공자서」의『집해』에서 여순의 말을 옮겨 인용하였다. "『한의주(漢儀注)』에 의하면 태사공은 무제가 설치하였으며 지위는 승상의 위에 있었다. 천하에서 책을 헤아릴 때 먼저 태사공을 위로 하여 승상에 버금갔으며 서사(序事)가 옛 춘추와 같다. 사마천이 죽은 후 선제(宣帝)가 그 관직을 영(令)이라 하고 태사공의 문사를 행한 것일 따름이다."『한의주』는 환담과 동시의 조금 늦은 위굉이 지은 것이다.

「태사공자서」에서 "태사공"이라 일컬은 것은 모두 14곳인데, 4곳은 지칭(指稱)이다. "희는 담을 낳았는데, 담은 태사공이 되었다.", "사공은 건원과 원봉 연간에 벼슬을 하였다.", "태사공은 천문만 관장하였고 백성을 다스리지는 않았다. 아들이 있었는데, 천이라고 하였다." 이는 확실히 사마담을 가리킨다. "태사공은 말하였다. '선친께서 말씀하셨다.'" "태사공은 말하기를 내가 동생(董生)이 말하는 것을 들으니", "태사공이 말하기를, 예예, 아니아니 그렇지 않습니다. 내가 선친께서 말씀하신 것을 들으니", "그러나 7년 만에 태사공이 이릉의 화를 당하였다."고 하였는데, 이는 확실히 사마천을 가리킨다. "천하의 유문과 고사가 태사공에게 다 모이지 않음이 없었다.", "태사공은 이에 부자가 서로 이어 그 직책을 계승하였다." 이 두 곳의 "태사공"은 담과 천 부자가 지킨 관직 "태사령"을 아울러 가리켰다. "모두 130편 526,500자이며 『태사공서』이다."는 『사기』의 원제인 서명을 가리킨다. 「태사공자서」 중의 "태사공"의 함의로 보면 확실히 "태사공"은 서명일 뿐만 아니라 아울러 사마 씨 부자의 직책을 함께 일컫은 존칭이다.

"태사공" 자체는 결코 관직 이름이 아니다. 사마천은 "태사령"에 대한 관직 이름의 존칭이어야 하며 곧 그 부친을 높여 또한 스스로 제목을 붙였다. 여기 두 가지의 직접적 증거가 있다. 첫째, 『사기』 「봉선서」에는 사마담을 "태사공"이라 일컫은 곳이 두 군데 있고, 『한서』 「교사지(郊祀志)」에서는 모두 "태사령 담"이라고 고쳤다. 둘째, 「태사공자서」에서 그 부친의 벼슬을 "태사공"이라 일컬었고, 스스로 그 부친의 관직을 이어 "태사령"이 되었다고 하였다. 사마담과 사마천 부자가 서로 이어 사관이 되었는데, 모두 "태사령"이었다. 사마천은 부친의 관직을 높여 "태사공"이라고 하였음을 알 수 있다. 곧 "태사공"은 관직 이름 "태사령"의 존칭이며 사마천의 용어에서는 하나의 합성 명사이다. 원래 "태사공"의 "공"

은 존칭이며, "태사공"의 "태사"는 관직 호칭, 곧 "태사령"을 생략한 말이다. 「태사공자서」에는 사마담이 임종 때 한 유언을 기록하였는데, 다섯 차례 그를 "태사"라고 일컬었다.

(1) "우리 선조는 주나라 왕실의 태사였다.(余先周室之太史也)"

(2) "네가 다시 태사가 된다면 우리 조상을 잇게 될 것이다.(汝復爲太史, 則續吾祖矣)"

(3) "내가 죽으면 너는 반드시 태사가 될 것이다.(余死, 汝必爲太史)"

(4) "태사가 되면 내가 하고 싶었던 논저를 잊지 말거라.(爲太史, 無忘吾所欲論著矣)"

(5) "이제 한나라가 흥하여 해내가 하나로 통일되고 명주와 현군, 충신과 의를 지켜 죽는 선비가 있었는데, 내 태사가 되어 그것을 논하여 기록하지 못하여 천하의 역사 기록이 황폐해져 내 이를 매우 두려워하니 너는 명심할지어다!(今漢興, 海內一統, 明主賢君忠臣死義之士, 余爲太史而弗論載, 廢天下之史文, 余甚懼焉, 汝其念哉!)"

"태사"는 봉상(奉常)에 속하고 장관은 영(令)이며 부직(副職)은 승(丞)으로, 「무릉중서(茂陵中書)」에도 실려 있는데, "사마담은 태사승으로 태사령이 되었다." 직명을 칭술하면 "영(令)"을 띨 필요가 없다. "태사령"은 질(秩) 6백석이며 나라의 옛 관직으로 하대부의 반열이다. 그러나 태사는 천관과 도적을 담당하여 "천하의 유문과 고사가 태사공에게 다 모이지 않음이 없었으므로" 위굉은 잘못 승상부에 있다고 생각하였다. 사마담은 임종 시에 반복하여 사마천에게 반드시 태사가 되라고 당부하여 이미 지으려다 완결 짓지 못한 사업을 완성하게 하였다.

사마천은 유명을 받들고 자기의 사업을 부친의 유지를 계승한 것으로 간주하여 사관의 직책을 지켰으므로 서명을 "태사공서"로 정하고 부친에게 제사를 올렸다. 따라서 「태사공자서」에서는 "담이 태사공이 되었다."라는 관명을 일컬어 스스로 말하기를 "천이 태사령이 되었다."고 하였는데, 이는 바로 사마천이 그 부친을 "태사공"이라 존칭한 확고한 증거이다. 『사기』 130편의 "논"과 "찬"에서 모두 "태사공은 말한다."고 한 것은 결코 사마천이 스스로를 높인 것이 아니라 그 논저하려던 책을 높인 것이다. 이 때문에 책 이름을 『태사공서』라 하였으니 "논"과 "찬"에서 "태사공은 말한다."고 한 것은 필연적인 이치이다. 환담이 동방삭이 추가하였다고 한 것은 정리로 헤아려보면 마땅히 사마천의 뜻에 의거하여 『사기』의 큰 제목을 『태사공서』 넉 자의 서명으로 하였다.

위의 고찰을 종합하건대 "태사공"은 관직 이름이 아니다. 이 칭호 중에서 "태사"가 관직 이름이며 "공" 자는 존칭으로 곧 사마천이 부친의 관직을 높여 부른 것이다. 존칭설과 관명설은 각기 그 일단만 잡아 조그만 차이가 큰 오류를 낳게 된 것이다. 이를 명확히 알면 천 년의 분분한 의견이 하루아침에 얼음 녹듯 할 것이다. 이를 의심하면 분분한 논박이 어느 장단에 춤을 추겠는가? 사마천은 부친의 관직을 높이 일컬어 그 책의 이름으로 삼아 "태사공서"라고 하였는데, 이 책은 태사공이 쓰고 기록한 것이라는 의미이다. 고대에는 사관의 기록을 "사기"라 두루 일컬었다. 후대의 사람들이 그 책을 중시하여 "사기"를 "태사공서"라는 전칭으로 부르는 것은 완전히 사마천이 책의 제목을 붙인 본래의 뜻에도 부합할 것이다. 이는 마치 공자가 『춘추』를 수찬한 것과 같다. 후대의 사람들은 그 책을 높여 모든 나라에서 오로지 "춘추"라는 이름으로 일컬었다. 그러므로 청나라의 양옥승(梁玉繩)은 『사기지의(史記志疑)』에서 "대체로 옛 '사기'의 이름을 취하여 사마천의 책 이름으로 삼은 것은 높인 것이다."라고 하였다.

2) 『사기』를 잇고 보충하고 첨삭하다

『사기』는 유전되는 과정에서 잔결이 생겼다. 저소손이 보충하고 후대의 사람들이 고쳤으며 사마천의 서술 뒤에 덧붙이기도 하였다. 지금 판본 『사기』 부분적 내용의 진위를 언급하는 것은 사마천 사상을 연구하는 중대한 문제로 학술계에서는 이미 2천 년째 논쟁 중이다. 여기서는 간명하게 지금 판본 『사기』의 자수 통계를 평론하고 『사기』를 연구하고 읽는 사람에게 참고로 제공하겠다.

잔결. 동한의 위굉은 처음으로 『사기』에 결손이 있음을 제기하였으며, 한무제가 경제와 무제의 두 본기[紀]를 삭제하였다고 생각하였다.[8] 『한서』 「사마천전」과 『후한서』 「반표전(班彪傳)」에서는 반 씨 부자의 견해를 기재하였다. 『사기』 130편은 "10편이 잔결되었는데, 기록은 있으나 책은 없다."고 하였다. 곧 반 씨 부자는 120편만 보았고 나머지 10편은 목록만 있고 책은 없었다는 말이다. 그러나 반 씨 부자는 없어진 책의 편목을 열거하지는 않았다. 삼국시대 장안(張晏)은 결손된 10편의 목록을 보충하였다. 「경기(景紀)」와 「무기(武紀)」, 「예서(禮書)」, 「악서(樂書)」, 「병서(兵書)」, 「한흥이래장상명신연표」, 「일자열전(日者列傳)」, 「삼왕세가(三王世家)」, 「귀책열전(龜策列傳)」, 「부근열전(傅靳列傳)」이다. 그러나 지금 판본 『사기』에는 이 10편의 목록도 있고 책도 있다.

분명하게 고찰할 수 있는 것은 「무기」는 「봉선서」에서 재단되어 나왔고, 「예서」와 「악서」는 편 앞의 서문에서 "태사공은 말한다"고 한 것 외에 「예서」는 순자의 『예기』 「악기」를 취하여 보충하였다. 「율서」 편 앞에도 "태사공은 말한다"고 한 서문을 남겨놓고, 후반에서는 「율서」와 「역서」를 분할하여 「병서」를 보충하였다. 이 외의 각 편은 모두 창작한 문장으로 후세의 호사자가 보충할 수 있는 것이 아니다. 이를테면 「경기」

---

8 위굉(衛宏)의 설은 그가 지은 『한의주(漢儀注)』에 실려 있으며 「태사공자서」 『집해』의 인용에 보인다.

는 평담하게 쓰기는 하였지만 결코 『한서』의 옛것이 아니며 의고(疑古)에 지나치게 용감한 최적(崔適)까지도 「경기」는 없어지지 않았다고 하였다. 「일자열전」과 「귀책열전」은 모두 간략하면서도 일리가 있는 의론이 있다. 「삼왕세가」, 「태사공자서」 및 "찬"에 모두 명확한 의견이 있으므로 이 몇 편은 없어졌다고 말하지 못한다. 「부근열전」은 깊은 뜻을 기탁한 전으로 현실을 은은하면서도 완약하게 언급하여 마침내 잘못 난잡하고 망측하게 후대의 사람에 의해 보충되었다. 「한홍이래장상명신연표」는 더욱 한 편의 책에 도치된 문장이 있는 기특한 작품으로 사마천이 아니면 지을 수 없을 것이다.

위의 사실을 종합하면 장안(張晏)이 열거한 10편의 망실된 목록 가운데 실제 망실된 것은 4편이고 존속된 것은 6편이다. 혹자는 망실된 것이 1편, 잔결된 것이 1편, 존속된 것이 6편이라고 한다. 눈에 뜨이게 아래와 같이 표로 열거한다.

(1) 경기(景紀) ─ 존속

(2) 무기(武紀) ─ 망실

(3) 예서(禮書) ─ 망실 ┐

(4) 악서(樂書) ─ 망실 ├ 세 편 모두 서(書)는 없어지고 서(序)만 남아 또한 잔편을 볼 수 있다.

(5) 병서(兵書) ─ 망실 ┘

(6) 장상표(將相表) ─ 존속(征和 4년 이후 후대의 사람들이 이어서 집필하였다.)

(7) 삼왕세가(三王世家) ─ 존속 ┐

(8) 일자열전(日者列傳) ─ 존속 ├ 세 편의 뒤에 모두 저소손이 이은 것이 있다.

(9) 귀책열전(龜策列傳) ─ 존속 ┘

(10) 부근열전(傅靳列傳) ─ 존속

이상 망실된 수치를 총계 내보면 모두 16,197자로 『사기』원서 526,500자의 3%를 차지한다. 호사자가 보충한 무기와 예·악·율 3서는 모두 4편, 16,878자이다.

저소손이 역사를 보충했다. 저소손이 『사기』를 보충한 것은 무제가 죽은 후에 이어서 지은 것이 아니라 사마천 책의 완성된 목록에 의거하여 일사를 첨가하여 기록하였다. 따로 사목(事目)을 세우지 않은 것은 『사기』에 덧붙여 행하였기 때문이다. 다만 저소손이 역사를 이은 것은 결코 가짜로 속이려 한 것이 아니므로 저소손의 보충은 모두 잇고 보충한 뜻을 말하여 스스로 "저선생은 말한다(褚先生日)"고 하여 사마천과 구별하였다.

저소손은 선제(宣帝) 오봉(五鳳) 4년(B.C. 54) 18세로 박사 제자로 뽑혔다. 감로(甘露) 원년(B.C. 53)에 고제(高第)로 낭(郎)이 되어 궁전을 드나들며 총애를 받아 『태사공서』를 읽을 수 있게 되었다. 그 가운데서도 열전을 매우 좋아하여 이에 그가 직접 보고 들은 이야기를 이어서 보충하였다. 따라서 저소손의 보충을 읽어보면 친근하여 사마천의 유풍을 깊이 얻었음을 알 수 있다. 지금 판본의 『사기』에서 "저선생은 말한다"를 표방한 것은 모두 10편이다. 목록은 다음과 같다. (1) 「삼대세표」, (2) 「건원이래후자연표」, (3) 「진섭세가」, (4) 「외척세가」, (5) 「양효왕세가」, (6) 「삼왕세가」, (7) 「전숙열전」, (8) 「골계열전」, (9) 「일자열전」, (10) 「귀책열전」.

중화서국(中華書局) 점교본(點校本) 『사기』에서는 한 칸을 들여 써서 표기하였다. "저소손은 말한다."가 없으며 보충한 것으로 의심이 가는 것은 두 편이다. (1) 「장승상열전」, (2) 「한흥이래장상명신연표」. 「장승상열전」은 잇고 보충을 시작한 구절은 저소손이 보충한 문풍과 매우 비슷하다. 「한흥이래장상명신연표」의 잇고 보충한 부분은 간략하고 법도가 있어 저소손이 아니면 할 수 없다. 연대로 고찰해 보건대 저소손의 생년을 선제(宣帝) 본시(本始) 3년(B.C. 71年)으로 추산하면 「장승상열전」의 역사를 한원제(漢元帝) 건소(建昭) 3년(B.C. 36) 위현성(韋玄成)의 죽음과 광형(匡衡)이 이어서 승상이 된 데까지 이었다. 저소손은 당시 36세였다. 「한흥이래장상명신연표」는 정화(征和) 4년부터 잇고 보충을 하였다. 성제(成帝) 홍가(鴻嘉) 원년 (B.C. 20), 저소손은 52세였다. 문장의 풍격과 연령으로 고찰해보건대 이 두 편 역시 저소손의 손에서 나왔을 것이다.

위에서 말한 몇 편의 저소손이 보충한 총 자수는 2만 5,055자이다.

첨가하고 바꿈. 이른바 첨가하고 바꾸었다는 것은 곧 사기를 읽은 자가 곁에 주석을 달거나 자료를 베껴서 보충하여 정문에 끼워 넣은 것으로 10편을 헤아린다.

(1) 「진시황본기」 "진효공이 효산과 함곡관의 견고함에 의거하다.(秦孝公據殽函之固)" 이하 문자는 가의의 「과진론」 상·중 두 편 및 진세계(秦世系)를 내용으로 하는데 모두 2,872자이다. 이는 사기를 읽은 자가 책 뒤에 고찰하면서 갖추어 놓은 문장을 끼워 넣은 것이다.

(2) 「악서」의 서문에서 "또 일찍이 악와의 물에서 신마를 얻어(又嘗得神馬渥洼水中)" 이하 승상 공손홍이 "급암은 성상의 뜻을 비방하였으니 멸족해야 합니다.(黯誹謗聖制, 當族)"까지의 1절 158자는 사기를 읽은 자가 주(注)에 있는 문장을 갖추어 삽입한 것이다.

(3) 「역서」는 사마천의 본문에는 다만 76년의 세명(歲名)만 적었는데, 지금 판본의 세명 아래에 쓴 연호는 196자로 곧 후인이 『정의』의 주에 의거하여 잘못 넣었다.

(4) 「천관서」 편말의 "창제가 덕을 행했다(蒼帝行德)" 절의 148자는 앞의 문장과 이어지지 않아 후인이 부기하여 끼워 넣은 것이다.

(5) 「공자세가」의 "안국은 앙을 낳았고 앙은 환을 낳았다.(安國生卬, 卬生歡)" 7자는 후대의 사람이 부기한 주의 글을 끼워 넣은 것이다. 사마천은 공안국에게 옛일을 물었는데, 손자 환에 이르러서는 연배의 차이가 작

아 반드시 서로 언급할 필요가 없다.

(6) 「초원왕세가」의 "유순이 왕위에 오른 후인 지절 2년, 어떤 환관이 초왕이 모반을 꾀한다고 고발하여 왕은 자결하였고, 초나라는 없어졌으며, 봉지는 한나라로 편입되어 팽성군이 되었다.(王純立, 地節二年, 中人上書告楚王謀反, 王自殺, 國除, 入漢爲彭城郡)" 27자는 후대의 사람이 부기한 주의 글을 끼워 넣은 것이다.

(7) 「제도혜왕세가(齊悼惠王世家)」의 끝 기록 성양(成陽) "황왕은 46년에 죽었다.(荒王四十六年卒)" 이하 31자와, 치천(菑川) 경왕(頃王)이 "36년에 죽었다.(三十六年卒)" 이하 40자는 모두 사기를 읽은 사람이 단 방주의 글자가 끼어든 것이다.

(8) 「역생육가열전」의 "처음에 패공이 군사를 끌고 진류를 지나갔다.(初, 沛公引兵過陳留)"에서 "마침내 들어가 진나라를 깨뜨렸다.(遂入破秦)"까지 645자는 역생의 일을 중복 서술하여 본전의 찬어(贊語)와 모순되는데, 확실히 끼어든 것이다. 『태평어람(太平御覽)』 권366에서 인용한 『초한춘추(楚漢春秋)』와 이 절의 문자가 똑같아 후대의 사람들이 그 대동소이함으로 부가하여 넣은 것일 것이다.

(9) 「평진후주보열전」의 "태황태후가 조서로(太皇太后詔)" 이하 "명신이 많기로는 그(무제) 다음이다.(累其名臣, 亦其次也)" 877자는 『집해』에서 인용한 서광(徐廣)이 말하기를 "이 조서(詔書)는 평제(平帝) 원시(元始) 연간의 왕원후(王元后)의 조서이다. 후대의 사람들이 이것 및 반고가 말한 것을 베껴서 권말에 이어 붙였다."고 하였다. 왕원후의 조서는 공손홍을 칭찬하는 것인데 반고의 말은 『한서』 공손홍 본전의 "찬"에서 가져왔다. 이는 한말의 역사를 읽은 자가 주석으로 갖추어 놓은 것을 끼워 넣은 것이다.

(10) 「사마상여열전」의 편말에서 "양웅은 사치롭고 화미한 부로 백 가지를 권유하면서 풍간하는 것은 한 가지라 생각하여 정나라와 위나

라의 성악을 십분 연주하다가 곡이 끝난 뒤에 아악을 연주하는 것과 같은 것이니 이미 이지러진 것이 아니겠는가?고 하였다.(楊雄以爲靡麗之賦, 勸百風一, 猶馳騁鄭衛之聲, 曲終而奏雅, 不已虧乎)"고 한 모두 28자는 반고의 책 이후의『한서』본전 찬어의 방주로 나중에 끼워 넣었다.

위의 10편 총괄. 내용을 더한 것은 모두 무제가 죽은 후의 일이다. 역사 사실이 분산되어 체계가 없으므로 사기를 읽은 자에 의해 기록된 방주(旁注)의 문장에 삽입된 것은 모두 4,979자라고 추단할 수 있다.

사마천의 부기. 앞의 제9장에서 이미 논급하였다. 사마천은『사기』를 수정하여 태초 4년 이후의 기사는 주로 두 큰 사건에 집중되어 있다. 하나는 무고의 안(案)이고 하나는 이릉의 안이다. 이와 역사를 읽은 자가 더하여 넣은 것은 끝을 알 수 없을 만큼 현저한 차이가 있다. 태초 이후의 부기는 15개 편목에 모두 22인이 언급되어 있었다. 시간은 천한 원년에서 후원 2년까지(B.C. 100년~B.C. 87년) 모두 14년이며 총계 1,544자이다. 이는 바로 반고와 저소손이 말한 "천한에서 끝이 났다.", "무제 말년에서 다하였다."는 의거(依據)이다.

사기의 자수. 「태사공자서」에서는 원서를 52만 6,500자로 총괄하였으며, 금본 중화서국의 점교본은 55만 5,660자로 2만 9,160자가 더 많다. 위의 고찰에 의하면『사기』는 유전 과정에서 잔결이 생겼는데, 저소손이 보충하고 후대의 사람이 더 끼워 넣었으며 사마천이 스스로 집필 범위를 세운 후의 부기도 있다. 금본『사기』에 있는 각 항의 자수는 다음과 같은 근거에 의지한다.

(1) 저소손 등이 역사를 이은 것이 12편으로 자수는 2만 5,055자이다.

(2) 사기를 읽은 자가 더하여 넣은 것이 10편으로, 자수는 4,979자이다.

(3) 호사자가 없어진 부분을 채운 것이 4편으로, 자수는 1만 6,878자이다.

(4) 사마천이 부기한 것이 15편으로, 자수는 1,544자이다.

잇고 보충하고 끼워 넣고 부기한 것을 총계 내면 모두 41편이다. 그 가운데 중복되는 37편을 없애면 총 자수가 4만 8,456자이다. 그 중에 없어진 것을 보충한 「율서」 2,555자와 주기 1,544 자 등 두 항목이 모두 3,099자이다. 『태사공서』의 원문에서 이 숫자를 빼면 앞의 세 항목의 합계가 도합 4만 5,357자가 되는데, 이는 사마천이 지은 것이 아니다. 금본 『사기』 55만 5,660자에서 잇고 보충하고 끼워 넣은 4만 5,357자를 빼고 원서의 자수 51만 303자를 보존하면 『사기』의 잔결 자수는 52만 6,500자에서 51만 303자를 뺀 1만 6,197자로 원서의 약 3%를 차지한다. 이는 『사기』의 97%가 지금까지 원문이 유전되어 기본적으로 원래의 면모를 간직하고 있다는 말이다.

3. 사기학의 형성: 한당 시기

『사기』가 세상에 나온 후 2천여 년간 『사기』를 열독하고 연구한 사람은 이루 헤아릴 수 없고 해외까지 널리 전파되었다. 각종 교감과 주석, 고증, 평론한 문장과 전문 서적이 출현하여 하나의 전문적인 학문 영역을 형성하였으니 곧 "사기학"이다. "사기학"이라는 이름은 송나라 왕응린(王應麟)에게서 나왔다. 그는 말하였다. "사마 씨의 『사기』에는 배인(裴駰)과 서광(徐廣), 추탄생(鄒誕生), 허자유(許子孺), 유백장(劉伯莊)의 음해(音解)가 있다. …… 『사기』의 학문[史記之學]을 연구한 사람으로는 왕원감(王元感), 서견(徐堅), 이진(李鎭), 진백선(陳伯宣), 한완(韓琬), 사마정(司馬貞), 유백장, 장수절, 두군(竇群), 배안시(裴安時)가 있다."9

왕응린이 "사기학"을 『사기』의 학문이라 한 것은 당대에 형성되었으며 이는 실제의 발전 과정과도 맞아떨어진다. 대체로 말하여 한당은 사기학이 형성되기 시작한 시기이다. 송원명청 및 근대는 사기학이 발전을 이룬 시기이며, 신중국 성립 이래의 당대는 사기학의 내용이 깊어지고 풍성하게 거두어들인 시기이다. 당대의 사기 연구는 대륙과 대만의 전문 항목으로 절을 나누었다. 먼저 한당 시기를 말하겠다.

1) 『사기』의 유전은 양운에 의해 퍼져나갔다

『사기』는 완성되어 정본은 황실의 서고에 수장되었고 부본은 베껴서 집에 남겼다. 서고에 소장한 정본은 고위 통치 집단에 유전되었다. 소제(昭帝) 시원(始元) 6년(B.C. 81) 염철회의를 개최하였다. 어사대부 상홍양이 문학논변에 참여하여 사마자장을 자기의 증거로 삼았다.

『염철론(鹽鐵論)』 「훼학편(毀學篇)」에서는 말하였다. "대부가 말하였다. 사마자장의 말은 천하에 분분한데 모두 이익 때문에 가는 것으로, 조(趙)나라 여인은 미추를 가리지 않고, 정(鄭)나라 여인은 거리를 따지지 않으며, 상인은 치욕을 부끄럽게 여기지 않고 용사는 죽을힘을 아끼지 않으며, 사(士)는 가까운 데 있지 않고 임금을 섬김은 그 어려움을 피하지 않으니 모두 이록 때문이다." 상홍양의 인증은 바로 『사기』 「화식열전」과 관련 있는 내용을 다시 제창한 것이다.

『사기』는 스케일이 크고 생각이 정밀하다. 선명한 비판성과 애민성으로 인하여 동한 시기에 유가 정통 사상가에 의해 "방서(謗書)"로 비쳐졌다. 서한 말의 양웅과 동한의 반표와 반고 부자는 『사기』에 대하여 첨예한 비평을 제기하였다. 모두 알고 있다시피 동한 광무제 건무(建武) 4년 박사 범승(范升)은 『좌전』 박사를 세우는 것을 반대하면서 아울러 『사기』

---

9 『옥해(玉海)』 권46 「당십칠가정사(唐十七家正史)」.

를 언급하였다. "저는 또 『태사공』은 『오경』과 어긋나고 공자의 말을 어지럽혔으며 『좌씨춘추』에 기록할 수 없는 일 31가지를 아룁니다."[10] 동한 말의 사도(司徒) 왕윤(王允)은 마침내 대놓고 『사기』를 "방서(謗書)"라며 배척하였다.[11] 왕윤은 말하였다. "지난날 무제가 사마천을 죽이지 않아 방서를 지어 세상에 유전되게 하였다."[12] 이 때문에 『사기』는 양한 때 고위 통치 집단에 전파되는 과정에서 정부의 엄격한 통제를 받았다. 『한서』 「선원육왕전(宣元六王傳)」의 기록에는 성제 때 동평왕(東平王) 유우(劉宇)가 내조하여 『태사공서』를 구하는 글을 올리자 성제는 대장군 왕풍(王風)에게 물어보았다. 왕풍은 『태사공서』에서 "전국시대 종횡가의 권력을 속이는 모의와 한나라가 흥기한 초에 모신들의 기책(奇策), 천관(天官)의 재이(災異), 지형의 요충지는 모두 제후왕에게는 마땅하지 않으므로 줄 수가 없습니다."라고 하였다. 성제(成帝)는 결국 그 말을 받아들여 마침내 동평왕(東平王)에게 글을 보내지 않았다. 동한 위굉의 『한의주』에서는 한무제가 「경제기」와 「무제기」를 삭제하였다고 하였다, 그 중 일부분은 당시의 기휘를 쉬 범한 내용이어서 유전본 중에서 삭제되었기 때문에 반고가 본 관찬본은 "10편이 결손되어 기록은 있으나 책이 없게" 되었다고 했다. 『사기』가 크게 행해진 이후에 어떤 편은 비록 없어졌다가 다시 얻기도 하였지만 「금상본기」 등편은 여전히 결손된 채로 있었다.

사마천이 베껴서 남겨둔 『사기』의 부본은 선제 때 그 외손자인 양운

---

10 『후한서』 권36 「범승전(范升傳)」.
11 『삼국지』 「동탁전(董卓傳)」 배송지(裴松之) 주에서 인용한 사승(謝承)의 『후한서』에는 왕윤(王允)의 말을 실었다. "지난 날 무제가 사마천을 죽이지 않아 방서를 지어 세상에 유전되게 하였다." 왕윤의 말은 또한 범엽(范曄)의 『후한서』 「채옹전(蔡邕傳)」에도 실려 있다.
12 『후한서』 권60하 「채옹전(蔡邕傳)」.

에 의하여 밖으로 전파되었다. 『한서』「사마천전」에 그 일이 실려 있다. "사마천이 죽고 난 뒤 그의 책은 조금씩 세상에 나왔다. 선제 때 사마천의 외손자 평통후(平通侯) 양운이 그 책을 세상에 알리면서 마침내 세상에 널리 퍼졌다." 이때부터 『사기』의 연구가 시작되어 서한의 고문경학과 마찬가지로 민간 사대부 사이에서 유전되어 동한에 이르러 점차 확대되었다. 『사기』 자체가 거대한 성취이기 때문에 양운이 널리 퍼뜨린 뒤에는 많은 학자들에 의해 모방되었다.

서한에서 『사기』를 잇고 보충한 사람은 17인이다. 『사통(史通)』「고금정사(古今正史)」에는 15인이 실려 있는데 말하였다. "『사기』의 기록은 연도가 한무제 태초에서 멈추며 이후로는 빠져서 기록되지 않았다. 그 후에 유향(劉向)과 유향의 아들 유흠(劉歆) 및 풍상(馮商)과 위형(衛衡), 양웅, 사잠(史岑), 양심(梁審), 사인(肆仁), 진풍(晉馮), 단숙(段肅: 또 殷肅이라고도 한다.), 금단(金丹), 풍연(馮衍), 위융(韋融), 소분(蕭奮), 유순(劉恂) 등과 같은 호사자들이 잇달아 짓고 이어서 애제(哀帝)와 평제(平帝) 사이에 여전히 『사기』라고 하였다." 이 외에 저소손은 『사기』 10편을 보충하였고, 직접적으로 『사기』의 명성에 붙어서 유전되었다. 『후한서』「반표전」 이현(李賢)의 주는 양성형(陽城衡)이 『사기』를 이었다고 하였다. 동한의 반표는 집대성하여 『사기후전(史記後傳)』 65편을 지었으며 그 아들 반고는 확충시켜 『한서』로 독립하였다.

『한서』는 통치자의 선양(宣揚)을 받았고 게다가 한대의 근대사로 처음부터 끝까지 서한의 조대를 완비하였기 때문에 책이 완성된 지 오래지 않아 세상에 크게 유행하게 되었고 오경의 다음으로 지목되었다. 『한서』는 오히려 『사기』의 체제를 모방하였다. 역으로 그것은 『사기』의 유전을 촉진시켰다. 동한 후기에 『사기』는 점점 널리 유포되었다. 환제(桓帝) 때 『사기』는 이미 사마천이 지은 책의 전용 명칭이 되었다. 이때 이

미 두 종의 『사기』에 대한 음주(音注)의 책이 세상에 나왔다.[13] 연독(延篤)
의 『음의(音義)』 1권과 무명씨의 『음은(音隱)』 5권이다. 연독은 동한 순제(順
帝)·환제 때의 사람으로 『후한서』 권54에 전이 있으며, 환제 말 영강(永
康) 원년에 죽었는데, 곧 서기 167년이다.

2) 한대 학자의 『사기』 비평

　양한은 사기학이 곤궁에 처한 시기이다. 한나라에서 유학만을 높이기
로 정하자 사마천의 이단사상은 반전통(反傳統)과 현실에 대한 강렬한 비
판 정신을 갖고 있어서 전파와 연구는 엄격한 통제를 받았다. 서한 시대
에 『사기』를 잇고 보충한 사람은 저소손 외에 모두 『사기』에 이어서 한
나라의 일을 서술하였다. 이를 집대성한 것은 바로 반고의 『한서』이다.
잇고 보충한 것이 많기는 하였지만 사기학의 발전에는 직접적 영향을
끼치지 못하였다. 한유(漢儒)는 『사기』에 대하여 비평적 태도가 많았다.
가장 일찍 『사기』를 비판한 학자는 서한 말년의 철학가이자 문학가인
양웅이었다.

　『한서』 「양웅전」에서 반고는 양웅의 말을 인용하여 말하였다. "태사공
은 육국을 기록하고 초한을 거쳐 인지(麟止)에서 그쳤는데, 성인과는 시
비를 함께 하지 않아 자못 경(經)과 어긋난다." 양웅은 또한 『법언(法言)』
「중려(重黎)」편에서는 사마천과 공자의 사상이 다른 점을 대조하고 지적
하여 말하였다. "중니는 사랑이 많았는데, 의(義)를 사랑하였고, 자장은
사랑이 많았는데, 기이함[奇]을 사랑하였다." 여기서는 사마천의 전에 실
린 사람의 "기(奇)"를 유가의 "의(義)"와 대립적인 면으로 제기하면서 도
를 지키는 양웅의 입장을 표현하였다. 그의 "자못 경과 어긋났다"는 질

---

13 『사기색은』 「후서(後序)」에 보인다.

책은 실로 반표와 반고 부자가 『사기』를 비판하는 효시가 되었다. 『한서』「사마천전」의 "찬"에서는 말하였다.

> 학술을 논하면서 황로를 앞세우고 육경을 뒤로 했으며 유협을 서술하
> 면서 처사를 물리치고 간사한 무리를 내세우고 화식(경제 행위)을 서술하
> 며 세력과 이익을 숭상하고 빈천함을 수치로 여겼다.

이것이 바로 이른바 "의(義)"에 맞지 않은 "사공(史公)의 세 가지 실수"이다. 동한에서는 유학의 신비화에 따라 통치 집단 중에서 앞에서 말한 것처럼 『사기』는 엄혹한 비난을 받았다.

『사기』가 넓고 크며 정밀하고 깊이가 있기 때문에 한대의 정통 유가 학자들은 결코 『사기』에 대하여 전반적으로 부정하지 않았다. 저소손의 깊이 있게 공들인 연구와 속작(續作)이 있었고 유향(劉向)의 고도의 찬양이 있었다.[14] 유향은 『사기』를 매우 추숭하여 그의 『별록(別祿)』에서는 늘 『사기』를 비평 판단의 표준으로 삼았다. 『관자서록(管子書錄)』에서는 『사기』「관자전(管子傳)」을 답습하였다. 왕충(王充)은 『사기』에 대해 기리기도 하고 폄하하기도 하였다.

『논형(論衡)』「서해(書解)」 편에서는 서한의 유자들인 육가(陸賈)와 사마천, 유향, 양웅 등을 위로 주공과 공자를 이어 "문유(文儒)의 업(業)은 탁월해서 따를 수 없다"고 칭찬하였다. 반 씨 부자는 『사기』에 대하여 하나를 둘로 나누었는데, 『한서』는 『사기』의 성공을 본받았으니 반 씨 부자는 『사기』가 유전되게 한 큰 공신이라 해야 한다. 그러나 큰 분위기는 『사기』에 대해 불리하다. 더욱이 반 씨 부자의 "사공의 세 가지 실

---

14 유향 및 양웅, 반 씨 부자의 『사기』에 대한 평가는 『한서』「사마천전」의 찬에 보인다.

수"에 대한 비평은 오늘날 보기에 확실히 틀렸다. 하지만 한대에서 전체 봉건사회에 이르기까지 모두 권위를 가지고 있어서 사기학의 발전사에서 2천 년간 여론을 좌지우지하였다고 할 수 있다.

『사기』를 비판한 자들은 반드시 "사공의 세 가지 실수"를 증거로 삼았다. 금(金)나라의 왕약허(王若虛)는 심지어 "사마천의 죄는 죽임을 용납하지 않는다."라는 극단적인 논술을 발하였다.[15] 『사기』를 긍정하는 자가 "사공의 세 가지 실수"의 설을 깨뜨리지 않는다면 요점에 맞지 않는다. 위진육조의 왕숙(王肅), 장보(張輔), 갈홍(葛洪), 배송지, 범엽, 당송의 유지기(劉知幾), 조무구(晁无咎), 진관(秦觀), 심괄(沈括), 예사(倪思), 황진(黃震), 섭적(葉適), 정초(鄭樵), 금나라의 왕약허, 명청의 등이찬(鄧以讚), 동분(董份), 진인석(陳仁錫), 이지(李贄), 원문전(袁文典), 양옥승 등과 같은 역대의 거두들에 이르기까지 반 씨 부자의 비판이나 사마천, 반고의 우열에 대하여 한 차례 또 한 차례 변론을 전개하지 않은 적이 없다. 이런 논쟁은 지금껏 여전히 진행 중이지만 "사공의 세 가지 실수"는 오늘날의 유물사관의 관점에서는 일소되었다. 그것은 사마천의 "폐단"이 아닐 뿐 아니라 정확하게 사마천 사상에서 광채를 발하는 "장점"이다. 이 책의 제9장 제4절을 참고하여 보기 바라며 여기서는 줄인다.

반 씨 부자는 또한 『사기』가 한나라를 높이지 않았고 한대의 제왕이 "백왕의 끝, 진(秦)·항(項)의 열 곁에 있었다."[16]고 비판하였다. 이런 분위기에서 『사기』는 한대에 널리 유포되지 않았으며 연구는 중시되지 않았고 『한서』를 본받는 것이 독보적인 지위를 얻게 되었다. 안사고의 『한서 서례(漢書敍例)』에서 열거한 『한서』의 주석은 한대에는 순열(荀悅)과 복건

15 『호남유로집(溔南遺老集)』 권19 「사기변혹(史記辨惑)」.
16 『한서』 권100 「서전(叙傳)」.

(服虔), 응소, 복엄(伏儼), 유덕(劉德), 정씨(鄭氏), 이비(李斐), 이기(李奇)의 8가가 있고, 삼국시대에는 등전(鄧展)과 문영(文穎), 장읍(張揖), 소림(蘇林), 장안(張晏), 여순(如淳), 맹강(孟康), 항소(項昭), 위소(韋昭)의 9가가 있으며, 진대(晉代)에는 진작(晉灼), 유보(劉寶), 신찬(臣瓚), 곽박(郭璞), 채모(蔡謨)의 5가가 있어 2백여 년간 행세한 주석가가 22명이나 된다. 『사기』는 동한 말에야 겨우 연독(延篤)의 『음의(音義)』와 무명씨의 『음은(音隱)』 양가가 나왔으니 확실히 매우 푸대접을 받았다.

3) 사기학의 터다지기와 형성

위진남북조는 사기학이 터를 다진 시기로 사람들은 『사기』와 『한서』의 주석과 연구를 나란히 발전시켜 수당에 이르러 옛 연구를 집대성시켜 전문적인 사기학과 한서학을 형성시켰다. 이는 한왕조가 와해됨에 따라 『한서』의 독존적 지위는 충격을 받았고, 『사기』가 방서라는 설을 사실무근이라고 말하게 되었기 때문이다. 객관적인 환경의 변화는 『사기』가 유전되는 데 장애가 되는 것을 싹 쓸어버렸다. 그리고 이 시기 기 전체 사학의 대발전은 또한 『사기』의 연구를 촉발시켰다.

처음으로 『사기』가 방서라는 것에 대해 사실무근이라고 밝힌 사람은 위(魏)나라 왕숙(王肅)이다. 『삼국지』 「왕숙전」에는 위명제(魏明帝) 조예(曹叡)가 왕숙에게 묻는 말이 수록되어 있다. "사마천은 형을 당해서 속으로 원한을 품고 『사기』를 지어 효무제를 비난하여 사람들이 이를 갈게 하였다." 왕숙은 대답하였다. "사마천은 사실을 기술하는 데 헛되이 아름답게 꾸미지 않았고 악을 숨기지 않았습니다. 유향과 양웅은 그가 서사에 뛰어나다고 인정했고 훌륭한 사관의 재주가 있어 그것을 실록이라고 하였습니다. 한무제는 그가 『사기』를 저술한다는 말을 듣고 효경(孝景) 및 자기의 본기를 보고 이에 크게 노하여 삭제하여 내던졌습니다. 지금까지 두 본기에 대한 기록은 있으나 책은 없습니다. 나중에 이릉의 일을 당하여 마침내 사마천을 잠실로 보냈습니다. 이같이 숨긴 일은 바로 효무제에게 있지 사천(史遷)에 있지 않습니다." 그 후 배송지는 『삼국지주(三國志注)』를 지어 또한 완곡하게 왕윤의 방서설를 반박하였다. 배송지는 말하였다. "사천의 기전(紀傳)은 세상에 널리 큰 공을 세웠다. 그러나 왕윤은 효무제가 일찌감치 사마천을 죽였어야 한다고 했다는데, 이는 식견 있는 자의 말이 아니다. 그러나 사마천은 효무의 과실을 숨기지 않고 그 일을 직언한 것일 뿐 무슨 비방이 있겠는가?" 배송지는 높은 사람을 꺼려서 방서설이 왕윤의 입에서 나온 것임을 믿지 않았다. 그러나 그가 방서설을 물리친 것은 오히려 기치가 선명하다.

진(晉)나라의 부현(傅玄)과 장보(張輔)는 사마천과 반고의 우열을 논하여 마침내 대놓고 반고의 글이 사마천의 글보다 못하다고 지적하였다.[17] 이에 『한서』의 독존적 지위는 큰 충격을 받았고 『사기』는 날로 점차 중시되어 갔다. 위진에서 수당까지 삼가주(三家注)가 표지가 되어 사기학 발전의 높은 봉우리를 형성하였다. 이 시기의 주석가로는 『수서(隋書)』 및 양 『당서(唐書)』 등 세 책의 지(志)에 기재된 것이 15가(家)에 달한다. 목록은 다음과 같다.

『사기음의(史記音義)』 12권, 송(宋) 서광(徐廣) 찬
『사기집해(史記集解)』 80권, 송 배인(裴駰) 찬
『사기음의(史記音義)』 3권, 양(梁) 추탄생(鄒誕生) 찬
『사기주(史記注)』 130권, 당(唐) 허자유(許子儒) 찬

---

17 부현과 장보 두 사람의 평론은 제10장의 제5절 사마천과 반고의 이동(異同)을 토론할 때 인용한 곳에 상세히 보이므로 여기서는 생략한다.

『사기음(史記音)』3권, 당 허자유 찬

『사기음의(史記音義)』20권, 당 유백장(劉伯莊) 찬

『사기주(史記注)』130권, 당 유진(劉鎭) 찬

『사기의림(史記義林)』20권, 당 이진(李鎭) 찬

『사기지명(史記地名)』20권, 당 유백장(劉伯莊) 찬

『사기주(史記注)』130권, 당 왕원감(王元感) 찬

『사기주(史記注)』130권, 당 진백선(陳伯宣) 찬

『사기주(史記注)』130권, 당 서견(徐堅) 찬

『사기찬훈(史記纂訓)』20권, 당 배안시(裴安時) 찬

『사기색은(史記索隱)』30권, 당 사마정(司馬貞) 찬

『사기정의(史記正義)』30권, 당 장수절(張守節) 찬

위에 열거한 제가의 주소(注疏) 가운데 지금까지 유전되어 내려온 것은 삼가, 곧 유송(劉宋) 배인의 『사기집해』와 당나라 사마정의 『사기색은』, 장수절의 『사기정의』뿐인데 세상에서는 이를 일컬어 삼가주(三家注)라 한다. 삼가주는 한당시대 사기학을 집대성한 저작으로 지금까지도 중요한 학술적 지위를 가지고 있어서 『사기』 연구의 필독 참고서이다. 이에 간단하게 다음과 같이 소개한다.

배인의 『사기집해』 배인은 유송 하동(河東) 문희(聞喜) 사람으로,[18] 자는 용구(龍駒)이며 관직은 남중랑참군(南中郎參軍)에 이르렀다. 배인은 곧 유송의 저명한 사가이다. 『삼국지주(三國志注)』의 작자 배송지(裴松之)의 아

---

18 하동군(河東郡)은 당시 북위(北魏)에 속하였다. 배인의 조적(祖籍: 관향)은 하동 문희현(聞喜縣)으로 지금의 산서성(山西省)이다.

들로 심후한 가학 연원을 가지고 있다. 배인은 서광의 『사기음의』를 기초로 하여 구경(九經)과 제자(諸子), 제사(諸史)와 한(漢)·진(晉) 사람의 『사기』 주설(注說)의 성과를 널리 채집하여 주를 모아 "집해"라고 하였다. 배주(裴注)는 선진은 상세하고 한나라는 소략한데, 한나라 역사는 복건(服虔)과 응소(應劭) 등 몇몇 소수의 『한서』 주만이 가져다 쓸 만하였기 때문이다. 배 씨는 앞 세대의 사람의 옛 주를 인용하면서 일률적으로 조금의 빈틈도 없이 이름을 밝혔다. 배 씨의 집해는 일반적으로 한유(漢儒)의 "주불파경(注不破經: 주가 경을 깨뜨리지 않음)"의 옛 예를 엄수하고 원문에 의심이 가면 왕왕 객관적으로 다른 설을 가지고 인증하여 스스로는 판단을 내리지 않았다. 그러나 문자의 이동(異同)에 대해서 배 씨도 고찰하고 변별하여 판단을 내릴 수 있었다. 간혹 자기의 의견을 내기도 하였는데, "인안(駰案)"이라는 표식을 남겼다. 배 씨는 『사기』의 문자를 교정하여 정본(定本)을 이루었다. 금본 『사기』 행문(行文)의 기초를 다진 것이 가장 큰 공헌이다. 삼가주는 모두 배 씨의 것을 정본으로 한다.

사마정의 『사기색은』 사마정은 당나라 개원(開元) 연간에 윤주별가(潤州別駕)가 되었다. 국자박사(國子博士)가 된 적이 있으며 홍문관학사(弘文館學士)까지 올랐다. 그의 『사기색은』은 『사기』 원문에 주를 달고 또한 배인의 『집해』에도 주석을 달았다. 아울러 한유(漢儒)의 "주는 경을 깨뜨리지 않고 소(疏)는 주를 깨뜨리지 않는다"는 구례를 타파하여 원문을 변별하여 바로잡고 『집해』의 많은 착오를 공박했다. 「유림열전」에 실린 공자는 "70여 임금에게 뵙기를 청하였으나 알아줌이 없었다.(干七十餘君無所遇)"는 구절에 『색은』에서는 사실에 의거하여 주를 달기를 "『가어(家語)』 등의 설에 의하면 공자는 여러 나라를 두루 빙문(聘問)하였는데, 등용이 되지 못하였으며, 이들 나라는 주(周)와 정(鄭), 제(齊), 송(宋), 조(曹), 위(衛),

진(陳), 초(楚), 기(杞), 거(莒), 광(匡) 등이다. 작은 나라까지 다 들렀다 하더라도 또한 70여 나라가 되지 않는다."고 하였는데, 『집해』에 대한 논박은 더욱 즐비하다. 사마정은 또한 편말에 「색은술찬(索隱述贊)」을 지으면서 4자를 한 구절로 하여 압운을 하여 편의 뜻을 다시 말하여 그의 박학다재함을 표현하였다.

장수절의 『사기정의』 장수절 또한 당나라 개원 연간 사람으로 사마정보다 조금 늦으며 제왕시독(諸王侍讀)과 선의랑(宣義郎), 수우청도솔부장사(守右淸道率府長史)를 지낸 적이 있다. 장수절은 30여 년의 정력을 쌓아 『사기정의』를 지었다. 체제는 『색은』을 모방하여 『사기』의 원문에 주석을 가하였을 뿐만 아니라 『집해』에 소(疏)를 달아 바로잡고 아울러 『색은』에도 소를 달아 바로잡았다. 『정의』는 역사 지리에 더욱 상세하였다. 무릇 『집해』와 『색은』에서 주를 달지 않았거나 주가 잘못되었거나, 혹은 주를 달았는데, 상세하지 않은 지명에 모두 일일이 주를 보완하거나 변정(辨正)하였다. 『정의』는 『색은』을 주해하면서 명확한 표지가 없었으므로 전인들의 논쟁이 있었다. 1962년 청진짜오(程金造)가 『문사철』 제5기에서 「사기 "정의"와 "색은"의 관계를 증명함」을 발표하면서 열 가지 예를 열거하였다. 삼가주에서 나중에 나온 『정의』가 앞서 나온 『색은』을 소통시켰음을 증명하여 청대학자 전대흔(錢大昕)이 제기한 "두 책은 서로 칭하여 인용하지 않았다."는 의심스러운 사안을 해결하였다. 이는 사마천의 행년(行年)과 평가를 고증하고, 삼가주를 사용하는 가치에 대하여 모두 중요한 의의가 있다.

삼가주를 종합하여 살펴보면 내용이 매우 광범하다. 문자의 교감, 주음(注音)과 석의(釋義)에서 인물과 지리, 역사 사실, 천문역법, 산천초목,

조충수어, 전장제도 등등에 이르기까지 구비하지 않음이 없다. 삼가주
는 문자의 주해를 중점으로 삼아 음의의 통가(通假)를 풀이하여 해석하
였을 뿐만 아니라 허사(虛辭)의 용법을 분석하였다. 구두(句讀)를 일일이
밝히기도 하고 사마천의 작문법을 나타내기도 하고 문장에 평점(評點)
을 달기도 하는 등등 다양한 각도에서 『사기』의 문자 및 구(句)와 단(段)
을 해석하여 독자들에게 매우 큰 도움을 주었다. 일에 대한 보유(補遺) 또
한 삼가주에 특색이 있다. 「여태후본기」에 "4년에 여수(呂嬃)를 임광후(臨
光侯)에 …… 아울러 제후의 승상 5인을 봉하였다."라는 구절에 대하여,
『집해』에서는 서광의 말을 인용하여 "중읍후(中邑侯) 주통(朱通), 산도후(山
都侯), 왕염개(王恬開), 송자후(松玆侯) 서려(徐厲), 등후(滕侯) 여갱시(呂更始), 예
릉후(醴陵侯) 월(越)이다."라고 하였다. 이 조는 『집해』에서 구체적으로 제
후의 승상을 오후에 봉작한 역사적 사실을 보충하였다. 또한 「위세가(魏
世家)」의 기록 혜왕(惠王) "31년 진(秦), 조(趙), 제(齊)나라가 함께 우리나라
를 쳤다."에 대해 『색은』에서는 『죽서기년(竹書紀年)』을 인용하여 말하였
다. "29년 5월 제나라의 전분(田朌)이 우리 동쪽 변경을 쳤다. 9월에는 진
나라의 위앙(衞鞅)이 우리의 서쪽 변경을 쳤다. 10월에는 한단(邯鄲)이 우
리 북부를 쳤다. 왕이 위앙을 쳤는데, 우리 군사는 대패하였다." 이 조
의 『색은』은 전쟁이 발생한 시간과 지점, 적장의 이름을 보충하였을 뿐
만 아니라 위왕이 패배한 국면을 만회하기 위하여 진나라를 치려고 기
도하는 노력 및 연도의 표기가 다름을 나타내었으므로 사마정은 안설
(按說)을 달고 "그러나 29년이라 한 것은 다르다."고 하였다. 이런 내용은
후인이 이 부분의 역사를 연구하는 데 대하여 중요한 재료와 근거를 제
공하였다. 또한 「주본기」에는 "소왕(昭王)이 남쪽으로 순수(巡狩)하여 돌
아오지 못하고 장강의 가에서 죽었다. 그 죽음을 부고하지 않은 것은 꺼
려서이다."라는 말이 있는데, 『정의』에서는 『제왕세기(帝王世紀)』의 말을

인용하여 말하였다. "소왕은 덕이 쇠하여 남쪽으로 가면서 한수(漢)를 건너는데, 뱃사람이 미워하여 아교로 붙인 배를 왕에게 바쳐 왕의 배가 중류에 이르렀을 때 아교가 녹아 배가 해체되어 왕과 채공(祭公)이 모두 물에 빠져 죽었다. 그 병졸인 유미(遊靡)는 팔이 긴 데다 힘까지 셌으므로 헤엄쳐가서 왕을 건져냈다. 주나라 사람이 이를 꺼렸다." 이 조의 『정의』는 소왕이 덕을 잃어 한수(漢水)의 백성이 지능적으로 소왕을 죽인 전설을 생동적으로 기록하였다.

삼가주는 그 특징을 가지고 말하면 각기 장점이 있다. 대체적으로 말하여 『집해』는 널리 증명하고 인용하여 문자의 정정이 뛰어나다. 『색은』은 깊은 뜻을 찾고 미세한 것을 파헤쳐 해설이 상세하고 주밀함이 드러난다. 『정의』는 지리가 상세하다. 『사기』의 잘못된 방면을 바로잡는 데는 『색은』을 가장 으뜸으로 친다. 세 책은 차례대로 주석을 달아 관계가 긴밀하다. 처음에는 각자 단독으로 행해졌으나 북송에 이르러 비로소 합각(合刻)되었으며 아울러 『사기』의 원문 아래 분산된 것을 130권으로 하였다. 현존하는 가장 이른 삼가주의 합각본은 남송 영종(寧宗) 경원(慶元) 연간의 황선부(黃善夫) 본이며, 상무인서관(商務印書館)에서 영인한 "백납본(百衲本)" 24사 『사기』에 들어 있다. 삼가주와 『사기』의 합각은 열독하고 찾아보기가 편하여 사람들의 깊은 호감을 산 덕분에 7백 년간 끊임없이 계속 출판되었다.

4) 당대에는 『사기』가 사학사와 문학사에서 지위를 확고히 다졌다

『사기』가 세상에 선을 보여 "스스로 일가의 말을 이루자" 이에 개인적으로 역사를 수찬하는 기풍을 열었다. 『한서』가 단대사(斷代史)로 기전체의 운용을 성공시키자 이는 후대 사가들에게 본받도록 격발시키는 효과를 가져왔다. 위진남북조시기의 분열은 역사의 귀감에 현실적인 의

의를 갖추었다. 이 때문에 이 시기에는 사학이 발달하여 1백여 가가 있었으며 그 중에는 기전체 역사가 으뜸을 차지하였다. 진(晉)나라 사마표(司馬彪)의 『속한서(續漢書)』와 진수(陳壽)의 『삼국지』, 유송(劉宋) 범엽(范曄)의 『후한서』, 제(齊)나라 장영서(藏榮緖)의 『진서(晉書)』, 심약(沈約)의 『송서』, 양(梁)나라 소자현(蕭子顯)의 『남제서』, 북제(北齊) 위수(魏收)의 『위서(魏書)』는 모두 기전체 역사의 명저이다.

당나라가 건립되자 최고 통치자는 기전체 역사의 편수를 매우 중시하여 정사(正史)로 반포하고 아울러 사관(史館)을 개설하여 전대의 역사를 대대적으로 수찬하였다. 당대의 관찬 『진서(晉書)』와 『양서(梁書)』, 『진서(陳書)』, 『북제서(北齊書)』, 『주서(周書)』, 『수서(隋書)』, 『남사(南史)』, 『북사(北史)』는 모두 하나같이 기전체 역사이다. 당나라에서 수찬한 『수서』의 「경적지(經籍志)」에는 사부(四部)의 서목을 경(經), 사(史), 자(子), 집(集)으로 열거하였다. 사부(史部)에서는 또 기전사(紀傳史)를 첫 번째로 하여 이때부터 기전 역사는 역사 수찬의 정종(正宗)이 되어 지고 무상의 지위를 갖추게 되었다. 이후 대대로 나라를 세우면 모두 관청을 열어 전조의 역사를 수찬하기에 이르렀다. 중국은 이때부터 웅장한 5천 년의 문명을 관통하는 "26사"를 갖게 되었으며 『사기』가 단연 으뜸을 차지하여 독존(獨尊)의 지위를 얻었다. 『사기』의 정사로서의 지위는 당대에서 확립되었다.

당대의 과거에는 "삼사(三史)"라는 과목이 있었다. 곧 『사기』와 『한서』, 『후한서』를 과거의 고시 과목으로 하여 사인(士人)들이 "삼사"를 연구하고 익혀 과거를 통하여 역사를 연구할 인재를 선발하는 것이다. 이는 『사기』를 학습하는 데 매우 큰 촉진작용을 일으켰다. 통치 계급의 제창으로 인하여 당대의 "삼사" 정밀 연구는 시대의 풍조가 되었으며, 이 때문에 당나라 사람의 "삼사"에 대한 주해는 모두 수준 높은 성취를 얻었다. 이는 절대 우연이 아니다.

사학의 발전에 따라 당대의 역사 편찬 방법을 연구하는 전문 이론 저작 또한 시대적 요구에 따라 생겨났다. 그것은 바로 유지기(劉知幾)의 『사통(史通)』이다. 유지기가 책 이름을 『사통』으로 정한 것은 바로 사마천이 "고문에 통달한" 영향을 받은 것이다. 이 책의 연구 대상은 『사기』가 개창한 기전체를 중점적으로 평술하는 내용으로 삼았다. 『사통』의 표목에는 「육가(六家)」, 「이체(二體)」, 「본기」, 「세가」, 「열전」, 「표력(表曆)」, 「서지(書志)」, 「논찬(論贊)」, 「서례(序例)」, 「제목(題目)」, 「단한(斷限)」, 「편차(編次)」 등의 전편(專篇)이 있다. 바로 이론상 기전체 편찬의 득실을 총결하였다. 『사통』은 중국 사학사상 첫 번째 역사 방법론의 이론을 정립한 거작이다. 유지기가 『사기』와 『한서』를 대조할 때 반고를 추켜올리고 사마천을 억누르기는 하였지만 사마천과 『사기』의 사학사상에서의 지위 및 가치에 대하여 총체적으로는 또한 충분히 긍정하였다. 실제로 유지기의 비판은 사학비평사의 관점에서 『사기』의 지위와 공헌에 대하여 이론적으로 총결하였다. 이 또한 당대에서 『사기』가 사학사상의 지위를 굳게 다지는 표지 중의 하나이다.

당대의 산문대가인 한유(韓愈)와 유종원(柳宗元)은 고문운동을 창도하면서 육조의 변려문 유풍을 반대하고 『사기』를 기치로 삼아 이에 따라 『사기』의 문학사상의 지위를 굳게 다졌다. 『사기』가 당대에 끼친 영향은 공전의 현상이었다.

당나라 이후 반고를 추켜올리고 사마천을 억누르는 기풍은 역전되어 사마천을 추켜올리고 반고를 억누르게 되어 사람들의 『사기』에 대한 평가는 갈수록 높아졌다. 『사기』를 연구하고 학습하는 사람들 또한 갈수록 많아졌다. 전대의 『사기』 연구 성과를 집성한 삼가주는 당대에서 완성되었다. 『사기』의 사학사와 문학사에서의 지위도 당대에서 확립되었다. 이에 『사기』 연구는 하나의 학문 분야가 되어 시대의 추이에 따라 건강한 발전과 크고 많은 성과를 얻었는데, 당나라 사람의 공헌이 획기적인 의의를 갖게 되었다.

4. 사기학의 발전: 송원명청 및 근대

송원명청 및 근대는 사기학이 부단히 발전해 나간 중심 시기이다. 이 시기 연구 성과는 양적으로 『사기』가 세상에 나온 이래 2천 년간의 전체 8~90%를 차지하며 불완전한 통계에 의하면 논저가 2~3백 부이고 논문은 근 천 편에 달한다.[19] 이 시기 연구에는 다음과 같은 특징이 있다. 첫째, 널리 유포되었다. 한당 사이에는 서적이 간독과 초본(抄本)의 형태로 이루어져 물질적 조건이 극도로 제한 제한되었다. 송나라 이후로는 도서가 대량으로 인쇄되어 『사기』는 이에 소수의 책상의 읽을거리에서 점차 일반인들도 볼 수 있는 상용서가 되었다. 이 때문에 이 시기 『사기』를 연구하고 열독하는 사람들은 날로 늘어나 명사(名師) 석유(碩儒)에서 수많은 학생에 이르기까지 문장과 역사를 배우는 사람을 막론하고 『사기』를 읽지 않음이 없었다.

청대에만 『사기』를 연구하여 저술 문장을 남긴 사람이 3백여 명에 달한다. 깊이 연구하는 사람이 많아지면서 자연히 명가도 배출되었다. 둘째, 연구 범위가 광범해지고 방법이 세밀해졌다. 대체로 사기학이 포함하고 있는 주요 내용은 이 시기에 모두 이미 제기되었고 상당한 공적을

---

19 중국사회과학원역사연구(中國社會科學院歷史研究)에서 편한 『사기 연구의 자료와 논문 색인(史記研究的資料和論文索引)』(科學出版社 1957년 출판), 양옌치(楊燕起)와 위지화(俞極華)의 『사기 연구 자료의 색인과 논문 전저 제요(史記研究資料索引和論文專著提要)』(蘭州大學出版社, 1988년 출판) 및 왕중인(王重因)의 『청대문집편목분류색인(清代文集篇目分類索引)』 등의 저록에 상세히 보인다.

이루었다. 사마천의 시대와 생애, 사상, 『사기』의 체제와 내용, 책이 이루어진 원인, 주요 성취, 가치, 영향 및 사마천과 반고의 이동(異同), 잔결과 보충, 문자의 진위, 역사 사실에 대한 깊은 이해 등과 같은 것에 대하여 연구를 제기하는 등 모든 방면에서 깊숙이 들어갔다. 방법에는 비교가 있고 평론이 있고 고증이 있었으며 힘을 씀이 부지런하고 세밀하였다. 『사기』 문자의 진위 문제 같은 것에 대해 이 시기 학자들은 셀 수 없이 어렵고 세밀한 고변(考辨)과 교정 작업을 하였다. 왕약허(王若虛)와 조익(趙翼), 전대흔(錢大昕), 양옥승(梁玉繩), 최적(崔適), 왕념손(王念孫), 하작(何焯), 전태길(錢泰吉), 장문호(張文虎), 곽숭도(郭嵩燾) 등은 모두 전문 저작을 남겼다. 셋째, 저술 형식이 다양해지고 내용이 풍부하고 넓어졌다.

한당 시기 『사기』 연구의 주류가 주소(注疏)이고 당대 삼가주의 걸출한 성취에서 말미암는다고 한다면 송대 이후의 주소는 다만 하나의 측면과 지류이며 평점(評點)과 고증, 전제(專題) 연구가 『사기』 연구의 주류가 되었다. 대체로 말해 송명은 평점을 주류로 삼았으며, 청대는 고거(考據)를 주류로 삼았다. 근대는 사상 연구가 주류이며, 반고와 사마천의 전제 연구는 함께 전문 학문이 되었다. 연구 성과의 서술은 다양한 저작을 형성하였으며 미비(眉批), 평점(評點), 찰기(札記), 서후(書後), 지의(志疑), 고이(考異), 측의(測義), 지의(知意), 달지(達旨), 탐원(探原), 발미(發微), 정보(訂補), 쇄언(瑣言), 집평(輯評), 집설(集說), 독법(讀法), 평주(評注) 등등이 있는데, 훌륭한 것이 눈앞에 가득하여 없는 것이 없다. 대규모의 『사기』 논문과 성대한 거작이 끊임없이 솟구쳐 나온 것은 송원명청 및 근대가 사기학이 크게 발전하고 깊이 들어간 중요한 역사 시기임을 나타낸다. 아래에서는 이 시기의 주류가 되는 성과 곧 『사기』 평점과 『사기』 고증에 치중하여 평론하겠다. 사마천과 반고의 이동(異同)은 따로 전문적으로 다루는 코너를 마련하여 평론하겠다.

1) 송나라 사람의 『사기』 평점

송대 이전 『사기』에 대한 평론은 엉성한 의론뿐이었으며 독자적인 기풍을 형성하지 못하였다. 송대의 통치자는 사학의 수찬을 중시하여 『신당서』, 『신오대사』, 『구오대사』 및 『자치통감』이 모두 북송 대에 완성되었다. 과거고시는 시부(詩賦)에서 책론(策論)으로 바뀌었다. 정치 형세는 문화의 기풍에 영향을 끼치므로 송대의 사인들은 사서를 매우 열심히 연구하였다. 아울러 의론을 발하기를 좋아하는 습관을 형성하였고, 자연스레 『사기』를 평론하는 기풍이 조성되었다.

송나라 사람들에게는 『사기』를 판각하고 『사기』를 평하는 것이 일대의 사풍이 되었다. 구양수, 증공(曾鞏), 왕안석, 삼소(三蘇: 蘇洵, 蘇軾, 蘇轍), 이정(二程: 程顥, 程頤), 나대경(羅大經), 유진옹(劉辰翁), 황진(黃震), 홍매(洪邁), 정초(鄭樵), 여조겸(呂祖謙), 조공무(晁公武), 왕응린, 섭적(葉適), 왕약허(王若虛), 및 진관(秦觀), 황정견(黃庭堅), 황리옹(黃履翁), 진진손(陳振孫), 주희(朱熹), 신기질(辛棄疾), 마존(馬存) 등 수십 인이 모두 『사기』에 대해 성실한 분석과 평가를 하였다. 전문 저작이 많지 않음에도 산론(散論)과 문장은 양양한 큰 볼거리라고 할 수 있으며 수량과 질량 면에서 모두 일대의 으뜸이라 할 수 있다.

송나라 사람의 『사기』에 대한 총체적인 평론은 식견이 당나라 사람들에 비하여 전반적으로 높다. 우선 사마천이 기전체를 개창한 것에 대한 인식은 정초를 대표로 하여 매우 높은 평가를 내렸다. 그는 『사기』 5체에 대하여 말하였다. "본기는 연대별로 기록하였고, 세가는 대대로 전하였으며, 표는 역(曆)을 바로잡았고, 서는 비슷한 일로 하였으며, 전은 사람을 드러내어, 백대 이하로 사관은 그 방법을 바꾸지 않았고 학자는 그 책을 버릴 수 없었다. 육경의 뒤에는 이것밖에 없다."[20] 그 다음 『사기』

---

20 『통지』 「총서(總序)」.

각 체에 대한 평론은 또한 모두 창신한 견해를 제기하였다. 임경(林駧) 같은 사람은 "본기"는 사마천은 "일을 천하에 연계시키는 것을 기(紀)라고 한다"[21]고 하여 유지기의 "천자를 본기라 한다"는 인식을 뛰어넘었다. 당나라 사람의 역사 평론은 유지기의 『사통』이 최고의 수준에 올랐다고 생각하였다. 유지기는 사표(史表)에 대한 인식이 깊지 않아 심지어 표를 없애자는 논의를 하기까지 하였다.[22]

정초(鄭樵)의 『통지(通志)』「총서(總序)」에서는 말하였다. "『사기』는 공이 10표(表)에 있다." 여조겸(呂祖謙)의 『대사기해제(大事記解題)』 권1에서는 상세히 펴서 "『사기』 10표는 뜻이 매우 깊기" 때문에 "학자들은 거의 도달할 수 없었다."고 하였다. 그는 10표를 천술하여 "뜻이 크다"고 하고 말하였다. "「삼대세표(三代世表)」는 세계(世系)를 주로 하였기 때문에 백세의 근본과 지엽을 살핀 것이다. 「십이제후연표」 이하는 땅을 주로 하였으므로 해[年]가 경(經)이 되고 나라가 위(緯)가 되기 때문에 천하의 대세를 살핀 것이다. 「고조공신연표」 이하는 시(時)가 주가 되었으므로 나라가 경이 되고 해가 위가 되기 때문에 일시의 득실을 살핀 것이다. 「한흥이래장상명신연표」는 대사(大事)를 주로 하기 때문에 군신의 직분을 살핀 것이다." 여조겸의 평론은 처음으로 『사기』 10표의 편제 방법과 공용을 드러내 보여 사람들의 시야를 넓혔으며 당대에는 물론 후세에까지 모두 매우 큰 영향을 끼쳤다. 오체 구조의 호견법은 또한 송나라 소순에 의해 처음으로 제기되었다.

『사기』는 넓고 심오하며 송나라 사람의 평론 또한 섭렵이 광범했다. 평론이 가장 두드러진 문제는 "사공의 세 가지 실수", "사마천과 반고

---

21 『고금표류지론(古今漂流至論)』 후집(後集) 권9 「사학(史學)」.

22 유지기(劉知幾)의 논사체(論史體)는 『사통(史通)』 권2 「본기(本紀)」에 보이며 표(表)를 없애야 한다는 의론은 『사통』 권3 「표력(表曆)」에 보인다.

의 이동",『사기』의 문장 풍격,『사기』의 인물 등이다. "사공의 세 가지 실수"에 대해서는 송인의 의견이 두 파로 갈리는데, 소식과 섭적, 왕약허 등은 반고의 관점에 찬성하였다. 진관, 심괄, 조공무, 진인석(陳仁錫), 황진 등 다수는 사마천을 옹호하였다. 사마천은 황로를 우선시하고 유협을 숭상하였으며, 화식을 칭송한 것은 의도가 있어서 발한 것이며 반고의 비평은 사마천의 병폐가 되기에 부족하다고 생각하였다. 양 파의 의견은 팽팽하게 맞서 백중지세를 보였다. 논란이 분분하기는 하지만 다만 표상의 공리공론에 머물러 있었다. 극히 소수의 사람만이 사마천의 "일가의 말을 이루는" 높이에서 "사공의 세 가지 실수"의 설이 그르다는 뜻을 나타냈다. 따라서 이 전통적인 과제에 대해 송나라 사람은 결코 앞 세대의 사람의 설을 돌파하는 성취를 취득하지 못하였다.

『사기』의 문장 풍격에 대하여 당나라 한유와 유종원은 "웅심아건(雄深雅健)"하다고 평가하였는데, 송인의 평론은 이 기초 위에서 진일보하여 깊이 들어가고 발전하였다. 산문가 마존은 「증갑방식서(贈蓋邦式序)」에서 구체적으로 의견을 발휘하였다. 그는『사기』의 풍격 특징은 다음과 같다고 생각하였다. 혹은 "분방하면서도 넓고" 혹은 "머물러 쌓여 있으면서도 깊으며" 혹은 "고우면서도 생각이 얽혀 있고" 혹은 "웅건하면서도 용맹하며" 혹은 "우뚝하게 높이 솟았고" 혹은 "전아 장중하면서도 온화하고 문아하다."[23] 소철(蘇轍)은 태사공의 문장을 "트이고 질탕하여 기특한 기개가 있다."[24]고 하였다. 마존과 소철은 또한『사기』의 문장 풍격이 형성된 원인을 탐색하여 장유(壯游)에서 받은 깊고 넓은 생활 실천에서 왔다고 하였다. 이상의 논술은 전인의 수준을 뛰어넘었다.

---

23 『사기평림(史記評林)』 권수(卷首)의 인용에 보인다.
24 『난성집(欒城集)』 권23 「상추밀한태위서(上樞密韓太尉書)」.

2) 명나라 사람의 『사기』 평점의 걸출한 성취

원대는 정치적인 원인으로 인하여 전반적으로 사회의 학술적 분위기가 침체되어 『사기』의 연구 성과가 크지 않다. 그러나 원대에는 희곡의 형식으로 『사기』를 선전함으로써 보급이라는 측면에서는 전에 없는 성취를 거두었다. 현대인 푸시화(傅惜華)의 『원대잡극전목(元代雜劇全目)』에 실린 것에 의하면 원대에 『사기』에서 취재한 잡극은 180여 종에 달하는데, 대다수가 대본(臺本)이다. 이렇게 많은 『사기』 희(戲)는 전국의 크고 작은 극장에서 상연되었고 『사기』의 인물 스토리는 사람들에게 널리 알려졌다. 이는 의심의 여지 없이 명청 이래의 사기학 발전에 두터운 인프라를 구축했고 이 때문에 원대의 『사기』 희는 또한 대서특필할 만한 가치가 있다.

명나라 사람의 『사기』 연구는 송나라 사람의 평론 여풍을 이어받아 장대한 일대의 주류로 발전시켰다. 명나라 사람의 평점은 송나라 사람의 사람과 일에 따라 제목을 세운 단편논문과 독서필기의 형식을 바꾸었다. 큰 기백으로 『사기』 전체에 대하여 평점을 가하였고 다양한 형식의 평점 전문 저작이 출현하였다. 가장 기본적인 형식은 『사기』 원문에서 오색의 필치로 권점(圈點)과 협비(夾批), 미비(眉批), 총비(總批)를 하였다. 저명한 평점 전문 저작으로는 양신(楊愼)의 『사기제평(史記題評)』, 당순지(唐順之)의 『형천선생정선비점사기(荊川先生精選批點史記)』, 모곤(茅坤)의 『사기초(史記鈔)』, 귀유광(歸有光)의 『귀진천평점사기(歸震川評點史記)』, 종성(鍾惺)의 『종백경평사기(鍾伯敬評史記)』 등이 있다. 다른 형식은 역대 학자 및 당시의 평론 정어(精語)를 모아서 일일이 『사기』의 관련 있는 본문 위에 표시하고 주석을 달았는데, "사기평림(史記評林)"이라고 한다. 이는 능치륭(凌稚隆)의 『사기평림(史記評林)』이 발단이 되었다. 후계자들이 분분히 일어나 이광진(李光縉) 등의 『사기취보평림(史記萃寶評林)』과 진인석(陳仁錫)의

『사기평림(史記評林)』, 갈정(葛鼎)과 금반(金蟠)의 『사기회평(史記滙評)』, 등이
찬(鄧以讚)의 『사기집평(史記輯評)』, 주자번(朱子藩)의 『백대가평주사기(百大家
評注史記)』, 진자룡(陳子龍)과 서부원(徐孚遠)의 『사기측의(史記測義)』 등 여러
가지 집평(輯評)의 전문 저작이 있다.

집평 형식은 융통성 있고 자유로우며 문자는 길 수도 있고 짧을 수
도 있다. 내용은 풍부하고 다채로우며 총체적인 분석이 있고 세세한 일
의 발미(發微)가 있다. 인물의 평론이 있고 역사 사실의 고증이 있으며 느
낌이 있으면 발하고 말이 없으면 줄였다. 집평의 정어(精語)는 협주(夾注)
로 작품 속에 있다. 혹은 서사(書寫)가 미단(眉端)에 있기도 하여 때때로 독
자의 주의를 제기하고 독자가 사색하고 음미하도록 도와주며 자기의
감상과 감수를 이론적인 높이로 상승시킨다. 이 때문에 집평은 독자들
의 큰 환영을 받았으며 유풍이 미치는 곳에서 또한 청대와 근대의 일종
의 기본적이고 가장 보편적인 연구 방법을 이루었다. 만청 이후에는 형
식이 또 새롭게 발전되었다. 청말 곽춘(郭春)의 『사기찰기(史記札記)』 같은
데서는 이미 『사기』의 전문을 수록하지 않았고 관련이 있는 원문만 따
다 인용한 다음에 의론을 발하였다. 근대의 이경성(李景星)의 『사기평의
(史記評議)』는 완전히 원문을 포기하고 협비(夾批)도 없으며 130편의 평만
있다. 현대인 양옌치(楊燕起)와 천커칭(陳可青), 라이창양(賴長揚) 역시 전대
의 사람이 집평한 기초 위에 옛날부터 지금까지 4백여 종의 저작 중에
서 정수만 모아 『역대명가평사기(歷代名家評史記)』를 편찬하여 『사기』 연구
자에게 역대의 『사기』와 관련한 평론의 주요 자료를 제공하였다. 이 책
에서는 상하의 두 편으로 나누었다. 상편은 전서와 『사기』 5체의 총평
이고, 하편은 130편의 분론이다. 채록의 표준은 학술 가치가 있느냐 없
느냐를 법도로 삼았다. 이는 집평 형식의 새로운 발전이라고 말할 수 있
다. 여기서 부차적으로 논하여 참고하도록 하였다.

명나라 사람이 『사기』를 평점한 내용은 매우 풍부하다. 역사 사실, 인물, 편찬 체제, 문장 풍격, 예술 기법 등 미치지 않은 곳이 없다. 행문(行文)의 내용은 송나라 사람들의 의론을 주로 하는 것과 같지 않다. 『사기』의 원문에 바짝 붙어서 분석하는 것을 주로 삼았다. 언어가 명쾌하고 통속이 쉬워 이해가 가고 공론을 발하지 않으며 독자들을 충분히 감상의 경계에까지 끌어들일 수 있다. 따라서 모곤과, 양신, 당순지, 귀유광, 여유정(余有丁) 등의 견해는 곧 『사기』를 품평하는 표준이 되었으며 독자들의 깊은 호감을 샀다. 명나라 사람들은 사마천의 사람을 묘사하는 예술 및 『사기』와 소설과의 관계를 파헤쳤다. 더욱이 절묘한 분석과 평점이 있어서 전인이 발하지 못한 것을 발하였다. 이 책 제7장에서 인용한 금성탄(金聖歎)의 『사기』의 문학 기법에 대한 평론은 곧 독자적인 기치를 세웠으며 걸출한 공헌을 하였다.

3) 청나라 사람의 『사기』 고증과 연구

청대는 구시대 사기학 발전의 높은 봉우리로 연구자의 수량과 성적의 풍부함이 모두 전에 없는 것이었다. 청나라 사람 가운데 『사기』를 연구하여 문장과 저술을 남긴 작자는 3백여 명에 달하고, 저명한 전문 저작 수십 종이 있다. 왕명성(王鳴盛)의 『사기상각(史記商榷)』, 전대흔(錢大昕)의 『사기고이(史記考異)』, 조익(趙翼)의 『사기찰기(史記札記)』, 항세준(杭世駿)의 『사기고증(史記考證)』, 왕계(王啓)의 『사기삼서정설(史記三書正說)』, 소태구(邵泰衢)의 『사기의문(史記疑問)』, 구봉년(邱逢年)의 『사기강요(史記剛要)』, 양옥승(梁玉繩)의 『사기지의(史記志疑)』, 임백동(林伯桐)의 『사기나측(史記蠡測)』, 왕균(王筠)의 『사기교(史記校)』, 정여경(程餘慶)의 『사기집설(史記集說)』, 장문호(張文虎)의 『사기찰기(史記札記)』, 상용(尙鎔)의 『사기변증(史記辨證)』, 곽숭도(郭嵩燾)의 『사기찰기(史記札記)』, 반영계(潘永季)의 『독사기찰기(讀史記札記)』, 이자

명(李慈銘)의 『사기찰기(史記札記)』, 방포(方苞)의 『사기주보정(史記注補正)』, 우운진(牛運震)의 『사기평주(史記評注)』, 양우과(楊于果)의 『사한전론(史漢箋論)』, 양광(楊光)의 『사한구시(史漢求是)』와 『독사기억설(讀史記臆說)』, 녹흥세(鹿興世)의 『사기사전(史記私箋)』, 저흔(儲欣)의 『사기선(史記選)』, 왕우박(王又朴)의 『사기칠편독법(史記七篇讀法)』, 왕월(汪越)의 『독사기십표(讀史記十表)』, 탕해(湯諧)의 『사기반해(史記半解)』, 소진함(邵晉涵)의 『사기집평(史記輯評)』, 고당(高嵣)의 『사기초(史記抄)』, 오민수(吳敏樹)의 『사기별초(史記別鈔)』, 심가본(沈家本)의 『사기쇄언(史記瑣言)』, 왕치호(王治皞)의 『사기각참(史記權參)』, 오견사(吳見思)의 『사기논문(史記論文)』, 오여륜(吳汝綸)의 『동성오선생감사기(桐城吳先生勘史記)』 등등은 모두 연구가 정밀하고 생각이 깊은 역작이다. 이 외에 고염무(顧炎武)의 『일지록(日知錄)』, 이효방(李曉芳)의 『독사관견(讀史管見)』, 유희재(劉熙載)의 『예개(藝槪)』, 증국번(曾國藩)의 『구궐재독서록(求闕齋讀書錄)』, 유대괴(劉大櫆)의 『논문우기(論文偶記)』, 임서(林紓)의 『춘각재논문(春覺齋論文)』 등의 저작 같은 데서도 『사기』에 대하여 많은 주도면밀한 평론을 발표하였다.

사기학의 발전은 청대에 이르러 이미 광활한 영역으로 발전하여 매우 풍부한 자료와 연구 방법, 그리고 경험 교훈을 누적시켰다. 정치의 고압적 원인으로 말미암아 사인(士人)들은 문자옥을 피하고자 하여 학문을 연구하는 사람은 대다수가 고적의 고증에 몰두했다. 따라서 청나라 사람들의 『사기』 연구에 대한 공헌은 주로 새로운 영역을 개척하는 데 있지 않았다. 전면적으로 전대의 연구 성과를 계승하였으며 깊이 파고들고 총결하여 이 때문에 큰 과일이 주렁주렁 달린 고증을 주류로 하는 새로운 국면을 드러내었다.

청나라 사람의 『사기』 평점 또한 두드러진 업적이 있다. 오견사의 『사기논문』과 오여륜의 『점감사기(點勘史記)』는 모두 매우 널리 유전되는 명작이다. 동성 고문파의 대가인 방포와 유대괴, 요내(姚鼐), 임서 등의 『사기』 예술미에 대한 연구와 파헤침, 이론적 심도는 명나라 사람의 평점을 뛰어넘었다. 청나라 사람의 고증 또한 평론이 결핍되어 있지 않다. 고증 중에 평론이 있고 평론이 고증을 아울러 겸하고 있는데, 이는 청나라 사람이 『사기』의 연구에 접근하는 큰 특징이다. 왕월(汪越)의 『독사기십표(讀史記十表)』와 서극범(徐克范)의 보충은 바로 10표의 의리를 천명하고 아울러 고거(考據)한 명작으로 평의(評議)와 의문을 남겨놓음이 모두 매우 엄정하다. 그러나 청나라 사람이 『사기』를 연구하는 주류는 단연 고증으로 이는 이 절에서 중점적으로 평론하는 방향이다.

『사기』는 3천 년 역사를 수록하고 있어 시간적으로 길며 인사(人事)가 많고 지역이 넓어 사마천의 기술은 소략함과 누락됨을 면하기 어렵다. 『사기』의 유전은 필연적으로 문자의 불일치가 발생하게 된다. 후대 사람의 연구 또한 득과 실이 있다. 이런 문제에 대하여 한번 정리를 진행하고 시비를 고변(考辨)해야 하는데 시비는 늘 필요하다. 청대 건륭(乾隆), 가경(嘉慶) 연간에 학술계의 고거(考據)는 일대의 기풍이 되었으며 학자의 고거 방법은 고대의 문헌에 대하여 전반적인 분석과 정리를 진행하였으며 성취가 뛰어나며 학술 사상 건가고거학(乾嘉考據學)이라 일컫는다. 『사기』 고증은 바로 이런 기풍에서 발전되었다.

『사기』를 고증한 사람을 소급해 올라가면 첫째는 삼국시대의 초주(譙周)이다. 『진서』 「사마표전(司馬彪傳)」에서는 말하였다. "초주는 사마천의 『사기』는 주진(周秦) 이상을 쓰면서 혹 속어와 백가의 말을 채택하기도 하였으며 오로지 정경에만 의거하지 않아 초주는 이에 『고사고(古史考)』 25편을 지었는데, 모두 옛 전적에 의거하여 사마천의 오류를 바로잡았다." 『고사고』는 지금 이미 존재하지 않으며 남긴 설이 『사기』 삼가주에 인용되어 수록되었다. 『사통』 「정사(正史)」 편에서는 이 책을 일컬어 "지금『사기』와 함께 행해졌다."고 하였으니『고사고』는 당나라 이후에 실전되었음을 설명한다.

송나라 사람은 의고(疑古) 정신으로『사기』를 읽어 의심에 따라 변별하였다. 또한 몇몇 고변 작업을 하였는데, 가장 대표적인 것은 금(金)나라 왕약허(王若虛)의『사기변혹(史記辨惑)』이다. 작자는 의고 정신으로『사기』의 채굴과 입론, 체제, 문자, 문장, 평론 등 여러 가지 방면의 문제에 대해 광범하게 의문을 가지고 힐문하고 논박하였다. 그러나 왕약허의 의고는 지나치게 용감하였다. 스스럼없이 고론(高論)을 펼치고 힘껏 가혹하게 추구하여 말이 이치를 이루는 것은 대략 3~4할이다. 오류가 있고 과격한 것이 6~7할이 되어 실이 득보다 많아 영향이 크지 않다. 총체적으로 말하면 송나라 사람들의 고변은 여전히 질의하고 힐문하는 데 머물러 있었고 문제를 제기하는 단계였다. 명대에 이르러『사기』의 고증은 비로소 발전된 모습을 보여 가유기(柯維騏)의『사기고요(史記考要)』와 학경(郝敬)의『사기우안(史記愚按)』등의 고증 전문 저서가 출현하여 청나라 사람들이 고증의 길을 닦는 데 기초를 다지는 작용을 일으켰다.

청나라 사람의『사기』고증은 훈고와 전석(箋釋), 교감, 변위(辨僞) 등의 방법과 수단을 통하여『사기』에 대하여 전면적으로 체계적인 정리와 연구를 하였다. 청대의 왕명성(王鳴盛)과 전대흔, 조익, 하작, 왕념손, 양옥승 등과 같은 고증학자들은 모두『사기』의 고증에서 한 차례 공부를 하였다. 그 가운데 양옥승의 성취가 가장 크다. 그의『사기지의』는 청나라의『사기』연구 수준을 대표할 수 있다. 이런 학자들은 실증을 중시하고 공론(空論)을 힘껏 경계하여 오랜 세월에 걸쳐 거듭 자료를 수집하였다. 귀납과 대비를 진행하여 "이동(異同)을 궁구하고 시말을 파헤쳐" 말을 했다 하면 반드시 근거가 있었고 근거는 믿을 만하며 충분치 못한 증거는 서지 못했다. 반드시 여러 가지의 증거를 가지고 시비를 정하였다. 이 때문에 그들의 고증은 비교적 높은 학술 가치가 있으며 세상 사람들에게 중시되었다.

청나라 사람이 『사기』를 고증한 방면은 매우 넓어서 크게는 중대한 역사 사건에서부터 작게는 지명 하나 자음 하나까지 모두 방기하지 않았다. 주요 성취는 다음의 몇 가지 방면이 있다.

첫째, 문자의 고정(考訂). 문자의 수정은 청나라 사람의 『사기』 고증의 무게 중심이다. 전대흔, 왕념손, 양옥승, 이자명(李慈銘), 장문호 등이 모두 중요한 공헌을 하고 있다. 『사기』는 유전되는 과정에 문자의 부연과 도치, 와전, 탈락, 첨가, 개정, 결손, 다름 및 착간 등의 문제가 발생하였다. 「염파인상여열전」의 "진나라는 조나라를 깨뜨리고 무수에서 장수 호첩을 죽였다(秦破趙, 殺將扈輒于武遂)"에 대해 전대흔은 "「조세가」에는 '무성(武城)'으로 되어 있다. 무수는 연나라와 조나라가 교차하는 곳에 있고 진나라 군사는 아직 그 땅을 얻지 못하여 위의 문장에 무수와 방성(方城)의 문장이 있기 때문에 수(遂)자를 잘못 부연하였을 뿐이다."[25]라고 하였다. 무성은 조나라의 남쪽 경계에 있으며 지금의 하북(河北) 자현(磁縣) 서남쪽에 있다. 무수는 조나라 동북쪽 연나라 인근에 있으며 지금의 하북 서수현(徐水縣) 서쪽에 있다. 진나라 군사는 조나라의 도읍 한단을 지난 적이 없어 무수에 이르렀을 가능성이 없을 것이므로 전 씨는 「조세가」에 의하여 교정하여, "수(遂)"자가 위의 문장에 따라 잘못 부연된 것이라고 하였다. 이 한 자의 차이는 역사적 사실과 매우 큰 출입이 있다. 『사기』의 문자는 유송(劉宋) 때 배인이 한 번 바로 잡아[26] 고대의 정본이 되었다. 1천여 년이 지나 청나라 사람이 다시 전면적으로 정리를 하면서 지금 통행본인 중화서국 점교에 물질적 기초를 다졌다. 이 공헌은

---

25 『이십이사고이(二十二史考異)』 권5.

어떠한 평가를 막론하고도 과분하지 않다.

둘째, 역사 사실의 고증. 삼국시대 초주의 『고사고』에서 이미 단서를 제공했지만 이후 1천여 년간 잘 계승되지 않았다. 청나라 사람의 고증은 성취가 매우 커서 체계적인 전문 저작을 남겼다. 왕명성의 『사기상각』과 조익의 『사기찰기』, 왕원계의 『사기월표정위(史記月表正僞)』, 『사기삼서정위(史記三書正僞)』, 양옥승의 『사기지의』 등과 같은 것이다. 이 외에 몇몇 독사찰기(讀史札記)와 필기(筆記) 및 문집의 산편(散篇)에 흩어져 보이는 고변의 성과 또한 적지 않다.

셋째, 지명과 인명, 연월의 고증. 넷째, 작자의 생애와 서명(書名), 경계, 보결 등과 같은 『사기』의 의안 고증. 내용이 풍부하나 예증을 일일이 다 들 수 없으므로 여기서는 생략하겠다.

이상의 평가는 다만 하나의 개략적인 윤곽일 뿐 누락이 많음을 면치 못한다. 청나라 건가(乾嘉) 학파가 고증의 방법으로 역사를 연구한 것은 고증학의 주요한 방면이다. 『사기』는 또한 방대한 전적이므로 청나라 사람의 『사기』 고증에 대한 용력의 부지런함, 공헌의 크기는 그 전의 어떤 시기와도 비길 수가 없다. 다른 한 편 우리는 청나라 사람의 고증 또한 매우 큰 국한성이 있음을 보아야 한다. 방법상으로는 주로 문헌을 가지고 문헌을 고증하였는데, 근대 사람 왕궈웨이의 이중 증거법과 비교해보면 조금 손색이 있다. 이는 시대적 한계성이다. 다음으로 미시적 연구 용력은 매우 부지런하나 거시적인 파악은 부족하여 어떤 고증은 비슷한 것 같으나 사실은 아니다. 양옥승의 『사기지의』에서는 「백이열전」

26 「사기집해서(史記集解序)」에서는 말하였다. "이 책을 고증하여보니 문구가 같지 않아 많은 것도 있고 적은 것도 있어 사실을 변별하지 못하였으며 세상의 의혹이 드는 것은 저것을 정하는데, 이를 따르고 시비(是非)가 서로 바뀌어 거짓을 써서 난잡하게 섞였다." 『사기』의 초본(抄本)이 남북조의 문자가 뒤섞여 어수선하였으며, 배인은 서광의 『사기음의(史記音義)』의 기초 위에서 수정하여 정본을 써서 완성하였음을 설명한다.

의 10대 모순을 고증하여 열거하여 "역사에 기재한 것은 모두 그르다."
고 생각하였다. 사마천이 본래 백이와 숙제를 허유(許由)와 변수(卞隨), 무
광(務光)과 같이 보았고 그 사적은 모두 애매한 사이에 있으며 다만 제목
을 빌려 발휘한 것에 지나지 않을 따름임을 알지 못한 것이다. 사마천은
사학자일 뿐만 아니라 또한 문학가이자 사상가로 이 거시적 관점을 파
악하지 못하면 고증이 우활하다는 견해와 피상적인 논의를 면하기 어
렵다. 때로는 외곬으로 고증을 위한 고증을 하기도 하였다. 그러나 티가
옥을 가릴 수가 없어 청나라 사람의 『사기』 고증의 총체적 성취는 사기
학 발전사상 대서특필할 만한 가치가 있다.

4) 근대 『사기』 연구의 특징

여기서 말하는 근대는 1900년부터 1949년까지의 딱 50년이다. 바로
20세기의 상반 세기에 해당한다. 이 시기 중국 사회에서는 하늘과 땅이
뒤집힐 정도로 거대한 변화와 정치적 동요가 발생하여 사상적 활약을
대동했다. 자산계급과 마르크스주의의 두 가지 사상 체계와 두 가지 연
구 방법이 서방에서 중국으로 전래되어 오래된 신주(神州: 중국)의 대지에
"오사(五四)" 신문화운동을 격발시켰다. 이 큰 배경하에서 『사기』의 연구
는 지난날을 잇고 앞날을 여는 중요한 작용을 갖추었으며 지난날과는
다른 새로운 특징들을 드러내었다.

총체적으로 말하면 이 시기의 연구는 한편 봉건시대의 『사기』 연구
성과에 대하여 비판과 총결을 시작하였고, 다른 한편 전인의 연구 성과
를 계승하는 기초에 창신한 것이 있다. 구체적으로 말하여 청나라 사람
이 연구한 실마리를 전면적으로 계승하고 또한 고증과 비평이라는 양
대 주류로 삼았지만 이론적 색채를 갖추었고 식견이 새로운 단계로 올
라섰다. 이 시기에는 주석가가 여전히 드물어 이 방면을 일본 학술계와

비교해 보면 여전히 차이가 있다.

1930년대에 일본 학술계에서는 다키가와 가메타로(瀧川龜太郎)의 『사기회주고증(史記會注考證)』을 출판하였으며, 많은 결함이 있음에도 그것은 결국 『사기』 삼가주를 계승한 근대의 집대성한 저작으로 그 가치는 작지 않다. 이는 근대의 『사기』 연구는 하나의 과도시기로 신중국 성립 이후 사기학의 깊은 발전에 건실한 기초를 다졌다는 것을 설명한다.

근대 반세기 『사기』 연구의 총성과는 상당히 볼 만하며 중요한 학술 논문이 1백여 편이고 전문 저작이 수십 부이다. 고증 방면으로는 최적의 『사기탐원(史記探源)』, 노실선(魯實先)의 『사기회주고증박의(史記會注考證駁議)』, 주동윤(朱東潤)의 『사기고색(史記考索)』, 이규요(李奎耀)의 『사기총고(史記叢考)』, 여가석(余嘉錫)의 『태사공서망편고(太史公書亡篇考)』가 있다. 평의(評議) 방면에는 위원광(魏元曠)의 『사기달지(史記達旨)』, 양계고(楊啓高)의 『사기통론(史記通論)』, 유함흔(劉咸炘)의 『태사공서지의(太史公書知意)』, 제수해(齊樹楷)의 『사기의(史記意)』, 이경성(李景星)의 『사기평의(史記評議)』, 시장(施章)의 『사기신론(史記新論)』, 리창즈(李長之)의 『사마천의 인격과 풍격(司馬遷之人格與風格)』 등이 있다.

『사기』 주소 방면으로는 이립(李笠)의 『사기정보(史記訂補)』, 오국태(吳國泰)의 『사기훈고(史記解詁)』가 있다. 『사기』의 서법(書法) 방면으로는 근덕준(靳德峻)의 『사기석례(史記釋例)』가 있고, 태사공의 행년 방면으로는 장붕일(張鵬一)의 『태사공연보(太史公年譜)』, 정허성(鄭鶴聲)의 『사마천연보(司馬遷年譜)』 등등이 있는데, 모두 각자 특색을 갖춘 전문 저작이다. 저명한 학자로는 장빙린(章炳麟)과 량치차오(梁啓超), 나진옥(羅振玉), 왕궈웨이(王國維), 루쉰(魯迅), 모순(茅盾), 유사배(劉師培), 전현동(錢玄同), 구지에강(顧頡剛), 나근택(羅根澤), 원이둬(聞一多), 주자청(朱自清), 판원란(范文瀾), 여사면(呂思勉), 전백찬(剪伯贊), 정진탁(鄭振鐸) 등이 있다. 그들의 저작이나 논문에서 정도를 달리하여 『사기』를 평론하였다. 이 시기에 창립한 사학사와 문학사는 대부분 『사기』에 전문적인 장(章), 절(節)의 논술을 부여하여 『사기』가 중국 사학사와 문학사의 숭고한 지위에서 더욱 견고하게 확립되도록 하였다.

이 시기 『사기』 연구의 특징은 개략적으로 다음의 몇 가지 주요 방면이 있다고 말한다.

첫째, 사마천의 『사기』를 고도로 평가하여 사마천이 중국사학에 경계비를 세웠다는 공동 인식이 성립되었다. 량치차오는 사마천을 "사학계의 태조(太祖)"[27]라고 평가하였다. 나원곤(羅元鯤)은 『사기』를 "중국 2천 년래의 첫손꼽는 빼어난 저작이다."[28]라 칭찬하였다. 전백찬과 구지에강은 진일보한 논증을 하였다. 전백찬은 말하였다. "중국 역사학이 일종의 독립적인 학문이 된 것은 서한 때부터 비롯되었는데, 이런 학문의 개산조사(開山祖師)는 대사학자 사마천이다."[29] 구지에강은 말하였다. "내가 생각건대 『사기』라는 책은 "육경의 이전(異傳)으로 어울리고 제자의 잡어를 가지런하게 했다. '실로 중국 역사 사실에서 첫 번째 체계적인 정리이며, 사마 씨는 이미 스스로 길을 닦았다. …… 이 책은 홀로 의례(義例)를 열어 크고 작은 것을 아울러 포함하였으며 천인(天人)을 모으고 고금을 관통하여 사학 만 년의 기틀을 다졌고 영원히 그 밝은 빛을 발하여 예로부터 지금까지 그와 맞설 수 있는 것이 없을 것이다."[30] 루쉰은 두 구절로 평어를 간결하게 압축하여 "사가(史家)의 절창(絶唱)이요, 운을 달지 않은 「이소」이다."[31]라고 하였다. 사학과 문학을 모두 언급하였는데,

---

27 『중국역사연구법(中國歷史研究法)』, 27쪽.

28 『사학개요(史學槪要)』 「서한지사학(西漢之史學)」.

29 『중국사강(中國史綱)』 제2책, 654쪽.

30 『사기』 교점본 서.

31 『루쉰전집(魯迅全集)』 제8권 「한문학사강요(漢文學史綱要)」.

지금까지 늘 사람들에게 인용되고 있다.

　근대의 인물들은『사기』를 전에 없이 높이 평가하였다. 결코 공리공론이 아니며 구체적인 분석에서 얻은 것으로 전대의 사람에 비해 더욱 상세하고 더욱 이론이 풍부한 색채를 띠고 있다. 다만 하나의 예만 들어 증명해 보겠다.『사기』의 구조를 연결하는 호견법은 송나라의 소순이 진작에 발견했지만 "본전에서 밝히지 않은 것을 다른 전에서 밝힌 것"이라는 이 특징만 말하였지 내포하고 있는 것과 가치는 아직 충분히 논설하지 않았다. 근대의 인물 이립과 근덕준은 비교적 명확한 정의를 내렸다. 이립은『사기정보』에서 말하였다. "본전에서 빠뜨린 것을 다른 사람의 전에서 상세히 한 것을 호견이라고 한다." 근덕준은『사기석례』에서 말하였다. "하나의 일은 여러 사람과 관계되고 한 사람은 여러 일에 관련이 있어서 상세히 기재하려고 하면 번잡하고 복잡함을 감당하지 못하여 여기서는 상세히 하고 저기서는 간략하게 하며 저기서는 상세히 하고 여기서는 간략히 하면 호문이 서로 충분히 숭상한다." 아울러 구체적으로 분석하여 "책에서 호견을 밝히는" 호견이 있으며, "책에서 호견이라고 밝히지 않지만 실제로는 호견인" 호견도 있고, 여기에 상세하고 저기에 간략한 호견이 있으며 양자의 미묘한 다름은 서로 보완하여 발명하는 호견이 되었다. 주자청은「사기청화록지도대개(史記菁華錄指導大槪)」에서 더욱 진일보한 천석(闡釋)을 하였다. 그는 기전 역사에서 호견법을 운용하면서, 첫째 중복을 피하고, 둘째 포폄을 기탁하고 셋째 기휘(忌諱)를 건드리지 않았다고 생각하였다. 매 논점마다 모두 생동적인 예증을 들어 분석하고 있어서 독자로 하여금 눈만 스치면 깊은 인상을 남겨『사기』의 열독을 지도하는 데 매우 큰 의의가 있다.

　둘째,『사기』에 대한 거시적 종합 평의(評議)를 강화했다. 이경성의『사기평의』와 리창즈의「사마천의 인격과 풍격」은 대표적인 두 작품이다.

전자는『사기』분편에 대한 종합적 평의이고, 후자는『사기』전서에 대한 종합적 평의이다. 근거의 관점은 다르지만 표현 방법 또한 창신함이 있었다. 이경성의『사기평의』는 비록『사기』에 대하여 매 편을 따라가며 평론을 하였지만 구상이 종합하는 데 있으므로 원문에 미비(眉批)와 협평(夾評), 권점(圈點)을 가하지 않고 원문에서 이탈되어 필력을 구사하여 분석과 논단을 진행하였다. 내용이 풍부하고 다채로우며 크게는 편장의 명제와 작문의 중심, 작자의 용의에서, 작게는 하나의 단어와 말, 하나의 때와 장소의 대조와 퇴고 및 인물의 품평, 사료의 운용, 사마천과 반고의 다른 점 등에까지 모두 총결하는 의미를 띠고 있다. 이경성의 평의를 명청인의『사기』편말의 총평과 비교해 보면 깊이와 넓이에서 모두 대대적으로 진일보하였다. 리창즈의「사마천의 인격과 풍격」은 사기학 발전사상 처음으로 장절(章節)을 가지고 전면적으로 사마천 및『사기』를 평가한 전문 저작이다. 사마천에 대한 평론에서는 그가 처한 시대를 토론하였고 그의 가학 연원을 거슬러 올라갔으며, 그의 생애와 사상을 그려 내었다.

『사기』에 대한 평론은 각 편의 창작 순서 및 결손의 보충을 추측하였다. 내용의 분석은 철학과 사학, 미학, 문학의 각 관점을 전면적으로 내포하고 그 가치를 분석했다. 리창즈의『사기』의 예술에 대한 분석은 독자적인 기치를 세워 많은 독창적 견해를 얻었다. 그는 통일률(統一律), 내외해화률(內外諧和律), 대조율(對照律), 대칭률(對稱律), 상승률, 기병률(奇兵律), 경감률, 건축 구조와 운률 등의 미학적 법칙을 가지고『사기』의 예술성 취를 분석하여 사람들에게 이목을 새롭게 하는 느낌을 주었다. 리창즈는 더욱이『사기』의 서정성을 강조하였다. 사마천은 불후의 서정 시인이며,『사기』는 이미 사학이자 또한 좋은 영사시(詠史詩)와 개인의 전기라고 하였다. 이런 견해는 조금의 의문도 없이 토론할 수 있지만 선명하게 평론자의 개성 있는 일가의 말을 표현하였으며 독자들이 사마천의 사상과 풍격에 깊이 들어가 체험하는 데 또한 계발해 줌이 있다.

셋째, 체계적으로『사기』의 독법과 학법(學法)을 소개하여『사기』의 보급이 시작되었다. 근대의 학자들은『사기』에 숭고한 평가를 부여하여 책을 펼치면 득이 되는 국학(國學)의 정수라고 생각하였기 때문에 청말에서 신중국이 성립되기 전의 이 시기에『사기』는 이미 상당 정도 보급이 되었고 연구자는 갈수록 많아졌다. 무엇보다 1920년대에는 각종 보급판『사기』와 통속적인 독본이 끊임없이 세상에 모습을 드러내었다. 상무인서관(商務印書館)에서는 전본(殿本)과 백납본(百衲本)『사기』를 영인하였다. 또한 국학기본총서본(國學基本叢書本)과 만유문고본(萬有文庫本), 중화서국사부비요본(中華書局四部備要本), 개명서점축인이십오사본(開明書店縮印二十五史本), 세계서국영인전본(世界書局影印殿本), 상해대광서국연인본(上海大光書局鉛印本)이 있다.

가장 가치가 있는 것은 1936년 북평연구원(北平硏究院)에서 출판한 구지에강과 쉬원산(徐文珊)이 점교한 백문본(白文本)『사기』이다. 처음으로『사기』에 대하여 표점을 찍고 단락을 나누어 신중국 중화서국 점교본에 신식 점교의 기초를 다져주었다. 통속적인 독본으로는 후화이천(胡懷琛)의『사기선주(史記選注)』와 주앙스(莊適) 등의『사기선』, 가오부잉(高步瀛)의『사기거요(史記擧要)』중화서국의 배인본(排印本)『사기정화(史記精華)』등이 있다. 다음으로 1920년대부터 시작하여 량치차오와 주자청, 전기박(錢基博) 등과 같은 많은 지명도가 있는 학자들은『사기』를 대학의 강단으로 옮기어 일군의『사기』애호자들을 배양해 내었다. 보급하고 선전하며 인재를 배양하는 방면에 있어서 가장 부지런히 힘을 쏟고 공헌이 가장 큰 사람은 바로 신사학(新史學) 이론의 터를 다진 량치차오이다.

량치차오는 그의 많은 강연과 논저에서 힘껏 사람들이『사기』를 열독하고 학습하도록 제창하였으며 사마천의 문장을 작문의 모범으로 추숭하였다. 그는 난카이(南開)와 칭화(淸華)대학의 강단을 빌려 「중국 역사 연구법」 및 「보편(補編)」, 「요적 해제 및 그 독법(要籍解題及其讀法)」, 「중학작문교학법(中學作文敎學法)」 등의 과정을 개설하였는데, 모두 매우 큰 편폭을 할애하여 『사기』를 평론하고 소개했다. 『사기』의 독법에 대하여 명청시대의 학자들은 이미 평점 중에 스며들었지만 그들의 의론은 모두 비교적 자질구레하여 계통을 이루지 못했다. 량치차오의 『사기』 독법은 일종의 체계적인 지도로, 일반 독자와 전문 연구자에게 모두 지도적 의의를 가지고 있다. 그는 「사기 해제 및 그 독법」에서 상식적인 독법과 전문 연구 독법 및 어떻게 준비 작업을 하는가에 대하여 분별하고 토론하고 작자의 치학(治學) 경험을 만들어내어 독자로 하여금 친밀함을 두루 느끼게 하였다.

량치차오는 전문 연구 독법에서 몇 가지 구체적인 작업을 제기하였다. 후대의 사람들이 끼워 넣은 것을 변별하고 인식하며 선진의 역사 사실을 고증하여 『사기』에 새 주(注)를 달았다. 『사기』 고금 지명을 대조하는 수책(手冊)을 만들었으며 대사(大事)의 연표 등을 보충하였다. 이런 것은 이후 『사기』의 깊은 연구에 들어가는 긴요한 과제이다. 량치차오는 「중국 역사 연구법 보편(中國歷史硏究法補編)」에서 사마천의 사람을 묘사하는 예술을 어떻게 학습하느냐에 대하여 구체적으로 분석하였다. 아울러 신사학이 인물을 묘사하는 데 본보기를 제공할 수 있을 것이라고 생각하였다. 이로써 량치차오의 『사기』 평가는 선명한 현실적 의의를 갖추고 있으며 이 때문에 매우 가치가 있음을 알 수 있다.

5. 마반이동(馬班異同)이 하나의 학문이 되다

사마천과 반고의 이동은 사람의 눈길을 끄는 전통적인 과제이다. 또한 반고와 사마천의 이동은 혹『사기』와『한서』의 이동이기도 하고 혹은 사마천과 반고의 우열론이기도 하다.『사기』와『한서』 두 책이 세상에 나온 이후에 사마천과 반고는 이름이 나란하여『사기』와『한서』도 나란히 거론되었다. 이에 따라 사마천과 반고의 이동 문제도 제기되어 나와 지금까지도 여전히 사람을 매료시키는 하나의 연구 과제가 되었다. 역대 사마천과 반고의 이동에 관하여 전문적으로 논한 저작이 그다지 많은 편은 아니지만『사기』를 연구하는 사람은 대부분 이 문제를 언급하였기 때문에 산발적 논의와 필기 및 언급한 논설은 이루 셀 수 없다. 송나라의 예사(倪思)와 유진옹(劉辰翁)의『반마이동평(班馬異同評)』, 명나라 허상경(許相卿)의『사한방가(史漢方駕)』는 새로운 길을 연 명작이다. 지금 사람의 연구는 바이서우이(白壽彝)의『사마천과 반고(司馬遷與班固)』, 스딩(施丁)의『마반이동삼론(馬班異同三論)』, 쉬쉬팡(徐朔方)의『사기논고(史記論稿)』의 세 논자가 가장 빼어난 성과이다.

사마천과 반고의 이동은 우선 사마천과 반고의 우열이라는 관점에서 문제를 제기하였다. 이로 인하여 반고를 높이고 사마천을 누르며 사마천을 높이고 반고를 누르는 논쟁이 생겨났다. 누르고 높이는 논쟁은 이동의 비교로 발전하였고, 비교에서 전통적인 연구 과제로 비화하였다. 사마천과 반고의 이동은 중국 학술 사상 비견되는 술어를 쓸 수 없는 하나의 전통적인 비교학이다. 이 비교학은 내용과 발전의 역사를 총결하였다고 말할 수 있으며, 우리의 중국 전통사학에 대한 인식을 심화시켜 매우 의의가 있다.

1) 마반이동이 발생한 원인 및 내용

논술을 간명하게 하기 위하여 먼저 사마천과 반고의 이동 내용을 개술하고 난 후에 나타난 원인을 자연스레 끌어낼 것이다. 역사를 발전시키는 것에 관해서는 별도로 항목을 마련하여 평론하겠다. 예와 지금 사람들이 사마천과 반고의 이동을 토론한 것을 총괄하면 주요 내용은 다음의 네 가지 방면이 있다.

(1) 문자의 이동. 서한 2백년 역사에서『사기』와『한서』의 두 책은 시기적으로 중첩되는 부분이 1백여 년이다.『한서』1백 편 중 과반수인 55편이『사기』의 내용과 중첩되는데, 제기(帝記)가 5편, 표가 6편, 지가 4편, 전이 40편이다. 중첩된 부분의『한서』는 기본적으로『사기』의 옛 문장을 답습하면서 증보하고 고치고 이동시키는 등의 작업을 하면서 문자의 이동이 조성되었음이 확실히 쉽게 드러난다. 두 책을 대조하여 반고가 어떻게『사기』를 첨삭하였는가를 분석하는 것이 곧 문자 이동의 비교를 낳았다. 보아하니 다만 서로 교정하는 문제이며 형식이 간단하지만 오히려 사마천과 반고의 우열과 옳고 그름, 득실을 논하는 기초이기 때문에 송명인의『반마이동(班馬異同)』과『사한방가(史漢方駕)』는 주로 곧 문자의 이동을 고찰한 것이다. 총체적으로 보면『한서』의 문자는『사기』보다 많은데 반고는 약간의 조령(詔令)과 주의(奏議), 정론(政論) 등의 문장 및 인물의 사적을 증보하였다.

조익(趙翼)의『이십이사차기(廿二史劄記)』중의 "『한서』는 유용한 문장을 많이 싣고 있으며", "『한서』는 사적을 더하였다" 등의 조목은 반고의 증보를 평론하였는데, 역사학에 유익하며 긍정적인 가치가 있다. 역대 이래 이에 대해 누르고 올리는 평론이 많다. 마음을 가라앉히고 논하면 반고의 증보는 역사를 연구하는 관점에서는 시비와 득실의 구분이 있을 수 있지만 번다하고 간략한 것에 의거하여 우열을 논할 수는 없다. 청나라 주사수(朱仕綉)는 "사법(史法)으로" 판단할 것을 제기하면서 "실로 사사로운 뜻을 주무르려 한 것이 아니며 이동의 형세가 모두 어쩔 수 없이 그런데 처하였다."[32]고 지적하였다. 의미는 반고가 단대사로 문자에 증감이 있는데, 사적인 뜻으로 한 것이 아니라 정세가 이와 같지 않을 수 없었다는 말이다. 근인 리우시엔신(劉咸炘)은 더욱 솔직하게 이야기하였다. 그는 말하였다. "옛날 사람은 주로 사마천이 기재한 문장이 좋은 문장이 많으며, 또한 혹자는 사마천이 기록하지 않은 것은 반고에 손색이 있다고 하는데, 모두 그릇되었다. 나는 태사공의 책을 읽을 때는 먼저 '황제 이래 인지까지이다(黃帝以來, 迄于麟止)'라는 여덟 자를 익숙하게 기록해야 하는데, 여러 반고와 사마천의 이동을 논한 사람들은 모두 미숙한 기록일 따름이다."[33] 이는 『사기』는 통사로 목적은 고금의 변화에 통하는 데 있으며 싣는 글이 많지 않아 역사를 발전시키는 과정의 서사를 희석시키는 것을 면해야 하고, 반고의 『한서』는 단대사로 한 조대의 시말을 말하였으며 주로 몇몇 재료를 증보하는 것이 필연적인 추세라는 것을 뜻한다.

반고는 『사기』의 내용을 옮기는 과정에서 대부분 좋지 않게 고쳐 인물의 특색을 바래게 하였다. 『사기』「여태후본기」는 기사본말체의 특색을 갖추어, 역사적인 방면으로는 여태후가 조정에 임하여 여 씨들이 권력을 천단하게 된 시말을 완정하게 기록하였다. 문장의 방면에서는 생동적이어서 강하고 모질며 잔인한 여정치가의 형상을 빚어내었다. 『한서』「고후기(高后紀)」는 따분하고 맛이 적다. 반고는 「여태후본기」에 실려 있는 여태후가 조왕(趙王) 여의(如意)를 장살하고 척부인(戚夫人)을 잔혹하

---

32 『매애거사문집(梅崖居士文集)』「반마이동(班馬異同)」.
33 『태사공지서의(太史公知書意)』 권6.

게 해치고 아울러 여 씨들을 왕으로 삼는 등의 일을 「외척전」에 옮겨 넣었다. 여태후가 제왕(齊王) 유비(劉肥)를 짐독(鴆毒)으로 독살하려 한 일과 두 조왕(趙王) 유우(劉友)와 유회(劉恢)를 살해한 것 및 대신들이 여 씨들을 죽이고 문제를 맞아 옹립한 등의 일을 「고오왕전(高五王傳)」으로 옮겨 넣었다. 또한 진평(陳平)과 주발(周勃) 등 대신이 여 씨들을 제거하는 것에 관한 일을 「장진주왕전(張陳周王傳)」에 옮겨 넣음으로써 역사적 사실이 너저분해졌다. 인물의 형상도 모호해져서 역사와 문장 양면을 다 잃었다.

반고는 『사기』 「위기무안후열전」의 관부(灌夫), 「회음후열전」의 괴통(蒯通) 등도 분리해 내어 다른 전으로 옮겼는데, 하나같이 결함투성이로 자못 사람들의 비난을 받았는데, 일일이 평론하지 않겠다. 다만 우리는 몇몇 이동은 단대사라는 역사 서술법에 부합한다는 사실을 보아야 하며 우열론을 따지는 것은 마땅치 않다. 『사기』에서는 항우와 고조를 모두 본기에 세워 길게 이어 대조한 덕분에 역사 사실의 조리와 인물의 묘사가 모두 지극히 정채롭다. 반고는 항우를 열전으로 바꾸었다. 아울러 초한상쟁(楚漢相爭)의 몇몇 중대한 사건과 홍문연, 팽성(彭城)의 전쟁, 진평의 초나라 이간책, 팽월과 한신의 군사가 해하에서 만난 것 등을 『한서』 첫머리의 「고제기」로 옮겼다. 개국 제왕의 형상을 풍부하게 하였고 아울러 전서(全書)로 제고한 것이다. 비록 항우의 형상을 손상시키기는 하였지만 단대사의 특성상 이렇게 하지 않을 수 없었는데, 이는 작은 것을 잃고 큰 것을 얻은 것이다. 따라서 조익은 『이십이사차기(廿二史劄記)』의 「한서이치사기문(漢書移置史記文)」 조목에서 긍정을 부여하여 그의 평범하지 않은 역사 인식을 표현하였다.

(2) 체제의 이동. 『사기』와 『한서』는 인물을 중심으로 역사를 서술하여 모두 기전체로 이는 같은 점이다. 『사기』는 일련의 몇 시대를 관통하고 『한서』는 일대(一代)만 통괄한 것은 다른 점이다. 사마천과 반고를 평

론하는 데 있어 통사를 높이고 단대사를 누르는 사람은 사마천을 높이고 반고를 낮추었다. 단대사를 높이고 통사를 누르는 사람은 반고를 높이고 사마천을 눌렀다. 전자의 대표적 인물은 남송의 정초이며 후자의 대표적 인물은 당대의 유지기이다.

유지기는 『사통』에서 『사기』와 『한서』의 득실을 논하였다. 많은 것을 논하였으며 주관적으로 이것은 올리고 저것은 낮추었는데, 실제 평론은 반고를 높이고 사마천을 낮추었다. 그는 「육가(六家)」편에서 말하였다. "순박함은 사라지고 세상이 달라졌다고 일컬으며 『상서』 등 4가(家)는 그 체제가 폐한 지 오래고 조술(祖述)할 만한 것은 오직 『좌씨』 및 『한서』 2가(家)일 따름이다." 「이체(二體)」편에서도 말하였다. "그렇다면 반고와 순열(荀悅)의 두 체가 각축하여 앞을 다투어 하나를 없애고자 하나 실로 또한 어려울 것이다. 나중의 작자들은 두 가지 길을 벗어나지 않았다." 『사기』는 통사이고 『한서』는 단대사로 「육기」에서 나란히 논하였는데, 이는 가능하다. 그러나 편찬 체제에서 기전체의 창시자는 사마천이지 반고가 아닌데 유 씨는 『한서』를 가져다 기전의 비조로 삼았다. 반고를 높이고 사마천을 누르려는 것이 목표가 아니라면 식견에 잘못이 있으니 두 가지 중 반드시 하나를 택해야 한다.

유지기는 오체를 나누어 논할 때 곳곳에서 『한서』의 체제를 표준으로 삼았다. 이를 뒤집어 보면 사마천을 제한하고 『사기』를 비판한 것으로 으레 불순하였다. 따라서 학술 사상 유지기는 반고를 높이고 사마천을 낮춘 대표적 인물이다. 정초는 첨예하게 대립적인 설을 내면서 「통지총서(通志總序)」에서 말하였다. "『춘추』 후로 『사기』만이 제작의 규모를 오로지 하였고 불행히도 반고는 그 사람이 아니며 마침내 회통(會通)의 뜻을 잃었으며 사마천의 문호는 이로부터 쇠해졌다." 또 말하였다. "반고는 부화한 선비로 학술이 전무하고 오로지 표절을 일삼았다", "사마천은 반고에 비하면 용이 돼지와 함께 있는 것 같은데 어찌하여 사관들이 사마천을 버리고 반고를 썼는가? 유지기는 공연히 반고를 높이고 사마천을 낮추었다." 정초는 통사의 융회관통하는 정신을 긍정하였으며, 기전체의 창시자인 사마천을 위하여 논의를 뒤집었으나 전혀 비난할 근거가 없다. 그러나 그는 과분하게 반고를 배척하였고 감정이 특히 격하여 유지기와는 길을 달리하여 멀리 달아나 취할 수 없을 것이다.

기전체는 사마천이 처음으로 창시하고 반고가 따른 것이니 당연히 같은 선상에서 논할 수 없다. 그러나 반고가 기전 통사를 단대사로 바꾼 것은 위대한 창조라고 할 수 있다. 현대인 스딩은 「마반이동삼론(馬班異同三論)」[34]에서 말하였다. "『사기』가 앞에서 개창한 것은 전에 없는 걸작이고 고대 사학의 높은 봉우리이다, 『한서』가 뒤에서 이어 발전을 시킨 것은 후세의 정사에 가장 큰 영향을 끼쳤다." 이 평가는 공평타당하다. 먼저 『한서』는 단대사의 성공으로 『사기』의 학술적 지위를 제고시켰다. 다음으로 『한서』의 10지(志)는 『사기』 8서의 내용을 확대시켜 역사 기재를 더욱 완비시켰다. 재차 후세에서 기전체는 단대사에 더욱 적절하며 통사를 쓰는 데는 부적절함을 실천하고 증명하였다.

사마천을 모방하여 통사를 지은 것으로 양나라 오균(吳鈞)이 있다. 『통사(通史)』 6백 권을 지었으며 위(魏)나라 원휘(元暉)는 『과록(科錄)』 270권을 지었고, 정초가 지은 『통지』의 기전체 부분은 모두 일종의 실패라 할 수 있다. 그러나 반고의 단대사를 본받아 역사를 지은 사람은 모두 성공할 수 있었다. 원인은 기전 5체를 분별하여 관통시키면 곧 동일한 시대의 사람과 일을 현격하게 분할할 수 있다. 따라서 사마광은 편년체 통사로 성공을 거두었으며 사마천의 융회관통정신을 창신시켰다. 이로써 보

---

34 『사마천연구신론(司馬遷硏究新論)』 하남인민출판사(河南人民出版社) 1982년판에 들어 있다.

건대 통사와 단대사의 두 형식은 상호 보충할 수 있으며 어깨를 나란히 하였으니 누가 또 누구를 대신하겠는가? 이로 인하여 『사기』와 『한서』의 체제 이동은 다만 대조할 수 있을 뿐 이 사람을 높이고 저 사람을 낮추어서는 안 된다. 청나라 장학성은 십분 통달한 평론을 발표하였다. 그는 말하였다. "사씨(史氏) 가운데 『춘추』를 이어 지은 것은 사마천과 반고 같은 사람이 없었으며, 사마천은 원(圓)과 신(神)에 가까웠으며 반고는 방(方)과 지(智)에 가까웠다." 장학성은 사마천과 반고의 책은 모두 『춘추』에 비견되기에 부끄럽지 않은 훌륭한 사서라고 생각하였다. 두 책은 각자 특색을 갖추어 "모두 기전의 비조"[35]라고 하여 통사를 긍정하면서 단대사도 긍정하였다.

(3) 풍격의 이동. 전대의 사람들은 사마천과 반고의 문장을 평론하면서 두 사람 모두 대가이지만 풍격은 판이하게 다르다고 생각하였다. 유송(劉宋)의 범엽(范曄)은 "사마천의 문장은 직설적이고 일은 핵심을 파헤쳤으며, 반고의 문장은 풍부하고 일이 상세하다."[36]고 하였다. 남송의 주희(朱熹)는 "태사공의 책은 활달하고 시원하며, 반고의 책은 상세하고 난삽하다."[37]라 하였다. 명나라의 능약언(凌約言)은 "자장의 문장은 호방하여 노장이 군사를 쓰는 것 같아 마구 내달아 제어를 할 수 없는데, 그 가운데는 절로 법도가 있다. 맹견의 문장은 정돈되었고 군사(軍事)를 가지고 비교해보면 그 기병(奇兵)을 배치함에 한 자 한 치도 어긋나지 않아 문장의 배치가 우용하여 볼 만하며 거의 유장(儒將)의 풍도가 있다."고 말하였다. 사마천과 반고, 좌구명, 장주(莊周)의 여러 대가의 문장을 칭찬하여 "기축(機軸)의 변화무쌍하여 같지 않지만 요컨대 모두 문장의 절묘

---

35 『문사통의(文史通義)』 「서교(書敎) 하」.
36 『후한서(後漢書)』 권4 「반고전(班固傳)」.
37 『주자어류(朱子語類)』 권134.

한 기술이다."[38]고 하였다.

송명의 평점가들은 깊은 연구를 통하여 대부분 반고가 비록 대가이기는 하지만 사마천에 비해서는 조금 손색이 있다고 생각하였다. 송나라 황리옹(黃履翁)은 말하기를 사마천의 문장은 "말을 배치함이 깊고 흥을 기탁함이 멀며 억양(抑揚)과 취사(取捨)가 절로 일가를 이루어 천마의 준족과 같아 달림이 평범하지 않아 조금도 농락당하려 하지 않는다. 저 맹견(반고)은 법도를 본받고 흉내 내어 울타리 아래에 기탁하는 것을 달갑게 여기니 어찌 감히 자장(사마천)의 풍도를 바라겠는가?"[39]라고 하였다. 명나라 모곤(茅坤)의 평론이 가장 깊으며 정곡을 제대로 찔렀다. 우선 그는 사마천과 반고는 모두 "하늘이 내린" 재주로 국풍과 이소를 거느려 "『사기』는 풍신(風神)으로 뛰어나고 『한서』는 법규로 뛰어나다. 풍신이 뛰어나기 때문에 표일하고 대범하여 놀을 먹고 눈을 씹는 것 같아 왕왕 눈앞에서 미친다. 이는 심사(心思)가 미치지 못하는 곳이어서 사람들에게 읽히면 큰 웃음이 그치지 않는다. 오직 그 잣대가 빼어나므로 그 계책과 배치가 승묵을 가하고 도끼로 새기듯 하여 왕왕 혼란하고 복잡한 사이에서 수미의 절주를 극도로 엄밀히 하게 하는 것이 있어 사람들에게 읽히면 근육을 씻고 골수에 통하지 않은 것이 드물다."[40]고 하였다. 이는 두 사람의 "문장의 빼어난 기예"의 다른 풍격에 대한 생동적인 묘사로 모두 천 년의 빼어난 곡조여서 우열을 가리기 어렵다.

그 다음은 사마천과 반고의 고하를 매기는 것 같은 것으로, 모곤은 반고가 사마천에 비견되기 어렵다고 생각하였다. 그는 말하기를 『사기』는 "예와 지금을 차례로 가리키며 「국풍」에서 나와 「이소」로 들어가는 것

---

38 『사기평림(史記評林)』에서 인용.
39 『고금원류지론(古今源流至論)』 「별집(別集)」 권5.
40 『한서평림(漢書評林)』 서.

으로, 비유하자면 한신과 백기가 군사를 이끌고 강과 산 사이에서 싸우며 참호의 벽, 부곡(部曲), 정기(旌旗), 징과 북을 마주하는 것과 같다. 서로 도와가며 중군(中軍)과 후미의 군사가 잠복했다 나타났다 하면서 갑작스레 변화하는 것이 마치 한 사내가 굽은 기 위에서 칼춤을 추는 것 같아 뜻대로 하지 않음이 없으며 서경(西京, 전한) 이래 천고의 절묘한 곡조이다. 곧 반고가 『한서』를 경영하는 것 같은 것은 엄밀하게 뛰어넘어 방달하고 얽매이지 않으며 웅건하고 표일하여 사람에게 읽히면 까마득히 정신이 구름 깃발과 깃털 옷 사이에서 놀아 바랄 수는 있어도 취할 수는 없는 것이다. 내가 생각건대 반고는 아무리 쫓아도 그 대청에 올라 통할 수 없었는데, 하물며 그 아래에 있는 사람이겠는가?"[41]라고 하였다.

사마천과 반고의 문장 풍격의 고하에 대하여 쉬우면서도 이해하기 쉽게 말한 것으로는 『한서평림(漢書評林)』에서 인용한 정이천(程伊川)의 말 만한 것이 없다. 그는 말하였다.

> 자장의 저작은 마음이 미묘하고 뜻이 묘하며 문자를 길 바깥에 기탁하였으며, 맹견의 문장은 정과 뜻이 문자의 길 안에 다 드러난다. 자장의 문장을 읽으려면 반드시 뜬 말(浮言)을 넘어야 비로소 그 뜻을 터득하고 문자를 넘은 자는 그 종지를 해석할 수 있으며, 반 씨의 문장 또한 넓고 우아하다고 하지만 한번만 보면 남는 것이 없어 감정과 언사가 모두 다 하는데, 이것이 반고와 사마천의 구분이다.

사마천과 반고의 문장 풍격에 대해서는 우리 또한 구체적으로 비교를 할 수 있다. 미시적인 문자의 이동 또한 문장의 풍격을 볼 수 있다. 반고

---

41 『사기초(史記鈔)』 서.

는 고문의 기이한 글자를 쓰는 것을 좋아하였다. 사마천은 속어와 속담을 쓰는 것을 좋아하였으며 고문을 한나라 때의 통용어로 바꾸어 썼다. 반고는 『사기』의 자구를 바꾸어 옮겼는데, 허자(虛字)와 어기사(語氣詞)를 최대한 삭제하거나 줄여서 『한서』의 문장이 "전고(典誥)의 기풍"[42]이 있도록 하였다. 『사기』의 문장은 변화가 입신의 경지에 이르렀고 『한서』의 문장은 평이하고 진술하다. 사마천은 중복된 말을 쓰기를 좋아하여 문장의 기세와 운율의 맛을 강화시켰다. 반고는 간결함과 엄격함의 추구에 힘썼으며 오로지 산삭하였을 뿐이었다. 사마천은 인물의 대화를 묘사함에 말투가 빼박은 듯하여 개성이 선명하다. 반고는 왕왕 요약하거나 간략화하여 문어체로 바꾸었다. 사마천은 한나라의 제왕 및 한유(漢儒)를 비판하여 풍자 예술을 강구하였고, 반고는 높은 사람을 꺼려서 늘 풍자하는 말과 세부적인 묘사를 깎아냈다. 「고제기」에는 홍문연을 옮겨 놓았는데, 사마천의 원문을 기본으로 하였다. 그중 몇몇 인물의 풍모를 드러내는 대화를 깎아냈다. 유방을 기휘하기 위하여 홍문연의 좌석의 차서를 빼버렸는데, 이 좌석의 차서에는 존비의 구분이 있었기 때문이었다. 이런 예는 매우 많다. 반고는 다만 자구만 바꾸어 옮겨 원작의 사상성을 낮추었을 뿐 아니라 인물의 풍채와 행동을 크게 퇴색시켰다. 모곤은 반고는 사마천을 배웠지만 대청까지만 오르고 방에는 들어갈 수 없었다고 하였는데, 이는 결코 과장이 아니다.

스딩은 「마반이동삼론(馬班異同三論)」에서 『사기』와 『한서』의 역사 문학을 거시적으로 비교하였다. "둘 다 역사 인물과 전쟁, 인정의 세상사와 역사 배경을 주의하여 써서 모두 걸출한 성취가 있으며", "상대적으로

---

42 전고 (典誥): 『서경(書經)』 「요전(堯典)」、「순전(舜典)」과 「탕고(湯誥)」、「강고(康誥)」 등과 같은 기풍이 있는 문장을 말한다. 문장이 옛 기풍을 띠고 있는 것을 비유한다. ─옮긴이

말하여 『사기』는 문필이 호방하고 자연스러우며, 글자를 씀이 대범하고 활달하였다. 문장은 변화가 풍부하였고 하나의 격식에 얽매이지 않았기 때문에 붓이 가는 대로 써 내려갔다. 형상과 색채를 있는 대로 그려내어 매우 생동적이면서 비교적 정확하다. 『한서』는 문필이 정연하고 질박하며 글자를 씀이 절제되고 요약되었으며 간략하고 고아하며 문장은 공교롭고 정밀하여 변화가 적다. 형식을 강구하였기 때문에 사람의 묘사가 생동성이 조금 결여되어 있고 사실의 묘사는 조금 따분하다."고 생각하였다. 또 말하였다. "사마천은 화가의 채필(彩筆)로 역사를 써서 역사 인물과 전쟁, 그리고 사리의 특징과 영혼을 묘사하면서 몇몇 구체적인 전형을 통하여 역사를 설명하였다. 이 때문에 역사의 긴 강은 사마천의 필치하에서 흐르게 되었으며, 사적은 살아 움직이는 역사가 되었다. 반고는 꼼꼼하고 세밀한 묵필(墨筆)로 역사를 썼으며 심혈을 기울여 역사의 일반적인 상황을 계산하여 몇몇 구체적인 내용을 통하여 역사를 설명하였다. 이 때문에 반고의 필치하에서는 역사의 명세서가 비교적 뚜렷하지만 색채가 부족하고 격식화하는 경향이 있다." 스딩은 마지막으로 "역사 산문으로 말하면 『한서』가 『사기』에 비해 조금 손색이 있다."는 결론을 내렸는데, 이 평가는 실제에 부합한다.

(4) 사상의 이동. 사마천과 반고는 모두 한조(漢朝)의 사관이며, 『사기』와 『한서』는 모두 한나라를 높이는 것을 주지로 삼아 한나라 일통의 위엄과 덕망을 선양하였다. 그들은 모두 봉건적 역사학자이다. 어떤 사람은 말하기를 사마천은 "국민 가수"라 하였는데, 이는 옳지 않다. 그러나 사마천은 이단사상을 가지고 있어서 과감히 맹목적 충성 사상의 속박을 돌파하였으며 국민의 고난을 동정하였다. 폭군과 오리의 추악함을 편달하여 『사기』에 애민성의 요소를 녹여 넣었다. 반고는 비교적 보수적인 정통 사학자로 사상 경계와 역사 인식은 사마천과 나란히 논할 수

가 없다. 서진의 유물주의 철학자이자 문학가인 부현(傅玄)은 사마천과 반고의 우열을 논하여 이 문제를 제기하였다. 그는 말하였다.

> 내가 반고의 『한서』를 살펴보니, 국체(國體)를 논한 것은 임금을 꾸미고 충신을 낮추었으며, 세교(世敎)를 구원하는 것은 영합하는 것을 귀하게 여기고 직언하는 절개를 천하게 여겼으며, 시무를 말할 때는 사장(辭章)을 삼가고 사실을 소략히 하여 훌륭한 사관이 아니다.[43]

반고의 "사공(史公)의 세 가지 실수"를 제기한 비평은 이미 공개적으로 그와 사마천이 다른 사상 경계를 가지고 있음을 선언한 것이다. 그러나 전 봉건사회에서 사마천과 반고 사상의 이동을 평론하였는데, "사공(史公)의 세 가지 실수"의 테두리에 국한되었다. 역사의 국한 때문에 구시대의 학자는 누구도 이 문제를 분명하게 말하지 못했다.

사마천과 반고의 이동을 비교하는 것은 이론적 색채가 지극히 풍부한 과제이다. 그 때문에 진정한 연구는 신중국이 성립한 이래 당대의 바이서우이(白壽彝)와 스딩 두 사람이 가장 중점을 두고 평론한 곳이 바로 사마천과 반고 사상의 이동을 평론하는 것이었다. 뒤에서 다시 평론하기로 하자.

위에서 이야기한 사마천과 반고의 이동의 네 방면은 곧 뚜렷하게 볼 수 있다. 『사기』와 『한서』는 절반이 넘는 편폭이 중첩되었으므로 모두 서한 왕조의 역사가 무게중심을 이루고 있다. 두 사람 모두 대문장가이기 때문에 각자 휘황한 성취를 함께 들어올렸다. 이런 것은 사마천과 반고 이동의 객관적 조건을 낳았다. 두 사람이 사상 의취와 문화의 심원,

---

43 『부자(傅子)』「보유(補遺) 상」, 엄가균(嚴可均)의 『전진문(全晉文)』에 보인다.

역사 배경이 다 다르기 때문에 풍격이 다른 작품을 써내었다. 이는 사마천과 반고 이동의 주관적 조건을 낳았다.

우리가 다시 자세히 분석하고 종합하면 사마천과 반고 이동의 내용 또한 유형과 무형 두 방면으로 나눌 수 있다. 유형의 이동은 바로『사기』와『한서』두 책을 내용에서 형식으로 한 비교는 구체적으로 말해서 문자의 이동과 체제의 이동이다. 무형적 이동은 사마천과 반고 두 사람의 사상적 의취와 문장의 풍격을 가리킨다. 유형적 이동의 비교는 비교적 거칠고 얕아서 종결이 있는 것 같다. 무형적 이동의 비교는 매 걸음 깊이 들어가 영원히 끝나지 않는다. 유형적 이동은 무형적 이동의 물질적 기초이다. 무형적 이동은 유형적 이동의 승화로, 한 대 또 한 대 연구자의 발굴을 통해야 온축된 것을 탐구할 수 있다. 송명인은 유형적 연구에 치중하였으며, 청대 이래 한걸음 한걸음 무형적 이동의 연구로 깊이 들어갔다. 이는 학술이 발전해 가는 데 필연적이다. 이 때문에 후대 사람의 식견의 정밀함으로 전대 사람의 식견의 천박함을 기롱할 수 없었는데, 이는 우리가 오늘날 사마천과 반고를 평론하면서 가져야 할 태도이다.

2) 마반이동이 역사를 발전시킴

대체로 당나라 이전 논자들은 반고를 높이고 사마천을 낮추는 것이 주류였다. 송명인의 평가는 사마천과 반고를 낮추고 높임이 서로 막상막하였다. 청나라 사람들은 비록 사마천을 높이고 반고를 낮추었지만 모두들『사기』와『한서』가 훌륭한 역사라고 평가하였다. 현대인들의 평론은 전면적으로 사마천과 반고의 이동을 비교하여 두 사람의 사학의 득실을 총결하였다. 확실히 전대 사람들의 논술에 비하여 더욱 깊어졌고 더욱 과학적 정신을 갖추었다. 다음에서 나누어 논하겠다.

(1) 한당 시기. 반고 부자는 "사공(史公)의 세 가지 실수"를 제기하고 백

왕(百王)의 말미에서 사마천이 한본기(漢本紀)를 편찬한 것을 비평하였다. 은연중에 『한서』가 『사기』보다 낮다는 뜻을 내비치고 있다. 양한 시기의 통치자는 『한서』를 떠받들고 『사기』를 홀대하였다. 이는 정치적인 문제였다. 반고 부자의 자만심과 서한 시기의 정치적 배경은 사실상 사마천과 반고의 우열 문제를 제기하였다. 아울러 『한서』는 오경에 버금가는 것으로 간주되었고 나라의 역사로 홀로 높이 서는 지위를 얻게 되었다.

학술상에서 사마천과 반고의 우열을 논한 최초의 문헌 기록은 왕충(王充)의 『논형(論衡)』이다. 이 책의 「초기(超奇)」 편에서는 말하였다. "반숙피(班叔皮)는 『태사공서』를 백 편 이상 이어서 썼는데, 기사가 상세하고 뜻이 얕고 이치가 갖추어져 독자들이 으뜸으로 여겼고 태사공은 다음으로 여겼다." 반숙피(班叔皮)는 반표(班彪)의 자이며 왕충은 그를 가지고 반씨 부자로 표현하였다. "기사가 상세하고 뜻이 얕고 이치가 갖추어져(記事詳悉, 義淺理備)" 이 두 구절은 왕충이 『사기』와 『한서』 두 책을 비교한 후에 『한서』에 내린 평가 내용으로 바로 『한서』가 『사기』보다 우월하다고 한 근거이다. 왕충이 "독자들이" 반고가 으뜸이고 사마천은 그 다음이라 한 것은 당시의 풍조가 이와 같았음을 설명한다.

진(晉)나라 때 이미 사마천을 높이고 반고를 누른 의론이 있었다. 가장 먼저 제기한 사람은 부현(傅玄)인데 이미 앞의 인용에 보인다. 뒤를 이어 장보(張輔)가 사마천과 반고를 비교하여 평론하였는데, 이렇게 말하였다.

세상 사람들은 사마천과 반고의 재주의 우열을 논하면서 주로 반고가 뛰어나다고 생각하였는데, 나는 잘못되었다고 본다. 사마천의 저술은 말이 요약되었고 일을 들어 3천 년의 일을 서술하면서 다만 50만 언뿐이다. 반고는 2백 년의 일을 서술하면서 곧 80만 언이니 번간(煩簡)이 같지 않은 것이 사마천보다 못한 첫 번째 이유다. 훌륭한 사관은 일을 서술할 때 선은 충분히 장려하고 권해야 하며 악은 충분히 경계해야 하는 것이 인도의 떳떳함이다. 일반적인 자질구레한 일은 또한 취할 것이 없는데, 반고는 모두 기록하였으니 못한 두 번째이다. 조조(晁錯)를 폄훼하여 충신의 도를 상하게 한 것이 세 번째 못한 이유다. 사마천이 창조하고 반고는 따랐으니 난이(難易)도 같지 않을 것이다. 또 사마천은 소진과 장의, 범저, 채택의 전을 지어주었는데, 사어가 거침이 없고 유려하여 충분히 그 큰 재주를 밝혔다. 그러므로 변사를 서술하면서는 사조(辭藻)가 화미(華靡)하였으며, 실록을 서술하면서는 명예와 예법을 파헤쳤다. 이것이 사마천이 훌륭한 사관으로 불리는 까닭이다.[44]

장보의 우열 비교는 사실 송나라의 반마이동론의 선구로 방법은 의심의 여지 없이 정확하다. 장보는 네 방면에 걸쳐 비교를 제기하였다. 곧 번간(煩簡), 취재(取材), 사식(史識), 문채(文采)이며, 내용 또한 훌륭하다. 그러나 장보는 구체적인 분석은 하지 않고 문자의 번간에만 치중하여 형식적인 비교로 흘러 사람의 마음을 납득시키기 어렵다. 문자는 대개 번다하다고 해서 좋지 않다거나 간략하다고 하여 반드시 훌륭한 것은 아니기 때문이다. 가의의 전 같은 것은 『사기』는 간략하고 『한서』는 번다하여 역사라는 관점에서 『한서』는 가의의 치안책을 전에 실었는데, 양양한 수천 언의 말이 오히려 매우 가치가 있는 문헌이다. 『한서』의 「왕망전(王莽傳)」 같은 것은 한나라 역사의 마지막 편이다. 서한의 쇠퇴와 왕망의 권력 찬탈을 쓴 것으로 상세히 살펴봄에 법도가 있으며, 비록 4만여 자나 되긴 하지만 24사의 첫 번째 대전(大傳)이라 할 수 있다. 또한 하나의 아름다운 전으로 사공지필(史公之筆)의 아류가 아니다. 이외에 『사기』

---

44 『진서』 권60 「장보전(章甫傳)」.

의) 3천 년과 (『한서』의) 2백 년은 더욱 표면적인 비교이므로 유지기는 반박하여 말하였다. "사마천은 3천 년의 일을 썼는데" "다만 한나라가 흥기한 지 70여 년뿐이며", "반 씨의 『한서』는 온전히 『사기』에서 취하고 그 가운데 「일자」, 「창공」 등의 전을 버렸는데, 그 일이 번거롭다고 생각하여 편차하기에 부족하다고 여겼기 때문이다." 유지기는 심지어 이렇게 단언하였다. "만약에 사마천에게 『한서』를 편찬하게 하였다면 쓸데없는 말을 많이 하여 반 씨를 넘어설 것이니 어찌 이것을 가지고 그 우열을 정하겠는가!"[45]

유지기는 형식주의적인 번간을 가지고 우열을 정하는 것을 반대하였는데, 이 의견은 옳다. 그러나 그는 반고를 높이고 사마천을 낮추는 입장에서 말하였다. 역으로 말하여 사마천의 문장이 반고보다 번거롭다는 말인데 이는 정도가 심하다. 송나라의 왕약허는 그 실마리를 이어 극단으로 치달았다. 장보의 입론이 크게 잘못되었다고 생각하여 번간을 논하면서 "사마천은 기사는 소략하고 남은 말이 너무 많으며, 반고는 기사를 상세히 갖추고 산삭이 정밀하고 타당하다. 그렇다면 사마천은 간결한 것 같지만 실은 번거롭고 반고는 번거로운 것 같지만 실은 간결하다."[46] 이는 감정적인 일처리이며 이치가 극단적이어서 학술적인 가치가 없다.

『사기』 삼가주의 당나라 작자인 사마정은 사마천과 반고의 억양(抑揚)이 대등하다고 보았고, 장수절은 사마천을 높이고 반고를 낮추었다.

한당 시기에도 지론이 공정한 사가(史家)가 있다. 진(晉)나라의 원굉(袁宏)은 「후한기서(後漢紀序)」에서 말했다. "대체로 사전(史傳)이 흥한 것은 예와 지금에 통달하고 명교에 돈독했기 때문이다. …… 사마천은 육가(六

---

45 『사통(史通)』 권16 「잡설(雜說) 상」.
46 『호남유로집(湖南遺老集)』 권1 「사기변혹(史記辨惑)」.

家)를 나누어 10서(書)를 세웠는데, 기사일 뿐만 아니라 실로 인의의 교화를 충분히 부지하고 밝혔으며 치국의 요체를 망라하였지만 미진하였다. 반고는 원류를 두루 보아 통달한 사람의 저작에 가까웠지만 사마천의 책을 따라 환하게 밝힌 곳이 없다." 원굉은 사마천이 "예와 지금에 통달하고", "치국의 요체를 망라한 것"을 긍정적으로 보았지만, 상세하게 보는 것이 미진하였다. 반고는 "원류를 두루 보아 통달한 사람의 저작에 가까웠지만", "사마천의 책을 따라 하여" 각기 득실이 있으니 백중을 가리기 어렵다. 우리는 원굉의 평론이 공정하다고 보는데, 그가 차분한 마음으로 분석을 하였기 때문이다. 그의 설은 후세에 매우 큰 영향을 끼쳤다. 지론의 정신이 거의 청나라 사람과 은연중에 합치하는데, 다만 상세함이 미치지 못할 따름이다.

(2) 송명 시기. 사마천과 반고의 이동은 송명인이 『사기』를 연구한 중요 방면이다. 최대의 성취는 사마천과 반고의 비교학에 터전을 닦았고 진나라 장보의 우열론을 체계적인 이동의 비교로 발전시켜 『반마이동(班馬異同)』과 『사한방가』 같은 학술 전문 저작이 출현하게 되었다. 이 두 전문 저작은 『사기』와 『한서』 문자의 이동을 비교하는 데 치중하였다. 이 외에 송나라 소순과 정초, 왕약허, 여조겸, 주희, 진부량(陳傅良), 섭적, 홍매, 위료옹(魏了翁), 황리옹(黃履翁), 양만리(楊萬里), 원나라 사람 왕정(王整)과 모곤, 호응린, 초굉(焦閎), 황순요(黃淳耀), 능약언(凌約言) 등은 모두 각자의 시각에서 사마천과 반고의 이동을 비교하였다.

대체로 송나라 사람들은 서법(書法)과 체제에 치중하였고 명나라 사람들은 문장의 풍격에 치중하였다. 송명인의 평론은 이를 높이고 저를 낮추는 것이 여전히 존재하여 여조겸은 사마천은 높이고 반고는 낮추었으며 주희는 반고를 높이고 사마천을 낮추었다. 송나라 사람은 더욱 한쪽으로 치우친 의견을 가져 왕약허는 극단적으로 반고를 높이고 사마천을 낮추었다. 정초는 극단적으로 사마천을 높이고 반고를 낮추었는데, 이미 앞에서 인용한 것과 같다. 그러나 총체적으로 말하면 송명인은 이미 사마천과 반고를 나란히 제기하였다. 양만리와 능약언 두 사람의 말이 대표적이다. 양만리는 당대 시인 이·두를 사마천과 반고에 비교하였다. 그는 말하였다. "태백의 시는 신선과 검객의 말이며, 두릉(杜陵)의 시는 우아한 선비와 소인(騷人)의 사(詞)이다. 문장으로 비교하면 태백은 『사기』이고 소릉(少陵)은 『한서』이다."[47] 능약언은 한대의 이름이 나란한 장수 이광과 정불식을 가지고 사마천과 반고를 비교했다. 그는 말하였다. "자장의 재주는 호방하면서 얽매이지 않아 이광이 말을 타고 활을 쏘는 것이며, 맹견의 재주는 넉넉하고 체제가 있어 정불식의 군대이다."[48] 이런 유의 비교는 비록 그다지 정확하다고는 할 수 없지만 사마천과 반고가 이름이 나란한 큰 인재라고 긍정한 것은 오히려 명확하다.

송명인이 사마천과 반고를 논한 최고의 성취는 『반마이동』과 『사한방가』를 추대하여야 한다.

『반마이동』 35권은 송나라의 예사(倪思)가 지었으며, 유진옹(劉辰翁)의 평어를 합각하여 『반마이동평(班馬異同評)』이라 하였다. 이 책은 『사기』와 『한서』 두 책의 대응하는 편목을 비교하고 자구의 이동을 고찰하여 두 책의 득실을 살폈다. 이 책의 서술 방법은 하나의 창조이다. 전서는 『사기』의 원문을 골간으로 하여 큰 글자로 썼고, 『한서』에서 추가한 문자는 세필로 작게 썼다. 무릇 『한서』에서 산삭된 문자는 그 곁에 줄을 그어 표시하였고, 『한서』에서 『사기』의 문자를 옮긴 곳은 곧 주(注)를 달고 『한서』에는 "위로는 어느 문장과 이어지고 아래로는 어떤 문장으로 이어진

---

47 『한서평림(漢書評林)』에서 인용.
48 위와 같음.

다."고 밝혔다. 어떤 문장이 『한서』의 기타 전기에 옮기어 들어가게 되면 주(注)로 "『한서』의 아무 전에 보인다."고 밝혔다. 예사와 유진웅의 평어는 일일이 책의 윗부분에 열거하였는데, 매우 눈길을 끈다. 『사기』와 『한서』의 동이(同異)는 일목요연하여 연구와 품평에 편의를 제공하였으며 그 평어 또한 사람들의 깊은 생각을 이끌어낸다.

『반마이동평』은 서술하는 형식에서 평어의 내용까지 여전히 사마천을 으뜸으로 치고 반고를 다음으로 여기는 의미를 띠고 있다. 다만 그 설은 문자 비교와 신중하게 분석하는 기초 위에 건립되어 시비의 비평이 비교적 단정하고 절대로 입에서 나오는 대로 함부로 말하지 않았으며 기분 내키는 대로 처리하지 않았다. 한고조의 본기 같은 경우 『한서』는 『사기』보다 얼마간의 조령(詔令)을 더 수록하고 있고 역사를 보충하였으며 평어는 질문을 하고 그 뜻을 밝혔다. "『한서』는 정신이 오로지 여러 조령을 수습하는 데 팔려 있으니 자장이 무엇 때문에 방일(放佚)한지 모르는가? 또한 반 씨는 무엇을 좇아 얻었는지 모르는가?"라고 하였다. 『사기』의 찬어는 역사적인 발전 각도에서 "한나라가 흥하여 피폐한 것을 이어 변화시켜 사람을 게으르게 하지 않아 천통(天統)을 얻었다"고 하여 무게 중심이 한나라가 흥하여 사람의 마음의 변화에 부합함을 말하여 천명론의 색채가 얕고 묽다.

청나라 우운진은 평론하여 말하였다. "찬어는 다시 백성을 알맞게 제정하는 데서 입론하여 고조가 진나라의 가혹한 법을 개변할 수 있어서 천통을 얻은 것이므로 삼대를 이을 수 있었고 참으로 대체의 요령을 안 자이다." 이 설은 곧 사마천 찬어의 무게 중심이 사람의 마음에 있지 천명이 아니라는 것을 강조하였다.[49] 『한서』의 찬어는 "한나라는 요(堯)의

---

49 『사기평주(史記評注)』 권2.

운을 이어", "화덕(火德)에 어울리며", "천통(天統)을 얻었다"는 것을 강조하여 천명론의 의미가 확실히 농후하니 반고의 역사 인식은 사마천에 미치지 못한다. 그래서 평어에서는 말하였다. "반 씨는 유 씨가 요를 계승하였다고 서술하였는데, 더욱 소원하며, 이하는 주서(周書)의 말과 유향의 송(頌)을 취하여 한갓 곡설(曲說)이 되고 말았다. 이를 가지고 천통을 얻었으니 아이와 다름이 없다." 여기에 비록 약간의 경멸조도 보이지만 도리는 오히려 훌륭하다.

『반마이동』은 『사기』와 『한서』의 대응되는 편목의 문자 비교에 국한되어 거시적인 파악이 부족하여 여전히 일종의 비교가 거칠고 얕은 편이다. 아울러 고찰한 것 또한 주도면밀하지 못하다. 『사기』의 「효문」과 「효경」의 2기(紀), 「천관」, 「봉선」, 「하거」, 「평준」의 4서(書), 「가의」와 「경포」, 「한왕신(韓王信)」, 「동월」, 「서남이」, 「유림」, 「대원」 등 15전 및 「태사공자서」는 모두 『한서』와 이동이 있는데 고찰을 하지 못하였다. 비록 이와 같기는 하지만 『사기』와 『한서』의 이동은 문자 비교가 기초 작업이며 예사(倪思)가 단서를 밝혀 독립적으로 전문 저작을 이루었고 유진옹이 평을 하였다. 모두 사마천과 이동 비교학을 창조하였고 『사기』의 연구에 새로운 영역을 개척하였다. 사마천과 반고 우열론을 대대적으로 앞으로 한 걸음 나아가게 하였으므로 그 가치는 낮게 평가되어서는 안 된다.

『사한방가』는 명나라 허상경(許相卿)이 지었다. 주요 공헌은 『반마이동』의 체제를 개진한 것이다. 이 책은 『사기』와 『한서』의 서로 같은 문자를 행중에 직서하였고, 같지 않은 것은 행을 나누어 협주(夾注)를 달았다. 무릇 『사기』에는 있고 『한서』에는 없는 것은 오른쪽에 나열하였고, 『한서』에는 있고 『사기』에는 없는 것은 왼쪽에 나열하였다. 조리는 더욱 뚜렷하여 『사기』와 『한서』를 나란히 놓는 것을 형성하였으므로 『사한방가』라는 제목을 달았다. 평어는 다시 책의 윗부분에 쓰지 않고 정문의 곁에 옮겨서 붙였으며, 비점(批點) 같은 것은 명나라 사람의 습성을 표현하였다.

(3) 청나라 사람의 사마천과 반고의 이동 평론. 청나라의 사마천과 반고의 이동을 연구한 전문 사적으로는 양우과(楊于果)의 『사한전론(史漢箋論)』과 양기광(楊琪光)의 『사한구시(史漢求是)』가 있다. 전문적으로 제목을 붙여 평론을 발표한 사람으로는 장중화(蔣中和), 서건학(徐乾學), 심덕잠(沈德潛), 포기룡(浦起龍), 주사수(朱仕琇), 구봉년(邱逢年), 웅사붕(熊士鵬), 왕지창(汪之昌) 등이 있다. 간접적으로 언급한 사람으로는 전겸익과 고염무, 전조망(全祖望), 우운진(牛運震), 왕명성, 조익, 장학성, 육계로(陸繼輅), 왕균(王筠), 심가본(沈家本) 등이 있다. 이들은 모두 일대의 통달한 사람들이며 또한 한학(漢學)이 부흥한 배경하에서 사마천과 반고의 이동을 평론하였다. 따라서 학술성이 강하며 취득한 성취가 가장 크다.

무엇보다 전대 사람의 평론의 득실에 대하여 비판하여 계승하였다. 서건학 같은 사람은 송명인의 성취를 긍정적으로 보았다. 그는 말하였다. "송나라 예사는 『반마이동』을 지어 그 자구를 표하여 늘어놓았고, 유진옹은 논단을 가하였다. 명나라의 허상경은 그 뜻에 근본을 두고 『사한방가』를 지어 그것을 저울질해 보고 그 말을 조절하였는데, 모두 조리가 있고 찬연히 갖추어졌다."[50] 이와 동시에 송명인의 한계를 지적해 냈다. 전겸익 같은 사람은 『반마이동』을 비평하여 "자구를 찾아가며 말하였는데, 이는 어린아이의 학구적 견해일 따름이다."[51]라고 하였다.

심덕잠과 포기룡, 구봉년 등은 유지기의 반고가 낫다고 한 것과 정초가 반고를 배척한 지나친 관점에 대해 모두 비평을 제기했다. 심덕잠은

---

50 『착원문집(涒園文集)』 권15 「반마이동변(班馬異同辨)」.
51 『목재유학집(牧齋有學集)』 권38 「재답창략서(再答蒼略書)」.

말하였다. "내가 냉정하게 찾아보니 사마천이 반고보다 뛰어난 것이 있었고, 반고와 사마천이 각자 이룬 것이 있으며, 반고가 사마천보다 나은 것도 있었다."[52] 청나라 사람들은 이를 누르고 저를 올리는 과실을 거울로 삼아 냉정하게 사실을 추구하는 정신으로 사마천과 반고를 꼼꼼하게 살폈는데, 기점(起點)이 전대의 사람들보다 높다.

다음으로 청나라 사람들은 사마천이 반고보다 뛰어나긴 하지만 사마천과 반고는 모두 훌륭한 사관임을 인정하였다. 포기룡은 말하였다. "예로부터 훌륭한 사관을 일컬을 때 사마천 만한 사람이 없고 그 다음으로는 반고 만한 사람이 없다."[53] 주사수는 말하였다. "두 사람 모두 고금의 도에 박식하고 문장을 잘 엮어 그 인사의 좋고 나쁨을 판단하고 공맹을 일컫기를 좋아하므로 그 책은 세상에서 이른바 훌륭한 사서이다."[54] 심덕잠과 왕명성 등은 모두 사마천과 반고를 양사(良史: 훌륭한 사관)로 병칭했다. 서건학은 또 한 걸음 더 나아가 훌륭한 역사에 대하여 정의하는 평론을 내렸다. 역사 서술은 번간에 있지 않고 체제와 뜻의 온축, 일의 핵심, 말의 통달 및 채택 등의 방면에 있다고 하였다. 그는 말하였다. "사학자가 역사를 지을 때는 체제를 갖추고 뜻이 조밀하며, 일이 핵심을 이루고 말이 통달해야 하고 채택함이 넓고 정밀해야 하는데, 이렇게 하는 것이 양사이며, 문(文)과 질(質), 번(繁)과 간(簡)에 달려 있지 않다." 아울러 사마천과 반고 두 사람 모두 "역사를 짓는 모범이다."[55]라고 하였다.

두 번째로 사마천과 반고의 이동을 비교하는 표준을 제시하였다. 전겸익은 사법(史法)과 방법(方法)의 관점에서 "반고와 사마천의 책을 읽고

---

52 『귀우문속(歸愚文續)』 권3 「사한이동득실변(史漢異同得失辨)」.
53 『양밀집(釀蜜集)』 권2 「반마이동(班馬異同)」.
54 『매애거사문집(梅崖居士文集)』 「반마이동변(班馬異同辨)」.
55 『착원문집(疋園文集)』 권15 「반마이동변(班馬異同辨)」.

그 같음을 변론하려면 그 대단락과 대관건이 어디서 시작되고 어디서 끝이 나는지를 알아야 한다.", "또한 태사공이 상하로 5천 년간 종횡무진 빼어난 것이 어디에 있으며 반맹견이 『사기』의 문장을 가지런히 해서 그 후에서 거의 미칠 수 없는 것이 어디에 있는가를 알아야 한다."[56]고 생각하였다. 이미 문장의 표현과 결구에서뿐만 아니라 또한 역사 인식 사상에서도 사마천과 반고의 책을 분별하여 확실히 송명인의 형식적인 비교와 인식의 경계를 뛰어넘었다. 그 후 장중화의 평론은 더 깊이 들어갔다. 그는 말하였다. "이치에는 시비가 있고 논(論)에는 이동이 있다. 옳으면 같거나 다르거나 모두 괜찮으며, 틀리면 같거나 다르거나 모두 옳지 않으니 어찌하여 사마천과 반고를 논하면서 한갓 이동을 논하는가? 비록 이동이 알맞다고 하더라도 시비가 없었던 적이 없다."[57] 이는 이동을 논하려면 시비와 우열, 득실의 종합적인 고찰이 맞아야 함은 물론 이동을 논할 뿐만 아니라 시비를 논해야 한다는 것을 말한다. 그 후 웅사붕의 평론은 한 걸음 더 나아갔다. 그는 『사기』와 『한서』를 비교하면서 구체적인 분석을 하였다. 사마천은 숨기면서도 드러내었고 반고는 상세하면서도 핵심을 파헤쳤으며, 사마천은 곧으면서도 너그럽고 반고는 넉넉하여 경계로 삼을 만하다고 생각하였다. 이 두 책의 정신과 세상에 전해지는 가치를 포착하여 "이 외의 이동득실의 자취는 논하지 않아도 될 것이다."[58]라고 하였다. 웅 씨의 뜻은 이동을 들어 비교하는 의의를 밝혔다. 이는 사마천과 반고의 책의 가치를 이해하는 것으로, 비교를 하여 비교의 막다른 골목에 빠질 수 없다는 것이다. 이 견해는 식견이 매우 높다.

---

56 『목재유학집(牧齋有學集)』 권38 「재답창략서(再答蒼略書)」.
57 『미삼자반농재집(眉三子半農齋集)』 권2 「마반이동론(馬班異同論)」.
58 『곡산소은문집(鵠山小隱文集)』 권2 「마반이동론(馬班異同論)」.

청나라 사람들의 사마천의 이동에 대한 평론은 거시적인 개괄을 하였을 뿐만 아니라 미시적인 분석까지 가하였다. 그 시비와 우열, 득실을 논할 때 모두 이치가 있고 근거가 있으니, 결론적으로 분석이 딱 들어맞는다. 사마천과 반고의 인식에 대하여는 구봉년과 장학성 두 사람이 한 말을 총결로 삼을 수 있다. 구봉년은 말하였다. "그러므로 반고를 으뜸으로 여기고 사마천을 그 다음으로 치거나 사마천을 으뜸으로 치고 반고를 그 다음으로 치는 것이 이미 심하여 모두 냉정하게 논한 것이 아니다. 그렇다면 두 역사는 우열이 있는 곳이 없는가? 아니다. 나누어 보자면 각기 득실이 서로 드러남이 보이는데, 합하여 관찰하고 그 득실의 다소를 헤아린다면 나는 그 얻음이 많은 것은 반고에 있음을 안다."[59] 장학성은 사마천 사기의 특징은 "원만하고 정신적(圓而神)"이며, 반고 『한서』의 특징을 "반듯하고 지혜롭다(方以智)"고 개괄한 부분이 이미 앞의 인용에 보인다. 천년 이래 사마천과 반고의 이동에 대한 시비와 득실의 논쟁을 이 여섯 글자로 개괄하였다. 언어의 정밀함과 모사의 묘함, 식견의 높음이 모두 전대의 사람들보다 뛰어나다.

(4) 현대인의 사마천의 이동 평론. 근인 량치차오와 유함흔(劉咸炘), 여사면(呂思勉), 주자청(朱自清), 정허성(鄭鶴聲) 등은 사마천과 반고의 이동을 평론하여 발명한 것도 있지만 중대한 돌파는 없었으므로 잠시 논하지 않는다. 사마천과 반고의 이동의 연구는 체계적인 이론의 개괄을 도출해내어 비교적 크게 돌파한 것을 얻었는데, 현대인 바이서우이와 스딩 두 사람의 장편 논문을 높이 쳐야 한다. 「사마천과 반고」는 사마천과 반고의 역사 인식을 비교하였다. 양자를 함께 거론할 수 없다고 생각하였는데, 이 견해가 매우 일리가 있다. 이 책 제1장에서 이미 다루었으므로 여기서는 생략

---

59 『사기천요(史記闡要)』「반마우열(班馬優劣)」.

한다. 아래에서 스딩의 「마반이동삼론」을 중점적으로 이야기하겠다.

스딩의 「마반이동삼론」은 앞에서 이미 인용하여 말하였다. 이 글은 2만 언(言)에 달하여 전문 논저로 볼 수 있다. 스딩의 글은 역사 편찬, 사학사상, 역사 문학의 세 방면에서 사마천과 반고의 이동을 비교하면서, 거시적으로 비교를 하였다. 그뿐만 아니라 미시적인 분석까지 하여 충분히 전대 사람들의 논술 성과를 종합할 수 있었다. 냉정하게 새로운 사유도 제기하였는데, 지금까지 사마천과 반고 이동 연구의 가장 체계적이고 가장 전면적이며 가장 볼륨이 있는 역작이다. 역사 편찬은 기와 표, 서지(書志), 세가, 열전으로 체제를 나누어 비교하였다. 사학사상에서는 역사 사상과 정치사상, 경제사상, 사회사상, 학술사상의 다섯 방면에 의해 상세한 비교를 하였다. 역사 문학은 인물과 전쟁, 인정세고, 역사 배경을 쓰는 네 방면으로 나누어 비교하였으며, 큰 범주 아래에 다시 세목으로 나누었다.

스딩의 글의 결론은 사마천과 반고의 같은 점은 "역사를 쓰는 체제와 기술하는 내용과 수법 등의 방면에 있어서 많은 서로 비슷한 곳이 있어서 모두 사학에서 걸출한 공헌을 하였다."고 하였다. 사마천과 반고의 다름을 다음과 같이 생각하였다. "역사 편찬 방면에서, 사마천의 『사기』는 고금의 변화에 통한 기전체 통사로 창신도 있고 결함도 있어 '체제가 원만하고 정신을 썼다'고 할 만하다. 반고의 『한서』는 일대의 흥망을 기록한 기전체 단대사로 체제가 완정하고 적절하여, '체제가 반듯하고 지혜를 썼다'고 할 만하다. 사학사상 방면에서 사마천의 『사기』는 소박한 유물주의를 가지고 있으며 전제주의에 반대하고 백가쟁명을 지향하는 경향이 있었으며, '일가의 말을 이루어' 이단 사상을 가졌다. 반고의 『한서』는 유심주의가 두드러져 전제주의를 옹호하였고 유술만을 높이는 것을 지지하여 '성인의 가르침'에 마음을 다한 정종사상이다. 역사 문학 방면에서 사마천의 『사기』는 형색을 생생하고 생동적으로 그려내어 비교적 정확하다. 반고의『한서』는 질박하고 정연하며 글자가 간략하고 구절이 생략되어 비교적 융통성이 없다." 따라서 "개괄적으로 말하면 사마천과 반고 모두 장단점이 있어서 모두 민주성의 정화 및 봉건적인 잔재가 남아 있다. 대비하여 말한다면 사마천은 민주성의 정화가 조금 두드러지며, 반고는 봉건적인 잔재가 조금 분명하다."

스딩의 글은 또한 사마천과 반고의 다른 점을 인정하였다. 사상 분야에 치중하여 "사상을 가지고 말하면 사마천이 높고 반고가 낮다고 말하지 않을 수 없다."고 하였다. 아울러 역사적 배경과 가학 연원, 두 사람의 생활 경력과 정치 태도에서 양자의 다른 점을 분석하였는데, 이유와 근거가 충분하여 깊은 견해를 갖추고 있다.

이 외에 쉬숴팡(徐朔方)의『사한논고(史漢論稿)』또한 새로운 국면을 열었는데, 현대인의 사마천과 반고의 이동을 논한 전문 서적이다.[60] 이 책은 상하 양 편으로 나누어졌다. 상편에서는『사기』와『한서』두 책의 상이한 사료적 가치를 비교하는 데 치중하여 구체적인 사람이나 일을 결합하여 평론을 발표하였다. 하편에서는 문자의 이동을 비교하는 데 치중했다. 쉬숴팡은 반고의 책에 대하여 매우 높이 평가했다. 그의 결론은 "문학으로서『한서』는『사기』에 비해 손색이 있지만, 사학으로서『한서』는『사기』에 대해 발전을 이룬 것이 있다."[61]는 것이다. 이 전반적인 결론은 매우 적절하다.

사마천과 반고의 이동은 이를 중시하고 저를 경시하는 평론에서 발단하여 전면적으로『사기』와『한서』두 책의 문자와 체제, 풍격, 사상 및 사법(史法)과 문법 등 풍부한 내용을 비교하기에 이르러 하나의 전통적

60『사한론고(史漢論稿)』, 강소고적출판사(江蘇古籍出版社) 1984년판.
61『사한론고』36쪽에 보인다.

인 비교학을 형성하였으며 중국 학술사에서 거의 유일무이하다시피하다.[62] 이로써 마·반(馬班)이 나란히 제기되는 의의와 영향을 알 수 있다.

청나라 이래 논자들은 주관적인 면에서 가능하면 이를 중시하고 저를 경시하는 것을 피하였는데, 최후의 결론은 여전히 『사기』가 『한서』보다 뛰어나다는 것이었다. 이는 이미 반박할 수 없는 의론이 되었다.

6. 신중국 성립 이래 40여 년간의 『사기』 연구

신중국 성립 이래 40여 년간이 가리키는 시간은 1949년에서 1990년까지 모두 42년이다. 바로 당대의 『사기』 연구이다.

당대의 『사기』 연구는 질적인 변화를 일으켰다. 방법은 더욱 새로워졌으며 성과가 거대하여 새로운 시대를 열어젖혔다. 어림잡아 통계를 내면 논문과 논저를 쓴 작자가 도합 2백여 명이나 되고, 이들이 정리하고 연구한 성과는 누적 2천여만 자에 달한다. 출판된 각종 도서가 62종이며, 그중 학술적 성격을 띤 논저가 38종 8백여만 자이다. 발표된 『사기』 관련 논문이 1천 6백여 편이며 또한 8백여만 자이다. 관련 참고 서적과 자료가 수백만 자인데 이는 어떤 역사 명저의 연구도 비길 수 없는 것이다. 얻은 새로운 성과를 어떻게 평가할 것인가? 전체 연구 작업에는 어떤 새로운 특징이 있는가? 어떻게 『사기』의 연구를 더욱 깊이 있게 추진하여 발전시킬 수 있을까? 이런 문제에 대한 평론은 현실적인 의의를 갖추고 있다.

---

62 시인 이·두(李杜)와 산문의 한·류(韓柳)와 같이 나란히 제기된 사례가 매우 많긴 하지만 전면적인 비교학으로까지 발전해 나가지는 못하였다. 비교학은 당대에 와서야 바야흐로 한창 발전하고 있다.

1) 40여 년간 출판된 『사기』 관련 연구 논저

아래에서 『사기』를 정리한 책 및 참고서, 학술 논저의 두 방면으로 나누어서 이야기하겠다.

『사기』를 정리한 책 및 참고서. 『사기』의 정리는 보급과 제고(提高)가 서로 결합되어 모두 17종 남짓의 정리본이 단계적으로 출판되었다. 이는 각기 다른 독자들의 수요층에 맞추어 『사기』의 보급과 연구에 중대한 작용을 일으켰다. 보급 선집본은 취투이위엔(瞿蛻園)의 『사기고사선』(1956)과 장여우롼(張友鸞) 등의 『사기선주』(1956), 정취엔중(鄭權中)의 『사기선강』(1959), 중화서국 활혈(loose leaf: 낱장으로 된, 뺐다 끼웠다 할 수 있는) 문선 합정본 제4집(1962) 등과 같은 책이 독자들로부터 큰 환영을 받았다. 학술적 성격을 띤 선집본으로는 왕바이샹(王伯祥)과 한자오치(韓兆琦), 장다커(張大可) 등 세 사람이 낸 모두 4종이 있는데 각기 특색이 있다. 왕바이샹의 『사기선』(1957)은 전기의 명편을 정선하여 훈고한 공력이 견실하며 50년대에 출판되었고 영향력이 비교적 크다. 한자오치의 『사기선주집설』(1982)과 『사기선주회평(匯評)』(1990)의 두 선본은 동일한 유형이지만 정선한 각가의 논평 및 작자의 안어(按語)에 새로운 국면을 열어 사공(史公)의 필법을 음미하게 하였다. 장다커가 주편을 맡은 『사기선주강』(1989)은 지금까지 규모가 가장 큰 선본으로 모두 42편을 가려 뽑아 상하 2권으로 나누어 수록하였다. 상권은 본기와 표, 서, 세가를 포괄하였고, 하권은 열전인데 그 특징은 『사기』의 오체가 모두 구비되어 문사(文史)를 다 같이 중시하여 체계적인 문장의 선별을 통하여 사마천의 인격 및 풍격과 일가의 말[一家之言]을 전면적으로 체현하였다.

이 외에도 언급할 만한 가치가 있는 선본이 둘 있다. 하나는 상해고적출판사에서 1984년에 출판한 『사기기전선역』이고, 하나는 파촉서사에서 1988년에 출판한 『사기상석집(史記賞析集)』이다. 전자는 역시 편장

위주로 선집했고 후자는 문학성 위주로 선집하였는데, 모두 나름의 새로운 뜻이 있다. 『사기』 전본을 정리한 것으로는 세 종이 있다. 중화서국 점교본(點校本) 『사기』(1959)와 왕리치(王利器)가 주편한 『사기주역(注譯)』(1989), 장다커의 『사기전본신주』(1990)이다. 점교본 『사기』는 삼가주를 포함하였고, 학술계의 교감을 집대성하여 폭넓은 독자들에게 정선된 선본을 제공하였다. 이는 신중국 이래 학술계가 『사기』를 정리하는 과정에서 얻은 중대한 성과이다. 이 외에 출판계에서는 몽골어와 한국어 『사기』 선본을 출판하기도 하여 이 명저가 각 민족 공동의 정신적 자산이 되도록 하였다.

새로운 참고서는 일곱 종이 있다. 『사기』의 인명과 지명, 단자(單字) 및 문구(文句), 삼가주의 색인 등이 이미 완전하게 갖추어졌다. 언급할 가치가 있는 학술적 성격을 띤 참고서로는 두 종이 있는데, 창슈량(倉修良)이 주편한 『사기사전(詞典)』(1991)과 양옌치(楊燕起), 위장화(俞樟華)가 공동 편집한 『사기 연구자료 색인과 논문 전저 제요(史記研究資料索引和論文專著提要)』(1990)이다. 이 두 책은 모두 학술적 공백을 메운 저작으로 매우 실용적인 가치가 있으며 『제요』가 특히 그러하다. 이 책은 세 부분으로 나뉘어 있다. 첫 번째 부분은 "색인"으로 판본과 논저, 논문의 시점부터 종점까지의 시간을 망라하여 『사기』가 세상에 나온 이래 1986년 말까지를 다루고 있다. 둘째 부분은 신중국 이래 124명에 달하는 논문 작자의 『사기』 논문에 대한 제요인데, 편폭의 제약으로 작자 한 사람당 한 편씩만 수록하였다. 한계성이 있음에도 불구하고 신중국의 『사기』 연구에 종사하는 무리들을 일별할 수 있다. 셋째 부분은 고금의 영향력 있는 68종의 『사기』 연구 전문 저작의 제요이다. 둘째, 셋째의 두 부분은 편자의 창작이다. 이는 지금까지 가장 잘 완비된 『사기』 연구 자료의 색인 겸 제요를 갖춘 참고서로 참고할 만한 가치가 매우 크다.

『사기』연구 논저. 모두 39종으로 네 개의 큰 범주로 나눌 수 있다. 첫째, 보급물 및 전기가 10종이다. 그 가운데 지전화이(季鎭淮)의 『사마천』(1955)과 샤오리(肖黎)의 『사마천 평전』(1986), 황신야(黃新亞)의 『사마천 평전』(1991)의 세 종은 모두 학술적인 성격을 띤 평전이다. 지전화이의 『사마천』이 가장 일찍 출판되었으며, 필치가 유려하고 영향력이 가장 크다. 둘째, 고증하고 자료를 모으는 데 치중한 논저로 8종이다. 허츠쥔(賀次君)의 『사기서록(史記書錄)』(1958), 진더지엔(金德建)의 『사마천이 본 책 고찰(司馬遷所見書考)』(1963), 천즈(陳直)의 『사기신증(史記新證)』(1979), 쉬쉬팡(徐朔方)의 『사한논고(史漢論稿)』(1984), 오중쾅(吳忠匡)의 『사기태사공자서주설회찬(史記太史公自序注說會纂)』(1985), 장옌티엔(張衍田)의 『사기정의일문집교(史記正義佚文輯校)』(1985), 장다커의 『사기논찬집석(史記論贊輯釋)』(1986), 양옌치 등의 『역대명가평사기(歷代名家評史記)』(1986)이다. 이런 논저들은 저마다의 길을 열어 『사기』연구의 새로운 영역을 개척하였다. 셋째, 사마천의 사상 연구에 치중한 12종. 『문사철(文史哲)』잡지사에서 편집한 『사마천과 사기』(1957), 바이서우이(白壽彝)의 『사기신론(史記新論)』(1981), 스딩(施丁) 등의 『사마천 연구 신론』(1982), 『역사연구』편집부에서 편집한 『사마천과 사기 논집』(1982), 장다커의 『사기연구』(1985), 청진짜오(程金造)의 『사기관규(史記管窺)』(1985), 리우나이허(劉乃和)가 주편한 『사마천과 사기』(1987), 저우이핑(周一平)의 『사마천의 사학(史學) 및 그 비평』(1989), 한청(韓城) 사마천학회가 편집한 『사마천 연구』(1990), 한자오치 등의 『사기통론』(1990), 장신커(張新科)·위장화의 『사기연구사략』(1990), 저우징(周經)의 『사마천·사기와 당안(檔案)』(1986) 등이다. 앞의 열두 논저는 전면적이고 체계적으로 사마천의 사상과 『사기』의 학술적 가치 및 유전을 평론하였다. 가히 사학계와 사상계에서 사마천 연구에 새로운 지평을 열었다고 할 수 있다. 그 가운데 네 종은 전제(專題) 논저로 7종은 논문집이다. 개인의 일련의 논문집으로 깊이 들어간 것도 있고, 여러 학자들의 합집도 있는데 학술계의 『사기』 논문의 정수를 선집하였다. 넷째 『사기』의 문학과 미학 연구에 치중한 논저로 8종이 있다. 루융핀(陸永品)의 『사마천 연구』(1983), 궈솽청(郭雙成)의 『사기 인물전기 논고』(1985), 한자오치의 『사기평의상석(史記評議賞析)』(1985), 우루위(吳汝煜)의 『사기논고』(1986), 쏭쓰리엔(宋嗣廉)의 『사기 예술미 연구』(1986), 리사오융(李少雍)의 『사마천 전기문학 논고』(1987), 니에스챠오(聶石樵)의 『사마천 논고』(1987), 커융쉬에(可永雪)의 『사기 문학 성취 논고』(1991)이다. 이런 논저들은 각 방면에서 『사기』의 문학적 가치를 들추어내었다. 이와 동시에 깊숙이 들어가 사마천의 문학관과 미학관, 그리고 인물을 묘사하는 예술을 탐구하여 사람들의 시야를 넓혔다. 그리하여 『사기』의 문학성 연구를 새로운 봉우리로 밀어올렸다. 이런 논저들은 또한 문학적으로 사마천을 연구하는 새로운 지평을 대표하였다.

이외에 청년 학자 장신커와 위장화의 『사기연구사략』은 사기학 발전사의 윤곽을 그려내었다. 탄치쉰(覃啓勛)의 『사기와 일본문화』(1989)는 『사기』의 일본에서의 유전과 영향을 고찰하여 양국 간의 학술적 공백을 메웠다.

2) 『사기』 연구논문.

1951년에서 1990년까지 40년간 중국 내의 각종 크고 작은 간행물을 통하여 『사기』에 대해 발표한 논문은 모두 1,600여 편이다. 그 가운데 주로 90여 종에 달하는 정기 간행물 및 대학 학보에서 발표한 학술 논문이 약 4백 편이고 작자는 2백 명에 근접한다. 논문을 발표한 시간 분포 및 탐구한 내용으로부터 건국 40년 래로 『사기』 연구가 발전해 온 동태 및 수준이 제고되어 온 자취를 꿰뚫어볼 수 있다. 이는 대체로 세 단계로 나누어진다.

제1단계. 1951년에서 1957년까지 문사(文史) 연구종사자들은 마르크스주의의 새로운 방법을 광범하게 운용하여 『사기』를 연구하기 시작함으로써 초보적인 성과를 거두었다. 이 시기에는 당의 "쌍백(雙百)" 방침[63]의 관철로 인하여 사상이 활기를 띰으로써 양호한 백가쟁명의 분위기가 조성되어 많은 새로운 문제를 제기하였다. 이 시기에는 원로학자들이 버팀목 작용을 하여 수십 명에 달하는 저명한 학자들이 학술논문을 발표하였다. 그들의 치밀한 논술과 호소력은 『사기』 연구의 기초를 다졌다. 지엔바이짠(翦伯贊)은 신중국 학술계에서 처음으로 『사기』 논문을 발표한 학자이다. 그의 「중국 역사학의 개창자 사마천」은 『중국청년』 1951년 총 제57기에 발표되었다. 이는 지적으로 평론하고 소개하는 논문이면서 이론적인 심도 또한 갖추고 있다. 문풍은 오히려 구시대 연구자가 퇴적된 사료와 문자가 난삽한 병폐를 가지고 있는 것과 반대로 의론이 간결하고 명쾌하며 문장이 유창하다. 또한 통속적인 간행물을 통하여 발표하기도 하였는데 의식적으로 청소년들에게 이 고대의 명저를 소개함으로써 『사기』의 보급과 연구에 새로운 국면을 열었으며 자못 영향력을 떨쳤다. 뒤를 이어 진자오쯔(金兆梓)와 지전화이, 룽멍위엔(榮孟源), 왕지엔(汪籛), 허우와이루(侯外廬), 가오쌍(高亨), 상위에(尚鉞), 리창즈, 우한(吳晗) 등의 전배들은 모두 전후로 통속적 성격의 『사기』 평론 소개 논문을 썼으며, 『사기』의 연구 진행을 선전하고 호소하는 작용을 일으켰다. 1955년 궈모뤄는 『역사연구』 제6기에 「태사공 행년고의 문제점」이란 글을 발표하여 사마천의 생존 문제를 둘러싼 학술 토론에 불을 지폈다. 이 토론이 사마천의 생몰년을 해결하는데 정론(定論)을 형성하지는 못하였지만 이것이 계기가 되

---

63 쌍백방침(雙百方針): 쌍백은 '백화제방(百花齊放)'과 '백가쟁명(百家爭鳴)'을 말한다. 현대에 와서는 문예와 과학을 번영시키고 발전시킨다는 방침을 가리킨다. ─옮긴이

어 『사기』 연구의 전개를 촉진시켜 건국 이래 『사기』 연구의 첫 번째 고지를 형성시켰다. 정허성(鄭鶴聲)과 지전화이 두 사람은 사마천의 행년과 전기에 대하여 연구하였고, 천즈는 『사기』의 명칭 및 초창기 전파에 대하여 연구하였다. 루난챠오(盧南喬)는 『사기』의 체제에 대하여 연구하였으며, 허우와이루와 런지위(任繼愈) 두 사람은 사마천의 철학사상에 대하여 연구하였다. 치쓰허(齊思和)는 『사기』를 낳은 역사적 조건에 대하여 연구하였으며, 청진짜오는 『사기』의 삼가주에 대하여 연구하였는데, 모두 새롭고 독자적인 견해를 갖추고 있다.

제2단계. 1958년에서 1965년까지는 『사기』 연구가 종심(縱深) 방향을 향하여 발전한 시기로 또한 비교적 기뻐할 만한 성과를 거두었다. 1962년 청진짜오는 『문사철』 제5기에서 「『사기』 "정문(正文)"과 "색은(索隱)"의 관계를 증명함」이란 글을 발표하였다. 계속하여 삼가주 관련 문제를 가지고 황리에(黃烈)와 논쟁을 전개했다. 청진짜오의 글에서는 10개의 예를 들어가며 삼가주 중의 "정의"가 앞서 나온 "색은"에 대하여 소통을 진행시켰다는 것을 증명하였다. 따라서 청대학자 전대흔이 제기한 "두 책은 서로 인용하여 증명하지 않았다"라고 한 의심 사안을 해결하였다. 이는 사마천의 생년 및 삼가주에 대한 평가를 고증하는 데 중요한 의의를 차지하고 있다. 이 시기의 문사 연구 작업자들은 마르크스주의를 운용하여 『사기』를 그 광활한 시대를 낳은 배경에 놓고 연구를 진행하였다. 바이서우이의 「사마천과 반고」 및 「사기신론」 두 편은 식견이 넓은 의론으로 곧 이 방면의 대표작이다. 「사마천과 반고」는 전통적인 과제에 대한 마반이동의 새로운 탐색으로 이미 앞에서 말한 적이 있다. 「사기신론」은 「사마천과 반고」에 이어서 완성한 자매편이다. 1962년 대학 강단에서 발표하고, 1981년 구실출판사(求實出版社)에서 출판하였다. 이 책은 서주 공화 이래 7백여 년의 역사 발전을 거슬러 올라

『사기』가 나온 배경을 탐색하였다. 처음으로 사마천 본인이 제시한 『사기』의 요지 세 가지 문제, 곧 "하늘의 일과 사람의 일이 서로 부합되는 관계를 탐구하고 옛날과 오늘날의 변화를 살펴 일가의 문장을 이루려 했다."라고 한 말에 관통한 평론을 하였다. 이 시기에는 또한 『사기』의 계급 속성과 사마천의 도덕 사상, 유협에 관한 문제 등에 대하여 토론을 전개했다.

셋째 단계는 1979년 이래의 80년대로, 『사기』 연구에 전례를 찾아볼 수 없는 생동적인 국면이 출현하였다. 전반적으로 풍작기였을 뿐만 아니라 또한 신중국 이래 『사기』 연구에 출현한 두 번째 절정기였는데 주요 표지는 아래의 네 방면에서 보인다.

(1) 연구 성과가 대규모로 등장했으며 전에 없는 성황을 이루었다. 전술한 62부의 논저와 1천 6백여 편의 논문은 8, 90%가 80년대에 집중적으로 등장했다. 39종의 학술 논저 가운데 32종은 80년대에 출판되었다. 『사기』 관련 논문이 해마다 근 1백 편이 발표되었으며 10년간 이런 상황이 지속되어 시들지 않았다. 이것이 바로 전반적인 풍작기의 표지이다.

(2) 연구 영역의 끊임없는 확장으로 『사기』 백과전서의 가치가 날로 더욱 드러나고 있었다. 80년대의 『사기』 연구자는 사마천의 사상에 대하여 전면적인 연구를 전개하여 역사관, 정치관, 경제관, 사회윤리관, 학술관, 역사 편찬, 역사 문학, 예술 기법, 마반이동, 『사기』와 『춘추』 등 각 방면에 모두 비교적 깊이 있는 연구를 진행하여, 사람의 이목을 끄는 적지 않은 새로운 관점과 견해를 제기하였다. 이외에 사마천의 전쟁관과 미학사상, 법률사상, 민족사상, 인재학사상, 천문학, 의학적 성취, 『사기』와 당안 자료, 『사기』와 지방지 등등의 과제가 부단히 개발되었다. 아울러 체계적인 논문이 발표되거나 전문 논저가 출판되어 풍성한 성과를 거두었다.

(3) 연구의 수준이 끊임없이 깊어져 수준과 질량이 대대적으로 제고

되었다. 연구의 깊이라는 측면에서 보면 80년대에는 많은 중대한 과제를 돌파하였다. 사마천과 공양학,『사기』의 의안 연구 같은 것은 사마천의 행년과『사기』의 시대적 범위,『사기』의 잔결과 보완, "태사공"의 명칭 분석, 사마담이 역사를 지은 동기 등등에 모두 새로운 탐구가 있었다. 연구 내용과 방법이라는 측면에서 보면 구시대의 전통적인『사기』연구 내용은 사실의 고정(考訂)과 지리 연혁, 문자교감, 음운 훈고, 판본의 원류 및 소해(疏解)와 독법(讀法), 평주(評注) 등의 방면에 치중하였다. 그 방법은 자료를 나열하고 이 사람 저 사람이 말한 것을 끌어다 증명하여 새로운 뜻이 결핍되었다.『사기』가 지어낸 사마천의 "일가지언"에 대한 연구는 매우 자질구레하여 근본적으로 체계적인 탐구라고는 말할 나위가 없다. 건국 이래의『사기』연구는 매우 큰 변화를 보여 학술 연구의 방법론에서나 내용과 수준의 방면에서나 모두 새로운 시대를 열었는데 이는 전반적인 진보이다.

그러나 5, 60년대에는 문사(文史) 연구자들의 유물주의 사관에 대한 운용이 아직 미숙하여 형식주의와 좌우에서 동요되는 경향이 뚜렷했다. 50년대에는 사마천의 사상에 대하여 "민초의 가수", "민초 역사의 개창자", "곳곳에서 민초의 입장으로 역사적 인물과 역사적 사건을 평가하였다"라는 등등 인식이 제고된 경향을 보였다. 그러나 1963년 이후로는 사마천의 사상을 깎아내리는 경향이 출현하였다. 어떤 사람들은 사마천의 역사관은 다만 "영웅 사관과 역사순환론, 신의사관 등을 하나로 버무려 넣은", "유심주의 역사관 체계"로 "지주 계급 사상가"이며 "그가 선양한 것은 통치 계급을 위해 봉사하는 봉건 윤리 도덕"에 지나지 않았다고 생각하였다. 80년대의 토론은 비교적 평온하였는데, 연구자의 사상이론이 성숙되었음을 보여준다. 당연히 80년대의 개혁·개방이 가져온 느슨한 정치 형세가 근본적인 작용을 일으켰다.

(4) 일군의 청년『사기』연구자가 성장하여『사기』연구의 골간이 되었다. 80년대는 노장년층(老壯年層) 학자가 함께 원대한 계획을 펼친 시대였다. 노장 전문가는 여전히 부지런하게 지칠 줄 모르고 작업을 하였으며, 중장년 학자들은 어깨에 무거운 짐을 졌음을 자각하였다. 80년대 초에 전개된 사마천과 공양학의 토론은 양샹쿠이(楊向奎)가 처음으로 실마리를 풀었으며 장웨이화(張維華)가 뒤를 이었는데, 모두 노장 전문가이다. 루융핀과 스딩, 우루위는 중년의 학자이다. 라이창양은 두각을 나타낸 청년학자이다. 사마천과 공양학의 이 과제는 바로 노장년층 학자들이 공동으로 참여한 열렬한 논쟁으로 돌파하였다. 중장년 학자들은 시야가 탁 트이고 예기가 왕성하여 체계적인 이론을 도입하였으며 비교 연구 등 새로운 방법이라는 많은 중대한 과제의 돌파와 완성은 그들의 수중에 있었으며, 이미 출판된 분량이 있는 저작 가운데 8, 9할은 또한 그들의 수중에서 나왔다. 중장년 학자는 수가 많아 현재 절정의 상태에 달하였는데, 이는 곧 80년대의『사기』연구 열기가 지속적으로 발전한 기본적인 보증과 근본 원인이다.

3) 40년여 년간『사기』연구의 새로운 특징. 여기서는 연구 방법의 개진 및 새로운 연구 방법이 가져온 새로운 국면을 집중적으로 토론한다.

(1) 유물사관을 운용하여『사기』를 당시의 사회 역사 배경에서 과학적으로 고찰하고 분석, 평가를 진행하였다. 구시대에는 사마천 "일가의 말"의 사상에 대하여 다만 엉성하게 탐색하였을 뿐만 아니라 입론도 얕았다. "사공삼실(史公三失)" 같은 논쟁은 2천 년이 되도록 또한 명확하게 짚어내지 못하였다. 명청의 평점가들은 사마천의 사상에 대하여 치밀한 견해가 적지 않았지만 총체적으로는 오히려 사장(辭章)의 기교에 편중되어 단장취구에만 빠졌다. 또한 고심하여 사공의 미문(微文)만 추구하

느라 왕왕 단장취의하고 멋대로 견강부회하여 역사적 실제에서 벗어났다. 이는 유물사관이 결핍된 것으로 사실에 입각하여 일을 논하는 것은 필연적인 결과이다. 당대 학술계는 마르크스주의 유물사관의 지도하에 사마천의 창작 활동과 당시의 사회 정치, 경제 상황을 긴밀하게 연계시켜 사마천의 역사 활동의 동기를 드러내었을 뿐만 아니라 충분히 사회 관계의 총체에서 이런 발전적인 객관 규율성을 분석하여 "물질 생산의 발전 정도가 이런 관계의 근원임을 밝혀내었다."[64] 이런 광활한 역사 배경에서 사마천 사상을 고찰하는 방법은 80년대에 이미 논자가 보편적으로 파악하였으며 예증은 이루 다 들 수가 없다. 앞에서 돌파한 성격의 발전 논제를 취득한 것은 모두 이렇게 취득한 것이다.

(2) 종횡으로 비교하는 방법. 구시대의 『사기』 연구는 마반이동에 국한되었다. 당대의 『사기』 연구는 대대적으로 비교의 범위를 개척하였다. 개괄적으로 말하면 세 가지 유형이 있다. 첫째, 『사기』 편목 자체의 비교로 사마천이 호견법을 운용한 성과를 나타내었다. 둘째, 『사기』를 전대와 후대의 사학, 문학과 비교하였다. 『사기』와 전대의 비교, 이를테면 『사기』를 『춘추』, 『좌전』과 『전국책』, 제자(諸子), 「이소」, 『초한춘추』 등과 비교하여 사마천의 전대의 사상 및 자료의 계승을 탐색하였으며, 『사기』를 후대와 비교하였는데 『한서』 외에도 또한 『자치통감』과 정서(政書), 희곡, 소설과 비교하여 사마천의 후세 문화에 대한 영향을 탐색하였다. 명청의 평점가들은 이미 『사기』를 소설과 비교하였는데 대다수는 찰기의 성격에 지나지 않는다. 당대 리사오융의 『사마천 전기문학 논고』[65]는 전면적이고 체계적으로 『사기』의 후세 전기 및 소설에 대한

---

64 『레닌선집』 제2권 586쪽.
65 이 책은 충칭출판사(重慶出版社)에서 1987년에 출판되었다.

영향을 탐색하여 이론과 분석을 갖춘 전문서가 되었다. 셋째, 『사기』를 국외의 사학 저작과 비교하였다. 치쓰허가 1956년 1월 17일 『광명일보 (光明日報)』에 발표한 「사기가 탄생한 역사적 조건과 세계사학에서의 지위」는 처음으로 역사 비교법을 운용하여 『사기』를 그리스의 사학 명저와 비교하여 "『사기』의 특징은 그 전면성에 있으며 더욱이 생산 활동과 학술사상 및 보통 사람에 대한 역사상의 지위에서의 중시"를 분석해 내었으며, 『사기』의 세계 문화사상에서의 지위를 간명하게 서술하였다. 80년대에는 이런 비교연구가 나날이 성숙해졌다. 리사오융의 「사마천과 플루타르크」, 황신야의 「사마천의 중국 문화사에서의 지위를 논함」, 류칭허(劉淸河)의 「『구약』과 『사기』의 비교로 동방문학의 한 가지 관점을 탐색해봄」, 샤쭈언(夏祖恩)의 「사마천과 투키디데스의 경제사관을 비교해봄」 등과 같은 글은[66] 모두 자못 독창적인 견해를 가진 논문이다. 여러 글에서 사마천과 옛 그리스의 사학자 플루타르크, 헤로도토스, 투키디데스 및 옛 그리스의 비극 작가, 『사기』와 『구약』을 광범하게 비교하였는데, 사마천은 지식의 누적과 인식의 깊이, 표현력의 강약 방면을 막론하고 모두 동시대 동서방 문화의 가장 걸출한 대표 인물이다. 이 때문에 사마천은 한대의 문화적 거인일 뿐만 아니라 또한 전체 고대 세계의 문화적 거인이라고 말할 수 있다.

(3) 각종 새로운 방법의 참고와 운용. 현대화가 여정에 오름에 따라 중국과 세계문화의 교류는 대대적으로 발전하였다. 국외의 문화가 중국으로 전하여졌고 새로운 학과가 전하여졌으며 새로운 방법이 시도되었

---

66 리사오융의 글은 『문학평론』 1986년 제5기에 수록되었으며, 또한 작자의 『사마천 전기문학 논고』에도 수록되었다. 황신야의 글은 『산시사대학보(陝西師大學報)』 1988년 제3기에 수록되어 있다. 류칭허의 글은 『한중사원학보(漢中師院學報)』 1987년 제3기에 수록되어 있다. 샤쭈언의 글은 『푸지엔논단(福建論壇)』 1987년 제6기에 수록되어 있다.

다. 계통론과 가치론, 예술변증법 등이 모두 『사기』의 연구에 활용되었다. 쉬싱하이(徐興海)의 「사기에서 체현된 계통관」과 탕부징(黨不經)의 「사기의 사학 골격을 논함」[67]은 곧 계통론으로 『사기』의 전체 결구와 사학의 골격을 분석한 시도이다. 예술변증법은 운용이 광범하여 많은 논문이 그 방법으로 『사기』의 실록과 인물 소조의 관계를 분석하였다. 또한 쑹쓰리엔의 「사기 예술미 연구」와 궈솽청의 「사기 인물전기 논고」 등의 논저 또한 성공적인 시도였다. 기술력의 현대화로 리보(李波) 등이 편제한 『사기색인』은 바로 마이크로컴퓨터를 이용하여 『사기』의 원문을 처리하여 얻어낸 성과이다. 컴퓨터를 활용하여 검색한다면 몇 초 내로 필요한 글자와 단어 문장을 찾아낼 수 있고, 몇 분이면 타자 자료를 옮길 수가 있는데 이런 방법은 전통적인 수공 검색에 비하여 몇 백배나 효율이 높을 뿐만 아니라 정확하여 빠뜨림이 없다.

(4) 문헌과 고고학의 상호 결합. 근대 고고학의 발전을 『사기』의 연구에 운용한 것으로는 왕궈웨이가 으뜸인데, 갑골문과 금문으로 『사기』에 기록된 삼대 역사가 믿을 만한 것임을 증명하였다. 왕궈웨이와 궈모뤄는 모두 한간(漢簡)을 운용하여 사마천의 생년을 고증하였다. 고고학 자료를 이용하여 전면적으로 『사기』의 사료적 가치를 논증한 것으로는 천즈의 『사기신증』이 새로운 공헌을 하였다.[68] 천즈의 책에서 인용한 갑골문과 양주(兩周)의 동기명문(銅器銘文), 진한권량(秦漢權量), 석각, 간독, 동기, 도기명문 등의 고고 문헌은 『사기』 원문 및 삼가주, 『사기회주고증』 등의 주석을 교감하고 증명하여 많은 새로운 견해를 얻었는데, 당대 『사기』 고증의 중요한 성과이다.

---

67 쉬싱하이의 글은 『인문잡지』 1987년 제3기에 수록되어 있다. 탕피징의 글은 『산시사대학보』 1988년 증간본에 수록되어 있다.

68 이 책은 티엔진(天津)인민출판사에서 1976년에 출판하였다.

당대의 『사기』 연구를 종합적으로 고찰하면 사마천의 사상을 탐색하는 것을 주요 내용으로 하여 역사 연구로 고증을 주로 하는 연구를 대체하여 『사기』를 "사료학"의 연구 수준에서 "사기학"의 연구 고도까지 제고시키기 시작하여 과학화한 정확한 궤도를 달리게 되었다. 옛날의 고증은 주로 자료를 따오고 순서대로 배열하여 인신하는 것인데 이는 바로 사람들에게 흥미진진한 청대(淸代) 건가학파(乾嘉學派)의 연구 방법이다. 건가학파의 고증 방면에서의 공헌은 긍정적으로 보아야 할 것이다. 사실(史實)의 고증에 있어서 자료의 진위를 감별하는 등의 방면은 고증을 떠날 수가 없기 때문에 천즈의 『사기신증』은 긍적적인 가치가 있다. 그러나 겨우 몇몇 생명력이 없는 사실의 수집과 고증에만 구애되어 사물의 발전 과정에 대한 고찰과 연구를 떠난다면 왕왕 정확한 궤도에서 벗어날 수가 있어 박학하고 다방면에 널리 통하는 학자라고 하더라도 이따금 방향을 잃을 수가 있을 것이다.

이미 작고한 문헌학자 위쟈시(余嘉錫)는 『사기』의 결실(缺失)을 고증하여 『태사공서망편고(太史公書亡篇考)』를 지었는데 10여만 언에 달하는 방대한 글로 수백 조목에 달하는 자료를 인증하였으며, 『사기』에 장안(張晏)의 설 10편이 빠져 있음이 허위가 아니라고 증명하였다. 위쟈시의 인증이 방대하고 일의 시말을 규명하기는 하였지만 그는 『사기』의 본증(本證)에서 떠났고 반고와 장안이 이룬 설에 구애되어 고증의 기점은 방향을 벗어났다. 따라서 그의 상세한 고증은 정안(定案)이 될 수가 없었고, 80년대에 이에 대해 다시 심의 수정하였다. 위쟈시는 「태사공서편고(太史公書篇考)」에서는 심지어 "태사공왈"은 사마천이 창조한 사론 형식이 아니라고 부인하고 "태사공왈"은 다만 사마천이 "그 감발한 뜻을 만나 더욱 단적으로 제기하여" 발한 즉흥적인 의론이라고 하였다. 이는 일부에 가려 태산을 보지 못하는 것이라고 말할 수 있다. 청나라 최적(崔適)이 「사기탐원(史記探源)」을 지었을 때에야 고증의 방법으로 "이설(異說)을 하는데 힘쓰고", "사람의 이목을 놀라게 하여", 『사기』에는 29편의 위작(僞作)이 있고 원수(元狩) 이후의 일은 모두 사람들이 이어붙인 것으로 더 이상 말할 것이 없다고 하였다. 지금 사람들은 고증을 운용하여 마르크스주의의 지도하에서 고증을 유물사관의 분석 방법과 결합시켜 거시와 미시를 상호 보충하고 고론(考論)을 결합시켜 연구 수준을 제고시켰다. 이 방면에서 루난챠오의 「사마천의 조국 문화유산에서의 위대한 공헌과 성취」, 청진짜오의 「사마천 생몰 연월에 관한 네 가지 고찰」 및 삼가주에 관한 연구, 천즈의 「태사공 서명고」, 천커칭의 「사마천의 사회경제사상과 역사관을 논함」, 「태사공서 범례 고론(考論)」 및 앞에서 이미 예를 든 바이서우이의 「사마천과 반고」, 「사기신론」, 스딩의 「마반이동을 세 가지로 논함」은 모두가 고론(考論)을 서로 결합한 수작이다.

(5) 『사기』 연구 근황 및 발전 추세. 80년대 이래로 『사기』의 연구는 바야흐로 황금기에 접어들었고 전에 없던 붐이 일어났다. 근년 들어 더욱 기뻐할 만한 형세가 출현하였다. 학술 교류가 확대되고 횡적인 연계가 강화되어 전국적인 『사기』 학술연구회가 1987년 이래 이미 네 차례 거행되었다. 1992년 산시성에서는 정식으로 성급 사마천연구학회를 설치하여 계획적이고 체계적인 작업에 착수하였다. 근년에는 『사기』 전본의 신주(新注)와 역주를 출판하였다. 『사기』 전본의 집주(集注) 및 회교(會校)와 회평(會評), 회주(會注) 작업은 이미 전개되었으며 또한 협조적으로 난관을 돌파할 집체적인 편저 형식을 채택하였는데 이는 찬양할 만한 가치가 있는 새로운 사물이다. 당연히 『사기』의 연구에는 아직 얼마간의 문제가 존재한다. 첫째, 사론(史論)이 결합한 연구 방법인데 이론과 사료 두 방면의 기초가 여전히 취약하다. 둘째, 쟁명의 분위기가 결핍되어

각종 관점을 제각기 말한다. 셋째, 많은 논문이 여전히 전통적인 논제로 새로운 개척이 결핍되어 있다. 적지 않은 문장의 관점은 심지어 논거가 거의 상통한다. 이런 것들 또한 충분히 극복해 낼 수 있다.

7. 40여 년간 대만의 『사기』 연구

대만의 『사기』 연구는 40년 동안 끊임없이 지속되어 매년 새로운 논문과 전문서가 나왔다. 불완전한 통계에 의하면 대략 발표 논문이 400여 편이고, 출판된 전문서가 40여 종인데[69] 이 성과는 대단한 것으로 대만 학자들의 각고의 노력을 설명하고 있다. 대만의 『사기』 연구 대열 또한 노장년층이 머리를 나란히 하여 함께 나아가는 특색을 갖추고 있다. 노장파 전문가로 쉬원산(徐文珊), 왕수민(王叔岷), 치엔무(錢穆), 스즈미엔(施之勉), 라오치엔(勞乾) 등과 같은 사람은 대륙에서 대만으로 떠난 일군의 저명한 전문가로 어떤 이는 이미 작고하였다. 중장년 학자들은 대부분이 70년대 이후 나온 신성으로 『사기도론(史記導論)』의 티엔보위엔(田博元), 『사기해제(史記解題)』와 『사한관계(史漢關系)』의 우푸쭈(吳福助), 『사마천의 학술사상(司馬遷之學術思想)』의 라이밍더(賴明德), 『사기논찬연구(史記論贊研究)』의 스런하오(施人豪), 『사마천의 세계(司馬遷的世界)』의 정성(鄭生) 등은 이미 대만 『사기』 연구의 핵심 역량이 되었다. 노장 학자들은 고증과 교감에 뛰어났고, 중장년의 신성들은 서방의 이론을 끌어와서 새로운 시각으로 거듭 『사기』를 평가하는데 주의를 기울였다. 얼마간의 앞 세대 학자와 대륙학자가 연구한 비교적 적은 문제를 언급하여 참신하고 독특한 견해를 제기하였

---

69 본절의 서술에서 의거한 것은 장신커와 위장화의 『사기연구사략』 제8장을 참고하였다.

다. 대만의 노장년층 『사기』 연구학자는 모두 활약이 활발하고 수준 또한 비교적 높으며 보급된 작업이 매우 독특하고, 전문성이 매우 심화되었는데, 이는 존중할 만한 가치가 있다.

『사기』에 대하여 백화(白話) 금주금역(今注今譯), 독서 지도와 평가, 정수(精粹) 선독, 고사의 새로운 편집 등을 전개하고 대학에서는 전공과목을 개설하였다. 이는 모두 다른 단계의 보급 작업에 속하며, 대만의 노장년층 학자들이 모두 매우 큰 역량을 투입하여 취득한 성과가 매우 현저하며 적지 않은 분량의 전문서를 출판하였다. 『사기금주』는 마츠잉(馬持盈)과 라오치엔, 취완리(屈萬里) 두 사람의 것이 있고, 『백화사기』는 60교수 공역본이 있다. 이외에 양쟈뤄(楊家駱)의 『사기금석』, 쉬원산의 『사기평개(史記評介)』, 리융츠(李永熾)의 『역사의 장성—사기』, 정성의 『사기의 고사(史記的故事)』, 저우후린(周虎林)의 『사마천과 그 사학(司馬遷與其史學)』 및 국학총서(國學叢書) 본 『사기정화(史記精華)』 등이 있는데 모두 대만에서 비교적 영향력이 큰 책들이다. 60교수가 공역한 『백화사기』와 마츠잉의 『사기금주』는 대륙까지 전해져 자못 학자들의 주목을 받았다. 더욱이 『백화사기』는 고전 금역의 베스트셀러가 되었다.

대만 학자의 보급 작업은 자각적이고 계획적 성격을 띠고 있다. 그들의 목적은 바로 대만이 문화부흥운동을 일으켜 『사기』라는 우수한 명저가 사람들 가슴 깊이 자리 잡도록 하고, 가가호호 회자하여 사람들이 모두 읽고 이야기할 수 있게 하는 데 있다. 마츠잉의 『사기금주』에서는 첫머리에 요지를 밝혀 제기하였는데, 금주를 지은 목적이 바로 "독자들이 충분히 가볍고 유쾌하게 『사기』를 읽을 수 있도록 이끌고 아울러 나아가 중국 문화를 연구하는 흥취를 끌어내어 중화 문화를 선양하는 능력을 강화시키는 것이다."라고 하였다. 『백화사기』의 범례에서도 말하였다. "이 책을 편역한 목적은 『사기』의 보급화를 꾀하여 일반적으로 기본적인 문사 지식을 가지고 있는 대중에게 적용시키는 데 있다." 또 말하였다. "이 책을 통하여 더욱 많은 사람들이 흥취 및 능력을 가지고 『사기』 원문을 연구하고 나아가 기타 중국 고적을 연구하기를 희망한다." 이런 설명은 작자의 보급 및 조국 문화 정품(精品)의 자각성을 뚜렷하게 드러내었다. 1967년 7월 28일 대만은 중화문화부흥운동추행위원회(中華文化復興運動推行委員會)를 설립하였으며, 이 위원회의 창도와 조직하에 대규모 고적(古籍)에 거듭 새로운 주석을 달고 번역하였다. 대만의 『사기』 연구 성과 또한 바로 이러한 확대되고 발전된 중국 전통문화의 농후한 분위기에서 출현하였다.

대만 학자들은 힘껏 『사기』를 보급하는 동시에 전제(專題) 연구 방면에서의 공부도 매우 깊어 높은 수준의 학술 논문 및 학술 논저가 쉼 없이 쏟아져 나왔다. 총괄적으로 말하여 아래의 몇 가지 특징은 귀감으로 삼아 주목할 만한 가치가 있다.

첫째, 고증에 치중하였으며 공력이 튼튼하다. 대만 학자들은 『사기』 고정 방면에서의 성과가 비교적 크다. 자오청(趙澄)의 『사기판본(史記版本)』과 치엔무의 『사기지명고(史記地名考)』, 장썬지에(張森楷)의 『사기신교주(史記新校注)』, 하이핑(海屛)의 『사기의 보충과 개찬 문제(史記的補續與改竄問題)』, 취잉성(曲穎生)의 『사기 8서의 존망과 진위 소변(史記八書存亡真僞疏辨)』, 가오바오광(高葆光)의 『사기 종지 시기 및 진위고(史記終止時期及僞篇考)』, 리충위엔(李崇远)의 『사기편례고술(史記篇例考述)』, 천판(陳槃)의 『사기세가철록(史記世家綴錄)』, 완즈성(阮芝生)의 『태사공은 어떻게 자료를 수집하고 처리했나(太史公怎樣搜集和處理資料)』, 팡더신(龐德新)의 『고고학 자료로 본 사기의 몇 가지 문제(從考古資料看史記的幾個問題)』, 우푸쭈(吳福助)의 『한서습록사기고(漢書襲錄史記考)』, 후윈위(胡韞玉)의 『사기한서용자고증(史記漢書用字考證)』 등등은 모두 각자 모 방면의 전제(專題)에서 힘껏 취득하여 세운 논저이다.『사기』전서의 문자, 사실을 교감으로 삼음에 대한 고증에서 두드러진 공헌을 한 것으로는 왕수민의『사기각증(史記斠證)』과 스즈미엔의『사기회주고증정보(史記會注考證訂補)』를 떠받들어야 한다. 두 작자는 모두 먼저 잡지에 글을 발표하고 나중에 모아서 출판하였다. 고증한 문자는 일련의 논문 형식으로 여러 잡지에 보이는데, 매우 정수를 써내었음을 표명하였다.

『사기각증』은『사기』전서에 대하여 편장을 따라가며 증명하는 것으로, 주요 내용은 다섯 방면이다. (1) 자구의 정리. 옛 설을 증명함, 옛 설을 보충함, 옛 설을 수정함, 옛 설을 검증함, 자기의 견해를 새로 냄의 다섯 항목으로 나누었다. (2) 사실(史實)의 근원 탐색. 사실의 내원(來源), 사실의 보충, 사실의 참증(參證) 세 항목으로 나누었다. (3) 말을 늘어놓아 증거로 삼는 것. 주로『사기』중의 인용문 출처를 고증하였다. (4) 일문 집록(佚文輯錄). 정문으로 보충하여 넣을 수 있는 것, 주석으로 보충하여 넣을 수 있는 것, 덧붙일 길이 없는 것의 세 항목으로 나누었다. (5) 구주각보(旧注斠補). 자구정리(字句整理)와 위치심정(位置審定), 입설소본(立說所本), 일주습보(佚注拾補)의 네 항목으로 나누었다. 증명한 입목(立目)의 내용에서 본다면 체계가 넓고 크다. 전서는 작자의 독창적 견해를 주로 하여 이전 사람 및 지금 현자들의 설과 관계가 없는 것을 가늠하여 증명한 것은 대체로 기록하여 인용하지 않았고 중점적으로 돌출시켰다. 이 책은 대만 학술계에서 매우 높은 영예를 누렸다. 류번동(劉本棟)은「60년간의 사기 연구」에서 평론하였다. "이 책은 널리 인용하여 증명하였고 고증이 빈틈이 없다. 모든 의심이 가는 뜻에는 반드시 지당함을 구한 후에야 그만두어 사공이 2천 년 동안 명백히 밝히지 못한 뜻을 환히 비추었다. 사학에 공을 세웠을 뿐만 아니라 학계에 도움을 줬다고 할 수 있다!"

『사기회주고증정보(史記會注考證訂補)』는 스즈미엔이 일본 학자 다키가

와 모토히코(瀧川資言)의 『사기회주고증』을 바로잡은 역작이다. 다키가
와의 책은 『사기』 삼가주가 세상에 나온 지 1천여 년 후에 또 한 차례 주
석을 집대성한 전문 서적으로 공적이 희석될 수 없다. 그러나 한 사람의
힘으로 천여 년래 중국과 일본 두 나라의 학술적 성과를 수집한다는 것
은 결코 쉬운 일이 아니다. 따라서 착오와 누락은 불가피하다. 이 책은
세상에 나온 후에 많은 중국학자들의 질정을 받았다. 루스시엔(魯實先)의
「사기회주고증박의(史記會注考證駁議)」와 청진짜오의 「다키가와 모토히코
의 회주고증을 논함(論瀧川資言的會注考證)」, 치엔중수의 『관추편(管錐編)』에
『사기회주고증』을 읽는 58가지 규칙이 있으며, 치엔무는 「일본 사람 다
키가와 가메타로의 사기회주고증을 논함(評日人瀧川龜太郞史記會注考證)」[70]
을 썼고, 장이런(張以仁)은 「사기회주고증을 읽은 찰기(讀史記會注考證札記)」
를 썼다. 스즈미엔의 『정보(訂補)』는 다키가와의 책에 전면적이고 체계적
으로 결함을 고쳐 바로잡는 작업을 하였으며, 공력을 들인 부지런함은
위에 열거한 여러 책에 비할 만한 수준이 아니다. 이 때문에 대만 학술
계에서도 매우 높은 명예를 누리고 있다.

둘째, 사마천의 학술 사상에 대하여 광범하게 탐구 토론하고 비교
적 깊이 파헤쳤다. 대만 학자들은 『사기』의 미시적 연구인 고증 방면에
서 공력이 튼실할 뿐만 아니라 거시적인 사상 방면의 연구에서도 탁월
한 성취를 거두어 섭렵한 범위 또한 광범하다. 황쥔랑(黃俊郞)의 「사마천
이 사기를 지은 동기(司馬遷撰寫史記的動機)」, 린쫑린(林宗霖)의 「사마천이 사
기를 창작한 역정 및 평가(司馬遷創作史記的歷程及其評價)」 및 완즈성의 「사마
천이 말한 "구천인지제"를 시론함(試論司馬遷所說的 "究天人之際")」과 「사마천

---

70 다키가와 가메타로(瀧川龜太郞)의 자(字)가 모토히코(資言)인데, 이름보다 자로 더 알려졌
   다.—옮긴이

이 말한 "통고금지변"을 시론함(試論司馬遷所說的"通古今之變")」같은 것은 사마천이 역사를 지은 동기와 목적에 치중하여 탐구하였다. 완즈성의 「사마천의 사학 방법과 역사 사상(司馬遷的史學方法與歷史思想)」, 스런하오(施人豪)의 「사기논찬 연구(史記論贊研究)」는 역사편찬학과 논찬의 관점에서 분별하여 사마천의 사학 사상을 분석하였다. 덩푸레이(鄧璞磊)의 「사마천의 정치사상 연구(司馬遷政治思想之研究)」는 사마천의 정치사상을 평론하였다. 콩칭쭝(孔慶宗)의 「사기 화식열전의 우리나라 고대 경제사상에서의 가치 (史記貨殖列傳在我国古代經濟思想上的價值)」는 사마천의 진보적인 경제사상을 평가하였다. 저우후린의 「사마천의 유가사상(司馬遷的儒家思想)」과 홍안취엔(洪安全)의 「공자의 춘추와 사마천의 사기(孔子之春秋與司馬遷之史記)」, 왕룬(王倫)의 「맹자와 사기의 관계(孟子與史記之關系)」는 비교적 심도 있게 공자와 맹자가 사마천에게 끼친 사상 영향을 탐구하였다. 왕후이민(汪惠敏)의 「사마천의 유도 2가의 사상에 대한 융합(司馬遷對儒道二家思想之融合)」은 사마천이 유도 양가의 사상적 영향을 받았음을 심도 있게 지적하였다. 천나이나이(陳乃鼐)의 「사기 역서 역술 갑자편 이론의 연구(史記曆書曆術甲子篇理論之研究)」는 사마천의 역법학 방면에서의 공헌을 긍정적으로 보았다. 이와 같은 등등은 이루 다 들 수가 없다. 사마천과 『사기』와 관련된 거의 모든 문제에 탐구한 논문이 있는데 이는 대만 학자들의 생각의 길이 넓게 열려 있음을 설명한다. 이와 동시에 사마천 사상 연구 가운데 비교적 심도 있는 학술 전문서를 발굴하여 출판하기도 하였다. 라이밍더의 『사마천의 학술 사상(司馬遷之學術思想)』같은 것이 대표적이다.

　『사마천의 학술 사상』은 전서가 10장이며, 40여만 언이나 되는 방대한 대론(大論)이다. 이 책은 사마천이 성장한 시대와 사회, 사마천의 독서 유력과 사우(師友), 사마천이 『사기』를 지은 심리적 배경, 사마천의 경학, 사마천의 사학(史學), 사마천의 제자학(諸子學), 사마천의 문학, 사마천의 역학(曆學), 사마천의 정치와 경제, 사회 사상 등에 대하여 모두 심도 있는 평론을 하였다. 특별히 칭찬할 만한 것은 작자가 사마천을 광활한 대일통 서한사회와 학술 발전의 배경에 놓아두고 사마천의 학술 사상을 평론하였는데 말이 일리가 있고 주장에 근거가 있어 매우 설득력이 있다. 전서의 의론은 기세가 드높고 새로운 견해가 번갈아 나오며 언어가 유창하고 문필이 생동적이어서 가독성이 매우 강하며 대만에서 베스트셀러가 되었다.

셋째, 비교 연구가 세밀하고 심도 있다. 대만 학자들은 비교 연구에 뛰어나 대조하여 서로 증명하고 의논이 종횡무진하다. 사마천과 반고의 비교 같은 것은 바로 자못 흥미진진한 과제이다. 우푸쭈의 「사한관계(史漢關系)」와 「사한체례비교(史漢體例比較)」, 류안리(劉安立)의 「사기와 한서의 유림전에서 사마천 및 반고의 사상을 비교함(從史記漢書儒林傳比較司馬遷及班固的思想)」, 쉬푸관(徐復觀)의 「사한 비교 연구의 일례(史漢比較研究之一例)」 등과 같은 논문은 각기 다른 관점에서 마반이동을 비교하여 새로운 견해를 제기하였으며 분석이 매우 세밀하다. 「사한 비교 연구의 일례」 같은 경우 장장 6만 언(言)에 달하며, 9개의 전제(專題)로 나누어 논증하였으며, 『사기』와 『한서』 두 책의 체례와 문자에 대하여 일일이 항목을 열거하며 비교하여 전면적으로 비교를 하는 가운데 뚜렷하게 사마천과 반고의 다른 지취와 다른 풍격을 볼 수 있게끔 하였다. 작자들은 사한(史漢) 문자에 대하여 비교하여 다음과 같은 결론을 내렸다. 사공의 문체는 산뜻하고 질탕하여 변화가 풍부하며, 문구의 조성이 비교적 원만하고 편장 결구의 실마리가 분명하여 주도면밀하다. 반 씨의 문체는 비교적 간결하고 질박하여 변화가 결핍되었으며, 결구의 실마리는 그다지 분명하지 않고 문자는 『사기』에 비해 예스럽고 심오하다. 서사(敘事)의 방면에서 사공은 비교적 정확하고 역량을 다할 수 있어서 역사 형상의 생동적인 원형을 보존하였으며, 반 씨는 차츰 공허한 쪽으로 흘렀다. 인물에 대하여 차츰 추상화로 흘렀다. 그러나 『한서』의 어떤 전(傳)은 또한 매우 면밀하게 집필되었다. 작자의 분석이 상세하고 확실한 비교의 기초 위에서 건립되었기 때문에 비교적 평탄하면서도 정곡을 찔렀다.

대만 학자의 『사기』 연구는 큰 열매를 풍성하게 맺었다. 해협 양안으로 단절되어 대륙으로 소개하기에 제한이 있다. 상술한 소개는 구우일모의 형국임을 면치 못하여 대만 『사기』 연구의 전모를 보여주기에는 턱없이 부족하다. 다행인 것은 개혁·개방이 심화됨에 따라 양안의 학술 교류 또한 이미 전개되기 시작한 것이다. 나는 머지않은 장래에 이런 교류는 한 걸음 더 나아가 강화될 것으로 굳게 믿는다. 양안의 학자들이 손을 잡고 함께 나아간다면 반드시 『사기』의 연구를 새로운 단계로 끌어올릴 것이다.

8. 『사기』의 중국 밖 전파

우리는 『사기』가 중국 밖으로 전파된 상황 및 연구에 대한 이해도가 그다지 깊지 못한데 여기에는 여러 가지 이유가 있다. 근년에 들어서야 엉성하나마 관련 저술이 출현하였다. 소개할 가치가 있는 것으로는 청년 학자 탄치쉰이 출판한 『사기와 일본 문화(史記與日本文化)』[71]인데 체계적으로 『사기』가 일본에 유전된 상황 및 그 영향을 소개하여 학술적인 공백을 메웠다. 장신커와 위장화 두 사람이 지은 『사기연구사략(史記研究史略)』[72]에서

71 　탄치쉰의 『사기와 일본문화(史記與日本文化)』, 우한(武漢)대학출판사, 1989년 출판.
72 　장신커와 위장화의 『사기연구사략(史記研究史略)』, 심진(三秦)출판사, 1990년 출판.

「국외의 사기 연구 개술(國外史記研究槪述)」1장을 써내어 또한 간략히 소개하였다. 여기서는 두 책에서 제공한 자료에 의거하여 그 요점을 개괄하도록 하겠다.

중국의 사적(史籍) 기록에 의하면 위진남북조 시기에 『사기』는 이미 국외로 전파되었다. 첫 번째 국가는 인접한 고려, 곧 지금의 한국이다. 이연수(李延壽)의 『북사(北史)』「고려전」과 『구당서』「고려전」에는 모두 『사기』가 중국의 『오경』 및 양 『한서』 등과 함께 고려로 전파되었는데 특히 고려인들의 애호를 받았다고 기록하였다. 당대 한국인들은 평소에 『사기』를 좋아하는 열정을 간직하고 있다. 대한민국 『출판잡지(出版雜志)』 1988년 2월호의 소개에 의하면 서울대학교 인문과학연구소에서 출판한 이성규(李成珪)의 『사기』 초역본은 『대학고전총서』에 들어가 대학생의 기본 열독서가 되었는데 이는 국외에서는 흔치 않은 현상이다.

『사기』는 일본에서 가장 널리 유포되었다. 탄치쉰의 고증에 의하면 『사기』는 600에서 604년 사이에 일본 쇼토쿠 태자(聖德太子)가 파견한 첫 번째의 수나라 사신이 일본에 전하였으며 즉각적으로 정치 무대에서 큰 영향력을 발휘하였다. 명청 교체기에 이르러 『사기』는 동쪽 일본으로 전해진 후 황금기를 맞았다. 수량이 많았을 뿐만 아니라 품목도 완전하였다. 『사기』는 전본(全本)과 선본(選本), 각종 주석본 및 참고서까지 포함되지 않은 것이 없었다.

『사기』는 일본에 전래된 후에 사회 각계에서 매우 크게 중시되었고 정치와 교육, 사학, 문학 등 각 방면에서 모두 거대한 영향을 낳았다.

정치 방면에서의 영향. 604년 일본 쇼토쿠 태자는 『헌법 17조(憲法十七條)』를 반포하면서 『사기』에 온축된 유학의 의리 및 봉건 대일통사상을 도입하였는데, 605년 다이카노카이신(大化改新) 때 이론적 기초를 다졌다. 쇼토쿠 태자는 일본국의 임금을 "대왕"이라 일컫는 것은 이미 시의 적절치 못하다고 생각하여 『사기』「진시황본기(秦始皇本紀)」에서 "천황"의 칭호를 옮겨 스이코 천황(推古天皇)에게 더해주었으며 역대 천황은 일본 민족의 상징과 일본 민족 구심력의 핵심이 되었다. 천황 신권제도의 건립은 『사기』에 실린 천인감응 사상의 영향을 깊이 받은 것이다. 일본 『정재서적고(正齋書籍考)』와 『삼대실록(三代實錄)』, 『일본기략(日本紀略)』 및 『부상략기(扶桑略記)』 등 사서의 기록에 의하면 스이코 천황 이래 역대 천황은 모두 『사기』를 공부하는 기풍이 있었다고 한다. 유명한 메이지 천황은 특히 『사기』를 좋아하여 매 2, 7일을 오로지 『사기』를 공부하는 날로 정하기에 이르렀는데 사용한 텍스트는 학목(鶴牧)이 출판한 『사기평림(史記評林)』이었다. 이 외에 대규모의 외국을 이해하는 정치 인재를 배양하기 위하여 일본 조정에서는 수백에 달하는 "전생(傳生)"을 조직하여 『사기』 등 "삼사(三史)"를 공부하고 읽도록 한 적이 있다. 이와 동시에 일본 황실에서는 또한 늘 『사기』를 하사품으로 삼아 부고에 대주어서 정부의 문무백관에게 학습하고 연구할 거리를 제공했다.

　　교육 방면에서의 영향. 메이지 이전에 『사기』는 궁정교육과 번교(藩校)[73]의 중요한 교과목이었으며, 메이지 이후로 대·중학교에 보급되었다. 쇼토쿠 태자는 곧 『사기』를 정독한 사람이다. 궁정교육이 『사기』를 중시함에 따라 많은 궁정 관원들이 『사기』를 애호하여 『사기』에서 말한 의리를 이해하였을 뿐만 아니라 『사기』를 제재로 시와 부를 짓기까지 하였다. 나라(奈良), 헤이안(平安) 시대에 이르러 『사기』는 궁정교육의 필수과목이었을 뿐만 아니라 또한 일본 "기전유(紀傳儒)"의 필독서이기도 하였다. 무로마치(室町)와 에도(江戶) 시대에 『사기』는 더욱 일본 정치가들

---

[73] 번교(藩校): 번학(藩學)이라고도 하며, 일본에서 다이묘들의 자제들을 교육하는 학교를 말한다. 우리나라로 치면 태학과 같은 개념이다.—옮긴이

이 보편적으로 사랑하는 책이 되었다. 저명한 무사 배양 학교인 아시카가 학교(足利學校)와 바쿠후(幕府)에 소속된 각 번교(藩校)는 모두『사기』등한적을 필수 교학 과목으로 정하였다. 일본 중세기(中世紀) 무가(武家) 교육에서『사기』에 대한 중시는 이미 교육 방면에서 중류층까지 보급되었다는 것을 설명한다. 메이지 이후『사기』는 이미 광대한 사회로 보급되었다. 일본인이『사기』학습을 매우 중시한 것은 실제 지식에 대한 흡수이다. 정치가들은『사기』에 온축된 유학의 의리를 흡수하였으며 사(士)와 서민, 백공은 구체적인 지식을 중시하였다. 이를테면 의학가들은「편작창공열전」을 필독서에 넣어 거기서 의약학 지식을 흡수하였다. 요컨대『사기』는 교육면에서 일본 조야의 각 계층에 중대한 영향을 끼쳐 승려까지『사기』를 연구하여 도겐 즈이센(桃源瑞仙) 같은 고승(高僧)『사기』연구학자를 낳기까지 하였다.

사학 방면에서의 영향.『사기』의 일본 전래는 중국 사학이 일본에 전래된 표지이며, 이전까지만 해도 일본에서는 여전히 자신만의 국사와 사학이 없었다. 일본의 첫 번째와 두 번째 국사인『고사기(古事記)』와『일본서기(日本書紀)』는 전후로 712년과 720년에 완성되었다. 이 두 책은 비록 모두가 편년체이지만 모두 직접적으로『사기』의 영향을 받았다. 시간적으로 비교를 해보면 일본 국사는『사기』가 전래되고 난 후 1백여 년만에 나왔으니 의심의 여지 없이『사기』의 계발을 받아 지은 것이다. 명칭을 가지고 비교를 해보면『고사기』와『일본서기』두 책의 제목이『사기』와 직접적인 관련이 있음을 알 수 있다. 첫 번째 중국 정사『사기』는 "기(記)"를 썼고, 두 번째인『한서』는 "서(書)"를 썼기 때문에 첫 번째 일본 국사『고사기』는 "기"를 썼고, 두 번째인『일본서기』는 "서(書)"라는 명칭을 썼는데, 모방한 흔적이 매우 뚜렷하다.『일본서기』는 원래『일본서(日本書)』라고 하였는데 이 책의 체제가『사기』를 모방하여 "기"와

"전", "세가", "지", "표"를 지었고, 이어서 편년의 제왕본기를 써서 완성하였기 때문에 "서(書)"의 뒤에 "기(紀)"라는 글자를 작은 필체의 주석으로 첨가하여 『일본서기』가 되었는데 전사하는 과정에서 『일본서기』가 되었다. 내용적인 면을 가지고 비교하면 『고사기』는 일본의 태고신화를 집대성한 사서이고, 『일본서기』 또한 신화전설로 시작하는데 이런 것들은 모두 『사기』 「오제본기」가 신화전설로 역사를 연 것을 모방한 중요한 예증이다. 이야기를 기술하는데도 또한 『사기』에서 자료를 취한 예증이 있다. 예컨대 『오제본기』에는 "넘실넘실 홍수가 하늘에 닿을 듯이 불어서, 질펀한 물이 산을 삼키고 언덕을 타고 넘었다."고 한 전설이 있고, 『고사기』에도 "이 부유하고 있는 국가"란 상고시대의 혼돈 상태 기록이 있다. 일본 학자 쓰다 소키치(津田左右吉)가 『고사기』의 "전설[物語]"을 연구할 때 닌토쿠 천황(仁德天皇)과 우지노와키이라츠코(菟道稚郎子)가 서로 양위한 고사는 오태백, 백이·숙제의 고사를 재현한 것으로 생각된다. 위에서 말한 것으로부터 『사기』가 일본의 사학을 연 영향은 가늠할 수 없다.

　문학 방면에서의 영향. 첫째, 『사기』는 일본에 전래된 이후 일본 기기(記紀)문학의 탄생을 재촉하였다. 기기문학은 일본 고전문학의 중요 구성 요소이다. 『고사기』와 『일본서기』는 바로 일본 기기문학의 대표작이다. 『사기』는 이 두 저작에 사학 방면뿐만 아니라 문학 방면으로도 영향을 끼쳤다. 이 또한 『사기』 자체의 성질과 가치가 결정적임을 설명할 수 있다. 둘째, 일본의 저명한 고전문학 『겐지 모노가타리(源氏物語)』는 『사기』와 중요한 연원 관계가 있다. 이 책은 11세기에 완성되었으며 작자인 무라사키 시키부(紫式部)는 어려서부터 양호한 가정교육을 받아 체계적으로 『사기』를 배웠다. 이 때문에 나중의 창작에서 사마천이 『사기』를 지었을 때와 마찬가지로 광범하게 취재하고 공을 들여 이야기를 제작하고 사회의 실태를 반영하였으며 아울러 작품이 충분히 감정이 풍부하고 묘사가 훌륭하며 자연 지향적인 특색을 드러내도록 하였다. 작자는 또한 대량으로『사기』의 문사와 전고를 인용하였으며, 심지어『사기』에서 척부인(戚夫人)의 형상을 유연하게『겐지 모노가타리』에 이식하였다. 따라서 그와 비슷한 동황후(桐皇后)를 빚어내었으며, 나아가 세밀한 언어와 구상을 통하여 당시 일본 사회의 참모습과 복잡한 모순 관계를 드러내었다. 셋째『사기』는 일본의 한시 영역에서 지위가 두드러졌다. 일본의 한시는 한자로 쓴 율시를 가리키는데, 그 가운데 영사시는 대부분 직접적으로『사기』및 사마천의 경력에서 소재를 취하였다.

『사기』가 일본에서 중대한 영향을 끼친 것은 자연히 주관적이고 객관적인 원인이 있다. 주관적인 요소는『사기』자체의 가치에서 결정된 것이다. 일본 학자들이『사기』에서 취득한 문사(文史)의 성취는 높은 평가를 받고 있다. 오카모토 간스케(岡本監輔) 같은 사람은 말하였다. "『사기』는 위로는『육경』에서 빠뜨린 것을 보충하고 아래로는 모든 역사의 법도를 열어 구체적으로 겸하여 갖추지 않은 것이 없으며, 그 문장은 변화가 표일하여 천고에 독보적이다."[74]『사기』의 사학과 문학에 대한 모든 성취는 긍정적인 평가를 받고 있다. 나가노 가쿠소(長野確稱)는『사기』는 "양사(良史)"라고 칭찬하였다. 사이도 세이켄(齋堂正謙)은『사기』의 문장을 "군옥포(群玉圃)", "연성지보(連城之寶)"의 "빼어나게 훌륭한(絶佳)" 작품이라고 평가하였다. 일본의 여러 많은 학자들의 평론은 일일이 다 인용하지 않는다.

객관적인 요소는 두 방면이 있다. 첫째, 정치적 영향으로, 일본 상류층 사회의 황실에서 신료들까지 모두『사기』를 매우 중시하여 세상의 기풍

---

74 「보표사기평림서(補標史記評林序)」.

이 되었고 대중에게까지도 널리 퍼져 있었다. 둘째, 일본 한학계에서는
『사기』를 연구하여 중대한 성과를 거두었다. 초보적인 통계에 의하면
일본에서 역대 『사기』를 연구한 명가는 160명에 근접하며, 연구 전문서
도 비교적 중요한 것만 거의 200종에 달하며 단편 논문은 이루 다 들 수
가 없다. 일본 학술계에는 실력이 강대한 『사기』 연구 집단이 있으며 역
사가 유구하다. 근현대를 가지고 말한다면 다키가와 모토히코와 미즈사
와 도시타다(水澤利忠), 미야자키 이치사다(宮崎市定), 노구치 사다오(野口定
男), 가치 노부유키(加地伸行), 이케다 시로지로(池田四郎次郎), 이케다 히데오
(池田英雄) 등은 저명한 『사기』 연구 전문가이다.

　일본 학자의 『사기』 연구는 귀감으로 삼을 만한 실천성을 많이 갖추고
있다. 첫째, 『사기』의 일본어 번역을 중시하였고 보급 작업에 매우 생기
가 있다. 일본 자료의 기록에 의하면 저명한 승려이자 학자인 도겐 즈이
셴은 분메이(文明) 연간(1464~1487)에 손수 『사기 도겐 초(史記桃源抄)』 19권
을 완성시켰는데, 이는 일본 최초의 "일본어 해설(國字解)" 『사기』이다. 일
본 다이쇼(大正) 14년(1925) 5월 고호도서점(五朋堂書店)에서 쓰카모토 데쓰
조(塚本哲三)의 『대역사기(對譯史記)』를 출판하였는데 원문과 역문을 나란
히 들어 열독하기에 매우 편하게 하였다. 불완전한 통계에 의하면 일본
의 『사기』 전역본과 선역본은 1백여 종에 가깝다. 여러 가지 다양한 일
역본이 많은 한어(漢語)에 능통하지 못한 일본인들이 『사기』를 학습하는
데 유리한 조건을 창조해 냈다. 둘째, 원문의 훈고와 교감을 중시하였다.
이 방면을 집대성한 작업은 다키가와 모토히코의 『사기회주고증』 및 미
즈사와 도시타다의 『교보(校補)』를 들지 않을 수 없다. 이 두 책은 중국에
까지 전해져 중국의 학자들 또한 『사기』를 연구하도록 매우 촉진시켰다.
셋째, 인물 전기를 두드러지게 하였고 문사(文史)의 연구를 함께 중시하
였다. 여기서 말한 인물 전기는 「본기」와 「세가」, 「열전」의 세 부분을 포

함한다. 일본의 보급 도서인 『중국고전명저해설(中國古典名著解說)』에서는 『사기』를 소개할 때 인물 전기에 상세하고 서와 표는 간략하며 아울러 『사기』는 "인류를 탐구한 역사의 명저"라고 칭찬하였다. 노구치 사다오의 『독사기(讀史記)』 같은 전문가의 저작은 전서가 15편의 논문인데, 첫 세 편은 총론이고, 둘째와 셋째 부분의 나머지 12편의 논문에서도 표를 논한 것은 한 편일 뿐 나머지 11편은 모두 인물 전기를 논하였다. 넷째, 자료를 취합하는데 뛰어났다. 자료의 취합은 과학적 연구의 기초이다. 일본 학계가 『사기』를 연구하는 방면에서 풍성한 성과를 얻은 까닭은 일본 학자들이 자료를 취합하는 것을 중시한 것과 밀접하여 불가분의 관계에 있다. 이 방면에서는 중국의 연구와 현격한 차이가 있다.

상술한 일본 학자가 『사기』를 연구한 특징은 많은 방면에서 중국의 귀감이 될 만하다. 특히 자료의 취합에 있어서는 소개할 만한 가치가 있는 명저 두 권이 있다.[75]

첫째, 『보표사기평림(補標史記評林)』인데, 이 책은 평론을 취합한 독본이다. 이 책은 1884년 6월에 완성되었으며 저자는 아리이 한페이(有井范平)이다. 명나라 학자 능치륭(凌稚隆)의 『사기평림(史記評林)』은 명나라 때까지 150가의 평론을 취합하였고 인용 서목이 140여 종에 달한다. 나중에 또 이광진(李光縉)의 증보를 거쳐 내용이 더욱 풍부해졌다. 이 책은 거의 명나라 이전의 『사기』를 평론한 자잘한 문장을 모두 한데 수집하여 독자들이 열독하고 연구하는데 대량의 자료를 제공하여 명청시대 독자들의 환영을 듬뿍 받았다. 이 책이 일본에 전해진 후 아리이 판페이는 부족하다고 여겨 재차 증보 작업을 하고 오류를 정정한 것 외에 능치륭이 빠

---

75 다키가와 모토히코의 『사기회주고증』 또한 자료를 취합한 명작으로, 아래의 절에서 소개하려 하니 여기서는 줄이기로 한다.

뜨린 것 및 대량의 청나라 사람들의 평론을 보충하여 『보표사기평림』이라 하였다. 아리이 판페이 본인 또한 적지 않은 안어(按語)를 추가하였는데 『사기』 문장의 예술 평론 방면에 치중하였다. 아리이는 사마천이 묘사한 항우와 고조 두 인물을 평론하여 말하였다. "「항우기」는 끓어오르는 듯 솟구치고, 「고조기」는 양양하고 광활하여 필세가 서로 같지 않으며 각기 그 사람을 닮아 문장에 신령이 깃든 것 같다고 하겠다." 또 소진과 장의 같은 두 전설을 평하기도 하였다. "사공은 전을 지을 때 모든 사람에게는 그 사람만의 필세가 있는데 소진과 장의 두 사람에 이르러서는 필세가 서로 짝을 이루고 메커니즘이 서로 합치된다. 소진전에는 소대(蘇代)의 부전(附傳)이 있고 장의의 전에는 진진(陳軫)의 부작(附作)이 있는데 이것이 필세가 서로 짝을 이루는 것이다. 두 전은 종횡으로 변화가 무쌍하며 정신 상태를 극진히 써내었는데 서로 비슷하며 메커니즘이 서로 합치되는 것이다. 아마 사공은 흉중에서 일찌감치 소진과 장의는 이리저리 번복되는 동일한 부류의 인물이라는 것을 알았던 것 같다." 이런 평론은 사마천이 인물을 묘사해 내는 예술이 필법에 변화가 많은 것을 지적해 낸 것으로 매우 수긍이 간다.

둘째, 『사기연구서목해제(史記研究書目解題)』이다. 이케다 시로지로와 이케다 히데오 부자의 공저로 1978년 10월 일본의 메이도쿠(明德) 출판사에서 출판하였다. 전서는 판본과 총설, 교정 주석, 교감, 문자, 음운, 문평(文評), 가구(佳句), 명언, 사한이동(史漢異同), 태사공 연보, 지리, 일본어 해설, 패사(稗史), 사기 연구 관련 그림, 부록 등 16개 부문으로 나누어 6백여 종에 달하는 『사기』 연구에 대한 유관 저작에 대하여 제요를 달고 소개하였다. 이 책은 중국과 일본 두 나라의 『사기』 판본과 『사기』 주소(注疏), 『사기』 연구 전문서, 참고서 및 『사기』를 언급한 논저인 고염무(顧炎武)의 『일지록(日知錄)』, 장학성(章學誠)의 『문사통의(文史通義)』, 량치차오(梁啓

超)의『중국역사연구법(中國歷史硏究法)』및『요적 해제 및 독법(要籍解題及其讀法)』등과 같은 것을 모두 한 편에 녹여 넣었다. 그 책은 스케일이 방대하고 체제가 전문적이고 정밀하며, 섭렵 범위가 광박하고 수록한 책이 풍부하여 중국에서 나온 동일한 부류의 저작을 아득히 뛰어넘었으며 매우 높은 학술적 가치를 지니고 있다. 일본 학자들은 이 책을 통하여 중국 1천 년래의『사기』연구의 기본적인 성취와 발전의 변화를 이해할 수 있었다. 이와 동시에 중국 학자들 또한 이 책을 통하여 일본 연구의 일본 학자의 연구 성과를 이해할 수 있었다. 이 책은 일본 학자의『사기』연구 논저 190여 부를 저록하였다. 제목의 평론에서 보면 일본 학자가 지은 논저의 내용이 풍부하며, 형식이 다양하여 어떤 것은 선독하였는데, 안도 사다카쿠(安藤定格)의『사기독본』과 다나카 게이타로(田中慶太郎)의『사기독본』및『환운사기초(幻雲史記抄)』등과 같은 것이다. 잘못을 바로잡는 것을 주로 한 것으로는 온다 유슈(恩田維周)의『사기변의』, 고가 가부토(古賀煜)의『사기』등과 같은 것이 있다. 누락된 것을 모으는 것을 주로 한 것은 미즈사와 도시타다의『탄생기음일문습유(誕生記音佚文拾遺)』와『유백장사기음의문습유(劉伯壯史記音義文拾遺)』,『육선경사기주일문습유(陸善經史記注佚文拾遺)』등과 같은 것이 있다. 고증을 주로 한 것으로는 가메이 아키라(龜井昱)의『사기고』, 오시마 요미카와(大島贄川)의『사기고이』, 오카모토 야스타카(崗本保孝)의『사기고문(史記考文)』, 다키가와 모토히코의『사기회주고증』과 미즈사와 도시타다의『사기회주고증교보』같은 것이 있다. 평론을 주로 한 것은 미시마 다케시(三島毅)의『사기논찬단해(史記論贊段解)』, 모리타 마스(森田益)의『태사공서찬나측(太史公敘贊蠡測)』, 오구라 요시히코(小倉芳彦)의『사기사의(史記私議)』, 다케우치 데루오(竹內照夫)의『사마천사기입문』등이 있다. 또한 번역을 주로 한 것으로는 다쿠모토 데쓰조(琢本哲三)의『대역사기(對譯史記)』, 가토 시게루(加藤繁)와 기미타 다로(公田

太郎) 공저『역주사기열전』, 오타케 후미오(小竹文夫)의『현대어역사기』등과 같은 것이 있다. 이 외에 또한 판본 연구를 주로 한 것은 오카모토 야스타카의『사기전본고(史記傳本考)』와 이케다 시로지로의『사기의 판본과 참고서』, 미즈사와 도시타다의『사기고본고(史記古本考)』등등과 같은 것이 있다. 중국의 논저는 거의 모두 일본에 전해질 수 있었으나 일본 학자들의 논저는 거의 중국으로 소개된 적이 없는데 이는 유감이 아닐 수 없다. 중국의 학술계와 출판계는 한층 노력을 할 필요가 있다.

중국 밖의『사기』연구에서 소련의 국민들 또한 사마천과『사기』를 매우 중시하였다. 소련 학자들은 중국 고대사와 중앙아시아 및 서아시아의 각 민족을 연구할 때 광범하게『사기』라는 이 불후의 저작을 자료로 운용하였다. 소련의 몇몇 대학에서는 중국 역사와 중국 문학을 연구하는 학생들이 모두『사기』라는 과정을 선택하였다. 소련의 한학자인 과학원 원사 알렉셰예프는 사마천의 많은 저작을 번역한 적이 있다. 국립 문학출판국에서는 사마천 선집을 출판하였다. 1955년 12월 22일 소련 학술계는 모스크바에서 성대한 만회(晚會)를 거행하여 위대한 사학자이자 문학가인 사마천 탄생 2,100주년을 기념하였다. 1955년 12월 27일『광명일보(光明日報)』에서는 소련 학자 야 보스코보이니코프가 작성한 보도를 발표하였다. 이 보도에서 우리는 소련 학자들이 사마천의『사기』를 얼마나 중시하고 높이 평가하는가를 알 수 있다. 소련 과학원의 통신 원사 구베르는 개막사에서 사마천을 칭찬하여 "중국의 첫째가는 사학자이자 가장 위대한 문학 예술가이며 고대 중국의 탁월한 학자인『사기』의 편집자"라고 하였다. 역사학 석사 투만은 만회에서 장편의 학술 보고를 발표하면서 생동적으로 사마천의 생활 노정 및 창작 정황을 서술하였는데 사마천의 학술적 지위를 높이 평가하여 "사마천은 진정으로 대가가 공인하는 세계의 과학과 문화의 태두(泰斗) 중에서 중요한 지위를 차지해야 한다."고 하였다.

서구의 미국과 영국, 독일, 프랑스 등의 한학자들도『사기』에 대하여 매우 큰 흥취를 느꼈다. 미국 한학자인 버튼 왓슨은『사마천전』을 지었고, 로체스터 대학교의 웨이한밍(魏漢明) 교수는『사기』를 선역 중이다. 영국과 독일의 한학자들도『사기』의 명편을 번역한 적이 있다. 프랑스 한학자 에두아르 샤반은『사기』의 「오제본기」에서 「공자세가」까지의 편장들을 프랑스어로 옮기고 아울러 주석을 단 적이 있는데, 프랑스에서 영향력이 있는 독본이었다. 프랑스에서는 또한 프랑스 국적의 화교 학자 쭤징취엔(左景權)의『사마천 평전』을 출판하였다. 몇 년 전에는 프랑스 파리에서도『사기』연구 센터를 설립하였다. 이는 국제적으로 첫 전문『사기』연구 기구이며, 프랑스 한학자들이『사기』를 연구하는데 매우 좋은 조직적인 추동 작용을 일으켰다.

세계의 각 민족은 세계적인 의의를 갖춘 위대한 문화적 보물들을 창조하였다. 그것은 한 민족의 문화적 자산일 뿐만 아니라 또한 전 인류의 문화적 자산이기 때문에 국경이 없다.『사기』는 중국 고대문화의 보고에 있는 예술적인 보물일 뿐만 아니라 세계 고대문화의 동산에 핀 기화(奇花)이기도 하다. 1956년 사마천은 세계 문화의 명인으로 상정됨으로써 중화 민족의 자랑을 넘어 전 인류의 자랑이 되었다. 현대 과학문화가 진보하고 문화 교류가 강화됨에 따라 세계 각국에는『사기』를 연구하고 사마천을 존경하는 사람들이 갈수록 많아져 사마천과『사기』의 연구는 새로운 경지로 접어드는 중이다. 1979년 중국의 외문출판사(外文出版社)에서는 영문판『사기선(史記選)』을 출판하여 또한 외국의 친구들이『사기』를 열독하는 데 편의를 제공하였다.

9.『사기』의 통행 판본과 독본

『사기』의 판본은 여러 가지 종이 전래되어 왔다. 1958년 상무인서관에서 출판한 허츠췐의『사기서록』에는『사기』의 주요 판본 60여 종이 상세하게 수록되어 있는데, 당나라 이전에 간행된『사기』초본(抄本)도 있고 송·원·명대의 간행된 판본도 있다. 편폭을 줄이기 위하여 여기서는 많이 인용하여 수록하지 않고 다만 통행하는 몇몇 독본만 소개한다.

송간(宋刊) 황선부(黃善夫) 본『사기집해색은정의(史記集解索隱正義)』130권 남송 경원(慶元) 2년(1196) 건안(建安) 황선부 간본. 현존하는 삼가주 합각본 가운데 가장 오래고 가장 완전한 판본이다. 함분루(涵芬樓) 영인본이 세상에 통행된다. 1922년 상무에서 영인한 24사 백납본(百衲本)은 처음으로『사기』에서 황선부 본을 채택하였다.

명간본(明刊本)『사기평림(史記評林)』130권 명나라 오흥(吳興)의 능치륭이 집교(輯校)하여 만력(萬曆) 4년(1576) 간행한 판본이다. 능치륭은 자가 이동(以棟)이고 호는 뇌천(磊泉)이며, 오정(烏程) 사람이다. 이 책은 삼가주를 취합하여 판각한 판본으로 제가가『사기』를 평론한 설을 집록하고 제목을『사기평림』이라 하였다. 첫머리에는 왕세정(王世貞)의 서문이 있고 다음에는 모곤(茅坤)의 서문이 있다. 능치륭은 황선부 계통인 가유웅(柯維熊) 본을 저본으로 삼고, 송본(宋本)의 여러 판본으로 교감하였다.『사기』원문에 대한 착오나 어긋나는 것에 대하여 미심쩍어 해결되지 않는 것은 소자(小字)의 주(注)로『사기』본문의 곁에 문자를 달리하여 표기하였는데 빈틈이 없다고 할 만하다. 능치륭은 제가의 사평을 집록한 것 이외에도 사마천이『사기』를 지을 때 인용한『시』,『서』,『좌전』,『국어』,『세본(世本)』,『전국책』,『여씨춘추』,『초한춘추』등 여러 책의 기록이 상세하지 않은 것은 함께 그 전문을 위쪽 난(欄)에 수록하였다. 또한 선진제자 및『풍속통(風俗通)』, 『백호통(白虎通)』, 『월절서(越絶書)』, 『설원(說苑)』, 『신서(新序)』, 『논형(論衡)』, 『한시외전(韓詩外傳)』 등 『사기』에서 많이 발명한 것이 있는 것 또한 위쪽 난에 수록하여 나중의 학자들이 참고하여 서로 살피고 교감하게 함으로써 애써 여러 가지 책들을 조사하는 번쇄함이 없게 하였다. 능치릉이 모은 평론은 망라한 것이 매우 풍부하여 평림이 후래 제가들에게 재료를 취하는 바탕이 되게 하였다. 명나라 숭정(崇禎) 원년(1628) 진인석(陳仁錫)이 간행한 『사기평림』이 후세에 나온 것 중의 선본(善本)이다. 진인석의 평론은 사마천의 미의(微意)를 많이 터득하였고, 특히 매 편의 체제에 대하여서는 모두 대지(大旨)를 밝힐 수 있었으므로 명말 학자들의 중시를 받았다. 진인석 본이 유행한 후에 능치릉의 원본은 이미 거의 보이지 않게 되었다. 지금은 청나라 광서(光緒) 10년(1884) 호남(湖南) 상음(湘陰) 유학년(劉鶴年)의 번각본이 있다.

　　청전본(清殿本) 『사기집해색은정의(史記集解索隱正義)』 130권　청나라 건륭(乾隆) 4년(1739)의 무영전교간본(武英殿校刊本)은 전본(殿本)으로 통칭되며, 청나라의 관청에서 간한 24사 전본 중의 하나이다. 이 판본은 명나라 북감(北監) 유응추(劉應秋) 본을 저본으로 하고 송본(宋本) 교감을 참고하여 써서 완성하였다. 상서(尚書) 장조(張照)가 교정을 총괄하고 당시의 저명한 학자 진호(陳浩)와 제소남(齊召南), 손인룡(孫人龍), 항세준(杭世駿) 등이 그 일에 참여하였으므로 사문(史文) 및 삼가주를 교정한 것이 매우 많다. 매 편의 말미에는 「고증」을 부기하였는데, 전대 사람의 옛 설도 있고 장조와 제소남, 항세준 등 여러 사람이 고증한 것도 있다. 이 판본은 청대 정교정간본(精校精刊本)이 가장 널리 유포되었다.

　　장문호(張文虎) 교본(校本) 『사기집해색은정의(史記集解索隱正義)』 130권　청나라 동치(同治) 9년(1870) 금릉서국(金陵書局)에서 간행하였으며, 청나라 당인수(唐仁壽)와 장문호가 교정한 판본이다. 이 판본은 당인수와 장문호 두 사람이 송·원·명의 여러 선본(善本)을 널리 취하여 교정과 고증을 모으고 또한 양옥승(梁玉繩)의 『사기지의(史記志疑)』와 왕념손(王念孫)의 『독서잡지(讀書雜志)』, 전대흔(錢大昕)의 『사기고이(史記考異)』 등의 성과를 채택하여 상세하게 교감하고 그 이동을 고증하여 면밀하게 채택하였는데 세상에서 선본으로 일컬어진다.

중화서국(中華書局) 점교본(點校本) 『사기』 130권 이 판본은 1959년에 초판이 나왔고 10책으로 나누었으며 현재 이미 여러 차례 중쇄되었다. 중쇄 때마다 약간씩 착오를 바로잡았다. 점교본은 금릉서국 장문호 교본(校本)을 저본으로 하여 『사기』 원문 및 "삼가주"에 대하여 완전히 새로 문단을 나누고 표점을 찍어 정리하였으며, 열독하기에 가장 편리한 독본이다. 이 판본에는 두 가지 큰 특징이 있다. 첫째 문단을 나눔이 정밀하고 나무랄 데 없다. 일반적으로 매 사건을 하나의 문단으로 하였다. 그러나 번쇄함을 피하기 위하여 일이 간략하고 문자가 짧은 것은 여러 가지 일을 하나의 문단으로 합쳤다. 반대로 사건이 방대할 경우 문장이 길면 사건 발전의 기복에 따라 다시 약간의 문단으로 나누기도 하였다. 「항우본기」의 "홍문연" 같은 절은 네 문단으로 나누었다. 문단을 나눔이 정밀하고 나무랄 데가 없어 역사 사실의 내용이 조리가 뚜렷해지고 줄거리가 분명해지도록 하였다. 둘째, 기술적 처리가 합리적이다. 단락 사이의 모습이 명료해지도록 단과 단 사이의 같지 않은 관계에 근거하여 각기 다른 기술적 처리를 하였다. 무릇 큰 단락 사이에는 한 행을 띄었다. 2인 이상의 합전(合傳)은 관계가 밀접하면 한 사람의 사적을 다 서술한 후 이어서 다른 사람의 사적을 서술할 때 한 행을 띄었다. 관계가 밀접한 인물 사이에는 두 행을 띄었다. 부전(附傳)의 인물은 한데 엮어 사이의 행을 띄우지 않았다. 정문의 대단(大段)에서 인용한 문장인 「진시황본기」와 「진섭세가」에서 인용한 「과진론」 같은 것 및 후대의 사람이 증보한

「장승상열전」,「역생육가열전」에 부기(附記)한 문자 같은 것은 모두 별도로 행을 나누고 두 칸을 낮추어 표시하였다. 연표 부분은 글에 서기(西紀)를 표기하여 밝혀 열독과 고증에 모두 매우 편리하게 하였다. 점교자는 이미 결정이 된 첨삭 문자에 대해서도 표지가 되는 기술적 처리를 하였다. 산삭된 글자는 작은 소괄호로 글자를 배치하고 첨가된 글자는 각괄호로 배열하여 표시함으로써 독단을 피하도록 하였다. 삼가주는 글자의 호수를 작게 하여 각 단락의 정문 뒤에 조목을 나누어 배치하고 주석의 일련번호를 표시하여 밝혀 호응되게 하였다. 『사기』는 이런 정리를 거친 이후에 매우 높은 학술적 가치를 갖추어 광대한 독자들에게 정선된 독본을 제공하였을 뿐만 아니라 전문 연구자들에게도 완벽하게 인증된 판본을 제공하게 되었다.

일본 다키가와 모토히코(瀧川資言)의『사기회주고증(史記會注考證)』『고증』은 1934년에 완성되어 간행(日本東方文化學院)되었으며, 삼가주의 뒤를 이어 한 차례 집대성하여 정리하였다. 『고증』은 금릉서국의 『사기』를 저본으로 하여 삼가주 이래의 『사기』의 연구와 관련 있는 자료 및 주석가의 전적 120여 종을 끌어다 수록하였다. 위로는 성당(盛唐)에서 아래로는 근대에 이르기까지 중국과 일본의 명저(중국의 전적이 1백여 종이고, 일본인의 저작이 20여 종)를 망라하여 주석 속에 별도로 편집하여 넣었다. 이따금 변론과 설명을 가하여 1,200년간 축적된 제가의 설을 하나로 모아 『사기』의 원문 및 삼가주와 함께 배열하여 연구자들에게 매우 큰 편의성을 제공하였다. 『고증』은 자료가 풍부하고 『정의(正義)』의 일문(佚文) 1,200여 조를 집록하여 주석에 보충해 넣었다. 일부는 결코 『정의』의 원문이 아니겠지만 대부분은 믿을 만한 것일 것이다. 『고증』은 또한 『사기』에서 채택한 옛 전적에 대하여 고증할 수 있는 것은 일일이 주석을 달아 밝혀 연구자들이 원류를 거슬러 올라가고 교감하는 데 편하게 하였다. 『고증』이 사실(史實)과 문자, 사어(詞

語)에 대해 진행한 고증은 정밀한 말이 자못 많다. 지명에 대하여서는 왕왕 지금의 지명으로 주석을 달아 열독에 편하게 하였다. 이런 것들은 모두『고증』의 특징이다.『고증』에도 중대한 결점이 있는데, 특히 자료의 수집에서 빠뜨린 것이 많아 대략 당나라 이래『사기』연구의 3분의 1의 성과만을 흡수하였을 뿐이다. 황진(黃震)과 포표(鮑彪), 오사도(吳師道), 장붕일(張鵬一), 뇌학기(雷學淇) 등과 같은 사람의 견해는 반영하지 못하였다. 금석문자와 근대 사람들의 논저는 채집이 더욱 소략하다. 이외에 따온 자료와 훈고 방면에도 부주의한 실수가 적지 않다.『고증』을 보충하고 바로잡기 위하여 일본 사람 미즈사와 도시타다는 50년대에『사기회주고증교보』를 지어 간행하였다.『교보』는 교감을 더욱 중시하여 여러 판본을 망라하였으며 존중할 만한 가치가 있는『사기』의 교감서로『고증』과 상호 보완적인 내용으로 이루어졌다. 1986년 상해고적출판사에서는 두 책을 사륙배판으로 다시 영인하여『사기회주고증부교보(史記會注考證附校補)』란 제목으로 세상에 선보여 열독하기 편하게 하였다.

마츠잉(馬持盈)의『사기금주(史記今注)』 이 책은 1979년 대만 상무인서관(商務印書館)에서 출판하였으며 모두 6책(册)이다. 금주(今注)는 명백하고 매끄럽게 원문이 소통되도록 하였는데, 그 특징은 주석과 번역의 결합은 난해한 구절과 단락에 대해 앞에서 전체적으로 번역하고 나중에 주석을 달았다. 곧『오제본기(五帝本紀)』의 "獲寶鼎, 迎日推策"라는 구절에는 다음과 같이 주석을 달았다. "보정 및 미리 날을 추산하는 신책(神策)을 얻었다. 영일(迎日)은 절기와 일진이 올 것을 미리 추산하여 아는 것이다. 추책(推策)은 역수(曆數)의 신책(神策)을 추산하는 것이다. 책(策)은 시초(蓍)로, 점복(占卜)의 사물이다." 먼저 직역을 하여 독자들이 그 뜻을 알게 하고 다시 주석을 배열하여 그렇게 된 까닭을 알게 하였다. 많은 구절을 또한 직역으로 주석을 대신함으로써 가독성을 높였다. 이외에 금주는 고르게 힘을 쏟지 않아 어려운 문구는 주역(注譯)이 상세하고 명백하며, 이해하기 쉬운 편장은 주역이 간략하다. 「천관서(天官書)」 같은 것은 원문이 8천 2백여 자인데 주석은 3만여 자로 원문의 네 배에 달한다. 각 열전의 주석은 왕왕 원문의 자수에 미치지 못하며, 어떤 것은 다만 원문 자수의 2 또는 3분의 1밖에 되지 않는다.

『백화사기(白話史記)』 이 책은 대만의 열네 대학에서 60명의 교수가 협력하여 번역한 "백화사기"이다. 1979년에 대만에서 초판이 나왔고 1985년에 수정본 재판이 나왔다. 대륙(중국)의 악록서사(岳麓書社)에서 1987년에 대만의 수정본을 중인하였다. 책 앞에는 타이징눙(臺靜農)의 서언과 번역교수 60명의 소전(小傳)이 있다. 『백화사기』는 역문만 싣고 원문은 수록하지 않음으로써 편폭을 줄였다. 편역자는 『백화사기』에서 편역의 목적이 『사기』를 보급하여 더 많은 사람들이 연구에 흥취를 갖도록 끌어들이는 데 있다고 설명하였다. 총체적으로 보면 역문은 직역을 기본으로 하였으며, 모두 유창하고 평이하며 정확하고 문체가 있다. 오제(五帝)와 하(夏), 은(殷), 주(周)의 여러 본기 및 8서(書) 및 삼대 제후의 세가는 비교적 읽기가 어려운데, 『백화사기』는 이런 편장에 매우 힘을 쏟아 역문이 정확하고 유려하여 매우 갸륵하다. 『사기』는 규모가 크고 사려가 주밀하기 때문에 오역을 한 곳이 적지 않은데 말을 꺼릴 필요가 없다.

장다커의 『사기전본신주(史記全本新注)』 이 책은 삼진출판사(三秦出版社)에서 1990년에 출판했으며 전질이 4책이다. 정장과 평장의 두 가지 형태로 출판되었고 삼진출판사에서 출판된 중국 6대 사학명저총서에 포함되었다.[76] 신주는 사마천의 일가지언을 천명하는 것을 종지로 하여 전통적인 주석 방법을 타파하였다. 거시적인 연구와 미시적인 연구를 결합시

---

76 6대 사학명저는 『좌전』과 『통감』, 『사기』, 두 『한서』 및 『삼국지』를 포괄한다.

켜 완전히 새로운 주석 내용을 창조해 냈으며, 서론과 오체의 설명, 제해(題解), 단락의 뜻, 백화로 된 간단한 주석, 간단한 논의 등 여섯 항목의 내용을 포괄하고 있다. 서론에서는 거시적으로 사마천과 그가 남긴 책을 평가 소개하였다. 오체는 『사기』 체제의 결구와 단락의 뜻, 간단한 평가를 설명하고 분석하여 제해와 호응하도록 하여 의리를 하나하나 보여주었다. 이 다섯 항목의 내용은 거시적인 분석에 치중하여 상호 보완 관계를 이루는데 신주의 체제를 창신한 것이다. 백화로 된 간단한 주석은 전통적인 내용의 자음과 자의, 인물, 지리, 직관, 전장제도, 역사적 사실에 대하여 주석을 다는 것 외에도 어려운 구절에 대해서는 직역을 하여 문장의 뜻이 쉽게 통하도록 하였다. 『사기』의 본문은 중화서국 점교본(點校本)을 저본으로 하여 완전히 새로운 기술적 처리를 하여 『사기』의 원문과 사마천이 전(傳)에서 인용한 문헌, 저소손이 보충한 문장, 기타 늘어난 문자, 사마천이 태초 이후에 덧붙인 대사(大事) 등의 항목을 다른 자체로 구분하여 조판하여 원래의 모습을 간직하였을 뿐만 아니라 또한 구별도 보여주어 독자들에게 편리한 참고를 제공하였다.

사마천 연보

『사기』가 이루어진 것은 사마담이 핵심적인 가닥을 잡고 사마천이 분을 발하여 이어 완성하였으니 부자가 양대에 걸쳐 심혈을 기울인 결정체로 전후 40여 년이 걸렸다. 사마담이 역사 기술을 시작했을 때에는 사마천은 찬수를 도왔지만 후에 또 사마천 한 사람의 손에서 완성되었기 때문에 『사기』의 사상체계 연구는 사마천 한 사람을 대표로 할 수밖에 없다. 『사기』에는 사마담이 역사를 지은 흔적을 찾아볼 수 있지만 전체 『사기』는 분할되는 것을 용납지 않는다. 본문의 편년은 사마천을 중심으로 『사기』의 생성 과정을 묘사하여 전서를 비추어보았기 때문에 표제를 「사마천 창작 편년」이라 하고 사마담의 편년은 덧붙였다.

사마천의 생몰년은 이 책의 고증에 따라 생년은 경제(景帝) 중원(中元) 5년으로 하고 몰년은 소제(昭帝) 시원(始元) 원년으로 하여 사마천과 한무제가 처음과 끝을 함께 하였음을 나타내었다. 사마담은 몰년은 있으나 생년이 없어서 사마천보다 20세가 많다고 가정하여 생년을 한문제(漢文帝) 전원(前元) 15년, 곧 B.C. 165년으로 추산하였다, 사마담의 생년을 가정한 것은 첫째, 문장을 짓는 데 편해서이고 둘째, 일정한 역사적 내용 곧 가정한 추리의 원인을 표현하였다.

왕충쥬(王重九)는 「왕궈웨이와 궈모뤄가 함께 인정한 "선한기록"에서 사마천 부자의 생년을 고정함」[1]에서, 『색은』에서 "나이 28세"라 말한 것을 건원 3년에 엮은 것을 가지고 사마담의 생년으로 추산하면 사마담은 한문제(漢文帝) 전원(前元) 15년 곧 B.C. 165년에 태어났다는 결론을 얻게 된다. 그러나 『정의』에서는 "생각건대 사마천의 나이 42세"를 가지고 사마천의 생년이 경제 중원 5년 곧 B.C. 145년일 것으로 추산했다. 왕충쥬는 이에 근거하여 사마담이 사마천보다 20세 많다고 단언하였다.

왕충쥬의 고증은 사실(史實)이 결핍되어 있다. 그는 『색은』에서 "28세"라 한 이 재료의 운용에 대하여 또한 더 검토를 해야 했다. 그의 고증은 자연히 정설일 수 없고 다만 일종의 가설일 뿐이다. 구지에강(顧頡剛)은 「사마담이 역사를 짓다(司馬談作史)」에서 사마담은 사마천보다 35세가 많을 것이라고 가정하였다. 두 가지 가설을 비교해 보면 왕충쥬의 가설이 조금 더 합리적일 것이다. 첫째, 사마담은 경사에 출사하면서 외아들 사마천을 고향에 남겨놓았다. 정리(情理)를 가지고 헤아려보면 청년이 한 일로 보는 것이 더욱 적절하다. 혈기가 한창 왕성하여 사업을 집으로 여기고 중년이 되면 더 가정적인 것을 고려해야 할 것이다. 둘째, 사마담은 죽을 때 운명이 좋지 않다고 개탄하면서 천수를 채 누리지 못한 감개를 드러낸 것으로 보아 사마담이 죽은 해는 과히 높지 않을 것이다. 구체적으로 말하여 고대의 "사람이 일흔 살을 사는 것은 예로부터 드문(人生七十古來稀)" 상황하에서 사마담이 사마천보다 20세 많으면 죽을 때의 나이가 이미 56세가 되니 운명을 개탄한 것에 비교적 부합한다. 셋째, 한대에 현량을 천거하고 수재를 선발하는 것은 비록 노년이 있어도 주로 청년이 후진이었다. 이를테면 가의는 18세로 정위(廷尉) 오공(吳公)의

---

1 왕충쥬의 글은 『섬서사대학보(陝西師大學報)』 1985년 제3기에 간행되었다.

추천으로 문제가 불러 박사로 삼았다. 가의의 출사는 문제가 막 즉위한 2년 내에 거행한 현량 대책에 참가한 것이며, 사마담의 출사 또한 한무제가 막 즉위하여 건원 원년에 거행한 현량 대책에 참가한 것으로 보인다. 한무제는 더욱이 후진을 장려하여 선발하였을 것인데 그는 당시 겨우 16세였다. 위에서 말한 각종 상황으로 추산하여 사마담이 사마천보다 20세 많다고 가정해 보면 그가 건원 원년 현량에 천거되었을 때의 나이는 26세일 것이며 이는 사실에 근접한다. 당연히 이는 겨우 일종의 가설일 뿐이며 일단 그렇게 편년을 진행하되 정론은 아니다. 본문에서 사마담의 나이는 사마천이 태어난 해부터 달아둔다.

　사마담이 역사를 지을 때 준비는 건원 원광 연간에 이루어졌고 정식으로 역사를 서술한 것은 원수 원년이었다. 사마천이 기본적으로 『사기』를 완성한 것은 태시(太始) 4년 때였으며 수정은 죽던 해까지 이어졌다. 원수 원년에서 태시 4년까지는 곧 B.C. 122년에서 B.C. 93년까지로 딱 30년이다. 사마천 단독으로만 말하면 그는 원삭 3년에 "천하의 산일된 옛 전적과 사실을 망라한(網羅天下放失舊聞)" 때부터 시작하여 사마천이 소제 초 시원(始元) 원년에 죽기까지는 곧 B.C. 128년에서 B.C. 86년까지로 43년에 달한다. 사마천이 분을 발하여 역사를 찬수한 단계는 원봉(元封) 3년 태사령이 되었을 때부터 태시 4년 기본적으로 탈고를 했을 때까지, 곧 B.C. 108년에서 B.C. 93년으로 16년이 된다. 편년은 창작을 날실로 하고 행년을 씨줄로 하여 1. 가계와 어린 시절, 2. 역사 편수의 조수, 3. 발분저서, 4. 만년에 수정하다 네 단계로 나누었다. 다음과 같이 간략하게 서술한다.

1. 가계와 어린 시절(B.C. 145~B.C. 127, 전후로 19년)

B.C. 145 (漢景帝 中元 5년 丙申) 사마천 1세, 사마담 21세

한나라 초의 정치는 무위(無爲)로 황로(黃老)와 형명(刑名)의 학문을 숭상하였으며, 문제(文帝)와 경제(景帝) 때는 더욱 심하여 백가의 학문이 유학과 병립하였다. 경제 때에서야 비로소 유학을 존숭하였다.

사마천이 나다. 태어난 곳은 서한 좌풍익(左馮翊) 하양현(夏陽縣) 고문리(高門里)로 지금의 섬서(陝西) 한성(韓城) 서남쪽 18리 지점의 외동향(嵬東鄕) 고문촌(高門村)에 있다. 한나라 하양현은 수(隋)나라에 이르러 이름을 한성으로 바꾸었다. 1985년 한성은 현에서 시로 승격 설치되었다.

사마천의 자는 자장(子長)이다.

B.C. 140(武帝 建元 원년 辛丑) 사마천 6세, 사마담 26세

무제(武帝)가 즉위하여 비로소 현량을 천거하고 백가를 퇴출시켰다. 동중서(董仲舒)가 처음으로 천거되어 대천인삼책(對天人三策)으로 유술을 단독으로 높일 것을 건의하였다.

사마천이 집에서 소학(小學)에 들어가다. 옛날에는 8세에 소학에 들어갔는데, 총명하고 지혜로운 자는 6세에 소학에 들어갔다.

부친 사마담이 현량의 대책으로 천거되어 태사승(太史丞)으로 출사하였다.

B.C. 139(武帝 建元 2年 壬寅) 사마천 7세, 사마담 27세

한무제가 처음으로 무릉읍(茂陵邑)을 설치하였다.

사마천이 집에서 소학에 들어갔다.

부친 사마담이 태사승이 되었다. 건원(建元) 2년 한무제는 괴리(槐里) 무향(茂鄕)에 수릉(壽陵: 능묘)를 건조하면서 비로소 무릉읍을 설치하였다. 능묘의 터를 감정하고 길흉 등의 해야 할 일을 미리 점쳤으며, "태사(太史)"가 해야 할 직분의 일을 하였다. 사마담은 태사승의 자격으로 건릉에 참여하였기 때문에 무릉 현무리(顯武里)에 호적 등록을 하여 그의 출사가 반드시 이 전해인 건원 원년 현량으로 천거되어 관직을 맡았음을 알 수 있다.

B.C. 136(武帝 建元 5年 乙巳) 사마천 10세, 사마담 30세 오경박사 설치

사마천은 집에서 소학에 들어갔다. 「태사공자서」 "나이 10세에 고문에 능통하였다."

부친 사마담은 태사령으로 사마담 능의 건립에 공을 세워 태사승에서 태사령으로 승진하였는데, 건원 3년에서 건원 6년 사이이다.

B.C. 134(武帝 元光 원년 丁未) 사마천 12세, 사마담 32세

겨울 11월 처음으로 군국(郡國)에 효렴(孝廉) 각 1인을 천거하라는 영을 내렸다.

사마천은 집에서 농사를 짓고 독서를 하였다. 「태사공자서」 "황하 북쪽과 용문산(河山)의 남쪽에서 목축을 하였다." 사마천은 19세에 경사로 들어가기 전까지 줄곧 집에서 농사를 짓고 독서를 하였지만 주요 시간은 고문을 통독하는 것이었고 농경과 목축은 다만 일종의 몸을 닦고 본성을 기르는 단련이었다.

부친 사마담은 태사령이 되었다. 「태사공자서」 "태사공은 당도(唐都)에게서 천관을 배웠고 양하(楊何)에게서 『역』을 배웠으며, 황자(黃子)에게서 도론(道論)을 익혔다." 사마담은 관직에 있으면서 부지런히 배우기를 게을리하지 않았고, 뜻을 세워 사관이라는 가학을 다시 떨쳐 학식이 깊고 넓은 학자가 되었는데, 자수성가한 역사학자이다.

B.C. 127(武帝 元朔 2년 甲寅) 사마천 19세, 사마담 39세

이 해 봄 정월에 한나라가 흉노를 쳐서 하남(河南)의 땅을 수복하고, 삭방(朔方)과 오원군(五原郡)을 설치하였다.

공안국(孔安國)이 박사가 되었다.

여름에 한무제가 군국의 호걸 및 3백만 이상의 자산을 가진 사람을 무릉으로 이주시켰다. 사마천 일가 또한 무릉으로 이주하여 현무리(顯武里)에 호적 등록을 하였다. 관동(關東)의 대협(大俠)인 지(軹) 사람 곽해(郭解) 또한 무릉으로 이주되었고 다음 해에 멸족되었다. 그 사람의 외모와 풍채가 청년 사마천에게 목도되었다.

2. 역사 편수의 조수(B.C. 126~B.C. 109, 전후로 18년)

사마천이 역사를 지은 것은 세 단계로 나누어진다. 원삭(元朔) 3년에서 원봉(元封) 2년까지는 조수 단계이다. 이 단계는 사마담이 핵심을 들어 설명을 하고 사마천이 그 일을 도와 부친 사마담의 지도하에 사마천은 20세의 장유를 하였다. 동중서에게서 공양(公羊)을 배웠고 공안국에게서 고문을 배웠다. 사마담에게 가학을 익혀 하나의 학문이 깊고 넓은 학자, 숙련된 역사학자로 성장하여 청출어람이 되어 부모의 뜻을 계승할 견실한 기초를 다졌다.

B.C. 126(武帝 元朔 3년 乙卯) 사마천 20세, 사마담 40세
공손홍(公孫弘)이 어사대부가 되었고 장탕(張湯)은 정위(廷尉)가 되었다. 무제가 조칙을 내려 박사의 제자들에게 『상서』와 『춘추』를 배운 자를 정위사(廷尉史)에 보하게 하였다.
사마천은 20세의 장유에 올랐다. "천하의 산일된 옛 전적과 사실을 망라하였다."
부친 사마담이 태사공이 되었다.

B.C. 124(武帝 元朔 5년 丁巳) 사마천 22세, 사마담 42세
공손홍이 승상이 되어 박사를 위하여 제자원(弟子員) 50인을 설치할 것을 청하였다. 무제는 작위를 사게 하고 금고형(禁錮刑)을 면해주고 면죄나 감형을 받게 하였으며, 무공작(武功爵)을 설치하여 전사들에게 상을 내렸다.
사마천이 장유에서 돌아오다.

B.C. 122(武帝 元狩 원년 己未) 사마천 24세, 사마담 44세
무제가 옹(雍)에 행차하여 오치(五畤)에서 제사를 지냈다. 흰 기린을 잡았다. 사마담이 「논육가요지」를 짓고 『태사공서』(곧 『사기』)를 수찬할 계획을 세웠으며 집필 범위는 위로는 도당(陶唐)에서 아래로는 무제가 기린을 잡은 해, 곧 원수(元狩) 원년까지로 했다.
사마천이 역사를 수찬하는 것을 도왔다.

B.C. 121(武帝 元狩 2년 庚申) 사마천 25세, 사마담 45세

곽거병(霍去病)이 표기장군(驃騎將軍)이 되어 흉노를 쳐서 흉노 혼야왕(渾邪王)의 항복을 받아냈으며 하서(河西)를 개통했다. 승상 공손홍이 죽었다.

사마천이 동중서에게 공양학(公羊學)을 배웠다. 동중서는 서한 공양학의 일대 종사(宗師)로 원수 2년에 치사(致仕)하고 무릉(茂陵)에 머물면서 『공양치옥(公羊治獄)』16편을 지었다. 어사대부 장탕(張湯)이 옥사를 다스리는 것 및 조정의 큰 의논을 자주 동중서에게 가서 물었다. 동중서는 대략 원수 6년에 죽었다. 사마천은 장유에서 돌아와 동중서에게서 학문을 배웠다. 곧 동중서가 무릉의 집에 머무를 때인 사마천 25세에서 19세까지의 사이이다.

부친 사마담이 『태사공서』를 저술하고 사마천이 그 일을 돕다.

B.C. 119(武帝 元狩 4년 壬戌) 사마천 27세, 사마담 47세

위청(衛靑)과 곽거병이 막북(漠北)에서 흉노를 대파하고 한나라가 이기고 흉노가 진 국면을 안정시켰다. 한나라는 장사병에게 15만금을 상으로 내렸으며 식량을 운송하고 백성을 옮기는 비용이 억을 헤아렸으며 셀 수가 없었고 현의 관리는 텅 비었다. 산민전(算緡錢)을 처음으로 시행하였고 염철(鹽鐵)을 전매했으며 백금피폐(白金皮幣)를 만들었다.

부친 사마담이 『태사공서』를 저술하고 사마천이 그 일을 돕다.

B.C. 118(武帝 元狩 5年 癸亥) 사마천 28세, 사마담 48세

처음으로 간대부(諫大夫)를 설치하였다.

사마천이 공안국에게 옛일을 묻다. 『한서』「유림전」에 『고문상서』를 기록하고 말하였다. "(孔)안국이 간대부가 되어 도위조(都尉朝)에 임명되었으며, 사마천 또한 안국을 따라 옛일을 물었다." 생각건대 공안국은 원삭 2년에 박사가 되었으며 원수 6년 임회군(臨淮郡) 태수로 나갔으며 사마천이 공안국에게 옛일을 물은 것은 원삭 말에 장유에서 돌아와서 원수 6년 사이까지일 것이며 사마천 23세에서 29세 사이일 것이다.

사마천이 처음으로 벼슬하여 낭(郎)이 되다.

B.C. 115(武帝 元鼎 2年 丙寅) 사마천 31세, 사마담 51세

어사대부 장탕이 죽었는데, 백성들이 그리워하지 않다. 장건(張騫)이 두 번째로 서역으로 사행하였다가 돌아와 대행(大行)에 임명되었는데, 수천 만금의 비용이 소요되었다. 상홍양(桑弘羊)이 대농중승(大農中丞)이 되어 평준균수(平準均輸)를 설치하였으며, 관리가 곡식을 들이면 관직에 보해졌고 낭은 6백석에 이르렀다.

부친 사마담이 『태사공서』를 저술하고 사마천이 그 일을 돕다.

B.C. 114(武帝 元鼎 3년 丁卯) 사마천 32세, 사마담 52세

백성들에게 민(緡)을 신고하게 하여 그 반을 주었다.

부친 사마담이 『태사공서』를 저술하고 사마천이 그 일을 돕다.

B.C. 113(武帝 元鼎 4년 戊辰) 사마천 33세, 사마담 53세

부친 사마담이 태사령 겸 대행예관(大行禮官)이 되어 사관(祠官) 관서(寬舒)와 후토에 제사 지내는 것을 논의하였다.

B.C. 112(武帝 元鼎 5년 己巳) 사마천 34세, 사마담 54세

열후(列侯)로 제사 비용으로 바치는 돈에 연좌되어 후의 지위를 잃은 자가 106명이었다.

부친 사마담이 태사령 겸 대행예관(大行禮官)이 되어 사관(祠官) 관서(寬舒)와 태치(泰時)의 전례를 논의하였다.

무제가 옹(雍)으로 행차하여 오치(五時)에서 제사를 지내고 마침내 농(隴)을 넘어 공동(空峒)에 올랐으며, 낭중(郎中) 사마천 및 부친 태사령 사마담이 모두 호종하였다.

B.C. 111(武帝 元鼎 6년 庚午) 사마천 35세, 사마담 55세

무제가 공경, 유생들과 함께 봉선을 논의했다.

봄 정월에 사마천이 낭중장(郎中將)으로 승진하여 사명을 받들고 파촉(巴蜀) 이남으로 서정하여 서남이 지구에서 군을 설치하고 관리를 두었다.

B.C. 110(武帝 元封 원년 辛未) 사마천 36세, 사마담 56세

무제가 태산에서 봉선제를 지냈다. 이해에 비단 백여 만 필과 돈 거만금을 썼는데, 모두 대농에게서 충분히 취하였다. 현관(縣官)에 염전(鹽錢)과 민전(緡錢)이 있었으므로 쓰임이 더욱 풍부해졌다.

부친 사마담이 주남(周南: 洛陽)에서 병사하였다.

사마천이 하락(河洛)에서 부친의 유명(遺命)을 받들었다. 또한 무제의 봉선을 수행하였다. 한무제는 4월에 태산에 올라 봉선제를 지냈다. 사마천은 행재소로 가서 사행한 정무를 보고하였고 상제(上帝)에게 성공을 아뢰었기 때문에 하락에서 부친을 뵌 것은 2월과 3월 사이일 것이다.

B.C. 109(武帝 元封 2년 壬申) 사마천 37세

사마천이 무제의 순행을 호종하여 호자(瓠子)에 이르러 섶을 지고 황하를 막다.

3. 발분저서(B.C. 108~B.C. 93, 전후로 16년)

원봉(元封) 3년 사마천이 이어서 태사령이 되었을 때부터 태시(太始) 4년 사마천이 「보임안서(報任安書)」를 지을 때까지 18년으로 분을 발하여 책을 지은 단계이다. 곧 사마천은 16년을 경영하여 『태사공서』가 기본적으로 탈고되었다.

B.C. 108(武帝 元封 3년 癸西) 사마천 38세

처음으로 태사령이 되어 역사 기록과 금궤(金匱) 석실의 책을 모아 잠심하여 『태사공서』를 저술하다.

B.C. 107(武帝 元封 4년 甲戌) 사마천 39세

무제를 호종하여 북으로 탁록(涿鹿)을 지나다. 잠심하여 역사를 저술하다.

B.C. 106(武帝 元封 5년 乙亥) 사마천 40세
무제를 호종하여 남으로 구강(九江)에 이르다. 잠심하여 역사를 저술하다.

B.C. 104(武帝 太初 원년 丁丑) 사마천 42세
사마천이 호수(壺遂), 등평(鄧平), 낙하굉(落下閎) 등과 함께 한나라의 태초력(太初曆)을 만들었는데, 정월을 새해의 첫 달로 하였다. 색은 황색을 숭상하였고 수는 5를 썼으며 관직 이름을 정하고 음률(音律)를 맞췄다.
사마천은 호수의 물음에 답하면서 역사를 짓는 의례(義例)를 토론했으며, 『태사공서』의 범위를 수정하고 늘여 아래로 태초 원년까지 이르렀다. 「태사공자서」에서는 말하였다. "이에 그 문장을 논차하였다.(於是論次其文)" 사마천은 정식으로 『태사공서』의 원고를 정하였다.

B.C. 101(武帝 太初 4년 庚辰) 사마천 45세
이사장군(貳師將軍) 이광리(李廣利)가 대원(大宛)을 격파하고 돌아와 양마 10필, 중마 3천여 필을 얻었다. 한나라 군사는 10여만 명이 죽었으며 말은 3만 필이 죽었고 대원을 친 4년 만에 천하가 시끄러워 대한(大漢)이 쇠퇴하는 흔적을 드러내었다.
사마천이 재차 『태사공서』의 범위를 수정하였는데, 하한선을 태초 4년까지로 하여 성쇠를 보여주다.

B.C. 99(武帝 天漢 2년 壬午) 사마천 47세
11월 이릉(李陵)이 흉노에게 패하여 항복하였는데, 사마천이 그를 변호하여 공이 과에 상응한다고 하였다. 잠심하여 역사를 편술하다.

B.C. 98(武帝 天漢 3년 癸未) 사마천 48세
이해 겨울에 이릉의 집이 멸족당하였다. 사마천은 연좌되어 "무고하게 죄를 쓰고" 궁형을 당하였다.

B.C. 97(武帝 天漢 4년 甲申) 사마천 49세

사마천이 출옥하여 중서령이 되었는데, 세속에서는 "총애를 높여 임직하였다(尊寵任職)"고 보지만 사마천은 큰 치욕으로 보고 꾹 참으면서 구차하게 살며 분을 발하여 책을 지었다.

B.C. 93(武帝 太始 4년 戊子) 사마천 53세

다시 임안(任安)에게 편지를 써서(곧 「報任安書」) 불행히 화를 당하고 깊이 생각한 사상을 말하고 『사기』를 기본적으로 탈고하여 『태사공서(太史公書)』로 이름을 정하였다고 알렸다. 이 책은 "하늘의 일과 사람의 일이 서로 부합되는 관계를 탐구하고 옛날과 오늘날의 변화를 살펴 일가의 문장을 이루었으며(究天人之際, 通古今之變, 成一家之言)" 명산에 숨겨두고 후세에 전할 만한 것이다.

4. 만년에 수정하다(B.C. 92~B.C. 86년, 약7년)

무제 정화(征和) 이후 소제(昭帝) 초 7년까지가 사마천이 역사를 편수한 제1단계이다. 마지막으로 『사기』의 정본(定本)을 편수를 완성하여 정본(正本)은 관부(官府)에 수장하고 부본(副本)은 경사의 집에 남겨두었다. 사마천은 만년에도 『사기』를 수정하였다.

B.C. 91(武帝 征和 2년 庚寅) 사마천 55세

무고옥(巫蠱獄)이 발생하여 태자 유거(劉琚)가 군사를 일으켜 강충(江充)을 참하다. 무제는 승상 유굴리(劉屈氂)에게 반란을 토벌하라는 영을 내렸으며, 태자는 군사가 패하자 자결하였다.

사마천은 만년에 『태사공서(太史公書)』를 수정하여 소제 초년까지 이어졌는데, 주요 내용은 다음과 같다. 편목 조정과 차서의 편정, 분을 펴고 기탁하여 불평을 울려 씀, 태초(太初) 이후의 대사를 부가함, 태초 이전의 사실(史實)을 보충하거나 수정.

B.C. 90(武帝 征和 3년 辛卯) 사마천 56세

전추상(田千秋)이 글을 올려 태자의 억울함을 호소하자 무제가 태자에 대한 잘못된 판단을 바로잡고 북군사자호군(北軍使者護軍) 임안(任安)이 태자의 부절을 받고 태자를 도와주지 않은 것을 원망했다. 6월에 승상 유굴리와 임안을 요참형에 처했다.

이사장군(貳師將軍) 이광리(李廣利)가 삭방(朔方)으로 나가 군사를 가지고 흉노에 항복하였다. 『사기』 「흉노열전」 및 「한흥이래장상명신연표(漢興以來將相名臣年表)」에서는 모두 이 일을 기록하고 있다. 이는 사마천이 만년에 『사기』를 수정하였다는 증거의 하나이다.

B.C. 87(武帝 後元 2年 甲午) 사마천 59세

무제가 죽다. 소제가 즉위하였으며 대장군(大將軍) 곽광(霍光)이 정치를 보좌하였다.

사마천의 기사는 무제 말기에서 그친다. 저소손(褚少孫)은 말하였다. "태사공의 기사(記事)는 효무의 일에서 다한다."(「建元以來侯者年表褚補」)『사기』의 기사를 상고하면 태초(太初)로 한정되며 인물의 전기와 사실의 기록은 모두 태초 4년에서 그친다. 태초 이후 사마천은 다만 무고의 사안과 이릉(李陵)의 사안 두 가지 큰일 및 무제의 봉신 순유만 부기하였는데, 전부 다 처음과 끝을 표기하였다. 16개 편목과 22인(人), 총계 1,514자로 인물의 전기 및 대사(大事)가 태초에서 끝났다는 것과 결코 모순이 되지 않는다.

B.C. 86(昭帝 始元 원년 乙未) 사마천 60세

사마천이 죽다. 왕궈웨이는 『태사공 행년고(太史公行年考)』에서 말하였다. "사공(史公)의 몰년은 절대 고찰할 수 없다. 그러나 무제와 처음과 끝을 같이한다고 보는 것이 큰 잘못이 없을 것이다." 생각건대 소제 시원(始元) 6년(B.C. 81) 염철(鹽鐵) 문제로 모여서 논의하였는데, 어사대부 상홍양이 논박하는 가운데 『사기』 「화식열전」을 인용하여 "사마자가 말하기를(司馬子言)"이라 하였다. 이는 이미 작고한 학자에 대한 존칭이다. 여기서는 일단 사마천이 소제 시원 원년에 엮어서 사마천의 죽음이 한무제와 처음과

끝을 함께한다는 것을 표시한 것으로 의심의 여지가 없다.

사마천 사후 『태사공서』의 부본은 선제(宣帝) 때 외손자 양운(楊惲)에 의해 반포되었다. 동한 환·영(桓·靈) 때 『사기』라는 이름으로 바뀌어 지금까지 전하여지고 있으며 날로 더욱 사람들의 중시를 받게 되었다. 2천 년간 『사기』를 열독하고 연구한 사람은 이루 헤아릴 수 없다. 사마천은 그의 선혈과 생명을 『사기』로 바꾸어 염황(炎黃)의 자손에게 귀중한 유산을 남겨 놓았으며 영원히 사람들의 추모를 받을 것이다.

주요 참고서목

史記三家注 (宋)裴駰集解, (唐)司馬貞索隱, 張守節正義
史記會注考證 [日]瀧川資言
史記會注考證校補 [日]水澤利忠
史通 (唐)劉知幾
黃氏日鈔 (宋)黃震
班馬異同評 (宋)倪思撰 劉辰翁評
史記辨惑 (金)王若虛
史記評林 (明)凌稚隆輯校本
史記論文 (清)吳見思
史記評議 (清)李景星
讀史記十表 (清)汪越撰 徐克范補
史記評注 (清)牛運震
史記商榷 (清)王鳴盛
史記札記 (清)趙翼
史記考異 (清)錢大昕
史記志疑 (清)梁玉繩
史記札記 (清)郭嵩燾
史記札記 (清)李慈銘

史記探源 (淸)崔適

文史通義 (淸)章學誠

韓城縣志五種 明萬曆本, 淸康熙本, 乾隆本, 嘉慶本, 民國十三年重修本

史記訂補 李笠

史記舊注評議 王駿圖, 王駿觀

史記會注考證駁議 魯實先

太史公書知意 劉咸炘

史記考索 朱東潤

太史公書亡篇考 余嘉錫

要籍解題及其讀法 梁啓超

史記釋例 靳德俊

史漢研究 鄭鶴聲

太史公行年考 王國維

太史公年譜 張鵬一

司馬遷年譜 鄭鶴聲

司馬遷之人格與風格 李長之

司馬遷 季鎭淮 上海人民出版社 1955年版

司馬遷 郭維森 江蘇人民出版社 1982年版

司馬遷和史記 胡佩韋 上海古籍出版社 1979年版

司馬遷年譜新編 吉春 三素出版社 1989年版

司馬遷評傳 肖黎 吉林文史出版社 1986年版

司馬遷評傳 黄新亞 光明日報出版社 1991年版

史記書錄 賀次君 中華書局 1958年版

司馬遷所見書考 金德建 上海人民出版社 1963年版

史記新證 陳直 天津人民出版社 1979年版

史漢論稿 徐朔方 江蘇古籍出版社 1984年版

史記今注 馬持盈 臺湾商务印書館 1979年版

歷代名家評史記 楊燕起等選輯 北京師範大學出版社 1986年版

史記論贊輯釋 張大可 陝西人民出版社 1986年版

史記全本新注 張大可 三秦出版社 1990年版

司馬遷與史記『文史哲』雜志社編 中華書局 1957年版

史記新論 白壽彝 求實出版社 1981年版

司馬遷研究新論 施丁等 河南人民出版社1982年版

司馬遷與史記論集『歷史研究』編輯部編 陝西人民出版社 1982年版

史記研究 張大可 甘肅人民出版社 1985年版

史記管窺 程金造 陝西人民出版社 1985年版

司馬遷 史記與檔案 周經 檔案出版社 1986年版

司馬遷和史記 劉乃和主編 北京出版社 1987年版

司馬遷史學及其批評 周一平 華東師範大學出版社 1989年版

司馬遷研究 韓城司馬遷學會編 三秦出版社 1997年版

史記研究史略 張新科 俞樟華合著 三秦出版社 1990年版

史記通論 韓兆琦等 北京師範大學出版社 1990年版

司馬遷研究 陸永品 江蘇人民出版社 1985年版

史記人物傳記論稿 郭雙成 中州古籍出版社 1985年版

史記評議嘗析 韓兆琦 內蒙古人民出版社 1985年版

史記論稿 吳汝煜 江蘇教育出版社 1986年版

史記藝術美研究 宋嗣廉 東北師範大學出版社 1986年版

史記傳記文學論稿 李少雍 重慶出版社 1987年版

司馬遷論稿 聶石樵 北京師範大學出版社 1987年版

史記文學成就論稿 可永雪 內蒙古人民出版社 1991年版

史記與日本文化 覃計勤 武漢大學出版社1989年版

저자 후기

　사마천은 중국 고대의 가장 창조적이고 천재적인 역사학자이자 문학가이다. 그는 숭고한 인격과 강인하고 굳센 의지, 역사를 읽어내는 탁월한 재능을 가졌다. 이는 그가 이미 2천여 년 전에 세계사의 성격을 갖춘 중국 고대의 통사 곧 기전체『사기』를 쓰는 밑바탕이 되었다.『사기』는 체제가 완비되었고 스케일이 웅대하며 기백이 넘치고 식견이 출중한 역사의 대저일 뿐만 아니라 전기문학(傳記文學)의 본보기이기도 하다. 2천여 년에 걸쳐 헤아릴 수 없이 많은 중국과 외국의 학자들이『사기』를 찾아 읽고 연구하였는데, 모두 숭고한 평가를 내렸다. 사마천은 중국의 사학계에 큰 자부심을 안겨주었고 세계에 매우 귀중한 문화유산을 남겼다. 사마천과『사기』의 연구는 이 귀중한 유산의 창조 정신을 계승하고 발양하는 것이다. 이는 인류의 정신문명을 건설하고 신시대의 신사학(新史學)과 신문학을 번영시키는, 현실적인 의미를 갖추고 있음이 틀림없다.

　현재 중국은 전반적인 경제 발전의 영향으로 문화생활의 수준이 향상됨에 따라『사기』가 전에 없이 한창 널리 보급되고 있는 중이다. 이에 사마천과『사기』에 대해 폭넓은 지식을 가진 사람들이 갈수록 늘어나

고 있으며, 각계각층에서 각양각색의 사람들이 『사기』를 봉독하기에 이
르렀다. 나의 『사기 연구(史記研究)』와 『사기전본신주(史記全本新注)』가 출판
된 후에 대학과 중등 교사, 각급 기관의 간부, 사회의 지식 청년, 군 장병
들과 지휘관이 보내온 수없이 많은 편지를 받은 적이 있는데, 대부분이
『사기』를 배우는 열정을 표현하는 내용이었다. 당연히 1980년대의 학
술계에서는 『사기』의 열풍이 일어난 이래 이미 10년이 되도록 그 열기
가 식지 않았는데, 거기에는 원래 깊고 두터운 대중의 지지기반이 있었
다. 이런 여건을 배경 삼아 사마천과 『사기』를 전면적으로 평가해 보려
는 평전 집필의 의사 일정이 물망에 올랐다.

난징대학 중국사상가연구센터에서 원로 혁명가이자 학자인 쾅야밍
(匡亞明)의 주도 아래 2백 권에 달하는 『중국사상가평전총서』의 출판을
기획한 것이다. 이 사업은 중국의 전통문화를 널리 발양하는 쾌거로, 이
문화사업이 완성되면 중국이 문화적으로 도약하는 데 헤아릴 수 없는
작용을 일으키게 될 것이다. 필자는 다행히 중국이 한창 왕성해지려는
때를 만나 『사마천 평전』의 집필을 위촉받았는데, 그 기쁜 마음은 굳이
필설로 표현하지 않아도 알 수 있을 것이다. 나는 주관적 차원에서 전력
을 다하여 이 평전을 다 써서 사마천의 뛰어난 명예와 정신이 당대 중
국의 광대한 사람들의 심중에 깊이 자리 잡게 하고자 한다. 그뿐만 아니
라 2백 권에 달하는 『중국사상가평전총서』를 집필한 당대 제현이 힘을
합쳐 봉헌한 형세를 빌려 중국 국내뿐만 아니라 시각을 세계로 돌려 세
계의 보다 많은 사람들에게 사마천과 『사기』를 알림으로써 중국 문화의
우수한 점을 알려 국제적으로 문화교류를 촉진시키려 하는데, 그 의의
가 매우 심원하다고 하겠다. 그러나 필자의 학문적 역량에 한계가 있고
게다가 각종 잡다한 업무로 지장을 받아 이 작업은 본래의 의도를 다하
지 못하여 탈고하는 날까지도 당혹감을 면하지 못하였다. 훗날 다행히

계속적인 노력을 기할 수 있는 여건이 조성되면 반드시 이 작업을 제대로 완수하고자 하는 것이 나의 바람이다.

어떻게 『사마천 평전』을 써서 이 문화 거인의 풍채와 정신을 재현해내느냐 하는 연구 과정 자체가 이미 충분한 가치가 있는 과제이다. 사마천의 전기에 관한 원시 문헌 자료는 극단적으로 부족하다. 사마천의 행적 또한 의심 사안으로 가득하고 생몰년조차 분명치 않다. 그러나 사마천이 생활한 시대는 매우 분명하여 그는 뛰어난 재능에 책략이 원대한 한무제와 시종 궤를 함께하였는데, 이에 대해서는 일말의 의문도 없다. 더 나아가 『사기』는 "일가의 말을 이룬" 작품으로 사마천 필생의 선혈이자 생명의 분신이어서 사마천과 『사기』는 이미 분리할 수 없는 한 몸이 되었다. 사마천이 중국 문화 사상사에 끼친 공헌을 평가하는 것은 실제적으로 곧 『사기』가 학술계에서 끼친 가치와 영향을 평가하는 것이다. 이 점 또한 의심의 여지가 없다. 이 두 가지를 종합하였으므로 본 평전의 구상은 『사기』가 이루어지는 과정을 파헤치는 것을 날실로 삼고 사마천의 행적을 기술하는 것을 씨실로 삼는다. 두 가지를 잘 섞어서 장절(章節)을 배치하였다. 시대적 배경과 『사기』가 이루어진 것에 대한 총결을 결합시켜 평전의 말미에 서술하여 전반적으로 호응되도록 하였으며, 시대적 배경에 따로 장(章)을 할애하여 써내지는 않았다.

사마천 일생의 행적에 대한 배치는 『사기』가 이루어진 과정에 종속시켰으며 사마담을 다룬 장도 이와 같다. 사마천의 일생 행적을 추적하면서 의심 가는 사안에 대해서도 회피하지 않았다. 곧 아무아무 설을 가지고 적당히 언급하여 서술을 하지 않은 것이 아니라 힘껏 사료를 운용하거나 해답을 추론해 내었으며 필요성에 따라 가설을 제기하기도 하였다. 이 때문에 문장에 많은 고증하는 내용을 끼워 넣었는데, 이런 점은 평전을 짓는 데 필수적인 작업이라고 생각한다. 예를 들어 사마담은 다만 사관을 대대로 이은 전통적인 집안 출신으로 결코 대대로 전해온 사학자는 아니다. 따라서 사마 씨가 대대로 이어온 사관은 일찌감치 중단된 지 이미 몇백 년이 되었다. 또 이를테면 사마천이 "황하의 북쪽과 (용문)산 남쪽에서 농사를 짓고 가축을 쳤다.(耕牧河山之陽)"는 것은 다만 일종의 그가 몸을 수양하고 단련한 방법이지 절대 생계를 위하여 농사를 짓고 목축을 한 것은 아니라는 등등 평전에서는 모두 시대적 배경을 거슬러 올라가 설명하였다. 이런 당대의 현자들과 다른 논설은 다만 일가(一家)의 말로 독자들에게 평설(評說)을 제공한 것일 뿐이다. 이 평전에서는 많은 당대의 현자들이 남긴 논저 가운데 훌륭하고 공평 타당한 논설을 많이 받아들였는데, 문장에서 설명한 것 이외에도 부록에서 참고 서목을 열거하여 감사의 뜻을 드러내었다.

이 책에서는 『한성현지(韓城縣志)』의 사마천 사묘도(祠墓圖)와 사마천 고리(故里) 및 한성시의 고적분포도, 사마천의 여행 노선도 등 세 도판을 모사하여 실었다. 모두 나의 부탁으로 산시사범대학의 역사과 지리연구실장인 장선량(張愼亮) 선생이 그린 것이다. 이 책을 집필해 나가는 중에 난징대학 사상가연구센터의 판췬(潘群) 선생이 편지를 보내와 격려해 주었다. 저우추(周初) 선생과 쟝광쉐에(蔣廣學) 선생은 초고를 꼼꼼히 읽고 상세한 개진의 의견을 제기하여 귀중한 희생정신을 보여주었다. 진심으로 감사드린다.

1992년 12월
저자 장다커

어떻게 역사 명인의 평전을 써내었는가?

—『사마천 평전』의 평가와 소개

자오지후이(趙吉惠)[1]

　장다커 교수의 저작『사마천 평전』은『중국사상가평전총서』의 하나로 1994년 6월 난징대학출판사에서 출판되었다. 이 책을 읽어본 후에 많은 것을 깨닫게 되었다. 주로 이 책은 개성이 있고 견해를 가지고 있으며, 새로운 뜻과 개창한 것이 있고, 총결한 것이 있으며 건설한 것이 있다는 점이었다. 이는 이 책의 세 가지 뛰어난 점이자 특징이라 하겠다. 본문은 이러한 빼어난 점을 가지고 사학계에서 당면한 두 가지 비교적 흥미로운 주제와 결합시킨 것 같다. 하나는 어떻게 역사 명인의 평전을 써내었는가 하는 것이고, 하나는 어떻게 새로운 "사기학"의 문제를 건설하였는가 하는 것이다.

1　자오지후이(趙吉惠, 1934~2005)는 산시(陝西)사범대학 역사학 교수를 역임하였으며, 중국역사문헌연구회 부회장을 지냈다.

1. 어떻게 역사 명인의 평전을 써내었는가?

평전은 역사 인물을 써내는 중요한 체제로 근 10여 년 동안 평전을 짓는 열기가 붐을 이루었다. 『사마천 평전』만 놓고 보더라도 샤오리(肖黎, 1986)와 황신야(黃新亞, 1991), 장다커(1994)가 지은 평전이 있다. 세 권의 책은 각기 나름의 장점을 가지고 있는데다가 저마다의 특색을 갖추고 있어 사마천 연구를 하나의 새로운 수준으로 끌어올렸다. 이른바 "평전"은 이름을 돌아보고 뜻을 생각하여 "평(評)"이 있고 "전(傳)"이 있어야 한다. 이른바 "평"은 칭찬이 있고 깎아내림이 있는 것이며, "전"은 문사가 한데 어우러지는 것이다. 사마천은 "열전"을 쓰면서 이 방면의 전형을 이루어 보여주었다고 할 만하다. 좋은 독자의 환영을 받는 "평전"은 깊은 역사적 사고를 가져야 하며 앞장서서 이끌어주는 가치 평가가 있어야 한다. 또한 생동적인 언어와 문학적인 기법을 가지고 인물을 묘사하고 역사를 서술해야 하는데, 사마천이 지은 「자객열전」과 「유협열전」, 「이사열전」, 「회음후열전」, 「노장신한열전」 같은 것이다.

샤오리 본과 황신야 본, 장다커 본은 평과 전의 결합, 문과 사가 하나로 어우러진 방면에서 모두 본인이 가지고 있는 노력을 다하여 과거의 수준을 뛰어넘었다. 장다커 본의 두드러진 특색은 다음과 같다.

첫째, "평전"의 학술성을 두드러지게 하여 중대한 학술적 의심 사안에 대하여 "회피하지 않고" 힘껏 대답하고 가설을 제기하였다. 이는 작자가 후기에서 밝힌 것과 같다. 이를테면 사마천의 출생지에 관하여 작자는 논쟁의 여지가 있는 다섯 가지 설을 열거하고 힘껏 "사마천이 태어난 고향은 선영이 있는 화지와 고문이어야 한다."고 입증하였다. 또한 사마천 몰년 문제에 관해서는 책에서 또한 각기 다른 일곱 가지 설을 열거하고 일일이 분석을 가하였다. 그런 후에 궈모뤄의 설을 따르지 않고 왕궈웨이의 "사마천은 무제와 처음과 끝을 함께하였다."는 것을 지지하여 무제보다 나중에 죽었다는 관점을 표명하였다. 『평전』은 많은 학술적 쟁의에 대한 문제에서 모두 자기의 견해를 표명하였다. 이는 작자의 학술적 기초를 체현하였을 뿐 아니라 "평전"이 내포한 진정한 깊이를 체현해 낸 것이다.

둘째, 두드러지게 전(傳)을 주로 하는 내면세계에서 "신(神)"을 깊이 파헤쳤으며, 정신을 주로 하는 형신(形神)을 겸비하였다. 『사마천 평전』은 제5장에서 제8장까지 최대한도로 힘껏 사마천 내면세계의 신운을 파고들었다. 이는 매우 성공적이어서 전을 주로 하는 인격과 품덕, 사상, 기질을 표현하였을 뿐만 아니라 또한 독자의 내면세계에 강렬한 울림을 전하여 깊은 것을 깨닫게 해주었다. 이를테면 작자는 매우 간절한 심정으로 사마천은 "이릉의 화를 당한" 후에 큰 소리로 절규하여 "사마천이 화를 당한 것은 법적으로는 합당하나 심정적으로는 합치되지 않으니 억울한 사안이다."라고 평론하였다. 이 얼마나 절실하고 정의감이 있으며 또한 역사적인 안목을 갖추고 있는가! 이곳의 "법"은 봉건 전제주의의 법이며, "정"은 곧 세상의 정리이다. 제5장 제6절에서 전을 주로 하는 발분저서를 평론할 때 사마천이 사람을 놀라게 하는 강인하고 질긴 기백으로 『사기』를 지은 것이 "통치자의 황음과 횡포를 까발리고 비난하였으며 사회의 하층 국민을 동정하고 과감하게 반항하고 투쟁한 역사적 인물을 노래하고 칭송하고 개인의 불평과 울분을 역사적 인물에 대한 포폄에서 발산하였으며, 지나간 일을 말하고 올 것을 생각하여 『사기』의 주제로 승화시켰던" 덕분이라는 점을 두드러지게 하였다. 이는 우리가 본 사마천의 강골 정신이고, 사마천이 표현한 민족정신이다. 또한 이 책을 독자들로 하여금 책상을 치며 극구 칭찬하게 하는 화룡점정의 필치이다.

셋째, "평전"을 쓰면서 문사를 어우러지게 하는 기법을 돌출시켰다.

『사마천 평전』의 제6장에서는 사마천의 사학성취를 썼고, 제7장에서는 사마천의 문학성취를 썼는데, 나는 제7장이 제8장보다 더욱 잘 써졌다고 생각한다. 제7장의 언어가 생동적이고 활발하여 더욱 농후한 문학적 맛을 가지고 있기 때문이다. 작자는 "『사기』는 사학과 문학, 철학이 삼위일체를 이루는 저작이며" "사마천은 사학자와 문학가, 사상가를 한 몸에 모아 놓았다."고 생각하였다. 이는 매우 적절한 표현이다.

　루쉰은 『사기』를 평가하여 "사가(史家)의 절창이며 운을 달지 않은 「이소」"라 하였는데, 이미 역사계의 정설이 되었다. 『사마천 평전』은 한편으로는 사마천의 필치하에서 짙은 색채로 비극적 인물의 내면세계를 승화시켰다. 이는 독자들에게 이런 인물들의 성격과 정지(情志)를 이해하도록 도와주었으며, 다른 방면으로는 많은 전형적인 비극적 인물을 분석한 다음에 사마천이 비극적 주선율을 쓰는 것이 운명을 강조하는 작용임을 지적하였다. 곧 운명의 작용을 강조하는 것이 아니라 사회적 모순을 들추어내었으며, 각종 비극적 유형을 가지고 다방면에 걸친 인생의 신념과 추구를 펼쳐 보였다. 공자의 그 불가함을 알면서도 하는 정신을 가졌으며, 오기와 상앙, 조조의 사회의 변혁을 위하여 역사의 제단에 밀려 올라간 희생정신을 가졌다. 범저와 손빈, 월왕 구천이 복수와 설욕을 위하여 치욕을 참고 발분하는 정신도 가졌다. 항우와 오자서, 이광의 오만하게 죽음에 대하여 싸워 이길 수 없는 정신을 가졌으며, 자객과 유협의 폭력에 항거하고 중용에 반하는 정신 등등을 가지고 있다. 이런 비극적 인물의 인생 신념과 생활 목적은 사람마다 다르고 정도의 차이도 존재한다. 하지만 그들의 명을 알지 못하고 외부로부터의 압력을 참고 견뎌 용왕매진하는 인생과 떨쳐 일어나 항쟁하는 정신은 일치한다. 이런 평의는 지극히 깊으며 중화 민족의 흉중에 내재한 민족 기질을 집어내었다.

772

2. 어떻게 "신사기학"을 건설하였는가?

장다커가 지은 『사마천 평전』의 주요 특징은 총결성과 개창성이다. 작자는 20년 가까이 모든 정력을 『사기』의 연구에 전력을 투구하여 1985년에 『사기연구』를 출판하였다. 1986년에는 『사기논찬집석』을 출판하였으며, 1990년에는 『사기전본신주』를 출판하였다. 이런 논저들은 사마천과 『사기』에 관한 여러 가지 중대한 학술 문제를 연구한 것이다. 사료에서 이론에 이르기까지 『사마천 평전』을 짓기 위한 견실한 학술적 기초를 다졌다. 그러므로 우리가 현재 보는 이 『사마천 평전』을 구상한 뜻은 비교적 높아 사마천을 중국 문화와 중국 사학의 큰 배경으로 깔고 평론을 진행하여 사마천과 『사기』의 연구에 매우 중대한 학술적인 문제를 총결하고 성찰하였다.

제10장에서는 "사기학"의 발전 문제를 총결하고 전망하였다. "사기학"은 옛날부터 이미 있어 왔지만 자각적이고 명확하게 "사기학"을 건설하는 것은 아마 새로운 사학 연구의 새로운 과제일 것이다. "사기학"이 발전해 온 과정을 설명하기 위하여 일단 근대 이전의 "사기학"을 "전통사기학"으로 일컫고 현대의 "사기학"은 "신사기학"이라 부르겠다. 『사마천 평전』의 제10장에서는 "전통사기학"을 체계적으로 반성하고 총결하였다. 이는 매우 갸륵한 일이지만 더욱 갸륵한 것은 사학계를 향하여 "신사기학"을 건설해 나갈 향방을 제기한 것이다. 작자는 당대의 『사기』 연구를 종합적으로 고찰하여 사마천의 사상을 탐색하는 것을 주요 내용으로 한다고 지적하였다. 역사연구를 연구고증으로 대신하는 것을 주요 방법으로 삼았다. 이에 여태까지 "사료학"의 수준에 머무른 『사기』의 연구 수준을 "사기학"의 연구라는 높이까지 끌어올려 과학화한 정확한 궤도를 달리기 시작하였다. 이는 "신사기학"을 건설할 바람직한 아이디어이며, 또한 "신사기학"을 건설하는 방법론의 기초이기도 하다.

작자는 명확하게 당면한 『사기』 연구에 존재하는 3대 문제를 제기하였다. 첫째, 이론과 사료의 기초가 여전히 빈약하다. 둘째, 쟁론의 분위기가 결핍되어 있다. 셋째, 많은 논문이 여전히 전통적인 논제이며, 적지 않은 문장의 논점이 대동소이하여 새로운 개척 정신이 결핍되어 있다. 이는 책임감 있는 역사학자가 학술계를 향해 토로한 강렬한 외침이다. 나아가 "신사기학"의 건설을 위하여 제기한 시대적 도전이다.

전통적 "사기학"은 난해한 문자의 풀이와 사료의 고증, 판본의 교감 등의 방면에 중점을 두었다. "신사기학"은 이미 "전통적 사기학"의 우수한 성과를 흡수하였을 뿐만 아니라 나아가 "전통적 사기학"을 두드러지게 하고 초월하여 개척과 창신을 진행하였다. 작자는 비록 "사기학"의 신문화 문제에 대하여 제기하기는 하였지만 "과학화"한 내용을 바탕으로 전개하거나 평론해 나가지는 않았다. 나는 간단하게 말하여 "신사기학"의 과학화에는 두 가지 기본 표지가 있다고 생각한다. 하나는 연구수단과 방법의 과학화이며, 하나는 과학적인 "사기학"을 형성하는 이론적 골격 및 서술 체계이다. 지금까지도 볼륨 있는 "신사기학" 전문 저작을 이루어내지 못하였는데, 이는 마땅히 하나의 독립적인 범주의 "신사기학"의 역사적인 중임을 건설하여야 하며, 또한 "신사기학"은 과학화한 도로의 중요한 표지를 달려야 한다.

요컨대 장다커가 지은 『사마천 평전』은 개척적이고 건설적이며, 독창적 견해와 볼륨이 있는 학술 전문 저작이다. 이미 사상가이자, 사학자, 문학가로서의 역사 평전이자 또한 하나의 "신사기학"의 연구 논저이다. 이 책은 독자들에게 사마천과 관련 있는 개인 경력의 역사 지식을 제공하였다. 학술계에도 어떻게 "신사기학"의 얼마간의 볼만한 견해와 모종의 기초적인 건축 재료를 건설하였는가 하는 문제를 제기하였다.

당연히 보는 관점에 따라 견해를 달리하는 『사마천 평전』 중의 모종의 평의는 여전히 한 걸음 더 나아가 검토할 만한 곳이 있다. 이를테면 제8장 제2절이 사마천의 학술 사상을 귀속시킬 때 작자는 말하였다. "그는 유가가 아닐뿐더러 도가도 아니며 역사의 경험을 승화시켜 자수성가하였다." 이 논단은 앞에서 언급한 일단의 내용과 그다지 유기적으로 연결되지 않는 듯하다. 앞에서는 말하였다. "사마천 정치사상의 기본 경향은 유가의 "인정(仁政)"을 창도함을 근본으로 하고, 도가의 "무위"로 보좌하여 겉으로 하는 통일체이며, 동시에 음양과 명, 법, 묵의 각가에 대해서도 그 장점은 두루 받아들이고 단점은 지양하였다." 나는 이 문자는 사마담의 「논육가요지」가 황로도가의 특징을 개괄한 것과 딱 부합한다고 본다. 사마천의 학술 사상은 이미 유가사상을 포괄하였을 뿐만 아니라 도가 황로사상도 포괄하였다고 생각한다. 이 또한 매우 복잡한 학술적 문제인데 특별히 제기하여 작자와 상의하였다.

1996년 7월 20일 시안에서

(이 글은 원래 난징대학 중국사상가연구센터에서 발간한 『사상동태(思想動態)』 제78기에 실려 있으며, 『중국서신(中國書訊)』 1997년 제1기에 발표되었다.)